AA 管理学研究生教材

Modern Business ADMINISTRATION

现代企业管理

——变革的观点

■ 黄速建　黄群慧／主编 ■

经济管理出版社

ECONOMY & MANAGEMENT PUBLISHING HOUSE

图书在版编目（CIP）数据

现代企业管理：变革的观点/黄速建，黄群慧主编.
增补版. —北京：经济管理出版社，2007.3
（2019.12重印）
ISBN 978-7-80207-869-7

Ⅰ. 现... Ⅱ. ①黄...②黄... Ⅲ. 企业管理 Ⅳ. F270

中国版本图书馆 CIP 数据核字（2007）第 024226 号

出版发行·**经 济 管 理 出 版 社**

北京市海淀区北蜂窝 8 号中雅大厦 11 层

电话：(010)51915602　　　　邮编：100038

印刷：三河市延风印装有限公司　　　　经销：新华书店

责任编辑：张永美

技术编辑：晓　成

责任校对：超　凡

710mm×1000mm/16　　　　　　　41.25 印张　　　739 千字

2007 年 3 月第 1 版　　　　　　　2019 年 12 月第 3 次印刷

定价：128.00 元

书号：ISBN 978-7-80207-869-7/F·742

目 录

导论　面向未来的管理学变革

　　虽然最早的管理实践可以追溯到遥远的古代人类文明，但真正企业管理学的形成却源于20世纪初弗雷德里克·泰勒的开创性的贡献。在一个世纪的时间里，企业管理理论经历了古典管理理论阶段、行为科学阶段和现代管理理论阶段，出现了社会系统学派、决策理论学派、管理过程学派、系统管理学派、经验主义学派、管理科学学派、经理角色学派、权变理论学派等诸多流派，形成了庞大的企业管理学知识体系。企业管理学不同于其他学科，它是一门实践导向很强的科学，是一门科学，也是一门艺术。实际上，面对百年形成的庞大的知识体系和众多的流派，我们很难归纳出一条企业管理学发展的逻辑主线。如果我们研究百年来企业管理经典著作所关心的主题，可以归结为管理与管理者、领导、组织与人事、效率、市场与顾客、竞争与战略、创新与变革、现代公司的组织逻辑和管理的国际化等诸多方面。从企业管理学的学科分类角度而言，战略管理、人力资源管理、生产管理、营销管理、组织管理、质量管理等构成企业管理学的经典内容，而且这些学科还在不断地丰富、细化、交叉和发展，管理学的新学科、新分支还在不断地产生。

　　进入20世纪90年代以后，由于世界经济环境的发展变化，科学技术尤其是信息技术突破性的进展和广泛的应用，市场竞争的日趋激烈和国际化，使得企业管理学在管理思想、方法、手段和组织等诸多方面都有新的进展。其中具有相当影响的主要包括核心能力理论、动态能力理论、战略联盟、企业知识理论与知识管理、企业资源理论、嵌入理论学习型组织、危机管理、流程再造、虚拟企业、心理契约、社会资本理论、EVA法、平衡计分卡、实物期权、职业生涯设计、人本管理、团队管理、员工持股计划、股票期权计划、供应链管理、企业资源计划、6西格玛管理、敏捷制造、精益生产、计算机集成制造、大规模定制、界面管理、标杆管理、清洁生产、顾客价值管理、客户关系管理、网络营销、绿色营销、关系营销、整合营销、服务营销、直复营销、渠道管理、顾客忠诚管理、顾客满意度管理、连锁经营、跨文化管理、企业形象设计等。应该说，这些理论、方法或者思想有些是可以具体对应到分支学科，属于这些分支学科的新进展，但有些则难以仅仅归结到一个学科分支中，有的则可以认为属于创建了一个新的企业管理学学科分支。实际上，这些创新和发展正逐渐改变传统的企业管理学教科书内容，企业管理学正悄悄地进行这一场革命。但是，可能与企业管理学学科本身发展的特征有关，这些新进展是非常凌乱的、不系统的，这些新进展之间存在互相交叉、包含现象。要想全面把握这些新进展，对这些新进展进行全面系统的梳理、归类和评价，是非常困难的。从管理学重要的分支学科角度出发，我们可以对这些管理理论和实践的主要新发展进行如下简单描述。

一、核心能力理论的提出标志着战略管理步入了新的发展阶段

企业战略理论的发展大致可以划分为三个阶段。一是经典战略理论阶段。这是一个确定战略管理基本概念和理论框架的阶段。该阶段建立了对企业内部条件和外部环境进行系统分析的较完整的理论体系。这套体系内容涉及制定战略的科学程序、企业环境分析、战略目标的确定、战略决策实施与评价等。其中较有代表性的战略分析方法是所谓的优势、劣势、机会、威胁（SWOT）分析方法，波士顿战略组合技术则是该阶段战略理论为企业提供的一项非常富有操作性的经营战略分析与制定技术。二是波特开创的产业结构分析阶段。进入20世纪80年代以后，随着产业组织理论的发展，波特开拓性地将产业组织理论引入经营战略分析，[①] 从而把经营战略研究推向一个新的高度。波特在其代表作《竞争战略》、《竞争优势》中，把传统的产业组织理论框架（市场结构—行为—绩效）与企业战略问题研究相结合，确立了"产业与竞争分析——一般竞争战略—获取和维持竞争优势"的企业战略管理基本框架。波特开拓性的贡献还体现在他为产业结构分析提供了一套规范的分析方法，即所谓的五种力量分析（潜在竞争对手的入侵、替代品的威胁、产业内现有竞争对手之间的竞争、客户和供应商的讨价还价的力量）框架。为了弥补这种分析框架过于注重产业分析而忽视企业作为战略主体的缺陷，波特还提出了以企业价值链为核心的战略管理观念。由于波特从经济学角度对企业战略管理问题进行研究，使得战略分析具有成熟的产业组织理论支撑，同时他的分析又融入了获取竞争优势的实务途径，具有很强的操作性，因而，波特的理论成为20世纪80年代企业战略管理的主流观点，迄今为止，对企业战略管理的理论和实践仍有巨大的影

---

① 迈克尔·波特：《竞争优势》，华夏出版社，1997；迈克尔·波特：《竞争战略》，华夏出版社，1997。

响。第三阶段则是企业核心能力理论阶段。90年代以后，由于企业经营环境的巨大变化，以及随着交易费用经济学发展、以博弈论和信息经济学为基础的产业组织理论发展，尤其是以资源为基础的企业理论的进展和核心能力概念的提出，人们对企业竞争优势的来源、企业战略目标的确定、企业战略的模式等都有了新的认识，企业战略管理理论步入了一个以核心能力理论为"核心"的新的阶段。核心能力理论认为，企业战略管理的关键在于培育和发展能使企业在未来市场竞争中居于有利地位的核心能力。在战略管理过程中，企业应该首先识别现有的资源和能力，并判断在一定的市场机会中这些资源和能力的价值，然后确定自己的能力和资源与未来可能的市场机会对企业资源和能力要求的差距，最后制定弥补这些差距的战略决策，包括自我培养和发展战略、战略联盟、企业兼并等。

一般认为，所谓核心能力是指某一组织内部一系列互补的技能和知识的结合，它具有使一项或多项业务达到竞争领域一流水平的能力。[①]核心能力由洞察预见能力和前线执行能力构成。洞察预见能力主要来源于科学技术知识、独有的数据、产品的创造性、卓越的分析和推理能力等；前线执行能力产生于这样一种情形，即最终产品或服务的质量会因前线工作人员的工作质量而发生改变。核心能力是一个过程，能够把企业的许多创新构成一个新的有机整体。核心能力理论认为，核心能力是企业的特殊能力，具有价值优越性、异质性、难模仿性、不可交易性、难替代性等特征。核心能力理论认为，企业核心能力已经成为企业竞争的基本战略。因为市场战略、产品战略、技术战略等职能战略是企业外在和显性化的战略，面对激烈的市场竞争，任何企业单是依靠某一项或某几项职能战略，最多只能获取暂时的优势。唯有培育核心能力才是使企业立于不败之地的根本战略。具有活的动态性质的核心能力是企业追求的长期战略目标，是企业持续竞争优势的源泉。企业培育核心能力的途径主要有两个：传统途径和现代途径。传统途径就是产品经营，指企业为了实现内部资源的最优配置而采取的一系列管理行为，包括技术创新、供应管理、生产作业管理、市场营销管理、财务管理等，在战略上体现为内部型战略、实业扩张战略、产品扩张战略。现代途径是企业重组（其核心是资本运营），指企业为了有效整合外部资源而采取的更为复杂的管理行为，包括兼并、收购、分拆、上市、联营、破产等，在战略上体现为外部交易型战略、金融扩张战略、资本扩张战略。

国外有关企业核心能力理论的研究涉及经济学和管理学两大学科。在经济学中，与企业能力相关的经济学理论源于Penrose的"企业成长理论"。在此基

---

① 李建明：《企业核心能力分析》，载《中国工业经济》，1998（11）。

础上 80 年代末 90 年代初产生的一种新的企业理论——资源基础的企业理论 (The Resource-Based Theory of the Firm)，它用于探讨企业持续竞争优势的经济基础，可以认为是一种关于企业核心能力的经济学基础理论。[①] 这种理论进一步演化为"资源基础论"、"企业动力能力论"、"企业知识基础论"等不同流派。在管理学中，90 年代以后出现了以 Hamel 等人为代表的非正规的企业能力理论，这种理论强调企业核心能力在战略管理中的作用，强调企业如何利用现有的资源储备建立企业的竞争优势，企业核心能力的概念逐渐被管理学界和管理实践工作者接受和重视。[②] 从战略管理的发展过程看，企业核心能力理论代表战略管理演变的最新发展，代表继波特"五种力量分析模式"、"价值链分析模式"之后的新的战略管理分析思想，较好地解释了许多大公司的战略行为，尤其是跨国公司的战略行为。核心能力理论认为企业本质上是一个能力的集合体，能力是对企业分析的基本单元，而企业拥有的核心能力是企业长期竞争优势的源泉，积累、保持、运用核心能力是企业的长期根本性战略。国外已有的关于核心能力的研究成果主要集中于核心能力的基本内涵、主要特征、重要意义，以及核心能力竞争的多层次性、核心能力的管理等。尤其是具体到谁有核心能力、核心能力的持久性、可转移性和可仿造性等问题，国外大量文献从理论到实践都有很深入的研究。

企业核心能力理论作为 90 年代新兴的企业理论和企业战略管理理论，虽然已经显示出强大的生命力，但在以下几方面还有待进一步的创新和发展：①在经济学和管理学相关研究的成果基础上，建立一套相对严密的由概念、命题和定理组成的理论体系，并进一步发展一个类似于波特建立的"五种力量分析模式"那样的操作性强的分析框架。这使得企业核心能力分析有一套科学的程序。在对核心能力科学界定的基础上，把核心能力作为一种现代管理思想深入研究，探索将核心能力概念应用于除战略管理领域以外更为广阔的管理领域中。②探讨产业特性与企业核心能力的关系。虽然企业核心能力是以企业为对象进行分析，但企业所处的产业差异会对企业核心能力具有重大的影响，产业规模、产品特点、技术进步影响程度、市场结构、竞争程度、进入和退出壁垒等都对企业核心能力培养和形成，进而对企业战略的制定发生作用。应该详细分析这些影响和作用，寻求规律性的东西，指导企业根据所处的产业特性辨识和培育核心竞争力，寻求经营战略的正确基点。尤其值得关注的是有代表性产业的核心能力问题，如信息产业、机械制造业、家电产业、服务业、金融业

---

① 王科、姚志坚：《企业能力理论述评》，载《经济学动态》，1999（12）。
② 李东红：《企业核心能力理论述评》，载《经济学动态》，1999（1）。

等。③从企业核心能力角度解释现代企业的战略行为。现代企业的战略选择，如跨国经营战略、战略联盟、兼并战略、多角化经营战略、差异化战略等，可以从企业核心能力角度进行评定。对这些企业日常采用的战略行为进行分析，一方面可以归纳出这些战略的适用条件，从而指导企业进行科学的战略选择；另一方面也为企业已有的战略选择提供了新的评价和判断。④建立企业核心能力的识别体系与企业绩效的评价指标。这涉及相互关联的两方面指标体系内容的建立，一方面的指标是有关企业核心能力的评价指标体系。如何识别、评价企业的核心能力，需要有一套全面、科学的指标，没有这套指标的建立，就不能判断企业核心能力的差异，使基于核心能力制定经营战略无法操作。另一方面的指标是对企业绩效的衡量。这套指标用于测度运用核心能力理论制定和选择企业战略行为的结果。⑤大多数关于企业核心能力的研究仅仅集中于战略管理领域或企业经济学领域，有必要将核心能力作为一种现代管理思想深入研究，把核心能力的概念应用到其他管理领域中，并积极发展有关核心能力积累和使用的有效管理原则。

二、"人本管理"的思想极大地丰富了人力资源管理理论和实践

重视人在生产经营中的作用并不是今天才提出来的。眼光远大的企业家、专家、学者历来都强调人的重要作用。不过，如果我们仔细加以分析，在不同的时代，企业家、专家、学者对人在生产经营活动中的地位、作用等的认识是有很大差别的。在传统的管理思想中，是把人作为和土地、资本一样重要的生产要素看待的，认为它们都能创造价值；在泰勒的"科学管理"理论中，也只是把人当做"经济人"对待，因此，他片面强调金钱的刺激作用，运用严厉的控制手段来管理工人，以达到高的生产率。随着科学技术的发展、人类文明程度的提高，以及民主化的普及，企业家、专家、学者对人在生产经营活动中的地位和作用也有了新的认识，他们把企业职工不仅仅看成是一种生产要素，也不仅仅是看成一种"经济人"，而是看成"社会人"和"文化人"，把他们看成是企业的主体。于是就提出了"人本管理"的新思想。

"人本管理"是与"以物为中心"的管理相对应的概念，它要求理解人、尊重人，充分发挥人的主动性和积极性。一般认为，"人本管理"可分为五个层次：情感管理、民主管理、自主管理、人才管理和文化管理，具体包括这样一些主要内容：运用行为科学，重新塑造人际关系；增加人力资本，提高劳动力质量；改善劳动管理，充分利用劳动力资源；推行民主管理，提高劳动者的参

与意识；建设企业文化，培育企业精神，等等。

在国外具体的管理实践中，企业文化建设和股权激励最能够体现人本管理的思想。一般认为，企业文化是人本管理的最高层次，指企业在长期的生产经营活动中所形成的共同的价值观念、行为准则、道德规范以及体现这些企业精神的人际关系、规章制度、厂房、产品和服务等制度和物质因素的集合。企业文化可以划分为精神层、制度层和物质层三个层次，企业文化的核心层次是精神层，是呈观念形态的价值观、信念和行为准则，体现为企业哲学、企业精神、企业道德、企业宗旨和企业风气等；企业文化的制度层次是呈行为形态的员工的工作方式、社交方式和处事方式等，具体包括企业的各类管理制度、企业习惯等；企业文化的物质层主要表现为企业形象，具体包括产品设计、企业外貌、企业公共关系用品、员工服饰等，从物质层文化中可以折射出企业精神层和制度层文化的内容。企业文化对于企业的发展至关重要，它对企业的管理体制、决策指导思想、经营战略、管理方式等都有重要影响，从而对企业的兴衰成败起到决定性的作用。

关于股权激励，主要包括员工持股计划和管理者的股票期权、虚拟股票、股票溢价权、股票购买、股票奖励、业绩股份等诸多形式。由于这些股权激励计划的实施，使得"以人为本"的思想转化为实实在在的报酬制度。在企业中，员工拥有的人力资本（大致包括生产者的体力、技能等，一般管理者的管理知识、监督能力等，以及企业家对付不确定性的经营决策能力）与企业的非人力资本（即物质资本）具有了同样的地位，都具有分享利润的权力。企业成为众多独立要素所有者所拥有的人力资本与非人力资本的特别合约。据估计，至 1991 年，美国已有 1.1 万家公司推行职工持股计划，拥有股票的职工达 1200 万人。[①] 有的学者把员工持股计划、利润分享制或收益分享制统归为和传统的支薪制公司相对应的分享制公司，认为日本到 1988 年，91% 的公司采用了分享制，而美国在 30% 以上，日本员工分享额占公司利润的比重在 42%~67%。[②] 80 年代中后期以来，美国企业界越来越多地向高级管理人员推行各种类型的股权激励方案。经营者持股成为一种潮流。经营者收入中股权收入所占总收入的比重日益增大，美国的经理人员的报酬中，固定工资、年末奖金和股票期权的大体比例为 4∶3∶3。对于许多大公司的高级经理而言，股权和股票期权收入所占总收入的比重更高，1998 年美国收入最高的 10 位总裁，股权收入所占总收入比重基本都在 90% 以上。[③]

① 陈佳贵：《现代大中型企业改革与发展》，北京，经济管理出版社，1996。
② 翁君奕：《支薪制与分享制的比较》，载《经济社会体制比较》，1996（5）。
③ 王志平：《美国经理人队伍的开发及其启示》，载《经济研究参考》，2000（76）。

三、建立学习型组织和业务流程重组 代表着组织管理的两大创新方向

学习型组织的提出源于对管理的整体性、系统性的重视。所谓学习型组织，就是通过不断的学习来改革组织本身的组织。善于不断地学习是它的本质特征。学习型组织的真谛就是全体成员全身心投入并有能力不断学习的组织；能让成员在工作中体验到生命意义的组织；能通过学习创造自我、扩展未来能量的组织。学习型组织最早是由麻省理工学院教授彼得·圣吉 (Peter M.Senge) 在其著作《第五项修炼》中提出来的。他认为企业的领导者和全体职工都要进行五项修炼：①锻炼系统思考能力。彼得·圣吉认为系统思考是一种"见树又见林的艺术"，因此，强调要把企业看成一个系统，并把它融入社会这个大系统中，考虑问题既要看到局部又要看到整体，既要看到当前又要看到长远。②追求自我超越。这项修炼就是鼓励人们做事要精益求精，努力实现心灵深处的热望。③改善心智模式。这项修炼要求企业的领导者和职工要用新的眼光看世界。④建立共同远景目标。进行这一项修炼的目的是建立生命共同体。它包括远景（企业将来要实现的蓝图）、价值观（实现蓝图应该遵循的一些基本原则）、目的和使命（组织存在的理由）、目标（在短期内达到的里程碑）等内容。⑤开展团队学习。其目的是为了激发群体的智慧。彼得·圣吉认为，形成"整体配合"是开展团队学习的精髓，也就是说，开展团队学习后，由于团队成员理解彼此的感觉和想法，因此能凭借完善的协调和一体的感觉，发挥出综合效率。要进行这五项修炼，必须建立学习型组织。学习型组织是更适合人性的组织模式。这种组织由一些学习团队形成社群，它有崇高而正确的核心价值、信心和使命，具有强韧的生命力与实现共同目标的动力，不断创新，持续蜕变。在这种学习型组织中，人们胸怀大志、心手相连，相互反省求真，脚踏实地，勇于挑战极限及过去的成功模式，不为眼前近利所诱惑，同时以令成员振奋的远大共同愿望，以及与整体动态搭配的政策与行动，充分发挥生命的潜能，创造超乎寻常的成果，从而从真正的学习中体悟工作的真义，追求心灵的满足与自我实现，并与周围的世界产生一体感。彼得·圣吉认为，判断一个组织是否是学习型的组织有以下四条基本标准：①人们能不能不断检验自己的经验。②人们有没有生产知识。③大家能否分享组织中的知识。④组织中的学习是否和组织的目标息息相关。①

---

① 彼得·圣吉：《第五项修炼》，上海三联书店，1996。

业务流程重组是美国麻省理工学院的电脑教授迈克尔·哈默（M.Hammer）提出来的。长期以来，人们对生产经营系统、管理组织结构的变革都持一种比较慎重的态度，主张用改良、完善的办法来改善和加强企业管理，对管理组织结构也是要求保持稳定性和灵活性的统一，避免出现大的震动，造成工作秩序的混乱。而哈默对传统的思想提出了挑战，提出了业务流程重组的理论。他将企业业务流程重组定义为：将组织的作业流程做根本的重新思考与彻底翻新，以便在成本、品质、服务与速度上获得戏剧化的改善。其中心思想是美国企业必须采取激烈的手段，彻底改变工作方法。因此，他强调企业流程要"一切重新开始"，摆脱以往陈旧的流程框架。迈克尔·哈默认为，企业再造工程必须组成团队来进行，要使信息在各个部门得到充分运用。再造工程一旦推行，就会带来以下一些根本性的变化：①工作单位划分的基础，从职能变成以流程为基础。②工作内容从单一变丰富。③人员的角色，从被控制转变为有决策权。④获得工作能力的方法，从没有系统的训练变成有全盘计划的教育。⑤绩效评核与奖励方面，从观察单一活动转变为观察其整体活动的结果。⑥决定晋升的因素，由以绩效为主转变为兼顾绩效与技能。⑦在价值观方面，将为主管而工作变成为顾客而工作。⑧生产线上的管理人员由监督者变为教练。⑨组织结构由层级式变为扁平式。⑩高层主管由事后评分变为对员工主动引导。①

四、管理信息化成为现代生产管理变革的主线

企业管理信息化是一个企业不断应用信息技术、深入开发和应用信息资源于企业管理实践的过程。企业管理信息化可以被划分为20世纪50年代初期到60年代中期的电子数据处理阶段、60年代中期到70年代初期的综合数据处理阶段、70年代初期以后的系统数据处理阶段等阶段。进入90年代以后，企业管理信息化又有了新的发展，尤其是朝着网络化、信息技术集成化方向的迅速发展，企业管理信息化实现了从个人电脑到群体计算机工作网络、从孤立系统到联合系统以及从内部到跨企业计算机网络的飞跃。信息化给企业管理带来的变化是革命性的。正如著名学者莫顿（Morton M.S.scott）所指出的，这种变化至少可以归纳为6个方面：②①信息化给企业生产、管理活动的方式带来了根

---

① 陈佳贵：《现代企业管理理论与实践的新发展》，经济管理出版社，1998。
② 转引自俞晓军：《信息革命与企业组织变革》，载《中国工业经济》，1996（6）。

本性的变革。②信息技术将企业组织内外的各种经营管理职能、机制有机地结合起来。③信息化将在许多方面改变产业竞争格局和态势。④信息化给企业带来了新的、战略性的机遇，促使企业对其使命和活动进行反思。⑤为了成功地运用信息技术，必须进行组织结构和管理方法的变革。⑥对企业管理的重大挑战是如何改造企业，使其有效地运用信息技术，适应信息社会，在全球竞争中立于不败之地。

20 世纪生产管理的技术发展和模式创新可以归结为两次生产管理"革命"，一是 20 年代美国工程专家福特（Henry Ford）开创的流水生产技术和大量生产模式；二是 60 年代前后开始的适应后工业化和信息化时代消费者多品种、高层次需要，旨在突破大量生产模式局限性的现代生产管理技术和模式，包括准时生产（JIT）、物料需求计划（MRPⅡ）、柔性生产系统（FM）、灵捷制造（AM）、供应链管理（SCM）、企业资源计划（ERP）等。而第二次"生产管理革命"之所以能够实现，主要是依靠信息技术的支撑和发展。始于 70 年代的第五次技术变革是以微电子和计算机技术的重大突破以及二者结合产生一系列计算机化的先进制造技术和信息技术为特征的。这使得现有企业可以成为具有低物耗、低能耗、高效益、高应变能力的现代企业。这些先进技术包括CAD（计算机辅助设计）、CAM（计算机辅助制造）、FMS 和 CIMS、IT（信息技术）、GROUPWARE（群件）、IMS（智能制造系统）、CNC（计算机数控机床）等。在这些先进技术作用的环境下，不仅传统的大量生产模式对单件成本降低作用消失了，而且使理论上的范围经济的效益源泉成为现实：①①在传统大量生产模式下，知识和信息的获得需要很高的成本，只有大量生产才比较经济；而在现代先进技术条件下，产品设计制造和管理控制的信息都是以软件形式存在的，相当于"公共物品"，利用和调整信息的成本很低，无须进行大量生产以平摊成本。②智能化和自动化的制造设备从事重复性生产任务，只要从中央计算机中得到指令开始就很有效率，无须逐渐积累经验，因而传统大量生产模式的经验和学习曲线不再存在。③传统大规模生产模式下的生产设备、工装具有很强的专用性，效率很高，只有大量生产同一产品才能充分利用其相应的生产能力、降低成本，而现代柔性生产技术下的设备工装往往是多功能的，生产不同产品的生产能力可以互相调剂，从而保证不用大批量生产就可以充分利用生产能力。④在现代先进制造技术下，生产一定数量不同的产品和生产同一数量的同一种产品所花费的成本大致相当，而在同一工厂生产一定数量的不同产品所花费的成本要远远低于在不同工厂的设备上生产同样数量不同产品所

---

① 谌述勇、陈荣秋：《论种类经济与柔性生产》，载《华中理工大学学报（社科版）》，1996（4）。

花费的成本。⑤CAD 和 CAM 可以很方便、迅速地完成新产品的设计与制造，而不像大量生产那样，转换品种就要重新设计，重新组织生产，只有靠大批量才得以弥补相应的品种转换设计费用。⑥现代先进技术下的原料成本和劳动成本可以得到极大的节约，由于一种原材料可以用于生产不同种类产品，因而进行同一工序操作时可根据不同产品要求进行下料，从而减少原料浪费，而且它还可以通过优化组合利用边角余料。而劳动成本的节约则是由于自动生产技术引起人员数量减少所致。

更进一步，随着计算机网络技术的发展，Internet 会逐渐改变作为生产管理信息基础的管理信息系统（MIS），使生产管理从封闭走向开放。Internet 还将使得企业生产管理系统更具有动态适应性，更能灵敏地对市场变化进行反应，更好地满足消费者需求，从而增加了企业的竞争力。

五、信息技术支撑的现代营销管理方法创新

市场营销理论产生于 20 世纪 20 年代的美国，它是当时美国社会经济环境发展的产物。20 世纪初的美国，工业生产迅速发展，专业化程度日益提高，人口增长急剧，市场规模迅速扩大，中间商的作用和地位逐渐突出，人们对社会、市场和消费的观念发生了变化。这些因素促进了市场营销理论的产生和发展。追溯以美国为代表的市场营销理论的产生和发展过程，可以将其划分为：1900~1920 年的萌芽时期，出现了"市场营销"这个名词，并意识到这门学科所涉及的内容与"分销"或"贸易"有很大的差异，这一时期的营销是以生产观念为导向的；1921~1945 年的职能研究时期，主要侧重于对营销职能，诸如购买、销售、运输和库存等进行了深入的研究；1946~1955 年的形成和巩固时期，该市场已形成了市场营销理论，市场已被明确为是满足人类需要的行为，市场营销研究在现实经济中也愈来愈受到广泛的重视；1956~1965 年的营销管理导向时期，开始从营销管理角度论述市场营销理论和应用，认识到应以消费者为中心，全面考虑企业内外条件，以促进企业各项目标实现为目的来建立营销管理体制；1966~1980 年的协同和发展时期，对营销管理有了更为深刻、系统、全面的认识，认识到市场营销是企业活动的总体系统，通过定价、促销、分销等活动把产品、服务供应给现实顾客和潜在顾客，而营销管理则是通过创造、建立和保持与目标市场之间的有益交换和联系，以实现组织的各种目标而进行的分析、计划、执行和控制过程；进入 80 年代以后，市场营销理论则被认为进入了分化和扩展时期，出现了大量的营销新概念，营销方法随着营销领

域的深化和拓展，趋向多元化发展。① 现代科学技术的发展，尤其是现代电子信息技术，为现代市场营销方法创新和发展提供了技术手段和基础，而且许多新的营销方法就是现代科学技术直接创造的，出现了诸多与电子技术、信息技术密切相关的市场营销方法，如网络营销、电子销售、客户关系管理、营销决策支持系统和虚拟市场等。随着现代电子技术、信息技术的进一步发展和社会的进步，这些营销方法必然会逐渐取代传统的营销方法。这里尤其值得一提的是网络营销和客户关系管理。

网络营销是一种基于网络技术的营销方法创新，具有潜在的、不可限量的发展前景。网络营销就是利用计算机网络所进行的营销，尤其是专指在国际互联网上进行的营销活动。国际互联网超越了时空限制，兼备多媒体声光功能，既可以用于展示商品、链接资料库、提供商品信息查询，又可以收集市场信息、进行市场试销和消费者满意度的调查。这种和顾客互动双向沟通的特性使得国际互联网成为一个十分有效的营销工具。加之国际互联网的发展迅速，网络使用者数量激增并遍及全球，是一条极具开发潜力的营销工具。与一般的营销方式相比，网络营销具有诸多特性，这包括：24 小时随时随地地提供全球性营销服务；为消费者提供全面、准确、形象的信息；可以及时、准确地了解市场需求，开发生产符合消费者要求的产品，制定消费者满意的价格；节省流通费用，营销成本低；由于可以长期与消费者进行双向沟通，易形成与消费者的长久信任关系，符合关系营销的要求；具备一对一营销的条件，符合直接营销的未来发展趋势；消费者在整个营销过程中具有主动权，满足消费者导向的营销理念要求；基于国际网络，直接进入国际市场，进行跨国营销等。对于网络营销，其营销策略 4P 组合也有特殊性。从产品与服务策略看，要利用网络双向沟通的特点，制定科学的产品或服务决策，选择既符合消费者需要，又适合于用互联网络进行营销的产品或服务。一般网络营销的产品具有知识含量高，以国际互联网络用户为目标市场，需要覆盖较大的地理区域，网上销售费用低，消费者在网上获取信息后就能作出购买决策等特点，电子书报、电子杂志、游戏软件等信息化产品是首选网络营销对象。从价格策略看，基于双向沟通，强调双方协商理性定价，建立可以随季节不同、市场行情差异、竞争对手价格变化等而自动迅速调价的系统。从促销策略看，一方面采用网上广告、建立网上公共关系、树立良好的网上企业形象等策略吸引已上网消费者；另一方面与相关行业的企业联盟争取更多的人加入网络，挖掘潜在顾客。从销售渠道看，充分利用虚拟现实技术，设立虚拟商场进行商品展示，在消费者决定购买

---

① 黄群慧：《现代市场营销方法的创新和发展趋势》，载《外国经济与管理》，1998（6）。

后，可用电子邮件、信用卡及其他传统途径订货，除部分产品可以网上取货外，其他商品需送货或邮寄。从网络营销的上述特点可以看出，它具有传统营销方式所不可比拟的优势。仅以商品目录为例，Internet 商品目录具有传统纸商品目录所不具有的优势：电子商品目录的信息量，使顾客可以查询到大量的商品信息；传统纸目录的改变费用很高，改变时间周期长，而电子目录则可以很快地、很低费用地变化；大规模的散发纸目录费用很大；电子目录可以根据具体顾客和地区的需要方便地进行改变；网络目录允许对网络上众多具有特殊爱好的顾客群进行微观市场营销；电子目录可以有动画、音乐图像；电子目录是交互的、双向交流的；最为重要的是网络目录是面向全世界的。总之，网络营销与传统营销相比，其优势在于向消费者许诺了一个可以找到最佳价格的世界范围的市场，向销售商许诺了一个以最低费用接近特定顾客或预先确定的顾客的世界市场的进入权。网络营销真正实现了从大规模无差异营销模式向个性化集中营销模式的转变。

关于客户关系管理，是依靠信息技术可以实现的全新的"营销观念"：强调客户价值和便利，充分利用以客户为中心的资源，拓展全新的销售方式、销售渠道。企业任何产品的销售都是建立在良好的客户关系基础之上，客户关系成为企业发展之本质要素。因此，客户应该被作为一种宝贵的资源纳入到企业的经营发展中来，但大量的、动态的客户信息资源，如果不依靠现代信息技术是无法真正有效管理的。客户关系管理是一种解决方案，同时也是一套人机交互系统，它能帮助企业更好地吸引客户和留住客户，特别是在与客户交流频繁、客户支持要求高的行业，如银行、保险、房地产、电信、家电、民航、运输、证券、医疗保健等行业，采用了客户关系管理后，都会获得显著的回报。一个企业级的客户关系管理系统通常包括市场管理、销售管理、客户服务和技术支持四部分。正在流行的很多新营销概念，如一对一营销、数据库营销等，实际上都可以纳入客户关系管理的范畴。[①]

综上所述，我们可以认为，20 世纪末期的管理理论和实践的创新和发展正逐渐改变传统的管理学教科书内容，管理学正悄悄地进行这一场"革命"。考虑到这些管理变革的"革命"性质，也许在不久的将来现有的管理学教科书必须全面改写。本书则是在这方面的一个尝试。

然而，我们认为，对于正在进行的这场"管理革命"而言，现在就对这些管理变革进行特征归纳进而教科书式的体系化可能还为时过早，因为现在所概括的任何特征都可能是不准确的，有可能马上还会发生巨大变化或者所呈现的

---

① 杨冰昕：《企业的客户关系管理》，载《电子与信息化》，1999（12）。

特征不再突出，与其费尽心机构造不适应变化需要、随时都可能过时的、教条的新教科书体系，不如真实地描述、评价这些正在发生的管理变革，引导学生了解、掌握这种变革的内容，培养学生分析管理变革趋势和规律的能力。而这正是我们编写本书的基点。

本书除导论外共有 29 章，内容涉及企业理论、企业成长管理、企业重组、企业集团、信息技术发展与企业组织变革、学习型组织与知识管理、企业业务流程再造、战略管理理论、多元化与专业化经营战略、核心竞争力、企业战略联盟、人本管理理论与实践、心理契约、股票期权制度与员工持股计划、生产管理技术创新与模式发展、供应链管理、模块化、负债经营与证券化融资、实物期权、适应性企业、研究与开发管理、冲突与危机管理、关系管理、电子商务、无形资产管理与品牌价值、企业社会责任、企业跨国经营与竞争优势、管理绩效评价等诸多问题。从中可以看出，本书没有追求一般教科书的逻辑体系，而是围绕管理理论和实践的新发展展开内容的，试图较为全面地评价这些新发展。而且在写作方式上，我们更侧重从研究角度进行论述，并在每章后面都附有案例、要点内容、研究思考题目和推荐阅读资料。我们认为，作为研究生教材，从培养研究生的分析能力角度而言，这种编写尝试是有价值的。

第一章　现代企业制度与企业管理

国有企业改革始终是中国经济体制改革的重中之重，而建立现代公司制度是国有企业改革的方向。在这一章中，我们将主要围绕现代企业制度的基本内涵、建立现代企业制度与加强企业管理的关系以及建立现代企业制度的基本对策等来展开讨论。

第一节　建立现代企业制度是国有企业改革的方向

建立现代企业制度是国有企业改革的方向。党的十五大报告提出，"要按照'产权清晰、权责明确、政企分开、管理科学'的要求，对国有大中型企业实行规范的公司制改革，使企业成为适应市场的法人实体和竞争主体。进一步明确国家和企业的权利和责任。国家按投入企业的资本额享有所有者权益，对企业的债务承担有限责任；企业依法自主经营、自负盈亏。政府不能直接干预企业经营活动，企业也不能不受所有者约束，损害所有者权益。要采取多种方式，包括直接融资，充实企业资本金。培育和发展多元化投资主体，推动政企分开和企业转换经营机制"。

原有意义上的传统的产品经济体制条件下的国有企业制度在我们要建立的社会主义市场经济体制下是没有生机和活力的。无论有多少客观的原因，许多国有企业经济效益低下总是事实，国有企业的经营机制已经到了非转变不可的地步了。这种状况说明我国的许多国有企业由于多种原因已难以在不变革其企业制度的条件下搞好、搞活，不改革已难以生存下去。我国的经济体制改革已经进行了20多年，无可否定，国有企业的改革取得了很大的成就，但许多国有企业特别是一些国有大中型企业仍然难以适应市场经济的环境，其经营机制没有真正转换过来。国有企业产权关系不顺，产权权责不明确，政资分开、政企分开问题还没有真正解决，已成为企业国有资产流失的一个重要原因，也是企业转换经营机制、真正成为市场竞争主体的严重障碍。国有企业的各种历史包袱沉重，从整体而言，竞争力不强。企业经济效益低下的态势没有从根本上得到扭转。许多国有企业为了其自身生存、改革与发展的需要，也适应全球化趋势和中国加入世界贸易组织（WTO）后的竞争态势，纷纷试图通过与外商、港商、台商等合资甚至是假合资的方式来摆脱困境。其主要原因就在于：国有企业现有的这一种运行机制、企业制度、政企关系严重束缚了国有企业要通过合资的方式来规避旧机制的束缚，在现有经济体制框架允许的范围内，在企业自身力所能及的范围内，实现企业机制的转换。要解决国有企业的困难与问题，有必要坚决地进一步深化企业改革，进行企业制度的变革，即建立现代企业制度。

推动国有企业建立现代企业制度就是要从解决国有企业的现存问题入手，以在企业中建立公司制度作为组织基础，来逐步确立企业法人制度和有限责任制度，使得企业产权关系明晰，企业具有明确的出资人或投资主体；政府与企业的职责分开，政府的社会经济管理职能与政府的国有资产所有者的职能分开、政府的国有资产所有者的职能和行政管理职能与国有资产经营者的职能分开；出资人、企业以及企业的经营者等责权明确，要明确企业与出资人、企业与政府、企业与社会、企业与企业、企业与职工等方面的一系列基本关系，尤其要明确出资者仅就自己对企业的出资额对企业的债务承担有限责任，企业以自己的所有财产对企业的债务承担有限责任；通过明晰产权、政企分开、明确责权，促使企业加强和改善管理，尤其是要建立起一整套科学管理的制度，提高企业的经济效益，使企业得到全面的发展。寻求公有制与市场经济相结合的实现形式和有效途径，寻求在社会主义市场经济体制条件下公有制的有效微观实现形式，使国有经济在社会主义市场经济体制条件下得以更好地发展。这是建设具有中国特色的社会主义市场经济体制的微观基础。

我们认为，现代企业制度是能够适应市场经济体制要求的企业产权制度、企业组织制度、企业领导制度（治理结构）、企业法律制度、企业制度环境、管理制度（这里主要是指企业中主要涉及生产关系的管理制度，如企业用工制度、企业分配制度、企业财务会计制度）以及处理这一系列制度和在这种制度下企业与各方面关系的行为规范、行为方式、行为准则的统称。

现代企业制度是一种能够适应现代市场经济体制要求的企业制度。适应现代市场经济体制是现代企业制度一个最为根本的特征，企业的名称本身并不是区分是不是现代企业制度的标志。在产品经济体制下，一个企业如果称做股份有限公司或有限责任公司也很难说这种企业是现代企业，就如同现在现实经济生活中有许多企业称做公司，其实并不是真正意义上的公司。

现代企业制度是一种制度体系。现代企业制度不是企业的某一种制度，而是企业以及涉及企业的一系列制度和制度环境的统称。它既包括企业的产权制度、企业的组织制度、企业的领导制度、企业的管理制度、企业的财务会计制度、企业的劳动人事制度、企业的法律制度，又包括企业的各种制度环境，如社会保障体系、政府职能的转换、政府与企业的关系，等等。

现代企业制度还包含着在现代市场经济条件下处理企业以及与企业相关的一系列制度和在这种制度下企业与各方面关系（包括企业与政府、企业与出资者、企业与社会、企业与企业、企业与员工的关系）的行为规范、行为准则和行为方式。

公司制是现代企业制度的主要组织形式，但现代企业制度不等于现代企业组织形式。公司制度是一种现代的企业组织形式，作为一种现代企业组织形式，它仅仅是现代企业制度的一项组成内容，但不是现代企业制度的唯一内容。在我国建立现代企业制度主要是针对我国国有企业改革的问题而提出来的，对于我国国有企业的改革而言，确实是应该建立现代公司制度，现代企业制度中的"现代"一词具有双重含义：一是相对于我国原有的产品经济体制条件下的传统企业制度而言；二是相对于企业组织发展史的角度而言，企业组织形式的发展经历了从独资企业到合伙企业再到公司企业的过程。公司企业是进入到现代社会以后才大量发展起来的，它是一种现代的企业组织形式。相对于我国传统的企业制度而言，建立现代企业制度的一项重要内容是要对多数国有企业进行公司制改组，但现代企业制度并不仅仅适用于国有企业，它同样适用于非国有企业；现代企业制度下的企业组织形式不仅仅包含股份有限公司和有限责任公司，还包括能够适应现代市场经济体制要求的其他企业组织形式，如无限公司、两合公司、股份两合公司、独资企业和合伙企业，等等。现代企业制度主要是针对我国的国有企业改革以及在产品经济体制下的传统的国有企业制度而提出来的。相对于国有企业改革而言，确实应该在国有企业中推行现代公司制度，相应地推行有限责任制，建立与完善法人制度。所以，对于国有企业的改革而言，建立现代企业制度从企业的组织形式来说，不包括建立独资企业（单个业主制企业）和合伙企业。

现代企业制度不仅仅指企业，建立现代企业制度也不仅仅是企业的事情，它既涉及企业内一系列制度的变革与确立，也涉及与企业有关的法律制度的建立与完善，还涉及政府职能的转变等。

现代企业制度具有开放性和动态性。建立现代企业制度意味着我们要吸取人类在组织社会生产方面的一切有用的成就，为我所用。人类在组织社会生产方面的这种有用的成就并不是资本主义的特有产物，不是资本主义的专利，而是人类的共同财富，资本主义国家能够采用，社会主义国家同样也能够采用。在企业制度方面排斥现代西方国家的有益的经验是一种不明智的做法。同时，现代企业制度本身处于发展、变化、进步之中，并没有一种固定不变的模式。

第二节 现代企业制度的基本内涵

现代企业制度的基本特点概括起来就是产权明晰、政企分开、责权明确、管理科学。

一、产权明晰

产权明晰是指要以法律的形式明确企业的出资者与企业的基本财产关系，尤其要明确企业国有资产的直接投资主体，彻底改变原来那种企业的国有资产理论上出资者明确，实践上出资者含糊、没有人格化的投资主体、无人负责、哪个政府部门都可以代表国有资产出资者来行使一部分国有资产产权的权能而谁都可以不必为国有资产负责的状况；明确国家作为企业国有资产出资者的有限责任，彻底改变国家对企业的债务实际上承担无限责任的状况，以确保国有资产的合法权益。

具体地说，以多种形式的公司制度作为企业的基本组织基础，形成与完善企业法人制度和有限责任制度是产权明晰的基本内容。

我国原有体制下国有企业是政府部门的附属机构，所有者与企业的基本财产关系并不明确，理论上企业的国有资产投资者是国家，而具体到企业而言没有人格化的投资主体，每一个政府部门似乎都有权对企业行使国有股东的权利。政府作为国有企业的唯一的股东，其本应统一的股东权却被纵向和横向的各政府部门所分割，大量的政府部门好像都是国有企业的股东，都能代表国家来行使企业国有资产的股东权，而不同政府部门和不同级的政府部门都有自己的利益要关心。建立现代企业制度的过程同样也是各政府部门的现有权力和利益格局的再分配和再调整，部门间的不同利益与矛盾使得企业与政府部门之间的交易成本加大，又严重影响了国家股东权的有效行使，使得国家对企业的股东权实际上落空。

因此，正如党的十五大报告所指出的那样，应该"建立有效的国有资产管理、监督和营运机制，保证国有资产的保值增值，防止国有资产流失"。有必要确定国有资产投资主体，建立新的国有产权运营制度。国有企业建立现代企业制度最大的难点是如何确立国有资产投资主体。要按照政府社会行政管理职能与政府国有资产所有者职能分开、政府与企业的职责分开和政府作为国有资产所有者的职能与国有资产经营者的职能分开的原则，根据中华人民共和国

《公司法》的规定，尽快建立或确定一批国家投资公司、国家控股公司、国有资产经营公司以及具备条件的企业集团的集团公司作为国有资产的投资主体，依法对企业中的国有资产实施真正意义的股权管理。国有资产投资主体必须承担作为企业国有资产的出资人或股东所应承担的运营国有资产的职责，保护国有资产的合法权益，但对其所持股的企业不应具有任何政府行政管理职能。要使企业国有产权出资者与企业的关系变为出资人与企业法人的关系，也即股东与公司的关系。

国有企业建立现代企业制度，应该明确企业与其所有者之间的基本财产关系，理顺企业的产权关系。企业中的国有资产属全民所有，即国家所有，受代表国有资产所有者的政府授权的有关机构作为投资主体，对经营性国有资产进行配置和运用，作为企业中国有资产的出资人，依法享有出资者权益，并以出资额为限对企业承担有限责任。同时，还应该确立企业法人制度。

为了切实保障国有资产的有效管理，兼顾中央与地方两方面的积极性，对国有资产应该实行"分级委托、分类管理"的原则，即明确国有资产是国家统一所有的，但各级政府受全国人民代表大会的委托管理国有资产，所行使的是受委托管理的那部分国有资产的所有权。同时，要实行分类管理，对资源性国有资产、重要的军工企业的资产、一些自然垄断的企业等的国有资产要与一般的经营性国有资产区分开来管理。

对国有企业进行公司制改组，建立新的企业财产组织制度，是明晰企业国有资产产权、保障国有资产合法权益的组织基础。

公有制实现形式可以而且应当多样化。一切反映社会化生产规律的经营方式和组织形式都可以大胆利用。要努力寻找能够极大促进生产力发展的公有制实现形式。股份制是现代企业的一种资本组织形式，有利于所有权和经营权的分离，有利于提高企业和资本的运作效率，资本主义可以用，社会主义也可以用。不能笼统地说股份制是公有还是私有，关键看控股权掌握在谁手中。国家和集体控股具有明显的公有性，有利于扩大公有资本的支配范围，增强公有制的主体作用。

公司制度是现代企业制度下企业财产组织的主要形式，要从实际情况出发，认真总结前些年进行企业股份制改组的经验与教训，在国有企业实行多种形式的公司制度。生产某些特殊产品的企业或者属于特定行业的企业可以改组为国有独资公司，但国有独资公司也只能是少数，要把大多数国有企业改组为多个股东持股的有限责任公司；大部分企业应改组为有限责任公司；一部分国有企业可以改组为股份有限公司，其中少数具备条件的国有企业可以改组为上市的股份有限公司；现有全国性行业总公司可逐步改组为真正意义上的国家控股公司，但要特别注意不要仍然借建立国家控股公司的名义将行业性总公司换名不换实，仍然作为一个实际上的政府行业行政管理部门存在；企业集团则要逐步建立起母子公司的体制。

在现代公司制度下，公司企业的所有权与经营权（更准确地说应是控制权）是分离的。然而，在公司中，股东大会作为公司全体股东行使其股东权的最高权力机构，公司的董事会作为股东大会的常设机构和代表全体股东进行决策的机构，都是公司内部的有机组成部分。从这一意义上说，在公司企业中，所有权和经营权（或控制权）又是在公司内部统一的。现代公司企业的治理结构能够解决传统国有企业制度下政府对国有企业过度干预又无人真正关心和负责的矛盾。

国有不等于国营，国有企业也不一定非要100%的国有资产不可。对于绝大多数产业的国有企业来说，国家没有必要持有100%的股份。也就是说，传统的国有企业组织形式应该改革，我国主导企业组织形式应该重新选择，企业的产权组织制度应该改革。国有经济将会随着我国社会主义市场经济体制的确立和发展日益成为一个宏观的概念，即从国民经济的总量来看，国有经济占有一定的比例，起着主导的作用；从企业层次看，绝大多数企业都不表现为国家独资的企业形态，而是国有产权与其他所有制性质的产权相结合，且可以通过产权的流动达到存量结构调整的目的。

国有经济在一些命脉产业、自然垄断性产业以及一些基础产业中具有相对优势，国有经济应该对存量资产结构进行较大幅度的调整，国有经济应该逐步地从一般的竞争性产业退出来，收回资金投向命脉产业、自然垄断产业、基础产业以及一些特殊产业（如烟草业、黄金开采业、印钞业等）。创办国有企业或政府进行直接投资的目的应是为了国民经济的更好发展创造良好的条件，而不是要直接地赚多少钱。

国有经济的主导地位、公有经济的主体地位在市场经济体制条件下不是自封的，不是由政府的优惠政策扶持起来的，也不是由政府的行政命令所确定的，而是在平等竞争的基础上形成的。即使政府为了调整经济结构、扶持国有经济，给予国有企业一定的政策优惠也不可能普遍地给，而是要有选择地给。

要对国有企业进行改革，尤其是要对传统的国有企业制度进行变革，真正做到产权明晰，一定要改变在原有的产品经济体制下所形成的有关国有企业、国有经济的旧观念。要反对用在传统的产品经济体制下形成的一些旧观念来阻碍国有企业改革，阻碍现代企业制度的建立。进行经济体制改革、国有企业改革、建立现代企业制度、进行企业制度创新是为了解决国有企业所存在的难以解决的难点和问题。衡量经济体制改革、企业改革的某一种具体措施、政策是否正确、是否成功的唯一标准应该是邓小平同志所提出的"三个有利于"。不能从"本本"出发，也不能用在产品经济体制下所形成的一套旧的观念来作为标准。

同时，也要防止不知不觉地用旧的办法来管理、建立现代企业。在现实经济生活中，许多同志并不是有意识地反对改革或用"左"的一套来指导实践，而是没有树立起社会主义市场经济的观念，不习惯市场经济体制下的一系列行为方式与行为规则，在实行社会主义市场经济体制过程中，不知道该如何来管理企业，不知道该如何处理政府与企业的关系。于是，一种最为方便的办法就是用自己早就熟悉的旧的管理办法、行为方式、行为规则以及原有产品经济体制下处理政府与企业关系的办法来行事。

产权不明晰使得企业往往造成企业产权变动过程中无人对其真正负责，国有产权的合法权益得不到有效保障，资产经营效率低下，国有资产从各种途径流失严重，企业的相关各方责权不明确，对企业资产产权归属发生纠纷。而在明晰产权的过程中，也有可能会造成一部分国有资产的流失，这是我们应该充分注意的一个问题，要通过尽快明晰企业国有产权，确立国有资产的投资主体以及其他一系列办法去有效地防止在明晰产权、产权变更过程中的国有资产的流失，更要通过加快、深化企业改革，加强企业管理，提高企业的经济效益，去防止国有资产的流失。

二、政企分开

政企分开是指在理顺企业国有资产产权关系、明晰产权的基础之上，实行企业与政府的职能分离，建立新型的政府与企业的关系。

实行政企分开，建立企业与政府之间的适应社会主义市场经济体制的新型的政企关系，要求在明晰企业产权的基础上，实行政府对企业的调控、管理、监督。

首先，要把政府的社会经济管理和国有资产所有权职能分开，积极探索国有资产经营的合理形式和途径，通过构筑国有资产出资人与企业法人间规范的财产关系，强化国有资产的产权约束。政府与国有企业的关系从社会经济管理者和被管理者角度看，要用行政法来调整；从国有资产所有者和法人财产支配者角度看，要用民法来调整；对少量特殊的国有企业不能用公法来调整，而应用私法来进行调整。

其次，要把政府的行政管理职能和企业的经营管理职能分开。政府主要通过法律、法规和经济政策等宏观措施，调控市场，引导企业；政府对企业的监督管理有些可通过诸如会计师事务所、律师事务所等中介组织来实现，通过中介组织沟通政府与企业间的联系，当然确立中介组织的中立地位，中介组织的规范、自律、守信用等都是目前迫切需要解决的问题；要取消企业与政府之间的行政隶属关系和企业的行政级别，对企业的管理人员不应像对国家公务员那样进行管理；要规范国家与企业的分配关系，政府依法收税，企业依法纳税；要把企业承担的政府和社会职能分离出去，分别由政府和社会组织承担。

一定的企业制度几乎是一定的经济体制的缩影。我国传统的企业制度是适应于原有的那种高度集中的产品经济体制而逐步建立、形成的。这种传统企业制度下政企关系的基本缺陷和特点是企业政府化、政府企业化。

在传统的产品经济体制下并不存在真正意义上的企业，这种体制下的企业实际上只是政府行政机构的附属组织，是政府的一级基层组织。企业都有一定的行政级别，企业的管理人员也都有一定的行政级别。而国家却实际上成为一个大企业，党的政治局相当于这个大企业的董事会，国务院相当于这个大企业的经理层或执行委员会，各政府部门相当于这个大企业中的部门。与企业政府化相对应的是企业决策的集中化。政府对国有企业采取的是一种国有国营的方式，国家直接插手企业的日常生产经营管理事务活动。企业的各项基本生产经营决策，企业都无权自主地作出决策，一切都得听命于有关的政府部门。企业在生产中遵循的是下级服从上级、服从政府下达的指令性计划。企业没有作为一个企业所本来就应该具有的一系列生产经营自主权。即使是到了今天，这种状况也没有得到根本的改变。作为企业本来就应该具有的生产经营自主权仍然还是由政府作出收与放、给与不给的决定。外部管理的非法制化。长期以来，政府对国有企业的管理采取的是一种非法制化的管理办法，似乎无论哪个政府部门都有权向企业发号施令，直接干预企业的日常生产经营管理事务。政府的行政管理职能与所有者职能被混淆，政府对企业采取直接非法制化的管理办法。

我国的经济体制改革一直强调以增强企业活力、搞好国有大中型企业为中心环节，也一直强调政企职责分开。可是，时至今日，政企分开仍然是一个需要解决的大问题。这里的关键问题在于：政企分开的基础是产权明晰、政资分开，政企一直难以真正分开的根源在于产权不明晰、政资不分。正如前面所述，企业国有资产的投资主体不明确，无论哪个政府部门都有权去直接向企业发号施令，直接干预企业；政府作为企业国有资产的出资者的所有者职能与政府作为社会公共事务管理者的一般行政职能不分，是造成政企不分的体制根源。政企不分还为腐败提供了温床和可乘之机。

三、责权明确

责权明确是指要在产权明晰、理顺产权关系、建立公司制度、完善企业法人制度的基础上，通过法律、法规确立出资人和企业法人对企业财产分别拥有的权利、承担的责任和各自履行的义务。公司制度、法人制度与有限责任制度是现代企业制度在组织方面的三个典型特征，也是责权明确的基础。

企业的出资人要按照其对企业的出资依法享有股东的各项权利，同时也要以其出资额为限对企业债务承担有限责任。代表国家的政府作为企业国有资产的出资人，要改变原有那种对企业实行所谓的"父爱主义"的做法，切实转变国有企业预算约束软化的问题，不再对企业的债务承担实际上的无限责任。出资人不直接参与企业的具体经营活动，不能直接支配企业的法人财产。

企业拥有法人财产权，以全部法人财产独立享有民事权利、承担民事责任，依法自主经营。企业以独立的法人财产对其经营活动负责，以其全部资产对企业债务承担责任。通过建立企业法人制度和公司制度形成企业的自负盈亏机制和对企业经营者的监督机制。同时，企业法人行使法人财产权，这种法人财产权形成和确立的组织基础也是公司制度和企业法人制度。企业法人财产权的行使要受出资人所有权的约束和限制，必须对出资人履行义务，依法维护出资人权益，对所有者承担资产保值增值的责任，而不是以损害出资人的合法权益为前提。

四、管理科学

管理科学是指要把改革与企业管理有机地结合起来，在明晰产权、政企分开、责权明确的基础上，加强企业内部管理，形成企业内部的一系列科学管理制度，尤其要形成企业内部涉及生产关系方面的科学的管理制度。

管理科学当然应该抓好企业中主要涉及生产力方面的管理，如生产管理、计划管理、质量管理、设备管理、计量管理、技术管理……然而，我们在现代企业制度意义上讲的管理科学不仅仅包括这些主要涉及生产力方面的管理，除了应该抓好这方面的管理之外，更应该抓好企业中主要涉及生产关系方面的管理及管理制度的建设。

首先，管理科学要改革企业领导体制，建立和实行科学规范的公司治理。科学规范的公司治理是确立公司制度、实现公司正常运转和有效经营的基本保障，既是公司制改造的重要方面，又是国有企业改组为公司的一个难点，其中关键的一个问题是如何在企业领导制度方面实现从原有的那种适应产品经济体制要求的企业领导制度向能够适应社会主义市场经济体制要求的企业领导制度转变。具体地说，如何正确处理所谓的"新、老三会"的关系，如何较好地、较平稳地从原有的企业领导制度过渡到《公司法》规定的企业领导制度，尤其是建立良好、有效的公司治理，是一个要认真对待的问题。这是一个我们难以回避的问题，不应为了回避矛盾而让企业自己去设法绕弯子。此外，从我国的实际情况出发，如何真正发挥企业监事会的监督作用也是一个大问题。现有的许多企业的监事会实际上是虚设的。从原则上说，要根据决策权、执行权、监督权相互分离、相互制衡和相互配合的原则，建立由股东会、董事会、监事会和经理层组成的法人治理结构，不同的机构权责明确、各司其职，相互制衡、相互配合，分别行使决策、监督和执行权。这从企业内部而言，也是责权明确的一个方面。

其次，要建立新的企业用工制度。在这方面一是要取消企业管理人员的国家干部身份，打破不同所有制职工之间的身份界限，建立企业与职工双向选择、运转灵活、维护企业和职工双方权益的用人制度；二是要在坚持"党管干部"的原则的前提下将党管党政干部的办法与党管企业管理人员的办法区别开来；三是实行政府对企业工资总量的间接控制，制定最低工资标准，对企业工资水平的确定情况进行监督、检查。

再次，要加快企业财会制度转轨，健全企业财务会计制度，严肃财务纪律，加强财务会计人员的职业道德教育。

又次，要适应社会主义市场经济体制的要求，改进企业党组织的组织方式、活动方式和工作方式，加强自身建设，充分发挥企业党组织的政治核心作用。建立现代企业制度不是要削弱企业党组织的作用，而是要在新的环境中，通过改进企业党组织的组织方式、活动方式和工作方式去加强企业党组织的作用。党组织的政治核心作用应更多地通过规范和发挥参加董事会、监事会、经理层中党员的作用来体现；更多地通过加强对工会、共青团组织的领导和他们独立自主的活动来体现；更多地通过围绕企业生产经营、加强职业道德建设、塑造企业文化、做好思想政治工作来体现；更多地通过发挥党员在各自岗位上的先锋模范作用来体现。党组织要按照党章规定，发挥政治核心作用，保证、监督党和国家的方针、政策在本企业的贯彻执行。公司党组织负责人可以通过法定程序进入董事会和监事会。公司党组织可以对董事会拟聘任的公司总经理、经理提名的副总经理和管理部门负责人进行监督、考察，提出自己的意见，但要依法由董事会或经理聘任。这一切都要在遵守国家有关法律的前提下进行。

最后，健全职工民主管理制度。民主管理是社会主义市场经济体制下企业管理的本质要求。我们的企业应该坚持职工民主管理，应该在根据新环境创新的前提下，有选择、有扬弃地坚持原来创造的实践证明行之有效的民主管理经验，如"两参一改三结合"等。工会要真正维护职工合法权益。

第三节　建立现代企业制度与加强企业管理

一、企业管理环境的变化

改革开放以来，我国国有企业的管理环境发生了翻天覆地的变化。这种变化简言之即为：从计划经济走向市场经济；从封闭经济走向开放经济并处于日益全球化的进程之中；从短缺经济转为相对过剩经济；从数量扩张型增长转为质量提高型增长；知识经济初露端倪；从单一的全民所有制与集体所有制转变为以国有经济为主导、以公有制经济为主体、多种所有制在市场经济条件下公平竞争共同发展；从生产管理型转变为生产经营管理型又向资本经营型管理发展。这种环境变化对国有企业而言既是一种很好的发展机遇，也是一种严重的挑战，且这种挑战变得越来越严峻，相应地对国有企业的管理也提出了更高、更多的要求。

（一）经济体制：从计划经济走向市场经济

在原有的产品经济体制下，实行的是高度集中的经济管理制度，用行政办法管理经济，决策高度集中化。政府对国有企业采取的是一种国有国营的方式，国家直接插手企业的日常生产经营管理事务活动。企业在人、财、物、供、产、销等各方面都没有什么自主权，成了国家行政机关的附属机构。在传统的国有企业制度下，企业并不是真正意义上的企业，也不是真正意义上的法人。无论在法律上有没有规定企业是不是法人或有没有规定企业的出资者是否以自己的出资额为限对企业的债务承担有限责任，企业是否以自己的资产为限对自己的债务承担有限责任，国有企业由于利润统统上交政府，亏损则直接或间接由政府弥补，实质上政府作为国有企业的出资者，对企业的债务承担的是无限责任。

随着我国社会主义市场经济体制的建立和发展，国有企业出资者与企业、政府与企业、企业与企业、企业与社会、企业与员工等一系列关系都发生了很大的变化。国有企业逐步向自主经营、自负盈亏、自我约束、自我发展的独立的商品生产者和经营者转变。政府不再对国有企业实行国有国营的方式，一般不再直接插手企业的日常生产经营管理事务活动。国有企业在人、财、物、供、产、销等各方面都有了相当大的自主权，都成了企业经营管理的内容。政府对绝大多数国有企业已经不再下达指令性计划。企业生产什么、为谁生产、如何生产、生产多少等一系列基本生产经营决策基本上都由企业自行作出。绝大多数国有企业不得不面对来自各个方面的竞争。与此相适应，国有企业管理的目标、内容、方法以及相应的组织结构、规章制度等也发生了深刻的变化。

此外，随着市场经济在我国的发展，国有企业不得不从原来的生产管理型向生产经营管理型转变。同时，还出现了许多国有企业原来没有的新的管理内容，比如资本经营、危机管理、冲突管理、战略管理……

（二）竞争格局：从封闭经济走向开放经济并处于日益全球化的进程之中

由于历史的原因以及体制的原因，在原有的计划经济体制下，我国的对外开放程度非常低，国民经济基本上处于一种封闭的状态。国有企业不但没有外来竞争的压力，而且还有着高关税的保护。改革开放以来，我国对外开放程度越来越高，走出了原来的封闭经济状态，进入了开放经济状态。包括国有企业在内的所有企业都面临着国际竞争国内化、国内竞争国际化、国际竞争就在身边的竞争格局，且这种竞争格局随着我国对外开放程度的进一步提高与加入世界贸易组织的进程会越来越明显。

同时，进入20世纪90年代后，世界经济全球化已经达到了前所未有的水平，并继续成为21世纪世界经济发展的主流。跨国公司作为世界经济全球化的主体正发挥着日益突出的作用。跨国公司的发展使部门内的分工越来越多地跨越国界，形成国际间部门的内部分工，企业的产品日趋多样化、差异化、复杂化，零部件生产越来越专业化，这些都导致水平型分工不断向深入发展。在这种趋势的推动下，世界各个国家和地区之间在经济生活各方面形成日益密切的相互依存关系，它们都作为世界经济这一有机整体不可分割的部分而存在。世界经济全球化、统一的世界市场的形成，意味着全球范围内各个国家和地区的商品生产和消费都要受价值规律的支配，资金、技术、劳动力等生产要素的配置，产业结构与进出口商品结构的调整都必须面向全球市场。

经济全球化的深入发展，对包括国有企业在内的我国企业的管理提出了严峻的挑战。随着企业生产规模的逐步扩大，其生产经营活动的范围也相应拓展，从主要面向国内市场的生产和销售转向置身于全球化市场、面向世界的生产和销售；企业的生产协作关系也不再局限于国内，而是要在全球范围内寻求合作伙伴，广泛地利用世界各国的资金、技术、劳动力等生产要素，以求实现资源的最佳配置。在这种情况下，企业的合作伙伴、客户群和竞争对手遍及全球，经营机构也分散于世界各地，这些都要求企业适应形势发展的要求，对传统的企业管理方式、方法进行相应的变革。也就是说，必须使企业适应以上变化，在瞬息万变的市场环境中能够及时、迅速、完整、准确地掌握市场信息并及时地进行反馈，以保证企业在经济全球化形势下的运作能力。

近些年，世界最大的 500 家工业企业中已有半数以上进入中国，它们不仅在我国境内设立商务机构，大规模地销售其产品，还直接投资建厂，进行就地生产和销售。我国企业的产品不用走出国门便会感受到国际竞争的压力，国际竞争国内化，国内竞争国际化，国际竞争就在身边，这种压力正是经济全球化所带来的，而且随着我国加入世界贸易组织更为加剧。

世界经济全球化的发展趋势对 21 世纪的企业管理提出了新的要求，我国的企业管理者必须牢固地树立起全球意识，要从全球化的角度强化企业的战略管理，建立起专业化协作、市场营销的国际网络，实现对世界范围内生产要素的合理利用，以获取全球化的最大利益。

（三）增长方式：从数量扩张转向质量提高

转变经济增长方式和提高经济整体素质的实质在于提倡、寻求有发展的经济增长。经济增长并不一定意味着经济的发展。在不少国家和地区，由于国内外政治、经济条件以及体制条件的制约和影响而出现过连续几十年所谓的"没有发展的增长"的局面。能否使经济增长置于合理的体制保障之下，将会是影响未来经济发展的关键因素之一，也是决定能否转变我国经济增长方式和提高经济增长素质的关键因素之一。

在一定的经济体制下所形成的经济机制在很大程度上决定着资源的配置。实现经济增长方式的转变从体制的角度看着重要做好三方面的工作，即配置资源的市场机制的形成与完善、企业制度的变革从而为经济增长方式的转变提供一个良好的微观基础、正确处理好中央与地方的关系。

我国原有以数量扩张为主要特征的经济增长方式，是我国传统的经济体制和在这种经济体制下所形成的特有的经济机制及其他方面的因素综合作用的结果，反映了我们的经济增长在传统经济体制下的那种以预算约束软化为基础的高速低效（即投入高、产出低、经济效益差）、一放就乱、单纯追求上新项目、重复建设、规模不合理的旧的经济增长模式。转变资源的配置方式，形成和完善市场机制，以使市场机制在配置资源中发挥基础性的作用，实现经济增长方式的转变，使我国的经济走上"高效、稳定、高速"的轨道，提高经济增长的质量，提高国民经济的整体素质，是这些年来我国正在努力做的一项重要工作。

我国经济增长方式正在由粗放型、外延型、数量扩张型向集约型、内涵型、质量提高型转变。走集约化经营、内涵式扩大再生产为主的发展道路，是我国国民经济发展的现实选择，也是企业发展的现实选择。实现经济增长方式的转变，走集约化经营为主的道路，必须加强和改进企业的经营管理，同时也对我们的国有企业管理提出了更高的要求。

（四）所有制：从单一的全民所有制与集体所有制转变为多种所有制共同发展

在原有的计划经济体制下，实行的是单一的全民所有制与集体所有制，人们把表现为国有制的全民所有制看成是公有制的最高形式，把集体所有制看成是向全民所有制过渡的一种形式，绝对排斥私营经济和外资经济。所有制形式单调化，公有制形式单调化，使得全民所有制经济处于无人竞争的状态。改革开放以来，我们在所有制问题上的认识不断地发展与进步，从允许除全民所有制和集体所有制之外的非公有制经济存在并作为公有制经济的有益补充，到各种所有制公平竞争、共同发展，并在宪法上确立了非公有制经济的地位。包括外商投资企业在内的非公有制经济以及以有限责任公司和股份有限公司为主要组织形式的、由多元投资主体组成的混合经济得到了长足的发展和壮大。由于非国有经济的发展，国有经济在整个国民经济中的比重已经大大降低。我国国有企业已经越来越多地感受到国内其他非国有企业的挑战。国有企业的所有制环境也发生了巨大的变化。

（五）供求关系：从短缺经济到"相对过剩经济"

进入 90 年代中期以后，中国经济全面告别原来的短缺经济，进入到一个"相对过剩经济"的阶段，从原来的卖方市场进入到目前的买方市场。供给与需求的结构性矛盾突出，一些行业现有生产能力过剩，供求失衡，产品结构面临调整与升级。市场对企业的挑战十分严峻。"皇帝女儿不愁嫁"的日子一去不复返了。原来为"短缺经济"所掩盖的企业管理不适应市场经济发展的矛盾进一步暴露出来。因此，企业只有通过管理的转型和创新，不断提高科技水平、制造水平、管理水平和营销水平，才能保持和增强自己的市场竞争力。

（六）知识经济的兴起

知识经济是以知识及其产品的生产、流通和消费为主导的。知识经济的崛起源自以信息技术等高技术及其产业迅猛发展为标志的科技革命。对于发达国家，知识经济是其生产力发展的自然结果；对于工业化进程中的发展中国家，尤其是国有企业而言，更是新的机遇与挑战。在知识经济占主导地位的时代，世界科技的发展速度大大加快，知识更新的速度也随之加快，从技术革命到产业革命的周期大大缩短，技术产品的市场生命周期也随之变短。发展中国家通过学习别国技术和经验赶上发达国家的难度增加，"后发优势"的作用减弱。在这种形势下，如果我们不及时采取措施，大幅度提高国家的科技创新能力，就必定会严重影响我国在 21 世纪的国际竞争力和国际地位，影响第三步战略目标的实现。我国的第三步战略目标是以世界科技发展、世界经济走向为参照系的动态目标。面对知识经济的挑战，我们必须紧紧依靠自己的科技力量，迅速构建一个完整的国家创新体系，加快培育新的科技力量。

二、对当前我国企业管理水平的估价

建立社会主义市场经济体制的过程为我国企业管理水平的提高创造了一个良好的制度环境。经过 20 多年的改革之后，我国的企业管理水平目前处于何种状况？对于这个问题，我们应当给以一个客观、公正的回答。应当看到，经过"六五"、"七五"、"八五"和"九五"期间在全国范围内相继开展的企业整顿、企业升级、转换企业经营机制和"三改一加强"等活动，广大企业狠抓了基础管理工作，加强了内部管理，推行了目标管理等各种现代化管理手段和方法，普遍进行了以劳动、用工、分配制度为主的企业内部管理制度的改革，适应企业地位和企业外部环境的变化充实了企业管理的内容。许多企业面向市场，转变观念，抓企业管理，苦练内功，坚持"三改一加强"，积极探索适应社会主义市场经济体制的企业管理新模式，特别是在全国开展了声势浩大的"学邯钢"活动，对国有企业的改革和发展起到了很大的促进作用，企业抓管理的自觉性和市场意识都有所增强，取得了明显的效果。

从企业管理的对象来看，随着科学技术的进步和经济体制改革的深入进行，企业管理的对象已经从相对简单转变为相对复杂。在这 20 年的经济体制改革过程中，企业的劳动资料、劳动对象、劳动者都有了很大的变化。企业劳动资料和劳动对象的技术先进程度比起改革以前的企业来说在总体上有了极大的提高，通过内涵和外延的扩大再生产，通过企业的技术改造与建设新企业，各种体现 20 世纪 80 年代和 90 年代的新技术、新设备、新材料在许多企业中得到了应用，作为企业管理重要对象的劳动资料和劳动对象比起以前来要复杂得多；作为企业管理的另一个重要对象的劳动者来说，经过这些年的经济体制改革，企业劳动者的思想状况和价值观、劳动者的流动性、劳动者的构成、劳动者的文化程度等一系列因素都有了很大的变化。劳动资料、劳动对象和劳动者的巨大变化及其复杂化意味着企业管理对象的复杂化，同时也意味着企业管理水平在一定程度上的提高。

从企业管理的环境来看，经过 20 多年的经济体制改革，正如前述，企业管理的外部环境和内部环境都发生了很大的变化。

从企业管理的手段来看，从整体而言，在我国的经济体制改革中并没有忽视过企业管理的现代化问题。相反，我们一直强调加强企业管理。我国企业的管理手段比起改革以前的企业已经发生了天翻地覆的变化。企业管理的手段趋向现代化。近些年，现代企业管理手段的应用日益得到企业的重视，特别是计算机技术已在多数企业中推广普及，并在企业财务管理、质量控制、工资管理、仓库管理、设备管理等方面广泛应用。

从企业管理的方法与标准来看，一些先进的企业管理的方法与国际标准开始在企业中应用，现代企业管理方法已在一部分企业中取得初步效果。全面质量管理、目标管理、无缺点计划、系统工程、看板管理、ISO 9000、药品生产企业的 GMP 标准等现代管理方法与现代质量标准的引进与推广，都标志着我国企业管理的方法与标准正逐步与国际接轨。

从企业管理的观念与管理内容来看，经过 20 年的经济体制改革也发生了根本的变革。由于管理环境的变化，多数企业管理人员不再认为政府直接干预企业的内部生产经营事务是理所当然的事情；不再认为政府应该将企业的设备、原材料供应和产品销售包下来；也不再认为企业的利润政府应该全部收走，企业的亏损政府应该弥补；绝大多数企业不再是所谓的"生产型管理"，而是早就转变为所谓的"生产经营型管理"……总之，原有的产品经济体制下所形成的一系列管理观念都已被或逐步被适应市场经济体制的一系列管理观念所取代。随着管理环境的变化，我国企业管理的内容也发生了很大的变化。企业不再仅仅局限于生产管理，而是面向市场，从单纯的生产管理转向对市场预测、产品研究与开发，能源、原材料、零部件的供应，设备管理、成本控制、质量控制、人员培训、库存控制、营销管理和售后服务等生产经营全过程的管理。即对于企业这一生产经营系统，既要管理好生产"转换"过程，还要管理好"投入"与"产出"的过程。

从面上的情况来看，自从进行经济体制改革以来，我国企业管理水平在整体上有了较大提高。对于我国的国有企业尤其是国有大中型企业而言，更是如此。在"六五"期间，我们进行了所谓的"企业整顿"、提高企业素质的活动；在"七五"期间，我们进行了所谓的"企业升级"活动。在这些活动中，一个共同的特点是：对企业管理的基础工作下了大工夫，加强了企业的内部管理，还推行了各种现代管理手段和管理方法。在进入"八五"时期以后，在提出和促使企业转换经营机制的过程中，企业普遍进行了以劳动、用工、分配制度所谓三项制度为主的企业内部管理制度的改革。适应于社会主义市场经济体制条件下企业地位和企业外部环境的变化，企业管理的内容远比在原有的产品经济体制下的企业管理的内容要丰富、复杂得多。近年来也有相当一部分企业在转机建制的过程中，抓企业管理，练内功，在加强管理基础工作的同时，积极探索适应社会主义市场经济体制环境的企业管理模式，从各自的具体条件出发，努力在管理手段和管理方法上进行创新、探索、建立科学的企业管理体系，使企业竞争力和自我发展能力大为增强，出现了一批在国内外市场上具有较强竞争实力的企业，其中包括一批国有大中型企业。

因此，我国目前企业管理的总体水平与改革以前的企业管理总体水平相比较是大大地提高了，而不是下降了。

当然，我们也不排除有的企业管理水平与以前相比是下降了，也有的企业忽视企业管理水平的提高。我们说我国企业管理的总体水平比起改革以前来是提高了而不是下降了，并不是否定目前在一些企业中存在着忽视企业管理、以企业改革去取代企业管理的现象，更不是认为我国企业的管理水平不需要继续提高了。应该说如果与发达国家的一些企业进行纵向比较，我国企业管理的水平并不高。在企业改革日益深入的情况下，企业管理亟须加强、变革与创新。

三、要处理好企业改革、管理与发展的关系

国有企业改革与企业管理既有着十分密切的关系，又相互区别。企业改革与管理的目的都是为了企业的发展。一个企业的经济效益不仅仅取决于该企业的改革，还取决于该企业的管理水平、技术进步状况及其他一系列复杂的因素。加强和改进企业管理是国有企业改革三年实现两大目标的重要基础。针对国有企业所面临的新形势和新任务，要以企业走向市场、适应市场、提高企业的市场竞争力为中心，把加强和改进企业管理贯穿于改革、改组、改造的始终，以人为本，管理创新和制度创新、技术创新并举，在实践中建立起与社会主义市场经济体制和现代企业制度相适应的科学的管理体系，顺利实现由传统意义的企业管理向适应市场竞争的企业管理的转变。为此，应结合本企业的实际，探索和建立科学的管理体系。国有企业公司制改造以后，其管理制度也要做相应的变革与调整。

企业管理与企业改革具有十分密切的关系：

首先，企业改革与企业管理不是相互排斥的关系，而是一种相互促进的关系。通过加强、改善企业管理，有利于为企业改革创造良好的条件，可以使企业改革所形成的企业新机制得到良好的运行，从而推动企业的进一步发展；而进一步深化企业改革，推行现代企业制度，则有利于促使企业加强和改善企业管理，为加强和改善企业管理创造良好的经营机制。

其次，企业管理与企业改革在内容上具有一定的交叉关系。我们认为，现代企业制度是能够适应市场经济体制要求的企业的产权制度、企业组织制度、企业领导制度（治理结构）、企业法律制度、企业管理制度、企业制度环境以及处理这一系列制度和在这种制度下企业与各方面关系的行为规范、行为方式、行为准则的统称。正如前面所述，我们在现代企业制度中所讲的企业管理制度主要是指涉及企业生产关系属性的管理制度，如企业用工制度、企业法人治理结构（企业领导制度）、企业分配制度、企业财务会计制度、企业资产组

织制度，等等。进行主要涉及这些企业生产关系属性方面的企业管理制度的变革本身也是建立现代企业制度、深化企业改革的重要内容之一。

再次，推进企业改革与加强企业管理具有同样的目的。无论是加强企业管理还是推进企业改革，其本身都不是目的。加强企业管理与推进企业改革的目的都是为了促进企业的发展。

最后，企业管理与企业改革都具有开放性和动态性。无论是通过建立现代企业制度去深化企业改革，还是加强企业管理，都意味着我们要吸取人类在组织与管理社会生产方面的一切有用的成就，为我所用。人类在组织与管理社会生产方面的这种有用的成就并不是资本主义的特有产物，不是资本主义的专利，而是人类的共同财富，资本主义国家能够采用，社会主义国家同样也能够采用。在企业制度与企业管理方面排斥现代西方国家的有益的经验是一种不明智的做法。同时，企业管理与企业制度本身处于发展、变化、进步之中，并没有一种固定不变的模式。

但是，无论人们找出多少企业管理与企业改革的相互关系点，企业管理与企业改革毕竟还是两回事，不能把二者混为一谈。

第一，企业管理与企业改革具有不同的内涵和性质。企业管理是对企业的生产经营进行计划、组织、指挥、协调、控制的过程。而我们所讲的企业改革则是为了使企业适应社会主义市场经济体制而对企业制度和相应的企业经营机制以及企业与企业、企业与出资者、企业与政府、企业与员工、企业与社会等关系的变革过程。

第二，企业管理与企业改革具有不同的对象。企业管理的对象是企业的劳动资料、劳动对象和劳动者的结合与组织，是对企业系统的投入、转换和产出这一循环过程的组织；而企业改革的对象则是决定企业的劳动资料、劳动对象和劳动者的结合与组织状态的经营、运营机制，是决定企业系统的投入、转换和产出这一循环过程的组织状态的机制。

第三，企业管理与企业改革具有不同的性质。加强企业管理、对企业的管理进行变革也就是对企业的劳动资料、劳动对象和劳动者的结合与组织过程进行调整、变革、强化，是对企业系统的投入、转换和产出这一循环的组织过程进行调整、变革和强化，或者说是对企业的生产经营的计划、组织、指挥、协调、控制的过程进行调整、变革和强化。而企业改革的性质或实质则是对企业制度及其相应的企业经营机制的调整、变革。企业改革的过程更具有革命性的意义。

第四，企业管理与企业改革具有不同的范围。企业管理与企业改革的过程都既涉及生产关系的因素，又涉及生产力的因素，但二者所涉及的范围实际上是不一样的。企业管理所涉及的范围及因素主要是企业内部，企业在既定的企业经营机制和既定的或权变的外部环境和内部环境下，在企业内部对企业的生产经营进行计划、组织、指挥、协调、控制。企业管理主要是企业内部的事务和职责；而企业改革则既涉及企业的内部，更涉及企业的外部；既涉及企业的生产力属性，更涉及企业的生产关系属性。企业改革不仅仅是企业内部的事务，更是政府有关部门的事务。企业改革涉及对企业制度和相应的企业经营机制以及企业与企业、企业与出资者、企业与政府、企业与员工、企业与社会等关系的调整与变革，更涉及对整个经济体制的调整与变革，涉及政府职能的转变，甚至涉及对有关企业的法律制度的调整与变革。

总之，企业改革所涉及的范围与内容远比企业管理要来得广泛。企业管理与企业改革具有十分密切的关系，但二者不是一回事，企业管理不等于企业改革。

本章案例

抓住制度创新提升管理水平[①]

提升管理水平和管理能力是企业永恒的主题。改革是手段，是基础。当前体制僵化、机制陈旧仍是国有企业管理中的主要矛盾。长安航空有限责任公司抓住这个主要矛盾，走出了三着棋：

（一）产权结构多元化

单一的国有产权结构，是国有企业产权虚拟化，所有者不到位，造成企业实际上无人负责的症结所在。长安航空有限责任公司由长安航空（实业）公司、海南航空股份有限公司、海航控股（集团）有限公司共同出资组建，实现了产权结构的多元化。代表所有者利益的股东会，作为公司的最高权力机构，对公司的资产实施了有效的管理。长期以来，困扰长安航空公司的政企不分、政资不分问题得到了有效解决，企业法人财产权落到了实处。长安航空有限责任公司作为法人，实现了自主决策、依法经营、自负盈亏、照章纳税，为企业进行管理创新奠定了基础。

（二）建立规范的法人治理结构

在一切经济活动中，只有当权利、义务关系十分明确的责任人受到适宜企

[①] 节选自长安航空有限责任公司："凤凰涅槃的故事——长安航改制周年巡礼"，"从长安航改制看国企改革"研讨会会议材料，2001年8月18日。

业内外环境的制度约束时，企业的行为才能真正处于理性状态。因此，领导体制改革是国有企业改革的关键。法人治理结构是否规范，是建立现代企业制度的核心问题。

长安航空有限责任公司董事会作为公司股东会的常设权力机构，代表股东的利益，负责公司的重大决策；监事会作为公司的常设监察机构，对股东会负责，对董事会及其成员和总经理等高级管理人员行使监督职能；在董事会的领导下，总经理全面负责公司的行政、业务、财务等日常工作。职责明确，权力到位，规范了的法人治理结构，保证了事、责、权一致，从而极大地调动了管理层干事业的积极性，形成了精干高效、反应灵敏、运作协调、互相监督的领导体制。正是有了这样的领导体制，面对日益激烈的市场竞争，长安航空有限责任公司的经营者，才能不断提高决策的科学化、民主化、程序化、制度化水平，做到了决策迅速、准确，将失误降到了最低点，把握住了一次次公司发展壮大的机遇。

（三）以组织机构改革作为企业内部改革的先导

长期以来，国有企业内设机构行政化倾向十分严重，职责不清、权限不明、机构重叠、人浮于事、运转不灵的现象十分普遍。长安航空公司也是一样。长安航空有限责任公司成立后，首先对公司内部机构进行了大刀阔斧的改革。根据企业的实践，将原来的17个部门精简为7大职能事业部，形成了以市场销售为先导，以财务、计划管理为中心，以生产运行与支援中心为中枢，协调飞行、工程、安全运营监察三大部门生产经营管理的体系。中层以上管理干部由原来的34名减少到20余名，年龄结构由平均49岁降低为40岁。构建起了一个层级清楚、职责分明、权力到位、反应灵敏、运转高效的组织框架。

长安航空有限责任公司进行的组织机构改革中突出增强了经营生产的计划性和协调性。当前，有一种误解，认为从计划经济到市场经济，计划可以不谈了或少谈了。实际上，由于从短缺经济到相对过剩经济，在社会主义市场经济的环境中，企业的计划性必须越来越强，否则，将难以适应变幻无穷的市场需求。而这一切，都需要高效、协调的组织机构和合理、流畅的生产经营流程作保证。正是由于长安航空建立起了以信息灵敏、计划周到、监控严密、反应快速的地面服务保障体系和运行保障体系，才成功地处理了榆林爆炸事件紧急救援等多次紧急航班保障；非天气原因造成的航班延误次数大幅度降低，正点率显著提高。2001年上半年经民航总局统计，长安航空航班正常率达到81.5%，6月份更是达到88.1%，进入全国先进行列。

（四）建立起有效的激励机制和制约机制

有效的激励机制是一切经济活动提高效率的先导，成功的制约机制是一切经济活动的保证。现代企业经营机制的核心是建立与企业发展的内外环境相协调的企业激励机制，最大程度地调动每一位员工的积极性，提高工作效率；建立全员的制约机制，以规范员工的行为，保证企业生产经营链条的正常运转；建立合理的监督机制，以提高企业内部运作过程的透明度，使各项规章制度落到实处。

改制以前的长安航空有限责任公司，沿袭着传统的做法，员工在低收入的环境中吃企业的"大锅饭"，企业吃国家的"大锅饭"，大家都没有积极性。长安航空有限责任公司的建立，国家的"锅"没有了，企业这口"锅"必须依靠全体员工的努力，才能有的吃。每个人的收入必须与业绩挂钩。他们首先建立起灵活、有效的绩效工资制度，打破国有企业传统的单一的等级工资，实行按管理、经营、技术、生产分系列，按层级岗位定标准，向重点岗位倾斜的增大活工资比例的员工报酬制度。按照能力定岗位，依据业绩定工资，极大地激发了每一位员工的主动性、想象力和创造力，大幅度地提高了工作效率，提高了企业的经济效益。重组后长安航空有限责任公司员工的收入大幅度提高，人员平均工资收入增长40%以上，特别是机务、飞行等一线员工工资收入增加了近一倍。

其次，制定起了一整套严格的员工上岗竞争、晋职、晋级和奖励制度，在增强每个员工危机感、忧患意识的同时，充分激励员工不断学习、不断努力、不断提高工作热情。现在，公司内部竞争上岗、择优聘用，能者上、庸者下的机制基本形成，一些不思进取、不能胜任工作的中层以上管理干部被解聘原职务，调整到一般工作岗位；一大批年富力强、业务素质高的管理干部脱颖而出。为激励刚进入长安航空有限责任公司的员工创造性，公司降低了临时工和固定工之间的门槛。中长期合同工因为工作失误可能被转为短期合同工；短期合同工因为工作能力超群，工作业绩突出，也可以转为中长期合同工。公司司机石峰同志原为短期合同工，在工作中勤勤恳恳，多次做好人好事，受到旅客的表扬，公司根据其表现给予表彰，转为中长期合同工，成为公司员工学习的楷模。相应的公司重组后不久，少数管理干部由于不能适应新的体制和管理制度，公司妥善安排使其离开管理岗位。为进一步开发人力资源，建立竞争激励机制，公司已委托西安交通大学，制定公司新的激励方案。

与激励机制配套，公司按照现代人力资源管理的要求，建立起一整套责权明晰、考核严密、奖惩分明的人事劳动制度。如，各工作部门的《岗位职责》、《长安航空有限责任公司员工奖惩规定》等一系列干部、员工管理规定，明确了岗位责权，细分了岗位规范，做到"事事有人管，人人担其责"。靠制度管人，在制度面前人人平等，严格规范人员行为，对违反工作纪律、要求的行为予以严惩，从而增强了员工严于律己的意识。现在的长安航空有限责任公司，大到重大决策，小到生活行为，都有法可依、有章可循、重奖重罚、有据可查。公司先后对一些违纪员工给予行政处分和经济处罚，如一位机务人员在黄岩做航后检查时，未将滑油盖拧紧，使油箱渗油，为严肃维修作风，给予该员工开除留用一年的处分。一名员工在办公区内抽烟，被重罚。严明纪律、严格管理、奖罚分明已成为长安航空有限责任公司基本的治军之策。成为长安航空有限责任公司不断前进的基本保证。

在新的机制下，长安航空有限责任公司员工的面貌和工作作风发生了脱胎换骨的变化：工作态度认真了，工作节奏加快了，工作标准严格了，工作协调主动了，工作效率提高了，相互扯皮的事没有了，牢骚话听不到了，搬弄是非的消失了，相互矛盾减少了。用员工的话说"现在的长安航上下级关系清晰了，人与人的关系简单了，工作虽然有压力，但心里是踏实的。现在的长安航空有限责任公司，是一个有希望的长安航空有限责任公司"。

本章要点

1. 寻求公有制与市场经济相结合的实现形式和有效途径，寻求在社会主义市场经济体制条件下公有制的有效微观实现形式，使国有经济在社会主义市场经济体制条件下得以更好地发展。这是建设具有中国特色的社会主义市场经济体制的微观基础。

2. 建立现代企业制度是国有企业改革的方向。现代企业制度是能够适应市场经济体制要求的企业产权制度、企业组织制度、企业领导制度（治理结构）、企业法律制度、企业制度环境、企业管理制度（这儿主要是指企业中主要涉及生产关系的管理制度，如，企业用工制度、企业分配制度、企业财务会计制度）以及处理这一系列制度和在这种制度下企业与各方面关系的行为规范、行为方式、行为准则的统称。公司制是现代企业制度的主要组织形式，但现代企业制度不等于现代企业组织形式。

3. 产权明晰、政企分开、责权明确、管理科学是现代企业制度的基本特点与内涵。

4. 改革开放以来，我国国有企业的管理环境发生了翻天覆地的变化。这种变化简言之即为：从计划经济走向市场经济；从封闭经济走向开放经济并处于日益全球化的进程之中；从短缺经济转为相对过剩经济；从数量扩张型增长转为质量提高型增长；知识经济初露端倪；从单一的全民所有制与集体所有制转变为以国有经济为主导、以公有制经济为主体、多种所有制在市场经济条件下公平竞争共同发展；从生产管理型转变为生产经营管理型又向资本经营型管理发展。这种环境变化对国有企业而言既是一种很好的发展机遇，也是一种严重的挑战，且这种挑战变得越来越严峻。相应的，对国有企业的管理也提出了更高、更多的要求。

5. 建立社会主义市场经济体制的过程为我国企业管理水平的提高创造了一个良好的制度环境。要正确估计我国企业管理的总体水平。无论从企业管理的对象来看，还是从企业管理的环境、企业管理的手段、企业管理的方法与标准、企业管理的观念与管理内容来看，我国目前企业管理的总体水平与改革以前的企业管理总体水平相比较，是大大地提高了，而不是下降了。

6. 目前在一些企业中确实存在着忽视企业管理、以企业改革去取代企业管理的现象。我国企业的管理水平还需要继续提高。如果与发达国家的一些企业进行纵向比较，我国企业管理的水平并不高。在企业改革日益深入的情况下，企业管理亟须加强、变革与创新。

7. 国有企业改革与企业管理既有着十分密切的关系，又相互区别。

研究思考题目

为什么说建立现代企业制度是国有企业改革的方向？

推荐阅读材料

王洛林、陈佳贵主编：《现代企业制度的理论与实践》，经济管理出版社，1997。

吴敬琏：《大中型企业改革：建立现代企业制度》，天津人民出版社，1993。

第二章　公司治理与经营者的激励约束

　　无论国外的经典管理学教材还是我国的现代企业管理学教科书，都很少将公司治理结构和对经营者的激励约束问题作为探讨内容。因为人们一般认为，这些问题更多地属于经济学企业理论的研究范畴，是和什么是企业、企业存在的合理性、企业的目标和边界之类更为根本的问题相关联的。然而，如果学生对公司治理结构和经营者激励约束问题缺少了解，那么学生通过学习所获取的有关现代公司制企业的管理知识就可能相对肤浅。因为没有公司治理结构方面的知识，就无法理解现代企业这种组织的性质、目的和运作机制，对现代企业管理知识的把握也就不可能系统、深入。

第一节　现代企业的产生与企业理论的发展

　　虽然现代企业制度是以股份有限公司和有限责任公司为主要表现形式的，但以股份形式体现的有限责任制度的出现并不能保证古典企业制度向现代企业制度发展。其实股份制度的历史甚至可以追溯到久远的古罗马时期，在当时就已经有向公众发售票证、筹建资金的组织。① 到 16 世纪，英国、法国和荷兰等国曾出现过一批由政府特许建立的在国外某些地区具有贸易特权的贸易公司，这些公司采用股份合资经营的形式，被认为是现代股份公司的前驱。②

一、现代企业特征分析

　　美国著名企业史学家钱德勒于 1977 年出版的《看得见的手——美国的企业管理革命》，系统地研究了 19 世纪中期以来美国现代工商企业成长的历史。钱德勒的分析认为，企业规模的扩张、现代工商企业的出现取决于技术、市场和交通通信条件等因素，16 世纪的贸易特权公司虽然具有现代股份制企业的

---

① ［美］雷恩：《管理思想史》，第 21 页，中国社会科学出版社，1986。
② ［苏］梁波斯基：《外国经济史（资本主义时代）》，第 53 页，三联书店，1962。

某些特征，但由于受当时这三方面因素的限制，这些经济组织并没有成为当时经济活动的主要形式。

按照钱德勒给现代企业组织的定义："由一组支薪的中、高层经理人员所管理的多单位企业"，[①] 现代企业与古典企业的区别表现在三方面：①现代企业是规模较大、具备多种经济功能、可跨行业和地区经营的多单位企业；古典企业是规模较小、单一功能、在一个地区经营单一产品系列的单一单位企业。②现代企业的资本所有权与企业管理发生分离；古典企业的管理者兼有资本所有者的身份，资本所有权和管理权是合一的。③现代企业是一复杂的管理层级组织；古典企业是层级组织中的最简单形态。因此，在钱德勒看来，与股份制度相比，资本所有权与管理的分离更能体现现代企业的特点。

之所以具有资本所有权与管理分离特征的现代企业会取代二者合一的古典企业成为现代社会的主要经济组织形式，钱德勒的解释是，随着技术、市场和交通通信的发展，企业的规模日益扩张并伴随着技术和管理过程的复杂化，需要专门的管理人员进行管理。也就是说，古典企业是单一单位的、具有简单层级组织的企业，资本所有者可以自己管理，而当古典企业发展为多单位的、具有复杂的层级组织的现代企业时，必须是具有特殊人力资本的专职管理人员才能够管理。如果按照交易费用经济学角度的解释，企业组织的产生和发展是经济效率提高，即交易费用降低的客观要求，有效率的组织结构应符合资产专用性、外部性和层级分解的原则，那么，现代企业的所有权与管理的分离应比古典企业的二者合一更具效率。

早在钱德勒从经济史角度研究现代企业特征之前，美国经济学家伯利（Berle）和米恩斯（Means）在其一项开创性的实证研究中（1932 年），就提出了著名的"控制权和所有权分离"命题。[②] 其基本含义是：在现代公司中，由于股权的广泛分散，没有人拥有任何一家公司的具有实质性意义的股份，企业的控制权已经转入公司的管理者手中，而管理者的利益经常偏离股东的利益。循着伯利和米恩斯的管理者主导企业的假说，鲍莫尔（Baumol，1959）、玛瑞斯（Marris，1964）和威廉姆森（Williamson，1964）分别提出了企业最小利润约束下的销售收入最大化模型、最小股票价值约束下的企业增长最大化模型和最小利润约束下的管理者效用函数最大化模型。这些模型从不同角度揭示了掌握控制权的管理者与拥有所有权的股东之间的利益目标差异，从而提出了现代公司制企业治理结构和如何激励约束管理者追求股东利益目标的问题。

---

① ［美］钱德勒：《看得见的手——美国企业的管理革命》，第 2 页，商务印书馆，1987。
② ［美］伯利、米恩斯：《现代股份公司和私人财产》，中华书局，1981。

伯利和米恩斯的"所有权和控制权分离"命题只是经营者的激励约束问题的理论渊源，实际上最早提及该问题的是亚当·斯密，在其《国富论》中有一段著名的关于资本所有者与企业最高决策者的关系的论述："在钱财的处理上，股份公司的董事为他人尽力，而私人合伙公司的伙员则纯是为自己打算。所以，要想股份公司的董事们监视钱财用途，像私人合伙公司伙员那样用意周到，那是很难做到的……疏忽和浪费，常为股份公司业务经营上多少难免的弊窦。"①上述分析表明，公司治理和经营管理者的激励约束问题日益普遍和重要是与现代企业制度的产生和发展同步的。

二、企业理论的发展

在过去约 100 年的时间里形成的新古典经济理论主要从技术的角度看待企业，企业在标准的阿罗（Arrow）和德布罗（Debreu）的竞争—均衡范式中被作为生产函数。企业在无私的管理者经营下对投入产出水平进行选择旨在使利润最大化，这同时也意味着成本实现最小化。这种理论在一般意义上强调技术的作用，在特定意义上强调规模收益对企业规模的决定作用无疑都是正确的。而且，该理论在分析完全竞争条件下企业最优生产决策方面、在理解一个产业的整体行为及一个产业中企业间战略变化方面是一个有效的工具。但该理论存在致命的、明显的缺陷，"它完全忽略了企业内部的激励问题。企业被看做一个完全有效的'黑匣子'，在它的内部，任何东西都十分顺利地运行着，每个人都在做着指定给他的工作。对任何企业即使只瞥上一眼，就能知道这是不现实的"。②然而，存在严重缺陷的新古典主义厂商理论却一直在经济学中占据"主流"地位。伯利和米恩斯的"所有权和控制权分离"命题终于突破了传统的企业利润最大化的假设，从激励角度对新古典主义厂商的理论进行挑战，这无疑是具有十分重大的理论价值的。在伯利和米恩斯的管理者主导企业假说提出 5年后，科斯（Coase，1937）发表了经典论文《企业的性质》，首创交易费用学说，阐释了企业存在及扩张的意义，对古典主义厂商理论进行了正面挑战。在之后的 30 多年中，无论是伯利和米恩斯的管理者主导企业假说，还是科斯的交易费用学说，都被经济学界束之高阁。进入 70 年代以后，一方面由于威廉姆森等人对交易费用经济学的发展；另一方面由于被冠以信息经济学（Information Economics）、激励理论（The Theory of Incentives）、契约理论（The Theory of Contracts）或委托—代理理论（Principal-Agent Theory）等名称的新的微

---

① ［英］亚当·斯密：《国民财富的性质和原因的研究》，第 303 页，商务印书馆，1992。
② ［美］哈特：《企业、合同与财务结构》，第 19 页，上海人民出版社，1998。

观经济学基础理论的突破,[1] 始于科斯、伯利和米恩斯的现代企业理论才取得了迅速发展。现代企业理论在近一二十年来得到了迅速发展,已成为现代经济学的前沿和热门领域。

新制度经济学认为,伯利和米恩斯的管理者主导企业假说和随后发展的各种管理者模型提供给经济学家的是问题而不是答案,企业偏离最大化行为应该被解释而不是被假定。从某种意义上说,对管理者模型提出问题的回答或对企业偏离最大化行为的解释,构成了现代企业理论的核心内容之一。和任何新兴学科一样,现代企业理论至今仍没有形成一套公认的体系,但至少包括以下四方面内容:第一,企业的本质和界限。具体包括企业如何定义、企业的所有权含义是什么、企业与市场的界限在哪里、决定企业合并和最终规模的因素是什么等问题。第二,企业的内部层级制度。解释企业组织的内部结构设计、组织中信息和人员行为等问题。第三,企业的资本结构或财务结构。涉及企业债权和股权的最优比例,债权人、股东和经营者的相关权力分配,破产的目的和经济含义等问题。第四,企业所有权和控制权的分离。解决所有者的利益如何得到保障、不同类型所有者之间的利益如何协调、经营者的激励和风险负担问题等。[2]

归结起来,企业理论发展到现在,解释公司治理和经营者激励和约束问题已经构成了现代企业理论核心内容之一。

第二节　公司治理结构:基本共识与模式比较

现代企业所有权与控制权分离的特点,必然要求在所有者与经营者之间形成一种相互制衡的机制,依靠这套机制对企业进行管理和控制。这套机制被称为公司治理结构(Corporate Governance,又可译为法人治理结构或公司督导机制)。公司治理结构的重要性在于它是现代公司运行和管理的基础,在很大程度上决定了企业的效率。良好的公司治理结构可以激励董事会和经理层通过更有效地利用资源去实现那些符合公司和股东利益的奋斗目标。

---

① 这些名称概指同一理论。信息经济学是非对称信息博弈论在经济学上的应用,研究什么是非对称信息情况下的最优交易契约,其所有模型都可以在委托人—代理人框架下分析,故又称为契约理论、机制设计理论和委托—代理理论。

② 钱颖一:《企业理论》,载汤敏、茅于轼主编:《现代经济学前沿专题(第一集)》,商务印书馆,1989。

一、理解公司治理结构

尽管公司治理结构如此重要，而且这一术语被广泛使用，但迄今为止并没有形成一个统一的定义，甚至可以认为存在有关公司治理结构的"语义丛林"。

1999 年 5 月，由 29 个发达国家组成的经济合作与发展组织（OECD）理事会通过了《公司治理结构原则》。该《原则》把公司治理结构界定为："公司治理结构是一种据以对工商公司进行管理和控制的体系。公司治理结构明确规定了公司的各个参与者和责任者的责任和权利分布，诸如董事会、经理层、股东和其他利益相关者，并且清楚地说明了决策公司事务时所应遵循的规则和程序。同时，它还提供了一种结构，使之用以设置公司目标，也提供了达到这些目标和监控运营的手段。"①

这里无意对各种公司治理结构的具体定义进行比较和评论，只指出两点共识：①具体而言，公司治理结构是有关所有者、董事会和高级执行人员即高级经理人员和其他利益相关者之间权力分配和制衡关系的一种制度安排，表现为明确界定股东大会、董事会、监事会和经理人员职责和功能的一种企业组织结构。从本质上讲，公司治理结构是企业所有权安排的具体化，是有关公司控制权和剩余索取权分配的一整套法律、文化和制度性安排，这些安排决定了公司的目标、行为，决定了在公司的利益相关者中在什么状态下由谁来实施控制、如何控制、风险和收益如何分配等有关公司生存和发展的一系列重大问题。②企业治理存在两类机制：一类是外部治理机制，指产品市场、资本市场和劳动市场等市场机制对企业利益相关者的权力和利益的作用和影响，尤其是指诸如兼并、收购和接管等市场机制（被称为公司治理市场、控制权市场等）对企业家控制权的作用；另一类是内部治理机制，是企业内部通过组织程序所明确的所有者、董事会和高级经理人员等利益相关者之间权力分配和制衡关系，即公司治理结构或法人治理结构。

从理论上分析，有两方面的原因决定了公司治理结构这种制度性安排的必要性：一方面是由于代理问题的存在，尤其是现代公司中存在着所有者和职业企业家的委托代理关系，公司组织成员间利益有冲突，需要一套解决代理问题的授权和权力制约的制度性安排；另一方面的原因是契约是不完全的，交易费用之大使成员之间的利益冲突（代理问题）不可能完全通过契约解决，上述制度性安排就十分必要。然而，在 20 世纪 80 年代以前，公司治理结构并没有引起人们太多的关注。进入 80 年代以后，公司治理结构问题才成为理论界研究

---

① 转引自陈清泰等主编：《国有企业改革攻坚 15 题》，第 159 页，中国经济出版社，1999。

的热点，甚至一度成为报纸上沸沸扬扬的标题。这主要是由于另两个更为现实的原因，一是公司高级经理人员的薪金增长速度大大快于公司收益的增加，尤其是在股票价格大幅度上升的80年代，由于股票期权的报酬制度，使得公司高级经理人员变得极为富有，再加之高级经理人员的过于奢侈的"在职消费"，因而对过于贪婪的高级经理人员如何制约成为人们关注的焦点问题；二是随着世界上许多计划经济体制国家纷纷向市场经济体制转轨，人们的注意力开始集中于市场经济国家的不同模式上，而公司治理结构模式的差异是市场经济模式不同的集中体现。因而，建立什么样的公司治理结构进而选择何种市场经济模式成为世界各国经济学家共同关注的主题。

一般而言，有效的或理想的公司治理结构标准包括：①应能够给经营者以足够的控制权自由经营管理公司，发挥其职业企业家才能，给其创新活动留有足够的空间。②保证经营者从股东利益出发而非只顾个人利益使用这些经营管理公司的控制权。这要求股东有足够的信息去判断他们的利益是否得到保证、期望是否正在得到实现，如果其利益得不到保证、期望难以实现，股东有果断行动的权力。③能够使股东充分独立于职业企业家，保证股东自由买卖股票，给投资者以流动性的权力，充分发挥开放公司的关键性优势。[①] 显然，这些理想要求或标准在实际中很难完全实现，因为它们常常是冲突和矛盾的。而公司治理结构就是要在各利益相关者的权力和利益的矛盾中寻求动态平衡。

正是公司治理结构这种动态平衡的内在要求，决定了公司治理结构的灵活性。这种灵活性一方面表现为一个公司的治理结构不是一成不变的，需要根据企业外部环境和内部条件变化不断完善和改进。这个改进和完善的过程在很大程度上表现为职业企业家控制权的动态调整过程，表现为利用控制权调整激励约束企业家行为的过程，进而表现为企业效率的改进过程。公司治理结构灵活性的另一方面表现为不同公司的治理结构的差异性，这种差异性进一步影响了公司竞争力。虽然经济理论和法律研究确定了关于公司治理结构的一个基本框架（例如OECD给出的《公司治理结构原则》），为股东、董事会和经理人员之间关系提供了一个基本规范，但具体到各个国家的各个公司的治理结构，有关三者之间关系的规定常常是不尽相同的。例如，关于公司的兼并、收购事宜，有的公司由股东大会直接决定，有的公司则授权董事会决定；关于高层执行官员的任命，多数公司授权董事会，有的公司则由股东大会自己掌握批准权；有些公司董事会只任命一个首席执行官员或总经理，其他高层经理人员由总经理选择，而有些公司的所有高层经理人员都由董事会直接任命。

---

① 郑红亮：《公司治理理论与中国国有企业改革》，载《经济研究》，1998（10）。

从公司治理结构的契约构成角度分析，构成公司治理结构的契约包括"正式契约（Formal Contracts）"和"非正式契约（Informal Contracts）"两类，其中"非正式契约"是由一个国家或地区的文化、社会、传统习惯决定的行为规范，虽没有法律效用，但实实在在地起作用，在很多情况下影响"正式契约"的签订；"正式契约"又包括诸如《公司法》、《破产法》、《劳动法》之类的以政府颁布法律、条例形式出现的"通用契约"，以及只适用于单个企业的以公司章程、条例和具体合同形式出现的"特殊契约"。①"特殊契约"决定了同一国家的不同公司的治理结构差异，而"通用契约"和"非正式契约"决定了不同国家的公司治理结构差异。

二、公司治理模式比较

公司治理模式并不是一个严格的概念，所谓一个国家的公司治理模式是对在该国占主导地位的公司治理结构的主要特征之归纳，并非该国公司的治理结构都是如此，根据上面所说的公司治理结构的灵活性，每个公司的治理结构不可能是相同的。公司治理模式的引入只是用于描述不同国家的公司治理结构差异，进行跨国界的比较分析。

关于世界上的公司治理模式，一种典型的分类是莫兰德（Moerland）给出的"二分法"，即以美、英和加拿大等国家为代表的市场导向型（Market-oriented）模式，和以德、日等国为代表的网络导向型（Network-oriented）模式。②市场导向型的特征为：存在非常发达的金融市场；公司的所有权结构较为分散，开放型公司大量存在；公司控制权市场非常活跃，对企业家的行为起到重要的激励约束作用；外部企业家市场和与业绩紧密关联的报酬机制对企业家行为发挥着重要作用。网络导向型模式的特征是：公司的股权相对集中，持股集团成员对公司行为具有决定作用；银行在融资和企业监控方面起到重要作用；董事会对企业家的监督约束作用相对直接和突出；内部经理人员流动具有独特作用。关于这两类模式的业绩，并没有实证数据和理论分析说明哪一类更优。莫兰德进一步的分析认为，市场导向型模式具有的重要的优点是存在一种市场约束机制，能对业绩不良的企业家产生持续的替代威胁。这不仅有利于保护股东的利益，而且也有利于以最具生产性方式分配稀缺性资源，促进整个经济的发展。但市场导向型模式的不足也是明显的：易导致企业家的短期化行

---

① 张维迎：《所有权、治理结构及委托代理关系》，载《经济研究》，1996（9）。

② Moerland, P., W., 1995, "Alternative Disciplinary Mechanisms in Different Corporate Systems", *Journal of Economic Behavior and Organization*, 26, pp.17-34.

为，过分关注短期有利的财务指标；过分担心来自市场的威胁，不能将注意力集中于有效的经营管理业务上；缺乏内部直接监督约束，企业家追求企业规模的过度扩张行为得不到有效制约等。与市场导向型模式相比，网络导向型的优点在于，有效的直接控制机制可以在不改变所有权结构的前提下将代理矛盾内部化，管理失误可以通过公司治理结构的内部机制加以纠正。但由于缺乏活跃的控制权市场，无法使某些代理问题从根本上得到解决；金融市场不发达，企业外部筹资条件不利，企业负债率高，这些缺陷是该模式的重要问题所在。比较这两类模式，取长补短无疑是改进公司治理结构的必然选择。莫兰德的研究表明，从长期发展趋势看，由于产品和金融市场的全球化趋势，上述两类模式似乎逐渐趋同。在美国，金融机构作为重要股东的作用正逐渐增强；而在日本，主银行体制的中心作用正在削减。

关于公司治理模式的另一种分类是根据监控主体不同而进行"三分法"：家族监控模式、内部监控模式和外部监控模式。[①] 表 2-1 对三类模式的特点进行了归纳描述。在表中，家族监控模式在东南亚国家和香港地区、台湾地区的公司中较为普遍，法国、意大利和西班牙等国家也存在一定数量的家族公司。内部监控模式和外部监控模式分别对应莫兰德分类中的以英、美等国为代表的市场导向模式和以德、日等国为代表的网络导向模式。家族监控模式可以归为内部监控模式，但又有其独特之处。显然，对各国的公司治理模式进行比较分析对转轨经济国家改进公司治理结构有重要的指导意义。

表 2-1　三种公司治理模式典型特征描述

项目 ＼ 模式	家族监控治理模式	内部监控治理模式	外部监控治理模式
股权结构和资本结构	股权集中，主要控制在家族手中，负债率较高	相对集中，法人相互持股，银行贷款是企业的主要筹资渠道，负债率高	相对分散，个体法人持股比例有限，证券市场筹资是企业的主要资金来源，负债率较低
外部市场的作用	市场体系不完善，几乎不依赖外部市场	很少依赖外部市场	各类市场发达，对市场依赖程度很高
法律的作用	家族内部协商解决问题，几乎不依赖法律	股东成员间协商解决问题，较少依赖完备的法律保护	更多依赖完善的法律保护
决策方式	个人决策或家庭决策	倾向于集体决策	倾向于个人决策
对企业家控制权的激励约束	企业家的激励约束基本不是问题，以血缘为纽带的家族成员内的权力分配和制衡	董事会的直接监督约束作用明显，银行实质性参与监控，内部经理人员流动起到一定控制作用	活跃的控制权市场发挥着关键的激励约束作用，外部经理市场的有效运作对业绩不良的企业家产生了持续的替代威胁
文化特征	家族传统	集体主义	个人主义

① 吴淑琨、席酉民：《公司治理模式探讨》，载《经济学动态》，1999（1）。

第三节　现代企业经营管理者
激励约束机制的基本内容

与古典企业相比，现代企业的效率源泉主要在于利用了经营管理者即职业企业家的专业经营管理才能，但随之产生的问题是职业企业家与古典企业家的工作积极性的差异。而该问题的解决取决于经营管理者激励约束机制的有效性。也就是说，经营管理者的激励约束机制决定了有专业才能的职业企业家的积极性，进而决定了现代企业的效率。因而，经营者的激励约束问题对现代企业效率具有决定意义。这个简单的理论逻辑结论在规范的现代公司制企业中表现为通过不断地完善公司治理机制、有效激励约束经营管理者的行为来改善企业绩效。

从分析逻辑而言，现代企业所有权和控制权的分离、企业家职能的分解、经营管理者和企业所有者的目标和利益不一致，是经营者激励约束问题产生的必要条件，但并不是充分条件。经营者的激励约束之所以必要，还因为经营管理者和所有者之间信息不对称。具体而言，经营管理者拥有所有者所不知且难以验证的信息，即"私有信息"；经营管理者的一些行为或决策是所有者无法观察和监督的，即"不能观投入"。如果信息是对称的，经营管理者的一切信息都是公开的和可验证的，一切行为都是可观察和监督的，那么，经营管理者和所有者之间的契约是完全的，经营管理者任何偏离所有者目标和利益的动机、行为都会被制止。正是由于"私有信息"和"不能观投入"的存在，通过建立经营管理者的激励约束机制，诱导出真实信息、刺激出适当行为才十分必要。建立职业企业家的激励约束机制是保证现代企业组织享有企业家职能分工产生的高效率，同时避免职业企业家和企业所有者的目标利益不一致而产生的损失的必然要求。

归结西方国家现代企业建立有效的经营管理者的激励与约束机制的实践，可以把影响经营管理者行为的激励与约束因素概括为报酬、控制权、声誉和市场竞争四类，与之相对应，形成了经营管理者行为激励与约束的报酬机制、控制权机制、声誉机制和市场竞争机制。

一、报酬机制
与经营者报酬相关的理论认识是多方面的，在新古典经济学中，企业家才能作为和劳动、土地、资本相对应的一种要素，其报酬是利润；源远流长但又角色林立的企业家理论因不同的企业家理论赋予企业家角色不同，相应对企业家的报酬来源、数量的认识存在差异。在企业家理论中，企业家的报酬可以是承担风险、不确定性的收入，可以是创新的结果，可以是洞察、利用市场机会的投机收入等。对于现代企业中"支薪"的职业企业家而言，从人力资本理论角度说，其报酬是其人力资本投资的收益，是其人力资本的价值；但从经营管理者的激励约束角度说，报酬是调动经营者管理者积极性、激励约束其行为的一个重要因素，是其对企业贡献的奖励。

一般地说，基于"多劳多得"的简单逻辑，报酬是作为激励因素来满足经营者的生存需要的，但赫兹伯格的"激励—保健"双因素理论认为基本的工资报酬只属于保健因素，不会引发被激励者内心的积极性。这意味着由于经营管理者在其他地方得不到满足其生存需要的工资报酬，为了这份报酬不得不约束自己的机会主义行为，按所有者要求的行为去做，因而工资报酬只能算是一种"约束"因素，约束职业企业家工作中不出现可以导致结束其职业生涯的渎职行为和失误。正如美国通用食品公司总裁弗朗西克所说："你可以买到一个人的时间，你可以雇到一个人到指定的工作岗位，你可以买到按时或按日计算的技术操作，但你买不到热情，你买不到创造性，你买不到全身心的投入。"[1] 如果报酬是固定的，报酬中没有风险收入，这样分析的结论是成立的。但进一步分析，如果经营管理者的报酬结构是多元化的，除了包括固定报酬满足其生存需要外，还包括风险收入（企业剩余）部分，报酬因素就会随着风险收入的增多而逐渐增加激励力量，直至报酬全部变为风险收入，激励作用达到最大，报酬完全成为激励因素，经营管理者的行为也就会是真正的"企业家"行为（然而，此时，经营管理者也就不再是职业企业家，已经成为具有完全剩余索取权的古典企业家了）。

关于经营管理者的报酬机制另一个更为基本的问题是以什么样的业绩指标衡量经营管理者的努力程度和能力，利润、股票价值、销售额、资产额等一般指标与经营管理者的努力程度和能力的相关性有多大，经营管理者的报酬应与哪种或哪几种指标"挂钩"。这是一个关于经营管理者报酬机制的具体目标导向的问题。由于"道德风险"和"逆向选择"的存在，经营管理者的努力程度和能力是"不可观投入"，为此必须寻找一些可以观测的指标替代衡量经营管理者的努力程度和能力，从而使经营管理者的报酬能真实反映其贡献。然而，当选择可观测指标替代估量"不可观投入"时存在两大困难，使得可观测的指

---

① 转引自刘正周：《管理激励与激励机制》，载《管理世界》，1996（5）。

标不能真实全面衡量经营管理者的努力程度和能力：一是可观测的指标常常具有相互冲突的多维特性，过于强调某一方面特性可能会产生不适当的激励作用。如完全依赖利润指标，有可能激励经营管理者为追求利润而采取"拼设备"的短期化行为。二是可观测的指标不仅受经营管理者的决策行为所影响，还受到许多非经营管理者所控因素的影响，若他们的报酬与这些指标"挂钩"，有可能表现为不公平，从而产生副作用。如利润指标除受经营管理者的能力和努力程度影响外，还受到企业条件、外部环境等多方面因素的影响。正是由于这两方面障碍，经营管理者的报酬与什么指标"挂钩"问题难以有统一的定论，大量的经验统计分析证明了这一点。[①]

归结起来，建立激励约束经营管理者行为的报酬机制主要解决三方面问题：①报酬构成、报酬结构变化对经营管理者行为的影响及最优的报酬结构确定。②报酬数量与经营管理者的积极性的关系及最优报酬数量确定。③经营管理者的报酬与何种企业业绩指标"挂钩"、如何"挂钩"，才能最好地衡量经营管理者的能力和努力程度。

二、控制权机制

一般对企业激励问题的研究有两方面欠缺：一是只注重收入的分配方式差异，忽视控制权分配和转移。如注意到股权和债权在收入分配方面的不同，但较少考虑股权和债权在控制权分配方面的差异：债权人在企业无法还债时有控制权，股东则是在付完债权人债务后的情况下有控制权。二是注重货币收入的激励作用，忽视非货币的与控制权相关联的"个人好处"的激励作用。[②]如我国国有企业厂长经理的货币收入与一般职工差别不大，但有很大的控制权，享有高额的"在职消费"，高额的"在职消费"相对于其货币收入更具有激励作用。这两方面不足正是由于没有把控制权作为经营者的激励约束因素进行研究所致。掌握经营控制权（或者用产权理论的分析框架，称其为相对于剩余控制权的特定控制权）可以满足经营管理者两方面的需要，既满足了控制他人或感觉优越于他人、感觉自己处于负责地位的权力需要，又使得经营者具有职位特权，享受职位消费，给经营者带来正规报酬激励以外的物质利益满足。

从控制权作用的机制分析，使经营者的经营控制权受到约束或使之失去经营控制权的威胁主要来自两方面：一方面是来自企业组织内部所有者通过法人治理机制对经营者的监督约束；另一方面是来自市场竞争约束和其他企业对本

---

① 张军：《现代产权经济学》，第 176~177 页，上海三联书店，1994。
② 钱颖一：《激励理论的新发展与中国的金融改革》，载《经济社会体制比较》，1997（6）。

企业的接管、兼并或重组的资本市场行为。这两方面的约束可以保证那些为了拥有控制权满足权力需要和"职位消费"需要的经营管理者约束自己的机会主义行为，按所有者要求的行为去做，但其努力程度只限于不断送其职业生涯。但如果允许经营管理者拥有部分剩余索取权（剩余索取权是与剩余控制权相匹配的，拥有一定的剩余索取权，也就是拥有相应程度的剩余控制权），在法人治理结构中他不仅是经理，而且还是股东或董事，随着其拥有的剩余索取权的逐渐增大，其行使经营控制权受到的约束会逐渐减弱，也就相当于其权力日益增大，权力需要和"职位消费"需要日益得到更高的满足，控制权的激励作用日益增大，其积极性日益增高。发展到极端，就是完全集剩余所有权和控制权于一身的古典企业家，权力的激励也达到最大化。在现实中，经营管理者的控制权的大小是通过法人治理结构对经营管理者的控制权授予和约束进行动态调整的，旨在保证控制权机制既对经营管理者行为有约束作用，又对经营管理者行为有激励作用。归结起来，有效的经营管理者控制权机制的建立完全取决于科学的法人治理结构的建立和有效运作。

三、声誉机制

上述报酬机制和控制权机制都隐含着一种认可：剩余索取权或者说让经营者占有经营剩余是一种终极的激励手段。这种认可被认为是经济学所揭示的激励理论的重要原则。[①] 然而，对于声誉机制而言，似乎与剩余索取或剩余占有并不直接相关。在管理学看来，追求良好的声誉是经营者的成就发展需要，或归于马斯洛的尊重和自我实现的需要。如果承认马斯洛的自我实现的需要是人类最高层次的需要，那么，声誉才是一种终极的激励手段。现代企业经营管理者努力经营，并非仅仅是为了占有更多的剩余，还期望得到高度评价和尊重，期望有所作为和成就，期望通过企业的发展证实自己的经营才能和价值，达到自我实现。虽然经营者的高报酬在一定程度上代表了对其社会价值的衡量和认可，但高报酬所带给经营者的具有比他人更优越地位的心理满足是不能替代良好声誉所带给经营者对自我实现需要的满足的。

与管理学把追求声誉作为满足自我实现的终极激励手段不同，经济学仍从追求利益最大化的理性假设出发，认为经营者追求良好声誉是为了获得长期利益，是长期动态重复博弈的结果。自亚当·斯密开始，经济学中一直把声誉机

---

① 周惠中：《经济激励和经济改革》，载汤敏、茅于轼主编：《现代经济学前沿专题（第二集）》，商务印书馆，1993。

制作为保证契约诚实执行的十分重要的机制。① 由于契约是不完全的，不可能穷尽所有情况，契约各方履行职责是基于相互信任，而相互信任的基础是多次重复交易，长期信任就形成了声誉。对于经营者管理者而言，声誉机制的作用机理在于没有一定的职业声誉会导致其职业生涯的结束，而良好的职业声誉则增加了其在企业家市场上讨价还价的能力，前者起到对经营者机会主义行为的约束作用，后者则对企业家行为具有激励作用。经营者的事业刚刚开始，还没有建立起自己的声誉，由于担心产生不好的声誉而失去现有的职位，会约束自己的机会主义行为。进一步地为了获得良好的声誉，增加自己在企业家市场上讨价还价的能力，企业家会尽最大努力去工作，声誉的激励作用愈来愈大，直至由于努力工作建立了很高的声誉，声誉激励的作用达到最大。但这种激励约束作用是动态变化的，有一种极大的可能是经营者一旦获得良好的声誉后，其努力程度可能反而低于其事业开始追求声誉的时候。② 管理学对此可能的解释是"成名"后经营者的成就发展需要在一定程度上得到满足。但由于声誉是经营者的无形资产，高声誉或"成名"的经营者与事业刚开始的企业家相比，不需要花费过多的努力就会取得很大的业绩。然而，如果市场机制较为完善的话，在激烈的竞争中，不进则退，具有高声誉的经营者要不懈努力，以保持与其声誉相称的竞争地位。

另外，从声誉机制的作用机理分析，公平因素和期望因素对声誉的激励约束过程有着重要的影响。其一，公平因素涉及声誉的"质量"问题，如果是公平的，即声誉能准确地反映经营者的努力和能力，则声誉能够发挥正常的激励约束作用；反之，如果声誉"质量"比较低，经营者可以通过一些非正常手段"浪得虚名"，声誉的激励约束机制将可能发生扭曲。其二，经营者对自己通过努力得到相应声誉的期望概率，以及声誉能够带来其需要满足程度的预期（例如，经营者对一定的声誉能够使其得到多少收入的预期）会影响声誉的激励约束作用。如果经营者对未来预期悲观，则会重视现期收入，不重视声誉，声誉机制的激励约束作用有限；如果经营者对未来预期乐观，则会重视声誉，声誉机制对经营者的激励约束作用强烈。由于声誉与文化、法律、制度等因素密切相关，具有模糊性和不可控性，虽然存在一些多阶段动态博弈模型，但还缺少对声誉机制与经营者积极性的关系的全面描述。

---

① Milgrom, P., and J. Roberts, *Economics*, *Organization & Management*, Prentice Hall, 1992, p.259.

② 可以类比的是，一个著名的专家学者在成名前的努力程度常常大于成名后的努力程度。

四、市场竞争机制

如果经济学认为剩余索取权是一种对经营者行为的终极激励手段，那么，市场竞争机制就是一种对经营者机会主义行为的终极约束，其前提是市场竞争是充分的。这不仅因为较为充分的竞争市场具有一定的信息披露机制，缓解信息不对称问题，更因为市场竞争的优胜劣汰机制对经营者的机会主义行为的惩罚是"致命"的，是控制权机制、声誉机制发挥约束作用的前提。

对经营者行为的市场竞争约束包括企业家（经理）市场、资本市场和产品市场三方面，这三方面市场对经营者行为约束的机理略有不同。企业家市场被有的经济学家认为是最好的经营者行为的约束机制，充分的经营者之间的竞争很大程度上动态地显示了经营者的能力和努力程度，使经营者始终保持"生存"危机感，从而自觉地约束自己的机会主义行为。但这种市场机制对经营者行为的约束除受到企业家市场的完善程度影响外，还受到诸多限制，使这种约束不是强有力的：一是如果股东分散，股东之间会出现"搭便车"行为，不愿意承担"弹劾"现任经营者的费用，结果是即使现在的经营者"声誉"有问题，也没有股东出面提出更换经营者；二是股东们"已知的恶要好于未知的恶"的心态；三是现任经营者会采取各种途径、利用其现有地位阻止董事会更换人选。

资本市场的约束机理一方面表现为股票价值对企业家业绩的显示，另一方面则直接表现为兼并、收购和恶意接管等资本市场运作对经营者控制权的威胁。另外，企业资本结构的变化，尤其是以破产程序为依托的负债的增加会在一定程度上有效约束经营者的机会主义行为。但接管威胁会产生降低长期投资积极性、破坏经理职位稳定性等反面的激励作用。

产品市场的约束机理在于来自产品市场的利润、市场占有率等指标在一定程度上显示了企业家的经营业绩，产品市场的激烈竞争所带来的破产威胁会制约经营者的偷懒行为。哈特考察了存在管理型企业（所有权和控制权分离的现代企业）和企业家型企业（所有者自己经营）两类企业的竞争性产业，认为企业家型企业作为一种管理型企业的竞争性参照，产品市场的较为充分的竞争导致管理型企业的偷懒行为的减少。然而，如果产品市场是垄断的，或者企业得不到有关竞争者的利润等方面的信息，产品市场的竞争机制对经营者的机会主义行为的制约变得十分脆弱。[1]

---

[1] Hart, O., The Market Mechanism as an Incentive Scheme, *Bell Journal of Economics*, 74. 1993, pp.366-382.

归结起来，市场竞争对企业家的约束和激励有两方面：一方面是市场竞争能够在一定程度上揭示有关企业家能力和努力程度的信息，而这些信息原本是企业家的私人信息。市场竞争这种信息显示机制为企业家报酬机制、控制权机制和声誉机制发挥作用提供了信息基础。另一方面是市场竞争的优胜劣汰机制对企业家的控制权形成一种威胁，低能力或低努力程度的企业家随时都有可能被淘汰，而战胜对手、寻求自我实现又是企业家激励力量的来源。企业外部治理市场包括资本市场、经理市场和产品市场，每类市场的竞争机制对企业家的压力进而对企业家激励约束作用的表现形式并不相同，表 2-2 是对此的一个描述。

表 2-2　市场竞争机制对企业家的激励约束作用的表现形式

类型市场　　　作用形式	信息显示机制	优胜劣汰机制
资本市场	企业市场价值指标	接管（并购）机制、破产机制
经理市场	声誉显示	竞争选聘机制
产品市场	企业会计财务指标	盈亏、破产机制

五、关于报酬、控制权、声誉和市场竞争机制的替代与互补关系的命题

毋庸置疑，上述四种经营者的激励约束机制并非是孤立的，分类论述是出于理论分析的需要，[①] 实际上这四种机制会综合作用于经营者的行为。这种综合作用表现为报酬、控制权、声誉和市场竞争四种机制的替代和互补关系。例如，货币报酬和由控制权所产生的职位消费之间具有替代性，经营者的工资收入可以很低，只要能保证较高的职位消费，职业经营者的角色仍是非常具有吸引力的；声誉和市场竞争具有互补性，没有竞争则无所谓声誉高低，而良好的声誉又使经营者处于较好的市场竞争地位；报酬和声誉之间也具有一定的替代性，为了获得较好的声誉，经营者可以牺牲一些报酬。我们给出有关经营者的报酬、控制权、声誉和竞争机制对经营者行为作用关系的几个命题。

1. 某种机制愈是相对缺乏，该机制对经营者的激励约束的"边际作用"就愈大。此命题的理论基础是管理学中有关激励的基本观点：人的某种需要被满足的程度越低，对它的追求也就越强烈。这类似于经济学中的边际效用递减规律。

---

① 根据激励约束机制的特性，还可以存在不同的分类，如按照委托人能否据可观测的行动结果来奖惩代理人可将激励约束机制分为"显性"和"隐性"，报酬机制则属于显性机制，声誉机制、竞争机制则属于隐性机制。

2. 当报酬机制的作用发挥到一定程度后，控制权机制、声誉机制和标尺竞争机制对经营者的激励约束作用更大；反之，当不存在或较少存在控制权机制、声誉机制和标尺竞争机制的作用时，报酬机制将具有更大的激励约束作用。这个命题的理论依据是"满足—发展"激励模式和"挫折—退回"激励模式。"满足—发展"模式认为当较低层次的需要被满足后，对较高需要层次的追求就得到加强；而"挫折—退回"模式进一步认为越是较高需要层次的满足受到挫折后，个体越是倾向于寻求较低层次的满足。

3. 如果两种机制的作用满足同一种需要，如报酬机制的基本工资和控制权机制的某些职位消费都可满足生存需要，那么一种机制满足程度的增加会降低另一种机制的激励约束作用；反之，一种机制满足程度的降低会增加另一种机制的激励约束作用。这可以认为是第一个命题的推论。

4. 四种机制可以在一定程度上共存。管理学中的激励理论认为，个体在同一时刻存在着有所不同的各种需要，因而这就需要不同的机制来满足。

5. 竞争机制作为隐性激励约束机制，和报酬、控制权和声誉机制对经营者管理者行为约束作用方面存在互补。竞争机制约束作用的关键在于在竞争中失败可能导致基本生理需要、生存需要得不到充分满足。

本章案例

转轨时期中国国有企业经营管理者激励机制的低效性问题

我们对某一省份的问卷调查表明，人们对于现有的对企业经营者的激励方式评价相当低，而国有大中型企业经营者对现有激励方式有效性的评价更低。被调查的企业高层经理中有认为激励方式有效的仅为 36.4%，而 48.6% 的人认为不大有效，11.4% 的人认为无效。国有大中型企业经营者认为有效的仅为 29.3%，认为不大有效的占 47.9%，认为无效的占 29.6%。这份调查还表明（如表2-3和图2-1所示），与政治地位和社会声望相比，国有大中型企业高层经理人员对自己的经济地位不满意。这说明了对国有企业高层经理非常缺乏有效的经济激励。

表 2-3　国有大中型企业经营者对自己地位的满意程度

	满意	无所谓	不满意
经济地位	11.8%	23.0%	61.8%
政治地位	38.2%	35.5%	20.4%
社会声望	28.9%	49.3%	16.4%

注：表中比例之和不是 100%，其中还分别有 3.3%、5.9% 和 5.3% 的问卷缺失率。

资料来源：本课题组的问卷调查。

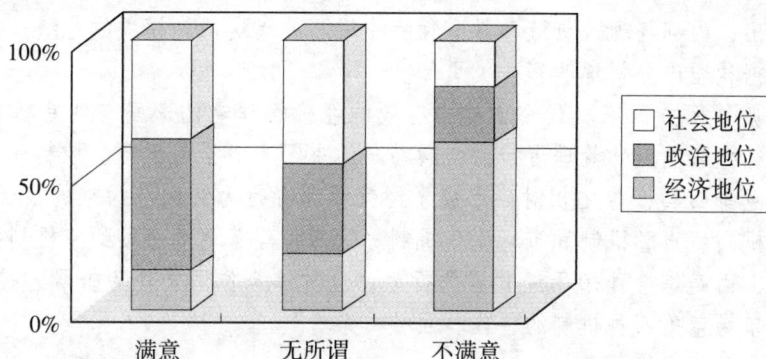

图2-1　国有大中型企业经营者对自己的经济、政治、社会地位满意状况比较

资料来源：陈佳贵、杜莹芬、黄群慧等著：《国有企业经营者的激励与约束——理论、实证与政策》，经济管理出版社，2001。

本章要点

1. 公司治理和经营管理者的激励约束问题日益普遍和重要是与现代企业制度的产生和发展同步的。

2. 企业理论发展到现在，解释公司治理和经营者激励和约束问题已经构成了现代企业理论的核心内容之一。

3. 公司治理结构是有关所有者、董事会和高级执行人员即高级经理人员和其他利益相关者之间权力分配和制衡关系的一种制度安排，表现为明确界定股东大会、董事会、监事会和经理人员职责和功能的一种企业组织结构。从本质上讲，公司治理结构是企业所有权安排的具体化，是有关公司控制权和剩余索取权分配的一整套法律、文化和制度性安排，这些安排决定了公司的目标、行为，决定了在公司的利益相关者中在什么状态下由谁来实施控制、如何控制、风险和收益如何分配等有关公司生存和发展的一系列重大问题。

4. 世界上存在两类典型的公司治理模式，一类是美、英和加拿大等国家为代表的市场导向型（Market-oriented）模式；另一类是以德、日等国为代表的网络导向型（Network-oriented）模式。市场导向型的特征为：存在非常发达的金融市场；公司的所有权结构较为分散，开放型公司大量存在；公司控制权市场非常活跃，对企业家的行为起到重要的激励约束作用；外部企业家市场和与业绩紧密关联的报酬机制对企业家行为发挥着重要作用。网络导向型模式的特征是：公司的股权相对集中，持股集团成员对公司行为具有决定作用；银行在融资和企业监控方面起到重要作用；董事会对企业家的监督约束作用相对直接和突出；内部经理人员流动具有独特作用。关于这两类模式的业绩，并没有实证数据和理论分析说明哪一类更优。

5. 归结西方国家现代企业建立有效的经营管理者的激励与约束机制的实践，可以把影响经营管理者行为的激励与约束因素概括为报酬、控制权、声誉和市场竞争四类，与之相对应形成了经营管理者行为激励与约束的报酬机制、控制权机制、声誉机制和市场竞争机制。这四种经营者的激励约束机制并非是孤立的，而是综合作用于经营者的行为，这种综合作用表现为报酬、控制权、声誉和市场竞争四种机制的替代和互补关系。

研究思考题目

用本章提供的知识和分析框架，研究国有企业公司化改革和建立有效的国有企业经营者的激励和约束机制问题。

推荐阅读材料

吴敬琏：《大中型企业改革：建立现代企业制度》，天津人民出版社，1993。

张维迎：《企业的企业家——契约理论》，上海三联书店，1995。

[美] 奥利弗·哈特：《企业、合同与财务结构》，上海人民出版社，1998。

[法] 泰勒尔：《产业组织理论》，中译本，中国人民大学出版社，1997。

黄群慧：《企业家的激励约束与国有企业改革》，中国人民大学出版社，2000。

第三章　企业成长管理

　　每天世界上都有新的企业诞生，每天也有企业走向衰败和消亡。在激烈的市场竞争中有的企业能长盛不衰，有的企业则昙花一现；有的企业能够持续发展和壮大，而有的企业则从辉煌归于沉寂。面对企业的大千万象，面对企业的生生死死，是什么决定了企业的成长和衰败呢？怎样管理企业的成长才能保证企业能够成为一个百年持续经营、基业常青的企业呢？这不仅是从事经营管理实践的企业家们在急切寻找答案的问题，而且也是企业管理学和经济学作为科学需要回答的问题。

第一节　企业成长目标：做大、做强还是做久

　　世界上千千万万的企业，虽然所处的行业可能不同，大小规模可能不同，企业所有制的性质可能不同，设立企业的初衷可能不同，企业所处的发展阶段也可能不同，但企业生存和发展的目标都可以归结为相互关联但又不能等同的三类，即做大企业、做强企业和做久企业。

　　"做大企业"目的在于扩张企业规模，实现企业由小到大的飞跃。打造一个具有巨额销售额、庞大资产、遍布全球的企业帝国，是很多企业家和CEO的梦想。《财富》杂志按销售额排名的世界500家大公司可以认为是"大企业梦想"的实现者。表3-1所示的分别为2004年美国《财富》杂志按照营业收入对美国企业排名的前10名，以及中国企业联合会对按照销售收入对中国企业排名的前10名。

　　"做强企业"强调的是提高企业的竞争实力，企业竞争力不体现在企业规模大小方面（虽然规模大小也是企业竞争实力的一个衡量指标），而主要体现在企业单位资产提供给股东的回报、满足消费者需求程度等方面。一般而言，资产收益率、市场占有率等指标是衡量企业强弱的指标。这就是为什么说应该将《财富》杂志按销售额排名的世界500家公司称之为"世界500大"而不应该称之为"世界500强"。"做强企业"不同于"做大企业"，大企业可能是强

表3-1 2004年中美企业500强前10名营业收入（美元与人民币汇率为1:8.28）

名次	美 国		中 国	
	公司名称	营业收入（亿美元）	公司名称	营业收入（亿美元）
1	沃尔玛	2881.0	中国石化	766.1
2	埃克森美孚	2707.7	国家电网	712.6
3	通用汽车	1935.2	中国石油	690
4	福特汽车	1722.3	中国移动	239.5
5	通用电气	1523.6	工商银行	234.4
6	雪佛龙德士古	1479.7	中国人寿	217.6
7	康纳科菲利普斯	1216.6	中国电信	215.5
8	花旗集团	1082.8	中国中化	203.7
9	美国国际集团	986.1	上海宝钢	195.4
10	IBM公司	962.9	中国建设银行	190.4
	总 计	16498.8	总 计	3665.2

资料来源：李建明、缪荣：《中美企业500强比较及其启示》，《中国工业经济》，2005（11）。

的，但不必然是强的企业，小的企业一般较弱，但也可以是强的企业，这一点在信息社会的今天更是如此。未来学家奈比斯特曾指出："大就是美"的神话已被打破，"小而强"的时代已经来临。

"做久企业"则更多的是一个时间、动态的目标，要解决的问题是如何在剧烈的环境变化下、激烈的市场竞争中保持企业持续经营、长盛不衰。所谓"百年企业"、"基业常青"就是用于描述树立"做久"目标的这类企业。"大"企业未必能够持久，2002年爆发的美国大公司财务丑闻事件表明，像安然公司这样的"庞然大物"也会一夜之间轰然倒塌。"强"企业如果不能够持久地保持自己的竞争优势，也就无法永久得"强"。根据一个全球100家最古老的家族企业排行榜，全球最久的企业是日本大阪寺庙建筑企业金刚组，传到第40代，已有1400多年的历史。在这份100家长寿企业排行榜中，从规模上来说大多属于中小企业，而非大型企业。其中，排在第一名的金刚组在去年的销售额才不过1亿美元。[①]

对于企业家而言，能够"做大企业"不容易，"做强企业"更不容易，能够"做久"企业则弥加困难。因为"做大企业"可以通过兼并重组、可以通过一些偶然的机遇、可以依赖某个企业英雄的某些决策或行为，而"做强企业"则需要培育自己相对于竞争对手的竞争优势；"做久企业"与"做强企业"又不

————————————————————

①《富不过三代：全球家族企业普遍面临穷孙子问题》，载《中国青年报》，2006年6月8日。

同，"做久企业"不仅需要在一段时期内具有竞争优势，而且需要企业持久地具备竞争优势，那些短期内对培育企业竞争优势有利而从长期看不利于企业发展的策略和行为是不符合"做久企业"的要求的。

虽然企业规模扩张、竞争力提高与企业持续经营，这三者密切相关，但管理的重点并不同。从理论角度看，可以基于企业追求的目标不一样，把公司划分成不同类型。国外有的学者曾提出"生命型公司"与"经济型公司"的区分。所谓"生命型公司"为生存而管理，而"经济型公司"为利润而管理。

如果按照做大、做强和做久的目标来划分，中国企业自改革开放发展至今，我们绝大多数企业还停留在追求做大的阶段。迄今为止，进入《财富》杂志的世界"500 强"仍是很多企业的梦想。虽然进入 20 世纪 90 年代后期，随着我国加入世界贸易组织（WTO）的步伐加快，我国企业开始关注国际竞争力问题，一些企业开始关注培育核心竞争力的"做强"和"做久"目标，但总体上至今还没有真正意义上具有核心竞争力、在全球市场上占据一席之地的跨国公司。但值得肯定的是，一些具有远大理想、追求卓越的企业家，尤其是一些成功的民营企业家，已经认识到企业发展的目标是"做大"、"做强"基础上的"做久"，打造"百年企业"，保证"基业常青"。探索企业百年持续成长背后的规律已经成为这些企业家非常关注的问题。

第二节　企业成长方式与成长理论

从企业成长的具体内容看，企业的成长途径可以通过四种方式分析：一是按业务活动的方向和范围，这包括纵向一体化、横向一体化与多元化等成长方式；二是按企业的资本运作方式分析，包括通过内部积累、股票发行等直接筹资、通过银行贷款间接筹资、通过兼并重组等成长方式；三是按空间或地域范围分析，这包括在当地发展、外地发展与向国外发展等成长方式；四是按公司的组建方式分析，这包括新建、收购、合并、合作等方式，如图 3-1 所示。在现实的过程中，这四种成长方式往往是联系在一起的，形成某种特定的成长组合，不同时期的这种成长组合就形成了企业的成长路径。

企业成长理论试图揭示企业成长过程中各种规律性的东西，探讨企业规模、企业寿命和企业竞争力的各种影响因素及其作用机制。企业成长理论一直是西方经济理论研究的重要内容，但其研究重点随着时代背景的不同而有所差异。一般认为，可以将繁多的西方企业成长理论大致划分为前现代企业成长理论和现代企业成长理论两大理论板块。前现代企业成长理论主要包括斯密的分

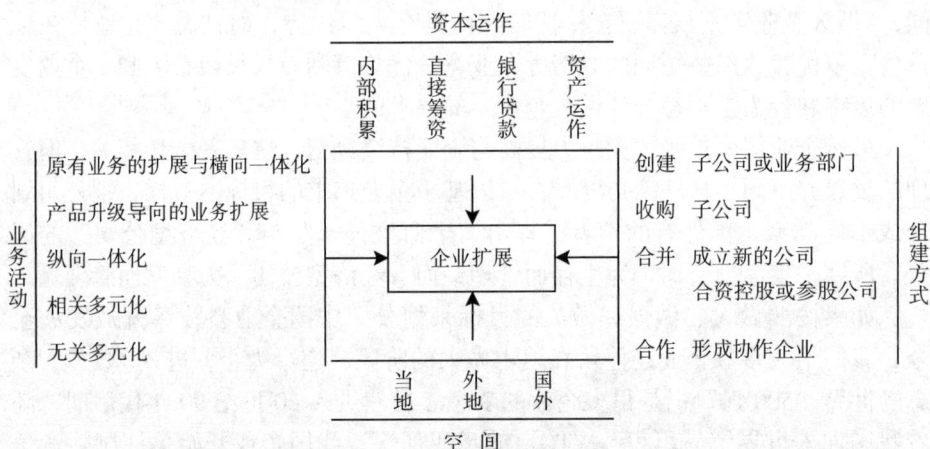

图 3-1 企业成长的四维分析模型

资料来源：引自毛蕴诗：《公司经济学》，第 278 页，东北财经大学出版社，2002。

工理论、马歇尔理论、新古典经济学的厂商理论、熊彼特的"创造性毁灭"理论，这些理论只能零星地从经济学著作中提炼，与其说是理论，还不如说是思想。真正意义的企业成长理论由英国管理学教授彭罗斯（Penrose）于 1959 年出版的《企业成长理论》一书奠定了基础，后来对于企业成长的研究成为企业理论、战略经济学关注的核心问题。现代企业成长理论包括：彭罗斯（Penrose）的企业成长论、钱德勒（Chandler）的现代工商企业成长理论、玛瑞斯（Marris）的企业成长模型、科斯（Coase）开创的现代企业理论、纳尔森和温特（Nelson & winter）开创的演化理论、汉南和弗瑞曼（Hannan & Freeman）开创的现代组织生态学。表 3-2 概述了上述各学派的代表性学者、标志性文献、核心概念和理论要点。

纵观上述各个流派的现代企业成长理论可以看出，现代企业成长理论是正在发展的理论，其理论体系并不成熟。各个企业成长理论从各个不同的角度试图解释企业成长的核心问题。企业成长理论的发展及其被重视是与当时的社会经济环境密切相关的。企业成长理论虽然早就有学者进行研究，但真正受到重视是在 20 世纪 80 年代以后，各个流派的企业成长理论的影响力也随着环境变化而变化。[①] 随着信息革命、知识经济时代进程的加快，企业竞争加剧，平均寿命缩短，企业的成长和发展战略选择问题受到了前所未有的重视。在 20 世纪 80 年代初，人们主要着眼于企业所处产业的结构及企业内部的结构来寻求

①钟宏武、徐全军：《现代企业成长的理论发展与研究现状》，《经济管理》，2006（4）。

表 3-2　现代企业成长理论的主要学派

理论派系	代表学者	标志性文献	核心概念	理论要点
企业成长论（后演化为资源基础观-RBV）	Penrose	《企业成长理论》(1959)、《企业成长：中东石油和其他论文》(1971)、《企业成长理论》(第三版)(1997)	成长经济	(1) 企业追求成长经济：对相对未充分利用的资源的继续利用。企业的成长主要取决于能否更有效地利用现有资源。(2) 企业的人力资源既是企业扩张的引致性因素，又是限制性因素。(3) 企业成长受制于管理资源不足(Penrose 效应)
现代工商企业成长	Chandler	《看得见的手——美国企业的管理革命》(1977)、《规模经济和范围经济》(1992)、《大企业和国富》(1997)	(1) 看得见的手——管理协调。(2) 经理式的资本主义	大企业实现对市场的替代；科层管理比市场机制更能有效地控制和协调经济活动时，企业就开始成长；真正的企业成长是现代工商企业出现之后的事情，而现代工商企业的出现是与支薪阶层和企业内部层级制的形成有关；现代企业曾先后采用过 H、U、M 三种内部管理层级制；企业多角化和纵向一体化是现代企业成长的主要策略
s 企业成长模型	Marris，Donald Hay	Marris 企业成长模型 (1963)、《产业经济学与组织》(1992)	最优成长	企业成长受到四重约束：(1) 需求约束。(2) 管理约束 (Penrose 曲线)。(3) 财务约束。(4) 管理者目标约束
现代企业理论	Coase，Williamson，Hart	《企业的性质》(1937)、《企业组织：厂商、市场和政府控制》等	交易成本、科层控制和最优规模模型、合同的不完备性、所有权和控制权的分离	科斯首创用"现代企业理论"对"企业规模扩大或缩小的含义作出科学的解释"。现代企业理论认为：企业扩张的动力是为了减少交易费用；当市场交易费用的节约与企内交易费用的上升相等时，企业规模的扩大就停止，企业与市场的边界就确定了
演化经济学(evolution economic)	R.R.Nelson，S.G.Winter	《经济变迁的演化理论》	组织惯例、搜寻（企业路径依赖）和选择环境	反对"正统微观经济理论"不符合现实的"最大化"的假设和思想。认为企业成长的轨迹类似"物竞天择、适者生存"的生物演化过程。企业通过"组织惯例"、"搜寻"和"选择环境"促使企业成长
组织生态学/种群生态学(population ecology)	M.T.Hannan & J.H.Freeman (1977)	《组织的群体生态》	进化论 (Darwinist)、组织惯性 (Structural inertia)	用达尔文主义来研究生存在竞争世界中的企业，认为环境因素将决定企业的生存、成长或死亡。企业要成长必须培育以发展为导向的协作性经济群体，建立"商业生态系统"（商业生态系统是客户、供应商、主要生产厂家以及其他有关人员组成的群体）。在一定时间内，企业群体中的每个个体是通过彼此之间的相互作用而有利于各自生存和繁衍的

资料来源：引自钟宏武、徐全军：《现代企业成长的理论发展与研究现状》，《经济管理》，2006(4)。

企业生存的规律，发展战略选择倾向于外部要素决定论，资源基础观没有得到重视，而钱德勒的科层管理和多角化、一体化理论以及科斯的企业规制理论受到重视，所以这时期影响力最大的现代企业成长理论学派是钱德勒的企业成长理论。在 20 世纪 80 年代末，人们试图解释企业竞争力的真正来源，开始关注企业内部的要素，发展战略选择倾向于内部资源决定论，这时期资源基础观的影响力开始上升。20 世纪 90 年代以来，随着核心竞争力概念的提出，资源基础观的影响力凸显出来。随着资源基础观的进一步发展，出现了知识基础观，演进经济学与此密切相关，20 世纪 90 年代中后期，演化理论的影响力开始上升。整个 20 世纪八九十年代，企业发展战略理论中"竞争"概念充斥，中后期"竞争"的声音开始衰弱，逐步崇尚"合作"，组织生态理论随之兴起，影响力不断增强。科斯开创的现代企业理论的体系比较成熟，在解释企业的规制中比较有力，但不能解释企业能力的来源，所以这种理论自 20 世纪 80 年代到今天虽然被人们重视，其影响力却一直不是最大。目前，资源基础论的影响力有所下降，但仍占第一位，现代企业理论的影响力保持不变，演化理论的影响力开始与现代企业理论看齐。在将来较长时段内，资源基础论仍有重要意义和影响力，演化理论的影响力会稳步上升，而组织生态理论可能会被企业自组织理论所代替。

从理论上分析，企业成长的影响因素无疑是非常复杂的，市场机会、行业特征与产业演化、竞争程度、资源约束、组织形式与管理能力约束、融资与法律制度安排、企业技术能力与知识存量、公司治理结构和环境的不确定性等，都会对企业的规模、获利能力和企业的寿命产生影响，其影响程度和作用机理需要长期深入的理论和实证研究来逐步揭示。

第三节　企业寿命周期管理

虽然企业是一个人造系统，但很多的企业家和研究者都认为，企业可以作为一个有机体来看待。新古典经济学大师马歇尔就曾指出企业作为有机体的成长过程是一个适者生存、自然淘汰的过程，松下幸之助、《长寿公司》一书的作者赫德斯等都持有这种观点。企业作为一种有机体，就意味着企业也存在一个从诞生到死亡的寿命周期，也就是说企业无论如何长寿，但"命中注定"会死亡。而且与人这个有机体相比，企业平均生存期要远远低于人的平均寿命。一些文献研究表明，从平均意义上说，世界 500 强平均寿命为 40~50 岁，跨国公司平均寿命为 11~12 岁，在日本和欧洲，企业的平均生命周期为 12.5 年。在美国，有 62%的企业平均生命周期不到 5 年，存活能超过 20 年的企业只占企业总数的 10%，只有 2%的企业能活 50 年，而在中国，大集团公司平均寿命在 7~8 年，一般的中小企业平均寿命只有 3~4 年。[①] 因此，企业组织总体上呈现出高死亡、短寿命的特征。然而，一些优秀的企业却能够摆脱这种"短寿"的"宿命"。我国有"同仁堂"、"全聚德"这样的"百年老店"，而瑞士劳力士、美国杜邦和德国西门子等公司，其年龄都超过了 200 岁。在美国，花旗银行、宝洁公司、强生公司、默克制药、通用电气公司、福特汽车公司、IBM公司、3M公司、波音公司、迪斯尼公司、摩托罗拉公司、惠普公司、索尼公司、沃尔玛公司的平均年龄达到 98 岁。[②]

一、企业寿命周期的划分

如果将时间变量引入我们对经济学和管理学研究对象的分析中，大多数研究对象——人、产品、技术、事业和产业等都有一个从产生到消亡的周期过程，如同人的寿命周期过程一样，这个过程一般包括培育期、成长期、成熟期和衰退期四个阶段，企业也不例外。一般认为，企业寿命周期是指企业从诞生到死亡的时间过程。而所谓的企业寿命周期理论就是揭示企业寿命周期规律的理论，严格地说，就是有关企业组织的生命周期中各个阶段本质特征的理论分析和归纳概括。

关于企业寿命周期理论的具体表述有很多，我国学者最早将企业寿命周期划分为孕育期、求生存期、高速发展期、成熟期、衰退期和蜕变期六个阶段。其中孕育期为企业创建时期，企业需要选择自己的发展方向，需要较大的一次性初期投入；求生存期为企业正式运营到高速发展的一段时期，该时期企业呈现出实力弱、依赖性强、产品方向不稳定、发展速度不稳定、内部管理不规范、破产率高等特征；在高速发展期，企业经过几年成长已经解决了基本生存问题，开始进入稳定的高速发展，企业实力增强，形成了自己的主导产品，发展速度快，管理趋于规范，企业规模和边界不断扩大；进入成熟期，企业进入收获阶段，虽然发展速度减慢甚至停止，但效益很好，企业经营方向一般开始趋于多元化或者尝试跨国经营，企业也逐步演变为企业集团，内部管理由集权模式向分权模式演进，企业的创新精神在退化；在衰退期，企业开始出现"大企业病"，组织臃肿，产品老化，生产萎缩，效益下降，财务状况恶化，企业只能面临两种选择，或者进入蜕变期，通过全面创新进行脱胎换骨的变化而获得新生，或者破产死亡。[③]

---

① 王成慧、彭星闾：《企业生命周期中的创新力与控制力分析》，中国营销传播网，2002 年 6 月 5 日。

② 詹姆斯·C. 克林斯等：《基业长青》，中信出版社，2002。

③ 陈佳贵：《关于企业生命周期的探讨》，《中国工业经济丛刊》，1998（2）。

1989 年美国管理学家伊查克·艾迪思博士提出的企业寿命周期理论影响最大。艾迪思把企业生命周期形象地比做人的成长与老化过程，认为企业的生命周期包括三个阶段九个时期（见图 3-2）：一是成长阶段，包括孕育期、婴儿期、学步期、青春期四个时期；二是成熟阶段，包括盛年期、稳定期两个时期；三是老化阶段，包括贵族期、官僚化早期、官僚期（含死亡）三个时期。①

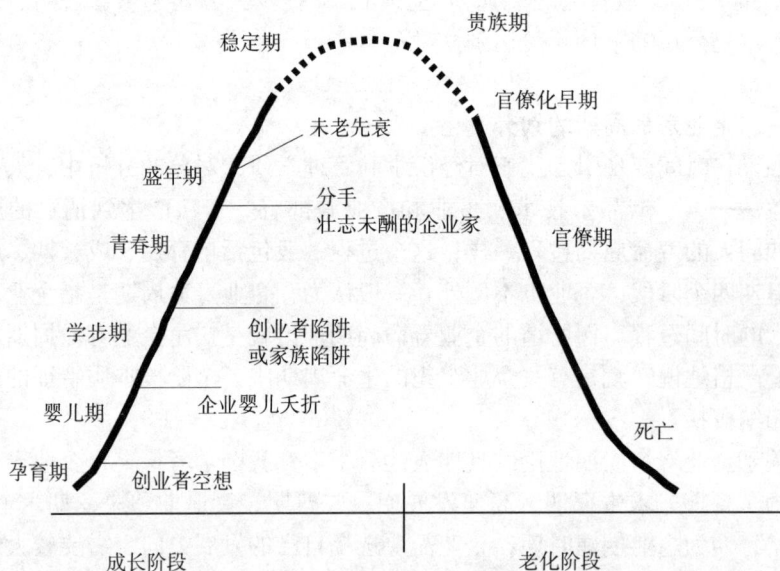

图 3-2 艾迪思的企业生命周期示意图

资料来源：伊查克·艾迪思：《企业生命周期》，第 87 页，中国社会科学出版社，1997。

二、企业成长的"三维管理"

应该说，企业寿命周期理论对企业成长阶段的划分是理论抽象的需要。在现实中，不同企业的成长阶段是不同的，每个企业的成长也不是必须经过上述所有阶段，同一成长阶段的不同企业所经历时间也大不相同，没有进入成长期或者成熟期就步入衰退而死亡的"夭折"或者"未老先衰"型企业大量出现。同样，长时间内保持持续成长的"永葆青春"型企业或者经过多次蜕变而长寿的百年企业也的确存在。也就是说，从企业寿命周期角度看，所谓百年企业是那些能够超越固有的企业寿命周期，在长达百年的历史中处于成长期和成熟期的持续发展公司，或者通过多次蜕变能够保证企业在上百年的时间中生存和发

────────────────

① [美] 伊查克·艾迪思：《企业生命周期》，中国社会科学出版社，1997。

展的公司。当然，百年企业的"百年"并不是一个严格的时间概念，只是一个"长寿"的描述。而企业寿命周期理论的现实指导意义就在于，通过揭示出在不同的阶段影响企业成长和老化的因素，进而说明企业在寿命周期的不同阶段其战略的重点、经营与管理的内容应该如何变化，以适应环境的要求，从而改善企业的生命质量、延长企业生命周期，使企业能够成为百年企业。具体而言，企业成长应该包括成长方向选择、成长速度的控制和成长动力的协调三个维度的内容，企业能够成为一个百年持续成长的公司，关键在于能否根据企业生命周期不同阶段的特征而从三个维度管理企业成长过程，即进行企业成长的"三维管理"——正确地选择成长方向、科学地控制成长速度和有效地协调成长动力。

（一）"三维管理"之选择成长方向

在企业生命的历程中，企业成长方向的选择与变化是企业对市场机会与威胁的一种直接反应。在企业生命的不同阶段，对企业成长方向的管理重点不同。

——在孕育期，企业成长方向的选择实质是关于创建什么企业的重大决策问题，这涉及新建企业所处行业、规模、产权属性等许多基础性的决策，这些决策属于影响企业未来寿命长短的"先天性因素"，因而对企业未来的成长至关重要。在该阶段，企业成长方向的选择除受到客观环境和企业创建方具备的条件影响外，还取决于企业家的市场敏感度和创新精神。该阶段市场信息收集与分析判断、机会的把握和资源的充分利用是企业成长方向管理的重点。

——在求生存期，由于企业比较脆弱，企业随时都有可能面临死亡危机，企业成长方向并不稳定，企业转产或者转业、选择新的成长方向的可能仍存在。实际上，如果孕育期企业成长方向选择有误，那么企业在该阶段还没有因太大的"沉淀成本"而无法自拔，重新选择成长方向成为一个改正错误的机会。

——到了高速发展期，扩大规模成为企业成长的主旋律，企业成长管理的重点在于如何通过市场渗透或者市场开拓，扩大市场占有率，从区域上拓展市场覆盖面。但作为企业家，应该未雨绸缪，认识到企业高速成长背后的潜伏危机，判断企业现有成长方向对企业可持续发展的支撑力量如何，思考如何延续企业的高速发展阶段。

——在成熟期，成长速度放慢对成长方向管理的内容主要集中在关于如何开发新产品、是否走向多元化经营等重要决策方面。正确处理企业多元化成长与专业化成长的关系，是几乎所有追求"长寿"目标的企业必然面临的问题。多元化经营是一个"馅饼"，有其选择的必然性，当整个产业趋于成熟以及竞争成本过高的情况下，企业就必须考虑新的成长空间了，但由于公司经营资源的分散和"有所不为才能有所为"的企业成败规律，多元化经营同时也是一个"陷阱"。在成熟期如何避开"陷阱"吃到"馅饼"是企业成长管理的关键。

——到了衰退期，企业选择新的成长方向、准备脱胎换骨的蜕变的任务非常紧迫，企业必须分析现有的事业走向衰败的原因，是整个行业的衰落、技术周期波动还是企业具体经营问题，从而判断企业应该在现有行业中重新振兴，还是选择新的成长空间。

——在蜕变期，企业成长方向管理的主要内容集中在蜕变方向和形式的选择，保证企业经济形体、实物形体和产品发生革命性的、脱胎换骨的变化，从而使企业获得新生。

(二)"三维管理"之控制成长速度

虽然很多企业家都热衷于追求企业的"高速增长"、"超常规发展"，而从管理企业寿命周期、延长企业寿命角度看，企业成长速度是需要控制的，因为企业高速成长的背后往往蕴藏着巨大的生存危机，"火箭式"成长的"巨婴型"企业大多是短命的，这种案例已经不胜枚举。控制成长速度意味着在打好企业基础的前提下、追求在一定利润水平之上的合理成长速度，例如，深圳华为技术有限公司规定了"要达到和保持高于行业平均，或高于行业中主要竞争对手的成长速度"的战略目标，但同时确定了"把土夯实了，撒上一层，再夯实，稳步前进"的行动原则。控制成长速度并不意味着在整个生命周期内都要放慢企业的成长速度，要在不同的发展阶段采取不同的控制速度策略。

——在孕育期和求生存期，要促进企业快速产生与成长，尽快成长到抵抗风险所需的基本规模，从而避免在企业成长早期"夭折"。

——在高速成长期，要注意企业各项管理工作的规范性，注重完善各项基础工作，为此应该不惜牺牲企业的增长速度。

——在成熟期，在加速创新的前提下，要努力维持企业的发展速度，延长企业成熟期的时间。

——在衰退期，应该加速培育新的后续业务，使其快速成长以支持企业保持稳定发展。

——在蜕变期，企业要快速蜕变，不要贻误战机，迅速脱胎换骨，求得新生。

总之，控制企业成长速度是为了使企业的成长过程更协调、更全面、更稳定、更富有节奏，从而使企业的体魄更健康，从而也能够更长寿。

(三)"三维管理"之协调成长动力

企业家精神是企业生存和发展的力量源泉，企业的成长过程本身就是一个企业家创新精神与现实资源条件相结合、在现有的资源约束条件下实现企业家创新的过程，这个过程可以概括为"创新"与"控制"相互协调的矛盾运动过程。一方面，企业必须在企业家精神支配下在产品、技术、经营管理、市场等方面不断创新才能获得超越竞争对手的优势，从而支持企业不断成长；另一方面，企业必须根据市场经济运行规律，对企业的战略规划、经营过程和组织管理活动自觉地进行调整，对企业自身行为进行约束，使其经营活动不超过自身的能力范围，控制经营风险。也就是说，企业的成长动力一方面来自于企业最大限度创造和获得成长机会的"创新力"；另一方面来自于以最有效的方式将成长机会转化为现实的"控制力"。对企业的可持续成长而言，仅仅有这两方面的力量还是不够的，二者还必须是协调统一的，没有与"创新力"相匹配的"控制力"，企业就会失控，而"控制力"过强，企业就会失去活力，最终都会导致企业由盛而衰、最终丧失生命力。所以说，企业源源不断、相互协调的"创新力"和"控制力"，是企业成功和长寿的共同"基因"，而"创新力"与"控制力"的缺乏与失衡则是企业走向衰败的"病因"。要从企业寿命周期的各个阶段考察：

——在孕育期与求生存期，企业对成长动力管理的重点主要集中在"创新力"培育方面，例如开拓市场、开发新产品、获取资金优势等，在这两个阶段企业能够培育出一定的"创新点"，往往能够奠定企业日后成功的基础。在孕育期和求生存期，对企业组织"控制力"方面要求相对较弱，企业创办人大权独揽反而是比较有效率的。

——在高速发展期，相对于"创新力"来说，企业"控制力"很弱成为矛盾的主要方面，这一方面因为企业高速成长给企业带来盲目乐观情绪，认为到处都是发展机会，从而大胆冒进；另一方面是因为企业还缺乏一种系统化的管理制度和科学化的授权体系，对企业的组织管理活动和经营风险缺乏有效的控制手段，因此，在该阶段，在继续推进技术产品和市场的创新的同时，针对不同领域设立专门业务单位，将企业运作予以制度化，避免组织过度受制于企业家个人，从而提高企业"控制力"成为企业成长动力协调管理的重点。

——在成熟期，总体上企业步入一个"创新力"和"控制力"协调匹配的黄金时期，企业的制度和组织结构趋于完善，企业的创造能力得到制度化保障，企业良好的声誉基本形成，企业开始分化出新的事业和组织。企业寿命管理的重点是维持和延长这种状态，但尤其要注意在企业成熟期，企业创新精神衰退和"创新力"有下降趋势的问题。因为相对舒适的成熟期环境和企业家年龄的增大，创业者所特有的创新品质会逐渐淡化，健全的企业管理制度和高度专业化分工会束缚企业创新活力，因而如何继续保持企业活跃的"创新力"成为该阶段企业成长力管理的关键。

——在衰退期，企业官僚作风严重，人们越来越拘泥于传统，注重于形式，与"控制力"相比，企业"创新力"严重缺乏，如何重铸企业创新机制，培育企业新的"增长点"，是该阶段企业寿命管理的核心。

——在蜕变期，由于所谓"蜕变"实质是企业的彻底"革新"，能否通过全面制度创新、技术创新和管理创新赋予企业一个年轻的"心脏"，使其获得新生是该阶段寿命管理的主要内容。

归结起来，上述企业成长的"三维管理"的基本要点在于通过对企业寿命周期进行管理，把握企业寿命周期中各个阶段企业成长的方向、速度和动力，可以促进企业的持续成长与发展。当然，面对时间的长河，永远生存的事物几乎没有，甚至太阳也不是永恒的。从这个意义上说，无论如何对企业寿命进行管理，再卓越的企业也不可能"万寿无疆"。然而，一个真正的企业家虽然无法回答"永远有多远"，但使自己开创或从事的事业生生不息、发扬光大，打造"百年企业"无疑是自己的人生奋斗目标，而这个目标的实现必然要求企业家把握企业成长规律，有效管理企业寿命周期。

三、企业蜕变与转型

在企业的整个生命周期中，企业蜕变期是决定企业能否长寿的关键时期，其主要特点就是企业的经济形体、实物形体和产品都发生革命性的、脱胎换骨的变化，如同蝉的蜕变过程一样，企业的合理蜕变意味着企业的新生。其中，所谓经济形体发生变化，一方面是企业法律形体的变化，例如将国有独资企业改革为股权多元化的有限责任或股份有限公司，从而塑造国有企业活力的制度基础；另一方面就是在企业组织形态上，通过企业兼并、合并、出售、分立等方式改变企业的组织形态，使其在股权结构、管理组织结构、经营范围、高层管理人员构成等方面发生变化，以求获得新生；所谓实物形态的变化是指对处于衰退期的企业，通过发现新的资源或者通过技术装备改造、工艺的更新更有效地开发和利用资源，促进企业的可持续发展；而产品的蜕变则包括放弃原先的经营方向，彻底转产，寻求新的战略增长点，或者改变经营重点，对产品的战略重点进行调整。也就是说，产品的蜕变要通过培育企业新的主导产品来保证企业的持续发展。总之，在蜕变期，通过进行成功的经济形体、实物形体和产品的革命性的改变，企业就会发生蜕变而得到持续发展。[1]成长道路是痛苦的，蜕变的过程总是充满艰辛和疼痛。蝴蝶还未蜕变的时候，是丑陋和痛苦

---

[1] 陈佳贵：《关于企业生命周期的探讨》，《中国工业经济丛刊》，1988（2）。

的，但一旦冲破了茧的束缚，就将化为美丽的蝴蝶。

企业的蜕变对应企业实践中所谓"企业转型"，实际上可以认为，"转型"是蜕变的主要表现。在当今信息社会中，转型成为企业面临的重要问题，这被认为是一个转型的时代。从不同的角度看，企业转型可以划分为不同的类型。如上所述，企业成长分别是业务、地域、资本和组织四个维度的扩张，在现实的过程中，这些扩张方式往往是联系在一起的，形成某种特定的扩张组合。对应这些扩张方式，可以存在相应的蜕变类型。例如，从业务维度看，存在由于原来过度多元化而不得不紧缩业务范围、集中精力于主营业务的业务蜕变转型，也存在从组织维度上看，为了解决"大企业病"缩减组织规模的组织、减少管理层次和业务部门的组织蜕变转型，或者业务范围和组织规模同时缩减的蜕变转型。另外，从企业在转型时所面临的问题看，可以划分为危机转型与非危机转型两大类。危机转型是当企业成长过程出现了危机时，企业不得不通过蜕变转型而渡过成长危机，从而沿着自己的成长目标继续发展。而非危机转型则是企业预见到自己发展中可能面临的问题，在问题还没有爆发之前成功地实现转型。一般而言，危机转型由于其危机性而具有急迫性，成功实现转型的企业及其领导者往往会被广为传播，成为商界传奇和企业英雄。而非危机转型需要更为超前的眼光和智慧，虽然没有得到更多的关注，但对企业健康、持续的成长具有更重要的意义。

第四节　企业持续成长的文化基础

企业是一个社会经济系统，企业的行为绝不仅仅是一种经济行为，文化对企业经营活动同样具有至关重要的影响。正如美国著名学者弗朗西斯·福山所指出的，"忽视文化因素的生意人，只有失败一途"。[①] 在企业的持续成长中，文化因素影响非常突出，这不仅表现在"百年老店"本身就构成了一道历史文化风景线，而且表现为"百年企业"的形成，企业的持续成长必然是以独特的企业文化为基础的。

一、企业文化：企业持续成长的力量源泉

文化在经济增长和企业发展中的作用越来越被人们所认识。美国历史学家戴维·兰德斯在《国富国穷》一书中指出："如果经济发展给了我们什么启示，

---

① 弗朗西斯·福山：《信任：社会美德与创造经济繁荣》，导言，海南出版社，2001。

那就是文化乃举足轻重的因素。"对处于激烈的市场竞争中的企业而言，文化同样是一种重要的力量，它对企业兴衰发挥着重要的作用。甚至有人认为，优秀而独到的企业文化是企业发展壮大、立于不败之地的沃土，21世纪企业之间的竞争最根本的是文化的竞争。

虽然有关企业文化的基本定义有很多，但所谓企业文化，无非是主要描述一个企业全体员工的价值观念、行为规范。于是，一个自然的问题就是：为什么在企业这种经济组织中，有关价值观念、行为准则之类的文化因素却被人们赋予有"化腐朽为神奇"的巨大作用呢？抛开一些研究者将无法从经济角度解释清楚的问题都归为文化原因以及故弄玄虚的因素以外，客观地说，由于企业文化旨在培育员工的共同的价值观和行为准则，因而企业文化在企业竞争与发展过程中具有调动员工积极性的激励功能，具有引导和规范员工行为的约束功能，具有指明共同努力方向的目标导向功能，以及促进全体员工为了企业目标的实现而众志成城、团结奋斗的凝聚力功能。应该说这些功能的实现对于任何企业组织而言，都是企业管理追求的最高境界，因而文化管理也就成为企业管理中最高层次的管理，这也是为什么很多研究者把企业的成功与失败都归为文化因素的原因。

然而，实际上，企业文化对企业发展的影响和作用绝不是直接的。很多管理者和员工在企业管理实践中并不能直接感受到企业文化的力量。没有有意识地建设企业文化同样在商场上纵横驰骋取得重大成功的企业并不鲜见，现实中我国有很多企业是在取得很大成功后才开始有意识地培育自己的企业文化的。这并不能说明企业文化对企业成长是可有可无的，只能说明企业文化对企业的绩效不是短期直接有效的，而是长期发挥作用的。也就是说，企业文化的力量是长期逐渐显现的，有意识地培育企业文化和没有有意识地建设企业文化的区别只有在企业长期经营过程中才能显示出来。一项对美国沃尔玛、P&G、壳牌、波音、百事可乐、花旗、艾克森等202家大公司的实证研究表明，企业文化力的平均得分与企业的长期经营业绩呈正相关关系。[①] 实际上，这是由文化的形成和演变的长期性特质所决定的。而企业文化形成和作用的长期性也就决定了企业文化只有对于那些追求持续经营、长期发展的企业才更有价值，上述企业文化的功能在这类企业中才能显示出来。这就是说，对于那些追求迅速发家致富的企业家而言，辛辛苦苦地培育企业文化对于其"暴富"的目标意义不大，而对于心存高远、志在打造百年企业的企业家而言，有意识地培育企业文化则至关重要。可以认为，企业文化本身就是企业持久经营和发展的力量源

---

① 约翰·科特：《企业文化与经营业绩》，第212页，华夏出版社，1997。

泉。对于任何一家想成为"百年老店"的企业，都必须充分认识到企业文化的必要性和不可估量的巨大作用。我们不能说，缺少文化力量源泉的企业一定不能够取得成功，但我们可以断言，没有文化力量源泉的企业会缺少企业持久发展的动力，因而注定不会长期成功，注定不能够成为做大、做强、做久的"百年老店"。

二、企业持续成长的精神文化基础：正确的利润观

从广义角度理解企业文化，一般可以把企业文化概括成三个层次：物质文化、制度文化和精神文化，其中企业精神文化是企业文化的核心层次，而精神文化的核心又是企业经营的价值观，企业价值观中最主要的、最核心的是企业的利润观。培育"百年企业"的企业文化，首先应该树立正确的利润观，奠定精神文化基础。

对于企业而言，追求盈利是其天然本性，没有利润，也就没有企业的成长壮大，也就没有企业的持久经营和发展。然而，企业追求利润是否就是企业目标呢？在正统经济学理论中，利润最大化一直被作为企业追求的目标，即使是在最简单的企业模型里，企业的目标也设定为利润或市场价值，并且认为是越多越好。但利润最大化目标一直遭到许多学者的非议，有些学者提出了利润值以外的目标，而有的学者甚至怀疑企业是否确有前后一致的目标。实际上，不同的企业对企业的利润目标具有不同的观点，不同的企业对以下问题的回答是不一样的：创办和经营企业最终目标是什么？企业能否始终对企业利润目标具有科学、合理、合法的追求方式？利润最大化目标在企业长期经营过程中是否始终处于首要地位？当企业的利润目标与社会目标发生冲突时，企业如何处理这种冲突？企业对这一系列问题回答的差异，反映了企业基本利润观的不同。而这种利润观的差异在很大程度上决定了企业能否成为成功的百年企业。

那么，优秀的百年公司应该具有怎样的利润观呢？惠普公司创始人大卫·普克在阐述自己公司的利润观时说："你随处（整个企业界）都可以看到有人只对金钱有兴趣……没错，利润是我们所作所为的基础，是衡量我们贡献大小的指标，也是支持公司成长的手段，但它本身一向都不是重点。事实上，重点是求取胜利。而胜利与否要由顾客的眼睛来判断。利润不是经营层正确的目标和目的，仅是使所有正确目标和目的得以完成的手段。"① 这反映了一个优秀公司的基本利润观。美国著名的智囊公司——兰德公司花费了 20 年的时间跟

---

① 转引自宁南、龚伟同：《频发丑闻的美国公司告诉我们中国企业该怎样走》，《江苏经济报》，2002年8月12日。

踪世界 500 家大公司，发现百年长盛不衰的企业具有的一个共同的特征就是，树立了超越利润的社会目标，不以利润为唯一追求目标。具体包括三条原则：一是人的价值高于物的价值；二是共同的价值高于个人的价值；三是客户价值和社会价值高于企业的生产价值和利润价值。①这表明那些能够持续成长的公司，尽管它们的经营战略和实践活动总是不断地适应着变化的外部世界，却始终保持着稳定不变的超越利润最大化的核心价值观和基本目标。因而，树立超越利润最大化的价值观是百年企业的精神文化基础。从这个意义上说，要打造百年企业，必须将"以人为本"、"以顾客为中心"、"努力服务社会"、"平等对待员工"、"平衡企业利益相关者的利益"、"提倡团队精神"等这些看似非常"虚"的口号落到实处，实实在在地将其作为企业的行为准则。

三、企业持续成长的制度文化要求：超越企业家生命周期

在企业文化的三个层次中，制度文化是一个重要的组成部分。然而，制度作为一种文化，与一般意义的文化不同，制度是有形的，往往以责任制、规章、条例、标准、纪律、指标等形式表现出来，制度文化是在有形的制度中渗透的文化，通过有形的制度载体表现出的无形的文化。由于企业员工普遍认同一种精神文化一般需要经过较长时间，而把精神文化"装进"制度则会加速这种认同过程。因而企业家往往是借助制度来倡导和培育某种文化，把倡导的新文化渗透到管理制度中，使之逐渐变成人们的自觉行动。一般而言，当企业制度内涵未被员工心理认同时，企业制度只是代表着企业家的个人文化，至多只反映管理规律和管理规范，对员工只是外在的约束；而当制度内涵已被员工在心理上接受并自觉遵守时，企业制度就变成了一种企业制度文化。②当科学的企业制度逐渐成为一种优秀的制度文化时，企业就获得了长期的生命力，百年企业需要培育的是优秀的制度文化，而不能仅仅停留在建立科学的制度上。

由于无论是企业制度建设还是企业制度文化培育，往往都是由企业家和少数精英主导推进的，因而很难避免在企业制度文化中留下企业家个人的痕迹，尤其是一个企业的企业家越是英明和伟大，该企业的制度文化就会受企业家个人影响程度越大，于是掉进魅力型领袖的陷阱——一个人的生命周期被复制成了一个企业的生命周期——的可能性就更大。对于"百年企业"而言，其制度文化能够超越企业家的个人文化，从而使企业生命周期超越企业家个人的自然寿命，从而保证了企业持续经营与发展。通用公司总裁韦尔奇无疑是当今伟大

---

① 王国平：《论现代企业的文化行为》，《上海行政学院学报》，2002（2）。
② 王成荣：《从"海尔定律"论文化与制度的关系》，中外企业文化网，2002。

的商业领袖，但通用公司更是卓越的百年企业，韦尔奇无论多么伟大，都是通用电气的产物，正是通用电气这样的卓越企业组织吸引、开发、培育和选择了韦尔奇。韦尔奇对通用公司的贡献和作用并非不重要，但在通用电气这种卓越的百年企业的发展史中，韦尔奇的角色只是其中的一小部分。这才是一个真正的百年企业所应该具有的超越企业家个人文化的优秀的制度文化。这种优秀的制度文化着眼于建立使公司拥有更多卓越领导者的制度和机制，而不是仅仅依靠一个企业领袖。

企业家个人寿命是有限的，而企业经营是要持续的，企业只有通过培育超越企业家个人自然寿命的限制的制度文化，才有可能成为持久经营的百年企业。近些年，许多鼎鼎大名的中国企业都随着曾风光一时的企业精英或领袖的沉陷而销声匿迹了。我们必须承认，绝大多数中国企业还缺少超越企业家个人生命周期的机制，还没有建立起超越企业家个人文化的制度文化。通过培育优秀的制度文化而打造"百年企业"，中国企业还任重而道远。

四、企业持续成长的创新文化：在继承基础上创新发展文化

虽然文化的培育和形成是一个逐渐、长期的过程，但这并不意味着文化是静止的。"人不能两次踏进同一条河流"，世界万物都在变化，从长期看，文化也是发展变化的。文化，正如黑格尔所说，"不是一尊不动的石头，而是生命洋溢的，有如一道洪流，离开它的源头愈远，它就膨胀得愈大。"[①] 对于企业文化而言，虽然企业的基本价值观要在相当长的时期内保持不变，但一个企业的整体文化还是随着企业内外环境的变化而不断发展变化的。当一种企业文化形成时，它是以当时的企业基本条件和社会文化背景为基础的，随着社会的进步、企业的发展和条件的变化，这种文化就有可能与企业外部环境和内部条件不相适应，甚至发生冲突，这时，扬弃旧的企业文化、创造新的企业文化也就十分必要。也只有这样，才能促进企业的不断发展进步，保持企业持久的生命力。事实上，没有与时俱进的企业文化创新，企业持续经营的文化力量源泉就可能逐渐枯竭。不要说培育百年企业，即使是已有的百年老店也会走向衰亡。诸如"王麻子菜刀"之类的著名百年老字号由于无法适应市场经济而破产的案例并不鲜见。

然而，任何一种企业文化模式都不可能是凭空全新产生的，一方面，企业文化的形成有其历史渊源和路径依赖性；另一方面，还会受到外界环境和文化的影响。因此，企业文化创新有其特殊性，在创新过程中要注意以下三方面原

---

① 黑格尔：《哲学是演讲录》，第一卷，第8页，商务印书馆，1959。

则：一是要重视对原企业文化中优秀内容的继承和发扬，尤其是要继承和发扬企业文化中被证明正确的核心的价值观，如超越利润最大化的价值观，这些观念被认为是保证企业长期稳定经营的基础，应该继承下来并保持下去。二是要学习吸收其他企业先进的企业文化。在学习和移植先进的企业文化过程中，一定要结合企业的具体情况学习，要开展研究，有选择性地学习和借鉴，但是绝不能盲目照搬，要在消化吸收基础上进行创新，学习—消化—吸收—创新是企业文化发展的必然过程。三是要注意将历史文化传统与当今社会经济现实背景有机地结合起来。对于中国企业而言，既要注意继承和发扬我国博大精深的传统文化中的优秀部分，从中吸取有效的营养成分，同时要将中华传统文化的精华部分与我国当今的社会主义市场经济结合起来，从而为我国企业进行文化创新奠定坚实的基础。

本章案例

百年柯达痛苦转型

一个世纪前，伊士曼·柯达公司创始人乔治·伊士曼创造了一个口号——"你只要按下按钮，其余的都交给我们！"这句口号成为贯穿柯达公司发展历程的核心精神。在"胶卷"时代，柯达设计了冲洗和打印负片的体系，令拍照变得十分简单。在此基础上，柯达通过低价拉动相机销售，再从相片冲印所需的药水和相纸中获取最大利润，从而缔造了一个处于绝对垄断地位的影像王国。

柯达早在1976年就开发出了数字相机技术，并将数字影像技术用于航天领域；1991年，柯达就有了130万像素的数字相机。但是到2000年，柯达的数字产品只卖到30亿美元，仅占其总收入的22%；2002年，柯达的产品数字化率也只有25%左右，而其竞争对手富士已达到60%。这与100年前伊士曼果断抛弃玻璃干板转向胶片技术的速度形成莫大反差。如果我们看看代表信息革命的NASDAQ综合指数与柯达公司股票历史对比图，就不难发现：素来以技术领先的柯达，并没有随着IT革命同步提高，反而在IT泡沫破裂的时候陷入严重的经营危机。根据2000~2003年柯达各部门的销售利润报告，尽管柯达各部门从2000~2003年的销售业绩只是微小波动，但销售利润下降却十分明显，尤其是影像部门呈现出急剧下降的趋势。具体表现在：柯达传统影像部门的销售利润从2000年的143亿美元锐减至2003年的41.8亿美元，跌幅达到46%！在拍照从"胶卷时代"进入"数字时代"之后，昔日影像王国的辉煌也似乎随着胶卷的失宠而不复存在。

造成柯达危机的原因是多方面的：一方面，柯达长期依赖相对落后的传统胶片部门，而对于数字科技给予传统影像部门的冲击，反应迟钝；另一方面，管理层作风偏于保守，满足于传统胶片产品的市场份额和垄断地位，缺乏对市场的前瞻性分析，没有及时调整公司经营战略重心和部门结构，决策犹豫不决，错失良机。

针对上述问题和资本市场的反映，柯达于 2003 年 9 月 26 日宣布实施一项重大的战略性转变：放弃传统的胶卷业务，重心向新兴的数字产品转移。该战略的具体措施包括：①"以变应变"，增加在非影像业务领域的投资。②不再向传统胶卷业务进行任何重大的长期投资。③公司重组，将原来的胶片影像部门、医学影像部门、商业影像部门重组为商业影像、商业冲印、医疗影像、数字及胶片影像系统、显像及零部件五大数字科技部门。④向消费者推出系列型号的数字相机和喷墨打印机，与富士、惠普、施乐、佳能和爱普生等在数字业务领域展开正面较量。⑤坚持其胶卷特许经营业务，积极开展私有品牌胶卷经营业务，如：胶卷将可以以非柯达品牌的商标在国外出售。⑥通过跨行业联盟形成消费者足不出户全面解决方案，即如下的产业链，包括：数字相机（柯达或非柯达品牌）—联邦快递派送—连锁冲印店输出；彩信（摄影）手机—网络传输—连锁冲印店输出—联邦快递派送—客户。⑦在中国市场，传统业务与数字业务两者兼顾，建设一个柯达全球生产中心，主要业务为组装核心型号的数字相机，同时开始零部件的本地化生产工作和数字冲印；柯达传统的民用影像业务部门继续扩大中西部和二级城市的市场占有率，实现由"影像"到"影像+零售服务"的战略转型。⑧实现"双 T"（全面解决方案和全面满意度）和"双 E"（延伸和扩张）的战略规划，加强终端输出。

在转型后的一年中，柯达展开了一系列活动：并购 Algotec 系统公司、SCITEX 数字印刷公司，与 VERIZON WIRELESS 建立战略合作关系，完成 NEXPRESS 和 HEIDELBERG 公司的并购，从美国国家半导体购买图像传感器业务，购买 OREX 公司，卖掉 AUNTMINNIE.COM 业务，购买 CREO 公司等。2004 年 1 月，柯达宣布裁员其现有 20% 的员工，即当时 70000 名员工在生产和行政部门的 12000~15000 人。柯达发言人说："这是柯达面对现实——从传统的影像业务到数字业务转型中必须要做的事。"同时，在管理层安排上，柯达紧锣密鼓地进行了人员更换。2005 年 1 月，柯达任命了新的 CTO：William Lloyd，这位在惠普工作了 31 年的技术专家，被外界冠为"数字 CTO"的称号。而柯达董事会也期待他能"延续他在发展数字产品和组织管理方面的传奇"。

柯达希望这一新的战略转型将导致业务更为多元化，并预期这个新战略将会让公司每年以 5%~6%的速度增长。在 2006 年以前可能达到 160 亿美元的年收入，2010 年以前可望达到 200 亿美元。

资料来源：摘自罗雁、赵红、陈绍愿：《百年柯达痛苦转型，战略性危机如何获得软着陆》，载《中外管理》，2005（6）。

本章要点

1. 企业生存和发展的目标可以归结为相互关联但又不能等同的三类，即企业规模扩张——做大企业、竞争力提高——做强企业与企业持续经营——做久企业。虽然企业规模扩张、竞争力提高与企业持续经营这三者密切相关，但管理的重点并不同。从理论角度看，可以基于企业追求的目标不一样，把公司划分成不同类型。国外有的学者曾提出"生命型公司"与"经济型公司"的区分。所谓"生命型公司"即公司为生存而管理，而"经济型公司"为利润而管理。

2. 企业成长理论试图揭示企业成长过程中各种规律性的东西，探讨企业规模、企业寿命和企业竞争力的各种影响因素及其作用机制。真正意义的企业成长理论由英国管理学教授彭罗斯（Penrose）于 1959 年出版的《企业成长理论》一书奠定了基础，后来对于企业成长的研究成为企业理论、战略经济学关注的核心问题。现代企业成长理论包括：彭罗斯（Penrose）的企业成长论、钱德勒（Chandler）的现代工商企业成长理论、玛瑞斯（Marris）的企业成长模型、科斯（Coase）开创的现代企业理论、纳尔森和温特（Nelson & Winter）开创的演化理论、汉南和弗瑞曼（Hannan & Freeman）开创的现代组织生态学。

3. 从理论上分析，企业成长的影响因素无疑是非常复杂的，市场机会、行业特征与产业演化、竞争程度、资源约束、组织形式与管理能力约束、融资与法律制度安排、企业技术能力与知识存量、公司治理结构和环境的不确定性等，都会对企业的规模、获利能力和企业的寿命产生影响，其影响程度和作用机理需要长期深入的理论和实证研究来逐步揭示。

4. 我国学者最早将企业寿命周期划分为孕育期、求生存期、高速发展期、成熟期、衰退期和蜕变期六个阶段。

5. 企业成长应该包括成长方向选择、成长速度的控制和成长动力的协调三个维度的内容，企业能否成为一个百年持续成长的公司，关键在于能否根据企业生命周期不同阶段的特征而从三个维度管理企业成长过程，即进行企业成长的"三维管理"——正确地选择成长方向、科学地控制成长速度和有效地协调成长动力。

6. 我们不能说，缺少文化力量源泉的企业一定不能够取得成功，但我们可以断言，没有文化力量源泉的企业会缺少企业持久发展的动力，因而注定不会长期成功，注定不能够成为做大、做强、做久的"百年老店"。

7. 从广义角度理解企业文化，一般可以把企业文化概括成三个层次：物质文化、制度文化和精神文化。其中企业精神文化是企业文化的核心层次，而精神文化的核心又是企业经营的价值观，企业价值观中最主要的、最核心的是企业的利润观。培育"百年企业"的企业文化，首先应该树立正确的利润观，奠定精神文化基础。

8. 在企业文化的三个层次中，制度文化是一个重要的组成部分。当科学的企业制度逐渐成为一种优秀的制度文化时，企业就获得了长期的生命力，百年企业需要培育的是优秀的制度文化，而不能仅仅停留在建立科学的制度上。企业家个人寿命是有限的，而企业经营是要持续的，企业只有通过培育超越企业家个人自然寿命的限制的制度文化，才有可能成为持久经营的百年企业。

9. 没有与时俱进的企业文化创新，企业持续经营的文化力量源泉就可能逐渐枯竭。不要说培育百年企业，即使是已有的百年老店也会走向衰亡。

研究思考题目

我国家族企业如何能够"延年益寿"？

推荐阅读材料

伊查克·艾迪思：《企业生命周期》，中国社会科学出版社，1997。
詹姆斯·C.克林斯等：《基业长青》，中信出版社，2002。
林光：《集团公司生命周期系统的管理》，清华大学出版社，2005。
张建忠：《企业集团创新、蜕变与成长》，社会科学文献出版社，2000。

第四章 企业重组：管理的全新视角

企业重组是伴随经济全球化不断深入而形成的一个必然趋势，当今世界各工业发达国家和不少发展中国家都对此问题给予高度的重视。同时，企业重组也是企业管理所涉及的一个全新内容，在经济全球化、市场全球化、信息全球化的推动以及网络、通信技术等高速发展的高新技术产业的影响下，企业生产要素的配置不再仅仅局限在企业内部，而是转变为一个动态的、开放的过程。不少成功的企业都在很大程度上受惠于实施企业重组，它们在全球范围内搜寻有利于自身发展的资源，通过不断地进行企业重组使生产要素的配置处于优化状态，从而获得最佳的资本运营效率，并在市场竞争中保持优势地位。企业重组已成为优化资源配置、改善资本运营、提高企业价值、加速企业成长、增强企业竞争力的一条有效途径。

第一节 全球性企业重组及其影响

20 世纪 70 年代以来，企业重组活动在工业发达国家日趋活跃，尤其是在 1995 年以后，大公司之间的重组事件不断增加，重组规模不断增大，重组质量显著提高，国际上许多巨型公司都卷入了企业并购热潮。数百亿美元的巨型并购案接连发生，如英国石油公司以 568 亿美元收购美国阿莫科石油公司、埃克森石油公司以近 790 亿美元的巨资并购美孚石油公司、旅行者集团以 726 亿美元并购花旗银行集团等。近些年的企业重组浪潮对世界经济的格局、各国产业结构和企业组织结构的调整以及企业的发展战略等将产生十分深远的影响，主要表现在以下方面：

首先，国际竞争将更加激烈，可能会引发企业规模扩张和争夺市场份额的轮番升级的大比拼。巨型企业的合并、合作不会使竞争的程度减弱，而会使竞争在企业规模扩张的基础上进一步增强。超大规模的跨国公司之间的竞争将更加趋于白热化，更加无情。尤其是在许多行业生产过剩的情况下，竞争的失败者将被无情地淘汰出局。石油行业的巨头埃克森同美孚合并、英国石油公司同

阿莫科合并之后，危机感立刻在其他国家的同行业巨头中蔓延，连法国的 To-
tal SA 和比利时的 Petrofina SA 这两家二流公司也走上了合并之路，试图成为
欧洲第三大、全球第六大石油公司。其他企业也不会就此甘拜下风，无所作
为。石油业、汽车业、金融业等许多行业在某些并购事件发生后，都引起了连
锁反应和继发性的重组热潮，都是为了在这次重组大比拼中免遭淘汰。越来越
多的企业和国家将被卷入轮番升级的竞争旋涡之中，就连亚洲一些开放程度较
低的国家也被工业发达国家趁金融风暴之危撞开了大门，从而卷入其中。在这
场大比拼中，发达国家凭借其资本实力攻城略地，发展中国家将面临更大的压
力、处于更加劣势的竞争地位，如不能及时采取有效应对措施，有可能在这场
大比拼中遭受惨败。

其次，对反托拉斯法和管理制度提出了挑战。目前，世界上有 60 多个国
家有反托拉斯法及管理机构，但管理重点、标准和程序各不相同，给跨国并购
带来麻烦甚至相互冲突，而且使重组案耗费时日，往往要花费数以千万美元计
的法律和行政费用，增加交易成本。如当年的波音并购麦道案，美国关心的是
并购是否会导致机票涨价，损害乘客的利益，在认定"不会"之后，即予以通
过；而欧盟关心的却是并购是否会导致制造商之间的不公平竞争，在认定
"会"之后，便加以阻挠。有时，小一些的并购案可能更为复杂，因为特大型
且涉及欧洲企业的并购案以及虽不涉及欧洲企业但涉及大量欧洲业务的并购案
均由欧盟统一管理，不需要由涉案各国分别处理，但涉及欧盟企业的小一些的
跨国并购案却要经各自国家的批准，这反而增加了程序的复杂性及其难度。目
前，美国司法部正在着手研究同其他国家的跨国并购协调问题，一旦拿出具体
方案，必将对许多国家的立法和司法产生重要影响。

最后，跨国重组可能导致对管理权的争夺和文化冲突。吉百利并购七喜是
一个典型的例子。1995 年，英国的吉百利公司收购了美国的七喜公司之后，
由于同可口可乐和百事可乐的市场争夺，加上不同的管理方式和文化的冲突，
造成七喜公司的经营每况愈下，因而吉百利公司感叹"软资产（Soft Assets）
的整合是难上加难"，最后在 1998 年年底，不得不将七喜卖给了可口可乐。在
一些重要的产业和企业，跨国重组所带来的问题更为复杂，不但涉及对市场的
控制，更牵涉一些敏感的政治问题和不易处理的社会问题。如最近的 Olivetti
收购意大利电信，因为意总理表示希望意大利电信留在意大利人手里，以及工
会组织关注收购后可能导致的裁员问题，使该并购案变得十分棘手。

这次全球性重组浪潮由美洲延伸到欧洲和亚洲，跨越不同的政治、经济、
社会和文化圈，所带来的问题可能是前所未有的，尤其是亚洲国家具有完全不
同的企业文化和社会价值，其经济发展又处于相对弱势，怎样才能在这次全球

企业重组浪潮中妥善地处理好有关问题，多得其利、少蒙其害是各有关方面必须认真考虑的。

第二节 全球性企业重组的发展趋势

在经济全球化的推动下，各国的市场开放程度越来越高，同时，为各产业进行全球性调整与重组拓展了空间。而面对日益开放的、全球化的市场，企业只有不断增强自身的竞争实力，才有可能不断扩大其市场份额。在这种情况下，多数实力雄厚的大公司采取了并购的手段来增强竞争实力，巩固其霸主地位。因此，在20世纪末21世纪初，合并依然是企业发展的主流。60年代，全球共有52家大型独立的汽车制造商，到了1997年只剩下19家，在未来几年内可能会仅剩5~10家。据说，德国戴姆勒—奔驰汽车公司的下一个潜在的目标合作伙伴将是日本的本田、日产或三菱汽车公司。现在所进行的合作或下一步将要进行的合作，有可能是为将来进行合并做前期准备。今后，全球的企业重组活动将出现以下趋势：

第一，工业发达国家政府近年来开始逐步放宽对市场的管制，其结果将引发新一轮企业并购高潮的到来。如美国政府近几年逐步放松了反托拉斯的管制，采取了开放航空市场、电信市场，取消银行业不许跨州经营的禁令，以及撤销主管铁路运输业合并的美国州际商务委员会等重大措施。在20世纪30年代经济大萧条时期，美国曾为商业银行制定法律，规定其不得兼营证券投资和保险服务业务，而在近几年，美国国会对银行业的兼并行为采取了默许的态度。随着银行业大规模并购的发生，商业银行的业务范围也必然会出现大的交叉，因此，美国国会修改有关的法律条款势在必行。在日本，由于政府放松管制，1998年以来银行、保险、信托、证券业之间的合作也非常突出，通过相互进入对方的领地，实现优势互补。欧盟国家则放松了对电信业、公用事业的管制。最近，美国证监会又改变了30年代制定的有关企业合并条例，放宽了对合并的政府管制。其结果必然会引发新一轮企业并购高潮的到来。

第二，企业跨国并购的目标比以前更加明确地指向工业发达国家。其中，并购金额在10亿美元以上的事件大多发生在欧美国家的企业之间。特别值得注意的是，由于欧洲统一货币的正式启用以及欧盟各国政府在电信、共用事业等领域推行自由化，20世纪末，欧洲掀起了企业并购的高潮。与此同时，由于亚洲、巴西等地的金融危机及其他因素，经济恢复需要一段较长的时间，发展中国家和地区的跨国并购交易额大多呈下降趋势。

第三，"三强法则"将继续发挥作用。根据"三强法则"，在一个成熟的竞争性市场中，可以有许多公司参与竞争，但其中起主导作用的公司只能有3家，而且这3家处于优势地位的公司控制着本行业60%~70%的市场，其中实力最弱的一家也要占有10%以上的市场份额。从目前全球企业并购的发展趋势来看，"三强法则"已经在不少行业中发挥了作用，今后必将在更多的行业中发挥作用。原有的"三强"格局有可能会不断地被新"三强"打破，强强联合的势头仍将在多数行业中延续。

第三节　我国的企业重组

在我国，类似于企业重组的一系列活动早在改革开放初期就已经在我国各地展开了，如20世纪80年代初开始的组织各种横向经济联合体，以及随后兴起的组建企业集团、企业兼并等。但由于当时产权交易的禁区还没有突破，企业财产所有者还没有到位，还不具备产权明晰这一企业重组的重要前提，这些重组活动大多带有强烈的行政性色彩，重组双方所达成的协议并非完全出于企业自愿。真正意义的企业重组是从20世纪90年代初、中期开始先后在全国各地开展起来的，它是随着我国经济体制改革的不断深化，国有企业改革从偏重于放权让利的政策调整转向着力进行企业制度创新、建立适应社会主义市场经济体制需要的现代企业制度的新阶段之后产生的必然结果。近两年，随着资本市场的发育和上市公司数量的不断增多，我国的企业重组活动也日趋频繁。

一、企业重组的意义

企业重组对于从整体上搞好国有企业具有特殊的意义。

第一，企业重组有利于盘活国有存量资产，充实企业的资本金，提高国有资产的运营效率。

第二，企业重组有助于改变多年来国有企业固有的"大而全、小而全"等弊端，促进专业化分工协作，发展规模经济，合理调整国有企业的组织结构。

第三，企业重组有利于促进劣势企业的资产向优势企业集中，从而发挥国有企业的优势，增强国有企业的市场竞争力。

第四，企业重组有利于合理配置生产要素，促进企业优势的集中。通过企业重组，把各企业分散的要素优势集中起来，可以使潜在的优势变为现实的优势，不仅充分利用了资源，而且可以从整体上提高国有企业的经济效益。

第五，通过企业重组，还可以促进企业加强管理体制建设，降低生产成本，优化产品结构，增强对市场经济的适应性，提高企业的竞争实力。

应当特别指出的是，从我国的经济发展战略来看，企业重组对于调整国有经济布局，提高国有经济的整体素质具有至关重要的意义。中共十五大对企业重组进行了充分的肯定，并进一步明确了我国企业重组的方向，提出，从战略上调整国有经济布局，要同产业结构的优化升级和所有制结构的调整完善结合起来，坚持有进有退，有所为有所不为，提高国有经济的控制力。国有经济要在关系国民经济命脉的重要行业和关键领域占支配地位，其他行业和领域可以通过资产重组和结构调整，集中力量，加强重点，提高国有经济的整体素质。由此也可以看出，我国企业重组的对象主要是企业的存量资产，企业重组的主体不仅应当包括国有企业，还应当包括与国有企业的发展休戚相关的广大非国有企业。

二、企业重组的含义

"企业重组"这一名词是在我国企业改革从放权让利、政策调整为主的阶段转向企业制度创新阶段之后才提出的，是我国的广大企业为了适应市场环境变化的要求，更有效地实现企业制度创新、提高企业的资本运营效率、增强企业的市场竞争力而采取的一种市场行为。国外与我国的企业重组相对应的现象是公司重组，主要表现为企业并购（Merger and Acquisition）。兼并是指任何一项由两个或两个以上的实体形成一个经济实体的交易。兼并与收购的共同点都是最终形成一个经济实体，其不同点是兼并由两个或两个以上的经济实体形成一个新的实体，而收购则是将被收购方纳入到收购方公司体系之中。但实际上由于收购方在吸收被收购方后，收购方的公司体系常常会发生重大变化，所以人们通常把收购也看成一种兼并，或者将兼并和收购通称为并购（M&A）。[1] 并购是资本市场的最主要的产权交易方式，其实质是对企业控制权的争夺。与企业控制权争夺相关的资本市场行为和活动种类繁多，而且还在不断地创新和发展。具体而言，这些活动包括兼并与收购（Mergers & Acquisitions）、发盘收购（Tender Offers）、合资公司（Joint Ventures）、分立（Spin-off）、资产剥离（Divestiture）、溢价回购（Premium Buy-backs）、代理权争夺（Proxy Contest）、交换发盘（Exchange Offers）、股票重购（Share Repurchases）、转为非上市公司（Going Private）、杠杆收购（Leveraged Buy-outs）等。[2] 从控制权角度说，所

---

[1] 弗雷德·威斯通等：《兼并、重组与公司控制》，中文版序言，经济科学出版社，1998。

[2] 有关这些资本市场活动的具体含义可参阅弗雷德·威斯通等著：《兼并、重组与公司控制》，第3~9页，经济科学出版社，1998。

有这些资本市场行为（或称为公司重组（restructuring））都可以称之为接管（takeovers），或通称为并购（M & As）。

企业重组是一种涉及企业之间产权流动的法律行为，其本质是对企业的生产力进行重组。按照现代生产力理论，生产力诸要素是指企业的劳动者、劳动资料、劳动对象、生产管理和科学技术等，是企业活力的源泉。所以，企业重组是通过采取一系列资本运作手段促进生产要素的合理流动和企业组织形式的调整，对不同企业之间或单个企业的生产要素进行优化配置的过程。

企业重组的动因可以列举许多：一是追求利润动机。在市场经济条件下，企业的经济活动必然表现为追求利润的过程。企业通过重组可以提高规模经济效益，增加产品产量，获取更多更高的利润。二是企业成长动机。企业要进入一个新的领域或扩大销售渠道，仅依靠现有的力量往往会遇到很多困难，而通过企业重组，借助于其他企业的原有基础，则有可能取得事半功倍的效果。三是优势互补动机。通过资产重组，企业能够取得许多自身不具备的生产技术、设备、厂房、专利、资金、人才、管理，以及优秀的企业文化等，从而弥补自己的不足，更好地发挥优势。四是追求规模经济动机。依靠企业自身的积累来实现规模经济是非常困难的，而通过企业并购实现企业横向或纵向的规模扩张则是一条成本低、见效快的捷径。但无论企业重组的动因有多么复杂，一般都来源于企业重组的原始动机，即企业追求利润的动机和竞争压力的动机。

企业重组是一个动态的、复杂的过程，一般来说，它的主要内容包括企业的资产重组、股权重组、负债重组、业务重组、文化重组、人力资源重组和管理重组等。企业重组的各方面内容并不是互不相干的，它们之间有着一定的因果关系。按照时间顺序，可以把企业重组划分为前期重组和后期重组。

前期重组指企业在作出重组决策或不同企业在达成重组协议前后所进行的资本运营过程，其主要内容有两个方面：一是企业的资产重组，即对一定重组企业范围内的资产进行分拆、整合或优化组合的活动，资产重组是企业重组的核心内容，是进行其他各方面重组的基础；二是股权重组，即指对企业股权结构的调整，它是企业重组的本质所在。前期重组可以发生在同一企业内部，如企业的分拆；但更普遍的现象发生在不同企业之间。

后期重组指企业的资本运营即前期重组进行到一定程度之后，为提高企业资本运营效率和竞争实力所进行的企业财产所有者权利范围内的一系列整合活动，其主要内容即企业的负债重组、业务重组、文化重组、人力资源重组和管理重组等。后期重组是在企业内部或母公司与子公司之间进行的，它一般由前期重组而引发。

企业重组的完整过程由前期重组和后期重组这两个不可分割的部分组成，

二者不可偏废。前期重组是进行后期重组的基本前提，后期重组是前期重组的延续，它的成功与否往往决定着企业重组的成败。由于种种原因，后期重组的一些内容还没有受到我国企业高层管理者的充分重视，不少企业在完成前期重组后就以为大功告成，后期重组进行得比较草率，以致重组后很快出现业绩滑坡甚至亏损，这些教训应当引起我们的充分注意。

从法律上说，当企业作出重组决策或达成重组协议之后，进行负债、业务、文化、人力资源和管理等方面的重组便名正言顺了，但上述各方面的重组必须以资产和资本为依托，如果资本运营的方案尚未实施，资产和资本均不到位，那么进行后期重组也就失去了依据。例如，进行负债重组必须遵循"负债随资产走"的原则，进行文化重组必须在企业分拆或合并完成之后，才有可能被企业的员工所接受，等等。但事实上，在条件允许的情况下（如不是敌意并购、目标企业的员工对并购持积极乐观的态度等），应当提前进行后期重组的调查分析、资料准备和方案设计工作，这样可以缩短重组的时间周期，有利于提高重组的成功率。

第四节　企业重组与培育企业核心竞争力

企业经营战略的成败关键在于培养和发展能够使企业在未来市场中处于有利地位的核心竞争力，而核心竞争力的培养和发展在很大程度上是通过企业重组而实现的。因此，培育核心竞争力是企业重组的重要目标。

所谓企业的核心竞争力是指企业在某一领域（行业、产品）市场竞争中所拥有的独特的、其对手难以获得的、能够使其在一定时期内相对于竞争对手保持优势地位并获得稳定超额利润的能力。严格地说，核心竞争力是通过企业内部一系列互补的技能和知识相结合而形成的，使一项或多项业务达到一流水平的能力，是企业获得长期稳定的竞争优势基础，是将技能、资产和运作机制有机结合的企业自组织能力，是企业推行内部管理战略和外部交易性战略的结果。

培育企业的核心竞争力可以通过两条途径：一是采取一系列管理措施、推行内部管理战略，以实现企业内部各种资源的优化配置，如强化企业的研究与开发，加强生产管理、财务管理和市场营销，建立合理的激励约束机制，实施名牌战略等。二是实施外部交易型战略，进行以资本经营为主要内容的企业重组，主要是通过兼并、收购、分拆、上市和联营等方式，对企业外部资源进行有效整合。

在企业重组的过程中，根据大致的时间顺序，可以把培育企业的核心竞争力分为开发专长与技能和要素整合两个主要阶段：

一、前期重组：核心竞争力的专长与技能的开发

核心竞争力是由一系列专长和技能构成的，企业成长过程中必然会遇到各种专长和技能的缺乏。所以，企业要想在市场竞争中处于有利地位，首先应通过各种方式获取建立核心竞争力所必需的各种专长和技能。但是，由于企业内部资源的有限性，依靠企业内部发展建立各种核心竞争力构成要素的速度是十分缓慢的，而通过企业重组，引入外部资源，取长补短，就有可能在较短的时间内获得必要的核心竞争力构成要素。因此，进行企业前期重组，通过并购将拥有某种专长的企业纳入自身的体系，就成为实现培育企业核心竞争力的一个重要手段。

然而，不少企业在重组过程中，更多地关注并购的短期财务利益，而较少考虑其中所包含的核心竞争力构成要素。事实上，不少具有显著短期财务利益的并购对象对于培养企业的核心竞争力并不能作出显著的贡献，因此，从企业的长远发展来看，这种重组并没有多大的价值。而一些短期内并不具备明显盈利能力的并购对象却完全有可能包含建立核心竞争力所需的重要要素。所以，企业重组应把战略目标定位于尽快获取对培养和发展核心竞争力具有重要意义的资源和专长上，而不要被短期的利益所蒙蔽。

二、后期重组：核心竞争力构成要素整合

企业的核心竞争力是由不同的核心竞争力构成要素有机联系而成的整体竞争力，分散的、没有经过整合的要素是不能形成核心竞争力的。所以，企业在通过并购获得建立核心竞争力所需的各种要素后，就必须及时采取有效手段对这些要素进行整合，使之形成核心竞争力。主要的要素整合工作有以下几个方面：

1. 战略业务重组。战略业务是指符合企业中长期发展战略，能作为企业主营业务并具有较强盈利能力的相对独立的经营领域。集中优势力量把企业做强，是战略业务重组的一个重要原则。首先，要确定现有业务在企业中所处的地位，明确现有战略业务结构。需要考虑的主要因素有：企业经营战略、业务扩张潜力及规模、业务在经营管理方面的复杂性，以及业务在生产经营各环节之间的相对独立性和相关性。其次，要重新评价现阶段各项战略业务，检查企业当前的业务组合是否达到最优化，以重新确定核心业务。一般来说，应通过兼并、收购等方式强化那些盈利能力强、有广阔市场前景的业务，争取使该项

业务在市场上取得主导地位；而对于那些盈利能力差、市场发展前景暗淡的业务，则应果断地通过出售或转让进行剥离。再次，应根据重新确立的核心业务，确定战略业务重组的方向：前向一体化、后向一体化、横向扩张、收缩或撤退。

2. 企业文化重组。企业文化重组是指不同企业文化之间的磨合以及企业价值观念、经营哲学、经营目标、工作作风和道德风尚等方面的一致性。重组过程中应强调以下几点：一是企业应有得到全体员工认同的统一的经营战略和目标；二是企业的各部门、各环节之间应相互协调，成为致力于一个共同目标的有机整体；三是企业的高层领导必须率先垂范，成为全体员工的表率；四是使每一个员工都充分认识到自己的行为和作风代表着整个企业，每一份工作都是在为客户服务、为企业创造价值。

3. 管理重组。管理重组是指管理的调整、磨合和创新。主要包括以下内容：一是建立规范的、科学合理的企业治理结构；二是按照精干、高效、灵活的原则调整企业内部组织结构，提高管理效率；三是建立健全各项企业管理制度，以适应新的管理体制的需要。重点是建立严格的企业财务制度，调整、磨合劳动人事和分配制度，建立有效的企业激励约束机制，建立、健全统一的规章制度和标准化体系。在管理重组的过程中应注重管理创新，根据企业新的发展战略，更新管理理念和管理方式，调整管理重点。同时，在管理模式、管理经验方面，还应注意取重组双方之长，避免对某一方的全面否定，以实现新旧管理之间的平稳过渡。

4. 人力资源重组。企业重组是对企业生产力的重新配置和优化组合，而人力资源是生产力诸要素中最活跃、最关键的要素，它对重组后企业生产效率的提高起着至关重要的作用。进行人力资源方面的重组应强调以下几个方面的问题：一是要以重组后新的企业发展战略为指导，并强化对企业员工的激励与约束。二是对重组双方企业的员工要一视同仁，满足职工的基本需求，使重组后员工对企业产生认同感、归属感、使命感。三是对专业人员进行重组时，要做到专业对口、扬长避短、人尽其才、合理调配；对重组双方的管理人员应客观公正、任人唯贤、量才录用、相互渗透。四是重视人力资源组合的群体性特征，充分利用原有群体中存在的团队精神、集体荣誉感、相互信任和尊重感等，最大限度地发挥人力资源的潜力。五是争取在重组实施之前先行分流部分人员，减轻后期重组的压力。

第五节　中外企业重组的主要方式

　　企业重组的具体方式可以从不同的角度进行多种划分，例如，按照重组所依赖的机制，可以划分为依赖市场型和依赖政府型；按照重组所采取的具体手段，可以划分为购买式、承担债务式、吸收股份式和控股式，等等。在此，仅列举几种国外常用的股权收购重组方式和"买壳上市"这种主要流行于我国的企业重组方式。

一、现金收购方式

　　现金收购是指收购公司通过支付一定数量的现金而取得对目标公司的所有权。一般而言，凡不涉及发行新股票的收购都可以视为现金收购，即使是收购公司通过直接发行某种形式的票据（如债券）而完成的收购，也属于现金收购。在这种形式下，目标公司的股东可以取得某种形式的票据，但其中不含股东权益，只是某种形式的、推迟了的现金支付。现金收购方式的一个鲜明特点是，一旦目标公司的股东收到对其拥有股份的现金支付，他就失去了对原公司的任何权益。

　　现金收购方式的优点有以下方面：一是现金收购的估价简单明了，易于被交易的各方所接受；二是对收购公司而言，突出优势是收购进展速度快，可使有敌意的目标公司措手不及；三是对目标公司而言，交割简单，不必承担证券风险，日后也不会受收购公司经营状况、利息率及通货膨胀的影响。现金收购方式的主要缺点是，对于收购方来说，由于采取现金支付方式需要公司有充足的现金储备和较强的筹资能力，尤其是进行大规模的收购时容易造成财务上的困难；对于被收购方来说，公司的股东无法推迟资本利得的确认，从而提早了纳税时间，不能享受税收上的优惠，而且他们也不能拥有新公司的股东权益。现金收购方式主要适用于敌意收购。在早期的企业并购阶段，现金支付是一种主要的支付方式，随着资本市场的不断完善和各种金融工具的不断创新，采取现金收购方式的企业并购事件已经越来越少。

二、换股并购方式

　　换股并购是指收购公司将目标公司的股票按照一定比例换成本公司的股票，目标公司被终止或成为收购公司的子公司。具体可分为三种情况：一是增资换股，即收购公司采用发行新股的方式，包括普通股或可转换优先股来替换目标公司原来的股票，从而达到收购的目的。二是库存股换股，在美国，法律允许收购公司将其库存的那部分股票用来替换目标公司的股票。三是母公司与子公司交叉换股，其特点是收购公司本身、其母公司和目标公司之间都存在换股的三角关系，通常在换股之后，目标公司消亡或成为收购公司的子公司。

换股并购方式的优点有以下方面：一是收购方不需要支付大量现金，因而不会挤占公司的运营资金，相对于现金支付方式而言成本有所降低。二是目标公司的股东在收购完成之后仍然保留着其所有者权益，能够分享收购公司所实现的价值增值。三是目标公司的股东可以推迟收益时间，达到合理避税或延迟交税的目的。其缺点是增发新股的手续烦琐，使并购所需的时间较长；增发新股改变了收购公司原有的股权结构，有可能使原先的股东失去对公司的控制权。此外，每股收益的稀释也有可能导致收购公司股价的下滑。换股并购方式多用于善意收购。1997年美国世界通讯公司兼并MCI、1998年美国花旗银行与旅行者集团合并、美国美洲银行与国民银行合并，以及1998年德国戴姆勒—奔驰公司与美国克莱斯勒公司的合并等，采用的都是换股并购方式。

三、综合证券收购

综合证券收购是指收购公司对目标公司提出收购要约时，其出价不仅仅有现金、股票，而且还有认股权证、可转换债券和公司债券等多种混合形式。认股权证对于收购公司来说，可以延期支付股利，从而为公司提供额外的股本基础；对于投资者来说，认购款可以延期支付，而且可以通过转卖而获利。可转换债券对于收购公司来说，不仅可以使其以比普通债券更低的利率和较宽松的契约条件出售债券，而且提供了一种能以比现行价格更高的价格出售股票的方式；对于目标公司的股东来说，采用可转换债券具有安全性和能使本金增值的好处。公司债券持有者所得的利息一般是可以免税的，但公司债券作为出资方式，一般要求能在证券交易所或场外交易市场上流通。此外，收购公司还可以发行无表决权的优先股来支付价款。优先股虽在股利方面享有优先权，但不会影响原股东对公司的控制权。采用综合证券收购方式，可以将多种支付工具组合在一起使用，如果搭配得当，选择好各种融资工具的品种结构、期限结构以及价格结构，可以避免前两种收购方式的不足，收到较好的效果。

采用综合证券收购方式的典型案例是美国联合百货收购梅西公司。1994年12月，美国破产法庭批准联合百货以3.78亿美元的现金、19.45亿美元的新发行债务，以及18亿美元梅西公司的股权来向梅西公司的债权人支付债务，从而达到了收购梅西公司的目的。

四、杠杆收购方式

杠杆收购是指收购方以目标公司的资产和将来的现金收入作为抵押品,向金融机构贷款,再用贷款资金买下目标公司的收购方式。一般是由收购方专门设立一家直接收购公司,再以这家公司的名义向银行借款,然后以借贷的资本完成企业收购。这种收购方法的出现和应用使"小鱼吃大鱼"成为可能。

杠杆收购有以下几个主要操作步骤:

1. 选择收购的目标企业。选择目标企业时应考虑的条件是:①企业的经营状况比较稳定;②企业的现金流量比较稳定;③企业的负债水平较低;④企业的管理组织健全合理。

2. 筹集收购资金。在西方国家,政府放松金融管制后,各种金融机构都积极地参与杠杆收购交易。据估计,在进行杠杆收购所用的资金中,有90%是来自金融机构的贷款,而且金融机构为杠杆收购提供的贷款数量和种类还在不断增加。

3. 寻找经纪人。杠杆收购的交易过程中要有一个独立身份的经纪人,他一般由交易双方以外的第三者来充任,在交易双方之间起促进作用。

4. 偿还债务。由杠杆收购引起的负债主要是用被收购企业的资产或现金流量来支持和偿还,其次才是投资者(包括企业高层管理人员)的投资。

杠杆收购方式的融资结构中主要包括优先债、居次债权和权益资本等。优先债是指由银行提供的以公司资产为抵押的一级贷款和由投资银行提供的中继贷款,约占收购资金的60%。居次债权又称夹层资金(Mezzanine Money),包括次级债券、可转换债券、优先股股票等,约占收购资金的30%;这部分资金可以通过私募形式向养老基金、保险公司、风险创业公司等募得,也可以在市场上公开发行高利风险债券(即垃圾债券)募得。权益资本约占收购资金的10%,由公司高层管理人员或收购专家领导的投资小组提供。可见,收购者以约10%的股本,支配了约60%的优先债和约30%的夹层债。

杠杆收购方式的优点有以下方面:一是收购方只需相对较小的投资便可以获得目标公司的部分或全部股权;二是杠杆收购的股权回报率比普通股本结构下的股权回报率高;三是由于支付债务资本的利息可以在计算收益前扣除,收购方可享受一定的免税优惠;四是通过杠杆收购,企业高层管理人员和金融机构持有了目标公司的股权,从而提高了他们改善目标公司经济效益的积极性。这种收购方式的主要缺点是,进行杠杆收购的公司一般都是大规模负债,而且需要投资银行等融资贷款机构为其提供巨额贷款,一旦出现经济不景气的局面,这类公司与为其提供贷款的金融机构都将面临不堪设想的严重后果,很可能引发经济秩序的混乱。此外，采用杠杆收购方式不仅操作复杂、难度高，而且收购公司的偿债压力也十分沉重。一般来说，在经济紧缩、银行呆坏账增多的情况下，采取杠杆收购方式的比重也会下降。

1985年，美国"垃圾大王"米尔肯为潘特里公司承销低级债券，使其成功地收购了数倍于自身资产的美国最大的保健品和化妆品公司——露华浓公司，成为运用杠杆收购方式的一起典型案例。

进入90年代后，随着西方银行呆账增加，金融监管相应加强，垃圾债券的投机性和高风险性引起了各方面的关注，杠杆收购在全部并购金额中所占的比重也大大降低，进行杠杆融资所需的权益资本比重也提高到30%左右。但杠杆收购方式并没有被人们放弃，只是杠杆收购的融资转向以投资银行为主导的基金，而不再依赖于"垃圾债券"。

五、买壳上市方式

所谓买壳上市或借壳上市通常也被人们称为壳资源重组，是指非上市公司的企业通过在股票市场上收购某家上市公司的股份而成为其第一大股东，从而间接地达到上市目的的并购方式。买壳上市是我国企业资产重组的一种新形式，它是在目前我国企业直接上市还比较困难的情况下非上市公司实现间接上市的一种重要途径。买壳上市方式在我国尚属新生事物，它主要有以下特点：第一，非上市公司买上市公司的"壳"，绝大多数都是通过国家股、法人股的协议转让而低成本实现的，通过从二级市场高价收购流通股而达到买壳目标的案例虽有几例，但在目前仍属少数；第二，买壳上市的公司一般都有较强的经济实力、比较先进的技术，产品有竞争优势或具有良好的发展前景，能够向壳公司注入优质资产；第三，实现对壳公司的控股之后，改组壳公司的经营管理层；第四，实现买壳上市之后，控股公司只有使壳公司的经营业绩有较大的改善才能符合配股条件，进而达到直接融资的目的，为此，控股公司往往要改变壳公司的经营性质与方向。

一般来说，上市公司成为非上市公司的买壳对象应具备以下条件：一是股权结构简单，股权适度集中，易于控股；二是流通股所占比重较小，国家股、法人股所占比重较大，便于实现低成本并购；三是经营业绩不佳，多年微利、亏损，失去了配股资格；四是所处行业不景气或在行业中竞争能力弱，急需注资或转变经营战略。欲借壳的非上市公司一般应具备以下条件：一是经济实力雄厚，能够消化壳公司的不良资产和债务；二是拥有能够用于进行资产置换的盈利能力较强的优质资产，有使壳公司重新获得在证券市场上融资资格的能力；三是与壳公司的控股方有着较好的关系；四是买壳公司自身直接上市比较困难，而买壳上市的成本相对较低。

买壳上市的运行过程一般分为三步：首先是买壳者通过法人股、国家股的协议转让（极少数是通过收购流通股），实现对壳公司的控股；其次是买壳者在入主董事会之后，以非上市公司的优质资产置换壳公司的不良资产，为达到配股条件做好充分准备；最后是买壳者在适当时机实施配股。在进行买壳上市之前，决策者必须充分考虑为买壳将要付出的成本，其中包括：获得控股权所需的成本、控股后注入优质资产的成本、上市公司重新运作的成本，以及提高上市公司业绩的成本等，通过反复权衡作出最优决策。

买壳上市的典型例子有珠海恒通置业股份有限公司买壳并购上海棱光实业股份有限公司、中远置业发展有限公司买壳并购上海众城实业股份有限公司等。

本章案例

中远置业发展有限公司入主上海众城实业股份有限公司

中远置业发展有限公司是中远集团于 1997 年 3 月 27 日成立的大型股份制企业。中远集团于 1993 年组建，其核心企业是中国远洋运输公司。中远集团在国务院批准组建的 120 家大型企业集团中排名前五位，其集装箱的箱位总量居世界第四位。集团组建以来通过实施"下海、登陆、上天"的经营战略，发展成为一家集多种业务为一体的跨国家、跨地区、跨行业的大型企业集团。

上海众城实业股份有限公司成立于 1991 年 10 月 28 日，是一家以房地产开发、经营为主，集餐饮、娱乐、商贸为一体的实业公司。主要业务集中于开发高档涉外办公楼、外销房和大型娱乐场所。由于 1994 年以来我国房地产市场不景气导致的市场疲软及一些投资失误，造成众城实业的净资产收益率连年下滑，1994 年为 28.45%，1995 年为 7.99%，1996 年为 0.28%，资产沉淀达 2 亿多元。

股权转让过程：1997 年 5 月 27 日，中远置业受让众城实业发起人国有法人股共 4834.4265 万股（占 28.7%），转让价为每股 3 元（是每股净资产的 1.5 倍），总共耗资 1.45 亿元。此次转让使中远置业掌握了众城实业的实际经营权。1997 年 10 月，中远置业再次受让占总股本 39.67% 的发起人国有法人股。至此，中远置业共持有众城实业 68.37% 的股权，成为其绝对控股方。根据有关法规，中远置业向中国证监会申请豁免发出收购要约义务并获批准，从而使中远置业实现了买壳上市。

重组内容：一是拓展新的业务领域，使原公司单一的房地产开发经营逐步向以国民经济主导产业、基础产业和新兴产业为主的多元化结构转变；二是注入优质资产，通过介入货物运输和注入下属企业的优质资产与原公司已有资产进行嫁接、整合，培育公司新的经济增长点；三是盘活存量资产，通过依托实力强大的企业集团，加大开发力度，搞好存量资产的销售，回笼沉淀多年的资金，使其出效益、出利润；四是剥离不良资产，将上海众城外高桥发展有限公司、上海众城大酒家、上海众城俱乐部、上海众城超市公司等剥离给中远集团的子公司，以彻底扭转上市公司亏损的局面。

重组效果：1997 年，上市公司每股收益达 0.48 元，净资产收益率达 23.78%。与上年相比，该公司主营业务收入 24451.77 万元，完成净利润 10448.48 亿元，增幅分别高达 436% 和 11087%；从其利润构成来看，包括了 1802 万元的其他业务利润和 4321 万元的投资收益，前者为中远集团下属企业和公司合作开发"众城花苑"所支付的补偿费，后者是关联剥离而获得的转让收益。这两项共计 6123 万元，占利润总额的 50% 左右，而另外 6132 万元的主营利润中，有相当部分是通过集团内部的销售实现的。

对本案例的评析：中远置业收购众城实业是中远集团发展规划上的一个重要战略举措。此次"买壳"对于中远集团的影响主要有以下几个方面：第一，抢占上海战略要地。上海不仅是国际金融中心，而且正日益成为国际航运中心，成为国际集装箱的"枢纽"。作为航运业的巨子，中远集团通过此举为其业务扩张做好战略准备。第二，进入中国资本市场。中远集团作为在中国香港上市的红筹股有着成功的资本运作经验。通过"买壳"可以实现中远集团进入中国资本市场的愿望，达到低成本融资和实现高速扩张的目的。第三，塑造中远形象。中远集团和众城实业都具有较高的知名度和良好的信誉，通过此次"买壳"，可以迅速提高中远集团在国内外的知名度和信誉度，提高中远集团的资源利用效率。第四，利用众城实业的投资价值。众城实业的股本规模适中，负债比率低，"买壳"的成本相对较低，且有利于收购后的重组和公司整合。众城实业地处上海金融贸易区繁华地段，地理位置符合中远集团进军上海的需要。此外，众城实业的主业为房地产，与中远集团"九五"期间在房地产业投资 60 亿元的发展目标相符，为中远集团拓展新的业务领域进行了有益的探索。

资料来源：卢阿青：《借壳上市》，企业管理出版社，1999。

本章要点

1. 近些年的企业重组浪潮对世界经济的格局、各国产业结构和企业组织结构的调整以及企业的发展战略等将产生十分深远的影响，可能会引发企业规模扩张和争夺市场份额的轮番升级的大比拼，对反托拉斯法和管理制度提出了挑战，可能导致对管理权的争夺和文化冲突。

2. 企业重组是通过采取一系列资本运作手段促进生产要素的合理流动和企业组织形式的调整，对不同企业之间或单个企业的生产要素进行优化配置的过程。

3. 按照时间顺序，可以把企业重组划分为前期重组和后期重组。前期重组指企业在作出重组决策或不同企业在达成重组协议前后所进行的资本运营过程，其主要内容有两个方面：一是企业的资产重组，二是股权重组。后期重组指企业的资本运营即前期重组进行到一定程度之后，为提高企业资本运营效率和竞争实力所进行的企业财产所有者权利范围内的一系列整合活动，其主要内容即企业的负债重组、业务重组、文化重组、人力资源重组和管理重组等。

4. 培育核心竞争力是企业重组的重要目标。在企业重组的过程中，根据大致的时间顺序，可以把培育企业的核心竞争力分为开发专长与技能和要素整合两个主要阶段。

5. 企业重组的方式包括现金收购方式、换股并购方式、综合证券收购、杠杆收购方式和买壳上市方式等。

研究思考题目

对应各种企业重组方式，寻找中国企业重组案例进行分析。

推荐阅读材料

弗雷德·威斯通等著：《兼并、重组与公司控制》，经济科学出版社，1998。
刘伟、高明华：《转型期的国有企业重组》，上海远东出版社，1999。
王子林等：《企业并购重组与国有资产结构优化》，经济科学出版社，2000。
邵建云：《上市公司资产重组实务》，中国发展出版社，2000。

第五章 企业集团：管理体制与规模扩张

随着我国经济改革的不断深入和现代企业制度建设的稳步推进，公司制企业的数量也逐渐增多，与此相应，企业管理的对象就不能再局限于一般意义的单体企业，而是必须包括建立在母子公司关系基础上的复合体企业以及企业集团。因此，对企业集团的管理已成为企业管理的一个重要内容。我国的大型企业集团在推动国民经济发展、实现国家的产业发展目标、加快结构调整、增强企业的竞争实力、从整体上搞好国有企业等方面，都具有长远的战略意义。而尽快提高我国企业集团的管理水平，则是当前企业集团发展中所面临的一个突出问题。

第一节 企业集团的特征与类型

所谓企业集团，是指以大型、特大型企业为核心，以资本为主要联结纽带，将若干个保持独立地位的法人企业联系在一起所组成的、具有母子公司关系的、多层次的经济组织。企业集团同一般经济组织相比较，有着自己的特征，按照组建集团的目的和集团功能的不同，可以将其划分为多种类型。

一、企业集团的基本特征

由于经济发展环境和法律法规的不同，各国企业集团的基本结构也有很大的差别，如日本六大企业集团的成员之间实行相互持股，美国的垄断财团实行家族控制，德国的企业集团采取康采恩形式，意大利的企业集团则实行国家参与控制等。但是，通过对不同国家企业集团的基本形态进行分析，也可以从中概括出一些企业集团共有的基本特征。

1. 多个企业法人组成的经济组织。企业集团不是那种单个企业法人的经济实体，它是由多个企业法人组合而成，任何企业在加入集团之后，仍将继续保留其各自独立的法人地位，而企业集团整体在法律上并不具备法人资格。企业集团是由多个企业法人组成的经济组织，一方面，它既不是行政性公司也不是经济管理机关，而是以资本为纽带而联系起来的、以营利为目的的企业利益共同体；另一方面，企业集团是一种经济组织，它并不是企业，也没有法律地位，因此，不应把它作为一种企业组织形式。

2. 多层次的组织结构。企业集团的组织结构具有明显的层次性。集团内部成员企业之间根据控股、参股的程度以及经济技术协作关系，一般可以分为核心层、控股层、参股层和协作层等不同的层次。其中，核心层（核心）企业在集团中处于支配地位，它与控股层、参股层企业之间有资本联结纽带，与协作层企业之间有契约式的经济技术协作关系。

3. 多功能的综合体。企业集团的成员企业往往来自社会生产的不同环节，涉及生产、流通、外贸、科研开发、社会服务等许多领域。因此，同单个企业相比，企业集团的功能比较全面，它能够把市场调查与预测、产品设计开发、原材料采购、动力供应、生产、销售、仓储、包装、运输、进出口、信息交流和售后服务等多方面的业务全面地协调起来；同时，它还能够通过上市公司在资本市场上进行融资，通过财务公司在集团内部和批准的范围内进行融资，从而使生产资料、资金、技术、人员、信息等生产要素的作用得到充分的发挥，取得专业化协作、规模经济等多方面的综合经济效益。

4. 多元化经营与跨国经营。同单个企业或其他经济组织相比，企业集团一般都不是仅仅限于从事某一行业产品的生产经营，而是根据其自身条件及市场的发展变化，适当地开展多元化经营。这样做不仅可以充分发挥各成员企业的优势，增强企业集团的竞争力，而且能够在一定程度上降低经营风险，避免在集团所从事的某些行业不景气时遭受重大的经济损失。此外，从发展的角度看，为了避开各国进行贸易保护的关税壁垒，开辟国际市场，具备一定实力的企业集团大多致力于跨国经营，通过在国外建立分支机构、子公司，不断提高其在国际市场上的竞争力。

二、企业集团的类型

由于企业集团自身发展出于不同的需要，其存在形态也会有很大的差别。企业集团的类型可以从所有制构成、地区分布、经济技术联系、联合的紧密程度、行业和集团的功能等不同的角度加以划分，划分的方法则取决于研究企业集团的不同需要。这里仅依据组建企业集团的动机对企业集团的类型做如下划分：

1. 产品协作配套型。这类企业集团主要为扩大名优产品的生产规模而组建，集团的成员企业大多围绕核心企业的名优主导产品开展专业化分工协作，进行配套生产，并由此而获取规模经济的利益。我国的汽车、计算机、家用电器等行业中的企业集团一般都属于这种类型。

2. 项目成套型。组建这类企业集团的动机大多出于保证大型建设项目所需设备的成套性，以更加牢固地占领市场。这类集团一般是由主机厂为核心企业，并由同行业几个相互配套的大型骨干企业联合一批相关企业组成专业化生产协作体系，实行以设备成套设计、制造、供应、安装调试到人员培训等一揽子开发项目的承包。我国的一些电站设备集团便属于这种类型。

3. 产销结合型。组建这类企业集团是为了使某种产品的产供销企业紧密地结合在一起，以充分发挥各方的优势和积极性，增强集团的整体竞争实力，进而扩大产品的生产和销售。这类集团的成员中大多包括原材料生产或供应企业、产品加工企业和销售企业。我国的一些纺织品集团便属于这种类型。

4. 科研开发型。这类企业集团是以拥有强大科研力量的高科技企业或科研企业为核心，或两者结合为主体，以高新技术产品开发为目标，联系一批有经济技术联系的企业组成。我国的高新技术产业领域中有不少这类企业集团。

5. 集约生产型。这类企业集团一般是为综合利用资源和发展深度加工而组建的，集团的核心企业与其他成员企业之间在产品上有着上下游关系，它们较多地存在于石油化工行业中。

6. 外向发展型。这类企业集团把扩大海外市场、发展外向型经济作为其主要目标，核心企业一般都拥有外贸经营权，集团成员的科研开发、生产、销售、信息服务等各项活动均围绕开拓国际市场而进行，集团在国外建有分支机构或子公司，形成一个比较完整的外向型经济体系。深圳赛格集团便属于这种类型。

7. 综合开发型。这类企业集团是为了获取技工贸联合的优势而组建，它们以大型骨干企业为核心，联合一批相关的工商贸企业，实行高层次的科研、生产、商贸和服务等方面的合作，形成了强大的综合经济实力。融技术开发、产品制造、市场开拓和资金融通等各方面优势于一体的中山集团便属于这种类型。

8. 社会服务型。这类企业集团是出于为企业生产经营提供各种服务的动机而组建的，它们一般是由从事科研、设计、工具制造、工艺生产、设备租赁和修理等各方面服务的企业联合而成。

企业集团的类型划分是相对的，各种类型之间并不是相互排斥的，有些类型可以相互交叉、相互融合。在现实中企业集团采取何种形态必须依据其自身的条件来决定，应吸取各种类型之长，不可盲目照搬他人的模式。

第二节　企业集团的内部管理体制

企业集团的内部管理体制与单体企业的经营管理有很大的不同，它是一种通过企业集团的核心企业即母公司对其全资、控股子公司进行控制的特殊管理体制。由于企业集团内部的多层次结构，其管理也具有多层次性；由于企业集团内部多个法人主体的具体情况不同，其管理方法也具有多样性。

在我国企业集团形成与发展的初期，即 20 世纪 80~90 年代初，我国企业集团的内部管理体制大多采取“一套班子，两块牌子”的形式，即企业集团的管理机构既行使核心企业的职能，又行使企业集团的职能，但企业集团和集团公司的“两块牌子”同时并存。当然也有企业集团采取了“两套班子，两块牌子”的形式，但实际运行的难度较大。随着近几年建立现代企业制度目标的确立和公司制改造的推进，我国企业集团内部管理体制也发生了变化。企业集团内部管理围绕着集权与分权的有效结合，逐步形成了以母子公司为主体的新型管理体制。这种企业集团管理体制大概可以分成三种类型。

1. 高度集权型。在企业集团内部，虽然形成了由母公司、子公司等组成的多层次法人治理结构，但母公司职能机构的影响力非常强大，仍然控制着整个集团的生产经营、投融资、人力资源管理、科研与开发等。这种高度集权型管理体制的优点是，便于按照社会化大生产和专业化协作的要求统一安排生产任务，统一调配资金、物资和人力资源，提高生产要素的使用效率，能够使母公司的管理措施得到有效的贯彻实施。其主要缺点是，不利于发挥子公司的积极性、主动性，限制了子公司对市场的灵活反应能力，而且易于导致消极行为、依赖行为。此外，还容易导致上层领导机构的专断行为，不利于协调不同管理层之间的关系。这种类型的管理体制比较适合于那些规模不大、产品相对一致的企业集团。如某电器元件集团，其母公司的职能机构不仅行使着企业集团职能机构的职能，而且还控制着 20 多家子公司的生产经营。

2. 相对分权型。这是一种企业集团的母公司在一定程度上放松对子公司的控制，将生产经营决策权相对分散于子公司的管理体制。在这种管理体制下，尽管企业集团的母公司与子公司之间存在着控制与被控制的关系，但由于受经营范围、产品特殊性或母公司管理能力的限制，母公司仅对少数事关全局的重大问题进行决策，而在生产经营上则由母公司和各子公司分别独立地进行。集团各成员之间既有合作，也有竞争，但从整个集团来看，重点是扩大投资，统一对外。相对分权型管理体制的优点是，各分公司能够根据自己的需要开展生产经营，有自主性、灵活性，应变能力较强。其主要缺点是，母公司与子公司之间缺乏协作关系，不利于整体效应的发挥，集团的整体利益容易被忽视，子公司往往更偏重于自身的利益。这种类型的管理体制比较适合于母公司、子公司业务交叉，产品相近，母公司对子公司的控制能力相对较弱的企业集团，如食品加工业、木材加工业的企业集团。

3. 集权分权结合型。这是一种使集权与分权相结合，强调整体利益，适合于大型企业集团的管理体制。西方经济学家威廉姆森把公司内部组织结构分成三种基本类型，即 U 型、H 型和 M 型。高度集权、按职能划分部门的结构或一元结构，被简称为 U 型结构（Unitary Structure），它比较适合于业务（产品）比较单一的中小型企业。实行多元化经营的控股型结构，被简称为 H 型结构（Holding Company），它比较适合于各子公司之间的业务互不相干，并在经营上具有较大独立性的大公司。在把 U 型集权和 H 型分权的特点相结合的基础上，发展成一种多分支单位结构（或称事业部制），即所谓 M 型结构（Multidivisional Structure）。我们所说的集权与分权相结合型管理体制即类似于 M 型结构。这种结构的最高层次由董事会和高层经理人员组成，主要负责公司的重大战略决策、资源配置和组织协调；第二个层次由物资、生产、运输、销售、技术开发，以及财务、审计等职能部门和服务部门组成；第三个层次是以集团主业为核心，在生产经营上既相互独立又相互依存的子公司，各子公司在集团统一经营战略的指导下生产某种产品或提供某种服务，各子公司的经营者都是受母公司委托的产权代表或业务代理人，并不直接代表子公司的利益。这种管理体制的集权程度较高，便于进行整体控制和协调，同时又保证了所属各子公司在业务上的灵活性，较好地解决了分权管理中权、责、利不一致的矛盾。其主要缺点是增加了管理层次和职能管理人员。所以，这种管理体制比较适合于大型企业集团。

以上所述三种类型只是对企业集团管理体制进行了抽象概括，在现实经济生活中，企业集团的管理体制要复杂得多，必须结合企业集团自身的情况，借鉴国内外企业集团成功与失败的经验教训，探索适合自身发展需要的管理模式。

第三节　企业集团的母子公司关系

企业集团的管理体制是以母公司对子公司的管理体制为基础的。长期以来，我国的国有企业已习惯于按照行政隶属关系进行运作，企业主管部门或一些总公司也习惯于采取行政性手段发号施令，而对于如何按照产权关系进行管理，合理地划分母子公司的权限还缺乏经验。因此，建立健全企业集团的管理体制需要做的大量工作是处理母公司与子公司之间的关系，这已成为企业集团发展中的一个核心问题，这一问题能否处理好将直接影响到企业集团的健康发展。

一、母公司与子公司的基本关系

企业集团是以实力相对较强的公司为核心，通过产权纽带将多家公司联结在一起所组成的，母公司与其全资、控股、参股公司之间的产权关系有所不同，根据不同的产权关系，可以把公司划分为母公司、子公司和参股公司等不同类型。其中，母子公司之间的关系最为密切。

母公司是相对于子公司而言的。在西方国家的公司法中，母公司是指通过掌握其他公司的股份，从而能在实际上控制这些公司的重大经营决策和重要人事安排的公司。

母公司的主要功能包括：依照法定程序和集团章程，组织、制定和实施企业集团的长远发展规划和发展战略；开展投融资、企业购并、资产重组等资本运营活动；决定集团内部的重大事项；推进集团成员企业的组织结构、产品结构调整；协调集团成员企业之间的关系；编制集团的合并会计、统计报表；统一管理集团的名称、商标、商誉等无形资产；建立集团的市场营销网络和信息网络以及有利于形成集团整体经营优势的其他功能。

子公司是指其一定比例的股权或全部股权被另一公司所掌握的公司。其重大经营决策和重要人事安排都要受掌握其股权的母公司的控制和影响。但是，子公司在法律上是有其独立地位的，其独立性表现在：子公司有其独立的法人财产权，是独立核算的经济实体；有自己的股东会（全资子公司可能没有）、董事会、监事会；有自己的公司名称和公司章程，能够独立地以自己的名义开展经营活动；能够独立地行使民事权利，承担民事责任，等等。子公司包括全资子公司和控股子公司。由母公司单独投资设立的公司为其全资子公司，母公司持有 50% 以上的股权，或持有的股权虽不足 50%，但却拥有实际控制权的公司为其控股子公司。

母子公司之间的关系主要表现在以下方面：

1. 出资人与被投资企业之间的关系。母公司依据其所持有的股权，对其子公司行使出资人的权利，并依据其所持有的股份承担有限责任；依法对其投资的子公司按照所持有的股份行使资产收益权，并依法取得转让其股权所应得的收益；除按照《公司法》所规定的程序和权限对其子公司行使重大决策权外，还可以根据需要将子公司发生的大额借贷和资金使用、对外提供重大信用担保、重要资产的转让、对外投资等重要事项，列为企业集团和公司章程的重大决策内容；依法对其所投资的子公司享有选择经营者的权利，并对他们进行监督与考核。作为被投资企业的子公司，应当切实维护出资者的合法权益，为达到出资者收益最大化的目标作出应有的贡献。

2. 法律地位上的平等关系。母公司与子公司都是依法设立的公司法人，都享有独立的法人财产权、独立行使民事权利，并各自承担着自己的经济责任。母公司不是子公司的行政管理机构，二者之间不存在上下级的行政隶属关系。由于母公司掌握着子公司的多数股权，同时也就控制了子公司决策机构的多数表决权，从而能在实际上对子公司的重大经营决策和重大人事安排等进行控制和操纵。母公司对子公司的管理正是在这种意义上得以体现的。但是，母公司不能违反法律和章程规定，直接干预子公司的日常生产经营活动。母公司与子公司之间发生的业务活动既要有利于发挥企业集团的整体优势，又要坚持平等、竞争和效率的原则。为了进一步约束母公司、子公司的行为，母公司与子公司可以在章程之外签订协议，具体明确相互之间的权利、义务关系。协议对母公司、子公司均具有约束力，双方都不能单方面违反协议。

3. 业务上的主导与监管、协调关系。企业集团是以母公司为核心、子公司为主要成员的组织体系。集团的母公司在集团的业务发展方面占有主导地位，是一个具有生产经营、投资与融资、实施集团发展战略、协调成员企业之间关系等多种功能的公司制企业。其主要作用是依照法律程序和集团章程，组织制定和实施集团的长远规划和发展战略；进行投融资、企业并购、资产重组等资本运营活动；决定企业集团内部的重大事项；推进企业集团内部成员企业的组织结构、产品结构调整；编制企业集团的合并会计报表；统一管理企业集团的名称、商誉、商标等无形资产；建立企业集团的市场营销网络和信息网络等。此外，还负责协调集团成员企业之间的关系。企业集团根据需要成立协商议事机构时，该机构的负责人由母公司决定，机构的其他成员按集团章程规定的办法产生。协商议事机构的日常工作可以由母公司的职能部门负责。作为企业集团主要成员的子公司，应当服从集团的整体发展战略，自觉地接受母公司以出资人身份进行的监管、协调，确保集团整体战略目标的实现。

4. 财务上的一体化关系。母公司与子公司在财务上是一体化的关系，主要体现在以下方面：

一是合并会计报表。合并会计报表是指将母公司与子公司组成的企业集团作为一个会计主体，由母公司编制的综合反映企业集团整体经营成果、财务状况及其变动情况的会计报表。根据我国财政部对合并会计报表的要求，凡设立于我国境内，拥有一个或一个以上子公司的母公司，都应当编制合并会计报表，将其控制的境内外全部子公司都纳入合并的范围。合并财务报表的内容包括资产负债表、损益表、现金流量表及利润分配表。合并会计报表应注意避免重复计算，将母公司与子公司之间重复的项目抵消，具体包括：母公司对子公司投资项目的数额应与子公司所有者权益中母公司所持有的份额抵消；母公司所得的投资收益应与子公司支付的股利抵消；母公司与子公司之间的债权债务应相互抵消；母子公司之间因进行购销业务而产生的营业收入、营业成本以及存货项目中包含的利润，也应将重复的部分消除。

二是统一母子公司的财务管理制度。母公司应根据《企业会计准则》、《企业财务通则》和《合并会计报表的暂行规定》等有关法规的要求，制定母子公司通行的、统一的财会管理制度，在集团中形成一体化的财务关系。财务管理制度的基本框架体系主要包括：财务管理体制制度、会计制度、资金和资产管理制度、成本费用制度、利润分配制度，等等。母公司要通过各种财务规章制度对子公司实施严格的财务管理。子公司应定期向母公司报送各种财务报表，及时向母公司反映财务预决算执行情况、生产经营计划完成情况和债权债务情况等。

三是母子公司之间密切的融资关系。母公司对全资子公司的资金可以进行统一的调度；全资子公司所需的资金一般都应由母公司负责筹措和提供；全资子公司的日常经营收入，可以考虑由母公司的财务管理部门进行统一的调度使用。

二、规范母公司对子公司的管理方式

母公司对子公司采取何种方式进行管理是处理好企业集团中母子公司关系的重要环节。而要规范母公司对子公司的管理，首先必须明确三条原则：一是产权管理原则。即以投资资产的安全性、增值性和盈利性为基本目标，体现资产联结的管理方式。二是参与决策原则。即以参与子公司法人治理结构（股东会、董事会和监事会）的管理为主要途径，体现母子公司的管理方式。三是有效管理原则。即以母公司职能部门为监控的重要形式，体现集团式的管理方法。

母公司对子公司管理的主要方式有以下方面：

1. 股权管理。股权管理是指母公司作为控股股东，根据公司章程的规定，通过子公司法人治理结构的运作参与子公司管理和决策的管理方式。依据自身掌握的控股权，母公司向子公司委任或选派高层经营管理人员，对子公司的重大经营决策及业务活动进行控制、施加影响。这又可以分为两种情况，对于母公司拥有全部股权的全资子公司，母公司可以直接委派或聘任子公司的董事会、监事会成员和经理人员，通过他们在子公司的重大经营决策在业务活动中全面贯彻母公司的战略意图；对于母公司拥有部分股权的控股子公司，母公司可根据其所拥有的子公司产权或股权的比例，向子公司选派董事会、监事会成员，对董事会的决策施加影响。此外，母公司还可以根据其在子公司所拥有的多数表决权，对股东会的重大经营决策施加影响。为了加强对外派董事、监事的管理，母公司应制定和落实外派董事、监事工作责任制，并定期进行考核。

2. 重大决策管理。企业集团的母公司为了实现集团各成员企业之间优势互补、资源重组、统一发展的目标，对其所属子公司的重大决策要进行管理。母公司可以建立专门从事对子公司进行产权管理的职能部门，严格控制子公司的资产经营活动。母公司的产权管理部门要对子公司的投资、贷款、财务预决算等进行审查，对子公司的经营业绩进行考核；要建立子公司对母公司的事前报告制度，子公司应将其所要进行的包括对外投资、重大技术改造、资产变更、重要合同的签订、股权的转让等资产经营活动及重大人事变更事前向母公司报告，任何涉及子公司资产变动的经营决策都必须经母公司审批，将子公司的资产经营活动纳入母公司从整体上进行资本运作的战略决策之中。子公司要在母公司的中长期发展战略的指导下，认真制定自己的发展战略和规划，并经公司董事会审议以后报集团母公司批准。

3. 财务监督管理。集团的母公司为了维护投资的安全性、增值性和盈利性，必须对子公司的财务活动情况和资产运营质量进行监督管理。子公司应定期向母公司报告财务状况，建立合并会计报表制度，向母公司所提供的生产经营信息、财务运作信息等必须具有真实性和准确性。母公司每年要组织力量对子公司的生产经营情况进行一次内部审计，并以此作为考核外派董事、监事及董事长经营业绩的重要依据。

4. 业务关系管理。企业集团的母子公司之间在产品与技术开发、生产物资与零部件供应、生产和营销等方面，存在着密切的业务关系。通过在母子公司之间建立科学合理的专业化分工协作体系，强化母子公司之间的经济技术联系，母公司可以对子公司在原材料的供应、产品的销售、资金的融通和专利技术的提供等方面进行控制，实现母子公司之间生产经营活动的一体化，进而达到对子公司实施产权管理的目的。

5. 日常监督管理。企业集团母公司的有关职能部门对子公司行使权能的情况，具有实施经常性指导、监督的义务和责任。日常监督管理的内容主要有以下方面：一是对子公司生产经营情况的日常监督；二是在劳动人事方面的日常监督；三是在市场营销方面的日常监督。子公司应及时将其技术创新与产品开发、组织机构变动、生产、市场营销和库存等信息传达给母公司，母公司将得到的信息加工处理后得出结论并迅速反馈，对子公司进行管理指导和提供信息服务。

第四节　企业集团的规模扩张

中共十五届四中全会指出，要着力培育实力雄厚、竞争力强的大型企业和企业集团，有的可以成为跨地区、跨行业、跨所有制和跨国经营的大企业集团。2000年年末召开的中央经济工作会议，在部署我国2001年经济结构调整工作时进一步提出，国有经济布局的战略性调整要与经济结构的战略性调整结合起来，抓大要强，放小要活，发展一批主业突出、管理水平高、竞争能力强的大型企业集团。这是我国实施大集团战略的重要指导思想。

抓大要强，突出了一个"强"字。这就是说，"抓大"不能走极端，片面地强调我国的大集团同国外大公司在规模上的差距，一味地追求企业规模扩张是不行的。"抓大"必须着眼于培育实力雄厚、能够参与国际竞争的大型企业集团，切实把我国大企业的经济实力提高到一个新的水平。"强"字集中体现为企业的竞争优势，它可以表现在许多方面，如技术创新、资本运筹、战略管理、信息管理、人力资源开发、市场营销，以及成本、价格、质量和服务等。同国外的大公司相比，我国大型企业和企业集团在上述各方面的竞争力明显不足，除规模上的差距外，最突出的缺陷表现为技术创新能力弱，多数企业处于模仿阶段，不能自主地开发出引导市场需求、领先于同行业的核心产品、核心技术。这种状况不仅影响了企业集团的发展，也阻碍了国家竞争力的提高。

一、企业集团规模扩张的动机与途径

现实表明，只有促进我国企业集团的发展壮大，形成一批国家级、世界级的大集团，我国的主导产业、新兴产业才有竞争力，才能在国际竞争中求得生存与发展。但是，也应当认识到，我国发展大型企业集团并不是单纯出于对大规模企业的盲目追求，而是主要出于以下几个方面的动机：

1. 发挥国有经济的主导作用。发展大型企业集团是保障国有经济发挥主导作用的重要前提。国有经济发挥主导作用主要从以下几个方面来体现：一是国有资本应当配置在能够对国民经济发展起主导作用的关键领域和行业。具体包括基础设施、基础产业、支柱产业、先导产业、自然垄断产业等，这些产业领域一般都具有规模经济效益显著的特点，适合于发挥大型企业集团的作用，二是国有资本对于整个社会资本的控制力。国有经济的主导作用并不仅仅局限于国有经济本身，还体现在受国有经济力量控制、调动的社会资本上。只有通过组建和发展大型企业集团，才能够最大范围地控制和调动起巨大的社会资本，提高国有经济的控制能力。三是发挥大型、特大型国有企业的骨干作用。我国的国有资产高度集中于国有大型和特大型企业之中，从资产数量、产值、利税等指标来看，它们在国民经济中都占有绝对的支配地位。因此，国有经济的主导作用主要应通过这些企业来发挥，通过组建与发展大型企业集团，可以带动大批相关中小企业的发展。

2. 增强企业的国际竞争力。随着 21 世纪的到来，世界经济增长的重点已开始转向亚太地区，而中国是亚太地区经济增长的核心，为此，世界各国的著名跨国公司纷纷制定出在中国的扩张战略，许多行业已成为外商争夺和控制的主要目标。面对这种竞争形势，我国的大企业和企业集团在规模和实力上显得力不从心，特别是在分别隶属于不同地区、部门的企业之间相互争夺市场份额的混战情况下，外商更容易长驱直入，通过参股、控股对我国处于分割对立状态的企业分而治之，进而实现对各个行业的控制。因此，为了我国民族工业的发展，只有通过强强联合，发展大型企业集团，才能够迅速扩大生产经营规模，获取规模经济效益，增强我国企业的国际竞争力。

3. 加速产品研究与开发，推动企业的技术进步。目前我国的大企业和企业集团的科研人才、科研经费和科研技术装备都十分有限，这就使得它们在引进国外先进技术之后没有能力进行充分的消化吸收，更没有足够的力量从事新产品开发。通过发展大型企业集团，可以把优秀的科研人才集中在一起进行统一调度，并将有限的科研经费集中运用，在科研经费的提取比率相同的情况下增加科研投入，同时还可以减少科研技术装备的重复购置，降低科研成本。从而推动企业的技术进步，将企业集团的研究与开发能力提高到一个新的水平，为捕捉新的发展机遇、创造新的利润增长点奠定良好的基础。

4. 消除过度竞争。在计划经济体制下，我国的企业形成了地区分割、部门分割，"大而全"、"小而全"的格局。进入 20 世纪 80 年代以来，尽管企业集团有了很大的发展，但原有的分散格局并没有从根本上被打破，特别是各地重复引进了许多技术水平相同的生产项目，导致了地区产业结构趋同，引发了不同地区的大企业、企业集团之间的过度竞争。通过组建与发展跨地区、跨部门、跨所有制、跨国经营的大型企业集团，可以消除以往大企业、企业集团之间的过度竞争，实现优势互补，优化资源配置，降低生产成本，使过去的竞争对手转变为合作伙伴，为从根本上搞好国有企业创造有利的条件。

5. 降低生产经营成本，赢得竞争优势。企业联合与并购是促进企业集团发展的重要途径。最近两年，工业发达国家的企业并购高潮迭起，受到了各有关方面的关注。这次企业并购高潮中，并购方所选择的收购或兼并对象并不是像以往那样都选择已经陷入债务危机、经营困境中的企业，而是选择在行业中有一定竞争实力、经营状况良好的企业，有不少公司是把自己在行业中的最大竞争对手作为并购的对象。而被并购的企业往往也愿意与自己原来的竞争对手合作。这些企业愿意合并的主要动机之一便是降低生产经营成本。通过强强联合或并购而形成的大型企业集团，可以建立统一的物资供应系统和产品营销渠道，节约广告费用，精简机构和人员，减少业务开支，降低企业的生产经营成本，并通过扩大生产经营规模，赢得竞争优势，在国内外市场上争取更大的市场份额。

企业集团扩张规模的途径有很多，但要使我国的企业集团在进行规模扩张的同时，增强竞争实力，实现大而强，应通过以下几条途径：

一是顺应世界产业结构调整的大趋势，对我国的国有企业进行战略性改组，特别是要围绕增强企业核心竞争力开展兼并、重组、"强强"联合，尽快形成一批跨行业、跨地区、跨所有制、跨国经营的大型企业集团。

二是要加快企业集团的机制转换，特别是要充分发挥上市公司的核心作用，形成市场条件下我国企业集团的决策、投融资、激励与约束、扩张与重组等机制。

三是强化企业集团的研究与开发工作。要提高企业 R&D 经费在销售收入中所占的比重，继续鼓励企业集团建立技术开发中心，并支持独立的科研机构进入企业集团，鼓励企业集团与国外的跨国公司、世界著名的实验室建立稳定的合作关系。此外，还应制定有效的激励政策，促进科研成果向现实生产力转换，推进高新技术的产业化步伐。

四是抓好企业集团的战略管理，尤其是对企业集团的主业进行合理定位，要从国际竞争的大背景考虑企业集团的主业在跨国公司全球生产体系中所处的地位，积极寻求战略联盟伙伴，增强集团主业的国际竞争力。

此外，还必须抓紧培养能够胜任大型企业集团经营管理工作的高级人才。

二、企业集团规模扩张时要考虑的主要因素

企业集团进行规模扩张时必须充分考虑自身是否具备必要的条件和外部环境对其发展是否有利，实施适当的企业集团规模扩张战略应考虑以下因素：

1. 企业集团母公司的规模和实力。企业集团的母公司通过股权直接或间接地控制或影响着其他成员企业，在集团的发展中处于主导地位，母公司的规模和经济实力的强弱对整个集团的规模起着决定性的作用。母公司的规模小、

实力弱，企业集团的规模就不宜过大；母公司的规模大、实力强，企业集团进行规模扩张的余地就大。总的原则是，母公司的规模和实力应与企业集团的规模相匹配。

2. 行业特点和生产技术条件。从行业特点来看，不同的行业对生产规模有不同的要求。机电、石油天然气、化工、钢铁、能源和信息等产业的生产批量大，适合于发挥规模经济的优势，产品关联度强，能够带动起上、下游的一大批相关行业的发展，有利于企业集团的规模扩张。而一些产品关联度低、生产规模小的行业，如木材加工、餐饮、编织、服装加工、五金制品、纸制品和塑料制品等，就不适宜组建大规模的企业集团。从生产技术条件来看，在同行业中装备水平高、技术工艺先进的企业集团，进行规模扩张的条件比较优越；反之，就不适宜进行规模扩张。

3. 主导产品的特点和市场容量。从企业集团主导产品的特点来看，如果产品受运输半径的限制，属于地区性产品，企业集团的规模必然要受到该产品的限制，如水泥及其制品行业。而处于这类行业的企业集团要进行规模扩张，就只有从发展多元化经营入手，进军其他行业。从产品的市场容量来看，企业集团的主导产品在市场上具有独占性，市场开发的潜力大、市场容量大，企业集团发展主业、进行规模扩张的可能性也大；反之，如果企业集团在主导产品发展上存在许多实力相当的竞争对手，扩大市场份额的付出与所得成反比，就不能继续扩大主导产品的规模，除非该集团能推出超越市场竞争对手的独占性产品。

4. 融资能力。资本是否充裕是影响企业集团规模扩张能力的一个重要因素。无论是通过投资新项目、增加生产线、进行技术改造扩大生产规模，还是通过纵向、横向或混合式的并购重组，实现集团规模的扩张，都必须有雄厚的资金实力为后盾。企业集团按照专业化生产协作的要求对集团成员企业进行技术改造，也必须投入大量的资金。依靠自有资金可以在一定程度上解决企业集团发展的急需，但从根本上说，还要靠企业集团对外融资。企业集团的融资能力强，其进行规模扩张的潜能就大；反之，就没有能力进行规模扩张。

5. 企业集团的控制和管理能力。为了实现企业集团的战略目标，集团的核心企业即母公司必须对其控股或参股的公司进行控制、影响或协调，进行这种活动的能力表现为企业集团的控制和管理能力。一般来说，企业集团的规模越大，成员企业越多，母公司进行控制和管理的复杂程度、难度就越高，对控制和管理能力同样会提出更高的要求。企业集团的控制和管理能力直接取决于企业集团的内部组织结构、管理信息化水平、规章制度建设和高层经理人员的素质等因素。企业集团的内部组织结构合理，管理信息化水平高，信息搜索和处理速度快，信息传导通畅、及时，高层经理人员懂业务、懂技术、善管理，具有经营管理大型企业集团的丰富实践经验和较强的业务能力，企业集团进行规模扩张的能力较强；反之，控制和管理能力较差的企业集团，就不要急于进行规模扩张，否则将对企业集团的发展造成不利影响。

本章案例

首钢集团"三五三六"的管理体制

1995 年，首都钢铁总公司开始实施集团化改革，其基本内容是按照建立现代企业制度的要求构建母子公司管理体制。改革进程可以分为两个阶段：

第一阶段是 1995~1997 年。这一阶段主要是通过主辅分离的办法推进首钢的集团化改革，将炼钢主流程中的辅助厂矿、主流程外的经济实体和后勤部门分立为子公司和独立厂，建立起以首钢总公司为母公司，下属各经济实体为子公司、独立厂，以资本为纽带的母子公司体制，打破了单一法人的工厂式管理体制。

第二阶段从 1997 年开始，这一阶段是在初步建立母子公司管理框架的基础上，围绕建立现代企业制度的基本要求，探索实现有效管理的具体模式，在基础制度、领导体系、管理体制和经营机制等方面进行全方位改革，并努力进行模式创新。

经过不断的探索、实践和总结完善，首钢集团初步形成了适合自身发展需要的"三五三六"集团管理体制模式。"三"是指建立规范的三项基本制度，即有限责任制度、法人财产制度和法人治理结构，这是建立现代企业制度最基本的要求。"五"就是规范健全首钢的五个管理体系，即各级董事会的决策体系，各级行政的指挥体系，各级监事会的企业内部监督体系，各级党委的政治核心、政治领导工作体系和以职代会为基本形式的职工民主管理体系，形成各负其责、协调运转、有效制衡和规范高效的企业集团领导体制。第二个"三"就是规范企业集团内部管理的三个中心，即在首钢集团四级组织结构的原则下建立母公司的融资、投资决策中心，各子公司、独立厂的利润控制中心，不具法人地位的生产厂矿的成本控制中心。"六"是指健全六个机制，即企业内部竞争机制、新产品开发和技术创新机制、经营者责权利相统一的机制、灵活反映市场变化的机制、集团内部的约束机制、有效的工资奖励分配机制，从而形成适应市场经济要求的企业集团经营机制。

任何管理最终都要依靠制度来体现。首钢集团的管理体制也是在严格的管理制度基础上建立起来的。目前，首钢集团已经清理各种制度 700 多项，其中有 94 项不合理的旧制度被废除，有 90 项制度经过修订后重新颁布实施。此外，还根据管理的需要制定并颁布实施了 33 项新制度，从而在制度上保障了集团管理体制的顺利运行。

资料来源：张承耀主编：《中国企业经营与管理案例》，第 51~60 页，经济管理出版社，2000。

本章要点

1. 所谓企业集团，是指以大型、特大型企业为核心，以资本为主要联结纽带将若干个保持独立地位的法人企业联系在一起所组成的、具有母子公司关系的、多层次的经济组织。

2. 通过对不同国家企业集团的基本形态进行分析，也可以从中概括出一些企业集团共有的基本特征：多个企业法人组成的经济组织、多层次的组织结构、多功能的综合体、多角化经营与跨国经营。依据组建企业集团的动机可以将企业集团的类型划分为：产品协作配套型、项目成套型、产销结合型、科研开发型、集约生产型、外向发展型、综合开发型、社会服务型。

3. 企业集团的内部管理体制是一种通过企业集团的核心企业即母公司对其全资、控股子公司进行控制的特殊管理体制。由于企业集团内部的多层次结构，其管理也具有多层次；由于企业集团内部多个法人主体的具体情况不同，其管理方法也具有多样性。我国企业集团内部管理体制大概可以分成三种类型：高度集权型、相对分权型、集权分权结合型。

4. 企业集团的管理体制是以母公司对子公司的管理体制为基础的。母子公司之间的关系主要表现在以下方面：出资人与被投资企业之间的关系，法律地位上的平等关系，业务上的主导与监管、协调关系，财务上的一体化关系。

5. 我国发展大型企业集团主要出于发挥国有经济的主导作用、增强企业的国际竞争力、推动企业的技术进步、消除过度竞争等几方面的动机；我国的企业集团进行规模扩张的主要途径包括：对我国的国有企业进行战略性改组，充分发挥上市公司的核心作用，强化企业集团的研究与开发工作，抓好企业集团的战略管理等。

6. 企业集团进行规模扩张时必须充分考虑自身是否具备必要的条件和外部环境对其发展是否有利，应考虑企业集团母公司的规模、行业特点、生产技术条件、主导产品的特点和市场容量、融资能力、企业集团的控制和管理能力。

研究思考题目

试论述中国企业集团 21 世纪的发展战略。

推荐阅读材料

王洛林、陈佳贵:《现代企业制度的理论与实践》,经济管理出版社,1997。

银温泉、藏跃茹:《中国企业集团体制模式》,中国计划出版社,1999。

宋炳方:《驾驭集团——企业集团的形成、组织与战略》,经济管理出版社,1999。

杜胜利、阎达五:《资本管理论——控股公司资本控制研究》,中国人民大学出版社,1999。

第六章　战略管理与企业战略理论

战略管理是企业经营管理实践的产物。作为现代管理学科的一个新的分支，企业战略管理已经成为管理教学中不可或缺的环节，并在企业管理实践中占据着重要位置。企业战略理论是企业战略管理的理论基石，为满足管理实践提出的要求不断发展、创新，而由形式、内容和方法等共同构成的企业战略管理体系则随着战略理论的发展不断得到充实和完善。

第一节　演进轨迹：战略管理时代的来临

一般认为，"企业战略管理"一词最早出现在安索夫（H.I.Ansoff）于1976年出版的著作《从战略规划到战略管理》中。安索夫在该书中指出，企业的战略管理是指将企业的日常业务决策同长期计划决策相结合而形成的一系列经营管理业务。其实，对企业战略的应用与研究随着第二次世界大战的结束就开始了，只不过，系统的研究直到20世纪60年代才出现，[①]并在70年代末一度形成西方工业发达国家企业对战略研究与应用的"战略热"。80年代，由于企业战略理论不能圆满地回答企业战略实践提出的一些基本问题，战略成功实施的概率也不能令人满意，战略管理普遍被企业冷落、忽视。进入21世纪，企业的外部环境和内部运行方式都在发生着急剧的变化，战略问题再次突出出来，企业战略管理再次受到人们的关注。

从实践的历程来看，企业战略起源于企业计划，企业战略管理脱胎于企业长期规划，期间还经历了一个短暂的战略规划过渡时期。

一、长期规划时代

第二次世界大战后，经过短暂的恢复时期和企业生产资源的重新配置与调

[①] 1962年钱德勒《战略与结构》一书出版，开创了研究企业战略问题的先河。从此，企业战略理论作为一门相对独立的企业管理学分支学科得以发展。

整,以美国为首的西方企业的外部环境发生了很大变化,企业面临着新的、更为严峻的挑战。这些变化的特点主要有:

1. 需求结构发生变化。基本消费品的需求已经呈现饱和趋势,人们对生活"数量"的需要已经转向对生活"质量"的需要,多样化开始成为社会需求的主导。

2. 科学技术水平不断提高。第二次世界大战中研究与开发的许多技术,一方面使许多行业的产品陈旧过时,另一方面又使主要以技术为基础的新行业应运而生。由于技术革新的加快以及产品周期的缩短,属于"创造需要"性的新产品、新工艺不断涌现,增加了企业的技术密集度,同时也加剧了企业间的竞争。

3. 全球性竞争日益激烈。随着产品出口的数量和范围不断扩展,资本输出尤其是到国外投资办厂日益成为潮流,跨国公司的数量和规模都达到了一个新的水平。这就使争夺国际资源、国际市场的竞争日趋激烈。

4. 对企业而言,社会、消费者提高了要求,政府加强了限制。战后,企业一味强调获利而不择手段,如垄断行为,消费者操纵,夸张和欺骗性广告,售后服务质量低劣,产品不安全、不可靠,环境污染等。这一切必然给社会带来消极影响,引起社会不满,从而对企业提出了高要求,政府出台了许多对行业、企业的管制或限制政策。

这些变化迫使企业管理人员突破传统的管理理念,寻求新的管理技术和管理方法。"长期规划"得以在企业中普遍运用,并作为最基本的管理技术一直持续到 60 年代中期。这种方法的实质是根据历史情况,通过趋势外推法对企业未来环境的变化作出预测,依此制定出长期计划以应对变化。一般是在年度计划的基础上编制 5 年期的长期规划。①

在长期规划时代,企业的主要活动集中于通过合并而实行企业经营多样化的计划与组织、跨国经营、前向一体化发展、产品—市场的革新等战略措施方面。这一时期形成的长期规划理论成为战略管理理论的雏形。

二、战略规划过渡时期

应用长期规划这一管理技术有两个理论前提:一是认为促使环境变化的主动权在于企业本身,企业对环境的变化具有很大的影响力;二是认为外部环境是可以预测的,企业总可以制订计划以应付未来的变化。但是进入 20 世纪 60 年代以后,由于政府的严格限制与各种调节政策,使企业逐渐失去了对环境的

——————————

① 例如,1963 年美国大公司中编制长期规划的占 74%,到 1967 年这个比重上升到 85%。

控制。同时，由于外部环境日趋复杂，交互作用不断加强，使企业预测环境变化越来越难。这就是说，在企业实践中，长期规划理论的前提已经不复存在。企业要发展，必须具备能够对外部环境变化作出迅速反应的能力，要能够适应环境的变化，选择灵活的经营战略。因此，长期规划必然被战略规划所取代。

战略规划时期开始于60年代中期，持续到70年代初期。战略规划作为一种管理技术或系统，首先对企业的外部环境进行分析，寻找出发展的趋势，发现对企业发展构成的威胁和新的发展机会，以使潜在的利润最大化。战略规划的目的是寻求外部环境和企业的最佳结合，其侧重点是制定企业的战略或者规划企业的行动方案。战略规划虽然比长期规划所关注的领域更宽泛，但其本质依然是计划。

三、战略管理时代

战略规划的一个假设前提是：一个新的战略总是能够利用企业的历史优势，也就是说，即使企业的战略变化了，企业的能力或条件仍然可以保持不变。这就导致战略规划存在致命的弱点，即忽视了企业能力这一关键因素。一个战略即使再有吸引力，如果企业没有能力去实施，也只不过是"纸上谈兵"。战略规划不能把战略规划的制定与战略规划的实施有机结合，就必然会步入歧途。战略的实施，即企业是否有能力将所制定的战略付诸行动，与战略的制定同样重要。这样，经过短暂的时期，战略规划在70年代初转变为战略管理，从此，伴随着70年代的"战略热"，企业进入了漫长的战略管理时代。美国企业在战略热中率先进入了"战略管理时代"，[①]这一浪潮迅速波及全球，日本企业于80年代初也被认为进入了"战略经营时代"。

战略管理既包含了战略制定，也包括了战略实施过程和对战略实施过程进行控制，以及对战略管理成果进行评价。由此可见，战略管理是一种针对企业战略进行的全面管理和动态管理。表6-1显示了企业战略管理演进的三个阶段及其主要特征。

企业战略理论是企业战略管理的理论基石，或者说，战略管理是对战略理论研究成果的直接应用和检验，是属于实践层面的范畴。因此，由形式、内容和方法等共同构成的企业战略管理体系随着战略理论的发展不断得到充实和完善，使企业战略管理逐步成长为相对独立的、整合性的企业经营管理环节。

自从70年代以来，适应现实企业实践的需要，企业战略理论研究逐步转

---

① 1979年，美国最大的500家公司中已有45%采用组合分析（portfolio analysis）为基础的正式战略管理。美国各管理咨询公司在战略管理方面的咨询收入在1980年竟高达3亿美元。

表 6-1　企业战略管理的演进过程

	长期规划时代	战略规划过渡时期	战略管理时代
各时代的起始与终结	40 年代末~60 年代中	60 年代中~70 年代初	70 年代初至今
管理的重点	●对环境进行预测 ●制定长期计划 ●资源的静态配置	●适应环境变化 ●制定长远发展战略 ●资源的动态配置	●应对出现的机会和威胁 ●制定和实施战略并重 ●资源的全面动态配置
战略的假设	过去的情况必将持续到未来，未来是可以预测的	环境发展趋势和变化均需预测和了解；环境变化的主动权在企业	单纯周期性计划不能完全适应环境变化的需要，企业能力是个变数
管理的程序	周期性	周期性	因地制宜与周期性并存

资料来源：该表改编自杨锡怀：《企业战略管理》，第 8 页，高等教育出版社，1999。

向实际应用，因而吸引了越来越多的管理学家、经济学家以及大企业的高层管理者的注意。战略研究热潮不断兴起，极大地拓宽了研究的内容，延伸了研究的范围与层次，形成了多种研究方法，并且日趋具体。战略类型的划分日益精细、多样，战略实践遍及企业，产生了众多的应用成果，从而使战略理论有了很大发展，可谓百花齐放、理论林立。例如，在 70 年代的"战略热"中，在企业战略的研究方法上就出现了"丛林"现象，如钱德勒（A.D.Chandler）历史研究方法、安索夫的模型分析法、汤普森（J.D.Thompson）的组织行为研究法、鲁梅尔特（R.Rulmelt）的经济学研究方法等。

企业战略理论按照时间及研究重点的变化轨迹，基本上可以分为早期战略思想、传统战略理论和竞争战略理论等三个阶段。[①] 企业战略理论的构建时至今日仍然没有完成，或者说，这一理论本身就具有动态演化的特性。的确如此，随着时代的发展、科技的进步、经济的转型和产业的变革，企业战略理论处于连续的演化过程中。尤其是进入 90 年代，企业外部环境的急剧变化，使企业管理的主题再次演变为以战略为导向，对战略理论提出了新的课题和更高的要求。同时，战略管理无论在形式上还是内容上、方法上都面临着一系列挑战，孕育着巨大的变革。

———————

① 参见项保华与李庆华：《企业战略理论综述》，载《经济学动态》，2000（7）。本章第二节将讨论传统战略理论和竞争战略理论两个阶段的理论线索，而由于篇幅限制，早期战略思想阶段予以省略。

第二节 发展线索：企业战略理论的创新

虽然现代企业战略理论还不完善，对战略管理实践的指导作用还非常有限，远远不能满足需求，乃至在企业战略的实践过程中，一度面临信心危机，但是从其发展的轨迹来看，一直没有停止过理论创新的步伐。在迈进与以往任何时候都不相同的 21 世纪，环境的急剧变动使之对理论的需求更为迫切，战略理论本身也必须实现重大突破。

一、企业战略与战略管理

"战略"一词来自古希腊文，原始含义是"将军"。中世纪以后，这个词逐渐成为一个军事术语，即"战争谋略"，指在敌对状态下基于对全局的分析判断而作出的运筹，是指导及指挥军队克敌制胜的艺术和方法。进入现代社会以后，"战略"一词逐渐被广泛应用于军事以外的领域，包括政治、经济、科技、社会发展等，其含义演变为"泛指重点的、带全局性或决定全局的谋划"。

相应地，企业战略与企业的发展方向、未来目标、实现目标的途径和政策的选择或决策有关，是对企业内部条件与外部环境中长期和根本性变化的积极反应。企业战略决策涉及企业经营方向和范围的改变，回答企业在面对环境和条件变化的情况下向何处去的问题，规定了企业的宗旨和目标以及实现战略目标的途径。因此，企业战略具有的一般特点有长期性、全局性、计划性、配置性、复杂性、对抗性、领先性等。[①]

企业战略管理是确立企业使命，根据企业外部环境和内部条件设定企业的组织目标，依靠企业能力保证目标的落实，并最终实现企业使命的一个动态管理过程。通常认为，战略管理包括战略分析与制定（Strategic Analysis & Formulation）、战略评价与选择（Strategic Evaluation & Choice），以及战略实施与控制（Strategic Implementation & Control）三个基本环节。这三个环节既相互联系又相互区别，共同构成一个完整的管理过程。三者之间的关系如图 6-1 所示。实际上，各环节之间会有重叠。

现代企业的全部管理工作一般可以分为战略管理和运营管理两大类。运营管理是在企业产品方向和市场方向既定的前提下，全力组织好产品的开发、生

---

① 对企业战略这些一般特点的详细描述，可参见芮明杰、余光胜：《产业致胜——产业视角的企业战略》，第 16~18 页，浙江人民出版社，1999。

图 6-1 战略管理过程的基本模型

产和销售工作。这一类工作经常反复出现，周而复始地循环进行，通常可以制定出一套相对稳定的工作程序，使之规范化和标准化。运营管理中的决策属于短期性或技术性的决策，具有战术特点，一般由企业中层和基层管理人员负责，是在战略性或全局性决策基础之上，为保证战略任务的完成而针对具体的任务所做的决策。

战略管理则是针对关系企业全局性的发展方向作出决策，如确定企业新产品、新市场、新技术的发展方向，决定企业未来一定时期内经营和生产规模如何扩大，选定投资方向、经营路线等，涉及企业预期总体经营目标的全过程。战略管理不像日常运营管理那样经常地重复发生，但却为运营管理指明方向。通俗地说，战略管理关注的是效果，即"做正确的事"，运营管理重视的是效率，即"正确地做事"。效率固然重要，但无论是在市场竞争中还是在日常事务中，没有效果的效率只不过意味着资源的浪费。因此，战略是企业能否完成使命，实现企业目标的首要决定因素。战略管理与运营管理的基本区别可以归纳在表 6-2 中。

表 6-2　战略管理与运营管理的区别

战略管理	运营管理
同时考虑企业外部环境与内部条件	注重挖掘与利用企业内部条件
复杂、不确定、风险大	相对简单、明确、风险小
整个组织范围	局部领域、关注专业化职能
重大的、全局的变化	局部的、小范围的变化
以环境或期望为动力	以资源为动力

二、传统战略理论的繁荣

我们把 20 世纪 60 年代中期至 80 年代初期诞生的众多企业战略理论统称为传统战略理论。这些理论的产生基本上是源于对环境的分析和对市场、产品的研究。伴随企业"战略热"的兴起，企业战略理论的研究也如日中天，产生了大量研究成果，形成了多种不同的理论学派。其中影响较大的代表性理论学派有八个。

1. 战略设计理论（Design School）。实际上，设计理论的观点早在"战略热"兴起前就已经出现。钱德勒 1962 年在《战略与结构》一书中，分析了企业环境、企业战略与企业结构之间的相互关系。他指出，企业是在一定的客观环境下生存和发展，因此企业的经营战略要适应环境的变化，即企业要在对环境进行分析的基础上制定出相应的战略和目标。而企业组织结构的确定是为了企业战略的实现，必须随企业战略的变化而变化。这就是著名的战略适应环境、结构跟随战略的经典教条，它奠定了企业战略理论研究的基石。此后，传统战略理论的另一个代表人物安德鲁斯（K.R.Andrews）对这一理论的主要观点作出了精确的界定：战略形成过程实际上是把企业内部条件因素与企业外部环境因素进行匹配的过程，这种匹配能够使企业内部的强项和弱项与企业外部的机会和威胁相协调。由此，建立了传统战略思想最具有代表性，并得以广泛实际运用的 SWOT 战略分析和形成模型。这一模型至今仍是许多企业战略决策者所乐于采用的战略分析工具。

SWOT 模型中，SW 是指对企业自身状况进行的分析。S（Strength）表示企业的经营优势，如资金优势、技术优势、管理优势等；W（Weakness）指企业经营劣势，如成本劣势、规模劣势、产品劣势等。OT 是指对企业所处环境的分析。O（Opportunity）代表未来环境的发展变化给企业发展带来的机会，如市场需求出现了新变化、技术革命提供了新技术等；T（Threat）指出未来环境发展变化给企业带来的威胁，如经济不景气、通货膨胀率高、失业率高等。当 O 大于 T 时，企业应采取强势战略，反之采取弱势战略。这样，SWOT 分析的实质就已很清晰了，企业应该充分利用自身的优势，扬长避短，努力开拓和利用环境变化带来的机会，同时要避免环境变化给企业带来的威胁。

总之，战略设计理论认为，企业战略的形成既不是一个直觉思维的过程，也不是一个规范分析的过程，而应当是一个精心设计的过程；战略应当清晰、简明、权威，易于理解和贯彻；强调战略应具有灵活性和创造性，以及战略的实施与控制。因而，战略的形成必须由企业高层管理人员负责。

2. 战略计划理论（Planning School）。以安索夫于 1965 年出版《企业战略》一书为标志，计划理论几乎与设计理论同时产生。同为传统战略理论杰出代表人物的安索夫主张，战略构造应当是一个有控制、有意识的正式计划过程。1979 年，安索夫又出版了《战略管理》，系统地提出了战略管理模式。由此生发的计划理论主要观点是，战略的形成是一个受到控制的、有意识的、规范化的过程，原则上主要由领导承担整个过程的责任，但在实践中则由计划人员负责实施。因此，企业战略应当详细、具体，包括企业目标、资金预算、执行步骤等实施计划，以保证企业战略的顺利实现。战略计划理论非常丰富，主要战略思想包括：

（1）企业战略四要素说。企业战略的基本构成有四种要素，即：①产品与市场范围，即企业在所处的行业中的产品与市场的地位。②增长向量，即企业的经营方向和发展趋势。表 6-3 所示的 3×3 产品—市场矩阵概括了企业增长向量的基本含义。③协同效应，即一种联合作用的效果，它是企业获得的大于由部分资源独立创造的总和的联合回报效果。协同效应有销售协同、运行协同、管理协同等。④竞争优势，即企业及其产品和市场所具备的不同于竞争对手的、能够为企业奠定牢固竞争地位的特殊因素。

表 6-3　3×3 产品—市场矩阵

	现有产品	相关产品	新产品
原有市场	市场渗透	产品开发	产品革新
相关市场	市场开发	多种经营	产品发明
新市场	市场转移	市场创造	创　新

战略构成要素是相互联系和相辅相成的，要素组合产生的合力便形成企业经营活动和"共同经营主线"。

（2）战略经营领域/单位（Strategy Business Area/Unit，SBA/SBU）。SBA/SBU 是企业外部环境细分的结果，是企业外部环境的一个组成部分，是企业可以在其中从事经营活动的一个小舞台、小区域。企业 SBA/SBU 的划分是根据需求、技术寿命周期的原理进行的。企业为了在复杂多变的环境中获得生存和发展，必须根据自身经营和环境的特点把企业环境划分为不同的 SBA/SBU，并在此基础上进行权衡分析和综合比较，做到企业 SBA/SBU 的综合平衡。通常的比较方法有波士顿矩阵（BCGM）和通用电气公司矩阵（GEM）分析法。

（3）战略优势原理。战略优势即拥有强大、高超、非凡的能力，拥有丰富的资源，占据有利的地位，此有彼无我强他弱是相比较而存在的。企业拥有多种战略优势相互作用、相互影响形成企业的战略优势系统，并借助于协同效应使系统整体的功能放大。企业不断追求和运用战略优势，形成战略优势运行链，即寻求优势→发挥优势→保持和强化优势→再寻求新的优势。

3. 战略创意理论（Entrepreneurial School）。由于研究角度和研究内容的显著不同，创意理论获得了企业战略研究中的独特地位。创意理论重点关注的是企业高层管理人员，这一点与设计理论极为相似。但与设计理论不同而与计划理论完全相反的是，创意理论从根本上就认为企业战略形成过程是一个直觉思维、寻找灵感的过程。这就使得战略从精妙的设计、周密的计划或者准确的定位转而变成为某种隐约可见的"愿景"（visions）。为了使其观点更易于让人理解，创意理论常常通过暗喻来从某种意义上予以阐述。

创意理论认为企业战略主要应该关注以下一些方面的问题：企业产生、企业生存与发展、私有制以及企业在竞争力量主导下的转变。因此，企业必须有一个极富创新精神的领导，由他来提出有关这方面问题的创意。而且，创意理论认为，企业领导者应当紧密控制实现他通过直觉思维所形成的"愿景"的过程。

4. 战略认知理论（Cognitive School）。一些研究人员更为关心的问题是，战略是如何产生的？假如战略是通过诸如结构、模式、图形、概念或纲要等形式产生于人们的意识，那么怎样理解这样的心理过程呢？从20世纪80年代开始，研究人员经过多年的探讨，形成了回答上述问题的认知理论，并使其得到持续、稳定的发展，影响越来越大。

认知理论认为，一方面，企业战略决策对市场状况的理解是市场和决策者观察过程相互作用的结果，它既不完全是主观的，也不完全是客观的。也就是说，企业战略的形成是基于处理信息、获得知识和建立概念的认知过程，其中建立或形成构想是战略产生的最直接、最重要的因素，而在哪一阶段取得进展并不重要。同时，在另一方面，这一理论的一个新分支接受了战略形成过程的更加具有主观解释性的（Interpretative）或结构主义的（Constructivist）观点：即认知是通过对企业组织的内外环境条件的理解，借助于所掌握的方法和手段，来构造具有创造性解释功能的战略，而不是用更客观或更不客观的方法来简单地描绘实际上已被扭曲了的事实。

在认知模型中，战略构想是战略决策者对战略态势认识的产物。新的战略构想并不是仅仅依靠对外部信息的详尽分析而产生，还依靠决策者对这些信息的思考。对问题的反复思考是战略形成过程中最关键的准备工作。而学会从更多的角度通过各种模型认识战略态势，就可以增加战略构想的多样性和创造性。

5. 战略学习理论（Learning School）。由于组织外部环境变化的不可预测性和组织本身所固有的适应性，一些通过严格程序制定的战略并未得到实现，而一些未经正式制定的、自然显现的战略却得以实现。因此，一些学者开始把研究的重点转向组织在各种不可预测的环境因素约束下的战略形成上，由此产生了学习理论。

从早期林德布罗姆（Lindblom）不成系统的关于渐进主义的著作，以及贯穿于奎因（J.B.Quinn）理论始终的逻辑渐进主义，到鲍尔（Bower）和伯格尔曼（R.Burgelman）的突破思维定式的观点，明茨伯格（H.M Mintzberg）的关于战略是通过自然选择形成的观点，韦克（K.Weick）关于战略是总结过去的经验教训而形成的观点，等等，学习理论的形成与发展成为一次名副其实的浪潮。学习理论与其他理论不同之处在于，它认为战略是通过渐进学习、自然选择形成的，可以在组织上下出现，并且战略的形成与贯彻是相互交织在一起的。

6. 战略权力理论（Power School）。权力理论把权力看成是战略形成过程中不可缺少的基础，认为战略的形成是一个组织内部权力与权力之间政治斗争的结果。这一理论之所以强调权力，是因为在企业战略制定的过程中，战略形成不仅要受到"经济"因素的影响，而且要受到"政治"因素的影响。

权力理论大体上可以看做是由视点不同的两类观点构成。微观权力观把企业组织的战略制定看做是一种实质上的政治活动，是组织内部各种正式和非正式利益团体运用权力、施加影响，进行讨价还价、游说、妥协，最后在各派权力之间达成一致的过程。宏观权力观则把组织看成是一个整体，即运用其力量作用于其他各种相关活动和事物的利益团体，包括竞争者、同盟者、合作者，以及其他涉及企业战略利益的网络关系等。因此，权力理论认为，战略制定不仅要注意行业环境、竞争力量等经济因素，而且要注意利益团体、权力分享等政治因素。

7. 战略文化理论（Cultural School）。如果说权力理论的着眼点是组织的自我利益和局部，那么文化理论的立足点则是团队利益和整体。文化理论认为，企业战略根植于企业文化及其背后的社会价值观念，其形成过程是一个将企业组织中各种有益的因素进行整合以发挥作用的过程。文化理论的观点在解释许多企业在同等条件下的经营行为和经营业绩存在很大差异方面，具有很强的说服力。一些企业之所以能够在激烈的市场竞争中立于不败之地，并获得长足发展，可以归结于企业文化的作用。

8. 战略环境理论（Environmental School）。从严格意义上来讲，环境理论不能算是一种战略理论。实际上，任何一种企业战略理论，恐怕都离不开对自身环境的分析，都需要以对环境的认识为起点。如果说环境理论强调的是企业组织在其所处的环境里如何获得生存和发展，那么它不过起到一种强化人们关注环境因素的作用。

三、竞争战略理论的崛起

自 20 世纪 80 年代以来，随着企业环境变化，竞争更趋激烈，实践要求紧紧扣住企业竞争这一核心问题进行企业战略研究。企业战略研究的重心逐步从以外部环境、市场分析为基础转移到更注重能力分析的竞争主题，并被置于学术研究的前沿地位，有力地推动了企业战略理论的发展，最终于 20 世纪 80 年代中期进入竞争战略理论阶段。从发展历程看，这一阶段主要有三大理论学派，即行业结构理论、核心能力理论和战略资源理论。

1. 行业结构理论。

行业结构理论实际上是传统战略理论中定位理论（Positioning School）的提升，其创立者和代表人物是波特（M.E.Porter）。波特深受以梅森（Mason）和贝恩（Bain）为代表的产业组织理论哈佛学派的影响，[①]并且致力于将产业组织理论应用于企业竞争战略的研究，通过引入产业结构、竞争优势、壁垒分析等经济学概念和相关理论解释企业的战略需求并提供制定战略的有效方法，实现了产业组织理论与企业竞争战略理论的创新性兼容。

1980 年，波特在哈滕（Hatten）与申德尔（D.Schendel）等人关于战略定位问题研究的基础上，明确提出企业在考虑战略时，首先必须将企业与所处的最直接的环境即行业相联系；每个行业的结构又决定了企业的竞争范围，极大地影响着竞争规则的确立以及可供企业选择的竞争战略，从而决定了企业的潜在利润水平。为此，行业结构分析是确立竞争战略的基石，理解行业结构永远是战略制定的起点。其次是企业在行业内的相对竞争地位分析，即在进入行业中进行自我定位。通过这些分析，就可以大大减少企业之间由于程式化的产业结构分析而带来的定位趋同，并降低企业之间竞争的强度。

因此，在行业结构理论看来，企业战略制定人员应该是"分析家"，其首要任务是选择利润潜力比较大的行业。波特为此创造性地建立、提供了各种方法和技巧，用于分析企业所处行业的情况和企业在行业中的竞争优势。如著名的五种竞争力分析模型、价值链分析模型、公司地位和行业吸引力分析矩阵等。

（1）竞争力分析模型。一个行业的竞争状态和盈利能力取决于五种基本竞争力之间的相互作用，即：①进入威胁，指来自潜在新加入者的威胁，其大小取决于进入壁垒的大小与行业现有竞争者反击的强烈程度。而进入壁垒的大小又受到规模经济、产品差异化、资本需求、转换成本、分销渠道等五种因素的影响。②替代威胁，即替代产品，尤其是技术替代型产品的威胁。③买方讨价还价能力与供方讨价还价能力，一般说来，单个的、小规模的买方和卖方，其

————————

① 产业组织理论哈佛学派形成于 20 世纪 40~60 年代，其主要贡献是建立了完整的产业组织理论体系，即 SCP 范式。这一范式是以实证研究为主要手段把产业分解成特定的市场，按结构、行为、绩效三个方面即所谓产业组织研究的"三分法"进行分析，构造了一个既能深入具体环节又有系统逻辑体系的分析框架，并因之提出产业组织政策，从而规范了产业组织的理论体系。

讨价还价能力对企业的生产和经营构不成大的威胁。但是如果买方、卖方联合起来形成联盟或集团，企业就需认真考虑。④现有竞争对手的竞争，影响因素包括：行业集中度或市场垄断度；企业在行业中所处的地位，如领先者、挑战者、追随者和补缺者等；行业竞争手段和退出壁垒等。而其中各种竞争力量又受到诸多经济技术因素的影响。

因此，当影响行业竞争的作用力以及它们产生的深层次原因确定以后，企业的当务之急就是分析自己所处行业中的强项和弱项，并据此作出正确的战略决策。在这样的战略指导思想下，赢得竞争优势有三种最一般的基本战略：总成本领先战略、差异化战略、目标集聚战略。在企业制定战略时，分别强调企业通过努力降低产品成本、追求产品的差异化或重点集中在某一产品或某一细分市场来创造竞争优势。

（2）价值链分析模型。这是采用系统方法来考察企业所有活动及其相互作用以及分析获得企业竞争优势的各种资源。为了认识成本行为与现有的和潜在的经营差异性的资源，价值链将一个企业分解为与战略性相关的许多活动。企业正是通过比其竞争对手更廉价或更出色地开展这些重要的战略活动来赢得竞争优势。

企业价值链列示了包括价值活动和利润在内的企业总价值。其中价值活动是企业所从事的物质上和技术上界限分明的各种活动，可分为基本活动和辅助活动两类。基本活动处于企业价值链的底部，是涉及产品的物质创造及销售、转移给买方和售后服务的各种活动，具体包括内部后勤（与接收、存储和分配相关的各种活动）、生产作业（与将投入转化为最终产品形式相关的各种活动）、外部后勤（与集中、储蓄和将产品发送给买方有关的各种活动）、市场销售和售后服务五个方面。

辅助活动是辅助基本活动并通过提供外购投入、技术、人力资源以及各种公司范围的职能支持，包括企业基础设施、人力资源管理、技术开发与采购四项内容，它们处于企业价值链的顶部。

价值链分析模型为企业提供了如何进行自身竞争优势分析的具体方法，并与竞争对手的价值链进行比较，揭示决定竞争优势的差异所在。

2. 核心能力理论。20 世纪 80 年代，库尔（Cool）与申德尔通过对制药业若干个企业的研究，确定了企业的特殊能力是造成企业间业绩差异的重要原因。1990 年，普拉哈拉德（C.K.Prahalad）与哈梅尔（G.Hamel）发表"企业核心能力"一文，首开核心能力研究先河。在对世界上优秀公司的经验进行总结的基础上提出，竞争优势的真正源泉在于"管理层将公司范围内的技术和生产技能合并为使各业务可以迅速适应变化机会的能力"。其后，越来越多的研究人员加入这一理论的研究行列。

所谓核心能力，是"组织中的积累性学识，特别是关于如何协调不同的生产技能和有机结合多种技术流的学识"，它是企业所有能力中最核心、最根本的部分，可以通过向外辐射，作用于其他各种能力，影响着其他能力的发挥和效果。核心能力的形成要经历企业内部独特资源、知识和技术的积累与整合的过程。通过这一系列有效积累与整合，使企业具备了独特的、持续的竞争力。一般说来，核心能力具有如下特征：①核心能力可以使企业进入各种相关市场参与竞争。②核心能力能够使企业具有一定程度的竞争优势。③核心能力应当不会轻易地被竞争对手所模仿。

可见，并不是企业所有的资源、知识和技术能力都能形成独特的、持续的竞争优势，而是只有当它们同时符合珍贵（能增加企业在外部环境中的机会或减少威胁）、异质（企业独一无二的、没有被当前和潜在的竞争对手所拥有）、不可模仿（其他企业无法获得）、难以替代（没有战略性等价物）的标准时，才能形成核心能力。

事实上，现代市场竞争与其说是基于产品的竞争，不如说是基于核心能力的竞争。企业的经营能否成功已经不再取决于企业的产品、市场的结构，而取决于企业的行为反应能力，即对市场趋势的预测和对变化中的顾客需求的快速反应。因此，企业战略的目标就在于识别和开发竞争对手难以模仿的核心能力。只有具备了这种核心能力，企业才能很快适应迅速变化的市场环境，不断满足顾客的需求，才能在顾客心目中将企业与竞争对手区别开来。只有在核心能力达到一定水平后，企业才能通过一系列组合和整合形成自己不易被人模仿、替代和占有的独特战略资源，才能获得和保持竞争优势。

另外，企业要获得和保持持续的竞争优势，就必须在核心能力、核心产品和最终产品三个层面上参与竞争。在核心能力层面上，企业的目标应当是在产品性能的特殊设计与开发方面建立起领导地位，以保证企业在产品制造和销售方面的独特优势。

3. 战略资源理论。战略资源理论形成于90年代初期，它试图为连接似乎分离的行业结构理论和核心能力理论架起桥梁，代表人物有柯林斯（D.Collis）、福克纳（Foukner）和鲍曼（Bowman）等。战略资源理论认为，企业战略的主要内容是如何培育企业在特定行业中独特的战略资源，以及最大限度地优化配置这种战略资源的能力。在企业竞争实践中，每个企业的资源和能力是各不相同的，同一行业中的企业也不一定拥有相同的资源和能力。这样，企业战略资源和运用这种资源的能力方面的差异就成为企业竞争优势的源泉。既承认企业独特资源与竞争力的重要性，也强调产业分析的重要性，能力只能在产业环境中才能体现。以能力与资源作为企业竞争地位的核心，综合考虑需求——满足顾客需求，是否具有竞争领先优势（结构分析）、稀缺性——是否可模仿、可替代，还是可持久（核心能力）和适宜性（利润流向）等要素。

实际上，在市场中运行的每个组织都是有形的和无形的独特资源和能力的结合体，这一结合体形成了企业竞争战略的基础。但是对资源价值和能力的判断不能局限于企业自身，而要将企业的资源和能力置于所面对的产业环境，并通过与其竞争对手所拥有的资源和能力进行比较，判定其优劣。由此，形成和拓展了以资源导向的竞争战略理论体系和分析框架，创造性地提出了"顾客矩阵"与"生产者矩阵"的分析工具。

四、企业战略理论发展的新动向

与传统战略理论相比，竞争战略理论在很大程度上发展了企业战略理论，使理论与实践的结合更为紧密。但是，竞争战略理论并没有完全获得预期的效果。进入90年代后，主要由一些管理咨询公司针对现代企业运行中遇到的新问题而倡导和推动的一系列管理新时尚，例如，企业重组、流程再造、组织转型、时机竞争、标杆学习等，被实业界和学术界广泛视为企业的战略行动。应当说，这些战略行动是关于企业战略决策和行为中某一方面的革新或补充，注重于"实施"或"执行"，有治标不治本之嫌，并没有能够从整体的意义上解决企业战略管理的本质问题。

在经济全球化、知识经济和可持续发展的大背景下，网络经济的迅速普及完全可能改变现代企业的基本运作模式，动摇在工业时代中业已成为经典的战略思想和卓有成效的管理方法。这样，企业竞争环境和竞争方式的改变必然要求企业战略理论要有所突破，甚至重建战略思维。目前看来，一是现有的各理论流派日趋取长补短，交叉融合，探讨战略问题更全面、更综合，问题指向更加明确；二是已经有一些基于新范式或新假设，尤其是强调动态研究的战略理论初露头角，引起人们的关注；三是围绕信息技术和企业信息化、电子商务的战略思想正在越来越广泛地受到重视，信息技术、电子商务不仅仅是工具、资源，而且信息技术和电子商务的运用本身就是一种竞争战略。

这里仅简单扼要地介绍产业制胜战略理论和适应性随机战略理论，此外还有主张"竞合"的企业战略联盟思想、高度利用分工的虚拟企业战略考虑等。需要说明的是，这些理论正处于形成期，其基本理论框架、核心内容、分析方法等都不成熟，对实践的指导作用也就很有限，但也表明了它们具有进一步创新的活力和空间。

1.产业制胜战略理论。企业战略的最高层次是以创新未来产业或改变现有产业结构，以对自己有利为出发点来制定的企业战略。这是产业制胜战略理论与其他战略理论的根本不同之处。这样的战略思想是由哈梅尔与普拉哈拉德在总结其核心能力理论的基础上，经过更多的实证研究后，在 1994 年出版的《竞争大未来》中提出来的。我国学者对这一思想予以进一步阐发，并定义为产业制胜战略理论。[①]

产业制胜战略理论首先寻求企业战略理论的新范式。当今信息技术革命带来竞争因素环境的变化，极大地影响了企业战略理论研究与战略实践活动，为战略理论研究提供了新的契机，以致需要进行彻底思考，寻求新的理论研究范式。从完整的竞争过程分析入手，新的战略理论范式被概括为全程竞争、产业制胜、着眼未来、理解顾客、创新推动等基本命题，它们是构建新的企业战略的前提。

其次，建立产业致胜战略的基本框架。所谓产业致胜战略，实质上就是以覆盖竞争的完整过程为导向，以培育产业先见和核心能力为手段创新未来产业，从而为企业在未来的产品市场上竞争取胜奠定坚实基础。也就是要使企业战略的重心发生转移，从竞争的初始阶段开始采取有效措施，获得竞争先机。

对未来产业的构想、设定是基于对顾客的认识，对技术发展中路径依赖的理解，以及对产业深化趋势的把握。而培育产业先见的基本目的是构想未来产业愿景，要将这个愿景变成现实，则需要创建企业的核心能力来支撑。创建核心能力的方式主要有：技术创新、核心能力整合、学习型战略联盟等。

最后是密切与培育产业先见、确定未来产业以及创建核心能力相关联，营造企业市场优势。

2. 适应性随机战略理论。适应性随机战略理论最早是由亨克尔（S. H. Haeckel,）提出来的，其理论背景是针对信息时代不可预测的、迅速的变化日益增长，并不可避免地伴随着一切商业运行、决策和管理的复杂性急剧增大的企业运行内外环境。适应性随机战略理论是适应性企业理论中的重要内容，是立足于解决信息时代企业生存与发展问题，以复杂性、系统、信息、决策等理论的研究成果为基础建立起来的全新企业战略理论。[②]

---

① 芮明杰、余光胜：《产业致胜——产业视角的企业战略》，浙江人民出版社，1999。
② 关于适应性企业理论的进一步讨论，参见本书"适应性企业"一章。

第三节 应用与简评

企业战略理论的应用，一方面在企业管理的教育中得以体现，成为不可或缺的管理核心课程，但更为重要的另一方面，则是直接指导企业战略管理的具体实践。

由于企业运行和环境变化的复杂性、动态性，从整体来看，企业战略理论仍不够成熟。虽然各个时期理论学派如潮水般涌现，但都未能全面地、综合地建立起普适的理论框架，或者很快就显得过时了。当前，人类正在迈入信息时代，企业战略的视点将会不同于工业时代的任何时候，这也意味着企业战略理论和战略管理实践孕育着重大的创新。

一、企业战略管理的应用

从 20 世纪 50 年代中期起，以美国为首的西方国家的管理教育中，出现了"企业战略"、"企业政策"或"公司计划"之类的课程，成为管理课程中的单独部分。但直到 70 年代，随着企业管理实践的丰富以及理论探讨的深入，战略管理才真正成为一门体系完整的学科。而管理学科以及管理学教育的发展，也越来越重视诸如战略管理、企业家精神、领导艺术等一些整合性的知识和课程。

在战略管理实践经历了 80 年代一段时期的冷落后，随着 90 年代以来企业进入"战略竞争"或"战略管理"时代，企业经营中对战略管理的需求再次迅速增长，许多企业从过去被动地、消极地研究战略问题转变为主动地、积极地设计战略。战略理论中较为成熟的理念、思想和基本方法已经为广大企业管理者在战略管理实践中广泛采用，并取得不同程度的效果。一些杰出企业的战略实践已经成为企业家们争先学习、仿效的范例，成为教科书中脍炙人口的战略管理经典案例。战略理论的分析研究也更多地注重实证方法。

应当指出的是，以麦肯锡、波士顿、拜恩等为代表的管理咨询公司积极促进企业战略理论与战略管理实践的结合，在推动企业战略管理、探索方法创新和培育战略人才等方面作出了不可或缺的贡献，并一直致力于管理分工中的战略管理专业化的尝试。或许日趋重要和复杂的企业战略管理走专业化道路会成为一种趋势。

由于受中国经济发展阶段、市场发育程度、微观经济制度背景、商业文化历史、企业家成长经历等方面的制约，可以说，大多数中国企业领导人和高层

或租赁，使资产最终全部进入高效或有效运营状态。⑤面向金融资本市场融资。通过金融资本市场吸纳社会资本，实现资金融通社会化，资本运营货币化，使企业资产和效益成倍增长。⑥通过招商引资实现资本运营国际化。冰山集团先后与外商合资兴办了22个企业，总投资3.8亿美元，现已有15家企业盈利，5家企业全部收回投资。合资使企业实现了产品结构的优化组合，产品的水平和档次达到了世界一流，企业管理跨入国际先进水平行列。⑦实现无形资产有形化。冰山集团坚持不懈地走"创名牌产品"之路，使"冰山"牌产品居国内领先地位，并走向世界。冰山商标1992年被世界经贸组织授予"最佳商标奖"，1997年被定为中国"驰名商标"。目前，"冰山"牌产品在国内市场占有率为40%，远销世界50多个国家和地区，无形资产实现了有形的市场价值。

十几年来，冰山集团通过资本运营的战略管理，实现了企业产品结构和产业结构的战略调整，由过去只能单一生产制冷机，发展到目前已形成六大成套设备的生产能力；连续14年实现了效益年平均增长20%以上；净资产成倍增加，仅1997年年末就比年初增加4.3255亿元，达到26.8248亿元。

资料来源：改编自全国企业管理现代化创新成果审定委员会办公室、中国企业管理协会企业管理现代化委员会编：《企业集约经营——第五届国家级企业管理现代化创新成果汇编》，第82~91页，企业管理出版社，1999。该成果的原作者是张和、江敦岩、于守涛、胡希堂、葛彦、徐小芯、马延年。

本章要点

1. 企业战略与企业的发展方向、未来目标、实现目标的途径和政策的选择或决策有关，是对企业内部条件与外部环境中长期和根本性变化的积极反应。企业战略决策涉及企业经营方向和范围的改变，回答企业在面对环境和条件变化的情况下向何处去的问题，规定了企业的宗旨和目标以及实现战略目标的途径。战略管理既包含了战略制定，也包括了战略实施过程和对战略实施过程进行控制，以及对战略管理成果进行评价。战略管理是一种针对企业战略进行的全面管理和动态管理。

2. 企业战略理论是企业战略管理的理论基石，或者说，战略管理是对战略理论研究成果的直接应用和检验，是属于实践层面的范畴。因此，由形式、内容和方法等共同构成的企业战略管理体系随着战略理论的发展不断得到充实和完善，使企业战略管理逐步成长为相对独立的、整合性的企业经营管理环节。企业战略理论按照时间及研究重点的变化轨迹，基本上可以分为早期战略思想、传统战略理论和竞争战略理论等三个阶段。企业战略理论的构建时至今日仍然没有完成，或者说，这一理论本身就具有动态演化的特性。尤其是进入90年代后，企业外部环境的急剧变化使企业管理的主题再次演变为以战略为导向，对战略理论提出了新的课题和更高的要求。

3. 20世纪60年代中期至80年代初期诞生的众多企业战略理论统称为传统战略理论。这些理论的产生基本上是源于对环境的分析和对市场、产品的研究。传统战略理论中影响较大的代表性理论学派有战略设计理论、战略计划理论、战略创意理论、战略认知理论、战略学习理论、战略权力理论、战略文化理论、战略环境理论等。这些理论强调企业战略的基点是适应环境、市场的变化，制定战略必须对环境、市场进行分析；强调建立企业的战略优势；强调企业的战略设计与规划，注重战略的制定与实施过程。

4. 80年代中期进入竞争战略理论阶段。从发展历程看，这一阶段主要有三大理论学派，即行业结构理论、核心能力理论和战略资源理论。与传统战略理论相比，竞争战略理论注重了"问题导向"，直接围绕企业竞争问题展开探索，通过把产业组织理论引入企业战略领域中，强调了企业战略的产业视角，并且注意研究竞争对手的反应，从逻辑上提出了培育竞争优势的根本途径，从而大大拓展了企业战略研究的视野，使战略理论具有了更大的解释力，更易于与企业的运行与管理实践相结合。

5. 在经济全球化、知识经济和可持续发展的大背景下，一些新的战略理论应运而生，包括产业制胜战略理论、适应性随机战略理论、主张"竞合"的企业战略联盟思想和高度利用分工的虚拟企业战略考虑等。这些理论正处于形成期，其基本理论框架、核心内容、分析方法等都不成熟，对实践的指导作用也就很有限，但也表明了它们具有进一步创新的活力和空间。

研究思考题目

试分析中国加入世界贸易组织（WTO）后，中国企业发展战略的调整与选择。

推荐阅读材料

杨锡怀：《企业战略管理》，高等教育出版社，1999。

［美］ 迈克尔·波特：《竞争优势》，华夏出版社，1997。

［美］ 迈克尔·波特：《竞争战略》，华夏出版社，1997。

［美］ 戴维·贝赞可等：《公司战略经济学》，北京大学出版社，1999。

第七章　多元化战略与专业化战略

　　一个企业是进行专业化生产还是开展多元化经营取决于一系列复杂的因素，而这一决策又往往决定了一个企业经济效益的好坏与风险的大小。企业往往根据实际情况和对远景的展望，制定适当的专业化或多元化产品发展战略。

　　专业化生产是生产力发展的必然产物。20世纪上半叶，大规模生产的出现使专业化生产作为提高生产效率的重要途径得到众多企业的推崇，企业纷纷提高专业化程度，改善生产组织。随着市场的多元化和企业竞争的加剧，在六七十年代，美国和其他国家出现了大规模的多元化经营趋势，企业把业务扩张至其他行业和产品领域。日本和韩国的经济奇迹也得力于企业多元化经营的发展。近几年来，我国一些企业也纷纷推行多元化经营，大量投资于与主营业务不相关的其他行业。然而，事实证明，如果企业多元化经营不当或实施不力，同样会导致企业经营的失败。不仅企业新的业务不能有效推行，还会影响到企业原有事业，甚至危及整个企业的前途。

　　自80年代以来，在西方国家中，尤其是六七十年代在美国形成的大企业中出现了与多元化经营相背离的另一种趋势——业务专业化。尤其是在90年代末的东南亚金融危机中，日本和韩国一些大企业遭受重创，更使人们对多元化经营战略产生了疑问。究竟应该如何评价企业专业化经营和多元化经营战略各自的优劣？它们的适用条件是什么？企业采取专业化经营和多元化经营的动机如何？企业应该如何进行专业化经营和多元化经营的决策？

第一节　多元化和专业化的概念

　　多元化与专业化的概念可以从静态和动态两个角度来看。从静态角度看，专业化或多元化是指企业当时所处的经营状态。在一定时间内，企业都是在一定的经营领域内从事生产和经营活动，并向一定的市场提供自己的产品和服务。我们可以依据企业所从事产品种类的数目将企业分为专业化经营企业和多元化经营企业。一般地说，专业化经营是指企业同时从事同一产品或服务。多元化经营是指一个企业同时从事两个或两个以上行业的生产经营活动，又称为多角化经营、多种经营、跨行业经营等。

从动态角度看，专业化和多元化则是指企业采取专业化经营战略还是多元化经营战略。彭罗斯（E.T.Penrose）认为，多元化是"企业在基本保留老产品生产线的情况下扩张其生产活动，开展若干新产品的生产"。"多元化包括了各种最终产品的增加、垂直一体化程度的增加，以及企业运营的生产领域数目的增加"。[①] 迈克尔·戈特（M.Gort）对企业多元化的定义是："多元化可定义为单个企业所活动的异质市场数目的增加"，[②] "是一个企业所活动的行业数目的增加"。

通常人们以专业化程度来代表企业所从事产品或产业数目的单一程度。1970 年，美国学者赖利（L.Wrigley）提出了专业化率（Specialization Ratio）的概念。[③]

$$\text{专业化率（SR）} = \frac{\text{企业最大经营项目的销售额}}{\text{企业销售总额}}$$

赖利提出以专业化率来测量一个企业的专业化和多元化程度。赖利据此将企业划分为四种类型：第一类是单一产品生产企业或专业化经营企业，该类企业的单项产品销售额占企业总销售额的比重大于 95%；第二类是主导产品企业或低度多元化经营企业，该类企业的单项产品销售额占企业总销售额的比重大于 70%，但小于 95%；第三类是相关联多元化企业或中度多元化经营企业，该类企业采用多元化经营，将生产经营扩展到其他相关领域，但没有任何单项产品的销售收入达到企业销售总额的 70%；第四类是无关联多元化企业或高度多元化经营企业，该类企业进入没有任何技术、经济关联的多项业务领域，当然也没有任何单项产品的销售收入达到企业销售总额的 70%。

1974 年，美国学者鲁迈特（R.P.Rumelt）在赖利提出专业化率的基础上，进一步提出了关联比率（Related Ratio）的概念。

$$\text{关联比率（RR）} = \frac{\text{企业最大一组以某种方式相关联的经营项目的销售额}}{\text{企业销售总额}}$$

据此，鲁迈特对企业多元化进行了更加详细的划分（见表 7-1）。

在赖利的划分中，分类的依据是产品（product）类别，在鲁迈特的划分中，分类的依据是业务（business）类别。赖利和鲁迈特的这种分类已被国际

---

① E.T.Penrose: The Theory of the Growth of the Firm, p.108, Oxford Univ.Press, 1959.

② M.Gort: Diversification and Intergration in American Industry, p.8, Princeton University Press, 1962.

③ L.Wrigley: Diversional Autonomy and Diversification, DBA thesis, Harvard University, 1970.

表 7-1 鲁迈特的多元化经营的分类

类 型		特 征
单一型 S SR≥0.95		
主导型 D 0.70≤SR<0.95	主导集约型 (DC)	除具有主导型的一般特征外，各个项目均相关联，联系呈网状
	主导扩散型 (DL)	除具有主导型的一般特征外，各项目只与组内某个或某几个项目相关联，联系呈线状
	垂直统一型 (V)	垂直统一率 (Vertical Ratio) VR>0.70
关联型 R SR<0.70, RR≥0.70	关联集约型 (RC)	除具有关联型的一般特征外，各项目均相关联，联系呈网状
	关联扩散型 (RL)	除具有关联型的一般特征外，各项目只与组内某个或某几个项目相联系，联系呈线状
关联型 U SR<0.70, RR<0.70		各个项目没有联系

资料来源：Rumelt，Richard P.：《战略、结构和经济运行》，Division of Research Harvard Business School，Boston，1974。转引自康荣平等：《企业多元化经营》，第34页，经济科学出版社，1999。

学术界广泛采用，成为一种研究的范式。

在企业演进的不同阶段，企业的专业化和多元化程度是不同的。1949年，美国《财富》杂志列出的前500家企业中，一、二、三、四类企业分别为28%、38.7%、29.2%和2.9%，到1969年成为7%、35.8%、44.5%和12.4%。而在德国，1970年，前100家企业中，一、二、三、四类企业分别为22%、22%、46%和10%。[1]

也有人将多元化分为纵向多元化、横向多元化和混合多元化。

纵向多元化是指企业从事与原业务范围有关的经营活动，进行产品的深加工以提高产品的附加值。纵向多元化除了可以消耗一些企业本身所生产的原料以外，还可以节省很多不必要的浪费，其中包括推销、公关、广告、运输等费用。由于共同分摊，所以能节省许多单位产品的开支，因而能降低成本，增加产品在市场上的竞争力。但纵向多元化因其是涉及与生产技术关系不大的产品，需要重新创造某些生产技术条件，因此，稳定性较差，需要对潜在销售量进行谨慎估计，并应进行投资效果分析。纵向多元化策略与前向一体化极为相似，但两者仍然存在着细微的差别。前向一体化指企业生产经营原来顾客生产经营的产品和业务，而纵向多元化主要指企业对自己的产品或副产品进行深度加工和开发。

① 管益忻、韩继志：《论企业战略多元化与专业化之关系》，载《中国工业经济》，1999（3）。

横向多元化也称水平多元化，是指企业利用原有市场，针对原有顾客的其他需要，采用新的技术、工艺、设备来发展新产品，增加产品品种。实行横向多元化战略意味着企业向其他行业投资，对企业来说有一定风险，因此企业必须具备一定的实力。当然，横向多元化由于企业的服务对象未变，也有利于客户的稳定。

混合多元化也称集团多元化，即大企业通过收购、兼并其他行业的企业，或者在其他行业投资，把业务范围扩展到其他行业，开展与现有技术、产品、市场没有联系的经营活动。在这一点上，混合多元化与前两种多元化形成了明显的区别。纵向多元化和横向多元化所从事的都是与原来业务范围有关的经营活动，如首都钢铁公司除主营钢铁外，将经营范围扩展至电子、机械、建筑等行业。而混合多元化企业既可以以一业为主，兼营其他业务，也可以不分主业，多种事业齐头并进。

自 20 世纪 80 年代以来，经济学文献中的"多元化"概念通常是指企业生产与主导产品没有相关关系的新产品。美国经济学家 A.Cosh 明确指出：多元化必须是"企业生产与现有产品非常不同的新产品，从而使企业介入新的生产和销售活动"的现象。

尽管如此，这种分类也还是相对的。因为专业化和多元化程度的测定取决于对产品和行业的定义。

然而，现实世界中我们很难将不同的产品、行业和市场准确地区分开来，这就使在数量上精确地描述企业经营业务的多元化程度困难重重。譬如，一家生产载重汽车的企业准备把业务扩展至轿车领域，显然，卡车与轿车是两种不同的产品。但是，如果我们本来就把这家企业归类于汽车行业，那么，生产轿车并未使它进入到另一个行业中去。

按照国际学术界的惯例，是以国家或国际标准产业分类为依据。在中国国家技术监督局 1994 年 8 月 13 日发布的《国民经济行业分类与代码，GB/T4754—94》新标准中，我国的国民经济行业分为门类、大类、中类、小类四级。第一级中包括农林牧渔业、采掘业、制造业以及社会服务业等各门类；第二级又将各门类分为大类，如将制造业分为电气机械及器材制造业、电子及通信设备制造业等各大类；第三级是将各大类再分为中类，如将电气机械及器材制造业分为电工器材制造业、日用电器制造业等各中类；第四级是将各中类再分为小类，如将日用电器制造业分为洗衣机制造业、吸尘器制造业、电冰箱制造业、空调器制造业等。在大多数情况下，衡量企业多元化是以第四级行业分类为标准的。在这个第四级分类的小类中，以"某类产品销售额占企业销售总额的比例"对企业进行分类，这个比例为 95%~100% 时，我们称该企业为专业化的；而当这个比例小于 95% 时，我们则称该企业为多元化的。因此，多元化经营可能只涉及产品或业务类别的微小变化，也可能涉及一个根本不同的行业，如对于一家电视机生产企业来说，酒店服务业显然就是与其主营业务风马牛不相及的领域。前一种属于相关的或狭义范围的多元化经营，而后类则是无关联的或广义范围的多元化经营。

第二节　企业多元化与专业化的发展历程

不同国家，由于生产力发展状况、经济发展水平以及市场发育程度不同，其企业多元化与专业化的发展呈现出一定的差异性。总体看来，美国、日本、西欧等西方先进国家的企业多元化经营起步于 20 世纪 20~40 年代，由 20 世纪初的垂直一体化发展而来，并在 60~70 年代形成高潮，之后，于 80 年代又开始多元化经营。而韩国等亚洲后发国家的企业在其成长的初期，就以多元化经营作为其主要成长方式。

19 世纪中叶，"将大规模生产和大规模分配过程结合于一个单一公司之内"[①] 的现代企业在美国兴起。但直至 20 世纪 20 年代以前，美国的企业绝大多数是通过垂直一体化[②]方式成长起米的专业化企业。据一项统计分析，1917 年美国最大的 278 家公司中，绝大多数属于单一产品的专业化企业，只有 7% 左右为低度多元化的主导产品型企业。[③]

直至 20 世纪 20 年代，多元化企业才成为企业的一种明确的成长战略，高层经理开始有意识地开发新产品和新市场，以便充分利用现有的设备和管理能力。30 年代以后，多元化经营企业有了明显增加。经济的发展、企业规模的扩大、竞争的压力促进了企业多元化经营的发展。同时，事业部制的出现也为企业的多元化经营提供了管理组织保证。

进入 50 年代，美国企业多元化经营的趋势越来越猛，并在 60~70 年代形成了多元化经营的高潮，见表 7-2。这一时期美国企业多元化的特点是无关多元化企业比重上升，外部兼并成为美国企业多元化的最主要的途径。

---

① A.D.Chandler，Jr（钱德勒）：《看得见的手——美国企业的管理革命》，第 328 页，商务印书馆，1987。

② 垂直一体化也称纵向一体化，即将某种或某类产品的生产或交易的全过程纳入同一企业来管理。它可以分为前向一体化和后向一体化。如果生产企业进入销售领域为前向一体化，那么生产企业兼并原材料企业就为后向一体化。

③ 康荣平、柯银斌：《企业多元化经营》，第 10 页，经济科学出版社，1999。

表 7-2　1949~1969 年美国企业多元化经营的变化

年份	专业化率（%）	多元化率（%）	事业部制	企业样本数（个）
1949	34.5	65.5	23.9	189
1959	15.2	83.8	49.0	207
1969	6.2	93.8	78.4	183

资料来源：Rumelt，Richard P.:《战略、结构和经济运行》，Division of Research Harvard Business School，Boston，1974。

进入 80 年代后，美国等西方国家企业的多元化扩张开始收敛，出现了业务"重聚"（refocusing）的趋势，大公司纷纷以多种手段清理非核心业务，实现业务专业化，加强企业的核心竞争能力。据英国学者马凯兹（C.C.Markides）分析，80 年代美国最大的 250 家企业中，仍然进行多元化扩张的仅占 8.5%，而搞重聚的已达 20.4%。[①]

值得注意的是，这种业务"重聚"也是借助兼并和收购等资产重组的手段来实现的。但是，与六七十年代不同的是，目标企业在被接管之后，一些不相关的行业、部门或子公司或者被独立出去，或者被出售。同时，一些未被接管但受到接管威胁的企业也采取了类似的专业化经营战略。

总体来看，西方发达国家企业的多元化历程与美国相似，只是时间略为滞后一些。但不同国家由于技术发展、市场条件、管理组织不同，企业多元化的发展程度也不尽相同。与美国企业发展初期所走的专业化道路不同的是，日本企业在其发展初期就采取了多元化经营方式。第二次世界大战前，日本"许多财阀公司的多元化水平是很高的，无论是企业集团还是独立公司的多元化水平都是如此"。[②] 多元化经营方式在第二次世界大战后日本企业的发展过程中也起到了极其重要的作用（见表 7-3）。

与美国企业几乎同期发展的德国企业，由于市场条件不如美国，但具有较强的企业技术开发能力，因而多元化的作用超过了美国（见表 7-4）。而晚于美国发展的意大利企业，其成长过程中多元化的作用更为明显。1950 年，德国和意大利企业中相关多元化和无关多元化企业的比重，比美国高出了 10 余个百分点，其中意大利企业的相关多元化企业比重更是比美国高出 15 个百分点。

此外，在新加坡、中国台湾地区、中国香港地区的绝大多数企业的成长和

---

① 康荣平、柯银斌:《企业多元化经营》，第 14 页，经济科学出版社，1999。
② 小野丰广:《日本企业战略和结构》，第 74 页，冶金工业出版社，1990。

表 7-3　1958~1973 年日本企业多元化经营的变化

年　份	专业化率（%）	多元化率（%）	企业样本数（个）
1958	26.3	73.7	114
1963	24.3	75.7	118
1968	19.5	80.5	118
1973	16.9	83.1	118

资料来源：Luffman, G.A. and Reed, R.：《70 年代英国工业的多元化经营》, Strategic Management Journal, VOL.3, 303–314, 1982。

表 7-4　美国、德国、意大利大企业多元化比较（%）

	单一产品	主导	相关多元化	无关多元化
美国（1949 年）	42.0	28.2	25.7	4.1
德国（1950 年）	38.0	22.0	31.0	9.0
意大利（1950 年）	33.8	24.2	40.3	2.7

资料来源：转引自陈佳贵：《现代管理综合专题》，第 109 页，经济管理出版社，2000。

发展过程中，多元化经营同样起到了重要的作用。据一项资料显示，不包括日本和南亚在内的亚洲 33 家大企业中，有 30 家是高度多元化的。[1]

　　我国企业在计划经济体制下基本上是高度专业化的。在新中国成立后的头 30 年中，我国企业的产品实行统购统销，企业缺乏生产经营自主权，因此，绝大部分企业的成长仅仅是同类产品产量的扩大，多元化经营企业微乎其微。从 50 年代至 1978 年，主要是一些国家重点建设项目，尤其是以大庆为代表的石油、煤炭、地质矿产等大型建设项目。由于当时的管理体制和石油、煤炭、地质矿产等企业远离城市，生活、后勤保障由企业自己解决，为了保障企业庞大的职工队伍的生活及稳定，解决职工家属的生活就业问题，企业开展了一些主业以外的农副业生产，从而形成这一时期以保障主业为特色的后勤服务型多元化经营。与此相对应的一些大型工业企业，充分利用主业生产中的边角余料进行修旧利废、变废为宝等多种形式的增产节约活动，形成另一种形式的多元化经营。但这一时期多元化经营的目的是为了保障生活，稳定职工队伍以服务于主业，并不是真正意义的多元化经营。

　　从 1978 年十一届三中全会召开至 80 年代中期，"文化大革命"时期积累起来的就业大军、知青返城等造成的就业压力，使企业人员大大超过正常生产所需要的人数，给企业造成了极大的负担。为安排这些过剩但又没有办法推向

---

[1] 井上隆一郎：《アヅアの财阀と企业》，日本经济新闻社，1994。

社会的劳动力，全国企业兴起了大搞第三产业、大办劳动服务公司的热潮。这是我国企业多元化经营的第一阶段。这一阶段的特点是企业通过多元化经营，面向第三产业解决富余职工就业问题，属于多元化经营的初级形式。

从 80 年代末开始，随着经济体制改革的深入和企业自主权的扩大，增强了企业利润动机。特别是十四大提出实行社会主义市场经济体制、国有企业建立现代企业制度。通过转机建制使企业成为自主经营、自负盈亏、自我发展、自我约束的市场竞争主体，市场竞争逐步加剧。企业必须考虑如何在激烈竞争的市场环境条件下求得生存和发展，通过多元化经营去实现企业的目标。譬如首钢公司，除了继续从事钢铁为主的生产经营之外，还跨行业发展了机械、电子、航运、建筑、饭店、服装、银行等十几个行业的经营项目，成为有十多个分公司、上百家厂矿、13 家合资企业、12 个海外综合经营网点和海外企业的大型跨国集团。这一时期的多元化经营是企业为求得生存和发展而采取的主动行动。但由于企业管理体制等各方面的原因，企业多元化经营受到制约，使企业没有进行大规模的多元化经营，并且从事多元化经营的企业主导产品销售额占企业总销售额的比重也较高，属于低度多元化经营。

第三节　多元化与专业化的关系

从企业的经营状态看，在某一时点上，企业要么是专业化经营，要么是多元化经营，二者必居其一。但多元化与专业化并非对立的，而是辩证统一的关系。有人认为多元化和专业化是矛盾的。多元化率越高，专业化率就越低，甚至认为多元化是对专业化的一种否定。其实，这样认识是十分片面的。

首先，这种结论只有对单厂企业才有可能成立。单厂企业只有一个工厂，在这种情况下，增加企业的产品种类，自然就会减低企业的专业化率。在现实生活中，这种单厂企业采用多元化经营确实存在，但是在实行多元化经营的企业中所占的比例较低，更多的企业是多厂企业，而且每一个工厂只生产一两种产品，所以对企业整体来说虽然是实行了多元化经营，对每一个工厂来说仍然是实行专业化经营，或者说专业化程度仍是比较高的。

其次，专业化可以分为工艺专业化、零部件专业化（对象专业化）和产品专业化。对于采用多元化经营的单厂企业来说，它虽然不能实行产品专业化，但是它仍然可以组织工艺专业化和零部件专业化生产，即按照工艺相同或零部件相同的原则来设置工段、车间，实行工艺专业化或零部件专业化生产。

通过以上分析，对多元化与专业化的关系我们可以得出以下结论：

1. 多元化是在专业化的基础上发展起来的。多元化经营必须以专业化生产为基础（包括工艺专业化、零部件专业化和产品专业化），没有这个基础，也不可能很好地进行多元化经营。更进一步地说，多元化竞争战略不仅包括在某个行业市场中的专业化竞争战略，而且还包括如何进入一个新的行业以及多行业市场之间的竞争优势整合。此外，企业经营的各项职能，如采购、生产、研究与开发、营销、财务、人事等都是专业化的，即这些职能是相对独立运作的，尽管相互之间有不同程度的"接口"。专业化企业与多元化企业在职能战略层次上的运作原则和方法没有太大的差异，所不同的只是在运作对象方面。

2. 多元化不是对专业化的简单否定，而是改变了专业化实现的形式，是专业化的发展，是更高层次专业化的体现。

3. 多元化经营促进生产组织形式的改变，如采用成组技术、柔性生产线等。但是这些形式也是以专业化为基础发展起来的。

4. 多元化与专业化也存在区别。专业化是与大规模生产相联系的，是实现规模经济的要求；多元化虽然也要求尽量扩大生产规模，但是它主要不是规模经济的要求，而是成长经济的要求，即企业要充分利用自己的内部资源的要求。

第四节　多元化经营和专业化经营的动因

一般认为企业专业化经营的动机是扩大规模、提高效率，通过专业化生产带来规模经济，获得竞争优势。这一点可以从横向兼并的动机看出。在经济高涨时期，企业具有大规模的投资动力，加上好的商业前景预期，直接刺激出一个新投资和经营战略，都会发生较大规模的兼并运动。19世纪末20世纪初，经济基础设施和生产技术的重大革新带来了市场规模的增长，而市场的扩张又带来了专业化。专业化要求低效率让位于高效率。大规模专业化生产成为企业兼并的动机之一。这一时期的横向兼并运动使低成本的生产者驱逐高成本的生产者，从而导致了许多行业的高度集中。

一、企业多元化经营的动机

（一）提高资源配置效率

多元化企业与专业化企业相比，相当于将原来由多个专业化企业的经营活动组合在一个企业内进行，在这个企业内，管理人员借助于计划和行政手段决定不同经营方向之间的资源配置，以减少交易成本，提高资源配置的效率。由于多元化经营企业为管理当局创造了一个协调管理不同经营部门的机会，因此其运行将比单一化经营企业更有效率，利润也更加丰厚。[1]

在西方，六七十年代，进行多元化经营的联合型大企业主要是那些研究与开发密集型企业。这些企业从事研究与开发活动拥有了大量的专有知识（Know-how），但这些专有知识却并不具备技术专用性特征。由于信息的高度不对称性，这种知识形式通过市场转让的成本往往很高，但它又具有公共品特征，一旦生产出来，在企业内部应用的边际成本很小。因此，通过兼并与收购活动进行多元化经营，被认为可以将研究成果便利地通过非市场形式在企业内部推广与应用。

同时，这些大企业还拥有另一种知识形式，即管理才能。管理才能也具有非企业专用性的特征。管理才能一旦形成，就可以有效地应用于不同产品、行业和经营活动的管理。实行多元化经营可以发挥管理才能的规模经济优势。

此外，多元化经营还可以促进企业内部资本市场的建立。Myers 与 Majluf 曾指出，当外部潜在投资者与公司之间的信息不对称较强时，企业可能会因为无法按照合理的成本筹措到足够的资金而不得不放弃一些具有正的净现值的投资项目。企业内部资本市场的建立，可以通过企业内部的资金调度在一定程度上解决这一问题。[2] Stulz 指出，由于多元化经营企业创造了一个很大的内部资本市场，它将有效地解决上述企业投资不足的问题，使多元化经营企业比单一化经营企业能够更多地利用净现值为正的投资机会，从而提高企业的价值。[3]

（二）分散经营风险

多元化经营的另一个好处是可以有效地分散企业的经营风险，使企业的收益更加稳定。多元化经营通过把企业业务分散在不同行业中，"鸡蛋不要装在一个篮子里"，可以避免行业风险，经营某一产品或某一产业的亏损可以从其他产品或行业的盈利中得到补偿。因此，多元化有效地降低了企业收益的波动，规避了单个产品或行业的特定风险。

尽管有人认为分散风险是企业多元化经营的结果，而不是企业多元化经营的动机。因为对股东来说，可以通过持有证券组合，而不必通过多元化经营来分散风险。而且由于证券市场的高度流动性，股东通过市场分散风险的成本要

---

① Chandler, A.D.: The Visiblle Hand, Belknap Press, Cambridge, MA, 1977.

② Myers, S.C.: "The determinants of corporate borrowing", Journal of Financial Economics, 1977(5).

Myers, S.C.and Majluf N.: "Corporate financing and investment decisions when firms have information that investors do not have", Journal of Financial Economics, 1984 (13).

③ Stulz, R.M.: "Managerial discretion and optimal financing policies", Journal of Financial Economics, 1990 (26).

低于通过企业分散风险的成本。但是，对于我国等资本市场不发达的国家来说，分散风险仍然是企业多元化经营的重要原因之一。

国外一些学者也认为通过多元化经营，分散风险、稳定收益，还可以加强企业的负债能力。多元化经营企业可以比专业化经营企业有更高的资产负债率，得到更多的税收庇护，从而使企业的价值得以增加。[1]

（三）管理阶层追求自身利益的结果

委托代理理论认为多元化经营的主要动机是企业管理阶层追求自身利益的结果。对于经理来说，多元化带来的私人收益超过了私人成本。哈佛大学经济学家 Jensen（1987 年）认为，经理追求的是权力和社会声誉，管理一家大企业会增加他们的权力，扩大他们的名声。Jensen 和 Murphy（1990 年）研究了经理报酬的结构，他们发现，美国大公司管理阶层的报酬与企业规模联系在一起。在这种激励机制下，经理们必然热衷于通过多元化来促进企业规模的扩大。Marris 在其 1964 年发表的《经理资本主义的经济理论》一书指出，由于市场规模的限制，企业主营业务的扩张最终将受到限制，多元化经营是企业克服这一需求约束的途径。

而企业边界的扩大又是通过兼并与收购、产业分散化经营来实现的。当企业所经营的行业处于成熟期时，一方面，企业持有大量的"闲置资金"；另一方面，本行业内已经缺乏进一步投资的机会，同时又难以保证将这部分资金分配给股东，于是企业就会把资金用于兼并，或收购业务上没有相关关系的资产或企业，以扩大其经营。Jensen 用"闲置资金流量"来解释第二次世界大战后的几次兼并和收购高潮。Amihud 和 Lev（1981）指出，企业业务的多元化可以降低经理人力资本的风险。人力资本与金融资本不同，它不可能分散于各个企业和各个行业中，一个经理在一定时期里只能受雇于一家企业，其人力资本尤其是专用性人力资本的价值与其被雇用的企业维系在一起。如果某经理所管理的企业实行多元化经营，随着进入行业的增加，企业面临的行业风险降低，经理人力资本面临的风险也随之降低。多元化经营事实上为经理提供了就业保险。

二、多元化经营对企业的负面影响

在上述动因中，我们已经看到了多元化经营的诸多好处。但是多元化经营在可能给企业带来正面效益的同时，也可能为企业的发展，特别是企业的价

---

① Lewellen, W.G.: "A pure financial rationale for the conglmerate merger", Journal of Finance, 1971(26).

值带来负面影响。多元化经营可能给企业带的负面影响主要表现在以下几个方面：

（一）过度投资

Stulz（1990）在阐述多元化经营企业可以更充分地利用具有正的净现值的投资机会的同时也指出，多元化经营企业可能产生的一个不良倾向是过度投资。由于内部资本市场为企业创造了较多的可供使用的资金，企业可能会选择一些不应选择的、效益不好的投资项目，从而对企业价值产生负面影响。Jensen（1986）也指出，企业经营者出于自身利益的考虑，更愿意看到公司规模的扩大和资产的扩张，他们可能会利用对企业资金使用方向的实际控制权，将企业多余的资金（包括因借款能力所产生的资金流入，Jensen 将这些多余的资金称为自由现金流量，free cash flow）投在一些效益不高，甚至效益为负的项目上，而多元化经营企业比单一化经营企业更容易产生上述问题。

（二）跨行业补贴

多元化经营企业在不同经营方向上的投资效益不同，盈亏状况不同，这固然可以起到均衡收益、分散风险的作用，但同时也产生了跨行业补贴的弊端。Meyer，Milgrom 和 Robert（1992）的研究表明，一般来说，单一化经营企业很少产生净资产为负值（资不抵债）的现象，因为在此之前这些企业通常已经破产了。但如果上述企业不是作为一个独立的企业，而是作为多元化经营企业中的一个部门而存在时，则在资不抵债时仍能继续生存的可能性便大大增加了，因为多元化经营企业将利用其他行业方向上的盈利对亏损行业进行补贴（这与我国国有企业在宏观范围内的相互补贴非常类似），而这种补贴通常会降低企业的整体价值。

（三）信息不对称

Myerson（1982），Harris，Kriebel 和 Raviv（1982）认为，在分权制的企业中，企业最高管理当局与部门管理者之间存在着信息不对称，由此有信息不对称成本发生，而多元化经营企业的信息不对称成本高于单一化经营企业。因此，多元化经营会降低企业的价值，特别是企业股东的投资价值。

因此，企业在进行专业化或多元化经营的战略选择时，一定要慎重考虑。

三、我国企业多元化经营的特殊动因

对于我国企业来说，多元化经营还有其特殊的动因和背景。①

---

① 刘力：《多元化经营及其对企业价值的影响》，载《经济科学》，1997（3）。

（一）分散风险、追求稳定

与国外企业类似，我国国有企业进行多元化经营也有分散风险、追求稳定性的动因。与国外企业不同的是，我国国有企业不存在所有者追求投资收益稳定性的问题。国家作为国有企业的所有者，其投资分布于各个经济领域，投资风险是充分分散的。因此，不存在某一企业追求投资多元化的要求。我国希望企业通过多元化经营实现稳定生存的是国有企业的职工和以社会管理者身份出现的政府。国有企业职工大多终身就职于某一国有企业，对他们来说，确实存在着"厂兴我兴，厂衰我衰"的问题。因此，如果能够通过多元化经营，分散企业的经营风险，加强企业生存的稳定性，对他们是非常有利的。而政府从社会管理者追求社会稳定、减少职工失业的角度出发，也希望国有企业能够有稳定的生存前景，从而鼓励企业进行多元化经营。在企业职工和政府目标的双重鼓励之下，企业经营者大力追求多元化经营就是非常自然的了。

（二）探索新的经营方向

一些国有企业之所以进行多元化经营是因为其在原来的经营方向上已陷入困境，希望通过多元化经营找到新的生长点，譬如石油、纺织、煤炭、钢铁行业的企业。对这些企业来说，盲目投资、多元化经营往往是其经营业绩不佳的后果。由于有限的资金用于多个经营方向很难形成强大的竞争优势，加之决策的随意性较强，使得相当多的企业经过一段时间的多元化经营后并未找到新的发展方向，反而留下了一个业绩不佳的烂摊子。

（三）安置职工家属及富余职工

长期以来，我国国有企业不但要负责在职职工的工资与福利，而且还要考虑职工家属的就业与安置。我国企业平均冗员占职工总人数的1/3，大企业的冗员矛盾更为突出。在社会保障体系尚未健全时，为了保持社会稳定，大量的企业冗员要由国有企业自己吸纳。为了创造新的就业岗位来安置下岗职工，许多国有企业在80年代兴办所谓的"第三产业"企业，以解决职工家属就业问题。这些企业多数并无独立的资金来源，而是靠原企业直接提供资金支持或原企业为其在银行申请贷款取得经营资金。创办初期，这些企业或承接原企业安排照顾的任务，或为原企业服务。经过一段时间的发展，这些企业成为原企业多元化经营的分支，形成了企业多元化经营的格局。

（四）服从上级安排，接收困难企业

有些经营效益较好的企业在上级领导部门的直接干预下，接收了一些效益不好、濒临破产的企业。其中一些企业因种种原因无法并入接收企业的正常经营活动之中，从而成为接收企业多元化经营的一个方面。

（五）企业制度的缺陷

对于我国国有企业来说，由于利润分配制度尚未建立，公司治理结构尚未完善，没有形成有效的监督制衡机制，其结果是一些处于垄断地位的企业拥有大量的留存收益，一些上市公司通过发行股票或转配股所募集到的大量资金超过了正常的投资和经营需要。在这种情况下，它们往往采取多元化战略进行多元化投资。

第五节　企业实现多元化经营的途径

企业实现多元化经营可以通过内部增长或外部增长的方式。

一、内部增长（Internal Growth）方式

内部增长即企业通过建立新的生产设施和营销网络，将业务扩张至其他行业和产品领域，从而实现企业多元化经营的方式。

采用内部增长方式的企业，多元化是企业经营活动的自然延伸，是企业原经营活动的副产品，一般通过两种途径来实现。

（一）投资建新厂

企业的发展有两种最基本的方式：一种是内涵式的发展道路，即在不新建厂房、不增加大量设备的基础上，通过革新改造促进企业发展；另一种是外延式的发展道路，就是通过建立新厂来发展自己。这两种方式各有其利弊。一般说来，在企业规模比较小的时候，多采用外延的方式来发展自己；在企业规模已经很大的时候，多采用内涵的发展方式。在企业采用外延方式发展自己时，多数情况下并不是为了生产原有的产品，而是生产市场需要的其他产品，所以会增加企业产品的种类。许多企业都是在从小到大的成长过程中实现多元化经营的。日本的日立公司在建厂初期是一个为矿山服务的电机修配厂，第二次世界大战后不断进入新的经营领域。1955 年，日立公司进入了家用电器部门，1958 年建成了成批生产电冰箱的车间；1969 年，日立首先成功地批量生产出了全晶体管彩色电视机；1967 年，在世界上率先研制出干式回路空调器，不久就投入生产；1978 年，它又建成了磁带录音机厂；1965 年以后，日立公司还致力于集成电路的开发，1967 年完成了厂集成电路的生产体制，1968 年建成了计算机主机生产厂。经过几十年的发展，日立公司已经发展成制造重型电机、家用电器、电子计算机、电子零件、物理化学仪器、测算器、通信机械、工业机械以及车辆等类产品的综合性重型电气机械制造企业。

（二）研究开发新产品

人们常说，企业要以质量求生存，以产品求发展。就是说企业要发展，就要源源不断地开发出自己的新产品。新产品大致可以分为三类：改进型新产品、升级换代产品和全新产品。如果开发生产的是前两种新产品，不会引起多元化经营；如果开发生产的是全新产品，而这些全新产品和原产品又工艺相近、结构相似，不需要建新厂也可以实现多元化经营。

二、外部增长（External Growth）方式

外部增长即企业通过兼并和收购其他企业，通过向外扩张，而将业务扩张至其他行业和产品领域，从而实现企业多元化经营的方式。

20世纪六七十年代，美国和其他国家出现了大规模的多元化经营趋势，企业把业务扩张至其他行业和产品领域。但企业的这种多元化扩张很少通过"内部增长"来实现，相反，外部增长方式如兼并和收购，则成为实现多元化的主要途径。

企业之间的兼并、合并可以分为三种形式：

第一种是横向兼并、合并。它是指同一部门或行业的企业之间的兼并、合并。比如，同是机械部门的企业，有的生产工程机械产品，有的生产冶金机械产品，生产这两种产品的企业之间的兼并、合并就可以实现多元化经营。同一行业企业之间的兼并、合并也可能实现多元化经营，比如同是家用电器行业、生产电冰箱、洗衣机、空调器企业之间的兼并、合并也可以实现多元化经营。但是，横向兼并、合并并不都会实现多元化经营。如果被兼并、合并的企业是生产同一种产品的，它们的兼并、合并就只能扩大规模，增加品种，而不能实现多元化经营。比如汽车生产厂之间的兼并、合并，钢铁企业之间的兼并、合并，建筑企业之间的兼并、合并，它们的兼并、合并之后如果不进行改组和产品的调整就不会实现多元化经营。

第二种是纵向的兼并、合并。它是指不同部门或行业但在生产经营上有联系的企业之间的兼并、合并。纵向的兼并、合并往往是与原材料的生产以及加工、产品的制造、副产品的加工、废物废品的利用、产品的销售等过程联合在一起。比如，矿山开采、加工、运输、冶炼、轧钢以及钢材的利用等相关企业的兼并、合并等，石油的冶炼加工企业与其有关的各种石油化工企业的兼并、合并，都属于纵向的兼并、合并。纵向的兼并、合并实际上是将两个或两个以上的被兼并、合并企业之间的商品交换关系变成一种企业的内部关系，从而实现多元化经营。

第三种是混合兼并、合并。这是指企业打破部门或行业的界限，兼并、合

并与自己原来的经营领域没有生产经营联系的企业，实现多元化经营。一般来说，凡是发生混合的兼并、合并，就必然会实现多元化经营。在美国，混合兼并、合并在第二次世界大战后初期约占兼并、合并总数的 1/3，此后逐步增加，到 1968 年则占总数的 82.6%，达到了高峰。进入 80 年代后，混合兼并、合并在总数中的比重有所下降，约占总数的 3/4，但仍是兼并、合并的主要形式。美国的许多大公司都是通过混合的兼并、合并实现多元化经营的。比如，在 60 年代，美国的食品、电机等主要工业部门最大的 8 家公司一方面仍然控制着原有领域的生产；另一方面又不同程度地渗透到其他 244 个行业内，并且其产值在 107 个行业中占该行业的产值的 1/3 以上。又如国际电话电报公司，它原先的经营业务主要是电话电报和制造电信器材，1965 年它购买了阿维斯出租汽车公司，1967 年购买了一个饭店系统，1968 年又购买了一家玻璃厂、一家陶瓷企业和一家在加拿大有许多森林的造纸企业；同年，它还购买了一家全美最大的面包厂。从 60 年代以来，它合并了 50 多家与电信业务无关的公司，使产品和服务种类达到上百种。现在，几乎每个美国家庭都可以从该公司获得多种产品和服务，可以从它那里买到房屋和进行房屋保险，可以吃到它生产的面包，看到它所制造的电视机接收的电视节目，利用它生产的自动售货机买到香烟和咖啡，从它的金融机构里得到贷款，出外旅游还可以住到该公司办的旅馆，乘坐它的出租汽车。

第六节　多元化与专业化战略选择

一、影响多元化战略和战略类型选择的因素

（一）企业的规模与实力

一般来说，企业规模越大、实力越强，就越有条件采用多元化经营战略，而且生产的产品种类也越多。据统计，1970 年美国最大的 500 家工业公司中，有 94% 是从事多元化经营的。在美国的制造业中，50 年代只有 89 个企业的经营跨 10 个行业以上，到 1968 年经营领域跨 10 个行业以上的企业发展到了 146 个。据美国联邦贸易委员会调查统计，1969 年，美国制造业的 200 家最大公司中，181 家生产的产品平均每家有 33 个种类，按照经营部门计算，平均每家跨 20 个产业部门。有些超级大公司的产品种类达到几百种，如国际电报电话公司，在全球 90 多个国家和地区设有 200 多家分公司和子公司，它们的经营范围除通信外，还涉及食品、人造纤维、建筑、旅馆、人寿保险、出租汽车、图书出版、医院、军事工业等领域。通用汽车公司主要生产汽车，同时也

制造柴油机、工业设备、家用电器、电机、铲土机、飞机和飞机发动机以及军工产品，如导弹、潜水艇、宇宙飞船等，通用汽车公司生产的产品达 300 种以上。百事可乐集团的主要产品是饮料，但是近些年来，它也在向其他领域发展，百事集团公司在全球拥有 19000 家餐厅，已成为世界上最大的餐厅业集团，百事集团的薄饼店、炸鸡店及墨西哥食品店等快餐业务，均是快餐市场中规模最大、增长最快的，1990 年销售总额达到 110 亿美元，除美国外，它的薄饼店已经遍布世界 58 个国家，炸鸡店则已在 59 个国家营业。目前，百事可乐公司的产品和服务种类也已达到上百种。

日本大企业采用多元化经营的比例也很高，而且产品种类在增加。据日本通产省 20 世纪 80 年代初对东京地区 300 家大企业的调查。产品种类比 60 年代增加 50% 的有 165 家，增加 70% 的有 72 家，增加 100% 的有 31 家。有些大公司的产品达到上百种。如神户造船厂，名曰造船厂，实际上造船只是它的主要业务之一，除造船、修船、改造船外，它还制造钢铁结构件、锅炉、热核电站设备、柴油发动机、炼油设备、有机和无机化工设备、石化设备、炼钢炼铁设备、单轨铁道和新式交通工具，以及航天设备等，它生产的产品达到 150 多种。不过，90 年代以来，由于日本经济不景气，一些企业经营业绩不好，有的又喊出了"回归主业"的口号。

其他市场经济国家企业的多元化经营也是很普遍的。比如，在英国、德国和意大利三国的前 100 家最大的企业中实现了多元化经营的，英国为 94%。德国为 78%，意大利为 90%。

（二）行业影响

由于行业不同，规模经济的影响，行业进入和退出壁垒的作用，技术、设备因素的限制等都不一样，企业多元化的发展程度也不同。从美欧日企业分行业的多元化发展情况可以看出，不同行业，由于其市场发育背景不同，造成了企业多元化的较大差异（见表 7–5）。

从表中可以看出，精密机械、化工和建材等行业从事多元化经营的企业比例较高。很显然，这种状况是与这些行业特征分不开的。首先，这些行业都是一些成熟的产业，本行业发展已经较充分，竞争激烈，企业要在本行业内发展已经相当困难。其次，这些行业适合大规模生产，因此，企业的规模比较大、实力强，有向外行业扩张的实力。最后，这些行业具有实行多元化经营的生产技术特征。上面我们已经提到过，像化学工业、冶金、纺织工业等行业适于向前、向后发展，实行垂直统一经营，机械工业则适宜采用关联型的多元化经营。相反，汽车工业由于适合大批量生产，这个行业多元化经营的比例就比其他行业低。

表 7-5　美欧日大企业分行业的多元化程度（%）

行业	美国		欧洲		日本	
	1978	1983	1978	1983	1960	1983
食品	27.8	32.0	26.9	26.2	1.3	2.4
纺织	7.1	9.0	28.2	35.4	3.1	32.5
纸木制品	7.2	5.1	32.4	31.3	0.4	2.7
化工	22.2	47.1	28.6	31.7	20.2	20.2
石油	11.5	13.2	13.1	15.9	1.0	0.4
橡胶塑料	22.9	25.1	14.3	17.5	9.3	2.6
建材	28.6	30.1	39.4	40.1	4.0	24.2
金属制品	33.5	41.6	24.5	27.6	3.7	10.7
电器	15.6	27.2	29.4	37.3	12.4	7.5
船运输	46.5	59.3	32.8	32.8	58.7	73.9
精密机械	32.7	39.2	46.7	48.8	25.7	62.8
汽车	11.9	13.0	14.7	19.5	1.1	4.3

资料来源：转引自陈佳贵：《现代管理综合专题》，第 121 页，经济管理出版社，2000。

假如我们将行业生命周期分为新兴、成熟和衰退三个阶段的话，一般而言，处于行业新兴期的企业大多采取专业化战略，集中资源，扩大规模；处于行业成熟期的企业则根据具体情况，有针对性地选择专业化或多元化战略；而处于行业衰退期的企业，大多积极发展多元化经营，争取从衰退行业中战略性撤退。

（三）企业管理组织的影响

企业管理组织结构的变化特别是事业部制的产生对多元化经营有很大影响。因为事业部制是一种适度分权的管理组织结构。公司总部只管公司的大政方针，各事业部都是一个个利润中心，要对盈亏负责，而且许多事业部都是按照产品种类组织起来的，在产品发展上有很大的自主权。各个事业部产品种类的增加自然会加速公司多元化经营发展的进程和范围。

戈特认为事业部制产生后，为了充分利用这种管理资源，产生了多元化经营。他举例说，美国的化学工业是在采用事业部制不久，即 20 世纪 30 年代开始实现多元化经营的。也有的学者认为是实现了多元化经营后，因为管理的需要才产生了多元化经营。Williamson（1985）指出："最好是把联合型大企业理解为组织复杂的经济活动的 M 形模式的逻辑产物……一旦 M 形结构在管理上可分离但又具有关联性的行业上的优势被认识，并被消化，把它推广至管理并不十分关联的活动便是一件十分自然的事了。"他进而指出，在治理实施多元化经营战略的企业中，M形结构具有的效率特征来自内部资本市场。相对于外部资本市场，M形企业的最高管理阶层在企业投资项目的获利能力的预测上拥有信息优势。Williamson引用了Alchian和Demsetz《生产、信息成本和经济组织》这篇经典论文中的一段话来描述M形结构的这一信息特征："有效地生产不同的产品并不是拥有较优资源的结果，而是由于能较准确地了解这些资源的相对生产业绩的结果。"随着企业规模的扩大，实行多元化经营战略的企业在外部资本市场上融资具有成本优势，可以以较低的成本从外部市场筹措更多的资金。

二、企业多元化经营战略模式的国际比较

企业多元化经营战略的产生和发展是随着企业外部环境的变化、竞争的加剧和企业规模的扩大、经营实力的增强而逐渐变化的。

（1）从一般规律来说，企业的多元化经营是沿着主导型—关联型—非关联型的顺序逐步发展的。

企业发展的关联产品越多，企业内部资源更能够得到有效使用，企业的经营效益也会越好。所以多数企业都愿意采用主导型和关联型的战略，在这方面美国和日本不相上下。美国企业采用主导型和关联型战略的占74.4%（1969），日本为73.7%（1968），英国比较低，只有35.1%（1971）。所以从理论上说，日、美企业实行多元化经营的效果要比英国好，这与实际情况是一致的。

（2）日本企业采用非关联战略的企业的比例要比美、英企业低得多。

有数字显示，日本企业采用非关联战略的只占6.8%（1968），美国企业为19.4%（1969），英国企业为23.4%（1971）。而且在1963~1973年的10年里，采用非关联战略的日本企业比例几乎没有大的变化，1963年为7.9%，1973年为6.9%，而采用非关联型战略的美英企业的比例却在大幅度增加，其中美国企业在1959~1969年的10年间从6.6%增长到19.4%，增长了12.8个百分点；英国企业在1971~1979年的8年间从23.4%增长到27.8%，增长了4.4个百分点。之所以出现种状况，日本的学者Kono认为主要有两方面的原因：一是六七十年代日本经济处在高速增长时期，社会对企业的各种产品的需求很大，企业不需要向别的行业发展也有成长的机会，没有实行非关联型战略的压力。而美英在同时期则处于经济稳定增长甚至出现经济衰退与滞涨并存时，这就导致市场需求下降，企业有的产品领域已经饱和或过剩，企业在原有产品领域已经无发展空间，只得另谋出路。二是日本产业之间竞争十分激烈，产业进入壁垒很严，进入代价很大甚至无利可图，没有强大的实力、不形成一定的规模和没有竞争优势的产品要想将触角伸入别的产业是很

难的。

我们认为，还可以从以下两个因素来解释日本企业采用非关联型多元化发展战略：其一，日本的经济是一种外向型经济，出口在国民经济中占有十分重要的地位。特别是许多大企业，其产品具有很强的国际竞争力，它们以整个世界为自己的市场，产品不仅出口到发展中国家和不发达国家，而且还大量出口到发达国家。由于它们的产品有稳定宽广的市场，它们用不着采用代价很高的非关联型多元化战略。其二，日本的产业组织程度很高，在产业组织中企业集团具有十分重要的作用。这些企业集团是在以某个银行为中心、集团成员企业相互持股的基础上建立起来的。以银行为中心，就决定了进入集团的企业在生产经营的联系上各不相同，有的联系密切，有的联系松散，有的甚至没有联系。但是相互持股又决定了它们在利益上存在着紧密的关系。这就从两方面影响了日本企业非关联型的多元化战略的比例。一方面，大企业无须采用跨行业建新厂或跨行业合并，而通过不同行业的企业之间相互参股的办法同样可以达到采用非关联战略多元化的目的；另一方面，不同行业的大企业之间形成了一种制约关系，容易达成某种协议，轻易不跨行业发展。而且，企业集团这种形式的存在也给专家学者分析多元化战略的类型带来了困难，如果从一个公司的角度考察，采用多元化经营和采用某种多元化战略的企业的比例就低，如果从集团的角度考察，这些比例就会有很大的差异。

（3）美国、日本企业采用垂直统一型经营战略的比例都相当稳定，没有大的变化。1949~1969年的20年间，美国企业一直保持在15%左右。日本企业变化的幅度也很小，特别是在1968~1973年的5年间，采用这一战略类型的企业比例没有发生变化，都是18.6%。出现这种状况的主要原因是，采用这种经营战略受到行业特征的限制，只有那些在生产经营上具有较强的纵向联系的企业，如石油化工、冶金、纺织等特殊行业才有可能采用垂直统一型经营战略。

（4）采用主导型战略的企业比例呈下降的趋势，美国从1949年的35.5%下降到1969年的29.2%，日本从1968年起开始下降，英国虽然有所增长，但是增长的幅度不大，从1971~1979年只增长了2.9个百分点。特别是美国和日本企业采用主导集约型战略DC的企业比例在明显降低。1949年采用这种战略的美国企业为18.0%，到1969年下降到7.1%，降低了10.9个百分点。1958年采用这种战略的日本企业为14.9%，到1973年下降到11.0%，降低了3.9个百分点。造成这种状况的主要原因是：企业生产的产品种类增加，产品之间的关联比率下降；各种产品之间的网状联系减少，线状联系增多。其结果是主导型企业的比例降低，关联型特别是关联扩散型的比例上升。

本章案例

太阳神集团的多元化发展

太阳神集团创建于 1988 年，它开创了中国的保健饮品行业，同时也是我国营销和 CI 策划的经典范例。太阳神集团的发展大体经历了三个阶段：

第一阶段，创业阶段（1988~1990）。太阳神集团在创业阶段经历了一个十分艰苦的市场开发阶段，而且在 1988~1989 年，太阳神集团是以利润的牺牲来换取市场的培养和发展的。这一努力不仅使得该集团取得了成功，而且为开创中国保健饮料（尤其是口服液）行业作出了历史性的贡献。但是，正是因为市场开始接受了这一新的产品和产业，而且太阳神集团又表现出了很高的单位产品利润率，许多在旁观望的潜在进入者在 1990 年开始大量进入这一新兴的领域。这时太阳神集团的市场占有率是 63%。

第二阶段，集中发展阶段（1991~1992）。这段时间太阳神集团开始意识到本行业新的进入者的威胁，因此集中力量进一步扩大销售，使产品销售从1991 年的 7.76 亿元继续上升到 1992 年的 10.12 亿元，但是公司的利润则因为市场新的进入者而受到抑制，出现了小幅下降。

第三阶段，多元化发展阶段（1993~1997）。在连续两年销售上升乏力、利润徘徊不前的情况下，太阳神集团没有认真从产品开发和系列化的角度去寻求新的增长机会，去有效地打击新的进入者，反而对自己产品的市场潜力以及保健品生产的前景产生怀疑，从而开始进行多元化的发展。当时提出的口号是"纵向发展为主，横向发展为辅"以及"建立多角支撑"，走上了不相关多元化的发展的道路。从 1993 年开始，太阳神集团的销售和利润出现同时下降的趋势。1992~1994 年，太阳神集团一连串上了 23 个新项目，连续进入了房地产、饮食业、化妆品、广告、市场调研、电脑销售、汽车贸易、汽车维修、加油站、文化体育等行业，先后兴办了二十几个企业。当时，太阳神集团仍沿用了创业时期的直线职能制组织结构，没有及时进行组织变革，无法适应多元化战略实施的要求，加上宏观经济形势和行业竞争状况的影响，新上项目和企业几乎全部亏损。截至 1997 年年底，太阳神集团在多元化发展中至少损失了 3.4亿元，这一战略行动除了使集团元气受损外，对其长远发展也产生了极其不利的影响，截至 1997 年年底，太阳神的销售额降到 2 亿多，市场占有率不到10%。由于忽视了保健品行业的深度发展，错过了在主业打下坚实基础的机会，完全失去了业内霸主的地位。

资料来源：引自张涛：《我国多元化经营战略的问题研究》，华南理工大学学位论文，1999。

本章要点

1. 多元化与专业化的概念可以从静态和动态两个角度来看。从静态角度看，专业化或多元化是指企业当时所处的经营状态。从动态角度看，专业化和多元化则是指企业采取专业化经营战略还是多元化经营战略。以专业化率来测量一个企业的专业化和多元化程度，据此将企业划分为四种类型：单一产品生产企业或专业化经营企业、主导产品企业或低度多元化经营企业、相关联多元化企业或中度多元化经营企业、无关联多元化企业或高度多元化经营企业。也有人将多元化分为纵向多元化、横向多元化和混合多元化。

2. 企业多元化经营的动机包括提高资源配置效率、分散经营风险、管理阶层追求自身利益的结果等，多元化经营对企业负面影响主要有过度投资、跨行业补贴和信息不对称等。我国企业多元化经营具有特殊动因，包括分散风险、追求稳定、探索新的经营方向、安置职工家属及富余职工、服从上级安排、接收困难企业、企业制度的缺陷等。

3. 企业实现多元化经营可以通过内部增长或外部增长的方式。内部增长即企业通过建立新的生产设施和营销网络，将业务扩张至其他行业和产品领域，从而实现企业多元化经营的方式。外部增长即企业通过兼并和收购其他企业，通过向外扩张，而将业务扩张至其他行业和产品领域，从而实现企业多元化经营的方式。

4. 影响多元化战略和战略类型选择的因素包括企业的规模与实力、行业特点、企业管理组织特性等。从一般规律来说，企业的多元化经营是沿着主导型—关联型—非关联型的顺序逐步发展的。日本企业采用非关联战略的企业的比例要比美、英企业低得多。美国、日本企业采用垂直统一型经营战略的比例都相当稳定，没有大的变化。

研究思考题目

根据本章的知识，以太阳神集团为例，分析和评价进入90年代以后的我国很多企业的多元化经营行为。

推荐阅读材料

尹义省：《适度多角化——企业成长与业务重组》，生活·读书·新知三联书店，1999。

康荣平、柯银斌著：《企业多元化经营》，经济科学出版社，1999。

陈佳贵：《企业经济学》，经济科学出版社，1998。

戴维·贝赞可等：《公司战略经济学》，北京大学出版社，1999。

小野丰广：《日本企业战略和结构》，冶金工业出版社，1990。

第八章 核心竞争力的动态管理

拥有核心竞争力对企业获取持续竞争优势固然重要，但是企业在动态变化的环境中若想获得可持续发展，更重要的是要对核心竞争力进行动态管理，以使核心竞争力保持满足客户需求的适应性和领先于竞争对手的竞争性。可以说，对核心竞争力的动态管理能力是比核心竞争力自身更重要的一种战略管理能力。

第一节 核心竞争力动态管理的内容及必要性

一、核心竞争力的概念

企业核心竞争力概念的提出源于对企业持续竞争优势的研究。关于企业的持续竞争优势和可持续发展问题，一直是经济学和管理学研究关注的焦点问题：马歇尔、潘罗斯等企业内部成长论专家认为，企业成长和使企业可拓展生产领域的知识和能力的积累密切相关；沃纳菲尔特等企业资源基础论学者则认为，企业建立强有力的资源（包括资产、能力、竞争力）优势远胜于拥有突出的市场位势，企业成功的业绩依靠获得具有产生租金潜在价值的资源；钱德勒、安索夫等传统战略专家从企业对外部环境的适应性上解释企业竞争优势；波特则认为，产业结构决定产业内的竞争态势，并决定了企业的行为战略及其绩效。然而，罗曼尔特的研究表明产业中长期利润的分散程度比产业间利润率的分散程度要大得多，很明显，最重要的超额利润源是企业具有的特殊性，而非产业间的相互关系。经济学和管理学的研究殊途同归，都将企业的持续竞争优势归结为企业内部所特有的知识和能力。哈默与普拉哈拉德将企业组织中所共有的如何协调不同生产技能和整合多种技术流的知识称为核心竞争力，从而开创了基于核心竞争力的企业战略管理理论新纪元。

此后，许多学者都对核心竞争力的概念提出自己的看法，这包括：核心竞争力是群体或团队中根深蒂固的、互相弥补的一系列技能和知识的组合，借助于该能力，能够按世界一流水平实施一至多项核心流程；企业核心竞争力包括企业的技术能力以及将技术能力予以有效结合的组织能力；企业核心竞争力是指具有企业特性的、不可交易的并为企业带来竞争优势的企业专有的知识和信息，是企业所拥有的提供竞争优势的知识体系；核心竞争力是组织中主要创造价值并被多个产品或多种业务共享的技能和能力；核心竞争力主要是指企业在生产经营过程中的积累性知识和能力，尤其是关于如何协调不同生产技能和整合多种技术的知识和能力，并据此创造出超越其他竞争对手的独特的经营理念、技术、产品和服务，等等。[①]

综合以上学者对核心竞争力概念的理解，我们认为：核心竞争力是企业通过管理整合形成的、相对于竞争对手能够更显著地实现顾客看重价值需求的、不易被竞争对手所模仿的动态能力，核心竞争力通常表现为企业的技术能力和管理能力或者二者的有机组合。

这个定义指出了核心竞争力的三层管理属性：一是通过管理整合形成的；二是核心竞争力是动态的能力，因而需要进行动态管理；三是核心竞争力有时直接表现为企业的管理能力或者是管理能力与技术能力的组合。

核心竞争力具有两类特性：一类是关键特性，是使核心竞争力区别于其他竞争力的根本特性；另一类是一般特性，即核心竞争力所呈现出的但其他竞争力也可能不同程度具有的特性。

核心竞争力的关键特性[②]包括：①显著增值性。核心竞争力对于实现客户看重的价值需求能够作出显著的贡献。②领先性（竞争性）。核心竞争力与竞争对手竞争力相比具有较大的领先性。③延展性。核心竞争力能够应用于多种产品或服务领域，而不是局限于某一种产品或服务。④整合性。核心竞争力是多个技能、技术、管理能力的有机整合，单个技能、技术的强大都不足以成为核心竞争力，而必须与企业内其他技能、能力相互配合形成一个有机的能力体。

核心竞争力的一般特性包括：①相对性。核心竞争力的领先性是相对于竞争对手而言的，而不全是"世界一流"的绝对水平。②时间性（动态性）。随着顾客需求、技术的变化和竞争对手竞争力的增强，核心竞争力就会变得不再适应或领先，因而具有一定的时间性。③局部优势性。核心竞争力存在于向客户提供服务或产品过程的某一两个环节，而不是在每个环节都优于竞争对

---

① 有关核心竞争力的各类表达可具体参阅黄继刚：《核心竞争力的动态管理》，经济管理出版社，2004。

② 关键特性其实描述了核心竞争力对用户、竞争者、未来、过去四个方面的特性，显著增值性是对用户而言，领先性是对竞争者而言，延展性是就核心竞争力未来的应用而言，而整合性则是指核心竞争力是在企业过去各种要素能力基础上不断积累融合的结果。

手。④共有性。核心竞争力是公司员工共同所拥有的，存在于公司业务流程的各个环节及公司的各种规则之中。⑤不可交易性。构成核心竞争力的某些要素能力或许可通过购并、战略联盟、合资等方式通过外部交易型战略获得，但是，核心竞争力本身则必须通过管理整合将企业内部的技能、能力与外部获得的能力协调统一成有机的整体而获得，核心竞争力不可能从外部市场交易中直接获得。

二、核心竞争力动态管理的概念

核心竞争力的动态管理是指，对核心竞争力的确定、培育、应用和评价等进行系统的全过程管理和实时的循环管理，以确保核心竞争力保持与市场环境变化相适应的领先性，并能持续给企业带来竞争优势。核心竞争力动态管理的动态性体现在三个方面：

一是管理的连续性。即对核心竞争力运作全过程的连续管理，而不只局限于某一阶段的管理。一个完整的核心竞争力管理过程包括：核心竞争力的确定、培育、应用和评价四个阶段。

二是管理的循环性。对核心竞争力运作的过程管理不是一次性的，而是循环往复并不断提高的，即不是说一项核心竞争力从确定、培育、应用到评价就意味着管理的结束，而是要根据评价的结果或需重新确定应建立的新核心竞争力，或需强化继续培育核心竞争力，或需加强核心竞争力的应用，从而形成一个往复不断的循环。然而，每一次循环都会使核心竞争力的内涵和价值得到提升，如图8-1所示：

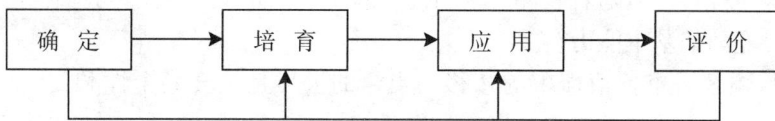

图8-1 核心竞争力动态管理过程

三是管理的实时性。从逻辑关系上，核心竞争力的管理先后可分为确定、培育、应用和评价四个阶段，但在具体管理时，是对核心竞争力运作各阶段的同时管理，而不是严格的顺序管理。企业在确定新的核心竞争力时，可能正在培育和应用原有的核心竞争力；核心竞争力也不是等到培育成世界领先水平才进入应用和评价阶段，核心竞争力也可能在应用中不断得到磨炼和强化，在评价中不断发现问题以加强培育和应用。对核心竞争力的评价也不是应用到某一时刻才进行，而是要时刻关注影响核心竞争力适应性、领先性等各种因素的变化。这是对核心竞争力进行动态管理的关键所在。

三、动态管理的必要性

企业经营环境尤其是技术的重大进步、顾客需求的变化、对手竞争力等的变化都会影响企业核心竞争力的领先性和适应性，如不及时发现这些变化，及时强化核心竞争力或者重新确定核心竞争力，企业的核心竞争力恐怕不仅"核心"地位不保，就连竞争力都将会失去。

1. 外部经营环境发生重大变化，尤其是行业的价值增值结构发生根本性变动，导致企业战略实施的前提已不存在或有重大变革，企业必须重新进行战略展望及定位时，作为战略实施的基础——核心竞争力理应重新确定。当Deluxe公司的账单印制业务受到电信资金转移的威胁时，公司意识到必须培育新的核心竞争力以维持其历史业绩。高层管理人员重新定义了公司的核心竞争力——从账单印制转向促进金融交易——并建立了成功的电信资金转移和数据处理业务。在此过程中，Deluxe公司认识到公司在账单处理中的地位，以及对金融机构的营销技能可能会给顾客提供更加持久的价值。于是Deluxe公司将这些持久性的技能与计算机自动化所需技能结合起来，从而在新的方向获得了成功。对自身持久的、独特的核心竞争力有清楚的认识，并且能随着行业价值增值结构的变动而调整经营策略的公司将会在竞争中脱颖而出。

2. 技术的进步。随着技术的进步和发展，核心竞争力过去所依赖的"核心技术"有可能成为今天的公共技术，核心竞争力也就会演化成一般的能力。如苹果公司"友好的用户界面"在20世纪80年代堪称核心竞争力而获得了巨大的竞争优势，但随着软件产业和技术的发展，如今友好用户界面已经成为所有软件竞争的基本能力。

3. 顾客看重价值需求的转移。当今的世界是个充满个性和变化的世界，人们的消费需求、消费观念也在时刻变化，作为实现顾客看重价值需求的核心竞争力如果不能及时调整，自然就会被顾客抛弃，如绿色环保、循环经济观念的兴起，使人们对产品或服务的要求从原先的非环保浪费型向环保节约型转变，这必然要求核心竞争力随之调整。

4. 竞争对手的技术突破或替代技术或产品的研发。企业培育出核心竞争力之后，并不是可以高枕无忧，而必须意识到竞争对手时刻在设法建立更强的竞争力。赶超型的技术突破是一些具备相当实力的竞争对手易采取的策略，而更多的竞争对手尤其是新成立的中小企业不具备直接对抗的实力。它们往往采取绕开正面冲突的迂回策略，它们谋求改变市场竞争的游戏规则，创新顾客的价值需求而推出替代性技术或产品。这种市场突变也是一种顾客看重价值需求的转移，只不过这是由竞争对手引起的顾客被动转移。如网络化的一小时胶片冲洗站的推出，就改变了传统胶片洗印商那种从零售商那里收集胶片，运到具有集中处理设备的大规模工厂统一洗印的模式，并很好地满足顾客对快速冲洗的需要。

因此，核心竞争力的建立绝不是一劳永逸的，核心竞争力在培育应用之后也不意味着万事大吉了，企业外部经营环境的动荡性决定了核心竞争力的时间性（动态性），进而也就决定了对核心竞争力进行动态管理的必然性。

第二节　核心竞争力的确定

核心竞争力的确定有两层含义：一是业已具备核心竞争力的基本要素，企业要做的只是将其确定出来，并在企业内形成共识，作为企业制定战略和开展经营的根据；二是企业制定新的发展战略，为支撑战略的实现，企业确定出应当建立的核心竞争力。从核心竞争力动态管理的完整过程来看，核心竞争力的确定主要指第二层含义，即根据企业的战略展望等确定出为支撑战略实施所应建立的核心竞争力。

一、核心竞争力与企业发展战略之间的互动作用

企业在制定发展战略或确定核心竞争力时，通常会遇到这样一个问题，即先制定企业的发展战略，据此确定出应培育的核心竞争力，还是先确定出企业的核心竞争力，据此制定出企业的发展战略。其实，这正反映了核心竞争力与企业发展战略之间互动性作用的两个方面：

一是已有的核心竞争力是企业制定发展战略时的重要依据和参考因素。企业在运用SWOT分析方法制定公司发展战略时，企业具有的核心竞争力是内部优势分析的重要内容，企业的静态资源不应成为内部优势分析的重点，重要的是企业拥有的动态能力。

二是企业发展战略最终决定应当培育的核心竞争力，核心竞争力应服从于企业发展战略的需要，并支撑企业发展战略的实现。企业在制定发展战略时，尽管要分析已有的核心竞争力，但更重要的是面向未来企业选择什么样的战略市场定位和发展目标，而不是完全依据现有的核心竞争力制定发展战略。因为，核心竞争力是可管理、可培育的。

因此，在核心竞争力与企业发展战略的互动作用中，企业发展战略对核心竞争力的决定性是互动性的主要方面，而核心竞争力对企业制定发展战略的参

考性是互动性的次要方面。

二、核心竞争力的决定因素

企业在确定应培育的核心竞争力时，通常要考虑行业成功关键要素、企业战略定位、企业经营模式三个重要因素。

（一）行业成功关键因素

行业成功关键因素是指对某一行业企业经营业绩和竞争优势的建立起关键作用的活动或事物，它预示着处于某一行业的企业为了谋取竞争成功而必须关注和拥有的领域。事实上，一个企业如果希望从竞争中获取持续的利润，它就必须至少拥有一个比竞争对手更好的关键成功因素，[①]并围绕该成功关键因素建立起强大的核心竞争力。

（二）企业战略定位

行业成功关键因素对行业内所有企业都是适用的，但并不意味着行业内所有企业都应针对这些成功关键因素建立同样的核心竞争力。事实上，行业内获得持续竞争优势的各个企业所建立的核心竞争力都不会完全相同。行业成功关键因素只是给出企业所应建立核心竞争力的指导和方向，而具体应围绕哪些成功关键因素来建立还取决于企业的战略定位。即企业在未来将要成为一个什么性质的企业，其实质就是要在行业的价值链活动选取哪一段作为企业的主营业务，是研发、制造、营销的全过程还是集中某一两个环节的专业化经营。

（三）企业经营模式

企业经营模式是指企业在既定的战略定位下，企业如何获取利润赢得市场竞争优势的实现路径。通向战略目标的实现路径即经营模式是多样的。如同样是营销，Glaxo 发展的是针对单一药品的轰动式营销，而 Merck 则主要开展针对更多药品的专业式营销。在其他计算机厂商关注于店面式销售的时候，Dell公司则创造性地开发出网上定制式营销并获得极大成功。企业经营模式的选择不同，也决定了企业所要建立的核心竞争力的不同。

当然，决定核心竞争力差异的还有其他因素，如企业文化、管理风格等。但我们认为，这些因素对核心竞争力的具体内容影响不大，影响企业核心竞争力个体差异的主要是上述三个因素。

三、核心竞争力确定的步骤及方法

核心竞争力的确定通常可以分为五个步骤：

---

① Gary Hamel and Aime Heene, Competence-Based Competition, p.119, John Wiley & Sons Ltd, 1994.

（一）　用 SWOT 分析法确定企业的长期战略展望

有的企业在确定核心竞争力时往往从现有的业务出发，考虑应培育什么样的核心竞争力来支撑现有业务的发展。这是不合适的。核心竞争力是企业竞争未来的基础，确定核心竞争力应基于企业的长期战略展望，而不是基于现有的业务。所以，不管是新企业还是经营多年的老企业，确定核心竞争力的第一步骤应当确定公司的长期战略展望。通常使用的方法是 SWOT 分析法，即全面分析企业内部的优势、劣势、外部面临的机会和威胁之后，提出公司未来最可能的发展方向和业务经营领域，即公司未来的战略展望或者产业发展预见能力。战略展望实质上解决的是谁是公司未来顾客的问题。如图 8-2 所示。

图 8-2　公司战略展望形成图

（二）　用成功关键因素分析法确定顾客看重的价值需要

核心竞争力的首要特性是对顾客看重的价值需要有显著贡献。在确定公司长期战略展望（公司未来的顾客）之后，我们需要了解顾客的价值需求是什么。对行业成功的关键因素分析可以帮助我们确定顾客所看重的价值需求，我们可用同样的分析方法列出公司拟开展的业务领域若要取得成功的关键因素，只不过分析方式从事后的归纳改变为事前的预测，而分析的着眼点就是顾客看重的需求是什么。

（三）　用价值链分析方法确定企业拟集中实现的顾客看重的价值需求

顾客所看重的价值需求是多方面的，有质量方面、外观设计、独特性，还有服务等，要满足顾客这些需求，企业要从事多项活动。事实上，很少有企业能同时开展多项业务活动并且每项活动都做得很好。要想获得独特竞争优势，企业现实的做法通常是采取目标集中战略，将资源、能力、活动集中于顾客看重价值的某一或几个方面。借助迈克尔·波特的价值链分析方法可以解决这一问题：

（1）确定出重要的业务过程和相关的价值活动。此处所指的业务过程并不一定是你将来真正要开展的活动，而是为了满足你所定位的顾客看重价值需求所需的所有活动。对于一个分工较细的行业，① 这可能是整个行业的业务过程组成，而对于一个经营范围较广的企业，这也可能是整个企业的业务过程。在确定业务过程时，一般将向顾客提供产品或服务的整个过程分成几个相对独立而又彼此战略相关的关键活动，如市场开发、研究开发、采购、制造、销售、售后服务等。而相关的价值活动类似于波特所指的辅助活动，例如质量管理，虽然不属于某个特定的业务活动，但对最终产品或服务也有价值贡献。

（2）用价值链分析的方法构造出本行业或本企业的基本价值链。② 我们认为，根据企业经营管理实践的发展，波特所指的内部后勤与外部后勤以及采购都可归入现代流行的物流管理，它不涉及产品实体的形成，因此应归为辅助活动；市场销售在现实中也通常由市场营销和销售两部分组成，而且市场营销已成为企业生产经营活动的首要工作，尤其是按订单进行生产的企业。另外，随着顾客需求的个性化发展，产品的研究开发（R&D）工作愈显重要，能否满足顾客的价值需要，往往取决于研发阶段能否有相应的解决方案，所以 R&D 应作为企业形成产品价值及实体概念的一项重要的基本活动。此外，质量管理工作也由于其对产品质量的直接贡献和对企业内部管理的促进而日益受到企业界的重视，此项活动应从波特所指的企业基础设施中单列出来成为一项独立的辅助活动。最后，知识管理、信息技术管理应列入基础设施建设中去，以支撑企业适应知识经济、网络经济的发展需要。根据上述意见，我们构造的现代企业完整的基本价值链③ 如图 8-3 所示。

（3）确定本企业拟实现的顾客看重价值。根据各项基本活动对最终产品或服务的贡献程度构造出行（企）业完整的基本价值链后，企业应根据在 SWOT 分析中得出的企业能力优势以及公司的战略定位确定企业拟从事的基本活动种

---

① 行业在此处的含义是指向同一顾客群提供同类产品或服务的企业之和。当然，企业也可以将行业的定义后向延伸，但相应的顾客群就会发生变化，而且行业定义的拓展也有时的确能给企业带来创新机会，但关键看企业有无能力胜任。

② 在构造行业或企业基本价值链时，可以借鉴波特对基本活动和辅助活动的定义及分类，但不必照搬照抄。事实上，价值活动的分类是任意的，但人们应该选择能对企业提供最透彻理解的类别。

③ 图中每项基本活动所占表格的宽窄度代表着其对最终产品或服务价值的贡献程度：即顾客愿意支付的价格与本项活动成本之差。不同行业各项基本活动对最终产品或服务的价值贡献程度因行业特点会有所不同。

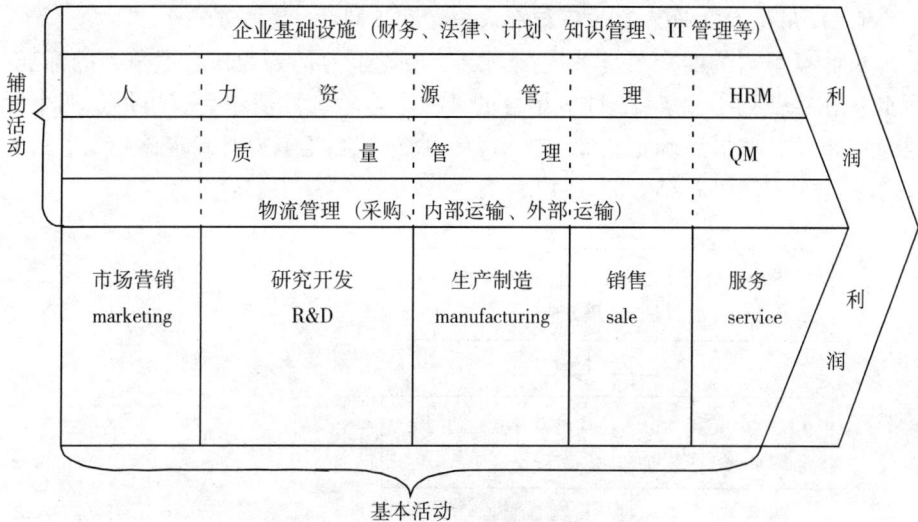

图 8-3　现代企业完整的基本价值链

类，即确定拟集中实现的顾客看重价值。[1]

（四）用列举法列出应培育的"核心竞争力"

企业在选定了拟集中满足的顾客看重价值需要后，就应该考虑需要什么样的核心竞争力来支撑上述选定顾客看重价值的实现。这项工作相当于哈默（1994）在《核心竞争力的概念》一文中所指的管理核心竞争力的第一项工作：列出核心竞争力的清单。然而，要想准确地区分具体技能、能力与核心竞争力的界限对一般的管理者而言可能很困难，所以在企业列举出的核心竞争力中，有些可能不是核心竞争力。实际上，如果一家中型公司或业务部门的经理们说到其核心竞争力时居然说出了四五十种甚至更多，他们可能就是把组成核心竞争力的各项技能或能力看成是核心竞争力本身了。相反，如果他们只列出一两种竞争力，说明他们把核心竞争力看得太大、太宽泛了，无法令人看得真切。

我们认为，真正的核心竞争力，一般的中小企业有 1~3 项，大型企业有 3~5 项已相当不错了。但为防止真正核心竞争力在确定阶段的疏漏，本项工作不妨多列举一些"核心竞争力"，正如哈默与普拉哈拉德所认为的 5~15 种左右。

---

[1] 将自己优势能力资源集中在对顾客看重价值有显著贡献的关键领域，而将自己没有优势或对顾客看重价值贡献不大的非关键领域进行策略性外包是现代企业较为普遍的一种战略选择。例如，著名的耐克公司即集中精力于鞋的研发和营销环节，而将制造环节外包。但在最终顾客看来，耐克公司给顾客提供的是完整的实体的鞋，而不是没有"制造"的设计概念，顾客并不管鞋真正是由谁制造而想当然地认为耐克的鞋就是由耐克制造的，耐克公司应对鞋的质量、服务等负全部的责任。

（五）用核心竞争力的四项标准来确定真正的核心竞争力

核心竞争力的四个关键特性是判定一项竞争力是否为核心竞争力的标准。因此，在企业列举出 5~15 种应培育的"核心竞争力"清单后，可用这四个标准逐一审核，并最后确定企业应当培育的真正核心竞争力。确定核心竞争力的工作步骤及方法可总结如图 8-4 所示：

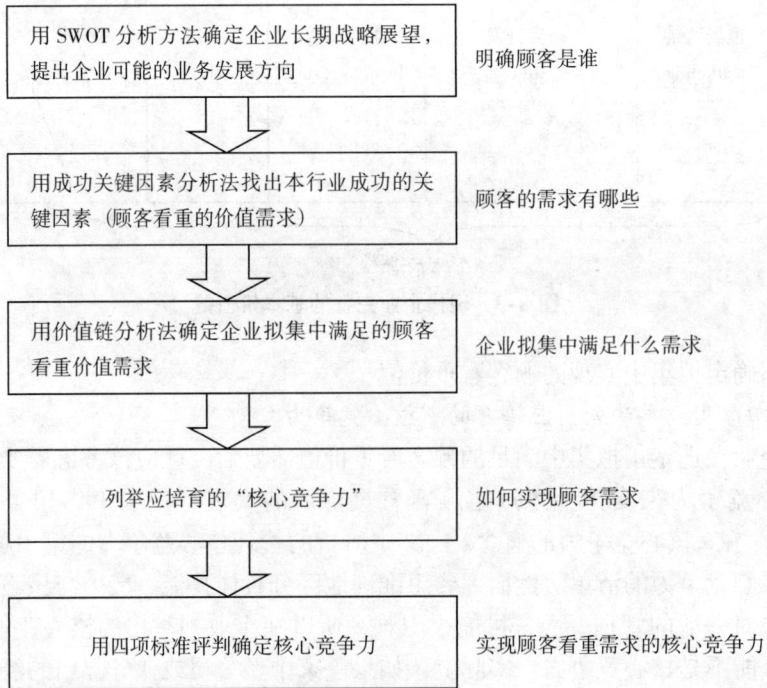

用 SWOT 分析方法确定企业长期战略展望，提出企业可能的业务发展方向	明确顾客是谁
用成功关键因素分析法找出本行业成功的关键因素（顾客看重的价值需求）	顾客的需求有哪些
用价值链分析法确定企业拟集中满足的顾客看重价值需求	企业拟集中满足什么需求
列举应培育的"核心竞争力"	如何实现顾客需求
用四项标准评判确定核心竞争力	实现顾客看重需求的核心竞争力

图 8-4　确定核心竞争力的工作步骤及方法

四、企业在确定核心竞争力时容易出现的问题

（一）未能准确把握核心竞争力的内涵

如果一个企业的管理者对自己企业的核心竞争力究竟是什么没有一个统一的认识，那么该企业也不可能有效地管理核心竞争力。而事实上，大多数高层管理人员都无法肯定什么才是核心竞争力，常见的认识误区有：

（1）把核心竞争力理解为企业的竞争优势。竞争优势是企业在竞争中优于竞争对手的竞争力的外在体现，竞争力是竞争优势的内在支持。而竞争优势毕竟是过去的成绩，有些竞争优势是短暂的，有些则是持续的，唯有支持持续竞争优势的竞争力才是企业的核心竞争力。将所有支持竞争优势的竞争力理解为核心竞争力是不对的，而将竞争优势简单地理解为核心竞争力更是不对的。

（2）把核心竞争力理解为企业的优势资源。从广义上讲，核心竞争力可以理解为企业所拥有的一种优势资源，即广义的资源包括能力和资产两类，而狭义的资源是指企业所拥有的静态的资产，具体包括有形资产、无形资产和人力资源三类。资源可以为核心竞争力培育提供基础支持，并通过核心竞争力转化成为竞争优势的新的资源，但它和动态的核心竞争力却有着本质的区别。

（3）把核心竞争力理解为企业的某一种优势或重要的能力。一方面，有些能力确实是企业生存发展必备的重要能力，如战略管理能力、人力资源管理能力等，但这些能力并不对顾客看重的价值有直接的贡献，它们至多只是对核心竞争力作用的发挥起着间接的支撑作用，是核心竞争力的有效管理不可或缺的配套能力，但绝不是核心竞争力。另一方面，核心竞争力是企业一系列技能、能力有机整合的结果，简单地将某一种优势能力或重要能力理解为核心竞争力显然也是不适宜的。

（二）直接基于现有的业务和竞争力确定核心竞争力

有的企业在确定核心竞争力时直接基于现有的业务和竞争力，而忽视了核心竞争力决胜企业未来的战略意义。的确，企业现有业务竞争优势背后依托着一定的竞争力，但该竞争力能否成为核心竞争力还要看它能否支撑企业的未来发展和获得持续竞争优势。

（三）重技术，轻管理

一个企业的技术水平是其核心竞争力的外在体现，产品的许多功能需要技术去实现，因而有的企业在确定核心竞争力时，往往只关注于技术上的竞争力，而忽略了管理能力，甚至将核心技术与核心竞争力画等号。比如，组织一批技术人员来确定应培育的核心竞争力。技术对核心竞争力固然重要，但是，管理在一些企业也可直接为顾客看重价值作出显著贡献，管理能力也是一些企业核心竞争力的有机组成部分。而且，企业的管理整合能力还是核心竞争力形成的关键能力。有的企业甚至将管理整合能力列为企业的核心竞争力，如英国石油公司现将"技术的整合与应用"作为一项核心竞争力，而惠普公司的核心竞争力之一被认为是能够有效地进行管理联盟。

第三节　核心竞争力的培育

一、核心竞争力培育的规划

核心竞争力的培育是指通过规划和采取一定的方法手段，有组织地建立和强化核心竞争力。核心竞争力的培育包含两个方面：一是企业没有核心竞争力而努力建立核心竞争力的从无到有的过程；二是企业业已具备一定的核心竞争力而进一步强化的从有到强的过程。

培育一项世界领先的核心竞争力需要花费 5~10 年，甚至更长的时间，需要企业各部门、业务单元间相互配合并且持续投入，没有事先的统一规划是不行的。核心竞争力培育的规划是指在核心竞争力确定的基础上，对核心竞争力的培育在时间进度、组织分工、资源配置和途径方法选择四个方面所做的事先策划和安排，以确保与竞争对手相比能更快、更经济地培育出核心竞争力。

（一）时间进度安排

首先应明确核心竞争力的培育需要多长时间，即规划的时间跨度；其次要明确培育核心竞争力分阶段应做的工作和目标。对于时间跨度，有人等同于企业战略规划的长度，这是不合适的。核心竞争力培育的时间跨度虽然与战略规划的时间跨度有着重要关系，但更主要的是取决于企业拟培育核心竞争力的相对水平和企业当前竞争力、资源的基础状况，拟培育核心竞争力领先的相对水平越高，企业当前的竞争力、资源的基础状况越差，所需时间会越长，否则会短一些。

（二）组织分工

组织分工主要包括两个层面：一是公司领导层的分工；二是公司职能及经营单位层面的分工。核心竞争力是企业一系列技能、能力的整合，为了培育核心竞争力，企业需要先培养出构成核心竞争力的要素能力。通常构成核心竞争力的要素能力可能分布于分属不同公司领导负责的不同部门、单位。要素能力的培养可以由不同的公司领导负责，但是核心竞争力的培育则必须由一位级别更高的公司领导统一负责。

核心竞争力及其要素能力分布在各职能管理及业务经营活动中，核心竞争力的培育需要专门的努力，但同时也是开展现有业务经营管理活动的副产品。因此，核心竞争力的培育实际上融于企业的各项管理及业务经营活动过程中，只不过是要有意识地培养企业在某一方面的能力。根据确定的核心竞争力性质及其在企业基本价值链中的分布，企业即可以明确地作出业务经营单位和职能管理部门在核心竞争力培育工作中的职责分工。

（三）资源配置

资源配置包括人力资源、物力资源和制度资源。人力资源主要指携带核心竞争力要素能力的个体员工，核心竞争力虽然属公司的竞争力，但往往开始于个人能力，是通过组织学习和整合才转化为公司拥有的集体能力。因此，对于携带核心竞争力要素能力的员工，在培育核心竞争力的过程中，应视为公司的宝贵资源，而不是专属于某个部门或单位，负责核心竞争力的培育的公司高级管理人员有权调配。物力资源可以归结为价值化的资本，企业在做新的投资计划时，应充分保障培育和增强企业核心竞争力所需的投入。制度资源是指企业对核心竞争力培育工程所给予的一切组织、制度上的支持和许可，包括培育应遵循的原则、组织机构的调整、内部管理制度上的明确、政策上的支持以及鼓励个人能力向公司能力转移的相关政策等，从而为核心竞争力的培育营造宽松适宜的机制和制度环境。

（四）途径选择

途径选择理论上有三种基本选择：一是完全的内部积累；二是内部积累与外部获取相结合；三是完全的外部获取。实际上，完全的内部积累和完全从外部获取培育核心竞争力的要素能力在实践中几乎是没有的，最常见的是第二种。

二、核心竞争力培育的方法

核心竞争力的培育存在着多种方法，甚至在培育的不同阶段方法也不同。企业在选择具体方法时，应根据能力特点、自身基础和外部可能的情况具体考虑。核心竞争力培育分为要素能力的获取（个人能力的形成）、要素能力扩散（个体能力→组织能力）、要素能力的整合（分散的组织能力→整合了的核心竞争力）三个阶段，下面将按阶段来论述核心竞争力培育的方法。当然，首先还需进行要素能力的分解工作，可称为准备阶段。

（一）准备阶段：核心竞争力的分解

核心竞争力是一系列技能、能力的整合。因此，培育的首要工作是确定出构成核心竞争力所需的各种技能、能力，即所谓的要素能力。然后，再进一步将要素能力分解为更细的层次，直到成为公司员工向顾客提供产品或服务过程中每一个必不可少的难以细分的关键技能（skills），或支撑能力所需的战略性资产。

安德鲁·坎贝尔和迈克尔·古尔德的"技能树"分析方法对于核心竞争力的分解会有重要的启示。在他们看来，没有一个业务单位在各种职能上都有出众的技能，[1]但是成功的业务在某些对业务单位战略很重要的职能上往往有某种技能优势，即所谓的"关键业务技能"。关键业务技能是支持公司战略成功实现满足市场上顾客看重价值所需做得特别好的一项重要活动，大多数的战略

---

[1] 安德鲁·坎贝尔等编：《核心能力战略》，中译本，第192~203页，东北财经大学出版社，1999。原文使用技能，但此处的技能实际上与能力、竞争力所表达的意思基本一致。

包括一群关键业务技能，关键业务技能又可进一步分解为"部件"，如图 8-5 所示。

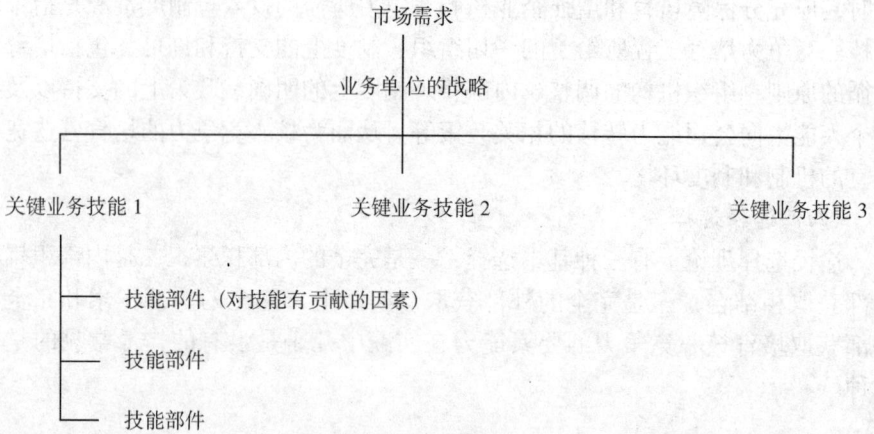

市场需求

业务单位的战略

关键业务技能 1　　　　　　　关键业务技能 2　　　　　　　关键业务技能 3

技能部件（对技能有贡献的因素）

技能部件

技能部件

图 8-5　技能树

　　然而，不管是主观的技能部件，还是客观的战略性资产，在坎贝尔和古尔德看来，一项业务技能的每种部件都依赖于诀窍（know-how）。我们理解，坎贝尔等人所说的"诀窍"实质上相当于技能性知识的概念，它们或是深植于个人身上、没有成文化、不易被竞争对手所模仿的隐性知识（tacit knowledge），或是记载在纸上的关于资产属性的显性知识。核心竞争力培育中要素能力的获取、扩散实质上是基于知识的能力获取、扩散。

　　（二）要素能力的获取

　　获取要素能力大致有五种方法，即内部开发、有外部协助的内部开发、市场采购、公司间合作、企业并购。有关这五种获取要素能力的方法总结如表 8-1 所示。

　　（三）要素能力的扩散

　　要素能力的扩散是指要素能力从个人拥有的状态向企业集体拥有的组织能力转移。要素能力在企业内扩散的关键是要把企业建成学习型组织，在企业内营造一个通畅有效的能力扩散共享机制。员工是核心竞争力的载体，应让这些核心竞争力的载体员工在不同的 SBU 间轮调，因为他们属于公司的资源，而不是专属于某一个业务单元；同时应制定相应的奖励政策，以鼓励 SBU 间的竞争力载体员工的调换。许多公司没能建立在 SBU 间持续转移核心竞争力的组织机制，弗登（Verdin）和威廉姆森的一项研究（1994）也表明，美国的许多公司当 SBU 已经成熟时未能进行 SBU 间的核心竞争力转移和继续开

表 8-1　五种能力获取方式的比较

	内部开发	外部帮助的内部开发	市场采购	企业间合作	并购
概念描述	依靠企业内部能力强化现有竞争力	在企业开发竞争力过程中利用其他企业或咨询顾问的力量	在市场上一次性购买某个专项信息或能力	通过与其他企业合作并将获取的知识内在化来建立或强化竞争力	并购另一个拥有所期望竞争力的企业
应用领域	研发、专有技术、顾客关系管理	市场营销、人力资源开发	专利、特许经营权	研发联盟、进入国外市场	多元化、开展新业务
优点	可能达到独特性的突破，令竞争对手难以模仿或复制，且主要利用现有资产和人员，相对可控性大	既可获取企业外部特别专长，又能利用企业内专门的能力，使竞争力的培育建立在更广泛的经验知识基础上	快速从其他企业得到新知识，而且可以有多种选择。在市场搜寻过程中，对别的企业正在做什么会有一定的了解	有利于获取外部隐性知识，并创造新知识，风险分担，一定程度上可测量和控制竞争对手	获得一个拥有关键专长并能持续发挥作用的机构
不足	容易产生"非此发明论"，不重视外部资源，因而会受到企业自身能力的局限，容易形成竞争力陷阱	竞争对手也容易获得，可能导致知识的泄露，或过于依赖外部力量，形成依赖陷阱	真正需要的知识在市场上或许并不能购得，而且竞争对手也有同样的机会	不容易寻找到合适的合作者，易成为投机性伙伴，跨文化冲突	不损害原企业的情况下很难整合和获得专门的知识，需多支付企业中资产费用
面临的关键挑战	创造一种鼓励创新的文化氛围，但并不拒绝外界的力量和好意	知道哪种渠道在满足某种特定需要时是最好的，避免过度依赖于外部力量，对外部帮助的定价比较困难	高效率地搜寻市场，在竞争者之前意识到知识的价值，对知识的定价比较难	伙伴的选择与谈判，对脆弱的企业合作关系的管理，知识和技巧的转移，知道何时退出，合作与竞争的平衡	文化冲击，人员流失，如何处理对兼并企业无价值的企业其余部分，整合目标资源

资料来源：转引自黄继刚：《核心竞争力的动态管理》，经济管理出版社，2004。

发。[1]因此，在该项研究的总结中，他们提出寻求核心竞争力在业务单元间转移的途径并建立相应的程序确保转移持续进行。同时，还应注意将竞争力从新公司返回到老公司，而不是只从老公司到新公司。

（四）要素能力的整合

在获取要素能力并将其从员工个人所有的能力扩散转化为企业集体所有的组织能力之后，还需将组织所有的各种分散独立的要素能力整合成协同作用的核心竞争力。我们认为，最有效的要素能力整合方式就是业务流程化。要素能力毕竟只限于企业价值链中某一环节上的能力，通过流程化后可以将这些要素

---

[1] Hamel and Heene, Competence-Based Competition, p.105, JOHN WILEY & SONS, 1994.

能力有机地整合起来，核心竞争力蕴藏于业务流程中并最终通过向顾客提供的产品或服务来体现。

为适应经济全球化和顾客需求多样化、个性化的需要，许多企业将企业内部门间的协作扩展到了企业间（如与供应商、运输商、代理商等），进行所谓的供应链管理。此时，企业在进行要素能力整合时，应基于整个供应链，而不能仅仅局限于企业内部。

三、战略性资产的培育

(一) 战略性资产的概念

核心竞争力的培育不仅需要培育动态的要素能力，而且还需要构建支撑核心竞争力发挥作用的或者说是静态的、固化的要素能力——战略性资产，即那些在某个具体的市场上构成公司成本优势或多样化优势基础的、难以模仿、难以替代、非交易性的资产。基于能力竞争的公司通过对支持性基本设施做战略性投资来获得这些能力，这些设施联结了传统的战略经营单位和部门，并超越了这些单位和部门。存量资产和流量资产不同，存量资产（如技术专长、品牌忠诚度等）是通过一定时间的流量（研发投入、广告支出等）积累起来的，流量资产可以快速地被调整，战略性资产是存量资产。

战略性资产具有如下特性：①价值性。②稀缺性。③难以模仿性。④短期内难以被替代。⑤相对性。战略性资产会因时间或市场突变而失去上述特性，因而需要不断积累。战略性资产短期内无法替代或完全模仿，主要由于四种阻碍仿制的因素：①时间压缩下的非经济性：在有时间限制的压力下积累所需要的战略性资产花费的超额成本。②资产规模效率：随着企业某种资产存量的增加，积累该类资产花费的边际成本会下降。③资产内部相关性：缺乏互补性资产会阻碍企业积累那些成功满足市场需求的资产。④原因叙述模糊：积累所需资产的具体因素或过程的不确定性。

(二) 战略性资产与核心竞争力、竞争优势的关系

正是由于战略性资产的稀缺性和难以模仿性、难以替代性，作为固化形态的核心竞争力，战略性资产可以为企业带来长久的竞争优势。一方面，战略性资产可以直接给企业带来竞争优势，如品牌对产品价值的提升；另一方面，战略性资产还支撑核心竞争力的作用发挥，如分销网络对营销能力的支持作用。公司的长期竞争优势依赖于其调整和改善战略性资产以符合市场需求的能力，以及在现有市场或新市场上建立新的战略性资产的能力。三者关系如图 8-6 所示：

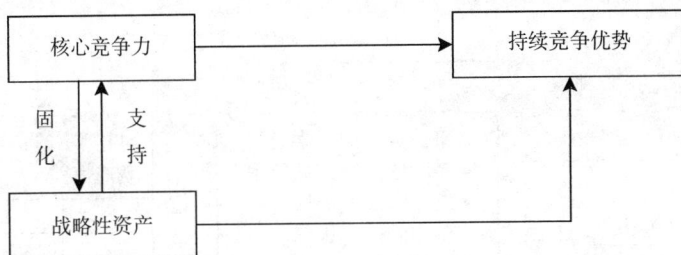

图 8-6　战略性资产与核心竞争力、竞争优势的关系

（三）战略性资产的种类

综合国外学者的研究，可以将战略性资产归为如下四类：①信誉型资产：企业和产品的信誉、顾客忠诚度，以及综合反映企业市场、社会信誉的企业品牌等；②渠道型资产：与政府有关部门建立起的良好沟通关系，如与供应商、分销商形成的战略伙伴合作关系，以及高效、灵活的物流管理设施；③市场相关型资产：市场需求信息的收集及分析系统，积累的顾客、竞争者等信息；④过程型资产：企业内部特有的生产流程、设施及组织体系等。

（四）积累战略性资产

（1）积累战略性资产的途径。捐赠、收购或战略共享而迅速、廉价取得的资产，仅仅能提供短期竞争优势，而支持企业长期竞争优势的战略性资产只能通过内部积累构建。

（2）核心竞争力在战略性资产积累中的催化剂作用。核心竞争力在战略性资产积累过程中，可以缩减创立或拓展新的战略性资产所必需的时间和成本。由于资产积累障碍的存在，任何企业在构建战略性资产时都会面临高成本和较长时间的问题。然而，利用核心竞争力可以帮助企业克服一些资产积累障碍。①核心竞争力在战略性资产"生产机制"中的催化剂作用可以用图 8-7 来说明。

（3）市场突变与战略性资产构建。企业一旦构建战略性资产，别的企业就很难在短时间内低成本地建立起相似的战略性资产，除非出现重大的市场突

---

① 例如，卡西欧利用在其微型化、微处理器设计和材料科学上的核心竞争力，克服了时间压缩下的非经济性，以较低成本快速地建立起了大批量生产 LCD 电视的所需资产；丰田公司在进入割草机市场时利用其摩托车业务中形成的经销商管理方面的核心竞争力，建立新的经销商网络以弥补"资产"规模上的非效率。许多进入激光打印业务的厂商缺乏产品可靠性的关键信息，而这个信息只能通过完善的服务网络获得。佳能则通过利用基于世界范围内服务网络建立起的复印机动力设计上的核心竞争力降低了资产内部相关性的劣势。研发开支与成功推出新产品之间的关系在制药行业是模糊不清的，然而，GLAXO 公司在药品开发上的核心竞争力，使之能够形成相应的体系和程序以减少这种因果关系模糊。

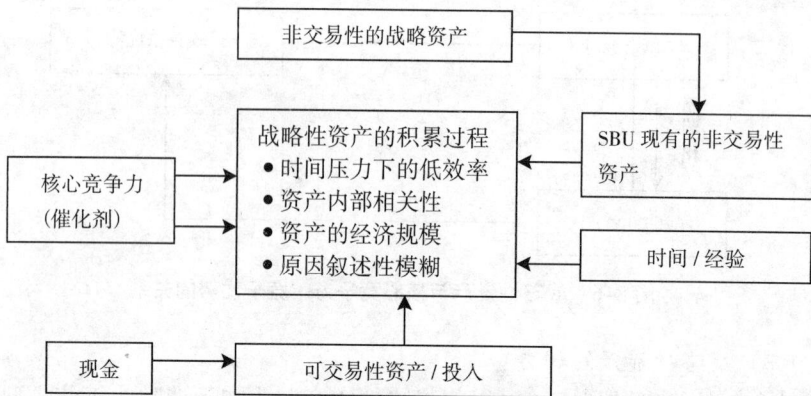

图 8-7　核心竞争力在战略性资产形成中的催化剂作用

变，包括技术上的重大突破，或者顾客需求发生重大变化，使战略性资产变得过时。因此，对于拥有战略性资产的企业而言，在面临市场突变的威胁时，及时地认识和转换竞争力，用于企业重新构建资产基础是非常重要的。

四、核心竞争力培育应遵循的原则

为保障培育工作持续有效地进行，核心竞争力培育应遵循如下原则：

（一）核心竞争力培育应作为公司的一项战略性工作

核心竞争力是支撑公司未来业务的基石，是支撑公司经营开拓进入多项业务的入口，核心竞争力培育是事关公司未来发展大计的重要工作，必须从战略高度从长计议。这也是核心竞争力培育应遵循的总体原则，后几个原则也都是在这个大原则下衍生出来的。

（二）核心竞争力的培育一般应由公司总裁专门负责

核心竞争力的培育是一项涉及公司全局的战略性事项，需要对各个部门、各个方面的工作进行统筹规划和组织协调，为确保规划和组织协调的有效性和权威性，此项一般应由公司总裁亲自负责。

（三）培育核心竞争力所需的投资应视为战略性投资

对于战略性投资，不能以传统的投资收益率来衡量这项投资是否值得。如沃尔玛为了实现过站式物流管理，不得不在相互关联的支持系统（配货中心、供应商商店销售点）进行相当的战略性投资。而若按照传统的投资收益来衡量，这些投资是不值得去做的。但想到为了赢得未来市场的竞争，又有什么不值得呢？

（四）核心竞争力的培育优先于谋求短期利益的任何活动

培育核心竞争力是与现有业务经营并行的一项工作，在未来业务方向与现有业务基本一致时，核心竞争力的培育实际上就是"开展现有业务的副产品"。但是，核心竞争力的培育与当期业务经营在资源配置时往往有冲突，尤其是拟培育的核心竞争力与现有业务不一致时，更是需要专门的开发努力。通常情况下，由于培育核心竞争力的投入很难在短期内（管理人员的任期内）见效，但却会立竿见影地影响企业的当期利润，多数管理人员会追求任期或年度任务目标的完成，而很少有动力去进行公司竞争力的建设和投入，任期越短动力就越弱。所以，对一线管理人员的考核不仅应包括短期的业绩目标，还应包括中长期的能力培育目标。

第四节 核心竞争力的应用

一、核心竞争力的应用管理

（一）核心竞争力应用的意义

实践表明：核心竞争力的积极、正确的应用，不仅是企业在本行业、本领域获得明显竞争优势的保障，而且是企业开辟新领域、建立新的利润增长点，甚至是建立新的主导产业、实现战略转移的重要手段。例如，日本佳能公司将其在光学、图像处理和微处理器技术上的核心竞争力应用到复印机、激光打印机、摄像机、图像扫描仪等产品上。不恰当地应用核心竞争力会使企业丧失许多发展机会，甚至丧失企业的市场地位。例如哈默（1994）曾指出，许多公司拥有相当存量的核心竞争力——许多员工确实拥有世界一流的技能，但由于竞争力的调配应用进度几乎为零，因而很难将这些人员应用到新的市场中。当竞争力被禁锢后，企业将遭受两种结果：①由于在新市场利用核心竞争力的潜在机会一去不复返，企业的增长速度将慢于它应有的速度。②核心竞争力因不能被充分应用而有所损蚀。

（二）核心竞争力应用管理的内容

核心竞争力应用是指将核心竞争力应用到企业具体产品或业务经营活动、发挥其价值作用的过程。核心竞争力的应用可分为内涵式应用和外延式应用，所谓内涵式应用是指将核心竞争力应用到具体的产品中去，即应用机会的寻找；所谓外延式应用是指将核心竞争力应用到更多的产品和地域中，以寻求范围和规模上的经济。

哈默只指出了影响核心竞争力应用效果的一个方面——速度，事实上，影响核心竞争力应用效果的还有应用的方式以及基本能力的配套作用、企业文化等影响因素。可以将核心竞争力应用效果用函数表示如下：核心竞争力的应用效果 = f（应用机会，应用方式，影响因素）。

核心竞争力的应用管理则是对核心竞争力应用的机会、方式和影响因素进行管理，以充分发挥核心竞争力的价值，为企业的经营业绩和长期竞争优势作出最大贡献。

二、 核心竞争力的作用发挥机制

核心竞争力的作用发挥机制是指核心竞争力如何为企业短期经营业绩和长期竞争优势作出贡献的逻辑关系和机理。

（一）作用发挥机制的理论基础

关于核心竞争力的作用发挥机制，哈默与普拉哈拉德分别从"四个层次竞争"、"屋形构架"、"树形理论"三个角度来阐述。[①]

（1）四个层次竞争。在《竞争大未来》一书中，哈默与普拉哈拉德提出了竞争力的竞争可分成四个层次，如图8-8所示：

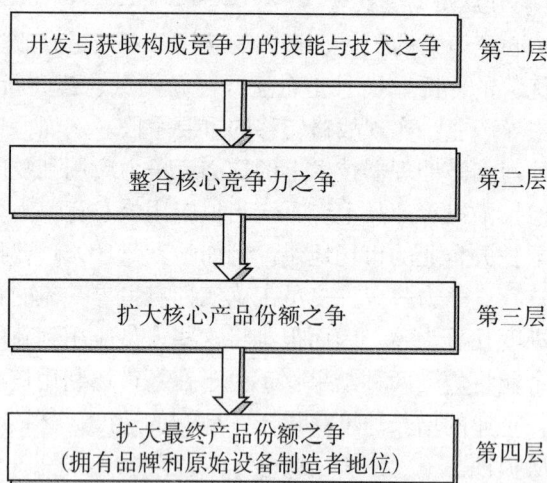

开发与获取构成竞争力的技能与技术之争	第一层
整合核心竞争力之争	第二层
扩大核心产品份额之争	第三层
扩大最终产品份额之争（拥有品牌和原始设备制造者地位）	第四层

图 8-8 竞争力的四个层次

———————————

① 下面核心竞争力作用发挥机制的三个角度的论述均参考哈梅尔、普拉哈拉德：《竞争大未来》，昆仑出版社，1998。

在这四个层次中，两位作者认为未来企业的竞争之战主要发生在第一到第三层次上。第一层次的竞争发生在技术、人才、结盟伙伴和知识产品的市场上，有远见的公司会争先获取那些可形成核心竞争力的单项技能或技术，即获取要素能力之争。第二层竞争主要指将分散的技能整合成核心竞争力。核心产品一般是介于核心竞争力与最终产品之间、构成最终产品主体或关键部件的中间产品。许多公司会以原始设备制造商的方式向其他公司甚至竞争对手出售其核心产品，借用下游合作伙伴的销售渠道和品牌来占领"虚拟市场份额"。这种虚拟市场份额及由此获得的收入和经验可使公司集中精力加快核心竞争力建设步伐。哈默与普拉哈拉德并不看重第四层的竞争，"一般说来，高级经理人员最关心的份额是品牌份额，这是不恰当的"，以至于在该书中没有专门对第四层面的竞争展开讨论。然而，核心产品的需求毕竟取决于最终产品市场，最终产品是其发挥作用的主要形式。因此，企业既要重视核心产品市场之争，又不能忽视最终产品市场之争。核心竞争力是企业通向未来市场多种产品的大门，而最终产品则正是这未来市场核心竞争力的用武之地。或许因为这一点，哈默与普拉哈拉德在"屋形构架"中又专门论述如何培养"旗帜品牌"，如何提高"印象占有率"。

（2）屋形构架。如图8-9所示，支撑产品领先地位的核心竞争力是公司地基，而公司的旗帜品牌（企业在多种产品经营中统一使用的公司标志性品牌，如Hair）则是公司的屋顶。在两者之间是各种业务，它们都建立在共同的地基之上，支撑着同一个屋顶。所谓旗帜品牌，是指在全球顾客心目中占有较强"印象占有率"的品牌。所谓的"印象占有率"，是由知名度、信誉、亲和力和范围四个因素综合决定的一个旗帜品牌对顾客购买欲的影响程度。实际上，前三个因素是奠定品牌"印象占有率"的关键力量，而范围则是通过扩大品牌的应用不断地强化品牌在顾客心目中的"印象"，以巩固和提高"占有率"。图8-9描述的其实是一个多产品经营企业应用核心竞争力的情况。

（3）树形理论。哈默与普拉哈拉德认为：一个企业好比一棵树，核心竞争力好比树根，核心产品好比树干和大树枝，小树枝为各业务单元，而最终产品则好比树叶和果实。只有核心竞争力的树根不断汲养、强化，企业这棵大树才能不断汲取营养，枝繁叶茂，结出更多的果实。正是核心竞争力不断地得到培育，产生核心产品和业务单元，进而开发出许多最终产品来。从长期来看，竞争优势来源于企业比竞争对手以更低的成本和更快的速度建立起可大量产生出非预期产品的核心竞争力的能力。

（二）核心竞争力的作用发挥机制

综上分析，可以得出核心竞争力一般性的作用发挥机制：核心竞争力作为

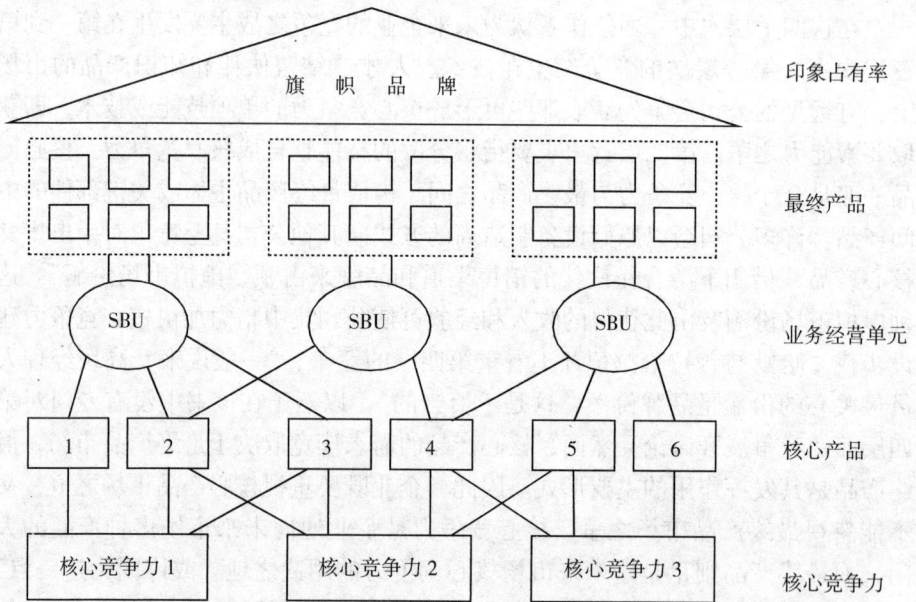

图 8-9　核心竞争力与品牌的屋形构架

企业参与竞争的根基，以物质化的核心产品为驱动力，以通过创新形成的最终产品为载体，通过长期积累赢得市场的信赖和巨大的顾客拥有量，从而为企业的长期竞争优势建立一个坚实的基础。同时，企业通过主动获取顾客需求信息和战略审视，不断更新、强化核心竞争力从而形成一个动态的作用发挥机制（如图 8-10 所示）；如果不考虑市场信息反馈作用，则为一个既定核心竞争力的静态作用发挥机制（图中虚线右边的部分）。

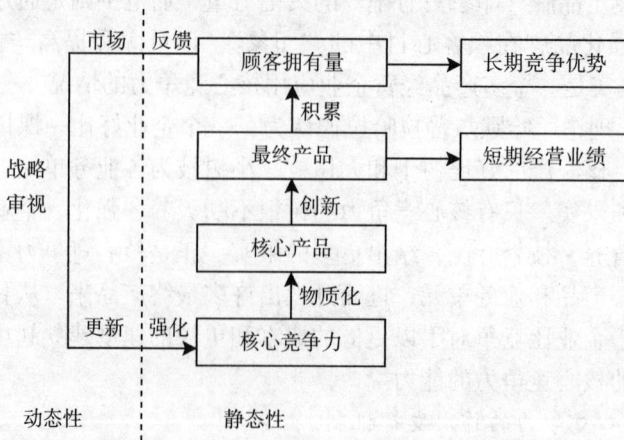

图 8-10　核心竞争力的作用发挥机制逻辑图

三、核心竞争力的内涵式应用——应用机会的管理

对核心竞争力应用速度的管理实际上是对寻求与核心竞争力相匹配的市场机会的管理。在此，将主要讨论如何寻求市场机会将核心竞争力最终产品化，即核心竞争力的内涵式应用。[①] 贴近顾客、创造新的市场空间、团队合作有助于实现核心竞争力向最终产品的转化。

（一）贴近顾客

贴近顾客的目的在于倾听顾客意见，而顾客的意见，特别是产品某一方面未能满足其需要的埋怨和改进的建议，或者是一种潜在需求的期望，可以为核心竞争力应用寻找新的市场机会提供敲门砖。宝洁公司是美国第一家提供"800 消费者免费服务电话"的消费产品公司，该公司改良产品的构想主要源于"800 消费者免费服务电话"。而专门研究技术创新过程的学者埃里克·冯希佩尔在仔细地研究了科学仪器工业创新的源泉后，得出如下结论："11 种主要的新发明全部来自于使用者的构想；在 66 种'主要产品改良'和 83 种'次要产品的改良'中，均有 85% 的改良应归功于使用者的构想。"

（二）创造新的市场空间

倾听顾客意见后，企业应当分析满足顾客意见中明确及隐含的需求。在分析顾客需求时，若能以一种系统的眼光全盘审视替代品市场、战略性集团、顾客群体、互补品市场、行业的功能或情感导向以及时间等因素，企业就能发现可以带来价值创新的未被占领的市场空间。[②] 核心竞争力虽然有其独特性，但是如果不能很恰当地进行市场定位，则很难发挥出它的独特性。因为大多数公司往往把注意力放在赶超竞争对手上，对于顾客是谁、顾客看重什么以及本行业应提供哪些产品和服务，他们的看法往往趋于一致。这种一致性越大，竞争的趋同化程度也就越高。当大家都想在相同的领域内比对手做得更好时，最终的结果只能是仅仅在提高产品质量、降低成本或者两者的结合上进行残酷的竞争。因此，企业若想在竞争中取得明显竞争优势，就必须要善于发现新的市场机会，进入无人竞争领域。企业竞争发展到极致，便是创造新的市场。创造新市场的实质是发现新的顾客需求价值曲线，这将涉及图 8-11 中的四个基本问题。上述六个方面的系统审视都是从不同角度对这四个问题的回答。

[①] 在核心竞争力的确定阶段，我们已对未来拟经营的业务领域和顾客看重价值进行初步的确定，但这种确定毕竟只是最基本的概念性的；在应用阶段，需要将这些概念性的顾客需求具体化为实体性的最终产品。

[②] 详细参见金昌、里恩·莫博杰恩：《创造新产品市场空间》，载唐纳德·索尔等：《如何提升公司核心竞争力》，中译本，企业管理出版社，1999。

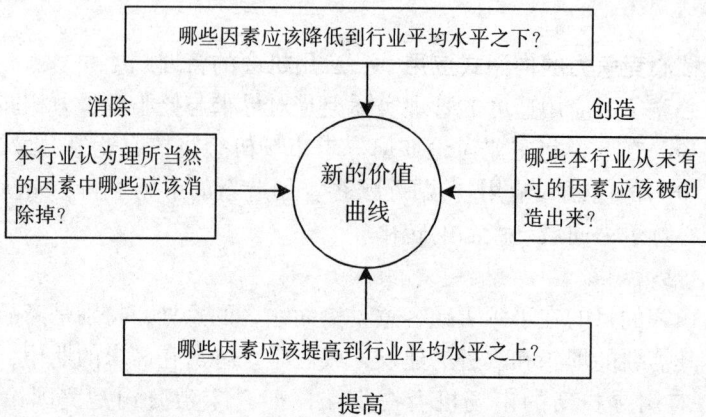

图 8-11 发现新价值曲线的四个基本问题

在此我们并不想也很难给出将核心竞争力应用到其他行业的具体方法，企业的技术、营销人员才是最清楚将核心竞争力能应用到何种行业的人。我们只想表明，核心竞争力的应用不仅要在本行业寻求新的顾客价值曲线，而且要积极向其他行业扩展，充分利用核心竞争力的"延展性"。

（三）团队合作

发现顾客新的需求对于核心竞争力应用到最终产品上固然重要，但团队合作更关键。无论是发现顾客新需求，还是实现这个需求使之产品化，核心竞争力的应用需要营销人员、研发人员甚至工程技术人员、财务管理人员等的共同努力和团队合作。

四、核心竞争力的外延式应用

相对于核心竞争力应用到具体产品中，企业在多元化、一体化、国际化等经营活动中应用核心竞争力则是旨在扩大核心竞争力应用领域和范围的外延式应用。

（一）多元化经营

企业多元化经营战略是企业发展到一定阶段，为寻求进一步成长而采取的涉足其他行业的扩张行为。这里我们不想探究多元化的优缺点，而主要关注如何多元化才能既促进企业业绩的大幅提高，同时又为企业的持续发展奠定基础。

（1）相关多元化优于非相关多元化，战略相关性优于市场相关性。虽然大家已基本认同相关多元化优于非相关多元化，但是对于相关性的内容仍有争议。传统的定义仅仅从行业或市场方面去认识相关性，过于关注技术、品牌、渠道、管理能力的共享，而忽视相关多元化对长期竞争优势贡献的真正来源：相关多元化能比竞争者更为迅速和低成本地创立、积累新的战略性资产，即所谓的战略相关性，而不仅仅是共享现有资产所获得的规模经济。实际上，可以进一步区分四种相关多元化：①资产共享型，即传统的相关性定义。②资产改善型，即利用在建立和维持某一 SBU 现有战略性资产的过程中积累起来的核心竞争力，提高另一 SBU 现有战略性资产的质量。③资产创立型，利用在建立现有业务的战略性资产过程中开发的核心竞争力，更迅速或以更低的成本去创立一项关于新业务的新战略性资产。④资产裂变型，在创立新战略性资产的过程中，公司获得了新的核心竞争力，而这些新的核心竞争力反过来又会提高现有业务战略性资产质量。同时，两位学者指出资产共享型仅仅能提供短期竞争优势。只有使公司取得资产改善、资产创立或资产裂变优势的战略相关多元化，才可能为公司提供长期竞争优势。

（2）战略相关性的基础是核心竞争力。从前述资产改善、资产创立、资产裂变三种战略相关性的多元化分析看，核心竞争力在战略性资产的改善、创立、裂变过程中起着重要的基础性作用。通过 SBU 之间转移和积极应用核心竞争力，公司可以减少积累新的战略性资产的成本，并能加快这一过程。可以说，战略相关性的实质是基于核心竞争力。因此，企业开展多元化应是在核心主业充分发展、具备较强核心竞争力的基础上进行相关多元化经营，是否多元化取决于核心竞争力能否在新业务中对实现顾客看重的价值有显著贡献。

（3）在基于核心竞争力进行多元化经营时要善于利用母合机会。在《公司战略：寻求母合优势》一文中，坎贝尔、古尔德与亚历山大（1995）提出了母合框架的概念，并认为它填补了核心竞争力概念的不足之处。[①] 因为核心竞争力概念无法解释那些在业务之间限制技术和经营重叠的公司的成功，如通用电气、爱默生电子、汉森等公司。母合框架实际上是个对多元化业务的二维分析框架，横轴表示业务母合机会与母体特性相符程度，纵轴表示业务关键成功要素和母体特性的相符程度。母体特性是指母公司所具有的企业文化、管理控制程序和体系、所拥有的服务和资源、经验和技能，可理解为母公司所具有包括核心竞争力在内的各种能力、资源和管理文化上的优势。母合机会是指母体特性对某一项多元化业务业绩改善的潜力，即母体特性能够对该项业务创造价值。由于核心竞争力是基于行业的关键成功要素，所以纵轴实际所衡量的是新业务关键成功要素与现有核心竞争力的相符程度，这样母合框架分析如

---

① 有关母合机会的论述主要参考坎贝尔·卢斯：《核心能力战略》，中译本，东北财经大学出版社，1999。

图8-12 所示：

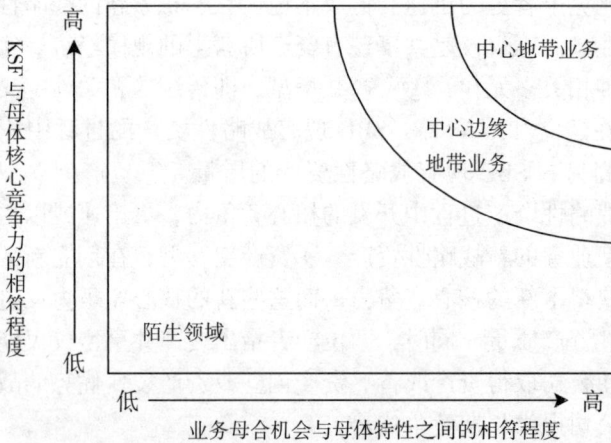

图 8-12　母合框架分析图（根据原文有所修改）

　　图 8-12 右上角的业务处于公司业务的心脏地带，称为中心地带业务，这些业务一方面存在较高的母合机会，另一方面公司具备了较多的经营它们的关键成功要素，因而应大力发展。中心地带稍偏左下方一带称为中心边缘地带业务，它们在关键成功因素或母合机会与母体特性间具有一定的相符，但不如中心地带业务高。公司一方面需要积极应用核心竞争力培育与新业务要求相差不多的关键成功因素；另一方面要加强母体本身对新业务的了解和管理能力，以使中心边缘地带业务向中心地带业务转化。而这两个地带以外的业务或者其关键成功因素与母体核心竞争力相符程度较低，即现有核心竞争力很难转移到新业务中去；或者业务母合机会较低，即母公司所拥有的能力、资源和管理文化的优势无法给新业务创造价值，因而企业不应进入这样的业务领域，已经进入的也应撤出。

　　母合框架实际上并未否认核心竞争力在企业多元化经营中的基础作用（纵轴），而是增加了多元化与母体特性母合机会因素的考虑（横轴）。

　　运用母合机会和核心竞争力的概念，我们可以描述出企业多元化经营的边界，如图 8-13 所示：企业多元化首先应基于核心竞争力，此种基于核心竞争力的多元化可称之为战略相关多元化，对应图中的 I 区域，核心竞争力决定了企业战略相关多元化的外围边界。而在核心竞争力可利用程度不高的情况下，企业进行多元化则应考虑充分利用母合机会，这一般指企业进入新行业后，原有核心竞争力适用性不高或基本不再适用，需要培育新的核心竞争力。此时企业利用母合机会可降低企业进入新行业的成本，帮助企业高效地培育所需要的

多元化机会

完全非相关多元化　　　　　　基于母合机会

母合相关多元化

Ⅲ　　　　　　　　　基于核心竞争力

Ⅱ

Ⅰ　战略相关多元化

专业化经营

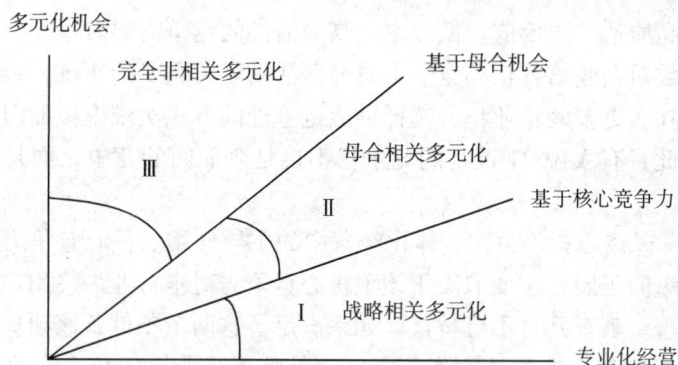

图 8-13　多元化边界分析图

核心竞争力。这种基于母合机会的多元化可称之为母合相关多元化，对应图中的Ⅱ区域，母合机会决定了企业相关多元化的外围边界。既不基于核心竞争力又不能充分利用母合机会的多元化则为完全非相关多元化，对应图中的Ⅲ区域。

（二）纵向一体化经营

纵向一体化经营是企业在价值链上的纵向延伸。根据延伸的方向，一体化分为前向一体化、后向一体化和混合一体化。

（1）一体化的新发展：供应链管理。纵向一体化固然可实现对经营资源、渠道的直接控制，但其暴露的缺陷也日益明显：①增加企业的投资负担。②迫使企业从事不擅长的业务活动。③因延伸了业务活动环节，企业将面临更多竞争对手的直接竞争，并增大了经营风险。

面对经济活动全球化，竞争异常激烈、顾客需求个性化和多变化、技术变化快的形势，这种对"原材料—制造—分销—销售"全过程直接控制的一体化模式已越来越不适应。从 20 世纪 90 年代起，出现了一种新型的经营模式——供应链管理。企业只抓住最关键的核心业务环节，而将不太重要的非核心业务外包并通过与外包单位建立战略合作伙伴关系，形成对整个供应链的控制。

供应链管理实质上是纵向一体化在新的竞争环境下的一种新发展，无非是从过去的直接拥有资源转变为现在的利用、管理资源。相对于拥有资源的实质一体化，供应链管理是虚拟的一体化组织形态。一方面，尽管企业将越来越多的业务活动外包，从最外围的安全、卫生、运输到一些关键的制造、设计、营销，外包趋向核心化。但另一方面，企业大幅削减供应商的数量，并通过应用 Internet 信息技术与少数几个关键的供应商形成更加交互式、紧密式的新型战略合作伙伴关系。企业既做到了对原有资源、渠道的同等的"控制"和利用，又满足了高质量、快反应、低成本、高灵活性的竞争需要。

除少数对企业培育核心竞争力或经营活动至关重要的领域，企业仍需实质性一体化外，更多的企业将会选择供应链管理的方式实现虚拟的但更高效的一体化。因此，有人说 21 世纪的竞争将不再是企业间的竞争，而是供应链之间的竞争。

（2）发挥核心竞争力在一体化经营中的主导作用。核心竞争力能否在行业价值链中纵向延展，主要取决于该项核心竞争力对本行业最终用户的看重价值是否有显著贡献，并且不可替代。如果满足了这两个条件，该项核心竞争力就不只是拥有它的企业的核心竞争力，而是整条行业链的核心竞争力。只有这样，该项核心竞争力的影响力才能纵向延伸到行业内其他业务环节，这也是企业与供应商形成战略合作伙伴关系的基础与砝码。因此，核心竞争力在一体化经营中的应用实际上主要是发挥核心竞争力在供应链中的主导作用。

（三）国际化经营

国际化经营是指企业将其业务经营活动扩展到国外乃至全球市场中去。企业国际化经营的主要动因可以归结为企业将其核心竞争力为主的优势能力、资产在国际市场范围的积极延伸，以最大程度地发挥企业优势能力、资产的价值。在国际化经营应用核心竞争力时，应注意如下两点：

（1）根据核心竞争力的相对强弱决定进入国际市场的策略。如果核心竞争力相对较强，达到世界一流水平，则可以选择先难后易策略。如果核心竞争力只具有相对比较优势，则应选择先易后难策略，即先进入核心竞争力有比较优势的国家、地区，等核心竞争力的水平发展到一定程度后再进入相对较难的国家市场。如海尔国际化经营就采取了先占领欧洲、美国市场，而后再进入东南亚、南美等发展中国家市场的进入策略。而创维、康佳、华为等企业在国际经营中大都选择先进入东南亚、南非、南美等发展中国家市场。先易后难可能是我国大多数企业会采取的国际化进入策略。

（2）核心竞争力本土化的同时应注意能力的回流。企业国际化的进程其实也是企业核心竞争力向海外机构转移、本土化的过程，如输出技术、派驻管理团队等。在本土化的同时，企业还应积极发挥国外机构人员的聪明才智，通过设立研发中心、开展经验交流等，让核心竞争力在国际化应用中获得的任何改进、经验都能回流到企业本部，不断强化原有核心竞争力。

五、核心竞争力应用的影响因素

（一）基本能力的配套支持

企业拥有核心竞争力并不意味着一定能够带来竞争优势，核心竞争力的应用还必须借助于基本能力的配套支持，离开了基本能力，核心竞争力将犹如建在沙漠上的楼阁。公司仅仅依靠其核心竞争力是不够的，在许多细分市场上，竞争如此激烈多变，只拥有核心竞争力并不能保证可持续的竞争优势，成功的企业必须拥有一系列基本能力来匹配。要保持领先的地位，公司必须拥有多种核心竞争力和基本能力的组合，如技术创新能力、产品研发能力、质量管理能力、成本控制能力、财务管理能力、市场营销能力、客户服务能力等运作层面的基本能力，以及战略预见能力和战略管理能力等战略层面的基本能力。

（二）组织机构的设计

组织机构设计的合理与否会影响核心竞争力的应用效果。对于一个公司来说，最重要的是它的学习与创新能力，以及公司的组织结构是否有利于这种能力的培养。在将来，公司过去的经营模式和组织方法已不能保持竞争优势，而必须构建一种新的公司设计形式，以便于在整个公司内迅速创造并传递新的信息源，并协调好改革创新、团队协作及创造新的核心竞争力在公司内同时推进。

而通过业务流程再造整合要素能力形成核心竞争力往往要涉及企业的组织机构调整，通常会从传统的基于职能和业务的直线职能结构向基于核心竞争力的扁平式线状结构转变，这样的结构有利于核心竞争力的应用在一个业务单元内高效地完成。当然，只要组织结构有足够的弹性，在应用核心竞争力开发新产品时可以迅速地组建跨部门多职能的团队，仍可保持直线职能式结构。不过，业务单元的划分应基于核心竞争力，而不应是最终产品，尤其是在多元化经营的企业。

此处，我们隐含了一个前提是企业有一个高效的产权体制，其实高效的法人治理结构和合理的内部组织机构设置的重要前提是企业必须拥有一个充分多元化的产权结构。[①] 对于我国许多企业尤其是国有企业而言，进行充分的产权改革、构造科学有效的产权平台和体制环境也是企业充分应用核心竞争力乃至搞好整个核心竞争力的动态管理所要做的基本保障。

（三）激励制度与企业文化

核心竞争力的应用主要是核心产品和最终产品的开发以及市场的开拓，创新自然十分关键。专业知识和创新性思维是人们从事创新的原材料，而激励则决定了人们实际上能做到什么程度。激励分为外在激励和内在激励，内在激励

---

① 所谓充分多元化，最实质的是指没有绝对控股股东的存在，而且相对前几名的大股东通过联合能够与第一大股东形成抗衡，从而为法人治理结构的"有效制衡"提供最根本的产权基础。详见黄继刚：《职工持股与国企多元化改革》，载《经济管理》，2001（14）。

对于创新的作用更为基本。外在激励指物质性的待遇，主要由企业的激励制度解决，它虽然不能妨碍人们去创新，但有时并不能使人对创新充满热情；而内在激励则主要来源于兴趣、满意度和工作本身的挑战，可以增强人们的创新能力，它除了部分由激励制度解决外，主要的还是受企业文化的影响。因此，企业的激励制度与企业文化是否鼓励创新、支持创新，对核心竞争力的应用影响巨大。

第五节　核心竞争力的评价

一、核心竞争力评价的概念

(一) 核心竞争力的动态性

尽管核心竞争力在培育过程存在着信息非对称性、因果关系模糊、路径依赖、协同属性等自身保护机制，但并不意味着核心竞争力的培育工作一劳永逸，核心竞争力的领先性、独特性不是永恒的。由于竞争和竞争环境是动态的，因而意欲在多个经营周期中保持竞争优势的企业也必须拥有动态的而不是静态的核心竞争力。因为任何既定竞争力的价值都可能随着时间的推移而衰竭或其价值被瞬间的结构性革新所削减，[①] 经营变化、技术进步、顾客需求转移、对手竞争力增强等诸多因素的存在或发生会使核心竞争力变得过时。

(二) 核心竞争力评价的目的

核心竞争力的动态性决定了企业若想保持核心竞争力的领先优势，就必须随着经营环境的动态变化而对核心竞争力持续不断地进行创新、培育，以维持和扩大其核心竞争力与竞争对手之间的领先距离。否则，若企业一味停留在静态的领先中，核心竞争力就会被赶超和模仿。而这一切工作的前提就是需要对核心竞争力作出正确、及时的评价。

核心竞争力评价的目的就是通过密切关注影响核心竞争力特性各方面的因素，以一定的评价指标体系为依据，评估核心竞争力与外部市场环境的适应性和竞争对手的领先性等，并及时采取措施确定、培育新的核心竞争力或不断强化原有的核心竞争力，以确保企业获得持续竞争优势。

---

① 转引自坎贝尔·卢斯：《核心能力战略》，中译本，第85页，东北财经大学出版社，1999。

二、评价内容及指标体系

（一）从核心竞争力评价角度的思考

关于从何种角度来评价核心竞争力，可有两种考虑：一是从核心竞争力的关键特性角度评价，即核心竞争力的显著增值性、领先性、延展性和整合性。因为这些关键特性是使核心竞争力与一般竞争力相区别的根本所在，自然也可以用以评价某项竞争力是否仍然成为核心竞争力。二是从核心竞争力的具体内容来评价。例如，产品研发与市场营销能力是某医药企业的核心竞争力，则评价时就直接评价该企业的产品研发能力与市场营销能力的强弱。这个评价角度的问题是不同行业甚至同一行业的不同企业核心竞争力的具体内容都会不相同，所以从理论上无法设计一个统一的指标体系用以评价不同企业的核心竞争力。然而，核心竞争力的关键特性是不受行业、企业等因素所限制的，依据关键特性建立评价指标从理论上讲是完全可能的。鉴于此，本书将从核心竞争力的关键特性角度来设计评价指标内容和具体的指标体系。

（二）评价的内容及应考虑的因素

传统的企业竞争力评价只关注企业间的横向比较。而企业对核心竞争力的评价既包括与竞争对手的横向比较，又包括对企业核心竞争力历史的纵向比较，即将核心竞争力放在时间的坐标上评估其适应性和核心性。这也是核心竞争力评价与一般企业竞争力评价的主要区别，即对核心竞争力的评价除包括一般意义上企业竞争力评价的内容即竞争性之外，还包括适应性和核心性的评价内容。

（1）适应性。适应性所评价的是核心竞争力是否仍然对顾客的看重价值有显著贡献。为此，需考虑如下因素：一是外部经营环境是否发生或将发生重大变化，尤其是否出现导致行业价值增值结构发生根本性变革的替代技术变化。二是相关基础技术的发展是否使支撑核心竞争力的原有技术变得落后。三是顾客看重价值需求是否正在发生转移或将发生根本变化。

（2）竞争性。竞争性考察的是企业核心竞争力与竞争对手领先程度的比较，这种比较既可以采用绝对数值来表示，又可以采用相对数值来进行。能够获取竞争对手相关数据的指标，可采用与标杆企业的比较来评价核心竞争力某方面的竞争性；难以获得竞争对手数据或主观评价性较强的指标，可采用绝对值的方式来表示核心竞争力的竞争性。

对核心竞争力竞争性的评价分为两类，一类是已经在经营中表现出竞争优势的显性指标，主要是经营业绩和财务指标两种，分别反映企业对市场的控制能力和经营质量（包括盈利能力和经营安全性）；另一类是使企业具有潜在竞争优势的能力性指标。根据对核心竞争力形成机理的分析，管理整合是核心竞争力形成的必经途径，资源和能力是核心竞争力形成的重要基础，企业文化则为核心竞争力的形成提供源源不断的动力。因此，对使企业具有潜在竞争优势的评价主要应包括对形成核心竞争力有重要贡献或影响的上述因素，即企业的组织管理能力、资源获取能力、学习创新能力（核心竞争力要素能力的获取能力）、企业文化聚合力。

（3）核心性。核心性主要考察核心竞争力的整合性和延展性。包括该项竞争力是否为其他几项竞争力的整合，以及企业利用该项竞争力拓展新业务的程度。

（三）评价指标体系

基于对核心竞争力评价内容的分析，根据普遍适用性、内涵概括性及简单易行原则，对核心竞争力评价指标体系可以设计如下：

（1）适应性指标：包含三项指标。

①外部经营环境适应性：外部经营环境是否已经发生或将发生重大变化，尤其是否出现导致行业价值增值结构发生根本性变革的替代技术变化：若已经发生，则数值为 0；若在可预见的 3~5 年内将发生，则数值为 0.5；在可预见的 3~5 年内不会发生重大变化，则数值为 1。

②相关基础技术适应性：相关基础技术的发展若已经使企业核心竞争力所依赖的技术变得落后，则数值为 0；若在可预见的 3~5 年内将会使之落后，则数值为 0.5；若在可预见的 3~5 年内不会使之落后，则数值为 1。

③顾客需求适应性：顾客的看重价值需求若正在发生转移，则数值为 0；若在可预见的 3~5 年内将会发生转移，则数值为 0.5；若在可预见的 3~5 年内不会发生转移，则数值为 1。

核心竞争力适应性=min（外部经营环境适应性、相关基础技术适应性、顾客需求适应性）

（2）竞争性指标：包含六项指标。

①市场控制能力：[1] 表示核心竞争力在市场上已经取得的、与本行业第一竞争对手相比较的竞争优势，可用本企业产品的市场占有能力和市场开拓能力两项加权综合代表。

市场占有能力考察企业核心竞争力已形成的市场控制能力，用本企业产品市场占有率与本竞争区域同行业处于第一位的竞争对手的市场占有率之比来表示。

---

① 详细参见黄继刚：《核心竞争力的动态管理》，第 173~175 页，经济管理出版社，2004。

市场开拓能力指标主要考察核心竞争力对未来市场的控制能力，用本企业订单增长率与本竞争区域同行业位列第一的标杆企业的订单增长率之比来表示。

考虑到未来市场的控制能力所显示的核心竞争力的竞争性对企业而言更有意义，本书将市场占有能力的权重定为 0.4，而将市场开拓能力的权重定为 0.6，二者加权平均后即为市场控制能力得分。

②盈利能力：同样的市场占有率，盈利高的企业竞争力就强，没有盈利性的高市场占有率作为短期的营销策略是可以接受的，但长此以往对企业的持续发展是不利的，在市场上是无竞争力可言的。为全面描述企业的盈利能力，我们将盈利能力分成绝对盈利能力和相对盈利能力两个方面，绝对盈利能力用利润总额指标表示，相对盈利能力用销售利润率来表示，其分值均为本企业数值与本行业第一竞争对手相应数值的比。利润总额可以衡量核心竞争力盈利能力在量上的总体盈利水平，销售利润率则可以衡量核心竞争力盈利能力在质上的单位盈利水平，舍其一均不能准确、完整地描述核心竞争力的盈利能力。

相对而言，销售利润率所表达的相对盈利能力更能代表核心竞争力盈利能力的竞争性。因此，在计算盈利能力得分时，销售利润率得分的权重应高于利润总额得分的权重，我们分别给予 0.6 和 0.4，二者加权平均即为盈利能力的得分。

③学习与创新能力：用两项指标加权算得，一是用人均培训费用来衡量企业在学习方面的支出；二是用新产品投放率来衡量企业的创新能力。

人均培训费用支出 T = 企业在员工培训上年度费用支出/本年度员工平均在册人数

新产品投放率 N = 本年度基于该项核心竞争力开发的新产品销售收入/本年度基于该项核心竞争力开发的所有产品销售收入之和

考虑到新产品投放率所表示的创新能力比人均培训费用支出所表示的学习能力从效果上更重要，分别给予上述两项指标 60% 和 40% 的权重，并且将上述两指标分别与标杆企业的相应数值之比，然后按上述权重加权之和即为学习与创新能力的得分。

④组织与管理能力：企业对各部门向顾客提供产品或服务活动的管理水平高低，最集中地反映在顾客对企业提供产品或服务的满意度上。顾客满意度在欧美等国已成为衡量企业竞争力以致国民经济发展状况的一个重要指标。所以，我们将以顾客满意度为主指标，并辅之以突发事件处理成功率，因为一个企业组织管理能力不仅体现在日常的高效运作上，而且还体现在对突发事件的成功应变上。

这两个指标均可从企业调查统计分析中获得数据。根据其重要程度，在计算企业的组织管理能力时，分别给予顾客满意度和突发事件处理成功率 70%、30%的权重。

⑤资源获取能力：通常企业与供应商、银行等外部相关利益主体建立了良好的战略合作关系，以及与政府相关部门建立了积极、顺畅的沟通信任关系，就可使企业在需要时能够及时获得外部各种资源的支持。可用企业信誉度来代表企业的资源获取能力，企业信誉度由三方面的指标合成：一是供应商的忠诚度，指一定期间内供应商中仍愿意与企业友好合作的供应商比例；二是银行资信评价，被银行评为 AAA 级则得分为 1，被评为 A 级则得分为 0.8，被评为 B 级得分为 0.3，被评为 C 级以下得分为 0；三是政府部门印象及支持力度，在政府有关部门印象优良被列为重点支持的企业得分为 1，在政府有关部门印象一般被列为一般支持的企业得分为 0.5，其他情况得分为 0。上述三方面指标得分除以 3 为企业资源获取能力得分。

⑥企业文化聚合力：可以从三个方面进行评价，一是考察企业是否有明确且相对稳定的核心价值观和经营理念，如有则得 1 分，否则为 0 分；二是考察企业核心价值观和经营理念被员工认同并自觉成为行为规范的程度，这可以通过员工抽查的方式获得该百分比；三是考察企业员工的积极性和主动性，亦通过员工抽查方式获得。上述三个方面之和除以 3 为企业文化聚合力的最终得分。

最后，根据上述 6 项指标对核心竞争力竞争性的贡献程度，分别给予上述 6 项指标 0.25、0.15、0.20、0.20、0.05、0.15 的权重，然后累计之和即为核心竞争力竞争性的得分。

（3）核心性指标：对于整合性，可用该项竞争力所基于的竞争力数目和所涉及部门数来表示。如果某项核心竞争力所基于的要素竞争力数目超过 5 或者要素竞争力所涉及的部门数占公司核心部门（对实现顾客价值需要有直接贡献的关键部门）总数的 75%以上，则整合性得分为 1；如果某项核心竞争力所基于的要素竞争力数目超过 3 或者要素竞争力所涉及的部门数占公司核心部门总数的 50%以上但不足 75%，则整合性得分为 0.75；其他情况下整合性得分为 0.5。对于延展性，可用基于该项竞争力所开展业务的业务数及其销售收入占整个企业销售收入的比例来表示，在该项核心竞争力应用于 3 项业务以上时，如果上述销售收入比例在 75%以上，则延展性得分为 1；如果比例在 50%以上但不足 75%，则延展性得分为 0.75；如果比例在 30%以上但不足 50%，则延展性得分为 0.50；其他情况下延展性得分为 0.2。考虑到延展性更能体现出核心竞争力在企业竞争力中的"核心"地位，可分别给予整合性和延展性 40%

和 60%的权重，上述两项指标加权之和后为核心性得分。

三、评价结果的处理

对评价结果的处理是核心竞争力动态管理中承前启后的关键环节，评价核心竞争力的最终工作要落在对评价结果的处理上。

五种评价结果对应的处理措施	①适应性为 0	重新确定核心竞争力
	②适应性为 0.5	重新确定竞争力，同时加强核心竞争力的应用
	③适应性为 1，竞争性<0.75	继续培育、强化核心竞争力
	④适应性为 1，竞争性≥0.75，核心性<0.75	加强核心竞争力的应用
	⑤适应性为 1，竞争性≥0.75，核心性≥0.75	继续做好应用的同时，关注影响核心竞争力的各种因素

（一）五种评价结果

根据核心竞争力适应性、竞争性、核心性三项指标得分及其相互逻辑关系，我们可以将评价结果分成如下五种，并对应不同的处理措施：

（1）第一种情况：适应性得分为 0。说明核心竞争力目前已不能为顾客看重价值作出显著贡献，企业需要重新确定核心竞争力。

（2）第二种情况：适应性得分为 0.5。说明核心竞争力在今后 3 年间还能够为顾客看重价值作出显著贡献，但 3~5 年后将有可能不再胜任。因此，企业一方面应着手考虑重新确定核心竞争力，同时加强现有核心竞争力的应用，尽可能使现有核心竞争力为企业的发展作出利润贡献。

（3）第三种情况：适应性得分为 1，竞争性得分不足 0.75。说明企业现有核心竞争力虽然能够为顾客看重价值作出显著贡献，但是与竞争对手相比，还不够强大。因此，企业面临的关键问题是要继续培育、强化核心竞争力。

（4）第四种情况：适应性得分为 1，竞争性得分 0.75 以上，核心性得分不足 0.75。说明核心竞争力既能够适应为顾客看重价值作出显著贡献的需要，又具有较强的领先性。只是在核心竞争力的应用方面效果不够理想，未能使核心竞争力的核心地位得到明确。所以，此时企业应重点加强核心竞争力的应用。

（5）第五种情况：适应性得分为 1，竞争性得分 0.75 以上，核心性得分 0.75 以上。说明核心竞争力既能适应为顾客看重价值作出显著贡献的需要，又与竞争对手相比具有较大的领先性，同时在延伸应用方面开展得也不错，使核心竞争力在各项竞争力中居于核心地位。因此，企业在继续做好核心竞争力应用的同时，应密切关注影响核心竞争力适应性的各种因素，防止核心竞争力出现不适应而又无所准备。

(二) 核心竞争力动态管理循环

对核心竞争力的动态管理是实时进行的，每一次评价之后，动态管理都进入新的循环，只要企业存在，这种循环就会周而复始，每一次循环都会使核心竞争力的内涵或价值得到提升、更新，并不断推进企业向更高的阶段发展。根据上述五种评价结果和不同处理措施，我们形成核心竞争力动态管理图形如图8-14所示：

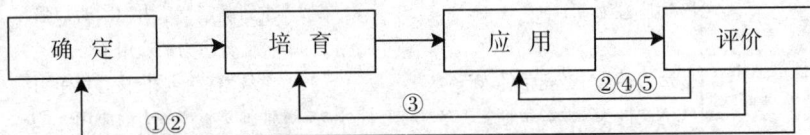

图8-14　核心竞争力动态管理图

事实上，在企业发展的历史长河中，会经历诸多的技术进步、顾客需求重心的转移、竞争对手的发展，甚至面临所经营主业的变迁，这些都会使企业核心竞争力变得相对落后或不适应。因此，在企业的可持续发展进程中，始终拥有具有较强适应性、领先性、核心性的核心竞争力至关重要。但是，更重要的还不是核心竞争力本身，而是能够及早识别确定、迅速培育、积极应用和实时评价核心竞争力的动态管理能力，它其实是一种战略管理能力。世界上许多百年企业如西门子、杜邦、诺基亚等企业之所以能够长盛不衰，并不在于它们拥有某一种或几种核心竞争力，而在于它们能够及早地预见技术变化和实施产业转型，并迅速地培育起相适应的核心竞争力，在于它们的战略预见能力和包含核心竞争力动态管理能力在内的战略管理能力。因为这些企业在长达上百年甚至数百年的发展史中可能经历了多次的产业演变，如诺基亚20世纪90年代从造纸业向移动通信业的转变。随着经营主业内容的变化，企业所需的核心竞争力是不同的，但是这些企业能够利用企业原有的价值观、管理技能、要素能力较快地培育出新的核心竞争力。从这个意义上说，就企业的可持续发展而言，对核心竞争力进行动态管理及相应的动态管理能力比拥有核心竞争力更重要。

本章案例

格兰仕核心竞争力探析

格兰仕让许多的中国人认识了微波炉，也是微波炉让更多的中国人认识了格兰仕。1992年，成立于1978年的生产羽绒制品的桂洲畜产品（集团）公司更名为广州格兰仕企业（集团）公司，并转产微波炉。短短 3 年后的 1995 年，格兰仕微波炉市场占有率便成为全国第一，达 25%，销售量达 25 万台；1998 年又成为产销规模"全球第一"，产销量达 450 万台。到 2000 年已成为国内市场占有率达 74%、全球市场占有率领先第二名两倍多、掌握具有完全知识产权的核心技术的微波炉制造企业。通过分析可以发现，支撑格兰仕微波炉走向成功的核心竞争力主要由三种能力构成：

（一）质量管理能力

格兰仕视质量为企业的生命线，树立了"没有最好，只有更好"的质量观以及 6 个西格玛的质量目标。格兰仕的质量不仅仅是指产品质量，而是广义的质量观。企业、产品、品牌、营销、服务、工作、管理、技术、人才等一切企业实力要素均存在质量的高低。投产之初格兰仕投入巨资从日本、美国、意大利引进国际最先进的微波炉生产技术、设备，并有选择地从日本等发达国家采购国际优质的元器件，从而确保产品高质量所需的一流硬件素质。而在软件方面，格兰仕以 ISO 9001 质量管理体系为基础，实施全面的质量管理，在全国近千家售后服务中心设立质量监测网点，及时收集市场质量反馈信息，不断改进工作质量，不仅使各经营要素的质量不断提升，而且确保了产品的高质量，从而轻松地获得了德国 GS、欧共体 CE、美国 UL 等多个国家和地区的产品质量认证，为格兰仕微波炉顺利打入国内外市场提供了有力的信誉保证。格兰仕从 1999 年起连续 3 年蝉联"全国质量效益型先进企业"称号，其空调和微波炉在 2002 年同时获得美国国际品质认证委员会和美国亚洲经济贸易合作委员会颁发的"高品质产品推荐"和"国际贸易推荐"荣誉。

（二）成本管理能力

格兰仕特别强调质量成本，强调有效成本，认为没有效率和没有质量就是最大的浪费，最高的质量和效率就是最低的成本，生产、工艺、技术、管理、营销、服务等一切企业实力要素均要追求高质、有效、低成本。格兰仕微波炉的低成本既来源于规模制造下的固定成本摊薄，又来源于高效、优质、全球采购管理下的变动成本节约，来源于其综合的成本管理能力。

当然，格兰仕获得设备技术固定资产也采取低成本的方式。与国内许多家电企业到海外建厂相反，格兰仕通过"拿来"方式将许多国外跨国公司的生产线搬到了格兰仕，从而低成本甚至"无偿"获得了国际最先进的生产设备和技术。格兰仕算过这样一笔账：引进的生产线在欧、美、日的每周开工时间一般为 24~30 小时，而在格兰仕工人三班倒，每周开工时间高达 156 小时。这样，单位生产成本就降低了 5~8 倍。最初，微波炉核心部件从法国进口要 38 美元，格兰仕对法国人说：把技术和设备搬到格兰仕生产，我们 5 美元一个卖给你。法国人毫不犹豫地签了字。正是靠着这种"拿来主义"，格兰仕与全球 200 多家跨国公司全方位合作，把自己做成了生产微波炉的"巨无霸"，实现了对全球微波炉技术设备、原材料等资源的整合，从而通过规模壁垒进一步奠定了其坚实的成本领先优势。

（三）技术研发能力

在国内规模做大后，格兰仕认识到，要在全球市场做大，必须要有强大的技术创新实力做后盾，因为技术毕竟是构成制造型企业核心竞争力的要素之一，没有核心技术意味着落后和被动，占领全球市场的唯一出路是掌握技术的高端领域。因此，在走过了最初几年的技术引进、吸收阶段后，1997 年格兰仕成立了"微波炉研究中心"，并在美国成立了"微波炉研究所"，加大技术研发投入，从而进入了全面自主开发的阶段。短短几年，格兰仕已经全面掌握微波炉核心技术和核心部件的制造能力，拥有 600 多项专利、专有技术，其中球体微波技术、微波增强补偿技术、磁控管延寿技术、多重防微波泄露技术、球体光波技术等都已成为微波炉行业的风向标，从而确立了格兰仕在全球微波炉行业的领导地位。

资料来源：康荣平、柯银斌：《格兰仕集团的成长、战略和核心能力》，载《管理世界》，2002（3）。

本章要点

1. 在动态的环境中，企业需要对核心竞争力进行动态管理，对核心竞争力进行动态管理的能力是比核心竞争力自身更重要的战略管理能力。

2. 核心竞争力的动态管理是指对核心竞争力的确定、培育、应用和评价等进行系统的全过程管理和实时的循环管理。

3. 核心竞争力的确定应基于公司未来的战略展望，而不是现有的业务和优势。

4. 核心竞争力的培育既包括要素能力的培养，又包括战略性资产的构建。

5. 核心竞争力的应用包括内涵式应用和外延式应用两种方式。

6. 核心竞争力的评价主要从适应性、竞争性、核心性三个方面进行。

研究思考题目

核心竞争力的动态管理与企业战略管理实践如何结合？对核心竞争力动态管理的核心是什么？

推荐阅读材料

哈梅尔·普拉哈拉德：《竞争大未来》，昆仑出版社，1998。
安德鲁·坎贝尔等编：《核心能力战略》，东北财经大学出版社，1999。
黄继刚：《核心竞争力的动态管理》，经济管理出版社，2004。

第九章　企业战略联盟

企业战略联盟在社会化大生产专业化与协作的发展过程中早已出现，而20世纪80年代以来有了很大的发展，90年代以后由于国内外市场竞争的激烈，在经济全球化、市场一体化趋势越来越强化的格局下，竞争使一些有经济实力的企业，特别是大型企业和跨国公司为了生存与发展，以增强自身的核心竞争力，使企业战略联盟这种新的竞争手段又有了更新的发展。同时，当今的时代又由于国际社会专业化分工与协作的发展、科学技术的进步、互联网的出现以及商用电脑的普及，无论多么有实力的企业都离不开其他企业的合作协助。只有这些有效的合作，使企业的比较优势得到互补，使资源在国内外范围内得到优化配置，才能把企业不断做好、做大、做强。因此，企业在竞争中合作，在合作中竞争，已经成为世界经济发展历程中一个必然的趋势。企业战略联盟这种新的组织形式正是在这种形势下形成和发展的，它正在改变着世界经济发展的基本走向。改革开放20年来，我国企业的经营形态已经发生了根本性的变化，开始注重利用国内外两种资源和占领国内外两种市场。然而，面对我国加入世界贸易组织的挑战、国内竞争更加日益国际化、国际竞争更加国内化的趋势，我国企业如何研究和利用国外企业在当代新的组织形式——企业战略联盟，使我国企业的经营管理能与国际管理惯例接轨，按国际通行的管理游戏规则办事至关重要。为此，我们的课程教材设置了企业战略联盟这个新的内容。

第一节　企业竞争中的联合：战略联盟

我们通常所说的战略联盟是指两个或两个以上的企业为了实现自己在某个时期的战略目标，通过合作协议方式所结成的联盟，以达到资源互补、风险共担、利益共享。如早先日本的索尼、松下、东芝等电器公司虽然互为竞争对手，但它们通过各自产品定位不同的协议与合作，各自占领了一定的市场份额。在我国，1998年年初，新科、上广电、熊猫、广东万燕4家企业在上海宣布成立 DVD 联合体，2000 年 5 月，科龙与小天鹅公司在电子商务方面的合作等，都是一种国内的战略联盟。

除了企业国内战略联盟外，还有企业国际战略联盟，它是当代战略联盟中最具有代表性的一种联盟组织形式。它使某个企业的联盟对象超越了国界，在世界范围内与自己发展有利的企业结成合作伙伴。企业的国内或国际战略联盟都是一种松散的、动态的和开放的企业间的组织形式，都是为了资源互补、风险共担、利益共享，实质上是以合作代替对抗，是更高形式的激烈竞争的开始。有人说，竞争对手之间"没有永久的敌人"，应付市场冲突、成本节节上升的问题等都需要彼此间的有效合作，共创竞争优势；也有人说，联盟内各成员之间常见的是"左手挥拳，右手握手"的情况；还有人说，竞争中合作，合作中竞争，已经成为世界经济发展的一种必然性趋势。

企业战略联盟是指由两个或两个以上有共同战略利益和对等经营实力的企业（或特定事业和职能部门），为达到拥有市场/共同使用资源等战略目标，通过各种协议/契约而结成的优势互补或优势相长、风险共担、生产要素水平式双向或多向流动的一种松散的合作模式。美国战略管理学家迈克尔·波特曾指出，战略联盟是企业之间达成的既超出正常交易，可是又达不到合并程度的长期协议。另外，也有人认为，战略联盟应不涉及股权参与，不应包含合资企业在内。但从当今企业战略联盟的发展态势来看，合资企业已成为一种普遍现象，因而我们的研究把它包含在内。战略联盟的特征表现在：

（1）联盟各方的企业往往都具有某个方面的比较优势，具有可相互利用之处。企业的战略联盟与企业收购不同，它不是以某个企业成功而另一个企业倒闭失败为目标，一般是为了两个企业整体或某个方面的发展作为联盟的目的，是接受竞争对手，赢得市场，而不是消灭竞争对手。所以，有人说企业战略联盟已成为除兼并之外可以提高核心竞争能力的另一种重要方式。

（2）联盟各方都有自己的发展战略。合作是为了实现各自与联合体的战略目标。企业一般的战略联盟都不是出于短期行为，而是从战略的高度，为了改善长远的经营环境和经营条件，长期占领、开发某个市场和保持核心竞争力的优势。美、日、德一些有名的汽车公司的战略联盟，就是为了瓜分世界市场。有些跨国公司的战略联盟就是为了将企业边界扩展到多个国家，建立国际生产网络，以实现一体化的国际生产的战略目标。

（3）联盟各方的经营行为只受所定协议、契约的管制，在此之外都具有独立平等的法人资格。也就是说，这种联盟除合资企业以外，其他各种形式的联盟企业都具有独立的平等地位，可按自己的发展需要运营。它一般都是通过谈判签订能增加共同利益的合同，以及基于共同信心和价值观相似的长期交易合同来实现的，一旦联合任务完成，战略联盟的使命即告结束。

（4）联盟的期限一般都比较长，依联盟各方的发展需要而定。由于这种联盟都是为了保持长期的竞争优势，联盟的期限视双方的需要而定，具有灵活性和自主性以及组织的松散性，它在信息沟通、核心技术开发、员工培养等方面有广泛的发展前途而被应用。

（5）联盟各方都是为了追求联合的协同效应。因为它可以把各个企业的优势结合起来，形成优势互补，从事单独一个企业所不能经营的事业和工作。日本有的管理学者认为企业之间的竞争呈相互攻击性是一种必然存在，但这种攻击性主要体现在产品质量、服务、创新和发明上，而不是攻击竞争对手本身。因为那种把竞争对手置于死地的做法，一是会导致两败俱伤，造成资源的浪费；二是失去竞争对手，也就失去了外部压力，自己也就没有了发展的压力。只有联合起来才可以取得双赢，求得共同发展。所以人们称企业战略联盟为"双赢"的战略。

第二节　企业战略联盟形成的外部条件和内在动因

企业战略联盟的形成具有外在条件和内在动因。如果外部条件具备，企业自身没有借助联盟求发展的内在动机，就不可能主动与其他企业结盟，相反，企业有借助外部资源求发展的意愿，而外部环境条件不允许，或没有合适的结盟对象战略联盟也不可能形成。

一、企业战略联盟形成的外部条件

在当代，企业战略联盟形成的外部条件主要是世界经济的全球化、区域经济的一体化、科学技术的飞速发展，使社会生产的专业化协作范围进一步扩大，有需要、也有可能使一些企业在国内外与其他企业结成战略联盟求得共同发展。全球经济一体化就是商品、服务、技术和资本能跨越国界的流量，越来越多地使世界各国之间生产技术经济的依存度越来越高。例如，跨国公司把生产制造转向世界上劳动成本最低、产品又能在当地销售的不发达国家；而计算机、网络技术又能提供分散商品和劳务，能够在国内不同的地区、世界不同的国家来生产制造产品与提供服务。如果说，人们过去必须在一个场所生产商品和提供服务，而现在则可以跨越国家和地区为很远的消费者提供产品和服务，都竞相力争能为更大范围内的消费者服务，这是形成企业战略联盟重要的外部条件。

更值得注意的是，自 20 世纪 80 年代以来，以电子、生物工程和新材料为代表的信息产业以及电子商务的兴起，大大推动了生产力的发展，扩大了国际市场，加强了资本流动，从而加深了国内各地区以及世界各国经济的相互依存，使地区分工、国际分工与专业协作的程度也越来越高。如美国波音公司的零部件就是由 1600 家美国及其他国家的分公司分别生产和供应的。这样，不仅使发达国家之间在资金、技术和市场上高度融合，而且发达国家与发展中国家之间的经济利益也相互影响、相互依存。在当代，作为生产经营单位的跨国公司已经将生产组织的边界扩展到多个国家，从事着一体化的国际生产。国际经济中的货物和服务贸易、资本和劳动力的流动不再单纯属于国家之间的经济关系，很大一部分是属于跨国公司内部的经济活动，即国际分工演变成跨国公司内部的分工。有人说，这种由跨国公司国际化生产形成的"全球价值链"和"国际生产网络"，按主导母公司在这些网络中所处的地位大体上可分为"生产者驱动型"和"购买者驱动型"两大类。前者在资本、技术比较密集的产业多见，后者在劳动密集的消费品产业多见。这种情况已经成为跨国公司竞争的新战略，成为当代企业战略联盟发展的新趋势。

二、企业战略联盟形成的内在动因

就企业形成战略联盟的内在需求来说，外国有的学者认为，主要有八个原因使战略联盟形成，即填补市场的技术空白、处理多余的生产能力、降低风险和市场进入成本、加速产品开发、实现规模经济、克服法律的贸易壁垒、扩大现有的业务范围以及降低退出行业成本。国内有的学者把它归纳为六个方面，即实现战略目标、开拓世界市场、实现规模经济、促进研究与开发、提高竞争能力以及降低经营风险；有的学者则直截了当地认为得到另一个组织提供的好处而不承担风险和责任是企业建立战略联盟的最终动力。

为什么两个或两个以上具有经营独立性和平等地位的企业能够自愿结成战略联盟呢？从企业内在的具体原因来说，主要是出于这样一些动因：

（一）提高企业各自的核心竞争能力

企业发展战略的关键是培育和发展能使企业获得长期竞争力优势的核心竞争力。企业的核心竞争力是由多种专长和技能构成的，如研究开发、技术、制造、营销和文化专长等，而核心是关键技术。在当代科学技术迅猛发展的情况下，没有哪个企业能长期垄断一切技术，使自己产品的所有零部件都靠自己制造。著名的 IBM 公司是世界上最大的计算机生产厂商，但它也不可能单独研制所有的电脑技术，还需要与其他公司合作。

企业掌握核心技术和提高核心竞争力的途径主要有三条：一是自我研制发

展，靠内部积累建立核心竞争力；二是购并拥有自己所需专长的企业，发展自己的核心竞争力；三是与拥有互补优势的企业建立战略联盟。其中靠内部积累发展核心竞争力是一条成本高、周期长的漫长道路，因为开发企业的专长和技术需要长期性和高投入。购并其他企业也需要处理各种复杂的关系，还需要进行购并前后许多经营管理的整合，代理成本也很高。同时，在当今区域经济一体化和全球经济一体化的形势下，由于数字技术和信息技术的发展，企业内部技术因素所产生的规模经济在不断降低，企业规模的扩张受到市场谈判力、资本市场的杠杆因素等的制约，通过投资、兼并等手段实现成长的成本可能也很高。因此，企业通过建立战略联盟代替并购来整合外部资源，以实现规模经济和范围经济，不但有可能，而且成本较低，期限较短。所以有人说，像通用汽车公司在 20 世纪初独揽所有关键技术的时代已经一去不复返了。因此，一些企业结成战略联盟，借助联盟内企业的资源优势和科研开发力量，来开发新技术、新工艺、新设备和新产品，有利于保持长期的竞争优势。

（二）开拓新的经营领域和进入新的产业

当今世界上各国的集团公司和一些跨国公司都具有经营领域广、产业门类多的特点，有人说，他们是飞机、大炮、面包、服装都生产的企业。然而，他们也不是样样技术都精通，他们要开辟新领域和新产品，往往都要与其他企业协作，借助于外部力量。惠而浦公司为开发一种超高效无氟冰箱，从他们的巴西分公司吸收了压缩机技术，从他们的欧洲分公司吸收了绝缘技术，从他们的美国分公司吸收了设计和制造技术。

（三）长期占领和开拓新市场

人们常说，只有饱和的产品，没有饱和的市场。企业竞争是为了自己占领和开拓更大的市场，而不可能独霸市场。尤其是在当代复杂多变的国内外环境中处处潜藏着竞争对手，最好的办法是实力不强的企业不要单独行动。即使是有名的单个企业与跨国公司在现今世界经济区域化、一体化和全球化发展的格局下，也难以完全左右和垄断全球市场，可以利用他人销售网络的优势，不断开发新的市场。日本企业在开拓国外市场、参与国际竞争时，经常都联合起来一致对外，以确保最大限度地实现共同的利益。据说日本的钢铁业、汽车业向我国出口商品时，都要事先由主要企业一起开会决定各企业的出口份额和出口价格，从而保证了他们不在中国市场上竞相杀价。1995 年 11 月，IBM 公司和苹果公司宣布，将联合推出运行系统和应用软件都互相兼容的个人计算机商品，以后他们又与提供微处理器芯片的摩托罗拉公司结成战略联盟，就是为了占领计算机市场。我国的海尔集团为了不断优化自己的营销网络，到 1999 年已在海外发展了 62 家海尔专营商，可辐射 87 个国家 30000 多个销售网点，这些国外经销商之所以愿做海尔的专营店并保持长期的合作关系，是看准了海尔的品牌和高成长性，扩大自己的市场，使双方的利益都得到保障。

（四）互通信息和规避风险

信息是企业的无形资产，是企业的"神经系统"。在当今的市场竞争中，哪个企业能及时捕捉到有用的信息，就有了竞争制胜的主动权。IBM 公司和与其有关的全球 40 家企业资深经理人员组成联盟协会，每月聚会一次，进行信息交流、知识共享，就是为了把风险降低到最低程度。因为现代市场经济中存在着不完全竞争、信息不对称以及不确定的各种机遇，企业之间为了减少这些情形导致的过高的交易成本，纠正市场缺陷，就需要与其他企业建立经营资源的战略联盟，以减少风险，求得长期发展。

第三节　国际战略联盟日益多样化的形式

综观当代企业战略联盟的形式，可以说是不计其数，因此，人们对它的研究分类也是多种多样的。有人从建立战略联盟的动机角度将企业战略联盟分为：全球竞争型战略联盟、技术互补型战略联盟、多角合作型战略联盟、风险共担型战略联盟和资源共享型战略联盟。还有人将它分为 X 和 Y 两类，前者为垂直联盟，后者为水平联盟。也有人认为通常战略联盟的形式有下游（也称后向）联盟、上游（也称前向）联盟、横向联盟和多样化联盟。概括来说，企业战略联盟可分为国内战略联盟和国际战略联盟，在这两大类型中，依据建立战略联盟的对象分为与消费者联盟、与供应商联盟、与竞争对手联盟、与配套产品生产商联盟、与科研机构联盟以及与政府机构联盟等类型。

从建立战略联盟的内容分，比较常见的、其作用比较显著的有研究开发战略联盟、生产制造战略联盟、联合销售联盟、合资企业战略联盟。

一、研究开发战略联盟

研究开发适应消费者个性化和时尚化的新产品是企业成长的出发点和落脚点。建立研究开发战略联盟是世界各国企业为了研究开发新技术、新产品而采用较多的形式。例如，在核工业领域，通用电气、东芝、日立和西门子为了改进热水反应堆技术而在一起合作。美国的 18 家电脑厂商及半导体制造商共同实施一项名为 MCC 的计划，他们联合起来研究包括新结构、软件和人工智能的第五代电脑，而研究成果将由各主办单位专利使用 3 年。可口可乐公司与百事可乐公司联合开发新产品等。韩国的三星电子公司于 1990 年 8 月和美国惠普公司合作开发与销售 RISC 工作站；1992 年 12 月和日本的 DNS 公司联盟合作开发和生产半导体生产设备；1993 年 1 月和美国的 IBM 公司联合开发与销售台式电脑；1994 年 9 月和美国 ISD 公司合作开发多层储存声响处理 IC；1995 年 5 月又与俄罗斯 Crosna 公司合资开发生产通信设备。这些联盟有利于集结各种资源和各方优势，节约研究成本，缩短研究周期。

二、生产制造战略联盟

技术含量和文化含量高的产品是制造出来的，企业设计出了新产品、新设备，如果没有现代化的技术制造手段，也难以提供给消费者。因此，有些企业就把自己研究开发的新产品通过战略联盟的形式交给其他有优势的企业去生产制造，自己集中力量进行研究开发或销售产品。通用动力公司为了向比利时、丹麦、荷兰、挪威销售 F-16 型战斗机，就曾达成一项协议，规定在这四个国家制造和装配零部件。欧洲空中客车公司生产的 A300 和 A310 宽体客机，由德国负责生产机身，英国负责生产机翼，西班牙负责生产尾翼，而在法国总装。这种把欧洲各国飞机制造的优势结合在一起的联盟，取得了很大的成功。世界有名的耐克公司和锐步公司并不拥有任何生产能力，而是依靠一个全球化的网络公司，即分别负责产品设计开发、制造、包装、运输和销售等各项业务的网络，实现全球化的生产和销售。

在生产制造战略联盟中，常见的是基于产品品牌的联盟。名牌是一个国家、地区和企业经济实力强弱的重要标志，目前许多企业都把实施名牌战略作为长远发展之计。企业实施名牌战略，一是自主创牌，这一战略需要的投入多、周期长，消费者对产品质量性能和服务的认知需要一个很长的过程。二是借用他牌，这也是一种战略联盟，如一些企业生产的产品或一些商场生产和销售的产品用另一个企业的品牌，这样尽管可以求得发展，但毕竟是为他人作嫁衣。三是联合创牌，这是一种比较好的战略联盟，它取决于国内外企业优势互补的需要。在我国家电业中，从琴岛—利勃海尔到海尔名牌系列，从三洋—荣事达到荣事达名牌系列，从长岭—阿利斯顿到长岭名牌系列，以及瑞士 IMV集团与我国实达集团升级为"IMV—实达"联合品牌，都曾采取过战略联盟的形式，大大提高了这些企业在国内外的知名度，并使这些企业都逐渐发展成为世界的名牌企业。

三、联合销售战略联盟

企业如何使自己的产品得到消费者的认可并及时销售出去，需要有一定的销售渠道和销售网络，而这些都靠自己去建立，是需要较长时间和大量成本的。而利用这方面有优势的其他企业，并与他们形成战略联盟，是一种交易成本较低的有效战略。例如，IBM 公司和理光公司合作销售个人电脑，与日本制铁合作销售操作系统，还与富士银行合作销售金融软件；韩国三星电子公司和日本的 NEC 同意合作生产半导体，销往欧洲市场；德国的雷诺公司与美国的汽车公司达成协议，雷诺通过美国汽车公司 1700 个经销商网络，在全美销售其汽车。而销售战略联盟在商业领域有代表性的是特许经营。它是当前国际上流行的一种商业理念，有利于企业销售网点快速、低成本增长。特许者将自己拥有的知识产权，如商标、产品、专利和经营技术等，以特许经营合同的形式授予被特许者使用。它在食品、餐饮、服务和教育以及时装、旅游和休闲等商业、消费服务方面，得到了广泛的运用。麦当劳、可口可乐在我国取得特许经营的成功就是佐证。它们将自己的专利技术等经营权益特许我们经营使用，大大提高了企业的知名度，拓展了其在中国的市场；我们只需支付少量费用，就可以使用它们的品牌、技术，不需要自己再投入大量的费用、时间和精力来研究与开发，所以人们说这是一种既安全收益又快的战略联盟形式。据来自国外的商业报告说，新开业的公司 5 年后有 90%倒闭，而采用了特许经营倒闭的只有 10%。可见，这种联合形式具有强大的生命力。

四、合资企业战略联盟

这种形式多发生在发达国家与发展中国家的企业之间。发达国家的投资者的目的大多是为了取得进入发展中国家的市场，或利用它们廉价的劳动力。而发展中国家的企业多是为了利用发达国家企业的技术、品牌、管理等资源优势，以提高自身的市场竞争力。例如，为了我国乙烯工业的发展，中国石化集团这个中国强手于 1999 年与德国巴斯夫股份公司合作签订了扬子—巴斯夫一体化跨世纪的大型石油化工项目，还与美国埃克森公司、沙特阿美公司合资建设福建炼油化工一体化项目，与美国道化学公司合资建设天津化学乙烯项目前期可行性工作。这些跨世纪大型石化项目的对外合作，充分发挥了中外合作各方的优势和长处，体现了投资少、建设快、效益好和产品替代进口等特点，可以说是强强联合，优势互补，能取得"双赢"的协同效应。表 9-1 为 1973~1988 年跨国公司之间通过不同形式的协议而签订的战略联盟情况。

表 9-1　1973~1988 年跨国公司之间签订的战略联盟情况一览表

协议形式	1973~1976 年	1977~1980 年	1981~1984 年	1985~1988 年
风险协定	64	112	254	345
共同研制	22	65	255	653
技术交换	4	33	152	165
直接投资	29	168	170	237
供应合同	19	47	133	265
单方技术转让	15	71	259	271
合　计	153	496	1223	1936

资料来源:《经合组织观察家》, 1992 (174)。

第四节　企业战略联盟的构建

企业战略联盟的构建必须有一定的程序，并采取相应的策略，它不是随意就可以成功的。

一、企业战略联盟形成的一般程序

通过研究、考察一些企业成功有效的战略联盟的实践经验可以看出，它们在建立的过程中一般都有三个阶段:

首先，战略联盟例行对象的选择阶段。在这个阶段，企业要根据自己的战略目标寻找或接受能帮助自己实现战略目标、弥补战略缺口的对象。一个合适的战略联盟对象应该是能为本企业带来技术、资金、人才、信息、文化、市场或某个方面的优势。

其次，战略联盟的设计、磨合和谈判阶段。这是联盟能否成功的关键环节。因为战略联盟是为了实现相关企业的"双赢"，保证各自的利益，是在竞争中求联合，所以双方对有关联合的具体内容、权责范围、规程制约、实施要点和实施结果的预测等都要细心谈判，应当求大同存小异，一般都需要有一个磨合的过程。

最后，战略联盟的实施和控制阶段。战略联盟的实施是联盟双方的共同责任，也是双方相互学习、互通信息、优势互补、提高竞争力的一个重要阶段。因为很多企业不只与一个企业建立联盟，而往往与多个企业交叉互为联盟，如果在联盟实施过程中不经常进行信息交流，使协议内容和成果转化为各方的竞争优势，就可能影响联盟的成功率。

二、企业战略联盟实施的要点

据《经济日报》1999 年 12 月 15 日报道，全球 500 强企业中，有 400 余家已在中国落户。这些跨国公司都已在中国盈利甚至是利润丰厚。他们当中有不少是与我国的企业采取了战略联盟的组织形式。而我国的企业还处于建立、完善现代企业制度和进入国际化经营的起步阶段，甚至还有不少企业不了解企业战略联盟的本质。据中国企业家调查系统 1999 年关于《中国企业经营者成长与发展专题调查报告》的资料，当问起 3180 位经营者对企业战略联盟的了解程度时，其中有 4% 的人回答非常熟悉，24.3% 的人比较熟悉，42.5% 的人一般了解，25.5% 的人不熟悉，3.7% 的人很不熟悉。可见，对企业战略联盟非常熟悉和熟悉的人仅占 28.3%。因此，今后面对更高、更新形式的竞争，企业充分认识和利用企业战略联盟这种新的组织形式，增强自己的竞争能力非常重要。

（一）正确认识企业战略联盟中竞争与合作的关系

马克思在 100 年前就说过，由于资本主义开拓了世界市场，就使一切生产和消费都世界化了。如果说工业化初期，一个企业的产品还可能由国内自己的企业制造，必须与国内其他企业合作，那么在当代任何一个高新复杂的产品，往往都很难单独依靠本国的企业制造出来。在当今世界上一些能够长期保持稳定发展的企业，必须依靠外部优势的资本、技术、营销等来扩张，以借势起飞和发展。

当然，企业战略联盟也不是保证企业迅速、健康发展的唯一组织形式，竞争与合作是企业成长的一把"双刃剑"，它的实质是高层次的竞争。因为企业结成联盟都是为了各自利益的最大化，不仅与联盟企业有潜在的利益冲突，更是为了与自己有相关利益的企业争夺在国内外市场上竞争中的主动权。也就是说，企业之间竞争战略的相关攻击性是必然存在的，而这种攻击性主要体现在产品质量、发明、创新和服务上，而不是攻击竞争对手本身。所以，企业要认识比较利益的原理，学会与其他企业既有竞争又有联合的本领。

（二）以灵活多样的形式进入国内外市场

关于一个企业如何与其他企业结成战略联盟，占领和开拓国内市场，企业都较为熟悉了解，但怎样从国内市场进入国际市场却有一个认识和运营的过程。一般来说，进入国际市场，都经过：商品国际化阶段，即把商品直接拿到国外市场销售；国外生产阶段，即购买许可证，与国外厂商进行长期合作，或在国外直接投资建厂生产；跨国公司经营阶段，即在几个国家或地区建立生产基地，或者与这些国家或地区的企业建立战略联盟，再从这些基地向世界市场提供和销售产品。因此，一些有经济实力和竞争优势的大企业，也可以跨越直接出口产品和建立海外生产基地的阶段，与有关企业联盟，直接从事海外经营，进入国际市场竞争。当然，具体选择什么样的既有竞争又有合作的联盟形式，要从企业实际出发，既不可以盲目跟进、急于求成，也不要失去机遇，消极地等待别的企业与自己来联盟。

（三）扶持和培育大型企业和企业集团联盟的竞争优势

企业之间的战略联盟多是强强联合，少有的强弱联合，也是因为弱者企业有某种特殊的资源优势，能为强者企业所利用。如果一个企业势单力薄，缺乏与其他企业结成联盟的某些资源优势，想要联盟则是不可能的。因此，每个国家应有重点地选择和支持一些有经济实力的企业组建大型企业集团，或者先以国内联合的方式而进一步向国外联合发展。例如，已在国外市场确立了优势的大型公司，有条件时可以在其他地区或进口产品的国家设立销售子公司，或者联合建立生产子公司。对于正在成长中的一些高新技术企业也可以与拥有先进技术的其他地区或国家的企业，联合建立研究开发子公司或研究开发生产基地等。

（四）加强战略联盟内部管理的协调与整合

企业大量的联盟实践证明，联盟的失败都和管理问题有关，尤其对于合资企业更为重要。当然，对于不同的联盟形式，应有不同的管理方式。但不管何种形式，国外有的学者提出都要考虑以下三个管理因素：一是需要建立并运行一个恰当的管理系统；二是要确定没有冲突的目标；三是各方都应采取一种适当的态度。而成功的联盟一般都要有三个管理准则：一是要为联盟确定早期的目标；二是在联盟伙伴之间建立一种个人基础之上的密切关系；三是保持一种良好的、能跨越职能的信息沟通渠道。国外学者总结的这些经验具有重要的参考价值。就许多企业的成功经验来说，以下几个方面更应特别注意：

首先，要有效地确定联盟成员协调一致的战略目标。现在国内外企业的战略联盟，有的是看中某国广大的市场、低价的劳动力，以及摄取他们所缺少的资源。而有的企业与外国企业联盟是看中他们的资金、技术和管理优势。因此，选择联盟要有长远目标，必须注意作详细的调查研究，看有无可利用的优势，特别是对本企业技术、产品、产业的升级换代与结构的调整以及提高企业的核心竞争力有无帮助。

有时在联盟开始时双方之间目标可能一致，但随着国际政治、经济、技术形式的变化与发展，原来一致的目标有可能发生冲突，这就需要经常进行协商，使目标在新的基础上得到平衡，以保证联盟的有效运行。

其次，要对联盟者具有信任感，切实履行联盟协议。因为联盟各方一般都具有特殊的优势，双方各自独立，为了自身的发展，必然有目标和利益的矛盾。众所周知，在日本与美国企业的联盟中，日本企业学到了美国企业的技术和管理经验以后，便把美国抛开，又成为美国企业新的竞争对手。从市场经济有竞争又有合作的本质看，这不足为奇。然而，如果联盟各方一开始就有不信任感，联盟则很难建立，即使签订了协议，也难以取得"双赢"。在佳能与贝尔、理光与三微的合作中，都是因为日方公司只想利用美方先进技术却不愿与美方分享市场而使联盟解散。东芝公司之所以有那么多联盟伙伴而能长期合作，就是依赖于它对伙伴关系的精心维护和管理。他们说，既然是合作，就要双方获利。我们从伙伴那儿学到了不少东西，对伙伴也予以大量的回报，其中包括东芝公司先进的制造技术。

一般在战略联盟建立之初，双方就合作的切入点都明确规定了各自的职责权限。可是在履行的过程中，有的不尽其责，是造成一些合作失败的重要原因之一。因此，履行协议、按照合同行事是保证联盟成功的首要因素。

再次，要及时进行信息沟通，消除不必要的摩擦。在战略联盟的运行过程中出现一些纠纷是不可避免的，经常的信息沟通能在纠纷出现之前得以解决。有的人说，信息沟通可以提高联盟各方对联盟的兴趣，求得对联盟的支持；通过伙伴之间的信息沟通，还可以促进各方知识的增长，形成学习优势。

最后，要做好跨文化的管理和整合，增强员工之间的心理磨合。尤其是形成国际战略联盟的各方，由于生活在有着不同社会经济、文化的国度里，其兴趣、爱好、生活习惯有所不同，其经营管理风格也不同。著名的通用汽车公司的管理风格是美国式的，而大众汽车公司则是德国式的。在合资企业，大家要一起管理好一个企业，需要在经营理念、战略目标、组织体制、规章制度等方面取得一致，又不影响各自的文化传统，做好跨文化的沟通更加重要。为了适应当地人民的文化习惯，有的公司在战略联盟中因地制宜，对自己的产品、服务和管理程序做了不同的调整，美国仕勤股份公司在日本供应绿茶风味的冰淇淋，麦当劳在印度供应羊肉汉堡就是例证。

本章案例

东芝公司的战略联盟

东芝公司是日本仅次于日立公司和松下公司的电子巨人之一。据有关资料，东芝公司在其发展的几十年过程中，几乎与世界上相关的企业都建立有不同形式的联盟关系，而且大部分的联盟都取得了经营上的成功。

早在 20 世纪初期，东芝公司就与美国电器公司签订了制造白炽灯泡灯丝的联盟协议。在以后的时间里，它还利用技术转让合同、合作制造、合资经营等方式来扩充自己的技术开发能力、生产制造能力和市场竞争能力，使自己几乎成为所有电子产品的领先者，例如，从发电设备到家电产品，再到世界上最精密的记忆芯片的生产制造，东芝公司都处于前列。在东芝公司战略伙伴名单中包括本行业许多知名的大企业。其中有：美国的苹果电脑公司、联合技术公司、时代华纳公司、太阳微系统公司、国民半导体公司、摩托罗拉公司、通用电气公司，法国的汤姆森公司、罗纳—普朗公司，德国的西门子公司，韩国的三星公司，意大利的奥利唯蒂公司，加拿大的 Isi 逻辑公司，瑞典的埃里克公司，日本的朝日化学公司，等等。

东芝公司与其他公司建立战略联盟取得了成功，其主要的经验为：

（1）它把战略联盟作为实现自己公司整体战略的基石。东芝董事长就说过，当今任何高技术想要在全球市场上竞争，除了战略联盟，没有其他战略可选择。他还说，一家公司主宰一种技术或一种经营活动的时代已经一去不复返了。技术的高级程度和市场的复杂程度，使你无法在整个生产过程中成为最佳。因此，东芝公司在其发展的重大战略决策中，都把如何与其他企业建立有效的战略联盟放在重要位置加以谋划。

（2）它从战略联盟建立一开始就明确协商规定好双方的职责权限。东芝公司负责合伙和联盟事务的董事与执行总裁说，尽管联盟在蜜月期间，双方认为一切都是美好的，但毕竟是两个有自己利益的企业，离婚还是可能的。只有一开始职责权限规定得非常明确，当联盟一旦不能继续下去时，双方都知道各自得到的是什么，也可以为以后联盟的成功总结经验、教训。

（3）它在战略联盟的执行中十分注意平衡各联盟伙伴的竞争利益关系。因为战略联盟具有多样性、多极性和交互性，东芝公司与某个公司有伙伴关系，可这个公司也可能和其他公司联盟，它的做法是公开自己所有的联盟伙伴关系。东芝公司认为，既然是合作，就要双方获利。东芝公司从战略伙伴那里学到了技术、管理经验，也特别注意给予伙伴应有的回报，其中包括东芝公司先进的制造技术。

（4）它特别注重与战略联盟企业的经营管理整合。其中包括战略上的整合、战术上的整合、运营上的整合、人员上的整合和文化上的整合等。

资料来源：根据李国津的《战略联盟》第 18~24 页内容整理提炼而成。

研究思考题目

用本章提供的知识和案例来研究我国的企业在自己的成长过程中，如何建立有效的国内或国际战略联盟，以提高自己的核心竞争力。

推荐阅读材料

李国津：《战略联盟》，天津人民出版社，1997。
秦斌：《企业战略联盟理论评述》，载《经济学动态》，1998（9）。
李新春：《企业联盟与网络》，广东人民出版社，2000。
曾忠禄等：《公司战略联盟组织与运作》，中国发展出版社，1999。

第十章 企业业务流程再造

1990 年，美国的迈克尔·哈默（Michael Hammer）首先提出了"业务流程再造"（BPR，Business Process Reengineering）,[①] 并将它引入到西方企业管理领域。作为一种基于信息技术的、为更好地满足顾客需要服务的、系统化的、企业组织的工作流程的改进哲学及相关活动，业务流程再造突破了传统的劳动分工理论的思想体系，强调以"流程导向"来替代原有的"职能导向"的企业组织形式，为企业经营管理提出了一个全新的思路。

第一节　什么是业务流程再造

围绕哈默提出的"业务流程再造"这一核心思想，学者们给出了各种各样的关于 BPR 的定义，如表 10-1 所示。

从表 10-1 可以看出，有关 BPR 的定义仍众说纷纭，那么，到底 BPR 蕴涵的是什么样的管理思想？它的基本内涵是什么呢？

（一）BPR 是一项战略性的进行企业重构的系统工程

业务流程再造是一项战略性的进行企业重构的系统工程，这意味着：

第一，企业实施 BPR 并成功的根本动力是企业长期可持续发展的战略需要。这种需要来源于激烈的市场竞争下，顾客资源有限的事实给企业带来的强烈的市场竞争意识和危机感；来源于对企业产生的生产周期降低、投入—产出比提高等不断升级的竞争要求的压力与紧迫感；更来源于企业上下对流程改进

---

① 关于 Business Process Reengineering（BPR）的译法问题："Business"可译做"企业"、"业务"，"Process"可译做"过程"、"流程"，"Reengineering"可译做"再造"、"再工程"，也被译为"重构"、"再造"，所以，在管理理论界，BPR 可译为"业务流程再造"，也有人译为"业务流程重构/再造"；相关联的概念还包括 Corporation Reengineering（公司再造）。此外，在管理工程领域，BPR 也被译为"企业过程再造工程"。本书以为"企业再造"在中国当前的企业界拥有其特定含义，而企业/公司再造更适合表达哈默所倡导的带激进色彩的再造活动，故引用"业务流程再造"的译法。此外，在国外的某些文献里，BPR 还会被用做 Business Process Redesigning/Restructuring 的缩写，特此说明。

表 10–1　BPR 的定义一览表[①]

作　者	概　念	定　义
M. Hammer	BP Reengineering 业务流程再造	BPR 是在对企业流程进行分析的基础上，重新设计之以获得绩效上的重大改善的活动
M. Hammer & J. Champy		根本地重新思考和彻底地重新设计，再造新的业务流程，以求在速度、质量、成本、服务（TQCS）等各项当代绩效考核的关键指标上取得显著的改善
Alter		BPR 是运用信息技术、从根本上改变企业流程以达成企业目标的方法性程序
T.H. Davenport & J. E. Short		BPR 是对组织中及组织间的工作流程与程序进行的分析和再设计
N. Verkatraman		BPR 就是要摆脱现有的组织运作程序，重新设计信息技术的基础架构并以此为企业确立新的运作程序，从而最大限度地将信息技术的开发能力发挥至极大
T.H. Davenport & J. E. Short	BP Redesign 业务流程再设计	组织内或组织之间工作流或各种流程的分析与设计
M. Marrow & M. Hazell	BP Redesign 业务流程再设计	通过检查关键流程中的流程和信息流，以达到简化、降低成本、提高质量和柔性的目的
J. E. Short & N. Verkatraman	BP Redesign 业务流程再设计	企业对内部经营流程的重新构造，以对顾客产品分销与发运服务的业绩的改善
J. E. Short & N. Verkatraman	BN Redesign 业务网络再设计	对从属于更大的企业网络中的部分重要的产品与服务进行重新构造
H. J. Johanson et al	BP Redesign 业务流程再设计	是组织取得成本、周期、服务和质量彻底变化的手段，它需要许多工具和方法，并强调企业是一系列面向客户的核心流程的集合，而不是功能的集合

的必要性、方向和具体措施所达成的共识。

　　Davenport 曾指出："流程必须在企业战略范围之内，以未来的理想模式为指导。只有一个明确的战略，才能提供流程再造的内容和实现它的动机，否则，（企业组织）是不可能在没有明确方向的情况下完成彻底改变的。"[②] 有关战略再造与战术再造是不同的，如表 10–2 所示。

　　第二，BPR 是根据企业未来发展的战略规划，对企业各项运作活动及其细节进行重构、设定与阐述的系统工程。

————————————

　　① 本表改编自芮明杰、钱平凡:《再造流程》，第 258~259 页，浙江人民出版社，1997，经修改后的表中内容包括两个部分：一是学者们就 "Business Process Reengineering" 所给出的定义；另一个则是就与之相关的各类 "BPR" 所给出的定义。

　　② 参阅 Thomas H. Davenport, Process Innovation: Reengineering Work Through Information Technology. 事实上，这一说法已经回答了有关 BPR 是激进的还是渐进式的这一有争议性的问题——只要从企业长期发展战略的需要出发，在不同的企业情境中，BPR 亦可以激进或循序渐进的面目出现。

表 10-2　战略再造与战术再造的区别

衡量标准	战术再造	战略再造
范围	职能部门	经营单位
关注焦点	单一流程	所有重要的核心流程
目标	工作流水线	全局观：系统、结构、激励、文化
角色	孤立的改进方案	所有改进方案的深邃的洞察力、远见
结果	成本、杂费、空间减少	利润、市场份额、顾客满意度上升

资料来源：钱肇基主编，熊能著：《企业战略再造》，第 10 页，中国电力出版社，1999。

　　在传统劳动分工的影响下，作业流程被分割成各种简单的任务，并根据任务组成各个职能管理部门，经理们往往会将注意力集中于本部门或个别任务效率的提高上，而忽视了企业整体目标——以最快的速度满足顾客不断变化的需求。而 BPR 强调的是将系统思想贯穿于再造企业业务流程的全过程，并借助工业工程技术、运筹学方法、管理科学、信息技术等多项现代社会人文科技手段，从业务流程、组织结构和企业文化等方面对企业进行系统重构，最终实现企业整体资源的全局化最优，而不是单个环节或作业任务的最优。

　　例如，被美国《幸福》杂志评为全美最富创新精神的企业——GE、IBM、Intel、3M 等，纷纷根据企业长期发展战略规划的要求，积极推进组织结构和运作机制的改革。这些企业面向顾客的需求，将企业既有资源分设为多个全面负责某一产品或服务的生产、采购、销售和研究开发工作的子单位或工作小组。在明确各子单位或工作小组内部各成员权责统一的前提下，使之成为一个个享有充分自主权和决策权的团队。[①]

　　（二）BPR 的根本目标是建立顾客满意的业务流程

　　市场或顾客需求是企业一切活动的目标和中心。企业组织的使命就是要了解市场和顾客的需要，并有针对性地提供产品与服务。因此，一切为了顾客，而不是为了方便自己，这就是面向顾客满意的流程改造的出发点和归宿。企业只有从根本上解决以市场和顾客的需求来规划业务流程，才会在市场上获得一席之地。反观现实生活中的企业组织就可以发现，以下描述的问题比比皆是：提供产品与服务的工作部门的员工因受制于严格的规章制度，而无法切实做到一切使顾客满意。这是因为他们缺乏这样的权限，没有充分的资源去做成这样一笔高质量的"生意"。当然，企业也大多缺乏真正鼓励员工们去全面照顾顾客需求的制度与激励。

---

　　① 《企业过程再造》，可参阅 http://www.amteam.org/a_bpr/bpr_in_firm0221.htm。

针对这种弊病，BPR 提倡以顾客为导向进行组织变通，鼓励员工授权和正确运用信息技术，以达到适应快速变动的环境的目的，其根本目的就是要为企业构建"把顾客需要放在中心地位"的流程体系。这包含着以下两层含义：

一方面，BPR 要求从订单到交货或提供服务的一连串企业作业活动，按照"所有工作/活动必须以满足顾客需求为核心"的原则，打破原有的科层组织中的职能与部门界限，使企业的活动重新构建在跨越职能部门与分工界限的"顾客需要导向"的基础上。如果说，"在传统的职能部门组织结构中，'管事的人'是某个职位上的经理。顾客找到他，他还要去找能为顾客解决问题的人。而在经过再造的公司里情形大不相同，顾客找的'管事的人'绝不是只会告诉别人为他解决问题的人，而是直接能帮他解决难题的人，是真正管事的人"。[1]相应地，组成企业活动的要素应该是一项项能直接满足顾客的任务或作业，而非一个个部门。

另一方面，BPR 要求重新检查每一项作业或活动，识别企业的核心业务流程和不具有价值增值的作业活动，简化或合并非增值的部分，剔除或减少重复出现和不需要的流程所造成的浪费，并将所有具有价值增值的作业活动重新组合，优化企业的整体业务流程，缩短交货周期，提高企业运营效率的过程。

例如，1992 年，IBM 进行再造时的指导原则是"更加注重以顾客为中心"。IBM 设计了 12 个顾客关系流程，并以此为再造项目的基础。其中之一是"解决方案交付"流程：IBM 和顾客之间就一个完整的，包括硬件、软件、技术支持、咨询服务和零部件等的 IT 系统而达成的协议。再造后的流程通过"定价工具"软件，把定价的权利和责任赋予了项目小组，和原来靠 IBM 总部进行定价的老方法相比，新的流程将交货时间缩短了近两个月。总之，BPR 通过把"管理职权在再造过程中移交给一线人员"，"使原本无人过问、支离破碎的业务流程变得紧凑有效"，[2]加快了对顾客需求的响应速度，提高了产品与服务的品质和有效性，从根本上增强了企业的竞争力。

（三）BPR 的要素：目标、技术和人

传统的业务流程和管理组织形式往往与当时的社会发展水平及较为平稳的管理环境相对应，更是信息技术不发达的结果。切斯特·巴纳德（Chester I. Barnard）曾指出，组织的共同目标和人们的协作意愿要通过信息沟通连接才能成为动态的过程，由信息传递技术所决定的传递渠道、体系、覆盖面及密度在很大程度上影响着组织的结构。信息技术的发展改变了企业组织及其传统管理体系赖以生存的信息基础，改变了主要依靠语言和文字的信息交流方式，改

变了主要依靠人脑和手工的信息处理方式，改变了主要依靠人脑和文件的信息存储方式。现代信息技术已经使信息的快速处理、实时传输与全方位共享成为可能，这意味着它使企业实现资源跨时空限制的协同控制与分布式管理成为可能。于是，全新的企业业务流程、组织结构和管理模式也就呼之欲出了。[1]

BPR 的核心任务正是要将技术和人这两个关键要素有效运作在业务流程的再设计与重构活动之中，从而推进企业组织的技术性（如技术、标准、程序、结构、控制等）和社会性（如组织文化、政策、行为规范、作业风格、激励方式等）发生适应企业整体绩效改进和长远发展的需要。没有社会性方面的再造，只有技术的应用最终将是脱离企业实际需要、"冷冰冰"的自动化；而没有技术的应用，只有社会性的再造，那只是在低水平上的资源调整。只有二者联合推进，才能真正体现出 BPR 的魅力。[2]

综上所述，BPR 和其他管理思想、管理技术一样，是一种优化方法，是一种对工作进行优化的思想和技术。可以认为，BPR 偏重于在企业经营管理活动中引入信息技术，加强人、各个工作环节之间的通信和交流，形成协同效用，从而达到优化；也可以认为，BPR 通过各个局部流程的自动化，通过加强流程间的联系来实现流程的整体优化。但必须强调，如果不把人的思想加入到技术里去，不用新的眼光来看待这种管理的变化，那么，无论设计如何精良的系统，其动作效果都会是不尽人意的。这是因为 BPR 不仅是一种技术，同时更是一种思想的结晶。

第二节　BPR 的实施程序和应用概况

业务流程再造是一种主动性的变革，它以信息化和知识化为基础，以顾客需要为导向，对企业工作活动及相关流程进行关键性的重新设计和根本性的变革，最终建立符合企业长期持续发展需要的新型工作团队。

一、BPR 的实施程序

一种比较规范的三阶段 BPR 实施方法[3] 来自于 Coopers & Lybrand Con-

---

① 庄玉良：《企业信息化建设新思路：基于 BPR 的 MIS 开发战略》，载《中国软科学》，1999（4）。

② 季建中、顾培亮：《企业过程再造——管理模式的变革》，参阅 www.amteam.org/a_bpr/bpr_li&gu.htm。

③ 开思软件咨询顾问钱强根据 Prosci 研究报告编译而成的《BPR 方法学基础》，也提供了一套比较完整的 BPR 项目实施程序，有兴趣的读者可以访问 http://www.amteam.org/a_bpr/bpr_rudiment_1115.htm。

sulting（CLC）。这家起源于 1898 年的知名管理咨询公司，在 1990 年首次提出间断点业务流程再造法（Break-point BPR）。1994 年，CLC 将上述方法与基于计算机技术的 Workbench 结合起来，形成了一个较为完整的 BPR 实施体系。至 20 世纪 90 年代中后期，全球有 100 多家企业在 CLC 的协助与支持下，在不同程度上运用间断点 BPR 方法实施了业务流程再造。该方法主张按工作推进过程中所表现出来的组件、任务与典型活动的不同而把 BPR 实施划分为三个阶段。

表 10-3　BPR 实施各阶段的组件、任务与典型活动对比表

阶　段	组　件	任务与典型活动
第一阶段 发现	动员（mobilize）；评估（assess）；挑选（select）；参与（engage）	启动项目；开发沟通战略；挑选和建立变革团队；建立愿景；评估组织文化
第二阶段 再设计	动员（mobilize）；分析（analyze）；革新；工程实施；委任（commit）	对既有流程（文化、技术因素）进行连续性的评估；最后概括、总结并肯定组织变革
第三阶段 实现	动员（mobilize）；行动（act）；沟通；衡量；维持（sustain）	全面整合组织变革所涉及的组织结构、流程、技术、人员等各种因素

国内研究者也给出了一些类似的三阶段九步骤的 BPR 项目实施程序。以下给出一种有代表性的描述：第一，发现与准备阶段，其三个步骤分别是：一是在回顾企业战略、结构、业务流程，重新定义发展目标的基础上，明确企业定位，确定可开展的项目群；二是进行初步分析，分析再造给企业带来的变化；三是选择前期项目切入点并明确其范围，或选择典型的样板/示范项目。第二，重新设计阶段，其三个步骤分别是：运用业务活动图示法等工具对业务流程进行细致的分类；设计多种体现简化、整合、自动化原则的新业务流程方案；对各个方案进行投入—产出或成本—效益分析与评价。第三，具体实施阶段，其三个步骤分别是：选取合适的方案，并准备好应急方案；方案实施；更新相关数据，为下一步工作做准备。

面对着多种多样的 BPR 实施程序，研究者根据现有文献中已经出现过的和咨询师处理过的案例，将经常采用的 BPR 运作程序大致划分为四大类：

程序一

描述项目（确定项目边界）

设立愿景、价值观和目标

再设计业务流程和相关工具、模型

评估概念

制订实施方案

实施再设计

通过绩效衡量来实现持续性的流程改进

程序二

项目界定

建立 as-is 流程模型，即对现有流程进行诊断

再设计业务流程

进行成本—收益分析

计划并实施新的流程体系

评估流程绩效

程序三

项目界定，确定项目理想目标

向业务相关人员（顾客、合作者、业内标杆、技术领先者）学习

建立愿景，并设计新的业务流程模型

开发相配套的技术支持系统和组织结构

实施改进分析，并准备跟踪业务的成本收益变化

定义流程、系统，开展必要的培训，并实施计划

开发解决方案

实施解决方案并衡量绩效改进效果

程序四

项目界定并组建项目团队

运用头脑风暴法来发掘新的流程和技术

分析并优化改进的可能性（收益分析）

机会择优，并设计解决方案

开发新的业务流程，信息系统和可用工具

制订实施计划并执行解决方案

绩效衡量

二、BPR 的应用概况

实施 BPR 的成功的例子可以列举如下：Taco Bell 通过 BPR 使年获利率平均增长 31%；麦道公司则利用 BPR 使每架军用运输机降低成本 100 多万美元；Hallmark Cards Inc 使用再造后的新过程，使设计开发新品种的周期由原来的 2~3 年变为 1 年；一家美国的矿业公司实现了总收入增长 30%、市场份额增长 20%、成本压缩 12% 以及工作周期缩短 25 天的好成绩；欧洲一个零售组织将工作周期缩短了 50%，并使生产率提高了 15%；一家北美化学公司的

订单传递时间缩短了 50% 以上，所节约的成本超过 300 万美元……GM，Xe-rox，Walmart，Federal Express，Motorola 等全球一流企业都有过成功实施 BPR 的典范之作。[①] 而所有这些"戏剧性"的成就驱使 BPR 操作者们把再造目标设定为：将生产周期缩短 70%，成本降低 40%，顾客满意度、产品质量和总收入均提高 40%。

在看到 BPR 的强大功效的同时，也应该看到 BPR 作为一个非常有争议的概念，企业规划与实施 BPR 项目的失败实例也屡见不鲜。一些数据中所蕴涵的事实将有助于人们对 BPR 的消极一面有所认识：据统计，70% 的 BPR 项目五年后均归于失败；[②] 通常，实施 BPR 所用的时间、资金和其他资源是预先估计的 2.5~3 倍。[③] 总体看来，BPR 的确可能给组织带来巨大的绩效改进机会，而实现这种成功再造的前提正是，BPR 的实施者应该对企业自身的使命与需要、内外部环境的变化与挑战、BPR 的理论基础、方法论、策略乃至技术因素有充分的了解与认识。

表 10-4　影响 BPR 项目实施的因素一览表[④]

有助于 BPR 项目成功实施的因素	不利于 BPR 项目成功实施的因素
有前瞻性的战略眼光	期望值不当、目标设定不当或有悖于企业发展战略
企业上下对变革的愿景认同度高	不恰当的项目发起人或缺乏高层的支持
由固定的专职人员领导与负责	过于强调削减成本或缺乏财务计划（资金）支持
管理机制健全	存在组织内部对"变革"的封锁、抵制或巨大阻力
预算充裕	初期受挫或缺乏阶段性的推进、跃进与实施计划
相应的授权及协作工作模式	缺乏配套的管理机制，特别是激励机制的支持
高层管理者强力支持和适度参与	忽略面向市场或顾客满意的目标量值
充分利用了新的信息技术给企业提升竞争力所带来的机会	忽视或过于高估信息技术、技术专家或外部咨询顾问在业务流程再造中的作用
运用培训、座谈等方式，促使员工们不断就发生的变化进行广泛的沟通，以对再造的必要性及现存的机会达成共识	未能有效打破原有的职能部门界线 员工无法改变"一切为我做"的工作态度 缺少参与式的企业文化和合作精神

总体而言，成功的 BPR 项目往往以企业长期发展战略需要为出发点，以价值增值流程（使客户满意的任务）的再设计为中心，强调打破传统的职能部门界限，提倡组织改进、员工授权、顾客导向及正确地运用信息技术，建立合理的业务流程，以达到企业动态适应竞争加剧和环境变化的目的的一系列管理

①③ 季建中、顾培亮：《企业过程再造——管理模式的变革》，参阅 http://www.amteam.org。
② 裴金林：《浅谈 BPR 的实施》，参阅 http://www.amteam.org/a_bpr/bpr_implementation.htm。
④ 本表改编自华萌：《企业流程重建成功的先决条件》，载《科学学与科学技术管理》，1999（7）。

活动。在 21 世纪，企业内部网和互联网技术的快速发展更为企业提供了多种全新的业务模式选择，这意味着企业业务流程再造的作用空间被大大拓展。借助最新的信息技术成果，BPR 甚至可以发挥出由内及外，打通企业乃至产业价值链的功效，从而真正实现面向终端顾客需要的企业自身、供应商、合作者的系统经营绩效的改进和整体竞争力的提升。

第三节　BPR 的实施技术

BPR 的关键技术包括：业务流程设计与改进技术、标杆瞄准（Benchmarking）和 BPR 建模与仿真技术。其中，业务流程设计与改进技术强调通过重新设计现有流程，或者进一步完善已设计的流程，以使之更好地满足顾客或利益相关者的需要，更快地提高顾客响应速度和更有效率地实现前两项任务；标杆瞄准是指一个连续、系统化地对世界领先企业进行评价的过程，并由此确定出代表最佳实践的经营过程和工作过程，以便合理地确定本企业的业绩目标的一个合理合法地"拷贝"优秀企业成功经验的过程。建模与仿真技术则是防范与规避 BPR 项目的高风险性和提高项目实施成功概率的关键技术。

一、业务流程的一般分析技术

（一）活动与流程的描述

活动是构成流程的最基本要素，因此，活动分析是流程描述与分析的基础。通常一个活动是接收某一种类型的输入，并在某种规则控制下，利用某些资源，经过特定变换转化为输出的过程，可描述为："活动＝｛输入，处理规则，资源，输出｝"。其中，资源并非指一般的输入要素，而是活动的执行者在执行这一活动时所依赖的方法或凭借的手段。

与活动密切相关的两个概念分别是工作（work）与动作（motion）。前者是通过某些活动或工作方式而形成的一定的结果，相应地，由相互独立的相关活动所共同形成的结果就是流程；后者则是单个或特定的运动或其他方式，人们要完成一个活动，产生一个特定的结果，都是要通过一系列的动作来实现的。[1]借助 BAM（Business Activity Mapping）方法，[2]所有的业务流程与活动

---

① "活动"及相关概念选自芮明杰、钱平凡编：《再造流程》，第 146~169 页，浙江人民出版社，1997。

② 简洁的活动描述和建立工作流模型工具可阅读徐渊：《公司再造》，第 65~69 页，上海译文出版社，1998。

都可以被识别与界定，包括各项相互关联的职能也可以用交叉参照点方法来纳入整体流程模型。通过对不同活动、活动所组成的不同性质的流程、活动与活动之间的关系、流程与流程之间的关系，以及活动或流程的承担者的顺序描述，便可以得出各种各样的流程图，它们生动地描述了企业组织的业务流程状况。

（二）选择再造对象的常用工具

通常企业可以针对以下业务流程实施再造：如对全局工作有影响的核心业务流程；高附加值的业务流程；面向终端客户提供服务的业务流程；瓶颈性业务流程；跨职能部门的业务流程等。对于那些为选择 BPR 切入点或在众多的有待改进的业务流程面前倍感苦恼的 BPR 实践者来说，马蒂拉（Martilla）和詹姆斯（James）提出的绩效表现——重要性矩阵（Performance/importance matrix）是一个简单但非常实用的工具。它能够帮助企业发现最需要且是当前最适合实施改进的领域。[①] 这一工具强调，以流程的重要程度和绩效的高低将流程区分为需要保持现有效绩的双高流程；需要集中精力于此的高重要程度低绩效流程；低重要程度高绩效的潜在技能过渡流程；次要或可忽略的双低流程。

另一种与绩效表现——重要性矩阵方法相似且用途相似的矩阵分析方法强调根据一项流程对顾客的重要性和对该流程进行再造所需花费的资源多少，来确定是否将其作为流程再造的对象。具体可以分为四类流程再造：第一类流程是业务流程再造的优先目标，其实施成本较小，而对顾客的重要性又较大，因此，应该成为企业倾其资源来确保再造成功实施的对象。第二类流程是对顾客重要性较高而再造成本也较高的流程，它们一般是融入了企业核心能力的核心流程；从长远来看，这类业务流程的再造对企业可持续发展意义深远。因此，应该结合企业战略规划的要求，有计划地把这类流程的再造项目作为增加顾客满意度的有效手段来实施。第三类流程是对顾客满意度影响不大而再造成本较低的流程，这类支援性流程可以被作为那些资金充裕的企业的再造候选对象。第四类流程对顾客满意度影响不大且再造成本偏高，属于企业应尽早放弃或取消的流程。[②] 其中，流程对顾客的重要性可以通过该流程对顾客满意度影响的大小的评价来进行衡量。一个有效的工具是由价格、产品质量、服务质量、变革、企业形象五项价值要素构成的顾客价值包（Value-package）。[③] 此外，借助供应商、员工、外部咨询顾问的知识、经验以及对业内领先企业的标杆瞄准的

---

① J.佩帕德 & P.罗兰：《业务流程再造》，高俊山译，第 213~214 页，中信出版社，1999。
② 熊能：《企业战略再造》，第 251 页，中国电力出版社，1999。
③ 熊能：《企业战略再造》，第 146 页，中国电力出版社，1999。

作业成果，对选择 BPR 的切入点而言，也是非常有益的。

（三）流程优化技术

由于设计不完善、需求变化、技术过时、官僚主义滋生等原因，大多数组织都不自觉地包含了大量效率不高或在输出创造价值方面做得不尽人意的流程。流程优化正是一种解决这一问题的行之有效的技术。通过将非增值性步骤从业务流程中剔除出去或尽可能地压缩，流程优化可以有针对性地提高能够为顾客提供产品与服务的效率与品质增加的环节的运作能力。

从外部顾客的角度看，他们发出"需求信号"的目的是要获得价值或效用明显增加的产品或服务（产出）。一个非常简单的道理是，没有一个顾客会掏钱购买那些只会增加成本或延误配送时滞的活动，因此，消灭非增值活动（non value-added activities，waste）的任务就变得非常必要且迫切了。如果问题解决流程（Problem Solving Process）所占用的时间或成本存在改进可能；或标杆瞄准的结果表明，与竞争者相比，企业在产品或服务的配送成本或表现（包括服务或技术支持的响应速度）上存在明显劣势；或在分析问题解决流程的过程中，发现了对满足顾客需要贡献甚微或几乎无贡献的活动，那么，流程优化技术就可以帮助企业提高业务流程的响应能力，降低成本，降低次/废品率和提高员工满意度。[①]

常用于寻找业务流程改进机会的分析工具与技术方法非常多。例如：帕累托图表（Pareto Charts），一种就问题重要层级进行排序，并以柱状图形式表达出来的方法，每根柱的高低对应着各个子问题对总体问题的影响程度；统计流程控制（SPC，Statistical Process Control），用概率统计对问题或可能导致目标偏差的因素进行分析，以控制和确保流程改进的方法；工作流分析（Work Flow Analysis），一套结构严谨、旨在通过减少不必要的任务而使工作流顺畅化并改进工作流程的分析系统，等等。

上述流程优化方法的实施往往有赖于遵循 ESIA 的流程优化原则，即：清除（Eliminate）——找出并清除或彻底铲除（Obliterate）非增值的活动，如过量生产或过度供应、等待时间、不增值或失控流程中的加工处理/转移环节/库存与文牍工作、缺陷、故障与返工、重复任务等；简化（Simply）——在尽可能地清除了非必要性的活动之后，对剩下的必要活动进行简化；整合（Integrate）——对经过简化的任务进行整合，以使之流畅、连贯并能够满足顾客需

---

① 从发出"需求信号"到顾客接收到产品或服务的整个过程所占用的时间，以及该时间段中发生的费用。增值活动（Value-Added Activities）：每个流程事实上都是由增值活动和非增值活动组成的，前者是特定业务流程中能够给顾客带来更多的需求满足或有助于改进整体流程运作效率的活动，后者又被称为无效活动（waste）。

要；自动化（Automate）——在完成流程与任务的清除、简化和整合的基础上，充分运用与发挥信息技术的强大功能，实现流程加速与顾客服务准确性的提升的自动化。

二、标杆瞄准、建模与仿真技术

（一）标杆瞄准的基本内涵、分类与一般程序

美国施乐公司总裁科恩斯将 benchmarking 界定为，企业将其产品、服务和其他业务活动与自己最强的竞争对手或某一方面的领先者进行连续对比衡量的程序。根据施乐的经验，标杆瞄准几乎可以用于企业的每一个领域，不仅可以用于产品和服务的对比衡量，还可以用于制造程序、营销活动，以及企业支持系统，如人事管理、财务管理、信息管理等。[①]

近年来，国外一些大公司如福特汽车、Whirlpool 和 IBM 等，纷纷将标杆瞄准用于产品开发中，通过系统分析竞争对手产品的各项指标（性能、功能、结构、价格）及产品在设计、制造和装配等方面的特点，以求达到借鉴先进经验、与竞争对手相抗衡的目的。这些标杆瞄准策略的实践方式大致可以划分为四类：产品式、程序式、组织式和战略式。[②] 其中：

（1）产品式是最早也是最为广泛采用的形式。一个典型的例子是，日本在大量的电子消费用品、制造业应用基于产品的标杆瞄准的思想，使其产品在较短的时间里实现了产品品质、功能和档次的全面赶超。

（2）程序式的目的在于通过不同企业间作业程序、业务流程与活动的比较分析，发现"隐藏在不同企业和不同部门市场表现差异背后的关键因素"，如丰田汽车公司的 JIT、看板管理和"零库存适时系统"都是流传甚广的、程序式标杆瞄准的例子。

（3）组织式是对有相关性的不同企业的组织系统进行全面对比衡量，以期剖析出特定环境下影响组织机构设置、功能、效率、协调性变化的内在规律，从而创建或改造出效率更高、灵敏度更高、适应性更强的企业组织。

（4）战略式的侧重点是，对不同企业间各种影响战略制定、细化和实施的因素进行衡量、比较和分析，以期寻找到战略制胜的关键要素。

无论哪一类型的标杆瞄准方式，其一般运作程序都包括：确定需要进行标杆研究的流程和影响流程成败的关键因素；确定要以之为瞄准目标的标杆企业、组织及其流程；通过走访、调研、会谈、专业期刊、广告等采集数据，并

---

① 柴旭东：《蜕变中再生》，第 120~121 页，民主与建设出版社，1999。
② 同上，第 121~122 页。

进行分析；从众多标杆数据中，选定最佳改进标准（the "best of class" tar-
get）；根据标杆指标，评估企业的既有流程，并确立改进目标。

（二）建模与仿真优化技术在 BPR 中的运用

实施 BPR 是一项高风险性、高投入的活动，它直接影响到企业与员工的
切身利益。一种较为先进的做法是利用计算机运行各种过程方案，并比较分析
结果，确定流程再设计方案，即采用建模、仿真和优化的技术确定新的业务流
程。作为核心环节的流程建模阶段，能够借鉴许多已有的建模方法，以下介绍
几种较成熟的、可支持 BPR 的仿真分析的方法，主要有 IDEF3 方法、RAD
（Role Activity Diagram）方法、Petri 网方法和工作流方法等。[①]

1. IDEF3 过程建模方法。IDEF3 方法是用来获取 BPR 中经营活动序列描
述的，其基本目的是提供一种结构化的方法，通过该方法，某领域的专家能够
表述一个特定系统或组织的操作知识，以自然方式直接捕获关于真实世界的知
识，使该方法的信息获取成为可能。IDEF3 方法提供了一种机制去捕捉项目活
动间的约束，对于参与活动的对象，IDEF3 语言提供了详细描述的途径。

利用 IDEF 系列方法（IDEF0/IDEF3）为 BPR 项目建模的工作思想是：首
先，建立过程的功能模型是过程建模的核心。通过功能分析，可以从宏观上确
立过程所包含的各项活动、活动的信息流动、活动开展所必需的控制和支持机
制。其次，信息视图是过程建模的基础。最后，在功能模型中，活动一般可以
对应过程的任务。信息输入输出代表任务间的信息传递；活动执行的控制表明
任务执行时需要的控制制约；活动的机制表明活动开展所需要的资源。

IDEF3 方法的基本组成部分包括：行为单元（UOB），其作用是描述"正
在发生什么事"，相当于功能或活动；交汇点（Junction），这是 IDEF3 方法的
一个创新，用于过程分支的情况，可以粗略地表示多个分支活动之间的逻辑关
系和时间关系；参照（Referent），IDEF3 方法中一种内涵比较复杂、功能较为
丰富的成分；OSTN 图，从对象的角度来描述一个过程，通过记录某对象的状
态集、状态保持/转移的条件等因素，可以反映出实际过程的进展。

2. Petri 网方法。Petri 网是一种适用于多种系统的图形化、数学化建模工
具，为描述和研究具有并行、异步、分布式和随机性等特征的信息加工系统提
供了强有力的手段。作为一种图形化工具，可以把 Petri 网看做与数据流图和
网络相似的通信辅助方法；作为一种数学化工具，Petri 网可以建立各种状态
方程、代数方程和其他描述系统行为的数学模型。Petri 网的主要功能是为各

[①] 柴旭东：《面向制造业其它环节的仿真》，参阅 http://www.cf.cims.edu.cn/technology/Simulation/
dxyy_5.htm。

种与并行系统有关的特性和问题提供分析方法。利用 Petri 网模型可以研究两类特性：依赖于初始状态和独立于初始状态的特性。前者指状态行为特性，后者指状态结构特性。

3. RAD（Role Activity Diagram）方法。在 BPR 中，RAD 采用以下五种概念作为模型建立的出发点：①角色的活动如何划分。②企业在过程中要实现什么，即过程目标。③为实现目标采取的行动，即活动。④人们如何协作来完成工作。⑤企业用什么约束条件来规定人们能做什么和应该如何做，即经营规则。基于上述概念，RAD 用专门的符号来表示人们日常看到的角色、目标、活动和作用等概念，它们之间的交互作用，以及将它们有机地链接在一起的顺序、决策和并行性等经营规则，并尽可能真实地描述组织是如何处理复杂问题的。

4. 工作流方法。企业经营过程建模的目的是实现由人、应用、数据动态组成的流程的管理、控制和优化。工作流技术正是实现流程执行和控制管理的一条途径，它可以被有效地应用于企业经营过程重构中的过程建模。一个工作流包括一组活动以及它们的相互顺序关系，还包括过程以及活动的启动和终止条件，以及对每个活动的描述。比方说，从生产经营过程的角度出发，一个制造企业可以被视为由多个相互关联的不同层次的流程组成的活动流程网络。如由订货、采购、设计、生产交货组成的主流程，该主流程又可以分为多个彼此相关的小流程，如产品设计流程、产品制造流程、销售经营流程等。这些流程可以被处理为多个相关的工作流，从而利用工作流技术对其进行建模和管理。

本章案例

福特汽车公司应付账款部的采购业务流程再造

关于北美福特汽车公司应付账款部门如何再造其应付账款业务流程以减少其管理费用，是 BPR 最经典的案例之一。福特汽车公司是美国三大汽车巨头之一，但到了 20 世纪 80 年代初，福特像许多美国大企业一样面临着日本竞争对手的挑战，正在想方设法地削减管理费和各种行政开支。

位于北美的福特汽车公司 2/3 的汽车部件是需要从外部供应商购进的，为此需要有相当多的雇员从事应付账款管理工作。当时，公司应付账款部有 500 多名员工，负责审核并签发供应商供货账单的应付款项。按照传统的观念，这么大一家汽车公司，业务量如此庞大，有 500 多名员工处理应付账款是非常合情合理的。进行业务流程再造之前，管理人员计划通过业务处理程序合理化和应用计算机系统，将员工裁减到最多不超过 400 人，实现裁员 20%的目标。

促使福特公司认真考虑"应付账款"工作的是日本马自达（Mozda）汽车公司。这是一家福特公司占股22%的参股公司，有5位职员负责应付账款工作。尽管两个公司在规模上存在一定的差距，但按公司规模进行数据调整之后，福特公司仍多雇用了5倍的员工，5∶500这个比例让福特公司的经理再也无法泰然处之了。福特公司决定对与应付账款部门相关的整个业务流程进行彻底再造。

福特汽车公司应付账款部门的工作是接收采购部门送来的采购订单副本、仓库的验货单和供应商的发票，然后将三类票据在一起进行核对，查看其中的14项数据是否相符，绝大部分时间被耗费在由于种种原因造成的数据项不相符上。其业务处理流程如图10-1所示：

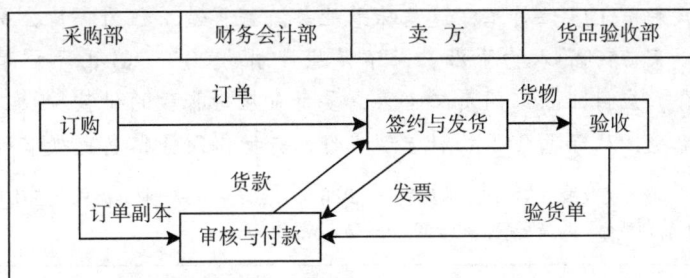

图10-1 再造前的业务处理流程①

如图10-1所示，第一，采购部门向供货商发出订单，并将订单的复印件送往应付款部门；第二，供货商发货，福特的验收部门收检，并将验收报告送到应付款部门；第三，供货商同时将产品发票送至应付款部门。

针对上述流程，按流程再造的要求，应付账款部门不再需要发票，需要核实的数据项减为三项：零部件名称、数量和供应商代码，采购部门和仓库分别将采购订单和收货确认信息输入到计算机系统后，由计算机进行电子数据匹配。业务流程再造之后的公司业务流程如图10-2所示。

新的流程中包含两个工作步骤：第一，采购部门发出订单，同时将订单内容输入联机数据库；第二，供货商发货，验收部门核查来货是否与数据库中的内容相吻合，如果吻合就收货，并在终端上按键通知数据库，计算机会自动按时付款。

业务流程再造的结果是：①以往应付款部门需在订单、验收报告和发票中核查14项内容，而如今只需3项——零件名称、数量和供货商代码。②应付

---

① 图10-1和图10-2来源于芮明杰、钱平凡：《再造流程》，第254页，浙江人民出版社，1997。

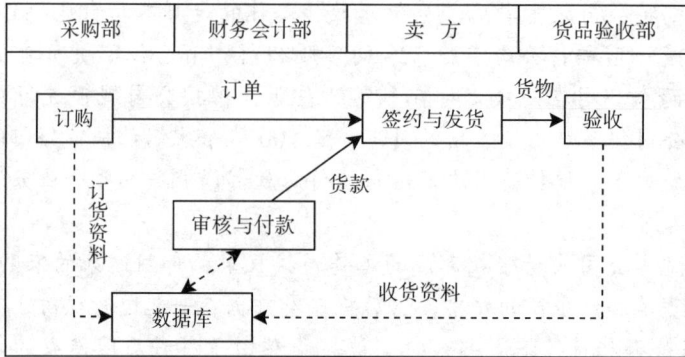

图 10-2　再造后的业务处理流程

账款部门只剩下 125 位员工，这意味着业务流程再造工程为福特公司的应付账款部门节约了 75% 的人力资源，而不是原计划的 20%。③由于订单和验收单的自然吻合，应付账款部门员工不再需要负责应付账款的付款授权，付款也自然及时而准确，从而简化了物料管理工作，并使得财务信息更加准确。

资料来源：本案例改编自《面向企业流程——BPR 的要点之一》和《业务流程再造及 ERP 系统应用——一场新的管理革命》两篇文章，可参阅 http：//www.amteam.org。

本章要点

1. 业务流程再造是一项战略性的进行企业重构的系统工程。BPR 的根本目的是为企业构建一个高效率的、"把顾客需要放在中心地位"的流程体系。BPR 的核心任务是将（信息）技术和人这两个关键要素有效地融入业务流程再造之中，以适应企业整体绩效改进和长远发展的需要。

2. BPR 项目实施程序的基本环节及其因地制宜的运用，包括项目界定、既有业务流程的评价与改进分析、解决方案的设计与实施等内容。

3. BPR 的主要实施技术包括：业务流程的一般分析技术、标杆瞄准和 BPR 建模与仿真技术。

研究思考题目

1. 业务流程再造的基本内涵及其蕴涵的管理思想是什么？结合参考书或参考文献，思考业务流程再造这一概念出现的时代背景和企业管理环境所发生的变化。

2. 业务流程再造的基本原则是什么？BPR 原则与 BPR 基本内涵之间的关系是什么？

3. 从业务流程应用概况出发，选择参考书目中提供的或身边的企业案例，对多种可行的实施程序进行对比分析，或运用本章知识来尝试构建一套有针对性的实施程序。

4. 了解 BPR 的主要实施技术，思考这些技术在 BPR 项目实施中的运用可能性，建议进一步思考它们在不同的 BPR 项目实施程序中的运用以及多种技术彼此之间的协调与配合的问题。

5. 在案例 10-1 中，福特汽车公司应付账款部业务流程再造是面向跨部门流程的整个"物料获取—审核与付款—签约与发货"流程，还是面向单一部门的？若是前者，整个业务流程再造涉及了几个部门？如果业务流程再造仅仅限于采购、验收或应付账款部中的某个单一部门，其效果会发生什么样的变化？福特汽车公司应付账款部的业务流程再造过程中，进行了最明显修正的业务流程规则是什么？

推荐阅读材料

佩帕德 & P.罗兰：《业务流程再造》，高俊山译，中信出版社，1999。

芮明杰、钱平凡：《再造流程》，浙江人民出版社，1997。

常用网址[①] 如下：

www.cgcs.org

http：//theweb.badm.sc.edu/bpr/

http：//www.amteam.org/a_bpr.htm

http：//www.prosci.com/mod1-tools.htm

http：//www.gslink.com/~brri/article.html

http：//mijuno.larc.nasa.gov/dfc/bpre.html

http：//www.reengineering.com/articles/index.htm

http：//bprc.warwick.ac.uk/index.html#BPRCTOP

http：//hsb.baylor.edu/ramsower/acis/papers/bhatt.htm

http：//www.redbooks.ibm.com/abstracts/sg242590.html

http：//www.hbs.edu/mis/reengineer/projects/team1/reeng.htm

http：//www.cc.gatech.edu/reverse/bibliography/reengineering.html

---

① 不排除相应地址发生变更的可能性，请读者视访问情况和个人考虑选用。

第十一章 信息技术发展与企业组织变革

企业管理的主体是人，人类的思维过程实际上是信息的加工和整理过程。[①]企业管理过程实际上也就是企业信息的输入、输出和反馈过程。信息技术的发展不但使企业管理发生了较大变化，而且要求企业组织结构作适应性调整。本章我们将回顾信息技术发展和基于信息技术的企业管理方法变革的基础，就信息技术引起的企业组织变革问题进行讨论。

第一节 信息技术发展与企业管理变革

一、计算机系统

计算机信息技术近几十年来获得了飞速发展。计算机从电子管计算机开始，经历了晶体管计算机、集成电路计算机（微处理机）、超大规模电路计算机（个人桌面计算机），正在向智能计算机、神经元计算机发展。自1971年微处理器产生以来，计算机每过18个月性能翻一番，价格降低一半，[②]并始终向易用、便宜、快速、高容量和高配置方向发展。计算机软件从简单的文字处理、算术运算到计算机辅助设计系统、计算机辅助制造系统、计算机接触制造系统以及计算机自动控制和反映系统，都已经变得简单易学、使用方便，现正在向自学习、自适应、自动修复方向发展。计算机使用界面也变得日益灵活多变，并通过图像识别系统、语音识别系统、即时反映系统等技术的应用正在向人机直接对话方向发展。

二、数据库和网络

数据库、数据传输方式和网络也发生了巨大变化。数据库由结构化数据库发展到非确定格式的关系数据库，正在向开放式的人机对话数据库发展。信息

---

① 钟义信：《信息化与知识经济》，载《中国企业家报》1998年7月10日。
② 林茂荃：《全球信息化大趋势》，载《中国计算机报》1998年5月18日。

传输方式从电话线传输、用户数据线路传输（XDSL），发展到光缆调制解调器传输（CABLE MODEM）、公共数据网传输（DDN）、异步传输模式传输（ATM），使计算机网络获得了迅猛发展。计算机网络发展首先从单机通信网络（终端机—通信线路—计算机）开始，发展到多机通信网络［终端机—集中器（微型机）—前端处理机—主计算机］、计算机通信网络（计算机—计算机），现在正在向图像、声音、数据同步传输的多媒体网络发展。

三、信息资源管理系统

计算机信息技术的每一步发展，都会带来企业信息资源管理系统的革新。企业的信息管理系统，在计算机广泛应用之前仍然以传统文字档案、数据资料的管理为主，在计算机推广应用之后的 20 世纪五六十年代，企业的统计、财务、库存管理等业务部门建立起了自己的业务处理系统。业务处理信息系统，处理制度化的由操作者作出决策的工作。目前，其主要产品有计算机辅助设计（CAD）、工程图档电子化管理（WORKCENTER）、计算机辅助工艺编制（CAPP）、物料需求计划（MRP）、自动仓库存储系统（AS）、数控机床（NC）、计算机辅助制造（CAM）、计算机辅助质量控制（CAGC）、计算机辅助测试（CAT）、计算机辅助软件工程（CASE）、最优生产技术（OPT）、成组技术（GT）等软件产品。

四、专业职能管理系统

20 世纪六七十年代，在计算机公司的推动下，人们对计算机将要带来的企业管理方式的变革充满了幻想。计算机制造公司宣称，只要敲击键盘就能完成一切工作。因此，发达国家的大量企业购置了计算机，并开始使企业的各项专业管理工作计算机化，许多现在被广泛使用的企业管理新思想、新方法就是在这个时代产生的，如 MRP2、CIMS 等。但是，在当时的情况下，计算机并不像人们想象的那样方便好用，许多公司在使用计算机后效率反而下降，影响了企业的效益。然而，80 年代初体积小、性能稳定、运算速度快、自带操作系统的个人台式电脑（PC）出现以后，情况发生了很大的变化。处理某一专业管理业务的企业管理软件又开始活跃起来，如计算机辅助绘图与设计、项目文件电子化管理、产品数据系统管理、计算机辅助计划与制造、销售管理系统、财务管理系统等，这些专业职能管理系统的应用确实提高了人们的工作效率，给企业带来了新的生机。专业职能管理系统一般处理全局性的专业问题，主要有资源制造计划（MRP2）、销售管理系统（SALES）、柔性生产系统（FMS）、办公自动化系统（OA）、项目管理软件（PM）等应用软件。

五、决策支持系统

20 世纪 80 年代以来，计算机信息技术的飞速发展不但使专业管理软件日趋完善，而且使多业务综合、全企业信息资源共享的管理信息系统获得了很大发展。在以信息采集系统、数据库建立与维护、信息资料检索、专业管理业务处理与监控为主的业务管理系统的基础上，出现了以例行业务处理系统为基础、以随机业务处理系统为骨干、以决策支持系统为龙头的信息资源管理系统。决策支持信息系统，通常处理随机的、快速的综合决策。主要包括计算机集成制造系统（CIMS）、并行工程（CE）、产品数据管理（MBP）、工厂自动化系统（FAS）、计算机辅助订购和后勤支持系统（CALS，也称光速商务流系统、集成化企业环境）、专家系统（ES）、群体决策支持系统（GDSS）、企业资源计划（ERP）、战略信息系统（SIS）等。

六、网络化管理与电子商务

在 20 世纪七八十年代，企业逐渐将自己内部的计算机连接起来，实现信息资源交换、共享和相互连通，建立起企业内部网络。企业内部计算机联网之后，企业的整个生产过程将转化成一个计划人员、设计人员、质检人员、广告人员、销售人员甚至顾客同时为一件产品而工作的平行过程。[①]在这一过程中，电脑承担起了过去由管理人员承担的过程监督和协调任务，从而使企业的生产劳动由人直接操作机器设备转化为人间接监控和指挥机器设备。

1989 年互联网（Internet，也称因特网）的诞生，使全世界各地的计算机局域网、企业网连接了起来。从硬件角度来讲，互联网是由处理信息的主机、联结网络的设施（包括实现局部网络之间互联的通信设备网关、连接多个微机端口的设备集线器）、向客户提供信息的服务器、获取信息的浏览器和客户机（网络协议地址）组成。然而，在互联网上，人们可以发送电子邮件，下载信息，浏览网上新闻，进行网上交友、网上炒股、网上教学以及网上购物。在互联网上，企业不再是一个实体、一幢厂房，而只是 Web（万维）网上的一个 IP（网络协议）地址。企业将库存、储备量、生产、客户等通用的资料置于网上，供用户 24 小时查询。

互联网使企业的经营管理方式发生了很大变化。企业可以在互联网上通过电子数据交换（EDI）开展电子商务活动（E-commerce）。电子数据交换系统将商业或行政事务处理信息资料，按照一个公认的标准编制成结构化的信息交

---

① 《社会经济正在发生深刻变化》，载《参考消息》，1997 年 10 月 3 日。

换和处理格式，这种格式能够在交易双方的计算机应用系统之间进行方便、快捷的数据交换和自动处理。EDI 用电子单证代替纸面单证，可把制造商、批发商、政府有关部门、仓储、运输、银行保险等联结为一体，使各业务环节更加密切地结合起来，在资金流动、降低库存、服务客户方面有了很大改善，提高了企业之间和企业内部开展业务往来的效率。目前，美国和欧共体大部分国家的海关已经宣布，贸易者如不使用 EDI，其海关手续将被推迟办理。基于网络的电子商务活动除了贸易之外，还包括：发布电子目录、电子广告，开展网上谈判和电子交易，签订电子合同，进行电子商品编码、海关报关和保险索赔，进行货舱订购和货物自动跟踪，开展网上销售和网上电子结算等。与这些活动相适应，也产生了一系列网络应用管理软件，如制造自动化协议（MAP）、技术和办公协议（TOP）、产品数据交换规范（PDES）、电子设计交互格式（EDIF）、分布式数字控制系统（CNC）、开放系统结构模型（OSA）、综合业务数字网（ISDN）、国家级营销网络（FD）、企业外联网软件以及银行、铁路、航空等行业系统专用软件等。这些管理软件不但改变了企业管理方式，而且引起了企业组织的变革。

第二节　传统的金字塔组织所面临的挑战

企业的基本组织制度（或基本组织形式）在 19 世纪以直线制为主，在 20 世纪初以直线制、职能制为主，在 20 世纪 20 年代以后的工业化发展时期，主要以分权事业部制为主，但这几种组织结构都属于以分工为基础、以控制命令为核心的层级制组织——金字塔组织。随着信息技术的发展和经济全球化进程，金字塔组织分工过细、层级繁多、官僚主义的弊病日益暴露，阻碍了企业的发展，各国大公司特别是跨国公司，开始了企业组织制度和结构的调整过程。

一、金字塔组织的历史功绩

直线制组织结构是一项伟大的组织结构创新。它通过组织劳动分工、制定管理规程以及制定工作程序或工作规则，从而使企业中各类人员齐心协力地为一个共同目标努力。

直线制的组织结构产生于 19 世纪末，它与工业化、大规模生产方式相适应。早在 1776 年，英国经济学家亚当·斯密（1723~1790）就在《国富论》中指出了分工的重要性。他举了一个非常简单的例子来说明分工的重要性：一名熟练的工匠，独立地制作一枚胸针，要花费一天的时间，但把制作胸针的工作分成 18 道工序，则每人每天可以生产 2400 枚胸针，劳动生产率提高了 2400 倍。这就是分工的绩效。他将制造产品的过程分解为一连串简单的动作，成为一道道简单的工序，然后再把那些零部件组装起来，形成批量生产。蒸汽机的发明给这种批量生产提供了充足的动力，并使工场手工业变成了机器大工业。在机器大工业时代，直线制为企业的基本组织结构。

以泰勒（Frederick Winslow Taylor）为代表的"科学管理"理论，推动了直线职能制组织结构的形成，并产生了大规模流水生产线。泰勒根据他在米德韦尔钢铁厂和伯斯莱姆钢铁厂的工作经验写出了《科学管理原理》这一影响深远的论著，提出了对劳动和工作进行工时工效分析的方法，从而使工作可以分解为更加简单和单一的独立任务。泰勒不仅对工人的工作作出了重新定义，而且也对管理者的工作作出了重新定义。管理的关键作用是对工作进程进行分析和控制。管理者也要专门从事其管理职能，进行动作和工序研究，制定各项制度，进行科学管理。以泰勒为代表的科学管理运动确立了"直线职能制"组织结构与一系列管理原则，将工厂建成高度依存的统一体并实现了劳动的标准化，为福特汽车公司的大规模生产技术的诞生创造了条件。福特汽车公司把汽车的生产过程分解成几百个标准化的工作岗位，形成几十道专业化的作业工序，并按照作业顺序建立起了大规模流水生产线。大规模生产线诞生以后，在各行各业很快获得了推广应用，成为大规模生产的基本组织模式，大大加快了各国机械化、工业化的步伐。

直线制和直线职能制以权力集中于企业高层为主要特征，内部设置功能不同的分厂或部门，日常生产经营决策主要由企业高层作出。各分厂或部门不是独立核算、自负盈亏的经济实体，他们由企业的高层统一指挥，整个企业为一个单一的利润核算实体。直线制结构的优点是：①在企业规模小时各部门之间协调性能好，企业可以将有限的资源集中投资到最有效率的地方去。②利润统一调度，投资集中管理。③有利于产供销各环节的协调。这种组织结构充分发挥了分工的好处，带来了规模的经济性，企业在创业期和成长期一般多采用这种组织结构。

但当企业成长到一定阶段时，这种直线制或直线职能制组织结构的弱点便暴露出来：①高层处理日常事务的负担越来越重，缺乏精力考虑企业长远发展战略。②行政机构日益膨胀，各部门的协调日益困难，使企业的效率下降、成本上升。③由于高层经理各自负担一个部门的工作，企业制定的政策通常是有利害关系的各当事人协商的结果。④不利于发挥中层管理者的主动性和创造性。直线制结构主要适合于针对一种产品或一个地区的市场，生产单一产品系列的企业。但随着公司规模的扩大，这种结构的弊端很快就暴露出来，美国通用汽车公司首先进行了分权结构的探索，形成了目前许多大公司采用的事业部制结构。

1920年前后，美国通用汽车公司的杜邦（Pierre. Dupont）和斯隆（Alfred P. Sloan, Jr.）等人将分工原理应用到各自服务的公司的管理、决策活动之中，在企业内部形成了决策机构、职能管理机构和执行机构分工分设的分权管理体制——事业部制，事业部制后来成为20世纪大企业的基本组织结构。

事业部分权型结构又称为M型结构（M为英文Multidivisional一词的第一个字母，意为多分部），它以总部和中层管理者之间的分权为主要特征，企业的业务按产品、服务、客户或地区划分为事业部，企业总部授予事业部很高的自主权，事业部可以作为独立核算、自负盈亏的主体进行独立的经营和运作。通常总部主要负责企业的长远发展战略问题，如发展方向、产品开发、地域开拓、技术革新、价格制定等问题，以及事业部人员的配备、监督，事业部之间的共同服务等；事业部作为企业的利润中心，下设生产、销售、技术开发、财会等职能部门，在总部设定的经营环境下，独立从事日常经营活动，总部根据事业部实现利润的情况来进行奖惩。这种组织结构形式大大推进了企业规模的扩大，比较适合于市场比较成熟和稳定的产品或项目。随着企业投资和市场竞争的发展，除利润中心事业部之外，出现了投资中心事业部和战略事业部。总部授予投资中心较大的投资权，负责重大投资项目的建设和生产管理；战略事业部主要负责考虑企业资源的战略布局，处理好企业长期发展和短期盈利的关系，避免事业部之间的重复建设。M型结构的优点是：①经营决策由独立的分部各自作出。②总部职能部门（精英集团）以参谋和审计方式帮助总部对分部的控制。③总部负责战略决策长期规划，只注意整体绩效而不直接过问分部绩效。④具有很好的协同作用，更加追求利润最大化。M型结构主要适合于针对多种产品、多个市场和生产多种产品的企业。

这种以分工为基础、以上下级命令控制为核心、总部与分部适当分权的金字塔组织，通过增加管理部门、管理人员、管理层次或新的事业部等办法，较好地解决了企业成长和规模扩张的问题，为20世纪企业规模的不断壮大、产品品种的不断丰富提供了基本的组织保证，并为工业产品的极大丰富和市场产品过剩格局的出现作出了重大贡献。

二、金字塔组织在信息时代的不适应性

金字塔的组织结构取得成功的原因是它符合工业大生产时代的基本要求，它通过对复杂的重复生产过程的分解和规范化，为人们提供了一种在工业大生产时代基本合理的管理方法。金字塔组织赋予了明确的职责、上级对下级的权威，控制了潜在的冲突，使工作任务专业化和标准化。金字塔组织结构能够有效地管理大量投资、相对单调的重复性劳动分工和机械化大规模生产。但层级式的金字塔组织的局限性也正在于此：

（一）分工带来了本位主义，窒息了员工的创造性思维

一方面，把企业经营管理的过程按照分工原则分割成相对独立的管理职能部门或子部门，而各个职能子部门往往会更精心地构思自己的行为，把子部门的目标凌驾于企业总目标之上，出现为某一个局部利益而牺牲全局的事情。同时各子部门之间的协调随着企业规模的扩大而变得日益困难，内部矛盾冲突和本位主义的加剧直接影响了企业的应变能力。另一方面，把企业的业务流程按照分工原则分割成不同的岗位，使每个工人只干自己岗位的工作。单调而枯燥的劳动使工人成为没有决策能力、没有信仰的"机器人"，这种工作方式无法满足组织成员的自尊及自我实现的高层次需要，无法发挥个人的自主决策积极性、创造力和想象力。而知识经济时代最需要的、能够带来最大价值的劳动就是创造性劳动。金字塔的组织结构窒息了人的创造性，因而不能适用于含有大量创造性劳动、不完全是重复性劳动的新的企业经营环境。

（二）金字塔组织不能适应快速变化的新形势

金字塔组织的优势在于能够对可以预料的常规事态或重复性劳动进行有效的管理。如果产品的生命周期或稳定周期不够长，产品的生产规模不够大，也即重复劳动的规模不够大，周期不够长，则对复杂的生产过程的分解和规范化就可能是得不偿失的。实际上，随着经济全球化和信息技术的发展，企业所面对的是瞬息万变的市场，面对的是追求多样化、个性化的产品和服务的消费者。特别是在知识经济时代，技术进步的速度加快，企业经营管理中的常规事情将日趋减少，社会各方面都呈现出加速变化的特征。在这种情况下，企业必须迅速对这种加速变化的市场作出反应，而金字塔组织则不能满足这种要求。

（三）金字塔组织在企业规模扩大时带来了管理效率的下降

金字塔组织主要通过增加层次来解决企业规模的扩大问题。随着企业规模的增大，企业的组织层次将不断增多，带来了一系列问题：首先，信息沟通渠道延长，时间和成本同时增加。其次，信息传递层次增多，出现信息失真的可能性增加。再次，企业指挥链条加长，出现管理真空和决策失误的概率大大增加。最后，无法取得整体工作效益的最优。

第三节　信息时代企业组织变革的基本趋势

在经济知识化、网络化、全球化的推动下，企业组织正在经历着一场变革。从当前情况来看，主要有三大趋势：一是围绕提高企业应变能力、价值增值能力，进行企业流程再造，划小核算单位，使组织制度非层级化、组织规模小型化；二是努力降低企业管理层次、加强横向联系，建立虚拟企业和团队组织，使组织结构扁平化、网络化；三是重新调整企业与市场的关系，调整企业供应链，建立战略联盟，使企业组织结构不断调整。

一、企业组织制度的非层级化

企业组织制度的非层级化主要表现在：

（1）金字塔组织中塔尖和塔底之间的地位差距和等级观念弱化，组织成员之间的直接交流增加；

（2）同一层级从事不同职能工作的员工之间的横向交流增多，员工向多面手发展；

（3）企业内部进行充分授权，个人或内部组织的自主性、独立性增强；

（4）不同层级之间建立的跨层级小组或团队增多，增强了企业应变能力；

（5）企业内部组织之间的横向和纵向协调增加，严格地领导与被领导界限被打破，一个员工可以接受来自于上级、同级和下级三方面的指令；

（6）企业与企业之间分工和协作关系进一步深化，以业务为核心在企业与企业之间的不同层级之间直接实现互动的协作关系加强，自主性增加。

从企业的组织制度角度来看，这些基本变化的本质特征是非层级化，是在企业员工决策自主权增加、员工之间借助于信息网络技术相互联系增加的情况下，打破传统金字塔组织严格的等级、部门和岗位界限所进行的企业组织制度的动态调整。

二、企业组织流程不断调整

随着市场竞争、生产技术和信息技术的发展，企业生产劳动和管理劳动的方式、手段发生了极大的变化。在柔性制造系统（FMS）、计算机辅助设计（CAD）、计算机辅助制造（CAM）、计算机集成制造系统（CIMS）相继出现之后，在网络技术的推动下，并行工程（Concurrent Engineering，CE）、精益生产（Lean Production，LP）、敏捷制造（Agile Manufacturing，AM）等又获得了很大的发展。而基于分工和传统的生产流程基础上的层级组织，在"分工越细、效率越高、经营效果越好"的传统观念引导下，很难从根本上发生改变。美国学者 Michael Hammer（哈默，1991）和 James Champy（钱皮，1993）认为，企业要想适应环境的变化，必须要在计算机信息技术应用的基础上，重新审视整个企业生产经营过程，并对企业的组织结构和工作方法进行"彻底的、根本性的"重新设计，进行企业流程的彻底改造，只有如此企业才能摆脱已经被制度化甚至固定化了的传统观念，才能建立适应新时代要求的企业组织，使企业重新焕发出活力。由于企业的外部环境在不断地、快速地变化，企业的流程再造也不应当是一劳永逸的事情，而应当是不断进行的长期性工作。

企业的流程再造（Business Process Reengineering，BPR）目前来看沿着两个方向发展：一是企业内部的业务重组，通常以企业的主要业务流程或作业任务为改造对象，以充实和完善企业的核心业务为中心，以实现企业价值增值为目标，重新进行企业业务流程的设计，拆除在市场、设计、生产、销售、财务、人事和辅助工作等之间设置的围墙，构建新的企业组织结构和分工体系，形成既能对市场需求作出快速反应，又有较高盈利能力的企业组织；二是企业外部的供应链重组，企业通过将自己的业务集中在拥有核心技术、能够创造最大附加价值的环节，而将自己不具备优势的业务外委或独立分离出去，并建立企业与供应商、销售商之间能够实现快速、高效反应的供应链。进行企业外部供应链重组，也需要充分利用信息技术和网络技术的先进成果，充分发挥市场竞争机制在推动企业组织变革和管理创新方面的作用，使企业建立起既能够对客户需求快速作出反应又能够为自己带来更高附加价值的产供销组织体系。

企业进行流程再造的核心目标是要塑造企业的核心业务，形成灵活、高效的企业组织结构，以提高企业核心业务的竞争能力。所谓核心业务，是指能使企业在市场中真正有竞争力，并构成企业主要收益来源的那部分业务。在激烈的市场竞争环境下，一个企业不可能在多个行业、多种业务领域长期处于优势地位，多元化可以作为企业从一个行业进入另一个行业的跳板，但不能作为企业发展的长期模式（这和 20 世纪 70 年代以前的观念完全相反）。为了形成核心竞争能力，企业就要将非核心业务卖掉或外包给专业公司去做，只有这样，企业才能建立高效、精练、快速反应的企业组织结构。企业要通过流程的不断再造，夯实企业的核心业务，改造过去那种追求"大而全"、"小而全"的层级式组织，提高企业核心业务的竞争能力和盈利能力。

三、企业内部组织团队化

早在 20 世纪 60 年代，为了克服金字塔组织的缺陷，一些大公司便开始建立起了团队工作小组。例如，瑞士的沃尔沃（Volvo）汽车公司废除了传统的装配线流水作业形式，而代之以有高度自我管理权的团队来装配汽车；波音公司采用了由设计、工艺、制造等不同部门组成的跨部门团队来共同开发波音 737 飞机，这些团队均取得了较大成功。但这种团队式组织（Team Organization）因团队成员之间协调难度大、团队稳定性和企业灵活性不好处理等原因而通常只应用在由专家组成的科技攻关或关键项目开发领域，随着项目的结束或任务的完成，工作团队便自行解散。

20 世纪 90 年代基于先进信息技术和网络技术基础上的企业流程再造运动，大大促进了工作团队的发展。企业流程再造打破了原来按职能分工的企业组织结构，并将企业的经营和管理业务按照作业流程或目标任务以工作团队的形式重新组织起来。信息交流技术和处理技术的发展解决了团队成员之间协调困难、团队变动大、企业缺乏稳定性等问题，使工作团队这种组织形式取得了较大的发展。根据 1999 年 8 月 20 日美国《商业周刊》的报道，在美国 1000 家最大上市公司中，1987 年有 28%的公司声称建立起了至少一种自主的工作团队，1996 年则有 78%的公司声称建立了工作团队。工作团队主要有两种类型：一种是围绕企业核心业务而形成的比较稳定的工作团队，一种是为了短期开发或解决某一专门问题而建立的流动性工作团队。但无论哪种工作团队，都有自己明确的工作目标，并拥有与其实现目标所需要的决策和管理自主权。

工作团队实质上是自主性和合作性在更高层次上统一起来的一种组织。工作团队成员通常用共同参与、并行工作的办法来完成过去由不同部门、不同时间分散完成的工作。在工作团队里，一方面，单个个人的重要性提高；另一方面，团队成员之间的协作也更加频繁和紧密。正如于中宁所描述的，在工作团队里，"设计师会根据各方面的意见使方案更符合客户要求和更切实可行，工艺工程师会想办法开发出实用的工艺，而工人则根据自己的丰富经验来协助工艺工程师，甚至开发出更合适的工具；市场经理、财务经理则时刻分析所有这些改变是否符合客户和企业利润的要求，项目经理在这里不是拍板者，拍板是客户和企业利润这两个原则而不是人，项目经理在这个团队中的角色类似'教练'，他的关注点是把大家的努力引向正确的方向并给这个磨合不断加点润滑油。所有这些都是同步和'面对面'进行的，在计算机的帮助下，这个团队可以在最短的时间内把从市场到批量生产前的所有单个任务整合成一个程序。"①

工作团队不是按照传统的计划、命令和控制原则来运作，而是按照满足客户需要并实现企业价值增值的原则来运作。企业的主要决策通常不是以层层上报、协调和审批的方式由经营者或经营者授权作出，而是由团队成员根据满足客户需要、实现价值增值的原则随时随地作出；经营者的工作更多的是一项组织和协调工作，而不是一项生产工作；企业的经营能否成功，不仅取决于企业能否在适当时机建立起一种反映自己企业生产特点和经营环境要求的工作团队，而且还取决于企业能否不断地根据市场和技术的变化而对工作团队作出适应性调整。团队组织消除了跨部门沟通、分工过细、决策缓慢、灵活性差等金字塔组织的缺点，塑造了一种自主、创新、灵活、相互紧密合作的工作气氛，适应了企业创造性劳动日益增多的需要，目前已变成许多大公司（特别是高科技企业）首选的企业内部组织形式。

四、企业组织结构扁平化

在传统组织中，企业按照"一对多式"（一个上级管理数名下级）的信息传递方式层层传达企业指令和顾客的要求，下层管理者则逐级向上级管理者请示报告，这种逐级纵向授权和传递信息的体制变成了高高耸立的"金字塔"组织。当企业规模不断扩大、管理层次日益增多的时候，企业像一台生锈的机器，失去了应有的活力和应变能力。

在现代信息传递和网络技术的推动下，信息可以在同一层次上传递和共享，而不必自下而上到达总裁办公室再自上而下传达到员工。传统的企业员工之间的纵向关系在企业信息网络平台（数据平台）上变成了纵横交错的平等关系。企业员工既是信息的接收者，又是信息的发出者，并且员工之间可以实现信息驱动下的工作互动。在此种情况下，"一对多式"的单向信息传递方式和组织结构已经变成了企业信息沟通的障碍，变成了束缚企业员工自主工作和能力发挥的最大障碍，甚至一些企业还提出了"取消中间经理，取消信息的纸媒体传递，建立扁平化组织"的口号。

实际上，企业中层管理人员发挥信息传递、中继以及监督的功能，现在在很大程度上可以依靠大容量的通信和数据处理技术来实现。在信息技术的帮助下，过去管理人员一多半工作已经变得毫无必要，还有一少半的工作会比过去完成得更快、更经济。过去限制组织扁平化的有效管理幅度和管理跨度原则，已被新的信息沟通技术修正，管理者的信息沟通能力和管理跨度已有成倍甚至

① 于中宁：《现代管理新视野》，第167页，经济日报出版社，1996。

数十倍的增长。

删除、减少管理层，缩短企业内部上下级之间的距离，实现组织结构扁平化的工作不但在技术上可行，而且已在一些企业中实践。例如，一些企业将过去由自己承担的生产和配送环节剥离出去，交由新成立的市场主体或其他市场主体来承担，而自己变成只从事产品研究与开发和市场销售工作的"哑铃型"组织。在这种哑铃型组织里，企业员工之间、领导和员工之间的信息交流主要是通过横向交流和跨级交流来实现的。

目前，大量基于网络的管理软件如并行工程（Concurrent Engineering，CE）、供应链管理（Supply Chain Management，SCM）、质量功能部署（Quality Function Deployment，QFD）、企业资源计划（Enterprise Resources Plan，ERP）、批量客户化生产（Mass Customization，MC）、客户关系管理（Customer Relations Management，CRM）等，已经在软件设计中实现了企业组织结构的扁平化。扁平化是在先进的计算机信息技术、网络技术基础上开展企业经营管理活动的必然要求。

五、企业组织关系网络化

自 20 世纪 70 年代在发达国家出现了普遍的生产过剩，与大规模生产相适应的金字塔的优势明显丧失之后，为了克服机构臃肿、官僚作风、懒于进取和变革等种种大企业病，发达国家的大企业在企业组织结构调整方面进行了广泛的探索，除了建立以工作团队为核心的团队组织之外，一些企业还进行了建立矩阵式组织（Matrix Organization）和多维组织的探索。

在矩阵制结构中，需要完成的工作或任务是静止的，而管理的职能（管理者）和工作技能（员工）是动态的，可以随任务的调整而随时调整。矩阵组织的人员构成根据工作或任务的需要而定。矩阵组织的优点是能够以工作或任务为中心，使员工及其技能能够按照工作任务有效地组织起来，但它同时也增加了职能管理和人员管理的难度。

为了将专业管理要求、人员管理与任务、业绩要求协调起来，个别企业探索建立了以关系为中心的多维组织。多维组织结构是在矩阵结构的基础上，增加一维或两维"指挥与控制"链，如利润或成本、进度、技术等方面的指挥与控制。在多维组织结构中，以工作或任务为中心的事业部或工作团队，其成员还接受来自财务、销售、技术或其他有实权的职能部门的指挥和控制。

随着近 20 年来专业管理软件、企业数据信息系统和网络系统的应用、发展和完善，过去以控制命令链条为核心建立起来的矩阵组织和多维组织发生了较大的变化。传统的职能管理部门的大部分重复性管理控制工作由企业管理软件自动完成，职能部门的任务只是制定和修改控制程序，处理例外事件，因此，职能部门通常由为数不多的专家组成。他们的工作方式是协商、互动型的，而不是等级制命令型的。在以工作或任务为中心的工作团队内部，在企业内部网络平台的帮助下，员工之间的纵向分工不断减少，而横向分工和协作不断增加，企业组织结构变成了一个相对平等和自主、富于创新的小型经营单元或个人组成的网络型组织（net form）。

从企业内部的角度来看，网络型企业是一个由若干独立的、彼此有一定纵横联系的经营单元组成的网络，网络成员之间形成比较松散的"联邦"关系，整个组织便由自我管理、自我组织和自我约束能力的经营单元组成。经营单元是由少数或一名员工组成的一个小核心，它掌握着企业的必要资源，与供应商以及外部专家保持着联系，并且能够为完成企业的目标而将这些人组成一个网络。企业组织的活力和发展前景也主要取决于这些经营单元及其所建立的各种关系。

从企业外部的角度来看，网络型组织利用互联网（信息流）、产业供应链（物流）和资金市场（资金流），在企业之间建立起了多种形式的合作关系，使企业自身成为企业外部网络的一个组成部分，成为外部产业供应链上的一个或多个核心"插件"。例如，为了进行存储芯片开发，日本东芝、德国西门子、美国摩托罗拉曾建立起研究与开发"战略联盟"，为了建立网上汽车零配件生产和使用企业之间的供销系统，美国通用、福特和德国大众—克莱斯勒公司决定，三家公司共同出资建立供三方使用的网上供销平台，通过更大范围的竞争和更大规模的采购和销售，使这三家公司的零配件成本降低了5%左右。建立企业外部网络，通过企业之间的相互合作，使过去由单个企业来完成的工作现在能够以更好、更快、更经济的方式完成。

网络化不但调整着企业内部的组织结构，而且改变着企业与企业之间的边界，并正在向建立基于全球市场和资源的网络型企业方向发展。

六、企业组织规模的小型化

传统的"大公司"是凭借金字塔组织结构发展壮大起来的。企业的规模越来越大，运作效率越来越低是常见的现象。正如我们前面所指出的，金字塔组织已经不能适应信息化、网络化、市场多变的要求，借助于金字塔组织发展起来的大公司也就缺少了有效的组织保证。与组织结构扁平化、网络化、团队化要求相适应的是企业规模的小型化（并不是指其产值或市场的缩小，而是指其人员和组织机构的缩小）。

过去大公司有着强大的经济实力，在资金相对紧张、生产技术经验比较重要的环境下，大公司在市场开拓、研究与开发等方面比小公司具有明显的优势。但是，现在由于资金市场供大于求，资本市场非常发达，小公司在研究与开发、市场开拓等方面也不存在较大的资金限制；在现有制造业企业的生产技术水平提高、产品质量有保证、生产任务严重不足的情况下，除个别生产技术独家垄断的领域之外，大公司也并不比小公司处于绝对优势；小公司员工的自主性和创新动力要明显强于大公司；在知识技术更新换代非常频繁的情况下，小公司作为一个组织的学习能力和学习效率也要强于大公司。

过去大公司在具有规模优势条件下形成跨地区、跨国界的销售网络和信息网络，在基于互联网的电子商务面前，这种实体网络也将不存在明显的优势。因为开展电子商务的大公司需要转变观念，改变过去的营销体系和组织模式，需要在转型时间和资金投入，并且组织不好效益也不会很明显；而小公司只需花费极小的成本，就可以通过国际互联网建立起自己的全球贸易体系，成为跨国公司，并能够在开放的市场中平等地与大型企业进行竞争。尽管计算机网络技术的发展降低了大公司内部的信息交流和处理成本，提高了大公司管理者的有效管理跨度，但与小公司相比，大公司还是缺乏竞争力。

事实上，面对市场竞争，"大公司"正在减肥，向"小公司"转化。为了提高应变能力，大公司通过分离、剥离或授权的方式正在使自己的经营实体小型化；为了提高盈利能力和竞争能力，大公司也正在通过企业流程再造进行"减肥"，压缩组织层次，砍掉非核心业务，将自己的精力集中到创造较高价值的、自己拥有独特优势的核心业务上来；为了降低成本，大公司正在通过提高企业的自动化、智能化水平来减少工作人员，通过建立战略联盟或业务外包来降低自己的投入或涉足领域；甚至一些新崛起的公司为了防止经营规模变大之后走上大公司官僚化的老路，便将自己的发展资金投向那些能够和自己建立上下游协作关系的小公司或投向较小的竞争对手。

七、企业组织边界的柔性化

在流程再造过程中，企业剥离非核心业务，集中精力于核心业务，实际上企业是在重新调整企业和市场的分工，使企业内部不产生价值增值或价值增值较少的业务市场化，通过市场竞争来提高其效率。信息技术和网络技术的发展，一方面，使企业之间进行交易的信息搜寻成本、谈判成本、拟定和实施契约的成本降低，使企业之间的竞争范围和速度增大，大大降低了市场交易成本，使过去本来是为了降低市场交易费用而建立"大而全"、"小而全"的企业组织失去了继续存在的理由；另一方面，使企业内部的信息沟通、相互监督、业务协调的难度和成本降低，使过去为了有效控制和监督建立起来的权力和业务相对集中的层级组织也失去了维持现状的理由。于是出现了进行企业和市场边界重新调整、市场和企业优势重新整合的诸多形式：虚拟企业、战略联盟、学习型组织等。

虚拟企业是企业借助于外部力量对外部的资源进行整合来创造出自己竞争优势的一种经营组织。一般企业具有产、供、销、人、财、物等各种基本的功能或业务，虚拟企业却只从事自己最具优势的功能或业务，其他功能或业务由组织市场中的其他主体来完成。在信息时代，典型的虚拟企业只是一个网址，其域名就是其牌子，网络空间就是其办公场所，企业的主要业务是组织和协调，企业通过对外部资源进行不断的组合来实现其不同的任务和目标。目前，在中国有一些困难企业通过将各自的优势部分拿出来，以契约形式重新组合成一个更加高效的虚拟生产经营体，从而获得了新生。

企业的产品和服务是从一个企业再到另一个企业，最后到达用户手里。过去企业主要关心的是销售（下游企业），现在企业已经注意到只有整个供应链顺畅，企业才能创造价值。因此，企业要通过供应链重组，设法使上下游企业都能畅通地运转起来，这样企业的库存才能降低，企业的效率才能提高。进行供应链重组的一种重要形式就是建立战略联盟。企业的竞争优势来源于企业供应链上的战略环节，战略环节是企业具有垄断优势并能够为企业带来较高附加值的环节，抓好了企业产品或服务供应链上的每个战略环节，也就抓好了整条供应链。为此，企业的战略环节必须为企业所控制，而企业可以将非战略环节分离出去，并通过和其他企业建立战略联盟或战略伙伴关系，来增强企业的竞争力。

八、企业组织形式的多样化

尽管直线制、直线职能制、分权事业部制等企业组织形式相对于不断变化的企业外部环境来讲有许多缺点，但这些组织形式仍然有其继续存在下去的客观环境。在经营业务简单或单一、不需要大量创新性工作的企业里（如煤炭开采），直线制或直线职能制组织形式仍然有效，分权式事业部制主要适应于产品品种较多、市场规模不断扩大的传统工业企业，而在那些下属单位或部门因为生产工艺的要求不能实现独立核算的大企业（如化工、钢铁、玻璃等行业的企业），可以实行模拟分权式事业部组织。在那些以创新为主的企业，建立团队组织最为适宜。大型高科技企业也可以将职能式组织和团队组织结合起来，在赋予员工一个基本职能（岗位）的同时，按照完成某一任务或项目的要求，将不同职能部门的个人组织起来，形成工作团队。在那些市场变化快、知识更新换代快的行业（如信息产业、教育产业和网络产业），建立自律、自适应、自学习的学习型组织，不断提高组织自身的知识水平非常重要。在企业之间竞争非常激烈，各个企业又拥有其他企业难以取代的优势行业（如半导体、家用电器、汽车等），建立战略联盟已是塑造企业新的竞争优势、深化企业之间分工和协作的常用组织形式。总之，那些在过去成功地组织了某种类型生产的企业组织形式，今天仍然有其存在的必要。和企业生产类型的多样化、市场需求的多样化相适应，企业的组织形式也趋于多样化。

本章案例

IBM 公司的组织变革

20 世纪 50 年代至 80 年代初期，世界计算机发展的历史经历了大型电脑和小型电脑阶段，IBM 在此期间一直处于坚如磐石的霸主地位。80 年代初期至 90 年代中期，个人电脑与网络时代来临，尽管 IBM 公司率先推出了个人电脑，但是，由于外部的激烈竞争与内部的管理机制问题，IBM 逐渐褪去了昔日的光环。面对瞬息万变的市场，IBM 集权化的组织结构和官僚化的管理模式已不再能很好地适应市场的新变化。从纯收入上看，1990 年 IBM 的盈利超过 60 亿美元，而 1991 年却一下子亏损近 30 亿美元，1992 年亏损 50 亿美元，1993 年亏损更高达 80 亿美元。同时，其主要产品的市场占有率和公司的股票价格也出现下跌趋势。

1992 年年底，IBM 首先对其组织结构机制进行重大改革。通过使各分支单位成为利润中心而使组织结构分权化，发展出网状组织，进行层级缩减、组织扁平化，使每个成员都发挥专业能力。IBM 公司把多种划分部门的方式有机地结合起来，其组织结构形成了"活着的"立体网络——多维矩阵。IBM 既按地域分区，如亚太区、中国区、华南区等，又按产品体系划分事业部，如 PC、服务器、软件等事业部；既按照银行、电信、中小企业等行业划分，也按照销售、渠道、支持等不同的职能划分，等等，所有这些纵横交错的部门划分有机地结合为一体。对于这个矩阵中的某一位员工而言，他既是 IBM 某一地区事业部的一员，又是 IBM 公司 AS/400 产品体系中的一员，而且还是某一行业客户服务部门的一员。

```
┌─ 技术方案设计        ┌─ 市场推广
├─ 系统集成           ├─ 客户咨询中心
└─ 售后服务           └─ 经销渠道

   ┌──────────┐    ┌──────────┐    ┌──────────────┐
   │  技术服务  │    │  市场拓展  │    │  中国研究中心  │
   └──────────┘    └──────────┘    └──────────────┘

              ┌────────────────────┐
              │   IBM 中国有限公司    │
              └────────────────────┘

   ┌──────────┐    ┌──────────┐    ┌──────────┐
   │  行业销售  │    │  产品销售  │    │  行政支持  │
   └──────────┘    └──────────┘    └──────────┘
```

─ 金融	─ 大型机及存储技术	─ 对内技术支持
─ 政府、教育	─ 服务器系统	─ 公共关系
─ 制造业	─ 个人电脑	─ 合同执行
─ 能源	─ 软件	─ 教育、培训
─ 中小型企业	─ 网络	─ 财务
─ 电信、媒体	─ 电子商务	─ 行政
─ 旅游、交通		─ 采购
─ 卫生系统		─ 人力资源
─ 零售业		─ 法律

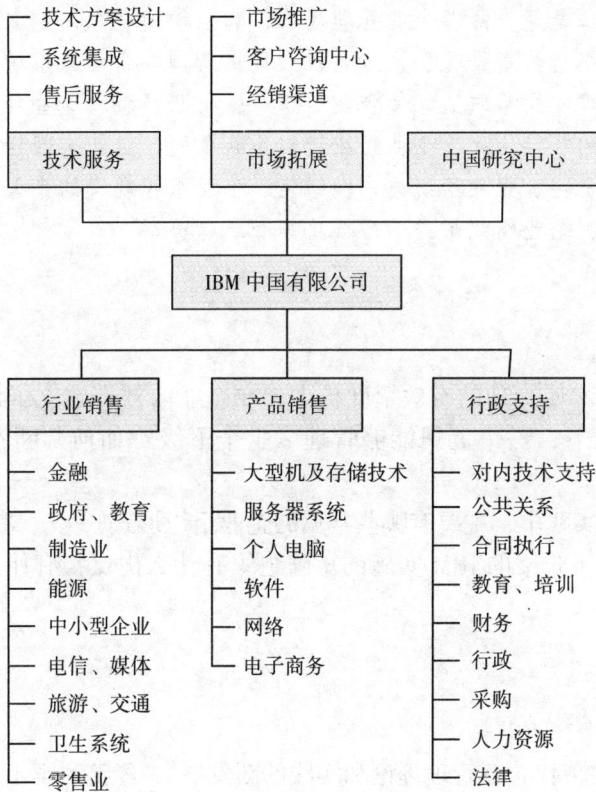

资料来源：http://www.cn.ibm.com/。

本章要点

1. 直线制组织结构是通过组织劳动分工、制定管理规程以及制定工作程序或工作规则，从而使企业中各类人员齐心协力地为一个共同目标努力，较好地解决了企业成长和规模扩张的问题，为 20 世纪企业规模的不断壮大、产品品种的不断丰富，提供了基本的组织保证，并为工业产品的极大丰富和市场产品过剩格局的出现作出了重大贡献。但层级式的金字塔组织具有局限性：分工带来了本位主义，窒息了员工的创造性思维；金字塔组织不能适应快速变化的新形势；金字塔组织在企业规模扩大时带来了管理效率的下降。

2. 在经济知识化、网络化、全球化的推动下，企业组织正在经历着一场变革。从当前的情况来看，主要有三大趋势：一是围绕提高企业应变能力、价值增值能力，进行企业流程再造，划小核算单位，使组织制度非层级化、组织规模小型化；二是努力降低企业管理层次，加强横向联系，建立虚拟企业和团队组织，使组织结构扁平化、网络化；三是重新调整企业与市场的关系，调整企业供应链，建立战略联盟，使企业组织结构不断调整。这些具体可以归结为企业组织制度的非层级化、企业组织流程不断调整、企业内部组织团队化、企业组织结构扁平化、企业组织关系网络化、企业组织规模的小型化、企业组织边界的柔性化、企业组织形式的多样化等变革趋势。

研究思考题目

1. 信息技术使管理的有效幅度扩大，在企业内外部建立了比较完善的网络系统的情况下，一个上司能够管理多少个下级？如何判断？取决于哪些因素？

2. 当前在实践中，主要有哪些常见的企业组织形式？

3. 案例中所介绍的 IBM 实施的矩阵组织有什么优点？有什么缺点？如何克服这些缺点？

推荐阅读材料

陈佳贵：《现代企业管理理论和实践的新发展》，经济科学出版社，1999。

[美] 保罗·S. 麦耶斯主编，蒋惠工等译：《知识管理与组织设计》，珠海出版社，1998。

[美] 克里斯托弗、萨曼特合著，曾瑚等译：《个性化的公司》，江苏人民出版社，1999。

萧琛：《全球网络经济》，华夏出版社，1998。

托马斯·H. 达文波特等：《信息技术的商业价值》，中国人民大学出版社，2000。

第十二章 学习型组织与知识管理

知识化是当今人类社会的重要特征。由于消费市场多元化和全球化、技术突飞猛进、产品周期短期化和竞争对手日益增加，市场环境呈现出前所未有的复杂性和不确定性，因而创新能力在企业持续发展过程中发挥着极其重要的作用，而学习、获取和创新知识无疑成为企业提高创新能力的最重要的途径。只有那些不断学习、持续创新知识、将新知识传遍组织，并由此开发出新技术与新产品的企业才可能获取和保持竞争优势。因此，知识的学习、创造、传播、共享和运用就成为 21 世纪企业管理的重要课题，甚至企业组织因为学习而改变了其基本特征。

第一节 学习型组织与五项修炼

一、学习型组织理论的产生

美国麻省理工学院斯隆管理学院的一些专家学者在弗罗斯特（Jay Forrester）和彼得·圣吉（Peter M.Senge）等人的领导下，开创了学习型组织的研究，其目的在于建立一些实用的方法和工具，帮助企业组织建立一种适应动态变化的学习能力。圣吉教授在 10 余年的研究中，成功地将系统动力学（System Dynamics）应用到企业中。在他看来，企业是一个完整的系统，同时也是一个有机的系统。企业组织就像一个完整的人，其内部结构、总体思维方式和自身的素质都将影响到企业对外在变化的反应，企业组织对外在变化的适应能力的提高和个人各项技能的提高一样，需要通过学习才能达到。同时企业组织又是一个有机体，必须强调总体的能力——企业自己的智慧和判断、自我学习和适应。圣吉教授在研究了大量企业兴衰史和参加了大量的企业管理实践后，总结出：要在快速变化的市场中迈向学习型组织，必须具备两个本领：应变和适应的能力，以及有远大理想、创造未来的能力。就和人一样，不仅是为了生存而简单地适应世界，而且还要为更崇高的人生理想而奋斗，创造和改造世界。1990 年，彼得·圣吉教授出版了其代表作——《第五项修炼——学习型组织的艺术与实务》，这标志着学习性组织理论的建立。① 现在，建立学习型企业、进行五项修炼成为管理理论和实践的热点。

所谓学习型组织，是能对相互依赖并且不断变化的世界作出有效反应的组织，应该是一个有不断适应与变革能力的组织。它又是以信息和知识为基础的组织，这种组织实行目标管理，成员能够自我学习、自我发展和自我控制。由于组织中的信息流是自下而上的，因此要想使以信息为基础的系统发挥作用，必须要求每个人和每个部门都为他们的目标、任务和联系沟通承担起责任。每个人都必须自问：我能为组织贡献什么？我必须依靠谁来获取信息、知识和专门技能？反过来，谁又依靠我获取信息、知识以及专门技能？这样的组织能促进成员的自我学习和自我发展。一个企业在其成长过程中，往往是处在十分复杂的动态变化之中，信息时代更是如此。因此，一个企业的经营成功不仅在于经营者能在某一时期找到一种适合于本企业的生产方式和管理模式，而更重要的是，经营者能不断地根据环境变化而作适应性的调整。

二、组织学习的内容

哈佛大学教授戴维·A.加文认为，组织学习活动包括系统地解决问题、试验、从自己的过去与经验中学习、向他人学习以及促进组织内的知识扩散等五项内容，具体形象地描述了组织学习的内容。②

（一）系统地解决问题

解决问题的过程本身就是一种学习活动。通过发现问题，对问题进行分析，最后把问题圆满解决，不仅可以在这个过程中学习到新的知识、方法、技能，而且可以提高个人处理问题的能力。因此，通过发现问题、解决问题来学习不仅是一条行之有效的学习方法，也成为一项重要的学习活动。系统地解决问题要求采用科学的方法，而不是凭主观猜测来诊断问题；要求以科学、客观的数据，而不是以假设作为制定决策的依据；要求利用简单统计方法处理数据，得出结论。系统地解决问题最突出的特点在于，它不仅要求企业员工掌握必要的方法与技巧，而且需要养成良好的思维习惯，即在观察、分析问题的过程中，避免简单、随意的反应，要尽量收集大量数据资料，并利用科学的方法进行分析和深入思考，避免盲目和片面，力求透过事物的表象揭示其深层次的原因和各种可能的结果。

---

① 彼得·圣吉：《第五项修炼——学习型组织的艺术与实务》，郭进隆译，上海三联书店，1994。
② 戴维·A.加文：《建立学习型组织》，载《知识管理》，第40~72页，彼得·F.德鲁克等著，中国人民大学出版社、哈佛商学院出版社，1999。

（二）试验

试验与解决问题是两种互为补充的学习方式。如果说解决问题主要是为了应付当前的困难的话，那么试验主要是面向未来，为了把握机会、拓展空间而展开的创造和检验新知识的活动。试验可分为两种类型，即持续性试验与示范性试验。

持续性试验由一系列持续的小试验所组成，逐渐积累企业所需的知识。这类试验的意义集中体现在"持续"二字上，事实上，许多企业都曾组织过不止一次的试验，但真正做到"持续"的却并不多见。成功的持续性试验必须具备以下几项条件：其一，必须使一系列试验有一个清晰的战略指导，能满足企业发展的需要，而不是"东一锤子，西一榔头"，没有明确的目标，这也是实施这类试验的精髓与难点所在。其二，公司必须确保不断产生新的构思。这一方面有赖于员工的广泛参与，另一方面也要善于从公司外引进智力。其三，要在组织内建立适当的激励机制，既鼓励员工勇于冒险、敢于创新，不挫伤员工的积极性与创造性，又不至于使试验、冒险活动失去控制。其四，要求管理者与员工熟练掌握一定的理论知识与技巧，以利于试验的顺利进行与正确评估。

示范性试验一般是在某个单位进行比较重大的、系统的变革，其目的通常是为日后即将大规模推行的重大变革做准备。因此，示范性试验不仅比持续性试验规模更大、更为复杂，而且对于组织的影响也更加深远和广泛。由于示范性试验通常是新思想、新方法的初次运用，除了要求慎重决策、精密筹划、细心推进外，还必须根据实际情况及时调整试验内容，边做边学。同时，高层领导者也必须对试验中涉及组织的大政方针与决策准则的有关内容保持高度的警觉。另外，这种试验通常由一个强有力的、跨部门的团队来负责，并直接向最高管理当局负责。除非有明确的指示，否则应将试验结果限于特定的范围，避免对组织其他部门产生冲击，待试验结果稳定、成熟之后再进行推广。

试验也是一种重要的组织学习方式。它对于组织的生存与发展具有重要作用。

（三）从过去的经验中学习

"温故而知新"，从自己过去的经验中学习是一种最经济有效的学习方式。重新审视公司过去的成败得失，系统、客观地对其作出评价，并将其向全体员工开放，让他们铭记教训，是组织学习的一项重要内容。从过去经验中学习的精髓在于使公司养成认清"有价值的失败"（productive failure）与"无意义的成功"（unproductive success）的思想形式。"有价值的失败"指的是能使人产生顿悟，澄清人们的认识，从而增强组织智慧的失败。而"无意义的成功"指的是虽然万事大吉，但人人浑浑噩噩的尴尬局面。表面的成功或相安无事，并不一定意味着可以高枕无忧。值得注意的是，虽然大多数人都知道"失败是成功之母"的道理，但实际上，对失败的反思往往要比回顾成功困难得多。一方面，人们都有趋利避害和虚荣的本性，不愿意提及失败的痛苦经历，而比较喜欢回忆成功的辉煌；另一方面，在组织中，对失败的反思还必然会涉及由谁来承担责任这一棘手的问题，因此使得对失败的反思难以有效进行。但不能坦诚地面对失败，往往无法发现人或组织存在的缺陷，为以后的发展埋下隐患。因此，从某种意义上说，失败比成功具有更大的学习价值。

（四）向他人学习

组织不能只从其自身学习，组织外部存在更多、更丰富的知识。聪明的管理者知道，虚心向他人学习可以使自己获益匪浅，即使是毫不相关的领域都有可能激发创新的灵感。向他人学习包括很多内容，几乎囊括企业整个外部环境，从同行竞争对手到不沾边的企业，从顾客、供应商到科研机构、大专院校，从企业管理专家到街头摆摊儿的小贩，都可以成为组织学习的对象。其中，向同行企业学习与向顾客学习是两种主要的学习形式。

向同行学习的形式很多，比较常见的有参观观摩（"取经"）、参加经验介绍会或研讨会、人员交流等形式，更为全面、系统的方法是现在风行一时的"标杆战略"。所谓标杆战略，是不断揭示、分析、采纳与实施业界最佳管理实践的一项持续的调查研究和学习活动。首先，对业内企业进行深入细致的调查，确定业界最佳管理实践并对其进行仔细研究。其次，认真对比自己的实际状况，找出差距，通过系统的勘察、访问，制定改进意见，然后，认真组织实施。标杆战略不是一个孤立的项目，而是一个循环往复的持续活动。

同标杆战略一样，向顾客学习也可以为企业提供大量丰富的信息。与顾客交谈总是能激发学习，因为顾客是使用产品的专家。顾客可以提供最新的产品信息、产品的使用情况、对产品服务的反馈意见、不同产品的优劣以及对产品的改进意见，这些信息可以激发产品的改进与创新；顾客对不同企业的评价与态度可以作为企业领导者判断竞争形势的重要依据。因此，向顾客学习对于企业各个部门都是非常重要的，上至高层管理者下至一线职工，都要培养起与顾客接触、从顾客那里学习的习惯。这也是一些著名大公司的成功之道，如在摩托罗拉公司，不仅普通员工要经常与顾客联系，董事会成员包括 CEO，也要定期与顾客会面，倾听顾客的意见。

（五）在组织内传递知识

组织学习不是某些人或某些部门的事，它要求全体成员、所有部门都积极行动起来，促进知识在组织内部快捷流畅地传播。因为知识只有为更多的人所掌握，才能发挥更大的效用。把知识封锁在一个人或一个部门的手中，只会限制组织的成长，也是建立学习型组织的大忌。学习型组织的一个基本特征就是开放、自由的组织文化氛围。

促进知识传播的方法有很多种，包括书面或口头报告、经验交流、参观。

三、五项修炼

如何才能成为学习型组织，彼得·圣吉在《第五项修炼——学习型组织的艺术与实务》中提出，企业的管理层和员工都必须经过五个方面的修炼："自我超越"、"改善心智模式"、"建立共同愿景"、"团体学习"以及"系统思考"。具备了这些能力，企业就将成为一个学习型组织，管理者和员工就会不断培养具备全新的、前瞻而开阔的思维方式，使企业在未来复杂的竞争中立于不败之地。①

（一）第一项修炼——自我超越（Personal Mastery）

"自我超越"是指突破极限的自我实现或技巧的精熟。作为一个人，一个渴望成功的人，不可能只把眼光局限在目前的利益之上，也不可能仅仅满足于现状，即使这种现状相对于别人而言是如此的优越。作为一个有志向的人，在其心目中必然有一个远远高于现状的远大理想。而这个理想的实现又成为激励其不断学习和进取的动力，这就是人的"自我超越"。在此我们把这种理想和远大目标称之为"愿景"（vision），这种激励其不断学习和进取的动力称之为"创造性张力"（creative tension）。这里的"愿景"与我们所说的理想稍有不同，它是一个特定的结果，一个期望的未来景象和意象，是具体的而不是抽象的。事实证明，具有高度自我超越的人，愿景不仅仅是一个美好的构想，而且是一种召唤及驱使人向前的使命，能不断扩展他们创造生命上真正内心所向往的能力，从个人追求不断学习为起点，形成学习型组织的精神。"自我超越"是一个过程，一种建立愿景和实现愿景的过程，一种学习和成长的"修炼"。

自我超越修炼的最高境界就是实现潜意识的自我超越修炼。人们不再有意识地学习、澄清和修正自己的愿景，或建立新的愿景目标，不再有意识地去分析现状和愿景之间的距离，而有意识地作出努力。这一切都在不知不觉中完成，但这是一个漫长的学习和修炼的过程。

（二）第二项修炼——改善心智模式（Improving Mental Models）

心智模式是一种思维方法，一种深植于人们内心深处的思维逻辑，它影响

---

① 参阅彼得·圣吉：《第五项修炼——学习型组织的艺术与实务》，郭进隆译，上海三联书店，1994。

着人们对社会和事物的认识以及对此所采取的行动。不同的人对相同的问题有不同的看法，因为他们的心智模式不同。相同的人对相同的问题在不同的时期也许看法不同，因为他改变了心智模式。我国古代寓言"失斧疑邻"就是最好的例子。

改善心智模式的修炼主要应做到的是对自己心智模式的反思（reflection）和对他人心智模式的探询（inquiry）。反思的作用是通过放慢思考的过程，检查自己心智模式的形成过程以及如何影响我们的行动。在我们的推理中，最经常犯的错误就是"以偏概全"，从逻辑的角度上说就是出现"跳跃式的推论"——直接从少量的实例中转向概括性的结论。而在后期的思维中不断加强这种结论，并将这种结论作为心智模式的假设加以应用，以致弄假成真。反思的作用就在于发现这种"跳跃式的推论"。探询的作用就是面对面地了解他人心智模式的形成过程，每个人都把自己的思维逻辑明白地说出来，接受公开的检验，从而发现问题，影响对方或被对方所影响。

心智模式作为组织决策和行动的一种思考方式应被纳入企业的组织管理之中，相同或相近的心智模式以及共同的愿景会使企业产生某种特殊的和睦感，增强组织适应和应变世界变化的能力。

（三）第三项修炼——建立共同愿景（Building Shared Vision）

愿景是一个期望的未来景象和意象，是一种召唤及驱使人向前的使命，能不断扩展他们创造生命中真正内心所向往的能力。那么作为一个组织，一个以个人为单元的组织，建立一个组织成员的共同愿景，以这个共同的愿景感召全体组织成员，使之为这一愿景而奋斗，则是第三项修炼——建立共同愿景的内容。

组织是由个人集合而成，个人的愿景可以激发个人的勇气，组织的愿景也只能通过个人愿景和共同愿景的尽量一致来激发群体的力量。所以有意建立共同愿景的组织，必须持续不断地鼓励员工发展个人愿景。建立的共同愿景应与大部分的员工个人愿景方向一致，而且更上一层楼，而不应与之相冲突。使共同愿景成为员工自己的愿景，将其包容在一个伟大的事业之中，这就是"从个人愿景建立共同愿景"的修炼原则。

共同愿景要求全体员工为之而奋斗、为之而奉献（commitment），而不是简单的服从（compliance）或投入（enrolling），奉献的人将做一切为实现愿景所必须做的事情，愿景的驱动使他们展开行动，而服从或投入却使效果大打折扣。要使员工能奉献于共同愿景，必须使愿景深植于每一个员工的心中，必须和每个人信守的价值观相一致，否则不可能激发这种热情。所以，共同愿景又是一个企业的基本理念，包容了企业的目的、使命和价值观，必须使员工清楚地认识到他们在追求什么，弄清为何追求，知道如何追求。这种价值观反映出组织在向愿景迈进时全体员工日常的行动准则。同时管理者在组织内推广共同愿景时，除应真实、简单地描绘共同愿景外，同时还应身先士卒，自己先奉献于这个愿景，同时并不刻意要求下属的认同，留给下属一定的空间，让其自由选择。这样反而容易使全体员工认同这个共同愿景，使其为之奉献。

（四）第四项修炼——团队学习（Team Learning）

个人的力量如何通过有效的整体合作、取长补短而融汇成强大的组织力量，个人卓越的集合如何成为组织的卓越，如何使组织集体的智商高于个人的智力，这是团队学习所要达到的目的。一个组织不仅仅需要一群有才能的和有共同愿景的个人，更重要的是这个组织应学会共同学习。就像一个伟大的乐团一样，仅有非凡的音乐家是不够的，最重要的是他们应当知道如何一起演奏。

团队学习是发展团队成员整体合作与实现共同目标能力的过程。学习的本身是发现错误或了解和掌握新知识，团队学习正是要利用集体的优势，通过开放型的交流发现问题、互相学习、取长补短，以达到共同进步的目的。开放型的交流形式是深度会谈（dialogue）。深度会谈是自由和有创造性地研究重要而又复杂的议题，彼此用心聆听他人对此议题的看法，互相交流，其目的是揭露我们思维的不一致性。深度会谈需要一个开放和平等的环境。这样才能使人们毫无顾忌地展示自己的思维方法，以尽可能地减少可能的内耗。

（五）第五项修炼——系统思考（System Thinking）

系统思考是"看见整体"的一项修炼，它是一个架构，让我们看见相互关联而非单一的事件，看见渐渐变化的形态而非瞬间即逝的一幕。系统思考的艺术在于看穿复杂背后引发变化的结构。因此，系统思考绝非忽视复杂性，而是要把许多杂乱的片段结合成为前后一贯的"故事"，明白指出问题的症结，并找出较持续有效的对策。

系统思考有两个关键点：一个是系统的观点，一个是动态的观点。世界是复杂的，在我们认识世界的时候，为了更好地了解世界，我们经常以一种分解的方式化繁为简、化整为零，久而久之，就形成了"见木不见林"的思考模式。系统的观点则是应注重系统中各个局部之间的互动作用。系统之间的各个局部并不是孤立存在的，系统中的局部变化往往会引起另一个局部的变化。系统动力学认为任何一个系统都是一个动态的系统，而这个动态系统中各个元素之间又存在着动态的互动关系，存在着反馈和时滞，而这种反馈和时滞则使作用在系统中某一元素的力的实际作用完全不同于这个力的本身。如果把世界或企业看成是一个有机的系统，那么系统动力学的一般原理就适用于这个系统。

系统思考理论还强调认识系统主要在认识系统的结构，不应被表象的现象所迷惑，即应处理问题的"动态性复杂"（Dynamic Complexity）而非问题的细节性复杂（Detail Complexity），力求找到处理问题的关键，即"四两拨千斤"的"杠杆"（Leverage）点。事实也证明，只要找到问题的关键所在，许多极困难的问题也会迎刃而解。系统思考不应该仅仅是一种理论的学习，更主要的还是一种应用的学习，也就是我们现在说的修炼（Discipline）。就像篮球队一样，教练的战术旨意不仅要通过口头形式传递给队员，还要求队员在平时的训练中训练对这种战术的应用，这样才能在实战中得心应手。系统思考修炼的目的就在于此。

但是，仅从系统思考的语言和基本模型来进行系统思考的修炼还是不够的，还需要自我超越、改善心智模式、建立共同愿景和团队学习这几项修炼进行互补。这才能使个人、团体与组织更能从直线式的视角，转变成以整体的方式来看事情以及采取对策。

五项修炼之间具有强正相关性，每一项修炼的成败都和其他修炼的成败有关。五项修炼之所以称之为修炼，表示它是一个过程，一个学习和提高的过程。就和人的修身养性一样，一些简单的道理经过不断的学习和应用才能掌握，才有可能真正理解它的精髓。任何一项修炼都需要在了解原理和笃实演练上下工夫。五项修炼的学习就像一个五角尖塔一样，通过不断的学习和演练来理解和强化这种理论，同时领悟其精髓。学习的目的就是要达到领悟五项修炼的精髓，提高适应环境变化的能力。

第二节　知识管理的内涵与运作

一、知识管理的内涵

在现实生活中，知识以不同形态存在。数据、信息、对现实的认识以及智慧等都是知识。就企业而言，常见的知识有经营数据、工作报告、生产及服务指南、提案、计算机程序、产品规格、生产方法、专利，以及员工的直觉、想法和技能。这些知识中，有些属于显性知识，它们具有规范化、系统化的特点，通常被概念化和文字化，易于沟通和共享，比如经营数据、工作报告等。而另外一些知识则属于隐性知识，它们通常植根于个人的头脑和行为之中，难以用语言和文字来表达，因而不易被沟通和共享，比如员工的直觉、生产技巧等。

正如野中郁次郎所言，显性知识与隐性知识是可以相互转化的。知识转化有四种模式，即从隐性知识到隐性知识的转化、从显性知识到显性知识的转化、从隐性知识到显性知识的转化，以及从显性知识到隐性知识的转化。[①] 比如，通过观察、模仿和练习掌握某项技能是第一种模式的知识转化。通过整理经营数据写出工作报告是第二种模式的知识转化。把对现实的认识整理成概念和理论是第三种模式的知识转化。把概念化的理论与方法运用于实践，并据此重新构建自己的认识则是第四种模式的知识转化。在知识转化导致知识创新的整个过程中，隐性知识显性化（第三种转化模式）和显性知识内部化（第四种转化模式）尤其重要。虽然从隐性知识到隐性知识的转化可以提高个人的隐性知识，但这种知识始终没有被清楚地表达出来，因此很难被组织更有效地综合利用。同样，虽然从显性知识到显性知识的转化有助于诞生新知识，但是这种新知识并没有真正扩展企业现有的知识储备。只有当隐性知识显性化，继而显性知识内部化之后，亦即所有员工在共享、学习与体会新的显性知识中提高了自身的隐性知识之后，企业作为一个整体才可能真正扩展知识储备，并由此提高创新能力。

由此可见，知识创新的源泉在于知识转化，而知识转化的核心在于隐性知识显性化和显性知识内部化。因此，知识创新的关键就在于挖掘以隐性知识为核心的所有知识，使之显性化，成为人人共享的资源，并由此开发出新概念、新产品和新技术。推动和运作这一过程的管理行为就是知识管理。

二、知识管理的运作过程

知识管理涉及四个运作过程，它们是知识集约过程、知识应用过程、知识交流过程和知识创新过程。这四个过程不是相互独立的过程，而是相互关联的过程。知识创新是知识管理的目的。这一目的的实现关键在于隐性知识显性化和显性知识内部化。而知识集约促进隐性知识显性化，知识运用和知识交流促进显性知识内部化。因此，知识集约、知识运用和知识交流是实现知识创新所不可缺少的重要步骤。

知识集约过程具体指对现有的知识进行收集、整理、分类和管理的过程。比如，对经营数据、客户建议书、客户信息、产品信息、工作方法、工作心得、成功与失败事例等知识进行收集和分类，并将分类结果存放在文件夹、手册、书、录像带、计算机等保管器中。知识集约过程通常包含了隐性知识显性化和显性知识综合化这两个模式的知识转化。比如，营销部门按照一定的背景和条件对使用过的客户合同进行收集和分类，并据此整理成标准模式就是显性

[①] 野中郁次郎：《知识创新型企业》，载彼得·F. 德鲁克等著：《知识管理》，第18~40页，中国人民大学出版社、哈佛商学院出版社，1999。

知识综合化的过程；营销部门根据过去的成功与失败经验修改客户合同，并开发出新的合同模式就是隐性知识显性化的过程。

为了使知识集约更有效地服务于知识运用和知识交流，知识配置可视化是不可缺少的重要步骤。目前国际上较为流行的做法是用地图形式表示知识的存放场所，这种地图被称为知识地图。企业一般将知识地图存放在企业内部网络上，任何员工都可以随时阅览和检索。员工看到知识地图，便可知道企业的知识配置情况，比如谁拥有知识、拥有什么知识、如何与这些知识的拥有者取得联系并展开交流和讨论，等等。以安达信公司为例：安达信公司将其知识地图设计为三部分。第一部分为关键信息，包括人名、联系电话、联系地址等信息。第二部分为核心知识，包括工作方法、行业信息、技术信息等专业知识。第三部分为实践空间，也叫实践社团，以供员工在网上就不同专业、不同市场、不同地区的问题展开讨论。[1]

知识应用过程指利用集约而成的显性知识去解决问题的过程，也是显性知识内部化的过程。随着员工把集约而成的显性知识运用到实践中，并得出相应的体会和经验，显性知识便被内化为隐形知识。显性知识内部化的结果导致员工隐性知识储备的扩展。积极利用计算机软件技术是加速显性知识内部化的有效途径。比如，销售人员在现有的知识基础上，只要利用模拟软件和数据解析软件就能找到扩大销售额和产品组合的最佳方案，并可以由此迅速地拓宽、延伸和重建自己的隐性知识系统。

知识交流过程指通过交流来扩展企业整体知识储备的过程。由于前述两个过程通常以某个部门为单位进行，因此，其结果只能扩展某个部门的知识储备，而不足以提高企业整体的知识储备。这就有了通过交流将新知识内部化到每个员工的必要性。企业可以从以下几种交流方式中选择符合自身情况的交流方式：第一种方式为人与人通过直接交流进行学习的方式，比如正式与非正式的研讨会、学习会、工作午餐、企业培训等。第二种方式为通过网络技术进行交流与学习的方式，比如电子会议、电视会议、电子邮件、电传、虚拟团队等。第三种方式为通过网络技术与信息交流进行学习的方式，比如利用信息库、企业主页、各类检索、解析软件进行学习。第四种方式为利用知识库进行学习的方式，比如利用图书馆、书和文件进行学习。以安达信公司和野村综合研究所为例。安达信公司有 4 万名咨询人员，他们遍及世界各地。为了促进他们之间的交流，也为了使他们有机会应用知识，公司在网上开辟了实践空间，即讨论空间。实践空间所讨论的问题按照专业、市场和地区划分，由公司组建

---

① 安达信公司：《图解知识管理》，东洋经济新报社，第 186~197 页，1999。

的核心小组专门负责募集和甄选，并由公司的智囊小组专门负责审查。每个问题下面成立一个讨论小组，员工可以自由加入某个小组的讨论。很显然，安达信公司采取了借助网络进行交流的方式，而这种方式非常适用于像安达信公司这样的大型跨国公司。野村综合研究所是一个中型公司，它尤其重视人与人的直接交流以及借助信息技术开展自学。在野村综合研究所，每周都有一次午餐会，其实就是一个非正式的知识研究会。在会上，研究人员可以就各自感兴趣的问题进行演讲。公司负责研究会的录像，以便缺席人员自学，同时还负责将研究会的研究成果下载到所内知识库，并设置了意见回馈栏，以便全员交流和学习。①

知识创新过程指企业整体的知识储备扩大并由此产生出新概念、新思想、新体系的过程。知识创新过程是前述三个过程相互作用的结果。当知识集约和知识应用成为日常业务的一环、组织学习也成为企业文化之时，企业就具备了知识创新的条件。企业应该及时组织员工学习企业战略，使知识创新与企业战略保持整合性，并要在战略实施过程中积极地运用知识创新的结果，真正使知识创新转化为企业的竞争优势。

三、知识管理的运作环境

知识管理的效果取决于知识集约、知识应用、知识交流和知识创新四个过程的有效运作，而这四个过程的有效运作又取决于知识管理的运作环境。知识管理的运作环境涉及企业高层管理者、知识管理者、企业文化、信息技术、报酬制度、业绩考核系统以及培训制度等几个方面。

企业高层管理者在知识管理中起着引导、指导和推动知识管理的重要作用。首先，他们应该为企业以及知识管理建立起明确的发展目标，并将发展目标灌输到每个员工头脑中，使知识管理始终保持明确且正确的方向。其次，他们应该精通知识管理的操作过程和操作方法，能够具体指导员工，促进他们有效地收集、应用、交流和创造知识。最后，高层管理者必须被员工信任，具备高度的协调能力，能够促进企业形成相互信赖的环境。

具体来讲，在知识集约过程中，高层管理者要引导和指导员工尽快学会知识的应用方法。在此基础上，高层管理者一方面要对员工应用知识提出具体的建议；另一方面要鼓励员工将自己的成功经验奉献给集体，促进知识的共享。在知识应用过程中，高层管理者要促使员工进一步明确知识管理的目的。只有

---

① 野村综合研究所：《经营可视化的知识管理》，第140~141页，第123~124页，NRI野村综合研究所，1999。

目的明确，才能探索到知识的应用方法。在知识交流过程中，高层管理者要不断地向员工灌输持续学习的思想，采取多种手段促进企业内部形成组织学习的氛围。高层管理者要将部分权力下放给部门和个人，促使他们更快、更有效地交流和积累自己的知识。随着知识管理发展到知识创新阶段，高层管理者的作用也更加重要。为了提高知识管理的效果，高层管理者要确保知识管理与企业战略的整合性，要积极将知识创新的结果应用于战略实施过程中，促使知识创新转化为企业的竞争优势。

知识管理者指具体实施知识管理的首席知识管理官（CKO）、知识管理部门以及各级部门中的知识管理人员。开展高质量的知识管理活动，提高知识管理的效果是知识管理者的职责。

企业文化在知识集约过程和知识交流过程中起着重要的作用。这是因为开展组织学习与交流需要员工具备自主参与的意识，因而需要形成一个持续学习的企业文化。为了营建这样的企业文化，管理者与员工之间、员工与员工之间应该保持定期交流，以便形成相互信赖的关系和统一的价值观。

信息技术是知识管理有效运作的硬件基础。信息技术的运用有助于加速交流，提高知识收集和知识利用的效率。知识管理所需要的信息技术不仅包括企业内部的信息技术，而且还包括企业外部的数据库和信息源以及与客户、投资者之间的信息网络。具体来讲，在知识集约过程中，应该利用计算机对各种知识进行整理、分类和保管，而且还应该利用检索软件缩短员工应用知识的时间。在知识应用过程中，应该建立内部网络，使知识利用超越时间和空间的限制，提高解决问题的速度，还应该利用解析软件和小网络软件，从不同角度对知识进行分类和检索，探索解决问题的最佳方法。随着知识管理进入知识交流阶段，企业还应该建立互联网来促进跨地区、跨部门的交流。

为了提高知识的数量和质量，企业应该通过业绩考核系统对知识的数量和质量进行评价。企业要及时表彰有贡献的员工，并将他们的成功经验介绍给其他员工，促进知识共享和组织学习。比如，企业可以通过问卷调查的方法选出实际利用价值高的文件，对文件制作者进行表彰。对员工的表彰应采取精神奖励与物质奖励相结合的方法，并应该在产权分配方面对贡献大的员工作出必要的倾斜。

培训制度也是推动知识管理的重要途径。这是由于知识管理的参加者是人，知识管理需要发挥员工的创造力。有效培训的关键在于培植和强化员工的参与意识，使员工明确学习方向，为员工参与知识管理实施具体而详细的指导，并为员工参与知识管理创造机会和环境。

第三节　知识管理的人才培养

员工是知识集约、应用、交流和创新的主体。只有使员工积极地参与到知识的集约、应用、交流和创新过程中去，知识管理才可能取得成效，企业为推进知识管理所做的一切努力才不至于付诸东流。而要做到这一点，就必须做到：①在企业内部建立起相互信赖的关系；②从硬件和软件两方面指导和支持员工参与知识管理；③从组织和制度两方面激励员工参与知识管理。

一、建立相互信赖的关系

建立相互信赖的关系是促进员工参与知识管理所不可缺少的条件。如果企业与员工之间、员工与员工之间互相不信任，双方只考虑自己的利益，员工就不可能将自身的隐性知识奉献出来，让其他员工共享。而其他员工也就不可能在共享、学习与体会他人的新知识中提高自身的隐性知识，企业作为一个整体就不可能扩展知识储备，并由此提高解决问题的能力和创新能力。因此，为了提高员工的参与意识，企业有必要在企业与员工之间以及员工与员工之间建立起相互信赖的关系。

企业与员工、员工与员工是否相互信赖，与管理过程是否开放而透明、经营决策是否公正而公平以及劳资双方对企业目标是否认同有着密切关系。

实践证明，有很多方法都可以提高管理过程的开放程度和透明程度，从而增进公司与员工、员工与员工之间的信赖关系。缩小等级差别、增加管理人员的基层考察次数，可以增进上、下级之间的了解；让员工参与管理决策，可以促进员工对公司目标与战略的认同；采取项目小组的工作方式，鼓励员工自由组合和共享工作任务，可以培养团队精神；组织工作内外的聚会活动可以增加员工之间的社会接触；利用信息技术可以促进员工交流，等等。让我们看两个例子。惠普公司实施"门户开放政策"（Open door policy），对管理人员不设单独的工作间，让他们与一般员工在同一房间内工作，并鼓励员工随时随地与管理人员进行讨论。惠普公司还经常组织跨部门的项目小组来开展工作，并对参与多个项目小组的员工实施奖励。这些措施增进了公司的和睦程度，培养了员工团结一致的精神，从而有效地提高了公司的绩效。[①] 总部设在斯德哥尔摩的

---

① 野村综合研究所：《经营可视化的知识管理》，第 150~151 页，NRI 野村综合研究所，1999。

斯堪底亚公司采取了两项措施，以激发员工的参与意识和促进跨部门之间的知识共享。其一，增加公司高层管理人员的基层考察次数，比如，使公司总经理的年平均基层考察时间达到一年的 2/3。公司高层管理人员进行基层考察的目的是与员工共同探讨和解决工作中所出现的问题。这项措施的实施增进了上、下级之间的了解，使管理人员博得了员工的信任，从而调动了员工的参与积极性，以致有人称公司的"头脑"在现场，而斯德哥尔摩只是公司的"心脏"。其二，积极利用信息技术建立跨部门的信息桥梁。以往，公司高层管理人员每到一处便介绍其他部门以及其他地区子公司的情况，自觉承担了信息桥梁的重任。近年，公司建立了全球信息网络，把所有分布在世界各地的子公司的信息一同联入到全球信息网络里。通过全球信息网络，员工既可以及时了解公司整体的管理现状，又可以随时将自己的意见反映给公司以及其他部门，并及时得到回馈。使用信息技术使斯堪底亚公司的管理更加透明，也使各级、各部门之间的关系更加紧密。[1]

　　企业与员工之间、员工与员工之间的信赖关系还建立在员工共同分担风险和同等分享奖赏之上，而这往往又与经营决策是否公正且公平有关。尤其在艰难时期，企业是否能与员工同甘苦共患难，对赢得员工的信赖关系重大。例如，在不景气的 20 世纪 70 年代，惠普公司没有解雇员工，而是采用了对各级人员都减少 10%的工作时间和薪资的做法。惠普公司的做法最终使其领导人赢得了广泛的尊敬、尊重和爱戴。[2]又如，80 年代中期，由于受日本企业价格战的冲击，很多美国半导体企业都选择了大量减员以渡过难关。而英特尔公司虽然也困难重重，却没有作出如此选择。在他们看来，员工是公司最宝贵的财产，解雇只是渡过难关的最后手段。为了渡过难关，公司把 20%的股份出让给了 IBM 公司以筹集资金，还下调了包括管理人员在内的所有员工的工资以减少经费。事实证明，这种做法并没有使公司受到损失，反而使公司赢得了员工的信赖，从而为公司后来的成功奠定了基础。

　　员工对企业目标的认同也是建立信赖关系所不可缺少的条件。在企业与员工之间实现目标认同，有助于形成连带感，从而建立起相互信赖、共担责任的关系。然而，实现目标认同是一项比较困难的工作。这是由于企业目标难以定量和难以观察。为了克服这个困难，企业需要在企业目标的具体化方面多下工夫，通过对企业目标的实现方法和时间进行具体化，尽可能地将企业目标用定

---

① Ghoshal sumantra and christopher A. Bartlett，"The individualized corporation"，Harper Collins Publishers，1997.

② 罗布·戈菲等：《人员管理》，第 25 页，中国人民大学出版社、哈佛商学院出版社，2000。

量化的手段表现出来，以增强员工对企业目标的认识。另外，企业还需要坚持不懈地向员工进行企业目标的宣传，比如，可以通过简报、通信、录像带、电子邮件等形式定期地宣传企业目标。

二、指导和支持员工参与知识管理

知识管理的目的在于知识创新，它不仅要求员工具备较高的专业知识，而且还要求员工能够运用知识解决问题。为了把员工培养成知识管理所需要的人才，企业一方面要对员工实施有目的、有计划的培训；另一方面还需要从硬件和软件两方面对员工自学进行支持和指导。

在培训方面，企业首先应该制定明确的培训方针，并在此基础上制定严格的培训方案。培训方案一般包括五个培训步骤：参与意识培训、网络技术培训、挖掘问题能力培训、解决问题能力培训和创造性提案能力培训。

在参与意识培训阶段，企业需要做两件事：一是强化员工对企业目标、市场竞争以及知识管理的理解，提高员工对参与知识管理的认识；二是帮助员工明确学习方向，提高学习的目的性。企业可以采取以下方法来帮助员工明确学习方向：第一，制定能力标准。通过与能力标准对比，使员工客观认识自己，明确学习方向。例如，安达信公司将其咨询员工的能力分解为咨询能力、管理能力、业务开发能力和专业知识，再将上述三项能力和专业知识分解为若干个具体项目，然后对不同级别所需要达到的能力水平和专业知识水平作出具体规定，即制定出能力标准。由于有能力标准作为参照，员工很容易看到自身的差距，也就容易做到有目的地参加培训和加强学习。第二，指明能力开发路径。所谓能力开发路径是指按照时间序列对员工的能力通过培训与自学而获得逐步提高的过程所进行的描述。能力开发路径有助于员工针对不同阶段制定不同的学习目标与计划。第三，加强知识体系化的建设，通过知识共享去明确员工的学习方向。比如，企业可以制定一些诸如业务指南、行动框架、思考模型、方法论这样的理论框架，让员工按照一定的框架与思路去工作，进而找到学习方向。

在网络技术培训阶段，企业需要使员工尽快掌握内部网络的使用方法，并要随着软件升级及时培训员工，使之掌握新的操作技术。

在挖掘问题能力培训、解决问题能力培训以及创造性提案能力培训阶段，企业可采取多种双向型培训方法。所谓双向型培训，也叫参与型培训，是指知识与信息不是单方面地从教师流向学员，而是从教师流向学员，同时又从学员流向教师的培训方法。小组讨论、主题演讲以及互相教授等都是双向型培训常采取的形式。以往，企业培训多采取单向型培训方法。然而，从培养员工的自主性和创造力看，单向型培训不如双向型培训效果好。由于双向型培训多采取小组讨论、主题演讲以及互相教授的形式，学员有足够的机会参与挖掘问题、解决问题和言传身教，因此，能够有效促进学员形成独立思考、自主学习的习惯，并能有效培养员工的责任感和领导能力。

在支持与指导员工自学方面，企业可以考虑设置辅导员来指导员工自学。辅导员的主要作用不是教授，而是引导。他的工作主要包括：①帮助员工选择自学所需信息。比如，给员工开出自学所需业务指南、文件、资料和书的清单；指出阅读重点和阅读顺序；当员工需要向人请教时，帮助员工找到合适对象。②引导员工整理信息，加深理解，直到解决问题。由于自学常常伴随混乱，而混乱又常常使时间得以浪费。因此，为了提高自学效率，就有必要提高员工整理信息、理解信息、发现问题和解决问题的能力。目前一些企业使用头脑风暴法来引导员工整理信息，加深理解，直到解决问题。所谓头脑风暴法是指通过交谈来改变个人的思考视角，以引导个人整理信息、理解信息、发现问题和解决问题的一种方法。在头脑风暴法中，辅导员充当听者一角。具体来讲，辅导员通过倾听与提问来促使员工理顺思路和加深认识，并对员工的发现进行客观评价，摆出理由，以便员工找到解决问题的答案。③帮助员工将自学成果纳入自己的知识体系。一个有效的方法是让员工把自学成果传授给其他员工，并将其他员工的意见反馈回来。辅导员的工作是对反馈意见进行分析与说明，使之有利于员工修正与总结自学成果，进而激发员工继续学习的动力。

除了引导员工自学，企业还应该为员工创造良好的学习环境和为员工提供应用知识的机会。以下方法是目前较为流行的方法：利用网络建立虚拟教室，以支持员工随时随地自学；引进先进的知识整理工具，提高信息检索、过滤与提取的速度，对信息定期进行更新、整理与体系化，以便员工利用与学习。运用信息技术使知识可视化，并使员工自由使用成为可能，在企业内部建立起知识交流的市场；利用信息黑板和电子邮件，定期公布有关学习与能力开发的信息；直接向员工发送邮件，宣传学习的必要性和重要性；从硬件与软件两方面支持员工开展非正式的学习会与研讨会，以促进员工交流学习经验；将各种学习会和研讨会的目的、运作方法、负责人、成员及学习成果等信息公布在内部网络上，以便跨部门员工的参与；为员工学习提供必要的时间。比如，从制度上保证员工有一定的时间召开学习会和研讨会；积极运用团队合作的工作方式，以促进知识交流，等等。

三、激励员工参与知识管理

激励员工参与知识管理，关键在于要赋予员工自主决策权，对员工参与知识管理进行奖励，以及对员工参与知识管理实施长期考核。

知识管理是一项创新活动，它特别需要发挥员工的主动性和创造性。为使员工发挥主动性和创造性，企业有必要赋予员工充分的自主决策权。目前，很多企业仍然采用中央集权型的组织模式。这种组织模式虽然有利于取得规模经济效益，但不利于发挥现场员工的主动性和创造性。尤其是随着组织规模的扩大、组织层级的增多，中央集权型的组织模式在妨碍员工发挥主动性和创造性方面的缺陷越来越严重。因此，为了发挥员工的主动性和创造性，就必须对中央集权型的组织模式进行改革，通过减少组织层级使组织结构扁平化，把决策权下放给现场员工，给现场员工应用知识解决问题创造机会和条件。

奖励制度也是促进员工参与知识管理的有效手段。由于人的行为建立在驱动之上，因此，明确行为背后的驱动对于激励人的行为具有重要作用。人的行为驱动包括物质驱动和精神驱动。物质驱动主要与提薪、奖金、奖品以及晋升等经济奖励相关。精神驱动则与受人理解与尊敬、受人赞赏、满足感以及成就感相关。不论是物质驱动还是精神驱动，都能激发起员工的参与意识。因此，企业有必要将物质奖励与精神奖励结合起来，既满足员工追求经济利益的需求，又满足员工追求社会效应以及自我实现的需求。在这方面，我们可以借鉴惠普日本分公司的经验。惠普日本分公司的奖励包括两部分：第一，设置知识贡献奖，对那些积极参与知识管理并作出贡献的员工进行表彰。知识贡献奖的评比每半年举行一次。评比办法是，每人选出三位半年来对自己帮助最大（比如提供了最多的信息、传授了最多的工作经验等）的员工。得票最多的员工被授予知识贡献奖，并因此赢得所有员工的尊敬。很显然，知识贡献奖是一种精神奖励。第二，根据员工对知识管理的贡献程度实施物质奖励。具体做法是，让员工把日常所做的各类文件登录到公司的知识数据库，公司根据创新程度、利用频度和回馈程度等几个方面对文件进行打分，并据此对员工进行业绩考核，最终根据考核结果决定对员工的商品奖励、奖金以及涨薪幅度。

很多奖励措施只具有短期激励作用，上述几种奖励措施也不例外。随着奖励措施的稳固化，员工对奖励措施会越来越习以为常，奖励措施所发挥的激励作用会越来越有限。因此，为了使员工持续不懈地参与知识管理，企业需要建立起具有长期激励作用的奖励体系，避免单纯实施短期激励，而使短期激励与长期激励有机地结合起来。比如，可以根据员工参与知识管理以及作出贡献的程度支付股票以及股票期权，将员工和企业的发展前景捆绑在一起，共担风险、分享收益。另外，目标管理制度也是一个可行的手段。企业根据事先定好的目标与考核标准对员工参与知识管理的实际情况进行定期评价和考核，以督促员工明确目标，发现问题，提高知识管理的效率。为使目标管理制度有效运作，目标考核标准应该满足以下条件：第一，考核标准与企业发展方向和发展战略保持一致。第二，考核标准与员工的具体行为联系紧密。第三，考核结果与人事制度和报酬制度联系紧密。第四，考核标准具有客观性。第五，考核具有连续性、时效性和可行性。第六，考核标准既包括财务指标，又包括非财务指标。

本章案例

美国微软公司的组织学习

为了系统地从过去和当前的研究项目与产品中学习，微软采取了以下几种措施：①鼓励各开发小组写事后分析报告，至少能就项目进程开会讨论。②实施过程审计以帮助各组分析和解决问题。③组织正式的休假会活动，届时有关重要人士就软件开发与质量控制的相关问题相互切磋。④在相同职务的人员之间极力撮合一些非正式会谈以鼓励知识共享。微软还有一种学习机制，即所谓的"自食其果"——这意味着特定产品的开发小组将尽可能在自己的工作中使用该产品，如果产品性能太差，构造者和小组其他成员不得不"自食其果"。这一方面便于开发小组测试产品；另一方面又通过亲身体验，见顾客之所见，向相关小组不断反馈信息。

微软公司1993年就明确提出了"客户支持哲学"的观念，强调每一次客户支持活动都是改进产品设计的大好机会，并成立了产品支持服务（PSS）部门，专门就客户对微软产品、客户支持及公司整体的满意状况进行调查。微软设立"希望热线"，接收来自顾客的意见、建议，并每月将电话记录加以分析整理成"电话分析报告"，供程序经理们参考；在各项目开发期间，程序经理和开发人员要对选定客户提供测试版（b版），进行实际测试。之后，开发人员将在这些反馈信息基础之上，赶在最终产品向制造商或市场发布之前，做进一步的完善。

资料来源：戴维·A.加文：《建立学习型组织》，载彼得·F.德鲁克等：《知识管理》，第40~72页，中国人民大学出版社、哈佛商学院出版社，1999。

本章要点

1. 所谓学习型组织，是能对相互依赖并且不断变化的世界作出有效反应的组织，应该是一个能不断适应且具有变革能力的组织。它又是以信息和知识为基础的组织，这种组织实行目标管理，成员能够自我学习、自我发展和自我控制。由于组织中的信息流是自下而上的，因此，要想使以信息为基础的系统发挥作用，必须要求每个人和每个部门都为他们的目标、任务和联系沟通承担起责任。

2. 哈佛大学教授戴维·A.加文认为，组织学习活动包括系统地解决问题、试验、从自己的过去与经验中学习、向他人学习以及促进组织内的知识扩散五项内容，具体、形象地描述了组织学习的内容。

3. 如何才能成为学习型组织，彼得·圣吉在《第五项修炼——学习型组织的艺术与实务》中提出，企业的管理层和员工都必须经过五个方面的修炼："自我超越"、"改善心智模式"、"建立共同愿景"、"团队学习"以及"系统思考"。具备了这些能力，企业就将成为一个学习型组织，管理者和员工就会不断培养具备全新的、前瞻而开阔的思维方式，使企业在未来复杂的竞争中立于不败之地。

4. 知识创新的源泉在于知识转化。而知识转化的核心在于隐性知识显性化和显性知识内部化。因此，知识创新的关键就在于挖掘以隐性知识为核心的所有知识，使之显性化，成为人人共享的资源，并由此开发出新概念、新产品和新技术。推动和运作这一过程的管理行为就是知识管理。

5. 知识管理的效果取决于知识集约、知识应用、知识交流和知识创新四个过程的有效运作，而这四个过程的有效运作又取决于知识管理的运作环境。知识管理的运作环境涉及企业高层管理者、知识管理者、企业文化、信息技术、报酬制度、业绩考核系统以及培训制度等几个方面。

6. 员工是知识集约、应用、交流和创新的主体。只有使员工积极地参与到知识的集约、应用、交流和创新过程中去，知识管理才可能取得成效，企业为推进知识管理所做的一切努力才不至于付诸东流。而要做到这一点，就必须做到：①在企业内部建立起相互信赖的关系。②从硬件和软件两方面指导和支持员工参与知识管理。③从组织和制度两方面激励员工参与知识管理。

研究思考题目

试述在我国企业文化建设中如何导入学习型组织与知识管理的理念。

推荐阅读材料

彼得·圣吉：《第五项修炼——学习型组织的艺术与实务》，郭进隆译，上海三联书店，1994。

彼得·F. 德鲁克等：《知识管理》，中国人民大学出版社、哈佛商学院出版社，1999。

罗布·戈菲等：《人员管理》，中国人民大学出版社、哈佛商学院出版社，2000。

第十三章　生产管理技术发展与模式变革

在 20 世纪人类的物质和文化生活得到了极大的丰富，人类生活方式发生了革命性的变化，人类文明进程前所未有，而这一切在很大程度上得益于制造业的发展。20 世纪制造业的发展不仅表现在科学技术进步上，还表现在生产管理技术发展和模式创新方面。所谓生产管理是对生产活动进行计划、组织和控制，其目的在于高效、低耗、灵活、准时地生产合格产品和提供顾客满意的服务。现代生产的概念也逐渐扩展为既包括有形产品的生产（Production），又包括提供劳务、知识及信息等无形产品的活动（Operations）。制造业和服务业间的界限已变得越来越模糊，大部分生产厂商正发挥服务功能，许多工业部门产品是硬件、软件和服务的集成。20 世纪生产管理的技术发展和模式创新可以归结为两次生产管理"革命"：一是 20 年代美国工程专家福特（Henry Ford）开创的流水生产技术和大量生产模式；二是 60 年代前后开始的适应后工业化和信息化时代消费者多品种、高层次需要，旨在突破大量生产模式局限性的现代生产管理技术和模式，包括准时生产（JIT）、制造资源计划（MRP Ⅱ）、柔性生产系统（FM）、灵捷制造（AM）、供应链管理（SCM）和企业资源计划（ERP）等。[①]

第一节　20 世纪初期大量生产方式的兴起

17 世纪，在工具机器和蒸汽动力机的支撑下近代制造业产生于英国。随着科学技术的进步，制造业不断发展，到 19 世纪后半叶，单一品种或少品种小批量生产成为制造企业的生产模式，替代了手工作坊的制造生产模式。此时的生产管理方法属于"师傅带徒弟"式的经验管理。其特点包括：工人具有高超的操作技术；生产过程组织分散，无论从产品设计还是零件的制造，都是分散的，最终由公司的负责人协调；使用通用设备，实行单件生产。

---

① 黄群慧、王陆萱：《论 20 世纪生产管理技术发展与模式创新》，载《外国经济与管理》，1999（3）。

到 19 世纪末 20 世纪初，世界科学技术的中心已经从欧洲转移到美国，在电力技术革命推动下，以零部件生产的标准化、系列化为基础的大量生产模式产生了。这种模式的产生适应了企业提高劳动生产率，降低生产成本，进而增强竞争力的需要。这种模式的创始人是福特，其发源地是福特汽车公司。1903年，几经挫折矢志不渝的福特创办了福特汽车公司，1913 年制成了装配线的主要部分，1914 年 1 月全部完成，从此开始了福特车的大批量生产和在产业史上的新时代。这种生产模式是以亚当·斯密（Adam Smith）的分工理论为指导，在惠特尼（E.Whitney）提出的"互换性"和"大批大量"、爱温斯（Olver Evons）将传送带引入制造系统及泰勒（F.Taylor）的"科学管理"的基础上发展起来的。与这种大量生产模式相对应的生产管理强调是高效、低耗及合格产品，生产管理技术和模式围绕大批量、低成本做文章。相对于以前的手工场制造方式及单件小批机器生产模式，大量生产模式能够迅速提供大量质优价廉的产品，极大地提高了企业的竞争力。由于该模式的引入和不断完善发展，福特汽车公司汽车销售量从 1903~1904 年的 1700 辆增加到 1913~1914 年的 248307辆，继而到 1920~1921 年的 933720 辆，从 1908 年 6 月到 1927 年 5 月，适合大量生产的 T 形车销售量达 1500 万。汽车的价格也大幅度降低，以 T 形游览车为例，从 1909 年的 950 美元降到 1910 年的 780 美元，1913 年为 550 美元。

大量生产模式的巨大成功使得这种模式在 20 世纪 30~50 年代得以迅速推广和发展，加速了工业化的进程，为世界经济发展和人类社会进步做出了巨大贡献。

第二节　20 世纪 60 年代以后的生产管理变革

20 世纪 60 年代以前，大量生产管理模式一直占据着主导地位，其作用在美国和第二次世界大战后日本经济发展中得到了淋漓尽致的发挥。但是，随着60 年代前后西方发达国家工业化进程的完成，工业化的实现给资本主义国家带来了物质上的极大丰富，消费者的需求结构普遍向高层次发展，于是人们认识到生产管理还应追求多品种、适应性、对消费者需求迅速反应的目标，显然大量生产模式的刚性与此目标是相背离的。因此，以多品种、灵活、适用性为目标的生产管理技术和模式的发展与创新也就成为企业增强竞争力、寻求生存和发展的必然之举。从 20 世纪 50 年代中期苏联最早提出成组技术（GT）以后的 40 多年中，世界各国针对大量生产模式的不足对生产管理技术和模式进行了众多创新，具体包括准时生产（JIT）、制造资源计划（MRPⅡ）、柔性生产系统（FM）、灵捷制造（AM）、供应链管理（SCM）和企业资源计划（ERP）等。这些生产管理技术或模式大致可以归为三类：一是美国模式，二是日本模式，三是其他模式。

美国模式最初可以追溯到一种被称为订货点法的生产管理方法。订货点法是一种是库存量不低于安全库存的库存补充方法。依靠计算机技术的发展，订货点法进一步发展成为物料需求计划（Material Requirements Planning，MRP）。在此基础上，考虑到企业外部市场需求和企业内部生产能力、各种资源的变化，在 MRP 的基础上增加了能力计划和执行计划的功能，就发展成为闭环的 MRP。闭环的 MRP 就成为一个完整的生产计划与控制系统。进入 20 世纪 80 年代后，在闭环 MRP 的基础上制造资源计划（Manufacturing Resource Planning，MRP Ⅱ）产生了，MRP Ⅱ 不仅涉及物料，而且将生产、财务、销售、技术、采购等各个子系统结合成一个一体化的系统，成为一个广泛的物料协调系统。到了 90 年代，市场竞争日益激烈，消费者的需求特征发生了巨大的变化，仅仅依靠一个企业的资源已经无法实现快速响应市场需求的目的，随着网络技术的发展，涵盖企业内外所有资源的供应链管理（Supply Chain Management，SCM）和企业资源计划（Enterprise Resource Planning，ERP）、灵捷制造（Agile Manufacturing，AM）等管理模式相继产生。其中灵捷制造是一种以先进生产制造技术和动态组织结构为特点，以高素质与协同良好的工作人员为核心，采用企业间网络技术从而形成的快速适应市场的社会化制造体系，被称为是 21 世纪的生产管理模式和战略。

日本模式是以准时生产制（Just In Time，JIT）为代表的。准时生产制是日本丰田汽车公司 20 世纪 60 年代创造的采用看板系统和倒流水拉动方式的追求零库存的生产管理模式，保证成品在销售时能准时生产出来并发送、组件能准时送入总装、部件能准时进入组装、零件准时进入部装、原材料准时转为零件。这种模式旨在消除超过生产所绝对必要最少量的设备、材料、零件和工作时间部分。这种生产模式还被表述为一个流的生产方式（Single-unit Production System，SPS）。SPS 可以认为是实现 JIT 的一种形式，指在生产过程中零件（毛坯、半成品）投入时不停顿、不堆积、不超越、按顺序、按节拍一个一个地产出；整个生产线似同一台设备、实现劳动集成同步化均衡作业。针对准时生产制的特点，美国麻省理工学院研究者 John Krafcik 更广泛地给日本汽车工业生产管理模式命名为精益生产（Lean Production，LP）界定的名称。精益生产可以表述通过系统结构、人员组织、运作方式和市场营销等各方面的改革，使生产系统对市场变化作出快速适应，并消除冗余无用的损耗浪费，以求企业获得更好的效益。

其他模式是指除上述日本、美国模式以外的其他在 MRP 和 JIT 基础上发展起来的生产管理模式和技术，主要是以最优生产技术（Optimized Production Technology，OPT）、约束理论（Theory of Constraints，TOC）和世界级制造（World Class Manufacturing，WCM）等为代表。最优生产技术是以色列科学家 Eli Goldratt 在 20 世纪 70 年代发展的一种生产组织方式。它吸收了 MRP 和 JIT 的长处，是以相应的管理原理和软件系统为支柱，以增加产销率、减少库存和运行为目标的优化生产管理技术。约束理论是 Eli Goldratt 在最优生产技术基础上进一步发展的理论。它是一种在能力管理和现场作业管理方面的哲理，把重点放在"瓶颈"工序上，保证"瓶颈"工序不发生停工待料，提高"瓶颈"工作中心的利用率，从而得到企业的最大产出。[1] 世界级制造是对现有优秀跨国企业生产管理经验的总结，这些经验被概括为一系列交互作用的原则，这些原则被认为将是下一个十年制造业的活动安排程序。[2]

如果我们把生产方式理解为生产制造技术与生产管理技术、模式的总和，上述针对大量生产方式（Mass Production）的缺陷而进行的生产管理模式创新可以归结为一种新的生产方式。约瑟夫·派恩和大卫·M.安德森等人将其界定为大规模定制生产（Mass Customization）。所谓大规模定制生产是指对定制的产品和服务进行个别的大规模生产，这种生产模式试图把大规模生产和定制生产这两种生产模式的优势有机地结合起来，在不牺牲企业经济效益的前提下，了解并满足单个客户的需求。[3] 美国麻省理工学院国际汽车项目组（International Motor Vehicle Program，IMVP）研究者 John Krafcik 则认为与大量生产方式对应的是精益生产方式（Lean Production，LP），这种生产方式旨在突破"批量小、效率低、成本高"的生产管理逻辑，废弃了大量生产的"提高质量则成本升高"的惯例，使成本更低、质量更高、品种更多、适应性更强。表 13-1 对手工生产方式、大量生产方式和精益生产方式的特点进行了比较。

表 13-1　三种生产方式的比较

生产方式 项　目	手工生产方式	大量生产方式	精细生产方式
产品特点	完全按顾客要求	标准化、品种单一	品种规格多样化、系列化
加工设备和工艺装备	通用、灵活、便宜	专用、高效、昂贵	柔性高、效率高
分工与工作内容	粗略、丰富多样	细致、简单、重复	较粗、多技能、丰富

[1] 转引自陈起申：《制造资源计划基础》，第 241 页，企业管理出版社，1997。
[2] 理查德·J. 雪恩伯格尔：《世界级制造：下一个十年》，中央编译出版社，1999。
[3] 大卫·M. 安德森、B. 约瑟夫·派恩：《21 世纪企业竞争前沿——大规模定制模式下的敏捷产品开发》，机械工业出版社，1999。

项　目　　生产方式	手工生产方式	大量生产方式	精细生产方式
操作工人	懂设计制造，具有高操作技艺	不需专门技能	多技能
库存水平	高	高	低
制造成本	高	低	更低
产品质量	低	高	更高
权力与责任分配	分散	集中	分散

　　资料来源：转引自陈荣秋：《生产、计划与控制——概念、方法与系统》，第280页，华中理工大学出版社，1995。

第三节　生产管理变革的背景分析

　　无论是大规模定制生产，还是所谓的精益生产，其共同特点都是努力突破大量生产管理模式的局限，不仅追求价廉、低成本，更强调多品种、适应性及对市场变化反应的迅速灵捷。如果说大量生产线是对手工场式制造及单件小批生产的否定，属于一次生产管理"革命"，那么上述柔性制造、精益生产及灵捷制造等管理模式则是对大量生产管理模式的否定之否定，是生产管理的第二次"革命"。这第二次生产管理"革命"具有深刻的背景。

　　第一，后工业社会和信息时代的经济、科学技术以及人的物质文明与精神文明的发展和提高使市场需求的稳定性愈来愈低，进而造成大量生产模式的竞争力日益衰退，这种快速多变的顾客用户驱动的市场需求成为企业突破大量生产管理模式、进行生产管理技术与模式创新的动力和根源。美国社会从20世纪60年代起就已进入"丰裕社会"，生产力水平的极大发展和人民物质生活水平的提高必然带来价值观的变化。这种价值观的变化可以体现在市场需求的高层次发展上。其具体表现有：一是对产品的品种规格、花色式样、需求数量呈多样化、个性化的要求，而且这种多样化、个性化及随时间变化而迅速变化，稳定性很差；二是对产品的功能、质量和可靠性的要求日益提高，而且这种要求提高的标准又是以不同顾客、用户的满意程度为尺度的，这就产生了由于顾客的购买目的、个人素质、经济能力等因素差异而造成标准的不确定性；三是对交货期的要求愈来愈短，这要求生产者要对消费者需求和市场变化有更灵敏的反应；四是对价格的合理性有了要求，企业必须增加价格变化的承受性。面对这样的市场需求，谁能适应谁就有竞争力，谁就能生存和迅速发展。而大量生产的管理模式的特点在于以固定不变、标准化的订货方式确定产品的价值，强调单一品种、统一价格，不承认顾客和用户的个性存在，其竞争力的决定因素是最低的单件产品成本。显然，这种模式与市场需求结构变化格格不入，已基本无竞争力可谈了，此时"异化"大量生产模式的生产管理技术和模式的创新也就势在必然。

第二，对与规模经济（Economics of Scale）理论相对应的范围经济（Economics of Scope）理论的认识及多角化经营战略的研究，为现代生产管理技术和模式的变革提供了经济理论基础。所谓规模经济性，是指在一定限度内企业规模的扩大能够引起单位成本的降低。也就是说，由于规模经济的作用，大规模生产比小规模生产更具有成本效率，规模经济产生的原因包括劳动分工和高效专用设备的采用、有利的批量购销价格、投入的不可分性、辅助设施的有效利用、经验和学习曲线等。这可以认为是与大量生产模式相适应的经济理论。而范围经济则是指由于企业扩大所提供的产品或服务的种类会引起经济效益增加的现象，它反映了企业产品或服务的范围同经济效益之间的关系。这种经济效益的产生源于多品种生产能降低市场的不确定性，增大销售产品的概率。兰凯斯特（K.Lancaster）在把产品界定为一系列特征的集合体，给定消费者存在一消费者特征向量的基础上，建立了相应的数学模型。模型分析表明，通过产品多样化，可以增大消费者的效用偏好与产品特征集的相符程度，从而降低了企业的不确定性。[①]这从经济理论上说明了范围经济效益的存在，也为突破规模经济局限的生产管理技术和模式的创新奠定了理论基础。另外，美国著名战略学家波特（M.Porter）从行业竞争角度分析了企业竞争战略，确立了与企业低成本相对应的多角化经营战略的地位，从而为以追求动态适应性为目标的企业生产管理模式创新确定了战略指导前提。

第三，自动化技术的发展，特别是信息技术、计算机技术、系统技术的进步，具体包括计算机通信、数据管理技术、传感器技术、专家系统及其开发工具、仿真技术等，使得 20 世纪七八十年代出现了大量先进制造技术，为企业追求多品种、动态适应性的生产管理模式创新准备了物质技术条件，提供了现实可能性。始于 70 年代的第五次技术变革是以微电子和计算机技术的重大突破以及二者结合产生一系列计算机化的先进制造技术和信息技术为特征的。这使得现有企业可以成为具有低物耗、低能耗、高效益、高应变能力的现代企业。这些先进技术包括 CAD（计算机辅助设计）、CAM（计算机辅助制造）、FMS 和 CIMS、IT（信息技术）、GROUPWARE（群件）、IMS（智能制造系

---

① K. Lancaster, *Variety Equity and Efficiency*, Columbia University Press, New York, 1979, pp.13–16.

统）、CNC（计算机数控机床）等。在这些先进技术作用的环境下，不仅传统的大量生产模式对单件成本降低作用消失了，而且使理论上的范围经济的效益源泉成为现实：①①在传统大量生产模式下，知识和信息的获得需很高的成本，只有大量生产才比较经济；而在现代先进技术条件下，产品设计制造和管理控制的信息都是以软件形式存在的，相当于"公共物品"，利用和调整信息的成本很低，无须进行大量生产以平摊成本。②智能化和自动化的制造设备从事重复性生产任务，只要从中央计算机中得到指令开始就很有效率，无须逐渐积累经验，因而传统大量生产模式的经验和学习曲线不再存在。③传统大规模生产模式下的生产设备工装具有很强的专用性，效率很高，只有大量生产同一产品才能充分利用其相应的生产能力降低成本，而现代柔性生产技术下的设备工装往往是多功能的，生产不同产品的生产能力可以互相调剂，从而保证不用大批量生产就可以充分利用生产能力。④在现代先进制造技术下，生产一定数量不同的产品和生产同一数量的同一种产品所花费的成本大致相当，而在同一工厂生产一定数量的不同产品所花费的成本要远远低于在不同工厂的设备上生产同样数量的不同产品所花费的成本。⑤CAD 和 CAM 可以很方便迅速地完成新产品设计与制造，而不像大量生产那样，每转换品种就要重新设计，重新组织生产，只有靠大批量才得以弥补相应的品种转换设计费用。⑥现代先进技术下的原料成本和劳动成本可以得到极大的节约，由于一种原材料可以用于生产不同种类产品，因而进行同一工序操作时可根据不同产品要求进行下料，从而减少原料浪费，而且它还可以通过优化组合利用边角余料。而劳动成本的节约则是由于自动生产技术引起人员数量减少所致。

　　第四，大量的组织理论的创新为进行生产管理模式创新奠定了组织基础。每种现代化生产管理模式和技术的产生、应用与发展都需要与之相匹配的管理组织理论与实践的支持。追求市场适应性的生产管理模式必然要求变革传统的企业组织。圣吉（P. Senge）提出的强调团队学习、锻炼组织成员系统思考能力的"学习型组织"，哈默（M. Hammer）和钱皮（J. Champy）在企业"再造工程"理论中主张对企业的业务流程、管理组织系统进行重合再造，以及基于现代信息技术、克服了空间和时间的局限性、保持集中与分散的稳定平衡、高柔性的网络组织——虚拟企业的出现等，都可以认为是挑战传统官僚分层体制、反对亚当·斯密的分工论所进行的组织创新尝试。

---

① 谌述勇、陈荣秋：《论种类经济与柔性生产》，载《华中理工大学学报（社科版）》，1996（4）。

第四节 现代生产管理模式：从 MRP Ⅱ、ERP 到 AM

一、制造资源计划（MRP Ⅱ）

在制造资源计划中，制造资源是指企业的物料、人员、设备、资金、信息、技术、能源、市场、空间、时间等用于生产的资源的统称。[①] 其中物料是指为了产品出厂需要列入计划的一切不可缺少的物的统称，不仅包括通常理解的原材料或零件，而且还包括配套件、毛坯、在制品、半成品、成品、包装材料、工装工具等一切物料。[②] 物料在物料需求计划 MRP 和制造资源计划 MRP Ⅱ 中占有重要地位，MRP 和 MRP Ⅱ 的基本思想是围绕物料转化组织制造资源，实现按需要准时生产。与以设备为中心组织生产相比，以物料为中心组织生产体现了为顾客服务、按需定产的指导思想。也就是说，MRP 和 MRP Ⅱ 是适应市场经济需要的生产管理模式。制造资源计划（MRP Ⅱ）的发展大体经历了从订货点法到库存订货计划（即物料需求计划 MRP）、从库存订货计划 MRP 到作为一种生产与控制系统的闭环 MRP、从闭环 MRP 到作为一种生产管理信息系统制造资源计划（MRP Ⅱ）等几次飞跃。

MRP Ⅱ 的基本思想就是把企业作为一个有机整体，通过运用科学方法对企业各种制造资源和产、供、销、财各个环节进行有效地计划、组织和控制，使它们得以协调发挥作用。制造资源计划中的资源不仅包括通常所说的"人、财、物"，而且还包括时间，这些资源都是以"信息"的形式表现出来。通过信息集成，对企业的各种资源进行有效计划和利用，提高企业竞争力，这是制造资源计划的要职。

一般认为，MRP Ⅱ 管理模式具有以下几方面的特点，每一项特点都含有相辅相成的管理模式的变革和人员素质或行为变革两方面。[③]

---

① 赖茂生：《企业信息化知识手册》，第 105 页，北京出版社，2000。

② 陈启申：《制造资源计划基础》，第 15 页，企业管理出版社，1997。

③ 有关 MRP Ⅱ 特点的认识，以下这些参考文献给出了基本相同的表述：陈启申：《制造资源计划基础》，第 33~35 页，企业管理出版社，1997；赖茂生：《企业信息化知识手册》，第 113 页，北京出版社，2000；企业资源管理研究中心（AMT）ERP 研究小组：《ERP 初阶（七）：八十年代的 MRP Ⅱ》，http://www.amteam.org/default.htm。这里前六个特点的论述引自企业资源管理研究中心（AMT）ERP 研究小组：《ERP 初阶（七）：八十年代的 MRP Ⅱ》，http://www.amteam.org/default.htm。

（一）计划的一贯性与可行性

MRPⅡ是一种计划主导型管理模式，计划层次从宏观到微观、从战略到技术、由粗到细逐层优化，但始终保证与企业经营战略目标一致。它把通常的三级计划管理统一起来，计划编制工作集中在厂级职能部门，车间班组只能执行计划、调度和反馈信息。计划下达前反复验证和平衡生产能力，并根据反馈信息及时调整，处理好供需矛盾，使下达的计划是可执行的。这样才能保证计划的一贯性和可执行性。

（二）管理的系统性

MRPⅡ是一项系统工程，它把企业所有与生产经营直接相关部门的工作联结成一个整体，各部门都从系统整体出发做好本职工作，每个员工都知道自己的工作质量同其他职能的关系。这只有在"一个计划"下才能成为系统，条块分割、各行其是的局面应被团队精神所取代。

（三）数据共享性

MRPⅡ是一种制造企业管理信息系统，企业各部门都依据同一数据信息进行管理，任何一种数据变动都能及时地反映给所有部门，做到数据共享。在统一的数据库支持下，按照规范化的处理程序进行管理和决策，改变了过去那种信息不通、情况不明、盲目决策、相互矛盾的现象。

（四）动态应变性

MRPⅡ是一个闭环系统，它要求跟踪、控制和反馈瞬息万变的实际情况，管理人员可随时根据企业内外环境条件的变化迅速作出响应，及时决策调整，保证生产正常进行。它可以及时掌握各种动态信息，保持较短的生产周期，因而有较强的应变能力。

（五）模拟预见性

MRPⅡ具有模拟功能。它可以解决"如果怎样……将会怎样"的问题，可以预见在相当长的计划期内可能发生的问题，事先采取措施消除隐患，而不是等问题已经发生了再花几倍的精力去处理。这将使管理人员从忙碌的事务堆里解脱出来，致力于实质性的分析研究，提供多个可行方案供领导决策。

（六）物流、资金流的统一

MRPⅡ包含了成本会计和财务功能，可以由生产活动直接产生财务数据，把实物形态的物料流动直接转换为价值形态的资金流动，保证生产和财务数据一致。财务部门及时得到资金信息用于控制成本，通过资金流动状况反映物料和经营情况，随时分析企业的经济效益，参与决策，指导和控制经营和生产活动。

（七）质量保证的功能

实施 MRPⅡ与 ISO 9000 是相辅相成的。还有一些新的 MRPⅡ软件中又增加了质量管理模块，用来记录、统计和查询有关质量管理的信息。事实上，MRPⅡ系统的质量保证不是只靠一个质量管理模块，而是渗透到系统的各个环节中。

以上几个方面的特点表明，MRPⅡ是一个比较完整的生产经营管理计划体系，是实现制造业企业整体效益的有效管理模式。

二、企业资源计划（ERP）

一般认为，ERP 是一种融合了企业最佳实践和先进信息技术的新型管理工具，它扩展了 MIS、MRP-Ⅱ的管理范围，将供应商和企业内部的采购、生产、销售以及客户紧密联系起来，可对供应链上的所有环节进行有效管理，实现对企业的动态控制和各种资源的集成与优化，提升基础管理水平，追求企业资源的合理高效利用。ERP 是由美国 Gartner Group 于 20 世纪 90 年代初首先提出的，它实质上仍然以 MRPⅡ为核心，但 ERP 至少在两方面实现了拓展：一是将资源的概念扩大，不再局限于企业内部的资源，而是扩大到整个供应链条的资源，将供应链内的供应商等外部资源也作为可控对象集成进来；二是把时间也作为资源计划的最关键的一部分纳入控制范畴，这使得决策支持系统（DSS）被看做 ERP 不可缺少的一部分，将 ERP 的功能扩展到企业经营管理中的半结构化和非结构化决策问题。因此，ERP 被认为是顾客驱动的、基于时间的、面向整个供应链管理的制造资源计划。

ERP 管理系统主要由六大功能目标组成：[①] 一是支持企业整体发展战略的战略经营系统，该系统的目标是在多变的市场环境中建立与企业整体发展战略相适应的战略经营系统，这需要建立与 Intranet、Internet 相连接的战略管理信息系统、决策支持服务体系等；二是实现全球大市场营销战略与集成化市场营销，也就是实现在预测、市场规模、广告策略、价格策略、服务、分销等各方面进行信息集成和管理集成；三是完善企业成本管理机制，建立全面成本管理系统，建立和保持企业的成本优势；四是研究开发管理系统，保证能够迅速地开发适应市场要求的新产品，构筑企业的核心技术体系，保持企业的竞争优势；五是建立敏捷的后勤管理系统，强调通过动态联盟模式把优势互补的企业联合在一起，用最有效和最经济的方式参加竞争，迅速适应市场瞬息万变的需求。这种敏捷的后勤管理系统具有能够缩短生产准备周期，增加与外部协作单

---

① 赖茂生：《企业信息化知识手册》，第 136~138 页，北京出版社，2000。

位技术和生产信息的及时交换，改进现场管理方法，缩短关键物料供应周期等功能；六是实施准时生产方式，把客户纳入产品开发过程，把销售代理商和供应商、协作单位纳入生产体系，按照客户不断变化的需求同步组织生产，时刻保持产品的高质量、多样性和灵活性。

ERP 对于企业提高管理水平具有重要意义。ERP 首先为企业提供了先进的信息系统平台。ERP 系统软件不仅功能齐全、集成性强、稳定性好，能提供及时准确的信息，而且具备可扩展性。其次，ERP 具有规范基础管理、促进企业管理水平提高的功能，ERP 实质上就是一套规范的由现代信息技术保证的管理制度。最后，ERP 能够整合企业各种资源，提高资源运作效率。ERP 系统是面向整个供应链的资源管理，它把企业与供应商、客户有机联系起来，并将企业内部的采购、开发设计、生产、销售整合起来，使得企业能对人、财、物、信息等资源进行有效管理与调控，提高资源运作效率。正是由于 ERP 的这些特点，使得 ERP 在企业中的应用日益广泛，有资料显示，到 1999 年年底，世界 500 强中已有 75% 的公司使用了企业资源计划系统。[①]我国的一些大企业也在纷纷尝试引进企业资源计划。

三、灵捷制造（AM）

21 世纪的到来及激烈的国际竞争使诸多国家制定了旨在提高自己在未来世界中竞争地位、培养竞争优势的先进制造计划，如日本的智能制造技术计划（IMS）、韩国的高级先进技术国家计划 G-7 计划、德国的 2000 计划、美国的先进制造计划、国家关键技术计划及灵捷制造等。而其中尤其以灵捷制造（Agile Manufacturing）最为著名。有人认为灵捷制造是现代制造范式的新发展，[②]有人则将其界定为 21 世纪的生产和管理战略，并认为这将产生一种新的工业秩序。[③] 所谓灵捷制造是一种以先进生产制造技术和动态组织结构为特点，以高素质与协同良好的工作人员为核心，采用企业间网络技术从而形成的快速适应市场的社会化制造体系，被称为是 21 世纪的生产管理模式和战略。与MRPⅡ、ERP 等 20 世纪末的先进生产管理模式相比，灵捷制造更具有灵敏、快捷的反应能力，具体而言，这种未来的生产模式具有如下几方面的创新：

（1）市场方面。对市场需求快速灵敏，变一般的市场导向为消费者参与的市场导向。灵捷制造能灵活、快速地提供丰富的品种、任意的批量、高性能、

---

① 张金昌等：《21 世纪的企业治理结构和组织变革》，第 299 页，经济科学出版社，2000。

② 参见杨发明、沈晓霞：《敏捷制造——现代制造范式的新发展》，《中国软科学》，1997（4）。

③ 罗振璧、周兆英：《灵捷制造——21 世纪生产和管理战略》，山东教育出版社，1996。

高质量、顾客十分满意的产品和服务。

（2）生产方面。以具有集成化、智能化、柔性化特征的先进制造技术为支撑，建立完全以市场导向、按市场需求任意批量而快速灵活地制造产品、实行并行工程、能支持顾客参与生产的灵捷生产系统。该系统既能实行多品种变批量，而且还是无损耗的精益生产和绿色无污染制造。

（3）产品设计和开发方面。积极开发、利用计算机过程模拟技术和并行工程的组织形式，既可实现产品、服务和信息的任意组合，从而极大丰富了品种，又能极大地缩短产品设计、生产准备、加工制造和进入市场的时间，从而保证对消费者的需求作出快速、灵敏的反应。

（4）企业组织方面。以企业内部组织的柔性化和企业间组织的动态联盟为其组织特征，虚拟企业是其理想形式，但不一定是必需形式。灵捷制造企业的组织既能保证企业内部信息达到瞬时沟通，又能保证迅速抓住企业外部的市场作出灵敏反应。

（5）企业管理方面。以灵活的管理方式达到组织、人员与技术的有效集成，尤其强调人的作用，充分发挥各级人员的积极性和创造性，在管理理念上要具有创新和合作的突出意识，在管理方法上重视全过程的管理。

（6）社会方面。消除地域和时差的限制，充分合理利用全社会资源，尤其强调环保、节能，进行绿色制造，保持良好的社区关系和社会形象。

灵捷制造模式追求实现理论上生产管理的目标，适应未来社会发展的21世纪生产模式，但灵捷制造并非"空中楼阁"，它是在现有先进的 CP 和 MRP Ⅱ 模式基础上的进一步发展，它的实现需要技术、组织及管理等方面的支撑，图 13-1 大体勾画了相应的体系。

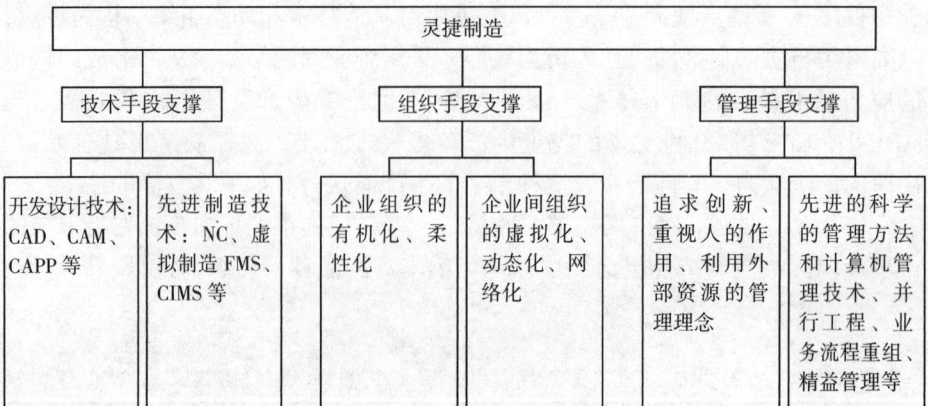

图 13-1 灵捷制造的支撑体系

灵捷制造作为一种 21 世纪生产管理的创新模式，能系统全面地满足高效、低成本、高质量、多品种、迅速及时、动态适应、极高柔性等现在看来难以由一个统一生产系统实现的生产管理目标要求，无疑是未来企业生产管理技术发展和模式创新的方向。但从理论上讲，人类社会需求变化是无穷尽的，而具有极高柔性的生产设备是不存在的，任何一种先进柔性生产系统都不可能无限制地增加产品品种数，而且当柔性系统生产的产品品种超过一定数目时，再增加产品品种，其设备投资费用及信息处理费用是十分巨大的。也就是说，范围经济在一定生产柔性水平下起作用，超过这一限度会使种类边际报酬递减，从而出现范围不经济。也许那时人类需要规范自身的需求了，但人类文明的社会进步正是在这种不断追求、创新中发展演变的。

本章案例

海尔电器国际股份有限公司 MRP - Ⅱ 的开发应用①

海尔电器国际股份有限公司是海尔集团的骨干企业之一，是世界上唯一一家可同时生产欧洲滚筒式、亚洲波轮式和美洲搅拌式洗衣机的生产厂家，现生产 10 大系列 100 多个品种的洗衣机，是国内洗衣机行业跨度最大、规格最全、品种最多的生产厂家。产品出口到世界 30 多个国家和地区，远销东南亚、欧美等发达国家，是中国洗衣机最大的出口基地，出口量位居全国第一。

海尔电器国际股份有限公司以 MRP-Ⅱ 管理思想为中心，首先开发运行 MRP-Ⅱ 的前台管理系统，即和生产密切相关的系统，主要包括：外协单位管理信息系统、产品结构管理系统、生产计划管理系统、物资需求管理系统、质量检验系统、成本核算系统、仓库管理系统、销售管理系统等。待这些系统运行正常时，再实施后台的 MRP-Ⅱ 系统，主要包括：人事管理系统、工资发放系统、固定资产管理系统、收发文件管理系统、档案管理系统等。如下图所示的是海尔电器国际股份有限公司 MRP-Ⅱ 的逻辑图。从图中可以看到，一方面，公司的物资管理处于系统的入口，物资管理系统的任务就是满足生产计划管理部门提出的生产计划对各种物资的需求，以保证生产的正常进行。当物资供应

---

① 根据海尔电器国际股份有限公司提供的《MRP-Ⅱ的开发应用》改写，该文原载于全国企业管理现代化创新成果审定委员会办公室、中国企业管理协会企业管理现代化委员会编：《企业集约经营——第五届国家级企业管理现代化创新成果汇编》，第 583~592 页，企业管理出版社，1999，成果创造者为徐学增、于吉花、吕国利、卢进斗、韩瑞先。

不能有效地满足生产计划需求时，生产工艺就会闲置，销售部门就不能按时履行销售合同，公司信誉就会受到损害，因此往往导致已发货的资金也难以回笼，资金的不足又影响物资的再购入，形成恶性循环。从另外一个方面看，当市场需求发生变化时，生产计划管理部门应快速地作出生产计划的调整，首先应考虑生产工艺的生产能力，而后又必须对物资的现有库存、物资需求计划、资金的需求是否能予以满足以及产品的成本变化情况，提供准确的数据，供决策者作出合理和科学的生产计划。销售系统是公司的资金来源入口，在销售环节中，合同的有效管理、产品的快速发货、资金的及时回笼都会对公司的运作及效益产生决定性的影响。在人工管理模式下，上述的各个环节由于涉及大量的信息处理，工作强度大，数据准确率差，缺乏动态与及时性，所以很难达到管理者所期望的理想状态。所以这正是公司管理信息系统开发中解决的重要问题之一。

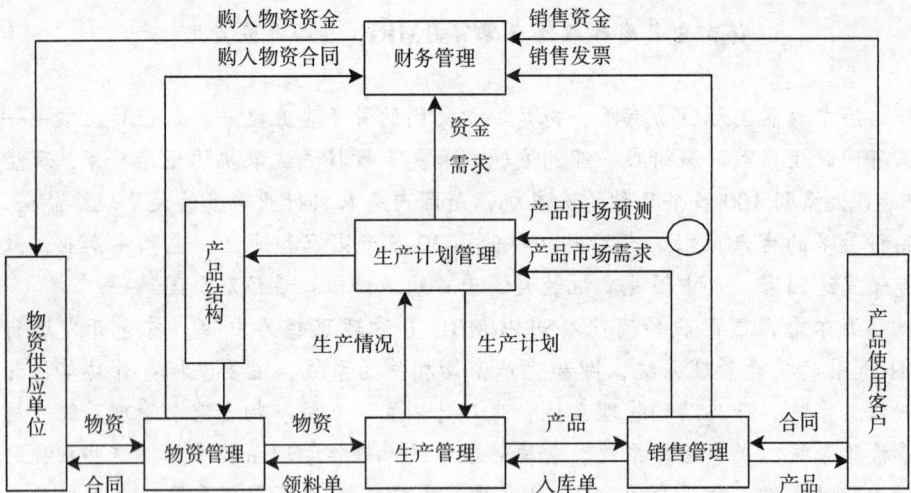

图 13-2　系统的物流、信息流关系图

公司自 1996 年 12 月开始使用该系统，对企划处、物资公司、检验处、仓库、科研所、质管处、财务部等部门实施计算机联网以后，各部门的各项管理工作较以前都有了大幅度的提高，公司的经济效益以及管理素质和管理水平有明显的提高，主要体现在：

一是在物资管理方面。系统投入使用后，由于物资采购计划的下达是依据生产计划和物资现库存以及产品结构自动生成的，使采购计划的下达与分解更具科学性，降低了库存积压，减少了库存资金的占用。

二是在生产计划方面。系统投入使用后，由于物资采购计划是根据生产计划滚动生成的，避免了计划安排的盲目性，从而减少了停产频次，提高了设备的利用率。

三是提高了劳动效率。系统实施后，仓库记账员由原来的 10 人减至 4 人。物资公司对外协厂家的评审以前需要 3 个人花费半个月时间，现在只需几分钟。统计每种物资的检验情况，以前需花费一天时间查阅台账，而现在只需 2 分钟。

四是对外协厂家的进货进行有效控制。外协厂家的送货品种、送货时间、送货数量都在计算机里形成了一个闭环控制，从而有效控制了外协厂家的乱送货现象，减少了库存资金占用，提高了资金周转速度，同时也杜绝了某些管理漏洞，为公司减少了经济损失。

五是每种物资的入库在计算机上形成闭环控制。只有外检录入了检验结果并且检验结果是合格或可回用的物资，仓库才能办理入库，打印出入库单，否则保管员即便收了外协厂家的货，在计算机上也办不了入库，从而有效控制了保管员乱收货现象，从根本上杜绝了不合格品上线现象的发生，提高了公司的产品质量。

本章要点

1. 所谓生产管理是对生产活动进行计划、组织和控制，其目的在于高效、低耗、灵活、准时地生产合格产品和提供顾客满意的服务。现代生产的概念也逐渐扩展为既包括有形产品的生产，又包括提供劳务、知识及信息等无形产品的活动，制造业和服务业间的界限已变得越来越模糊，大部分生产厂商正发挥服务功能，许多工业部门产品是硬件、软件和服务的集成。

2. 20 世纪生产管理的技术发展和模式创新可以归结为两次生产管理"革命"，一是 20 年代美国工程专家福特开创的流水生产技术和大量生产模式；二是 60 年代前后开始的适应后工业化和信息化时代消费者多品种、高层次的需要，旨在突破大量生产模式局限性的现代生产管理技术和模式，包括准时生产（JIT）、制造资源计划（MRPⅡ）、柔性生产系统（FM）、灵捷制造（AM）、供应链管理（SCM）和企业资源计划（ERP）等。这些生产管理技术或模式大致可以归为三类：一是美国模式，二是日本模式，三是其他模式。

3. 第二次生产管理"革命"具有深刻的背景。后工业社会和信息时代产生快速多变的顾客用户驱动的市场需求成为企业突破大量生产管理模式，进行生产管理技术与模式创新的动力和根源；对与规模经济理论相对应的范围经济理论的认识及多角化经营战略的研究，为现代生产管理技术和模式的变革提供了经济理论基础；信息技术的发展为企业追求多品种、动态适应性的生产管理模式创新准备了物质技术条件，提供了现实可能性；大量的组织理论的创新为进行生产管理模式创新奠定了组织基础。

4. MRP-II 的基本思想就是把企业作为一个有机整体，通过运用科学方法对企业各种制造资源和产、供、销、财各个环节进行有效的计划、组织和控制，使它们得以协调发挥作用。MRP II 管理模式具有计划的一贯性与可行性、管理的系统性、数据共享性、动态应变性、模拟预见性、物流和资金流的统一、质量保证的功能等功能。

5. ERP 是一种融合了企业最佳实践和先进信息技术的新型管理工具，它扩展了 MIS、MRP-II 的管理范围，将供应商和企业内部的采购、生产、销售以及客户紧密联系起来，可对供应链上的所有环节进行有效管理，实现对企业的动态控制和各种资源的集成与优化，提升基础管理水平，追求企业资源的合理高效利用。ERP 管理系统主要由六大功能目标组成：一是支持企业整体发展战略的战略经营系统，二是实现全球大市场营销战略与集成化市场营销，三是完善企业成本管理机制，四是研究开发管理系统，五是建立敏捷的后勤管理系统，六是实施准时生产方式。

6. 灵捷制造是一种以先进生产制造技术和动态组织结构为特点，以高素质与协同良好的工作人员为核心，采用企业间网络技术从而形成的快速适应市场的社会化制造体系，被称为是 21 世纪的生产管理模式和战略。与 MRP II、ERP 等 20 世纪末的先进生产管理模式相比，灵捷制造更具有灵敏、快捷的反应能力。

研究思考题目

试分析 MRP-II、ERP 对中国企业的适用性。

推荐阅读材料

陈启申：《MRP-II：制造资源计划》，企业管理出版社，1997。
陈佳贵：《现代企业管理理论与实践的新发展》，经济管理出版社，1998。
黄群慧：《管理信息化：新世纪生产管理变革主线》，广东经济出版社，2001。
赖茂生：《企业信息化知识手册》，北京出版社，2000。

第十四章　模块化生产与组织

在信息技术革命的背景下，当今产业结构、生产方式和组织模式等正发生着根本性的变化，为理解这些变化，经济学和管理学领域开始流行的关键词就是"模块化"。本章将对模块化基本理论进行介绍，并对模块化所带来的生产方式和组织模式的变革进行探讨。

第一节　模块化的含义及类型

一、模块化概念

"模块化"（Modularity）这一概念最早是由赫尔伯特·西蒙提出的，但在很长时期内没有受到人们的重视。一直到 20 世纪 80 年代，随着市场波动加剧和产品复杂性的增强，模块化组织的优势逐渐显现，应用范围不断拓宽，才引起经济学界、管理学界的关注。日本学者（池田、国领、藤本等）对网络产业和汽车工业的研究表明，模块化在这两个领域受到了普遍重视；美国学者约瑟夫·派恩二世的研究显示，组织构件的模块化在重型设备、手表、自行车、快餐以及法律服务和信息服务等行业得到了广泛应用。进一步的研究表明，模块化不仅在制造业公司很普遍，许多服务业组织也正在实行模块化管理，特别是金融服务业，这一进程很快。自 1997 年美国哈佛大学商学院院长吉姆·克拉克和前副院长卡利斯·鲍德温联合在《哈佛商业评论》上发表了"模块化管理"（Managing in an Age of Modularity）一文以来，学术界开始高度关注"模块化"问题。现在，"模块化"已经成为管理学和经济学比较流行的关键词。与此同时，模块化的理念和方法已逐渐引入企业的生产和管理成为推动企业组织结构调整和技术升级的革命性力量。毫无疑问，在过去的 20 多年中，模块化作为一种新的组织模式以及产业结构的新本质，正日益受到人们的青睐。

目前，模块化的定义还没有定型，各种定义之间存在一些细微的差别。例如，有人侧重设计电脑系统那样复杂的产品体系的模块化（分解），有人侧重汽车那样的物理产品的模块化（零部件通用化），也有人论述组织的模块化

（自律性）。鲍德温和克拉克认为模块化是指每个可以独立设计并且能够发挥整体作用的更小的子系统来构筑复杂产品或业务过程，他们进一步借鉴金融学的期权理论证明了模块研发价值创造的有效性。[①]有的学者则认为模块化是管理复杂事物的一整套规则，将复杂的系统分为独立的部分，各部分在结构内部可通过标准界面交流。青木昌彦认为，"模块"是半自律的子系统，按照一定的规则与其他同样的子系统相互联系而构成的更加复杂的系统过程。而且，按照一定的联系规则将一个复杂的系统或过程分解为可进行独立设计的半自律性的子系统的行为，称之为"模块分解化"；按照某种联系规则将可进行独立设计的子系统（模块）统一起来，构成更加复杂的系统或过程的行为，称之为"模块集中化"。[②]

实际上，我们可以从三个方面来理解模块化：第一，模块化的结构具有"可追加性"。"可追加性"（Additive）是一个集合的概念，指无论追加何种元素，它都属于原来的那个集合，比如偶数的集合。模块化结构也具有这种性质，模块化具有"大盒套小盒"的结构：分解复杂的系统（或者说组成复杂的系统）后得到的模块本身就是复杂的系统。在亚当·斯密的古典分工理论当中，可以将构成大头针的制造过程按步骤分解为一个个简单的作业。但是，如果考虑笔记本电脑的设计，它可以分解为驱动系统、主板、液晶显示屏、操作系统、沟通装置等模块，这些模块可以通过一定的界面规则联系起来，各模块的设计本身就相当复杂。而且在这种情况下，模块本身又可以分解为"小模块"，这就形成了相当复杂的系统。第二，模块联系规则的确立与进化发展。模块化系统由许多独立单元（或模块）组成，其能否高效运行的关键在于标准化（"可见"）的规则和非标准化（"隐含"）的设计参数的分离。只要这一分离是精确的、清晰的和完整的，模块化就是有益的。标准化信息（规则）是指影响后续设计的规则，通常在最初就被确定下来了，它在模块化系统中占据重要的地位。这类信息或规则主要由三部分组成：①体系结构：明确说明系统各部分的模块及其功能。②接口：详细描述模块是怎样相互作用的，包括模块是怎样装配在一起、怎样连接和怎样联系的。它是各模块组织"互动"、"交流"的平台。③标准：用于测试模块是否与设计规则一致，以及衡量一个模块相对于另一模块的性能（哪个模块更好），这时模块化就成为系统的一种"语言"。而非标准化信息则是指那些不会影响模块本身之外的设计规则，它可以在后期作出

---

① Baldwin, C. Y. and K. B. Clark, 1997, Managing in an Age of Modularity, Harvard Business Review, 75 (5), pp. 84-93.

② 青木昌彦：《模块化：新产业结构的本质》，载《比较》（第二辑），中信出版社，2002。

选择，并可以经常改动，不必和本模块之外的人交流，因而对于本模块之外的人来说，它是"隐含"的。显然，这样的模块化组织是将复杂系统（或过程）分解为半自律的子系统（即模块），这些模块在统一的标准界面平台下，相互独立地被设计和生产，并能够对市场变化作出适应性选择。第三，模块之间展开的创新竞争。在稳定的联系规则下，各模块设计所必需的信息处理可以相互保密，这就使得在各模块内部多个主体同时开展"背对背"设计竞争成为可能。这也是为了对付未来的不确定性预留选择的余地。例如，在硅谷，往往是几十家企业同时为研究开发同一个有前途的技术而展开竞争，但只有成功的企业才能在股票市场上上市或被现有企业收购，从而获得全部的模块价值。因此，模块化系统也是一个"允许浪费的系统"，像这样的"淘汰赛"无疑对创业者更具有魅力。市场或风险投资家是这个"淘汰赛"最终、最公正的"裁判"。通过模块内部设计的激烈竞争及事后选择，从而使模块化系统发生崭新的变化。在竞争过程中，联系规则或连接每个模块的界面的标准化进程都会进化发展、改进创新。模块化发展了，可以将原来的模块进一步分解，去掉某个模块之后再增加新的模块，或者将在这个领域里使用的模块组合规则复制到其他领域，创造新的生产系统，等等。这个创新过程用熊彼得的话说，就是"创造性地破坏旧的结合，实现新的结合"。

二、模块化产生的原因

模块化产生于社会分工，是社会分工的深化。但模块化不限于社会分工，模块化和社会分工的差别主要有：①模块化不仅仅是将系统进行分解的行为，它还是一个进行有效整合的过程。如果将分工看成是系统分解的话，那么模块化就是在分工的基础上进一步将各个细分部分按照功能原则重新聚合的过程。因此，模块化是分工必要而非充分的条件，也就是说，存在分工未必会产生模块化，但产生模块化就必然存在分工。②模块化是一种允许浪费和重复建设的经济系统，而分工则是一种专业化效率导向、力图节约的经济系统。按照模块化理论，模块的研发是一种允许浪费的价值创造系统，具有"淘汰赛"的激励效应。模块研发主体只要遵循可见部分的设计规则，就能够试验完全不同的工程技术，因而其信息处理和操作处理可以相互保密，从而使模块研发的多个主体同时开展研发成为可能，这种重复的研发造成了社会资源的浪费，但是这种浪费却是值得的：一方面，适应了复杂产品系统开发的需求，独立的同种功能模块的研发能够预留选择的余地来对付未来的不确定性；另一方面，成功的企业能够获得全部的模块价值，具有白热化的"淘汰赛"效果，激励研发主体开发出符合理想界面标准和绩效标准的模块产品。③在具有内生性的演化路径和强化机制问题上，模块化与分工所关注的侧面是不同的。分工的演化机制关注的是：分工是如何在市场自由竞争的环境中节约内生交易费用，并推动分工走向深化的问题。而模块化强调的则是：模块是如何在信息封闭体制和界面标准的联动中获得创新和发展的问题。模块化的构思和设计是一项复杂的系统工程，设计者通过区分"看得见（明确规定）的设计规则"（系统信息）和"隐形的设计规则"（个别信息）来实现模块化。青木昌彦认为模块化产品的界面在顺应系统信息标准化的过程中，模块设计所需要的系统信息是公开的，而独特的个别信息是相互保密的，每个模块的研发或改进不需要和其他模块在设计内容上进行协调，其信息处理能力和操作能力有了很大的提高。因此，一旦信息封闭体制和模块间界面标准化过程开始结合，二者之间就内生地形成一种相互增强的共同演进的机制。

随着买方市场的到来，市场需求的快速变化日益成为推动模块化发展的外部诱因，而20世纪80年代以来信息技术的飞速发展则是直接推动模块化产生的原动力。

为理解产业模块化的形成原因，Schilling（2000）、Schilling & Steensma（2001）构造出了一般的模块系统理论来研究产业层面的模块化问题，试图解释企业间模块化生产的形成根源和驱动力量。[①] 他们的研究表明，拉动力、推动力和催化力三种力量共同推进了产业模块化（见图14-1）。

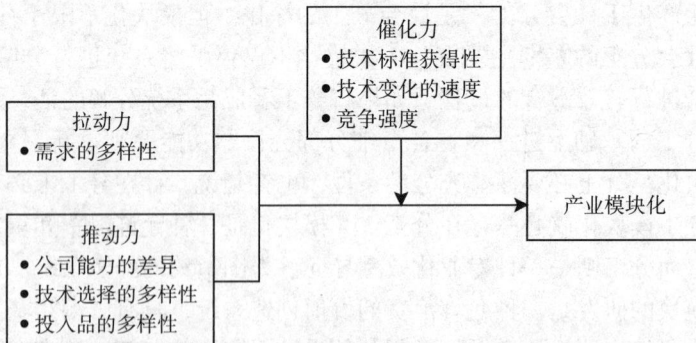

图14-1　产业模块化形成的驱动

拉动力和推动力是产业模块化的原动力。产品或服务需求的多样性是拉动力量，而源于公司能力的差异性、技术选择的多样性和投入品的多样性则是最

[①] 转引自胡晓鹏：《模块化整合标准化：产业模块化研究》，载《中国工业经济》，2005（9）。

主要的推动力量。这三种力量是产业模块化形成的内在原因。消费者对某个产业最终产品多样性需求越强烈，这一产业就越可能实现向模块化方向发展。而投入品的可选择性越多，通过这些模块产品的配置就会获得更多的多样化产品。而且多样性需求与投入品之间会相互影响、互相增强，共同驱动产业模块化标准的形成和完善，不论是组装厂商还是模块提供商都能够获得较大的组织柔性，能够在产业模块化过程中获得价值。如果投入品是多样性的，但市场对其没有多样性的需求，生产者从多样化生产中就不能或很少获得利益，因而不可能去推动模块化进程。如果市场需求是多样性的，但零部件很少或者不可能分解成足量的模块，就会使模块化的成本太高而不能从中获得价值。因此，需求的多样性和投入品的多样性组合在一起共同创造了产业模块化的价值。

虽然需求的多样性和投入品的多样性会自发地促进模块化整合，但由于维持产业经济秩序的技术标准的客观存在，主导企业往往会通过控制产业标准保持自己在产业价值链的高端领域。作为既得利益者以及组织惯性的作用，它们很可能成为阻碍模块化的主要力量。因此，一些产业可能需要催化剂才能实现，模块化获得技术标准的难易程度、技术变化的速度以及竞争强度等就是模块化的主要催化力量。同时，一个产业中的零部件越容易标准化，技术变化的速度越快，产业的竞争强度越大，越容易导致模块化。①当技术标准在产业中的渗透越强，并且各类经济主体很容易获得该标准时，技术标准将会大幅度增加投入品组成部件的通用性、互换性和兼容性，从而促使以模块化组合方式所获得的投入品多样化程度的提高。另外，作为投入品的各级模块的标准化越强，其资产专用性就越低，越容易出现各种柔性化的模块化组织来进行不同模块的研发和生产，也更容易通过分离、替代、去除、增加、整合和改变等操作方式获得模块化的利益。②技术变化速度越快，产品的转型或升级换代就会越快，产品的生命周期就越短，创新也就会成为产业体系获得竞争优势的重要来源之一。在这样的前提下，便出现了推动产业模块化的两种作用：一方面，产业内的企业希望通过价值系统模块化整合的方式提高产品的价值含量，客观上加速了产品模块化的形成；另一方面，企业为了获得持续的创新能力，产业组织也呈现出向模块化组织结构演进的趋势，产业组织的柔性化程度将会不断提高。③产业内部的竞争强度越大，企业也越愿意采取柔性化的模块化组织来取得模块化价值。

三、模块化类型

不同的研究人员从不同的视角观察模块化现象并对其进行分类，这有助于我们对模块化的认识。概括起来，比较有影响的分类有以下几种：

（一）青木昌彦分类①

青木昌彦从信息传递的角度对模块化类型进行了分类。他形象地将处理系统信息的单位称为"舵手"，"舵手"与各模块之间的关系不同产生了不同类型的模块化组织。

1. 金字塔型分割（IBM/360型电脑）。"舵手"负责处理专业的、排他的系统信息，事先（即在设计、生产各模块之前）决定模块的联系规则（设计规则或界面规则）。各模块的活动开始后，即使系统环境发生了很大的变化，也只有"舵手"有权决定改变联系规则，也就是说"舵手"起到系统设计师的作用。各模块在"舵手"发出"看得见的"信息的条件下，负责处理各自活动所必需的个别信息。

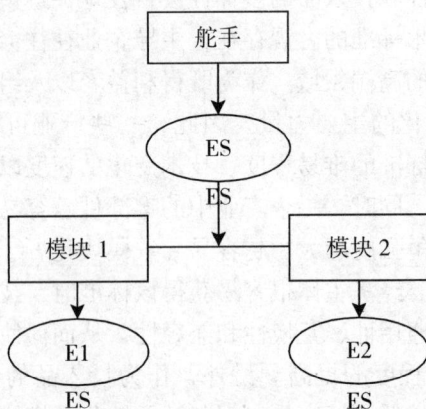

ES：系统信息或"看得见的"信息；E1，E2：个别信息或"看不见的"信息；——：联系规则。

图14-2　金字塔型分割

2. 信息同化型联系（丰田型）。在"舵手"的领导下，"舵手"与模块之间（或者在某种情况下是模块与模块之间）不断地交换经常发生变化的系统信息，各模块的活动开始后，联系规则也会做细微的调整。在这里，"看得见的"信息在"舵手"与模块之间来回流动，被两方面所利用。

3. 信息异化型—进化型联系（硅谷型）。假定不是单一的模块主体而是多个模块主体同时在反复活动，而且也存在多个"舵手"。青木把这种系统叫做

---

① 本部分主要参阅［日］青木昌彦、安藤晴彦：《模块时代：新产业结构的本质》，上海远东出版社，2003。

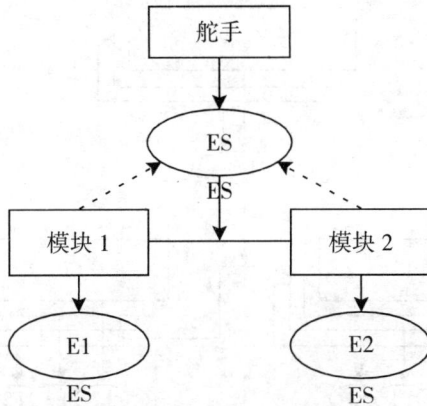

图 14-3 信息同化型联系

"硅谷模式"，鲍德温和克拉克把它叫做"模块集约地"。[①] 各模块主体独立于其他模块，负责处理个别信息和（从一开始就已确定的）有限的系统信息。于是，各模块发出的"看得见的"信息不一定是相同的，也可能是不同的信息。但是，这种异化的信息由"舵手"对它从"舵手"本身所处的系统环境角度加以解释后（就像提出对模块之间的界面技术规格的建议那样），以简约的形式再反馈到整个系统。于是，各子系统的活动主体对系统信息的处理就包括对反馈过来的异化信息的比较、解释、选择等活动。通过这种分散的信息处理、传达、交换，使单一的（有时是多数的）模块之间的联系规则不断被筛选，从而进化发展。"舵手"通过事后（即在各主体的信息处理、设计、生产之后）对整体规则的整合，找出最合适的模块组合，形成生产系统。在这里，"舵手"的功能说起来就是找出路径的人。

（二）鲍德温和克拉克分类

鲍德温和克拉克认为，[②] 对具有可分解的系统各部分的联系规则进行创造性的分解和再整合，可以实现复杂系统的创新。他们把这种模块联系规则的变化称为"模块化操作"，并有六种形式：分离（Split）模块；用更新的模块设计替代（Substitution）旧的模块设计；去除（Exclude）某个模块；增加（Augment）迄今为止没有的模块；从多个模块中归纳出共同的要素，将它们组织起来，形成一个新层次，即模块的整合（Inversion）；为模块创造一个"外壳"，使它成为可以在原来设计的系统之外也能发挥作用的模块，即模块用途

①② Baldwin，C. Y. and K.B. Clark，1997，Managing in an Age of Modularity，Harvard Business Review，75（5），pp. 84-93.

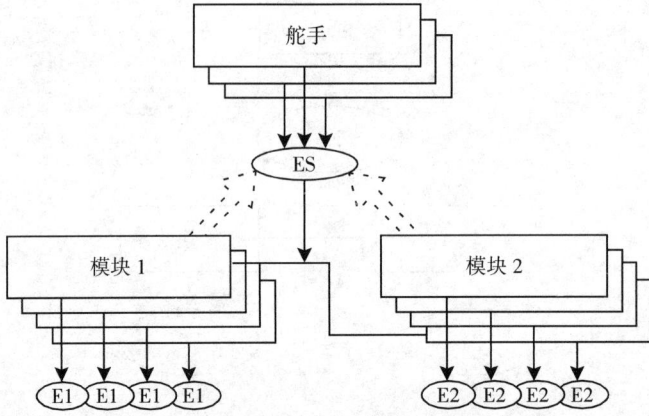

图 14-4　信息异型化—进化型的联系

的改变（Porting）。

（三）其他分类

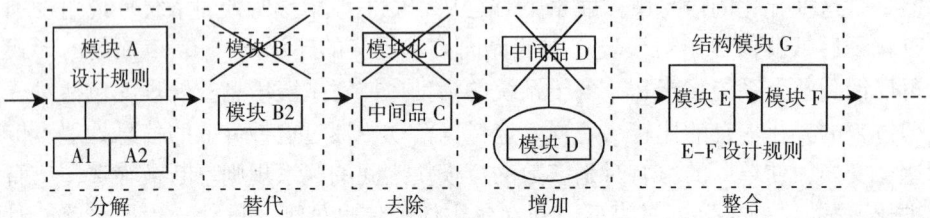

图 14-5　模块化操作

比如，有的学者按照适应模块化设计和生产的组织形态的不同，将基于模块化的组织模式分为三种类型，即一体化的企业组织模式、核心企业协调下的网络组织模式和模块集群化的网络组织模式。[①] 金字塔型对应于一体化的企业组织模式，丰田型对应于核心企业协调下的网络组织模式，硅谷型对应于模块集群化的网络组织模式。

又如，根据模块化结构的开放程度，将模块化分为封闭式、开放式和网络式结构。事实上，从大型电脑、个人电脑到互联网模块化的发展历史，逐步展

————————————

① 雷如桥、陈继祥、刘芹：《基于模块化的组织模式及其效率比较研究》，《中国工业经济》，2004（10）。

现了模块化结构的开放性。①

（1）大型电脑模块化与封闭式结构。40多年前，知识经济与工业经济正在交替，软件与硬件区别不大，谁来执行指令只是效率问题。特别是在电脑处理能力较低时，指令由硬件处理可减轻程序执行负担。当时遵循"计算能力提高与成本增加平方成正比"的"葛洛什法则"，即价值千万的大型电脑的性能是价值百万的微型电脑的100倍。IBM大型电脑模块化采取封闭式结构，包揽操作系统、中央处理器、图像卡、半导体存储器和磁盘等生产设计。然而，1965年以来，半导体集成技术按照"电路板上元件数每18个月增加一倍"的"摩尔法则"迅速发展，将电路与程序分开制造的"万能半导体"不久后也诞生了。一方面，硬件越来越简单多样；另一方面，越来越多的指令可由软件在"抽象状态"下处理。新兴企业从IBM周边发展起来，制造与其大型电脑兼容并可外接的模块。尽管模块界线与企业界线无须一定吻合，但模块化与封闭结构已经存在潜在的矛盾。

（2）个人电脑模块化与开放式结构。1981年IBM推出PC机时，模块化与封闭式结构的矛盾终于暴露出来。为此，一方面，IBM尽量减少电脑零部件，甚至公开操作系统等系统核心技术规格，其他企业只要输出入系统即可制造硬件模块；另一方面，各企业角逐软件领域，体现产品价值的各种专用软件应运而生，不同产业可归结于软件差异。IBM-PC机的模块化采取开放式结构，通用电脑（模块化）+专用软件（模块化）的各种组合可代替不同用途的专用设备。例如，文字处理微机（千美元）→通用电脑（低廉）+文字处理软件（免费）；画面编辑机（百万美元）→通用电脑（低廉）+画面编辑软件（千美元）；辅助设计专用设备（十万美元）→通用电脑（低廉）+辅助设计软件（免费）。尽管IBM-PC机的性能比苹果"Mackintosh"差，但兼容机很快日用品化，硬件模块化使其以超乎寻常的低廉价格扩大了市场份额；功能的完善无需再在物理层面上下工夫，而仅凭专用软件模块化的开放式开发即可实现。

（3）互联网模块化与网络式结构。根据摩尔法则，用局域网链接各个电脑终端可大大增强整体性能。而根据"网络价值与使用它的人数平方成正比"的梅特卡夫法则，价值也可实现快速增值。但各种通信设施是根据电话、数据和信息等用途分别构筑的，经过复杂翻译过程后才能互联，不仅造价高，技术发展也慢。互联网模块化采取网络式结构，以通用网络（模块化）+IP程序（模块化）代替各种专用通信设施。TCP/IP将不同信息交给IP程序包浓缩处理，转换成通用IP语言后反馈给通用网络，所有终端构成没有物理差异的抽象联系。一方面，通用网络促进了半导体和光纤技术，"宽带增加速度比计算能力

① 张治栋、韩康：《模块化：系统结构与竞争优势》，载《中国工业经济》，2006（3）。

快 3 倍"的吉尔德法则得到了应验；另一方面，基于 IPversion 4 的互联网经受住了从很少到目前上亿台互联的考验，正在进行的新一代 IPversion 6 的研发将有望在地址空间、地址转换、服务质量、安全性和配置简便性等方面更加完善。特别是由于互联网模块化与个人电脑模块化的交互作用，形成了成本减少、性能提高和用户急剧增长的良性循环。

第二节 模块化生产方式

20 世纪 90 年代以来，模块化原理广泛用于信息产业、家电产品以及飞机、汽车制造业等领域的产品设计和生产制造。模块化生产方式因其高效、动态、敏捷等诸多优点，在现代生产中发挥着越来越重要的作用。模块化生产方式的突出优点表现在以下几个方面：

一、模块化生产实现大规模定制

为适应市场竞争日益激烈的新形势和满足顾客日益多样化的需求，一种新的生产方式即大规模定制应运而生。大规模定制（Mass Customization）是指对定制的产品和服务进行个别的大规模生产，这种生产模式试图把大规模生产和定制生产这两种生产模式的优势有机地结合起来，在不牺牲企业经济效益的前提下，了解并满足单个客户的需求。大规模定制采用的基本方法是，将定制产品的制造问题通过产品重组和过程重组转化为或部分转化为批量制造问题，即提供给用户的是全新的、定制的个性化产品。然而，在大规模的定制中遇到的最大挑战是产品丰富化带来的成本增加。鱼与熊掌能否兼得呢？模块化生产方式的出现为我们提供了破解这一难题的答案。

模块化生产方式由于具有高度的柔性化特征，日益成为实现大规模定制的重要手段。下面通过与其他生产方式进行对比分析，说明模块化生产方式所具有的优势。

一般而言，常用的生产模式有如下几种，各种生产模式特点见表 14-1。

（1）刚性的高度自动化生产线。大批量生产中的生产线将生产过程分得很细，对于提高生产率和保证产品质量具有重要意义，但系统柔性差，仅局限于很少一些产品，生产准备时间长。显然这种刚性的、高度自动化的生产线不能适应用户对产品的多样化需求，不能满足大批量定制生产的需要。

（2）机群式车间。机群式车间按工种功能进行组织结构分解和机床布置。其优点是柔性较大，但效率不高，生产周期长，管理复杂。

（3）组合机床生产线。组合机床生产线比起传统的刚性生产线具有较大的柔性，比较适合批量较大的复杂零件的加工。对于大批量定制生产的实现要求来讲，还存在以下问题：当产品结构有较大变化时，该设备可能会过时，造成浪费；对批量较小的零件生产并不适合，可能会使新产品的成本居高不下，缺乏竞争力；设备的交货期还是显得比较长，不能快速满足用户的需要。

（4）柔性制造系统。柔性制造系统是一种运用系统工程、成组技术和机电一体化技术，使多品种小批量生产达到整体优化的自动化加工手段。这是一种采用数控加工机床、自动化输出装置、自动更换和存贮刀具、夹具及工件的装置以及计算机控制系统构成的可以变换多种加工对象的综合自动化加工系统，没有固定加工顺序和节拍的、在加工某种工件时能在不停机调整的条件下，自动向另一种工件转换的制造系统。柔性制造系统存在的问题是：投资大；系统复杂，控制和管理难度大；其柔性限制在一定范围内，只能加工某一大类的零件。

（5）单元制造系统和独立制造岛。单元制造系统和独立制造岛是将某一类零件集中在一起加工，并将加工这类零件所需的机床集中在一起，从而减少物流路线，提高生产效率和加工质量，简化生产管理，并为工人提供了更多的学习机会，使工人有更多的自主权。单元制造系统和独立制造岛比较适合多品种小批量制造企业中大量的相似零件的加工制造。

（6）虚拟企业式制造系统。为了解决以大批量的效益进行定制产品的生产的问题，美国的先进制造技术计划中将敏捷制造作为美国的21世纪制造战略。敏捷制造将制造系统空间扩展到全国，通过全美工厂网络建立信息交流高速公路，建立全新的企业——"虚拟企业"或"虚拟公司"，以竞争能力和信誉为依据选择合作伙伴组成动态公司，进行企业大联合，共同冒险，共同获利。这是利用信息技术打破时空阻隔的一种新型企业，是由一批为了完成某一特定任务，利用电子手段在短时间内迅速建立起灵活关系的合作者所构成的协作网络，它不同于传统观念上的企业。虚拟企业从策略上讲，不强调企业的全能，也不强调一个产品从头到尾都是自己去开发、制造。但虚拟企业要求的基本条件特别高，在许多国家中难以实现：已建立起能将正确的信息在正确的时间送给正确的人的信息高速公路；已建立起大量的分工合理的专业化的模块化企业；在社会上相互信任、相互合作、遵纪守法的企业文化占主导地位。

（7）模块化制造系统。模块化是一种在标准化和模块化系统基础上建立的"柔性"生产系统。模块化使得企业能够控制日益增长的复杂技术，通过把产品分解成子系统即模块，设计师、生产者和使用者都获得了很大的灵活性。不同的公司可以分别负责不同的模块，并且通过它们的共同努力可以生产出可靠的产品。模块化制造系统的优点是：对于新产品而言，由于标准的模块化而带来的生产系统的简化，并和自动化相结合，将显著缩短生产周期。由于模块化制造系统的设计是高度自动化的，硬件是模块的，因此能很快地设计和重构低成本的生产系统。并且，各种模块组件还能不断根据技术的发展而不断进行技术升级。因此，模块化制造系统能满足大规模定制生产的需要，具有低成本、高生产率和高柔性的特点。具体而言，通过选择不同的模块化方法：共享构件模块化、互换构件模块、"量体裁衣"式模块化、混合模块化、总线模块化以及可组合模块化，可以实现大规模定制，满足顾客的个性化需求。

表 14-1　不同生产模式的比较

	刚性生产线	机群式车间	组合机床生产线	柔性制造系统	单元制造系统	虚拟企业式制造系统	模块化制造系统
投资	大	中等	较大	大	中等	很大	小
柔性	很小	很大	中等	大	大	很大	大
效率	很高	低	高	高	中	高	高
运输成本	低	中	低	低	低	高	低
合理的批量	很大	较小	大	中等	中、小	很小	大、中、小
合理的产品生产周期	很长	较短	较长	短	短	很短	短
零件的复杂性	复杂	中等	复杂	复杂	中等	复杂	复杂、中等
典型加工零件和产品	标准紧固件	汽轮机中的大部分零件	汽车零件	飞机上的复杂零件	相似件，如轴类件	新产品上的零件	计算机、数码产品等配件

　　根据以下资料改编：顾新建、郑国君、朱万贵、崔梁萍："面向大批量定制生产的模块化制造系统"，《组合机床与自动化加工技术》，2003（1）。

二、模块化生产实现规模经济、范围经济和替代经济

从构造原理上分析，在模块化生产系统中，产品或系统的构成方式是组合式结构，构成产品或系统的单元是通用（标准）单元。显然，这种利用通用模块单元灵活地组装多样化产品的方式不仅使产业体系和产品结构具有灵活性和可变性的特征，也保证了批量生产的高效益特征。这种新型的产业标准模式的优点有：一方面，强调各个部件生产商之间的协作与配合，从而获得范围经济效应；另一方面，每个企业可以专注于某一个部件或产品的一个部分的生产制造，从而获得规模经济效应。同时，又因实现了整个产业链条上各个组成部分具有强烈的灵活性和兼容性特征，也得到了多样化效应。

模块化生产系统不但通过规模经济和范围经济来追求经济效益，而且通过"替代经济"来实现经济效益。模块系统包括一组模块，如果保留现有部分配

件比完全重新设计的成本更低，那么就存在替代经济（Economies of Substitution）。模块化产生了"替代经济"，它使企业在推出新产品时速度更快，成本更节约。替代意味着通过替代技术系统特定的模块而继续重用其他模块而取得技术上的进步。实现替代经济必须以技术系统不断进行模块升级为条件。通过设计模块升级系统，企业减少了产品研发时间，为消费者不断提供新的产品。对用户而言，由于模块化供应商提供了"可升级性"（Upgradability）的产品，通过把产品配件分别升级而得到换代产品可能比购买一个全新产品要节省，用户也可以获得"替代经济"。

三、模块化生产促进了产业集群的发展

模块是一个半自律的子系统，模块供应商可以独立地进行模块的设计和制造。模块是一个相对概念，一个模块可以是一个系统的子系统，它本身又可以作为一个系统而分解为若干模块，通过组合其他零部件而形成。因此，随着模块化的发展，以多级多类的模块供应商为节点而形成的网络型生产组织方式将日趋流行。由于模块供应商与模块集成者是在两套规则的约束下同步设计的，设计人员之间的反复沟通不仅能加深彼此对规则的理解，而且有助于双方人员的显性知识与隐性知识的转换，尤其是能在彼此之间形成较为丰富的共同知识，这对提高系统的整体性与精确性大为有益。这意味着模块供应商与模块集成者需要有地域上的接近性，也就是说，随着模块化发展，产业集群将更为盛行。事实上，作为经典的IT产业集群，硅谷就被青木昌彦归纳为"模块的集约地"。此外，精益生产方式的一个关键因素就是基于模块化的制造。丰田精益生产与福特大批量生产的一个重要区别在于：丰田公司在确定了一般的共识和界面以后，放手让供应商去设计图纸而由前者认可；而福特是把设计图纸借给供应商去加工制造。在这种被浅昭万里称为"认可图纸方式"的框架下，设计过程在供应商那里被"浓缩化"了，结果使生产系统里各模块的设计能够同时进行，大幅度缩短了改换车型（系统改良）的周期。发明并实施精益生产方式的丰田汽车公司正以"丰田汽车城"这种产业集群的方式来实现的。而且建立在模块化基础上的产业集群因具有信息异化、共同进化的系统结构，"背对背"等特征，能够从制度安排上内生地化解一般产业集群所带来的风险、资产专用性风险、战略趋同风险、封闭自守风险和创新惰性风险等。因此，可以通过集群的模块化设计和改造，而不是通过扩大企业的组织规模以及提高其资产的专用性，可以实现产业集群从传统产业集群向具有自主知识产权的创新性产业集群演进，促进产业集群的可持续发展。

第三节　模块化组织的形成与特征

　　随着信息技术的发展和模块化生产方式的日益流行，迫切需要企业组织形式适应这种变化的趋势。模块化组织是在对巨型企业组织"扬弃"的基础上发展起来的一种具有网络特征的组织系统，它兼有企业和市场的双重特征，在某种程度上融合了企业和市场的优点。

一、大型企业模块化过程

　　今天，大型企业组织的模块化研究跨越了经济学、管理学、企业战略理论和组织理论，成为 20 世纪 90 年代以来跨学科理论研究的热点课题。与理论研究相对应的实践探索也层出不穷，国外有杰克·韦尔奇的"通用革命"，国内有海尔、TCL、长虹的能力集群化探索。为了了解大型企业组织形态何以向模块化组织形态的演变，有必要对企业组织形态演变的历史作一简单回顾。

　　大型企业组织形态的变化经历了四个阶段的变化：第一个阶段是大约 100年前因第二次产业革命而产生的大型一体化公司。这种大型公司拥有各种齐全的功能和相当的规模，以单一的产品线和较高的生产效率来满足 20 世纪早期美国国内不断增长的市场需要。杜邦公司、通用汽车公司、福特汽车公司等均采用了这种纵向一体化的模式。第二个阶段是 M 型（事业部）组织的出现。当一体化的大型企业在 20 世纪 20 年代开始实施多元化战略时，原来的一体化组织模式在协调和控制方面所存在的问题就逐渐暴露出来。为了应付这一难题，阿尔弗雷德·斯隆领导的通用汽车公司采用了一种多职能事业部的组织结构（即 M 型结构），各事业部按照特定市场下的特定业务来划分。很快，杜邦公司、标准石油公司及西尔斯公司等大型公司也建立起 M 型组织结构。美国管理史学家小阿尔弗雷德·D. 钱德勒明确指出，M 型结构的优点在于，采用 M型结构的大型企业组织的基层公司或经营单位非常灵活并提供明确的以客户为中心的服务，同时通过事业部与总公司之间的联系，相互协调，推动整个集团或公司向实现其战略目标迈进。直到 20 世纪 60 年代，这种业务多元化、拥有多个事业部的集团式企业作为一种生活中的现实，在发达国家的公司组织形态中占据了统治地位。第三个阶段是出现了纵向非一体化和业务归核战略（Focus Strategy）。随着业务多元化和组织规模的扩大，导致了组织成本的增加、官僚主义盛行和企业效率的降低，直接影响 M 型组织内部的激励、活力、企业对外部环境的适应性和竞争能力。所以在 20 世纪 80 年代，迫于竞争的压力，许多传统的巨型企业放弃了将上、下游的业务活动一体化地集成于一个企业的做法，从纵向一体化战略转向纵向非一体化和业务聚焦战略或业务归核战略，从传统纵向一体化企业中分解出了更为细化和业务核心化的企业。所谓纵向非一体化，是与纵向一体化相反的过程，它指原纵向一体化的企业将原来在企业内部纵向链条上的生产过程分离出去，或者说从价值链体系的某些阶段撤离出来，转而依靠外部供应商来供应所需要的产品、支持服务或职能活动。所谓业务归核战略，就是企业将某些次要的业务、职能或部门剥离、出售，专门集中于企业最擅长的业务和领域，提高企业的市场竞争力。大型企业组织形态变化的第四个阶段是大型企业内部组织形态呈现出模块化组织（Modular Organization）和模块化簇群（Modular Cluster）的网络化特征。大型企业的纵向非一体化和业务归核化战略的结果并不是简单地将其他业务、职能、组织抛向市场，而是形成网络化的关系。如果说纵向非一体化是"分"的话，那么网络化就是"合"。在这一分一合之间，就形成了熊彼特式的"创造性破坏"的过程，实现了组织"范式"由现代公司向模块生产网络的转变，产生了模块化组织和模块化簇群。模块化生产网络是一种灵活分散的组织形式，是适合信息技术发展和知识经济时代的新型组织形式。从某种意义上说，模块化组织是信息技术与互联网发展的产物，它可以使大型企业能够进行跨企业的资源整合，以利用其他企业的技术和能力优势。这就是美国管理学家鲍德温和克拉克所说的"模块化时代"的来临。

事实上，根据研究，开发新车时所需的新零件和部件，模块化组织的供货商与中央车厂共同协力开发的比重，在北美是 15%，在日本是 52%。由此提出了模块化组织是一种新型高效率的经营形式与组织形态的命题。模块化组织形态是随着市场竞争的变化而变化的，要求企业的每一个模块化组织或模块化簇群都要直接对市场需求的变化作出反应，而不是通过科层方式的一系列企业内部的命令对市场作出反应。这种企业组织形态是一种网络化的组织形态，企业内部传统协作的中间产品虽然仍在内部各个业务单元之间流动，但采用的却是公开市场定价方法，企业内部传统的内部市场与外部市场已经融为一体。这种企业组织形态最大的优点就是对顾客与市场的需求反应极具灵活性、针对性和弹性，要求企业内部每一模块化组织和模块化簇群成为一个具有"自组织"特性的独立经营主体，一个具有自我生存、自我演化和自我进化的经济实体。现在，许多企业都采用了这种企业组织形态，较为知名的有 IBM 公司、宝洁公司等。

二、模块化组织与企业基因重组

历史表明，模块化组织的出现基本上是随着传统大型企业纵向一体化的解构而出现的，是纵向一体化的大型企业组织结构演进的结果。传统企业组织何以向模块化组织转变？企业基因理论认为，模块化组织是大型企业（尤其是纵向一体化企业）在信息技术发达、组织之间的交易成本趋于下降时，对自身"基因"能力要素进行优化的演进结果。

约翰·奥瑞克等人于 2003 年在《企业基因重组》一书中最先提出企业基因重组的概念，他们把企业基因（也称能力要素）定义为企业的基本结构元素。就像人的体态特征是由一系列复杂的人类基因组所决定的那样，他们视企业为一个能力要素的组合，并认为正是分布于企业中的这些能力要素决定了企业的价值。企业基因组掌握着企业的"遗传密码"，这些"遗传密码"决定了企业销售什么、销售对象是谁以及可以配置哪些资源。有了企业基因的概念，就可以对公司进行分解。公司分解并不是指公司的原子化，而是指公司战略会被越来越多地建立在更为基础的业务构成层面，显然这会改变大多数公司的结构形态。这意味着将有机会把自己公司和其他公司的某些部分进行重组，并创造更有竞争性的实体——将单个基因进行重新排列以形成更有效力的基因组。

企业基因理论认为，在科层制条件下所采用的组织结构成形方法均是在科层制权威强制作用下的成形，属于"他成形"（Hetero-figuration）。事实上，组织的生长、发育是在一种内在基因——核心竞争能力控制下，通过自组织演化而成形的，称为"自成形"（Self-figuration）。生物界或人类自身已经证明，"自成形"方法能够产生非常精巧、复杂和自生能力极强的组织结构。模块化组织和模块化簇群不仅仅是构建一个按一定规则相互联系的复杂性系统，更重要的是要使每一个模块具有一种独特的基因——核心竞争能力，成为一个"活的"组织，也就是把 C. K. 普拉哈拉德和加里·哈默尔的核心竞争力理论具体到某个经营单位。经营单位的模块化就是把企业的各种能力基因重新组合成为具有极强市场竞争能力的企业基因组，使企业在隐性知识、资源、产品、顾客和服务等方面更为集中，重新定义或创新企业的商业模式。

通过模块化组织和模块化簇群组织形式，企业不仅可以快速地进行自身资源的整合，更重要的是可以快速地进行跨企业的资源整合。由此，企业内部组织按照能力要素重组，传统纵向一体化的集团型企业、M 型结构和迈克尔·波特所说的"价值链"解构了，以模块化组织和模块化簇群为核心的"价值星系"或"价值网络"开始形成，企业组织不再是独立生产最终产品的制造企业，而是成为价值网络的整合者。

在这种情况下，模块化组织之间的竞争已不仅仅是单个企业内部生产系统的竞争，而是包括不同模块的多个企业组成的模块网络之间的竞争。融入模块网络的企业不断地与其他企业进行优势互补的合作，所引致的互补效应提高了企业对技术和快速变化市场的适应能力，增强了企业竞争力，扩展了企业的能力边界。而且网络组织结构有利于技术的扩散和知识的传播，能使企业更好地利用系统环境中不断涌现的新信息，促进系统设计规则的不断改进和完善，保证了企业竞争力的动态提升。因此，在模块化时代，仅依赖于降低成本和技术进一步扩大企业的规模边界已不能使企业保持其市场地位，企业必须融入更多、更大的网络，不断实现与其他企业优势互补的合作来扩展企业能力边界，才能获取持续的竞争力。

三、模块化组织的基本特征

（一）动态化

模块化系统的优点是其子模块能够创造性地组合和协调起来，在一定的规则下实现最有效率的配置和整合。通过鲍德温和克拉克所列举的"模块化操作"，如分离、替代、去除、增加、整合和用途的改变，将创造出不同的系统（企业），导致企业边界的动态变化。模块化企业通过对模块间的既定联系进行创造性的破坏与再结合，有可能带来新的经济价值并使系统发生崭新的变化。

由于不同厂商生产的产品（或服务）特征不同，选用不同类型的构件模块化，其生产效率也是不一样的。因此，厂商必须寻找并最终选择最适合自身产品（或服务）、生产效率最高的模块化类型。模块组织中各模块单元采用或参与不同形式的模块化组织必然导致其边界的动态变化。通过产品设计的模块化和"模块化操作"将形成可动态装配的企业结构：①企业内部由多个功能模块或插件组成，每个功能模块又是由更小一级的功能模块组成。②企业内部的功能模块在企业进行动态联盟时是可选的，即可根据需要只选某些模块组成面向工程的临时企业，临时企业的功能是由所选的模块的组合决定的，对整个企业来说，其结构和功能是可变的。③企业将内部的功能模块封装并有标准的对外接口。④动态联盟的盟主在选择盟员或盟员间进行联盟时，可以通过企业的标准对外接口方便地选择，也可以方便地替换，企业带有明显的标准化、可互换性特征。⑤企业本身又是动态联盟中的一个模块。⑥在进行动态联盟时，可以"按需装配"，按需装配是多层次的动态组合。

（二）扁平化

首先，模块化导致企业内部边界的模糊和渗透，企业组织由金字塔型向扁平化转变。一般把企业边界分为四种，即垂直边界、水平边界、外部边界和地理边界。其中垂直边界和水平边界实质上是企业的内部边界；外部边界与地理边界实质上就是我们一般所理解的外部边界。组织内部之所以存在边界，是分工原理的产物，其目的是为了按照需要把员工、业务流程以及生产等进行区分，使其各有专职。一般来说，企业的内部边界包括垂直边界和水平边界。具体来说，垂直边界就是不同层次人员间的界限，水平边界指的是各个职能以及规章制度之间的边界。在信息化高度发达的知识经济时代，现代信息理论和现代化系统控制理论越来越紧密地结合到企业管理中来，企业组织通过计算机网络实现信息与知识的共享，使管理幅度"无极限"扩展，管理层次被不断压缩，最终把集权的等级管理结构改造为系统控制的网络结构，企业的内部边界出现模糊化和无边界化的趋势。企业内部边界的模糊和渗透大大提高了组织的应变力和效率。企业内部边界的模糊和渗透包括垂直边界和水平边界的模糊和渗透：垂直边界的模糊和渗透主要围绕传统的组织层级制度的革新而展开；水平边界的模糊和渗透主要围绕传统组织职能部门间的界限关系进行变革。模块化组织的兴起使企业组织由金字塔型向扁平化转变，企业的管理层次也随之减少，再加上通用的沟通界面，使得企业内部信息沟通、处理能力大大加强，消除了科层结构带来的种种效率低下的问题。

其次，模块化导致企业外部边界的扁平化，即横向一体化。以模块化为基础组成的企业间生产网络的出现使原来由一个企业从事生产经营的所有功能，现在由多个模块横向协调来完成，包揽生产经营活动全过程的垂直一体化企业的界限因此被打破，而代之以横向一体化。横向一体化主要表现在以下几个方面：一是专业化的横向规模。如果某产品（或某生产环节）需求量大，具有规模报酬递增的特征，那么，此时建立在专业化基础上具有规模经济效应的横向一体化的各子模块就是有效率的。二是多元化的横向范围。范围经济是建立在具有相关性不同生产的横向联合基础之上，企业通过模块化外包或虚拟组织等形式来实现范围经济效应，同时，这种有机的、多元的横向联合也大大促进了产业融合。三是外部化的横向网络。模块化组织中企业为充分利用内外部资源，往往把内部非专业化的生产环节外包或建立虚拟组织。这样企业内部生产环节减少，管理层次随之减少，企业组织呈现横向一体化、网络化的形态。

（三）柔性化

在工业经济时代，企业的主要组织形式是层级结构，层级结构有以下主要特点：直线指挥，分层；分工细致，权责明确；标准统一，关系正式。层级结构赖以生存的前提是分工、标准化和大批量生产，是典型的刚性组织。但在信息技术革命时代，企业组织的刚性基本被打破。建立在网络基础上的模块化组织日益呈现出柔性化、虚拟化特征。

在模块化组织中，企业可以把自己非专长的业务外包给模块供应商或通过动态联盟整合价值模块达到企业边界柔性化的目的。模块化组织中企业边界的柔性化是市场与企业相互渗透的结果。长期以来，经济理论倾向于把企业和市场看做是截然不同的两种资源配置机制方式：企业通过权威组织生产，市场利用价格进行交易，并且在两者内部，它们的配置机制都是单一的。即企业是企业，市场是市场；企业作为一种科层，通常不包括平行的市场机制，而市场作为一种平行的交易组织也不兼容有等级的权威关系。但在现实的经济生活中，企业与市场既有区别又有联系，两者并非泾渭分明。特别是在模块化组织中，两者是相互渗透、相互嵌入、相互融合的。在模块化组织网络中，如果企业上层将市场化的下层视为一个个半独立的模块，以模块整合取代行政协调，那么企业作为一种组织形式将具有不可比拟的优势。以模块整合取代行政协调之后，企业总部主要从战略层面关注分部，定义模块、确定规则和协调模块，而不再关心具体的经营活动。企业的分部就是一个个子模块，在分部的经营中以市场机制替代科层组织，始终保持经营的活力和员工的激励。因此，引入市场机制是基础，模块协调是战略规划，两者共同构成企业的竞争优势。只有前者就会陷入一盘散沙，无法体现企业作为一个整体所特有的交易费用优势、知识优势和长期协调优势；而只有后者就会陷入空中楼阁，总部制定的战略和界面联系规则无法有效地实施，迟钝的官僚体制无法迅速地应付不确定的市场需求和激烈的市场竞争。在这个过程中，企业总部与经营部门的关系实质由企业契约变成市场契约，又进一步变成关系契约。

（四）网络化

模块化组织是一种网络组织，一般来说，网络组织的效率高于传统的科层组织和市场的效率。[①]模块化组织之所以有效率，与其特殊的"规则治理"机制是分不开的。它不同于科层的"权威治理"和市场的"价格治理"。模块化组织的治理对象是构成整体的各个模块单元，而不是各个模块单元内部的员工。共同的界面联系规则可以将组织治理主体所希望的协调和运作方式嵌入到提供给各模块单元的信息结构中，各模块单元只需按照这一规则开展活动、提

---

① 但是，网络组织究竟是什么？主要有两种观点：第一种是把网络视为介于企业（层级组织）和市场之间的"中间组织"；第二种观点认为，网络并不是处于层级组织与市场组织连续体中间形态的组织，而是有着独特功能的、与市场和层级相并列的基本组织形态。从第一种观点来看，网络组织比市场节约交易成本，比科层制节约管理成本，具有良好的经济效率。从第二种观点来看，作为一种制度安排时，网络就是一种连接组织的、跨越组织的不同于企业和市场的制度安排。总之，网络组织是以专业化联合的资产、共享的过程控制和共同的集体目的为特征的组织管理形式。现代企业发展的一个基本方向是网络组织（不一定是模块化组织）对层级组织的替代，足以说明网络组织的优越性。

供产出就能实现组织的整体协同和总体目标。可以这样说，各模块单元接受治理的是共同的界面联系规则，而不是治理主体的个人权威。这种治理机制允许各模块单元有极大的自主权自行安排内部的生产和运作，只要符合组织界面联系规则，就无须考虑其他模块单元的做法。也就是说，这种治理机制允许各模块单元内部是一个"黑箱"，只要不违背共同的界面联系规则，自身内部如何经营和运作则不会受到组织治理主体的控制。这既有利于充分发挥各模块单元的主观能动性和创新精神，又能够降低作为整体组织的治理成本，因此与科层的"权威治理"和市场的"价格治理"相比，模块化组织的"规则治理"机制更具有竞争优势。

本章案例

计算机产业的模块化生产

信息技术的发展使模块化技术成为新的主导技术。模块化设计在信息技术的平台上成为设计的主要趋势，运用编码知识把设计信息进行 0 和 1 的分类处理，通过把系统分为"看得见的设计规则"与"隐形的设计规则"来实现产品设计的模块化和生产的模块化。模块化技术在生产领域的应用引发了生产方式的变革，首先在计算机产业出现了新的模块化生产方式。IBM/360 型电脑运用模块化设计思想，将各种不同的电脑变成了相同模块的组合，保证了系统的兼容性。新型企业开始制造与 IBM 机器兼容并且可以外接的模块，从打印机、终端机一直到存储器、软件。特别是在 1981 年，IBM 决定新推出的个人电脑部件采用微软和英特尔的产品，出现了微软的 DOS 操作系统和英特尔微处理器的联手：Wintel 标准。其他 PC 厂家都采用外购微处理器和使用微软操作系统。从专用系统变为开放式标准打破了电脑产业垂直式的组织结构，形成了电脑产业的横向结构（见图 14-6）。前者由公司组成，后者由产业部门组成。同时，开放标准也使企业的竞争从垂直领域转向水平领域。每个水平分工的参与者都专业经营产业总体链条中的一个价值节点（如芯片、操作系统、应用软件、硬件等）。模块化技术在计算机领域的应用，打破了大规模生产方式的流水线技术。在模块化技术采用之前，传统计算机代表企业 IBM 奉行的也是大规模的生产方式，生产系统的硬件、软件、研发设计、营销、售后服务等环节都集中在一个企业内部完成。采用模块化技术后，系统分解为硬件、芯片、操作系统、应用软件、组装、销售等不同的产业部门，由不同模块的供应商完成不同的模块。这样，PC 的模块部件、周边机器和软件、中央处理器都可以独立设计，再按照标准的界面规则把各个独立的模块组装成电脑。这就意味着模块部件可以由掌握专门技术的企业设计生产。例如，一台个人电脑，CPU由英特尔公司生产，主板由中国台湾的华硕公司生产，显示器由韩国三星公司生产，操作系统由微软公司提供，最后产品的组装由戴尔或联想完成。与大规模生产方式相比，模块化生产方式是一种柔性的生产方式。

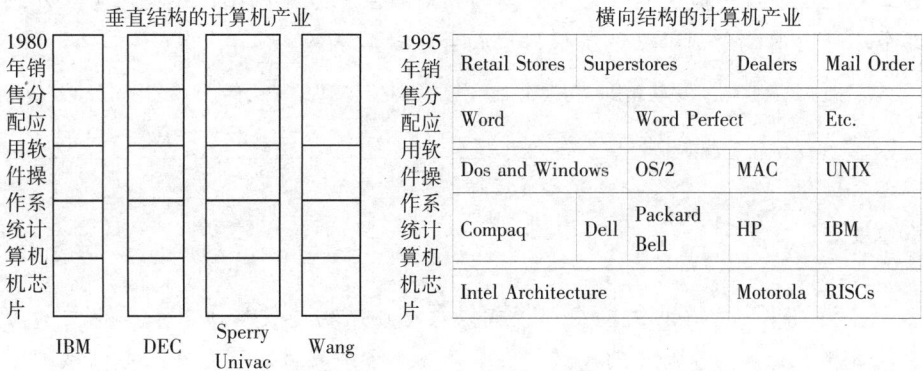

垂直结构的计算机产业				

1980年销售分配应用软件操作系统计算机机芯片

	IBM	DEC	Sperry Univac	Wang

横向结构的计算机产业

1995年销售分配应用软件操作系统计算机机芯片

Retail Stores	Superstores		Dealers	Mail Order
Word		Word Perfect		Etc.
Dos and Windows	OS/2		MAC	UNIX
Compaq	Dell	Packard Bell	HP	IBM
Intel Architecture			Motorola	RISCs

图 14-6　计算机产业的转型

　　电脑产品结构的特点扩展了模块生产的空间，使其成为全球化程度最强的产业之一，全球性采购、全球性生产、全球性经销的特点非常明显。设计、生产、销售不再局限于一个企业，也不再局限于局部地区，而具有地理上的分散性与空间上的集聚性相统一的特点，形成了全球分工体系。计算机产业的价值链主要是由芯片、操作系统、硬件、应用软件、服务、组装等环节构成。它们分为上、中、下三个层次。操作系统和芯片是PC产业的核心模块，掌握着个人电脑的关键技术，是产业内不可缺少的模块部件。除芯片和操作系统的其他模块位于PC产业的中游环节，模块的技术含量不高，但也包含了一定的高科技技术含量。液晶显示器、高档显卡、应用软件的研制和开发，与上游生产环节相比，多数模块的生产技术已经趋于成熟。下游环节的技术含量最低，对资金、规模的要求也极低，主要是作为上游和中游环节各大厂商的销售代理或完成PC生产的装配工作。由于各个环节的特性、技术含量不同，对要素条件的需求存在差异性。因此，计算机产业价值链的各环节在全球范围内寻找最佳的地点发展，在全球范围内采购、生产、营销，形成全球的生产网络。美国是计算机的标准制定中心、研发设计中心，日本、韩国、中国台湾主要是新产品和核心部件的生产中心，发展中国家和地区是一般元器件的生产基地和部分整机的组装基地。但是，这些国家和地区在计算机产业价值链的地位并不相同。美国处于产业价值链的高端，拥有品牌，负责制定标准和产品研发以及系统集成，控制着核心产品和新产品的生产；日本仅次于美国，在芯片、动态随机存储器等方面具备较强的研发能力；韩国、新加坡以及中国台湾处于产业价值链的中端，通过与美国一流企业的技术协作，它们的技术不断升级，正发展成为集成电路等部分关键元器件的生产基地，并生产部分高端产品和新产品，不断向上游产业发展；发展中国家和地区处于产业价值链的低端，主要从事整机的加工和组装以及一般元器件的生产。与大规模生产方式相比，模块化生产方式在全球范围内"分割"生产流程，形成全球分工体系。

资料来源：孙晓峰：《模块化技术与模块化生产方式：以计算机产业为例》，载《中国工业经济》，2005（6）。

本章要点

1. 模块化作为一种新的组织模式以及产业结构的新本质，正日益受到人们的青睐。目前，模块化的定义还没有定型，各种定义之间存在一些细微的差别。比较权威的是青木昌彦所下的定义："模块"是半自律的子系统，按照一定的规则与其他同样的子系统相互联系而构成的更加复杂的系统过程。而且，按照一定的联系规则将一个复杂的系统或过程分解为可进行独立设计的半自律性的子系统的行为，称之为"模块分解化"；按照某种联系规则将可进行独立设计的子系统（模块）统一起来，构成更加复杂的系统或过程的行为，称之为"模块集中化"。人们不妨从三个方面来理解模块化：第一，模块化的结构具有"可追加性"；第二，模块联系规则是如何确立的，又是如何进化发展的；第三，各模块之间展开的创新竞争。

2. 模块化产生于社会分工，是社会分工的深化，但模块化不限于社会分工。市场需求的快速变化日益成为推动模块化发展的外部诱因，而20世纪80年代以来信息技术的飞速发展则是直接推动模块化产生的原动力。有研究表明，拉动力、推动力和催化力三种力量共同推进了产业模块化发展。

3. 在模块化类型划分上，比较有影响的有：青木昌彦所做的分类，将模块化类型划分为金字塔型分割（IBM/360型电脑）、信息同化型联系（丰田型）和信息异化型·进化型联系（硅谷型）；鲍德温和克拉克所定义的六种形式的"模块化操作"包括；Pine II 所定义的共享构件模块化、互换构件模块化、"量体裁衣"式模块化、混合模块化、BM模块化和可组合模块化等。

4. 模块化生产方式的突出优点表现在：能够高效地实现大规模定制；能够同时实现规模经济、范围经济和替代经济；能够有效化解产业集群中的诸多风险，促进产业集群的可持续发展。

5. 随着信息技术的发展和模块化生产方式的日益流行，迫切需要企业组织形式适应这种变化的趋势。模块化组织是在对巨型企业组织"扬弃"的基础上发展起来的一种具有网络特征的组织系统，它兼有企业和市场的双重特征，在某种程度上融合了企业和市场的优点。

6. 模块化组织的基本特征可以概括为：动态化、扁平化、柔性化和网络化。

研究思考题目

当今为什么模块化备受关注？试用模块化的基本原理分析我国某些产业结构（汽车、计算机等）的变化，以及为适应这种变化，企业组织模式和产业集群所发生的变化。

推荐阅读材料

Baldwin, C. Y. and K.B. Clark, Managing in an Age of Modularity, Harvard Business Review, 75 (5), 1997.

Baldwin, C. Y. and K. B. Clark, Design Rules : The Power of Modularity, Vol. 1, Cambridge, MA: MIT Press, 2000.

［日］青木昌彦、安藤晴彦：《模块时代：新产业结构的本质》，上海远东出版社，2003。

第十五章　供应链管理

供应链管理思想的出现，使上下游企业之间摒弃了传统的单纯竞争的方式，开始向竞合方向发展。通过协调上下游企业之间的运作，减少上下游企业之间的内耗，提高了供应链的整体竞争能力和经济效益，最终使供应链中所有的成员企业都得到实惠。

第一节　供应链管理的概念与发展

一、供应链及供应链管理

所谓供应链（Supply Chain，SC），是指围绕核心企业，从原材料采购开始到制成中间产品，再到制成最终产品，最后到销售给最终顾客的所有产权独立的参与者，即供应商、制造商、经销商、最终顾客、物流服务提供商乃至供应商的供应商、经销商的经销商等形成的网链结构（见图 15-1）。

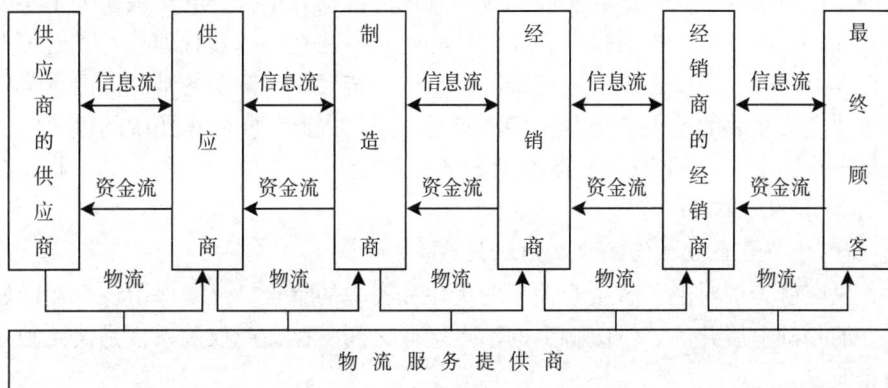

图 15-1　供应链示意图

供应链管理（Supply Chain Management，SCM）则是从系统、合作的观点出发，对供应链中的物流、信息流和资金流进行设计、规划和控制，以最大限度地减少供应链中各成员的内耗和浪费，通过整体最优来提高全体成员的竞争力，实现全体成员的共赢。

上述供应链及供应链管理的概念强调了以下内容：

（一）开展整体最优的集成化管理

供应链管理的概念建立在效率能够通过上下游企业之间的信息共享和协同运作得以提高的信念之上。供应链管理使上下游企业之间摒弃了传统的单纯竞争的方式，实现了有效的竞合。上下游企业之间通过建立相互信任的伙伴关系，以供应链的整体最优为目标，利用现代信息技术，加强企业之间的合作，强化供应链的整体竞争实力，使供应链中所有的成员企业都从中受益。供应链管理将带来革命性的变化：未来的竞争不光是企业与企业之间的竞争，更是供应链与供应链之间的竞争。

（二）实施鲜明的顾客导向

供应链管理的基本目标被概括为"7R"，即将合适的产品或服务（Right Product or Service），以合适的数量（Right Quantity）及合适的成本（Right Cost），按照合适的状态或包装（Right Condition or Packaging），在合适的时间（Right Time）、合适的地点（Right Place），送到合适的顾客（Right Customer）手中。最终顾客的需求是供应链中物流、资金流、信息流的驱动源，顾客满意是供应链管理的出发点。

（三）围绕核心企业展开管理

供应链的构建及供应链的优化围绕核心企业展开。核心企业是供应链中的领导企业，是构建供应链和实施供应链管理的推动力量，一般是供应链中实力最为强大或市场号召力最强的企业。核心企业所建立的一套管理技术和管理办法在其上下游企业中逐步应用和推广，是供应链建立和健全的基础。由于与核心企业直接相邻的上下游企业大多不只是一家，因此，实际运作中的供应链往往呈现出以核心企业为交汇点的发散式网链结构（见图15-2），而并非如图15-1所示的简单串联模式。

（四）节点企业之间不涉及产权关系

供应链管理对上下游企业关系的优化和资源的整合，是在保留各企业产权独立的基础上展开的。供应链上的节点企业之间不存在产权关系，是彼此独立的企业。

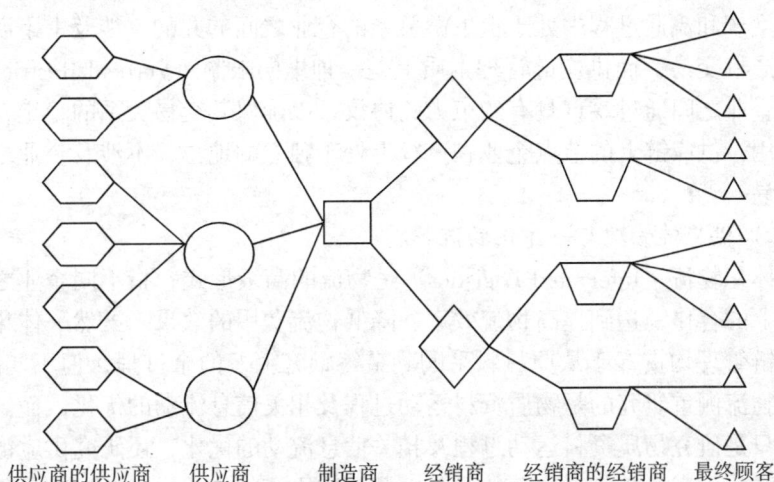

供应商的供应商　　供应商　　　制造商　　　经销商　　经销商的经销商　最终顾客

图 15–2　以制造商为核心企业的供应链示意图

二、供应链管理与相关概念的比较

为了进一步明确供应链管理的内涵与外延，有必要将供应链管理与相关的一些概念进行比较：

（一）供应链管理与战略联盟、虚拟企业

战略联盟（Strategic Alliance）是指两个或两个以上有着共同利益和对等经营实力的独立企业为达到占领市场、减少风险等目的而通过长期协议的形式所结成的优势互补或优势相长的利益共同体。而虚拟企业（Virtual Enterprise）是指为实现对某种市场机会的快速反应，通过 Internet 技术将拥有相关资源的若干独立企业集结起来，以及时地开发、生产、销售多样化、客户化的产品或服务而形成的一种网络化的临时性利益共同体。

无论是供应链管理，还是战略联盟、虚拟企业，都强调企业之间以合作代替对抗，通过在企业之间重新进行资源整合，协调运作，以提高所有协作企业的整体竞争力。所不同的是，供应链管理关注的是处于上下游的企业之间的纵向整合，而战略联盟和虚拟企业整合的范围不仅仅局限于纵向整合，还包括横向整合，如不同企业利用各自的科研优势合作开发新产品；战略联盟更强调企业之间合作的长期性，而虚拟企业则强调对快速多变的市场机会的把握，企业之间的合作具有临时性的特点。

（二）供应链管理与纵向一体化

供应链管理与纵向一体化（Vertical Integration）虽然涉及的都是上下游企业之间的关系，但在企业之间的产权关系上，两者是不同的。纵向一体化是指在商品生产和流通过程中处于上下游关系的企业之间的并购，涉及上下游企业之间的产权交易；而供应链管理本质上是一种纵向限制（Vertical Restriction），上下游企业之间通过签订具有约束力的协议，以确保其交易关系的稳定，降低交易费用，供应链上的节点企业在产权上处于独立的地位，不涉及企业之间的产权交易。

（三）供应链管理与一体化物流

一体化物流（Integrated Logistics）是物流的高级形式，指不同企业之间通过物流上的合作，达到提高物流效率、降低物流费用的效果。虽然一体化物流与供应链管理均贯穿于从原材料采购到最终顾客消费的全过程，但不同的是，一体化物流侧重研究的是物质资料运动过程及相关信息流动的优化，而供应链管理不只是研究物质资料运动过程及相关信息流动的优化，还研究供应链成员企业采购、生产、销售等决策的优化以及与物质资料相关的资金流动过程。因此，供应链管理的内涵和外延要比一体化物流更大。

三、供应链管理的产生与发展

1985 年，侯里翰（Houlihan）第一次提出了"供应链"的概念，指出供应链是由供应商、制造商、分销商、零售商、最终顾客等组成的系统，在这个系统内，物质从供应商向最终顾客流动，信息流动则是双向的。[1] 人们开始关注上下游企业之间的价值合作与协调问题。

20 世纪 80 年代末期以来，随着全球制造的广泛开展，供应链管理在生产企业中得到了较为普遍的应用。国际上一些著名企业，如通用电气、惠普、IBM、戴尔、通用汽车、福特、可口可乐等公司纷纷引入供应链管理，重新设计了企业的采购、生产、销售等业务流程，显著提高了企业的运行效率，形成了新的竞争优势。沃尔玛等流通企业亦凭借供应链管理而实现了快速发展。供应链管理成为 21 世纪企业适应全球竞争的一种有效途径。美国 PRTM 咨询公司对汽车、家电、化工、计算机、医药、半导体、电信等行业 225 家公司的研究表明：供应链管理做得好的公司与一般公司相比，其供应链管理的成本占总销售收入的比例要低 3~7 个百分点。[2]

在传统的计划经济体制下，中国企业为维持正常生产，从主营产品向上下游产品无限延伸。因此，普遍出现了"大而全"、"中而全"、"小而全"的"全

---

① Houlihan, J. B., International Supply Chain Management, International Journal of Physical Distribution & Materials Manangement 15, 1985.

② 刘晋：《供应链管理：企业提高竞争力的有效途径》，载《中国企业报》，1999 年 2 月 14 日。

能"企业，企图万事不求人，上下游企业之间专业化协作程度较低。时至今日，中国工业专业化协作的生产经营体系尚未得到充分发育，大中小企业之间没有形成合理的分工体系，大多数企业以自我配套生产为主，较少加入到社会化生产协作当中，在不同规模的企业之间没有建立起联动机制，多数中小企业并不是围绕着为大企业提供原材料、零部件或其他服务而建立起来的。以机械工业为例，约有80%的企业属于这种"全能"企业，自制件和自铸锻件所占比例为80%~90%，而在发达国家，机械制造企业零部件的自制率一般只有20%左右。因此，引进供应链管理的先进思想和方法，提高企业竞争力，成为摆在我国企业面前的迫切课题。事实上，海尔等企业在这方面已经迈出了可喜的步伐。

第二节　供应链管理的竞争优势

作为优化上下游企业之间关系的手段，纵向一体化与供应链管理的初衷都是节约交易费用。20世纪90年代以前，纵向一体化是众多企业提高竞争力的重要手段。但随着企业竞争形势的变化，交易费用经济学所描述的纵向一体化存在和发展的基础条件发生了变化，使得纵向一体化表现出市场响应慢、潜在风险高、不利于形成和强化核心竞争力等不适应性。此时，供应链管理便应运而生，受到越来越多企业的重视。

一、纵向一体化的实施动因

纵向一体化一直是交易费用经济学的分析重点。威廉姆森（Williamson）、克莱因（Klein）、克劳福德（Crawford）、阿尔钦安（Alchian）等人围绕节约交易费用，论证了使交易退出市场转而组织内部交易，即进行纵向一体化的必要性。[1]交易费用经济学对纵向一体化的分析建立在其有关人性假定和交易维度的分析框架的基础上。

---

[1] 关于纵向一体化实施动因的详细论述，可以参考下列论著：威廉姆森：《生产的纵向一体化：市场失灵的考察》、《交易费用经济学：契约关系的规制》《经济组织的逻辑》；克莱因、克劳福德、阿尔钦安：《纵向一体化、可占用准租与竞争性缔约过程》（这些文献载陈郁编：《企业制度与市场组织：交易费用经济学文选》，第1~153页，上海三联书店、上海人民出版社，1996）；Williamson, O., Markets and Hierarchies: Analysis and Antitrust Implication, Free Press, 1975；Williamson, O. E., Organization of Work: A Comparative Institutional Assessment, Journal of Economic Behavior and Organization, 1980.1；Williamson, O. E., The Economic Institutions of Capitalism, Free Press, 1985.

（一）人性假定

交易费用经济学将以下两个基本的人性假定作为其微观基础：

（1）有限理性。由于人的神经生理、语言方面的能力局限和外部世界的复杂性、不确定性决定了人的理性的有限性，有限理性使人们在进行交易时难以作出正确的判断和选择，从而增加了交易费用。

（2）行为的机会主义。实际上，理性经济人追求利益最大化的行为本身就蕴涵了机会主义行为的可能性。威廉姆森扩展了理性经济人假设中人的自利动机，提出了机会主义的行为假设，为经济人在自利的动机下寻求策略性行为留下了空间。所谓机会主义行为，是指通过非正直或非诚实手段，追求自身利益、达到自己目的的行为，包括说谎、窃取、欺骗等。承认机会主义的人性假定并不是说所有的人在所有的时间都有机会主义的行为，而是说某些人会在某些场合、某些时间、对其他人会以机会主义的方式行事。由于人们理性的有限性，很难预先知道何人在何时、何地、何种场合会采取机会主义行为，因此必须小心提防，但却往往防不胜防。机会主义假定的引入，使交易签约的难度加大，市场交易费用增加。

（二）交易维度

交易费用经济学将交易分解为以下三个维度：

（1）资产专用性。即在不牺牲生产价值的条件下，资产可用于不同用途和由不同使用者利用的程度。通常存在着三种形式的专用性资产，即专用物质资本、专用人力资本、特定地点资本。专用物质资本包括专门为满足一个或少数几个买主的需要而购置的机器设备、建筑物或生产的零部件等。专用人力资本指的是产品的生产需要专门的经过特殊培训的员工来进行。特定地点资本即前后相连的生产过程在相邻的地点完成可以提高效率。资产专用性越强，进行市场交易的费用就越高，在交易中处于有利地位的一方，可以通过要挟、欺骗等手段来提高自己在交易中的利益，对处于不利地位的一方造成巨大的影响。

（2）交易频率。交易频率直接影响交易的契约安排以及交易双方的态度。如果双方的交易是一种经常性的活动，则值得花费时间和资源去做一个特殊的契约安排，并且交易双方倾向于采取合作的态度，以降低交易费用；如果双方的交易只是偶然的，则专门去设计一个特殊的契约安排就没有必要，并且交易双方很可能采取不合作的态度，给交易带来障碍。

（3）交易不确定性。自然情况、消费需求的随机变动以及交易一方无从了解交易的另一方所拥有的信息或所作出的决策等都可能导致交易的不确定性。由于不确定性的存在，交易双方不可能在交易时将所有可能发生的情况都考虑到，从而可能达成一项错误的交易，导致不必要的损失。在不确定性程度很高时，由于很难预测到未来可能的变故，潜在的交易双方甚至很难签订达成交易的契约。即使双方达成契约，违约现象也较为普遍，为了确保契约执行，需要付出额外的监督、仲裁或诉讼费用。为了减少交易的不确定性，需要事先收集有关的信息，导致信息搜寻费用增加。

(三)　纵向一体化的竞争优势

由于人们具有有限理性、行为的机会主义特性，在交易不确定性的前提条件下，包揽无遗的缔约活动几乎是不可能的，契约具有不完备性。如果交易中包含着一种专用性程度较高的资产，在交易过程中处于有利地位的一方将会钻对方有限理性的空子，采取各种机会主义行为。这种机会主义行为使交易双方相关的专用性资产的运用不能达到最优，使契约的谈判和执行变得困难，因此，通过市场进行交易将使交易费用居高不下。对于经常化交易而言，高昂的交易费用是令人难以容忍的。此时，通过采取纵向一体化，使处于上下游环节的企业在资产上融合为一个整体，则可以大大节约交易费用。因为在纵向一体化的企业内，机会主义将受到权威的监督。正如科斯 (Coase) 所说的："通过形成一个组织，并允许某个权威 (一个企业家) 来支配资源，部分市场交易的费用就可以节约。"[①]

自然，纵向一体化所导致的企业规模的扩大，会增加企业内部组织费用。一方面，纵向一体化使得企业管理层次增多，管理链条变长，造成企业决策过程繁复、迟缓，科层组织的庞大既增加了维持其运转的费用，又影响了其运作效率；另一方面，纵向一体化的结果使得激励减弱，与直接面对市场的独立企业相比，企业内部各部门的积极性明显下降。因此，实施纵向一体化的先决条件必须是：纵向一体化所带来的交易费用节约至少应大于或等于其所带来的内部组织费用增加。

二、纵向一体化在新形势下的不适应性

进入 20 世纪 90 年代以来，企业的经营管理环境呈现出许多新的特点，具体表现在：科学技术的发展导致产品更新换代速度不断加快，加快产品上市时间和快速响应市场需求变动变得极其重要；随着卖方市场向买方市场的转变，消费需求日益呈现出多样化、个性化的趋势；经济的全球化趋势使得企业之间的竞争日益激烈……所有这些使得企业的市场环境日益向动态化的方向发展。

在动态化的市场环境下，作为优化上下游企业之间关系的纵向一体化表现出很强的不适应性：

---

① 罗纳德·哈里·科斯：《企业、市场与法律》，第 3 页，上海三联书店，1990。

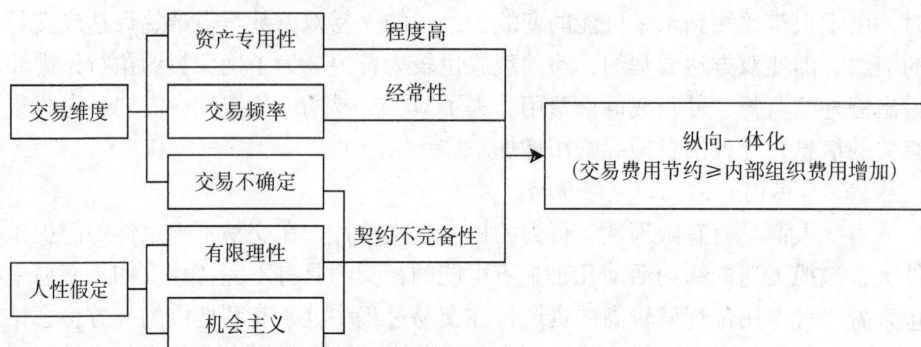

图 15-3 纵向一体化的实施动因

（一）缺乏快速响应能力

企业无论是实施前向一体化还是实施后向一体化，都必然涉及产权交易。而产权交易少则需要花费数月，多则需要花费数年的时间，包括为实施并购开展先期调研和可行性分析的时间、寻找合适的潜在并购对象的时间、与潜在并购对象进行谈判的时间、为实施并购筹措资金的时间、取得政府有关批文的时间、签订并购合同以后企业整合的时间等。而众多的市场需求却具有即时性的特点，实施纵向一体化所需要的较长的时间周期，使得纵向一体化缺乏快速响应的能力。

（二）加大了市场风险

对于专用性程度较高的资产而言，纵向一体化所进行产权交易的结果使资产得以在企业内部沉淀下来。而市场机会却变化迅速，在并购完成以后，市场需求和竞争态势可能已经发生了翻天覆地的变化，使得纵向一体化的潜在风险大大增加。

（三）不利于形成和强化核心竞争力

过分强调纵向一体化，必然使得企业战线拉得过长，将企业有限的人力、物力、财力分散到众多的领域，使企业难以集中资源发展和强化核心竞争力和核心业务。尤其是在企业尚没有形成自己的核心竞争力的情况下，盲目进行规模的扩张必然会以失败而告终。

因此，随着企业经营环境的变化，纵向一体化的趋势必然减弱。面对新的竞争形势，企业实施纵向一体化必须非常慎重，需要具备以下一些条件：在现有的业务环节已建立明显的核心竞争力；资产具有足够的专用性；市场需求和竞争形势相对稳定；企业资源能够确保纵向一体化所需；纵向一体化的实施周期不能太长等。否则，最好不要实施纵向一体化。

三、供应链管理相对于纵向一体化的优势

在竞争中，既要抛弃单打独斗的做法，又要克服纵向一体化的不利因素，供应链管理便应运而生。通过将竞争的焦点转移到供应链与供应链之间，供应链管理旨在建立同一供应链内部上下游企业之间的合作机制，以实现供应链整体最优为条件确保所有节点企业竞争力的增强和收入的提高。所有节点企业出于改善自身利益的需要，将努力克制自己的机会主义行为，减少相互之间无谓的消耗，实现与纵向一体化相似的减少专用性资产的损失、降低交易的不确定性、使经常性交易趋于稳定的效果，最终达到降低交易费用的目的。

（一）快速响应复杂多变的市场需求

为了满足复杂多变的市场需求，仅仅依靠企业内部集成即使在资源上行得通，在时间上也可能行不通。供应链管理将资源集成的范围扩展到企业外部，与有实力的供应商、经销商结成伙伴关系。基于这种企业运作环境的产品制造过程，从产品的研究开发到投放市场，周期大大缩短，而且顾客化导向更强，敏捷性大大提高。比如，美国通用电气公司为了提高其竞争优势，通过强化供应链管理，已经将备货时间从三周压缩为三天。

（二）具有柔性高、风险低的特点

在供应链管理的模式下，在集成所需资源的基础上，由于供应链节点企业之间在产权上是相互独立的，不会出现纵向一体化情况下专用性资产由于企业之间的并购而在企业内部沉淀下来的问题。在市场形势发生巨大变化的情况下，企业可以通过对供应链成员的重新整合适应新的变化，体现出较高的柔性，潜在的专用性资产固化的风险得以有效化解。

（三）通过合作伙伴的优势互补巩固和强化企业的核心竞争力

与纵向一体化必须完成所有的业务环节相比，供应链管理强调将企业资源集中于经过仔细挑选的少数具有核心竞争力的核心业务环节上，而将其他虽然重要但不具备核心竞争力的业务环节外包给世界范围内的专业企业去做，并与这些企业保持紧密合作关系，依托供应链构筑一条企业之间的核心竞争力链条，从而使企业的运作提高到世界级水平，而所需的费用则与自己亲力亲为相等甚至更少，并且节省了一些巨额投资。这样不但有助于企业巩固已有的核心竞争力，而且可以通过提升整条供应链的竞争力而强化自己的核心竞争力。

四、供应链管理所带来的交易费用节约

供应链管理的运用使得上下游企业之间的非合作博弈转变为合作博弈，竞争变成了竞合，信息割裂与封闭变成了信息互通与共享，通过供应链的整体优

化促成节点企业的帕累托改进成为供应链所有成员企业追求的目标。所有这一切必然带来交易费用的节约：

（一）信息搜寻费用的节约

在传统的上下游企业的交易中，交易各方往往着眼于当前利益，讨价还价理念建立在此消彼长的基础上，很多交易都具有"一锤子买卖"的性质，使得机会主义行为频繁出现。在这种情形下，为了减少机会主义行为给自己带来的损失，一方面，交易各方希望尽可能掌握更多的有效信息，使得信息搜寻的次数增加；另一方面，在获得信息以后，交易各方往往花很多的时间和精力去验证信息的真伪性。这样一来，信息搜寻费用自然大为提高。即便是在现代信息技术使信息获取手段大为改善的情况下，只要交易各方缺乏必要的信任关系，信息搜寻费用尤其是验证信息可靠程度的费用依然居高不下。

在供应链管理模式下，一方面，Internet 的发展大幅度地提高了信息搜寻效率，节约了信息搜寻费用，具体表现在：网络改进了信息搜寻技术，变传统的人工搜寻方式为计算机的自动搜寻，工作效率大为改观；实现了信息的实时搜寻，提高了信息的时效性；扩大了有效信息搜寻的空间范围，传统信息搜寻的地理限制被打破，信息搜寻的触角可以延伸到世界各地，扩大了资源优化的范围。另一方面，由于供应链管理对竞合、系统优化、多赢等观念的倡导，再加上 Internet 快速信息传递的有效惩罚机制和迅速验证信息真伪的有效监督机制，使得潜在交易各方利用信息不对称获利的机会主义动机减弱，为确认信息的可靠性所需花费的费用也必然减少。

（二）交易谈判费用的节约

在传统的上下游企业的交易中，由于交易对方机会主义行为的潜在威胁，在交易者存在有限理性和交易具有不确定性的条件下，交易者往往寄希望于设计较为完备的交易契约以减少机会主义行为可能给自己带来的损失。要在交易契约中穷尽所有的偶发事件是困难的，即使有这个可能，其代价也十分高昂，必然增加繁复的讨价还价过程，延长谈判时间，牵扯较多的谈判人员，不但导致直接谈判费用的增加，还可能因为市场机遇的丧失而中止谈判或错过最佳交易时机，造成更大的间接经济损失。

而供应链节点企业之间所签订的供应链协议，注重通过设计有效的激励机制而不是设计尽可能完备、明确的条款等待法院强制执行来克服机会主义所可能导致的违约责任。这种主要依靠内在动力机制的供应链协议与传统交易契约主要依靠外在的压力机制明显不同。通过贯彻责任、风险与收益对等的原则，调动起供应链中所有企业的积极性。正如科斯、斯蒂格利茨（Stiglitz）等人所指出的："依靠的是一种不写明的、私人的、可履约的、不明晰的契约，在这种情况下，可强制执行契约的所有细节的威胁并没有在契约中写明。"① 更为重要的是，由于供应链管理有助于稳定节点企业之间的交易关系，使交易关系具有可持续发展的特点。随着供应链节点企业在交易过程中信任关系的提升，供应链协议也处于不断的完善过程中。完善供应链协议所需要的再谈判远比传统交易关系中重新开发新的交易伙伴简单得多。在很多情况下，这种改进具有水到渠成的效果，根本不需要供应链节点企业有意做太多的努力。

（三）契约履行费用的节约

在传统的上下游企业的交易中，各企业的决策往往从自身所掌握的有限信息出发，科学性大打折扣。同时，一旦在履约过程中出现了契约条款以外的情况，交易各方出于对自己利益的考虑，大多作有利于自己的解释，双方可协商的区间很小。因此，一旦出现意外情况，往往需要花大力气去做协调工作，使正常的履约进程受阻。为了确保交易按照约定顺利进行，往往需要增加额外的监督费用，如制造商派员去经销商处催款，经销商派员去制造商处督促尽快发货等。尤其是由于双方缺乏必要的信任，对产品质量的严格检验使交易费用剧增。一旦在契约执行过程中发生矛盾，相互之间不是更多地依赖双方的沟通和协商，而往往诉诸法律、对簿公堂，卷入烦琐的官司之中，不但使再次交易成为不可能，本身也增加了许多额外的费用。

供应链管理强调的是：依靠法律程序执行的明晰的条款只是对自我履约机制的补充。只要核心企业拟订的供应链协议中的激励条款设计合理，对其他节点企业能够提供足够的动力，使违约的潜在收益低于违约所受的惩罚，就能够充分激发供应链中所有企业自我履约的热情。基于现代信息技术和高度合作意识的信息共享机制的实现，使得节点企业的决策更加科学、合理，各节点企业之间能够就突发事件进行灵敏反应和协商。随着节点企业之间信任关系的发展和巩固，产品质量检验费用大为减少，从最初的全面逐件检验发展到产品抽检，最后发展到所有产品免检，不但节省了大笔的质量检验费用，而且有助于缩短产品的提前期。同时，由于彼此信任，产品订单不再局限于买方下单的方式，卖方管理库存（Vendor-managed Inventory，VMI）使得买方补货的效率和及时性大为提高。

（四）交易变更费用的降低

在传统的上下游企业的交易中，由于不确定性和机会主义行为的存在，一方在市场形势变化的情况下出于自身利益最大化的考虑，单方面中止契约的案例屡见不鲜，给另一方造成巨大的损失。尽管受损失一方可以通过诉诸法律来

---

① 科斯、斯蒂格利茨等：《契约经济学》，第 199 页，经济科学出版社，1999。

挽回损失，但一方面由于契约的不完备性使得打官司未必胜券在握，另一方面，打官司本身也需要付出交易费用。而重新寻找交易伙伴又需要从头再来，不但需要追加信息搜寻、交易谈判、契约履行费用，而且将可能面临因为市场机遇的丧失而导致的原材料供应不足、产品积压等潜在风险。

供应链管理则可以大幅度地降低交易中止的概率。一旦企业之间建立起稳定的供应链关系，由于较好地处理了供应链整体利益和节点企业个体利益之间的关系，各企业一般都不愿意从已有的供应链系统中脱离出来，大大降低了交易变更的可能性。因为企业重新融入新的供应链需要花费巨大的转移费用，包括逃逸原来所在供应链可能遭受的制裁、重新融入新的供应链所需要花费的信息搜寻、谈判费用、转移区间内潜在的收益损失等。

第三节　供应链管理过程

一、供应链管理的基本步骤

一般而言，供应链管理主要包括以下四个步骤：

（一）计划

在这一阶段，企业确定供应链的基本类型，选择哪些合作伙伴作为供应链的成员企业，决定供应链的每个环节执行什么样的流程，并确定供应链管理的目标。

企业首先应判断自己所生产的产品的类型，以此确定供应链的类型。对于不同类型的产品，需要设计不同的供应链。企业生产的产品根据其需求特点可以分为两大类，即功能性产品（Functional Product）和创新性产品（Innovative Product）。功能性产品主要面向基本需求，具有生命周期较长、需求稳定且便于预测、产品改型变异程度小等特点。相反，创新性产品主要面向创新性需求，生命周期较短，需求不稳定且难以预测，产品改型变异程度大。二者在上市速度要求、季末降价幅度、平均缺货率等方面差别也很大，功能性产品生命周期较长的特点使得其对新产品上市速度要求不高，一般不会出现因为过季而降价的现象，创新性产品生命周期较短的特点必然要求其加快新产品的上市速度，而一旦产品过季，必然较大幅度地降价；由于功能性产品的式样、规格、型号、款式等相对简单，因而缺货比率较低，而创新性产品的式样、规格、型号、款式等则较为繁杂，缺货比率较高。相对于功能性产品而言，为消化额外的市场性成本，创新性产品要求高得多的边际贡献率。

与功能性产品相匹配的是精益型供应链（Lean Supply Chain），又称有效型供应链（Efficient Supply Chain），其核心是消除一切形式的浪费，以尽可能节约产品成本，在市场上形成比竞争对手更有利的价格优势。与创新性产品相匹配的是敏捷型供应链（Agile Supply Chain），又称反应型供应链（Responsive Supply Chain），其核心是提高产品的可获性，以尽快满足复杂多变的市场需求，充分利用每一个新的市场机会。

在供应链的基本类型确定之后，就应选择符合该类型供应链的成员企业。对于有效型供应链，选择成员企业的基本标准是成本节约优先，在同等质量和服务水平的条件下，选择报价最低的原材料、零部件供应商、物流服务提供商以及条件最优惠的经销商。对于反应型供应链，选择成员企业的基本标准是对产品或服务订单的响应速度，选择响应最迅速的原材料、零部件供应商、物流服务提供商以及产成品经销商。

而后，对诸如工厂、配送中心的位置和能力，在各个地点生产或存放的产品类型和数量，根据不同交货行程采用的运输模式以及将要使用的信息系统的类型等问题进行决策，并对供应链的整体运行绩效及不同环节的运行效果确定预期目标。

（二）实施

核心企业与经筛选合格的潜在成员企业在友好协商的基础上，签订较长时期的合作协议。对于核心企业而言，拟订一个能够确保各方实现多赢局面的供应链协议是建立规范型信任关系的基础。这一协议至少应包括以下两个方面的内容：第一，建立合理的收益分配机制，从正向激励方面激发节点企业之间相互信任、密切合作；第二，建立有效的风险防范机制，从负向激励方面促使节点企业履行自己的义务，加大欺骗和逃逸的成本，稳定供应链的合作关系。

供应链协议的拟订应确保公平，包括分配公平和程序公平。所谓分配公平，是指利益的分配与责任的承担对等，强大的核心企业不能仗势欺人，剥夺其他企业的合理收益；所谓程序公平是指负责制定供应链协议的核心企业在制定与伙伴有关的条款时要与它们充分协商，在条款确定后应允许它们对已有的政策提出异议，核心企业应充分重视它们的意见和建议。据瑞士洛桑国际管理发展学院（International Institute for Management Development，IMD）的相关研究结果表明，强大的一方对较弱的合作者在程序上的公平对双方关系的影响比分配公平要强得多。供应链协议强调内在的激励效应，由于各节点企业自利动机的存在，每个企业都会将潜在的违背协议条款带来的收益与因违约而受惩罚的损失进行对比，如果违约的潜在收益比受惩罚招致的损失小，供应链节点企业就不会试图违约。

在基于优化供应链的需要不断改进企业内部业务流程的基础上，核心企业建立与成员企业便捷沟通的信息系统，实现数据共享。所有供应链的节点企业基于共同的利益，紧密合作，共同提高供应链的整体绩效。其中，关键是要将单个商业应用提升为能够运作于整个供应链过程的集成系统，建立一套适用于整个供应链的电子商务解决方案。

供应链信息系统的建立必须以企业内部 ERP（Enterprise Resource Planning，企业资源计划）为基础，所有成员企业以供应链中核心企业的 ERP 系统为核心完善自己企业内部的 ERP 系统。核心企业内部成功实施了 ERP 后，就为供应链成员企业之间的信息共享打下了坚实的基础。

（三）评估

供应链管理是一个不断完善的过程。在供应链运行一段时间之后，核心企业需要对运行状况进行跟踪，找出实施效果与预期效果的差距。为此，核心企业需要确定对供应链绩效进行评价的主要指标。指标的设置没有必要面面俱到，关键应针对当前供应链管理中存在的主要问题进行选择，把握住问题的重点和实质。通过比较分析，为进一步制定更为完善的供应链整合计划提供依据，同时将评估结果反馈给各成员企业。

（四）优化

通过分析各种评估结果，核心企业应找出阻碍供应链绩效提高的各种原因。在借鉴优秀供应链成功经验的基础上，核心企业提出供应链优化方案，确定自己及各供应链成员企业的努力方向、改进重点及实施步骤。如果成员企业未达到绩效要求或配合不到位，则应限期要求它们改进自己的活动；如果在要求的期限内仍难以达到要求，则应考虑更换合作伙伴；如果核心企业在供应链管理方面存在问题，则应进一步提高自己的管理效率；如果供应链协议本身存在分工不合理、分配不公平的问题，则应通过友好协商的方式致力于完善供应链协议。

二、选择供应链成员企业应注意的事项

选择合适的合作伙伴作为供应链的成员企业，是企业供应链管理成功的关键。核心企业在选择成员企业时，需要注意以下事项：

（一）成员企业必须拥有各自的核心竞争力

选择的成员企业必须拥有各自的核心竞争力，并能够实现不同企业之间核心竞争力的有效结合，才能提高整条供应链的运作效率，从而为企业带来可观的贡献。这些贡献包括及时、准确的市场信息，快速高效的物流，快速的新产品开发，高质量的消费者服务，产品总成本的降低等。

（二）成员企业必须具有强烈的合作意愿

信任是供应链各成员企业进行有效合作的纽带与保证。实施供应链管理时，企业要改变传统的买卖观念和思维方式，与合作企业共担责任、风险与成本，同时共享成果与收益，这是企业间建立长久信任关系唯一有效的途径。企业间只有建立了信任关系，供应链的运作效率才能得到保证和提高，企业才能赢得长久的竞争优势。在选择合作伙伴时，一定要先了解清楚以前该企业与其他企业的合作情况，以明确该企业是否适合长期合作。

（三）成员企业应尽可能实现地理上的相对集中

这一点对于处理总装厂与零部件供应厂商的关系极其重要。总装厂与零部件供应厂家距离较近，可以使零部件供应厂商提高对总装厂零部件订单的反应速度，减少零部件的储运费用。以汽车总装厂与零部件供应厂商为例，日本丰田汽车公司总装厂与零部件厂商之间的平均距离为 95.3 公里，日产汽车公司为 183.3 公里，克莱斯勒汽车公司为 875.3 公里，福特汽车公司为 818.8 公里，通用汽车公司为 687.2 公里。丰田公司凭着距离近的优势充分转化为管理上的优势。丰田公司的零部件厂商平均每周向总装厂发运零部件 42 次，而日产公司为 21 次，通用汽车公司每周为 7.5 次。[①] 显然，日本汽车公司的平均存货费用要低于美国汽车公司。

（四）成员企业必须少而精

在供应链管理的思想出现之前，企业为了确保其原材料、零部件的供给及产成品的出售，往往同时与许多家供应商和经销商打交道，但与任何一个供应商和经销商都没有建立长期、稳定的关系。一旦市场形势发生变化，要么企业蒙受损失，要么供应商或经销商蒙受损失。而供应链管理则强调在选择合作伙伴时目的性和针对性要强，以少而精为原则建立长期合作的伙伴关系，以减少合作对象过多所导致的搜寻费用、签约费用、合同变更费用等交易费用的增加。

第四节　供应链管理与企业组织结构变革

一、传统企业组织结构在供应链管理环境下的不适应性

在传统组织结构下，企业无论是采用直线职能制、事业部制，还是矩阵

---

① 陈国权：《供应链管理》，载《中国软科学》，1999（10）。

制、控股公司制，职能管理都是其基本特色。这种职能管理强调的是按照管理活动的相同性或相似性，将从事相同或相似活动的管理人员集中在一起，组成计划、采购、生产、销售、物流、人事、行政等若干个职能部门。由于每个职能部门内的成员集中精力管理某个领域的事务，因此，可以获得专业化分工的效率，同时由于部门内成员有着相同或相似的专业背景及价值取向，便于彼此之间的沟通。

面对供应链管理的需要，传统的企业组织结构表现出强烈的不适应性，向企业最高管理层提出了变革企业组织结构的要求。这种不适应性具体表现在：

（一）业务流程被人为割裂

尽管职能管理有助于专业化程度的提高，但却将完整的业务流程分割在多个职能部门，使得每个职能部门所从事的工作只是其中的一部分。以顾客订货处理流程为例，需要依次经过众多的职能部门，由销售部门接受订单，财务部门在确认顾客的资信水平之后，由采购部门负责购进原材料或零部件，再由生产部门组织生产，生产完成后由物流部门向顾客配送。

业务流程被人为割裂，容易造成以下不良后果：第一，为了使业务流程各环节衔接起来，需要许多管理人员作为企业管理的信息储存器、协调器与监控器，使得业务流程的大部分时间耗费在部门之间的衔接工作上；第二，业务流程在各部门之间的顺序流动，使得必须完成上一环节的工作才能进入下一环节的工作，一旦某个环节出现延误，很可能造成延误的累积，延误程度进一步加剧；第三，缺乏对整个业务流程负责的机构或人员，对于业务流程中出现的问题，部门之间容易扯皮，责任不清；第四，各部门之间可能增加很多重复性劳动。企业内部部门林立所导致的业务流程被肢解，必然影响到整条供应链的管理效率，使供应链的响应速度大大降低，而成本则不断提高。

（二）局部优化的结果并非导致全局优化

系统观念是企业实施供应链管理所必须具备的基本观念，供应链管理的竞争优势来源于核心企业对各成员企业的有效集成，而这种集成又必须以企业内部的有效集成为基础。但在传统的企业组织结构下，由于各职能部门具有不同的任务目标与考核标准，使得各部门本位主义现象较为严重，各部门追求利益最大化的过程可能互相冲突，部门利益最大化未必带来企业整体利益最大化。

比如，生产部门为追求单位产品生产的低成本，倾向于扩大生产规模，但生产规模的扩大却造成产成品的大量积压，给物流部门造成巨大的仓储压力；物流部门为降低运输费用，对不同区域市场的供货必须凑足整车才发运，打乱了销售部门的促销计划；销售部门为了提高销售业绩而采取各种促销手段的结果是产品在一年内的某一时期销售数量迅速增长，造成这一时期生产部门的超负荷运转，但由于市场容量的限制，其他时期的销售数量又大为减少，造成生产部门能力利用不足等。

（三）机构臃肿导致企业缺乏效率

层次繁多、等级森严的金字塔型组织体系，必然容易滋生人浮于事、办事拖拉、官僚主义严重等现象，使企业管理缺乏效率。这种低效率的官僚机构，一方面，使得企业对实施供应链管理缺乏足够的动力与勇气；另一方面，即使实施供应链管理，也必然因为效率低下而以失败告终。

（四）授权不足及分工过细影响顾客满意度

顾客满意是供应链管理的出发点。一方面，传统企业组织结构将权力过分集中在企业的较高层次，必然影响到顾客服务水平。在企业具体的运作过程中，以下问题经常出现：企业员工由于缺乏高层管理者的充分授权，受制于严格的规章制度及死板的办事程序，无法切实做到令顾客满意。面对有利的市场机会，企业员工必须逐级汇报，取得高层管理者的认可，致使企业反应迟缓，市场机会白白损失。另一方面，过细的分工使得员工得不到有效的锻炼，业务技能只能侧重于某个领域，影响综合的顾客服务水平。

二、供应链管理环境下的企业组织结构变革

为了有效地推进供应链管理的实施，真正发挥供应链管理的竞争优势，要求企业对传统组织结构实施业务流程再造，从传统组织结构强烈的职能导向转变为供应链管理环境下组织结构鲜明的流程导向，以克服传统组织结构所表现出来的种种不适应性。这种新型的组织结构的基本构架（见图15-4）如下：

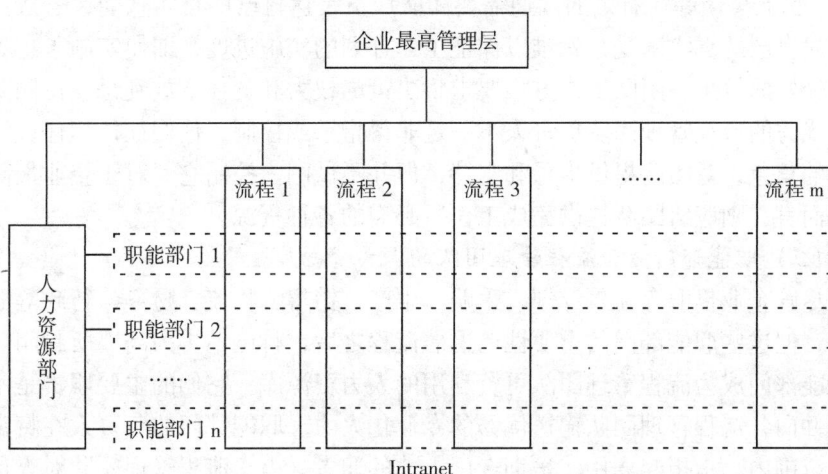

图 15-4　供应链管理环境下的企业组织结构

(一) 以流程为中心

企业的基本组成单位不再是刚性的职能部门，而是不同的业务流程。整个企业的组织结构以主要流程为主干，每个流程都有专门的流程负责人进行领导，由各类专业人员组成的团队管理流程各具体环节，各关键流程负责人直接受企业最高管理层的领导。由于有专人负责，流程不再是被职能部门割裂开来的片段式的任务流，而是处于有效的掌控之中，围绕提高顾客价值，变得十分紧凑。

(二) 实施团队工作法

以流程为中心的企业组织结构需要高度负责任且具有多项技能的员工队伍做保证。而团队工作法的运用，是有效确保员工责任心，合理集成员工技能的重要方法。所谓团队工作法，是指与以往每位员工分别负责承担一个完整业务流程的一部分不同，而是由若干员工组成一个小组，共同负责完成一个完整的业务流程。团队工作法强调基于成员之间的信任与成员的一专多能，打破传统职能部门的界限，针对不同的业务流程建立不同的工作团队。

流程管理团队成员必须搭配合理，考虑成员之间的优势互补。团队一般应由具有各种技能、背景、专长及不同视野的人组成，这种多样性可以使团队从各种角度去研究与分析问题。当各种人才都齐备时，创新与平衡的观点就会出现。参加流程管理团队的人员，必须具有较强的协作意愿。在自己的技能范围内当好主角，在其他人的技能范围内甘愿当好配角，并善于吸取别人的长处，来充实、完善自己。良好的沟通是高效的流程管理团队必不可少的条件。沟通要讲究方式、方法，常见的沟通途径有团队会议、午餐讨论、电子邮件、BBS、私下会谈等。有效的沟通需要团队成员表达自己的真实感受，若成员不能表述自己的真实感受，就难以保证工作计划的实施进度，即使实施了也难以达到较好的效果。团队工作方式要求将决策的权力和责任下放到每一位团队成员，优秀的流程管理团队负责人不一定非得指示或控制，他们往往担任教练和后盾的角色，对团队提供指导和支持，但并不试图去控制它。对于企业最高管理层而言，则应给团队提供完成工作所必需的各种资源。

(三) 职能部门成为流程管理团队的人力资源库

尽管企业仍旧存在着计划、采购、生产、销售、物流、财务、行政等职能部门，但这些职能部门的重要性已退居流程之后，且已不再为高墙所封闭。这些职能部门成为流程管理团队可资利用的人力资源库，它们的主要职责是不断培养并向各流程管理团队输送优秀的专业化人才。职能部门的负责人在特定的职能范围内，承担起雇用、培训专门人才的职责。由于流程管理团队对人员素质的要求更高，人力资源部门的重要性日益突出，它负责统筹规划、统一管理各职能部门员工的招聘、培训、激励等工作，以使流程管理拥有源源不断的合格的专业化人才供应来源。

（四）充分利用信息技术

信息技术是企业组织结构变革的坚强后盾。内部网（Intranet）的建设构筑了组织结构变革的网络基础，企业通过电子数据交换（Electronic Data Interchange，EDI）或互联网在与供应链合作伙伴有效进行信息沟通的基础上，通过建立和完善 Intranet，将涉及企业安全性的信息相对封闭在企业内部，实现了各流程内部、各流程之间、各部门内部、各部门之间以及各流程与部门之间、企业高层管理者与各流程、各部门之间有效的信息沟通。

需要注意的是，充分利用信息技术并不是简单地实现原有业务流程处理的自动化，而应将信息技术作为业务流程再造的推动器。对于原有符合信息技术要求的业务流程，信息技术运用的目的在于通过自动化提高处理效率；对于通过信息技术的运用能进行简化的业务流程，应致力于删除原有的不增值的环节；对于与信息技术的要求相差甚远的业务流程，应将原有流程推倒重来；随着现代信息技术的运用，企业应新建一些对增加顾客价值有益的业务流程，如网络订单查询服务。

（五）组织层次向扁平化方向发展

一方面，信息技术的应用使企业信息传递更为方便、直接，传统组织结构中主要用于沟通上、下管理层次之间信息的中间管理层次可以大为减少乃至删除；另一方面，团队工作法的运用以及对团队成员的充分授权，使得流程管理团队的管理幅度由传统金字塔型的 7~8 人发展到 20~30 人。企业组织结构从层次高耸向层次扁平的方向发展。组织层次扁平化的结果是决策与行动之间的延迟减少，企业变得更为灵敏，企业的反应能力增强。

本章案例

沃尔玛的供应链管理

2001 年，在《财富》"全球 500 强"排名中，沃尔玛以 2198.1 亿美元的销售收入跃居首位。此后，它又连续荣登 2002 年、2003 年"全球 500 强"之首。到 2004 年 10 月，沃尔玛在全球开设了 5161 家连锁店，其中，美国有 3627 家，其他国家有 1534 家，在全球雇用的员工超过 150 万名，每周光临沃尔玛的顾客接近 1.4 亿人次。1962 年才在美国阿肯色州本特维尔镇开设第一家店的沃尔玛之所以能够迅速崛起，一个重要原因就在于它牢牢地建立起了自己的核心竞争力——快速、高效的供应链管理。

早在创业之初，沃尔玛的创始人山姆·沃尔顿（Sam Walton）就从大众阶层的市场定位出发，确立了薄利多销的独特经营法则，提出了"天天平价，满意服务"的经营宗旨。作为节省开支的重要手段，供应链管理在沃尔玛受到了高度重视。通过利用最先进的技术和设备与供应商建立紧密的合作关系，对信息流、物流、资金流进行有效的调控，沃尔玛大大提高了效率，节约了成本。在美国，就进货费用占商品总成本的比例而言，行业平均水平为 4.5%~5%，而沃尔玛只有 3%；就门店从开出订单到得到补货的平均时间间隔而言，行业平均水平为 5 天，而沃尔玛只有 2 天；就商品耗损率而言，行业平均水平为 3%~5%，而沃尔玛为 1.2%。

20 世纪 80 年代，沃尔玛对传统零售企业的经营战略进行了变革，绕开中间环节，直接从生产商进货，使得采购价降低了 2%~6%。目前，沃尔玛大约 90% 的商品都是从生产商直接进货的，并拥有了 35% 以上的自有品牌。沃尔玛的这一举动一度造成它与生产商关系的紧张，但到 80 年代末，技术革新为生产商提供了更多降低成本、削减价格的手段，生产商开始全面改善与沃尔玛的关系，与沃尔玛建立了战略伙伴关系。

沃尔玛现任 CEO 李·斯格特（Lee Scott）始终将生产商看成是"家庭成员"。沃尔玛会及时地将消费者的意见反馈给生产商，帮助它们对产品进行改进和完善，甚至参与生产商的新产品研发和质量控制过程。沃尔玛不会由于自己的规模而肆意损害生产商的利益，反而给它们提供很多便利，如沃尔玛会为大型生产商安排恰如其分的展示产品的专用空间，甚至让它们自行布置展区。由于沃尔玛与生产商建立了紧密的合作关系，生产商可以在第一时间了解沃尔玛的销售和存货情况，及时安排生产和运输。

为了进一步降低采购成本，沃尔玛在进货方式上也做了改进。对于在全球范围内销售的高知名度商品，如可口可乐、柯达胶卷等，沃尔玛采用中央采购制，尽量实行统一进货，一般一次性签订一年的采购合同，价格优惠自然远远高于同行。同时，沃尔玛避免采用一般经销商所采用的代销方式，而实施买断进货的方法，在固定时间与供货商结算货款，绝不拖延。这种做法虽然要冒一些商品积压、滞销的风险，却可以大大降低进货成本。

为提高物流效率，早在 1970 年，沃尔玛就建立了第一个配送中心，由配送中心负责向门店配送商品，而每一个门店只是一个纯粹的卖场，只有少数生鲜食品，由当地生产商向门店直接送货。沃尔玛一旦与供应商达成采购合同，总部便会通知供应商将货物直接发送到其配送中心。沃尔玛在全球建立了 110 家配送中心。在美国，配送中心的数量达到 62 个，都设在离门店不到一天路程的地方。其配送中心的平均面积大约为 10 万平方米，相当于 23 个足球场，全部实现了作业自动化。在美国，沃尔玛配备了 5500 多辆大型货运卡车、近 3 万个大型集装箱挂车，24 小时昼夜不停地工作，每年的运输总量达到 77.5 亿箱，总行程 6.5 亿公里。

为了提高配送效率，沃尔玛的配送中心普遍采用交叉作业方式，货物在配送中心不作停留，在配送中心的一侧装卸完毕之后，被运送到另一侧，直接打包装车送到各个门店。

在沃尔玛的供应链管理中，以卫星通信和电脑管理所代表的信息化高科技联络方式起着举足轻重的作用。1969 年，沃尔玛开始使用计算机跟踪存货。1981 年，沃尔玛开始试验利用商品条形码和电子扫描器实现存货自动控制。1983 年，当其他零售商还在讨论是否应该进行信息化的时候，沃尔玛花费 2400 万美元，购买了一颗休斯飞机公司的人造卫星，作为沃尔玛总部、配送中心、门店之间信息沟通的高速公路。20 世纪 80 年代末，沃尔玛开始利用电子数据交换（EDI）与供应商建立自动订货系统。90 年代以后，互联网逐渐普及，为沃尔玛提供了以更少的费用建设高效的信息系统的可能，沃尔玛总部建立了庞大的数据中心，全集团的所有门店、配送中心以及供应商的有关信息，都通过主干网和通信卫星传送到数据中心。沃尔玛在信息技术方面的投资可谓不遗余力，目前，公司专门负责软件设计与维护的工程师就有 2000 多名。

借助于这套庞大的信息网络，沃尔玛总部可以在 1 小时之内对全球所有门店内的每一种商品的库存、上架以及销售量全部盘点一遍。管理人员可以通过计算机系统与任何一个门店和配送中心联系，在 1~2 分钟之内就可以得到一天的商品销售、库存、订货、配送、财务和员工等方面的准确情况。沃尔玛信息系统的建设不但为沃尔玛带来了巨大的利益，也提高了对供应商的结算效率，为供应商带来了巨大的便利和效益。

资料来源：刘刚主编：《现代企业管理精要全书：人力资源·组织结构卷》，南方出版社，2004。

本章要点

1. 供应链管理的概念建立在效率能够通过上下游企业之间的信息共享和协同运作得以提高的理念之上，通过对供应链中的物流、信息流和资金流进行设计、规划和控制，最大限度地减少供应链中各成员的内耗和浪费，通过整体最优来提高全体成员的竞争力，实现全体成员的共赢。供应链管理的概念强调：第一，开展整体最优的集成化管理；第二，实施鲜明的顾客导向；第三，围绕核心企业展开管理；第四，节点企业之间不涉及产权关系。供应链管理的实施有助于提高企业之间的专业化协作程度。供应链管理将带来革命性的变化：未来的竞争不光是企业与企业之间的竞争，而且更是供应链与供应链之间的竞争。

2. 供应链管理、战略联盟、虚拟企业都强调企业之间以合作代替对抗。不同的是，供应链管理关注上下游企业之间的纵向整合，而战略联盟和虚拟企业整合的范围还包括横向整合，战略联盟强调企业之间合作的长期性，而虚拟企业的合作具有临时性的特点。供应链管理与纵向一体化虽然涉及的都是上下游企业之间的关系，但纵向一体化涉及上下游企业之间的产权交易，而供应链管理则不涉及。一体化物流只研究物流及信息流，而供应链管理还研究供应链成员企业采购、生产、销售等决策的优化以及与物流相关的资金流，供应链管理的内涵和外延比一体化物流更大。

3. 20世纪90年代以前，纵向一体化是众多企业提升竞争力的重要手段。但随着企业竞争环境不确定性的增强，交易费用经济学所描述的纵向一体化赖以存在和发展的基础条件发生了变化，使得纵向一体化表现出市场响应慢、潜在风险高、不利于形成和强化核心竞争力等不适应性，而供应链管理在节约交易费用的同时，可以克服纵向一体化的种种不适应性，能够快速响应复杂多变的市场需求，具有柔性高、风险低的特点，通过与合作伙伴的优势互补可以巩固和强化企业的核心竞争力。

4. 供应链管理所带来的交易费用节约，具体表现在以下一些方面：信息搜寻费用的节约；交易谈判费用的节约；契约履行费用的节约；交易变更费用的降低。

5. 供应链管理一般包括计划、实施、评估、优化四个步骤。企业首先需要确定供应链的基本类型，选择供应链合作伙伴，决定供应链流程，制定供应链管理的目标。在此基础上，通过签订公平的供应链协议，建立与成员企业便捷沟通的信息系统，实现供应链节点企业之间的紧密合作，共同提高供应链的整体绩效。接着，需要对供应链管理的运行状况进行跟踪，找出实施效果与预期效果的差距，并将评估结果反馈给各成员企业。最后，需要找出阻碍供应链绩效提高的各种原因，提出供应链优化方案并实施该方案。

6. 核心企业在选择成员企业时，需要注意以下事项：成员企业必须拥有各自的核心竞争力；成员企业必须具有强烈的合作意愿；成员企业应尽可能实现地理上的相对集中；成员企业必须少而精。

7. 职能管理是传统企业组织结构的基本特色，面对供应链管理的需要，传统的企业组织结构表现出强烈的不适应性，包括：业务流程被人为割裂；局部优化的结果并非导致全局优化；机构臃肿导致企业缺乏效率；授权不足及分工过细影响顾客满意度等，必须对其进行变革，从传统组织结构强烈的职能导向转变为供应链管理环境下组织结构鲜明的流程导向。这种新型的组织结构的基本构架包括：以流程为中心；实施团队工作法；职能部门成为流程管理团队的人力资源库；充分利用信息技术；组织层次向扁平化方向发展等。

研究思考题目

在当前情况下，中国企业实施供应链管理存在着哪些障碍？应如何克服这些障碍？

推荐阅读材料

刘刚：《供应链管理：交易费用与决策优化研究》，经济管理出版社，2005。
马士华、林勇、陈志祥：《供应链管理》，机械工业出版社，2000。
宋远方：《供应链管理与信息技术》，经济科学出版社，2000。
宋华、胡左浩：《现代物流与供应链管理》，经济管理出版社，2000。
Sunil Chopra and Peter Meindl, Supply Chain Management: Strategy, Planning and Operation, Prentice Hall, 2001.

第十六章 人本管理理论与实践

人本管理是一个与"以物为中心"的管理相对应的概念。它与后者的区别在于，它把人视为企业的最重要资源以及管理的主要对象，研究人的本质和行为，并主张管理不能单纯着眼于企业组织的技术要求，还应该考虑企业组织的社会需求，既要提高生产效率和经济效果，又要满足人的心理和社会需求。总之，重视人在经营生产中的作用是人本管理的核心所在。

重视人在经营生产中的作用并非今天才提出来的。早在 19 世纪 80 年代，美国心理学家明斯特伯格（H. Munsterberg）就已经开始了他对人的心理与工业效率的关系的研究。20 世纪初期，美国工程师甘特（H. Gantt）还撰文指出，人的因素是管理中最重要的因素，并提倡对人采取指导型管理，而不是驱使型管理。因此，早在 100 多年以前就已经出现了人本管理思想的萌芽。近一个世纪以来，随着科学技术的发展和人类社会的进步，人类对其本质、行为以及企业组织本质的认识有了很大的进步和发展，其结果是使人本管理理论与实践无论是在数量上还是在质量上都有了更丰富、更完整的内容。

人本管理思想所涉及的领域很广，它覆盖企业组织中所有与人相关的领域。一般认为，人本管理应该包括这样几个主要内容：运用行为科学，重塑人际关系；增加人力资本，提高劳动力质量；改善劳动管理，充分利用劳动力资源；推行民主管理，提高劳动者的参与意识；建立企业文化，培育企业精神。[1] 本章选择其中四个主要方面进行论述，它们是工作激励、工作设计与组织、员工参与以及员工教育与培训。

第一节 工作激励

人本管理思想是伴随人类对其本质和行为的认识的发展而发展的。纵观人本管理理论与实践的发展历程，没有哪一次重大发展不是建立在人性观的发展

---

[1] 陈佳贵主编：《现代企业管理理论与实践的新发展》，第 2 页，经济管理出版社，1998。

之上。人性观的演进促成了人本管理理论与实践的发展，丰富了人本管理理论与实践的内容。作为专门研究人的需求、动机和激励的一门学问，激励理论的地位与作用是其他人本管理理论所无法比拟和替代的。

一、人性观的演进过程：从"经济人"到"复杂人"

有关人的需求、动机和激励问题，西方早就有学者进行过探讨。比如，甘特于 20 世纪初就曾指出，人是管理的最重要因素，而金钱刺激仅仅是影响人的行为的多种因素中的一种因素。对人不应该驱使，而应该指导。然而，尽管存在着这样的人性观，但当时主宰西方社会的却是与此不同的"经济人"的人性观。"经济人"的人性观认为，人只追求高工资和良好的物质条件，因此，对人就只能实行经济刺激。而这些正是泰勒科学管理理论所提倡的内容。这种"经济人"的人性观后来经过美国行为科学家麦格雷戈（D. M. Mcgregor）的整理，被命名为 X 理论（Theory X）。其要点是：①人天生是懒惰的，能少干就少干。②人天生缺乏进取心，不愿承担责任，情愿接受领导。③人天生以自我为中心，对组织需要漠不关心。④人天生反对改革。⑤人容易轻信，不太聪明，易于受骗子和政客的煽动。⑥由于人具有以上特点，所以必须采取强制措施或者惩罚办法，迫使他们实现组织目标。[①]

西方社会对人性的这种有限认识在霍桑试验（Hawthorne studies）之后有了根本性的改变。霍桑试验发现，生产率的提高与一些社会因素如士气、小组成员之间的良好关系以及民主式的管理方法有着密切关系。[②] 在霍桑试验的基础上，哈佛大学教授梅奥（G. E. Mayo）、罗特利斯伯格（F. J. Roethlisberger）等人创立了人际关系（Human Relations）学说，并提出了与"经济人"人性观不同的"社会人"的人性观。他们指出，人是"社会人"，他们不仅有经济方面的需求，而且还有社会、心理方面的需求，这就是追求人与人之间的友情、安全感、归属感以及受人尊敬。也就是说，人不单纯是为了经济目的而生存的"经济人"，而是为了与他人结成社会关系而存在的"社会人"。因此，对人的激励重点应该放在社会、心理方面，以便改善人际关系并提高生产率。

"社会人"的人性观为管理研究指明了新方向，它激发了人们对人性假设的研究、讨论和重新考察，并导致了大量研究的诞生。其中的代表研究有：马斯洛（A. Maslow）的需求层次论（Hierarchy of needs theory）、阿吉里斯的

---

① 麦格雷戈：《企业中的人》，载于《管理与组织行为经典文选》，第 48~61 页，迈克尔·T. 麦特森、约翰·M. 伊万舍维奇编，中译本，机械工业出版社，2000。

② 霍曼斯：《西方电气公司调查》，载于《管理与组织行为经典文选》，第 36~47 页，迈克尔·T. 麦特森、约翰·M. 伊万舍维奇编，中译本，机械工业出版社，2000。

（C. Argyris）的"不成熟—成熟"理论、麦格雷戈的 X—Y 理论（X–Y theory）、赫茨伯格（F. Herzberg）的激励—保健理论（Motivation-hygiene theory）、洛希（J. Lorsh）的超 Y 理论。

马斯洛认为，人有五种基本需求：①生理需求（维持生理需要的需求）。②安全需求（保护自己的需求）。③社会需求（得到友情、爱情的需求）。④尊重需求（受到尊敬的需求）。⑤自我实现的需求（追求成长、实现理想的需求）。各种需求的重要性依次递增。当较低层次的需求得到满足后，它就不再是人类行为的能动的决定因素，而另一种被激发起来的更高层次的需求就会对人类行为起主导作用。因此，要激励人，就必须了解人所处的需求层次，然后着重满足这一层次或更高层次的需求。①

马斯洛的理论对人的需求和动机作出了比人际关系学说更详细而完整的解释。它将人们的兴趣从社会需求引到自我实现的需求上，并为研究如何最好地实现个人与组织目标的和谐奠定了理论基础。因此，如果说是人际关系学说使人们的认识从"经济人"上升到"社会人"，那么是马斯洛的理论使人们的认识从"社会人"上升到"自我实现人"的。

阿吉里斯以马斯洛的理论为依据，提出了一个"不成熟—成熟"理论，以说明人的个性发展。他认为，人的个性如同婴儿成长成人一样，也有一个从不成熟到成熟的连续发展过程。人的个性发展体现在七个方面：从被动到主动，从依赖他人到相对独立，从以少数方式行事到以多种方式行事，从不稳定的、肤浅的兴趣到专注的兴趣，从短期目光到长远目光，从从属地位到平等地位，从缺乏自控到自我控制。通过这样一个过程，人的个性逐渐健全，自我实现的需求也逐渐得到满足。泰勒的科学管理体制重视组织目标的实现，但使人的个性保持在"不成熟"的阶段，妨碍了人的自我实现。因此，需要采取扩大工作范围、丰富工作内容以及参与式的领导方式，以消除个性和组织之间的不调和，并使之协调起来。②

麦格雷戈也在马斯洛的理论的基础上提出了有关人性的两种截然不同的观点。他把当时企业中对人的管理工作的传统观点叫做 X 理论，其中泰勒科学管理理论为"强硬的"X 理论，人际关系学说为"温和的" X 理论。实践证明，不论是哪种 X 理论，都不足以激发员工的积极性。麦格雷戈认为，这是因为它们所依据的假设前提是错误的。因此，需要有一个新的员工管理理论，

---

① 马斯洛：《人类激励理论》，载于《管理与组织行为经典文选》，第 354~389 页，迈克尔·T. 麦特森、约翰·M. 伊万舍维奇编，中译本，机械工业出版社，2000。

② 阿吉里斯：《个人与组织：互相协调的几个问题》，载于《西方管理学名著提要》，孙耀君主编，江西人民出版社，1995。

把它建立在正确的人性观之上。于是他提出了 Y 理论。其要点是：①人并非天生就对组织采取消极、被动的态度。②人并非天生就厌恶工作。人视工作如游乐和休息一般自然。③人对自己所参与制定的目标，能够实现自我指挥和自我控制。④在适当的条件下，人不但能够接受，而且还能够承担责任。⑤大部分人都能够具有较高水平的决策能力，并不仅仅是管理者才有这个能力。⑥由于人具有以上特点，所以必须采取合适的工作条件和工作方法，充分发挥人们的智慧潜能，以实现个人目标和组织目标的有机结合。①

赫茨伯格通过一项对 200 多名会计师和技术人员的工作态度的调查发现，让人对工作感到满意的因素往往与工作性质和内容相关，如成就、承认、责任等。而让人对工作感到不满意的因素往往与工作条件和环境相关，如企业的管理政策和方式、人际关系、工资等。他把前者称做激励因素，把后者称做保健因素。基于这个调查结果，赫茨伯格进一步指出，满意的对立面并不是不满意，消除了工作中的不满意因素并不一定能够提高雇员的满意度。也就是说，保健因素虽然能够防止雇员的不满情绪，但不能直接起激励雇员的作用。这是因为人有心理成长的需求，心理成长取决于成就，而取得成就就需要工作，而保健因素因其特性无法满足人的这种需求。因此，要想真正激励人努力工作，就必须重视激励因素。②

尽管上述理论的具体分析和解释各不相同，但都有一个共同点，那就是非常侧重于"自我实现人"的论述，并都提倡通过改善工作的内容、条件以及环境去满足人的需求，以便实现个人目标与组织目标的结合。③因此，这些理论不论是与"经济人"的人性观，还是与"社会人"的人性观都是有着较大区别的。

然而，在现实中，人的需求和动机却是复杂的，不能简单地归结为一种或者两种，而且也不能把所有的人都归结为一类人。有一项调查表明，有些人类似于 X 理论所设想的人，而有些人则类似于 Y 理论所设想的人。之所以出现这样的差异，是因为人与人之间存在生理、心理、社会、经济以及组织各方面的差异，于是就出现了"复杂人"的人性观。"复杂人"的人性观认为，人的工作动机实际上是由生理、心理、社会、经济各方面的因素加上不同的情景和时间而形成的。一个人的动机不仅是复杂的，而且还是多变的，一个人可能因组织不同而表现出不同的动机。一个人对工作的满意度，取决于他本身的动机

---

① 麦格雷戈：《企业中的人》，载于《管理与组织行为经典文选》，第 48~61 页，迈克尔·T. 麦特森、约翰·M. 伊万舍维奇编，中译本，机械工业出版社，2000。

② 赫茨伯格：《工作与人性》，载于《西方管理学名著提要》，第 136~145 页，孙耀君主编，江西人民出版社，1995。

③ 严格地讲，赫茨伯格没有明确提出个人目标与组织目标的结合。

结构和他与组织之间的关系。因此，对人的激励必须根据人本身的具体情况以及组织的具体情况来决定。[①]"复杂人"的人性观后来成为洛希（J. Lorsch）的超 Y 理论的依据。超 Y 理论认为，由于人的需求复杂而多变，所以应该根据不同的人、不同的时期以及不同的情况，实施有区别的激励。[②]

综上所述，管理理论的人性假设在过去一个世纪中经历了从"经济人"、"社会人"、"自我实现人"到"复杂人"的演进过程。各个人性假设之间是有联系的。每一种后出现的人性假设对前面的人性假设都不是简单的否定，而是修正和补充。因此，我们应该综合地运用这些人性假设，把它们作为考察和分析的假设前提。

二、激励的产生过程

霍桑试验激发了人们对激励的本质和行为的探究。一方面，人们研究需求和动机的内容。另一方面，人们研究动机和激励的过程。有关激励的过程，西方行为学者曾先后提出了两种理论，一种是需求理论（需求 × 习惯理论），另一种是期望理论（期望 × 诱因理论）。

需求理论认为，人是为了满足某种需求而行动的。需求导致行为，行为的结果满足或没有满足需求，经过评价和考核，反馈回去影响下一轮的需求和行为。因此，一个人采取某项行动的激励力的大小是由需求和过去的经验或习惯决定的。弗鲁姆（V. Vroom）等人提倡的期望理论（Expectancy theory）比需求理论更进了一步。它不仅考虑需求，而且还考虑满足需求的途径和组织环境的影响。期望理论认为，个人未满足的需求确实产生行动，但个人采取这个行动的激励力的大小取决于三个因素：个人认为该项行动导致一定绩效的可能性、个人相信一定绩效带来所希望的组织报酬的可能性以及个人对组织报酬的评价。[③]在这里，不论哪个因素都是个人的主观判断，与客观的实际情况无关。如果个人认为努力会带来良好的绩效，他就会受到激励而付出更大的努力；如果良好的绩效评价导致加薪、奖金以及晋升等组织报酬，并且这些组织报酬能够满足个人的需求，那么，这个结果就会对他以后的行动产生更大的激励作用。因此，一项管理制度，比如绩效考核、工资、晋升等制度对雇员个人能否

---

① 孙耀君：《有关人的特性的四种假设》，载于《经济社会管理知识全书》，第 826~827 页，马洪、孙尚清主编，经济管理出版社，1988。

② 洛希：《组织结构与设计》，载于《西方管理学名著提要》，第 432~440 页，孙耀君主编，江西人民出版社，1995。

③ 弗鲁姆：《期望理论》，载于《西方管理学名著提要》，第 226~230 页，孙耀君主编，江西人民出版社，1995。

产生较大的激励作用，既要看它是否有吸引力，又要看是否有可能通过努力得到。要想激励员工，建立客观的绩效评估体制，使报酬与绩效考核紧密相连，并且提供满足不同需求的报酬计划，这些努力都是十分重要的。

综合需求理论和期望理论可以得出，人的行动既受直接经验（如对特定行为反复给以直接报酬）的影响，也受间接经验或认知（如推断、联想）的影响。在现实中，认知通过各种途径影响人的行动。对努力—绩效、绩效—报酬以及报酬—个人需求之间的关系的认识只是影响人的行动的多种认识中的一种。通过比较自己所得到的报酬与自己认为应该得到的报酬而得出的认识也经常影响人的行为。

亚当斯（J. Adams）的公平理论（Equity theory）指出，个人不仅关心自己所获得的报酬的绝对数量，也关心自己的报酬和其他人的报酬的关系。他们会对自己的投入（如努力、经验、受教育水平和能力）和所获报酬（如工资水平、加薪、承认和其他因素）的收支比率，即同其他人在这方面的收支比率进行比较。当他们发现自己的收支比率和其他人的收支比率相等时，他们就会感到自己受到了公平的待遇，进而会努力工作。当他们发现自己的收支比率和其他人的收支比率不相等时，他们就会感到自己受到了不公平的待遇，因而会影响情绪和工作。比如，报酬过低的员工可能采取曲解自己或者他人的收支比率以及改变比较基准的方法，造成主观公平的假象，以获得心理安慰；也可能要求管理者增加自己的报酬或者降低他人的报酬；还可能自暴自弃，降低努力程度，甚至于闹事、辞职。相反，报酬过高的员工则可能由于内疚而加大努力程度，但这样只能加剧进一步的不公平。因此，为了避免员工产生不公平的感觉，企业在制定报酬时，应该采取各种措施尽量在报酬上做到"公平合理"。[①]

三、实践中的激励措施

实践中的激励措施基本上是以激励理论为依据的。在过去一个世纪当中，随着激励理论的发展，实践中的激励措施也相应得到了丰富和发展。以下是一些常见的激励措施：

（1）浮动工资方案（Variable-pay programs）。其具体形式有计件工资、奖金、利润分成、销售提成等。与传统报酬单纯根据工作时间或资历决定不同，这些报酬形式在很大程度上取决于个人或组织的绩效水平。计件工资是一种按照产量支付的工资。计件工资由来已久，但目前采取纯粹的计件工资的企业已不太多，多数企业采取的是一种修正了的计件工资方案，员工的工资由小时工

---

① 斯蒂芬·P.罗宾斯：《组织行为学》，第178~180页，中国人民大学出版社，1997。

资和计件工资构成。奖金是一种根据个人或者组织的绩效支付的报酬，是对良好绩效的奖励。奖金的适用范围很广，可支付给管理人员，也可支付给生产工人。在大部分企业中，员工的奖金是与公司的整体绩效挂钩的。也有一些企业，员工的奖金由公司或部门绩效和个人绩效决定。如斯考特造纸公司约70%的奖金与个人所在部门或分部的绩效相连，另外的30%取决于个人绩效。在斯考特公司奖金能够达到基本工资的10%~25%。[①]利润分成是根据公司利润支付的报酬。它可以是现金，也可以是股权。前者属于短期激励措施，后者属于长期激励措施。利润分成主要用于管理人员以及技术人员，而对一般员工较少运用利润分成。销售提成也是一种常见的激励措施。在一些行业，销售人员的工资是根据销售收入的某个比例来决定的。由于浮动工资不是固定工资，它随着绩效好坏波动，因此，它对提高员工积极性具有积极作用。有调查显示，实行工资奖励措施的企业比没有实行工资奖励的企业生产力水平高43%~64%。[②]

（2）技能工资方案（Skill-based pay）。技能工资是指根据员工所掌握的技能种类和实际能做工作的多少而支付的工资。在日本的汽车企业，工人的工资一般由基本工资、年龄工资、技能工资和能力工资组成。除了年龄工资以外，其余三项工资都与技能相关。技能工资在工资总额中大约占40%的比例，它由技术等级决定。技术等级的晋升主要参考现场管理者的技能评估结果，能力工资占工资总额的7%，它根据每年的技能考核结果而定，反映工人的实际技能水平。技术等级相同，技能工资就相同，但能力工资不一定相同。基本工资占工资总额的29%，由初始工资和每年的定期加薪组成。其中，每年的定期加薪是根据技术等级和技能考核来支付的。[③]由于工资与技能紧密相连，日本工人一般热心于技能学习，并且乐意多做工作。其结果不仅使工人自身的技能得到了全面发展，而且也使企业的应变能力得到了提高。目前，技能工资不仅在日本，在美国也正在得到推广。1990年，51%的美国大企业在至少一部分员工中实行了技能工资，这个比例比过去3年增加了25%。[④]另有调查显示，技能工资的实行对提高工作满意度、产品质量以及降低生产成本都具有较高的作用。

（3）灵活福利方案（Flexible benefits）。灵活福利方案是指根据个人需求任意选择的福利组合。具体做法是：企业把各种不同的福利分成单项，并根据其费用的高低计分。每年企业先确定每个员工个人应该享受的福利水平，按结果

---

①② 斯蒂芬·P.罗宾斯：《组织行为学》，第205~206页，中国人民大学出版社，1997。

③ 小池和男：《日本企业的人才形成》，第100~108页，中央公论社，1997。

④ 斯蒂芬·P.罗宾斯：《组织行为学》，第209页，中国人民大学出版社，1997。

分配一定的分数给每个职工，职工再根据这些分配的分数，去购买自己需要的福利，直至把所有的分数用完。[1] 与传统福利方案提供单一福利组合只能满足一定的需求不同，灵活福利方案提供多种福利组合，可以满足不同的需求。这样，灵活福利方案就具有了多种激励作用。

（4）其他激励措施。如目标管理、员工参与计划也是常见的激励措施。

第二节　工作的人性化

一个企业组织的活动是由无数个工作（Job）构成的。通过工作这个媒介，员工与企业、组织之间建立了联系。工作内容与组织如何直接关系到员工的劳动生产率，从而对企业组织的运作效率产生影响。因此，不论对于企业还是员工，工作内容与组织都具有十分重要的意义。在过去的一个世纪当中，人们对工作内容与组织的认识经历了一个较大的演进过程。

一、科学管理理论与工作专业化

在 20 世纪上半叶，工作设计与劳动分工或工作专业化具有同一意义。[2] 其理论根据主要源于由泰勒等人倡导的科学管理理论。19 世纪末 20 世纪初，由于交通和通信条件的改善，美国开始形成全国统一市场，家庭式的资本主义生产方式已不再能满足市场的需求，于是一批现代化的巨型企业在美国应运而生。这些巨型企业希望依靠大规模投资形成巨大的生产能力和规模经济，以便降低单位生产成本，获取市场份额。而要实现这一目的，企业必须能够直接控制生产，使生产规范化、标准化，尽量减少由工人"拿住"企业的威胁。[3] 然而，当时美国企业实行内部承包制，生产和人事管理权掌握在不同的承包人手中，缺乏整体统一的管理体制。[4] 管理又依靠经验，工作的内容、程序、方法、环境以及工具不是按照科学的方法，而是由工人凭经验来决定的，其中不合理的成分很大。更严重的是，在经验型的管理方法下，工人直接控制了生产过程，一旦工人离开了企业，将给企业带来很大的损失。而实行由企业直接控制的规范化、标准化的生产，就能够解决这些问题。在这样的背景下，泰勒（F. W. Taylor）提出了科学管理理论。

---

① 王一江、孙繁敏：《现代企业中的人力资源管理》，第 257 页，上海人民出版社，1998。
② 斯蒂芬·P.罗宾斯：《管理学》，第 264 页，中国人民大学出版社，1997。
③ 王一江、孙繁敏：《现代企业中的人力资源管理》，第 41~46 页，上海人民出版社，1998。
④ 赤岗功、岸田民树、中川多喜雄：《经营劳务》，第 20~21 页，有斐阁出版，1989。

　　泰勒认为，科学管理的中心任务是提高劳动生产率，为此，需要做到：①制定出有科学根据的工人的"合理的日工作量"。②挑选"第一流的工人"。③使工人掌握标准化的操作方法，使用标准化的工具、机器和材料，并使作业环境标准化。④制定并实施一种鼓励性的计件工资报酬制度。⑤劳资双方都必须认识到提高劳动生产率对两者有利，都要来一次"精神革命"。⑥把计划职能（管理职能）与执行职能（实际操作）分开。⑦推行职能制和直线职能制。⑧组织结构上的管理控制。^① 标准化作业与劳动分工是科学管理中的关键内容。所谓标准化作业，是指让工人按照通过某一工序的动作和时间分析制定的、完成该工序内任一工作任务的最有效方法进行操作。标准化的操作方法是由企业制定的，因此，它从根本上减少了由工人控制生产过程的可能性。标准化的操作方法将工作划分为许多单调、细小、专业化的任务。这些任务内容简单，变动性小，自主性低，只要求单一技能，不仅工人容易掌握，而且也便于企业监督，因此生产效率高，而管理成本低。更重要的是，简化和标准化的工作设计使企业用新工人来替换老工人成为可能，从而减少了工人"拿住"企业的能力，提高了企业控制工人的能力。

　　科学管理理论在 20 世纪初期引起了人们的极大关注，并在一些企业得到了应用。由于美国制造企业较早地接受了科学管理理论，从而在其后的 50 年里，生产效率一直令外国企业羡慕。^② 科学管理理论之所以能得到成功应用，不仅因为它符合了当时大规模生产的历史潮流，更因为它满足了技术系统追求效率的根本要求。然而，企业组织不单纯是一个技术系统，还是一个社会系统。这两个系统按照不同的原则运作，不但密切联系，而且相互影响。作为技术系统，企业组织要使生产效率最大化（效率原则）。但作为社会系统，企业组织还要满足人们渴望交流、学习、成长以及自我实现的需求（心理及社会原则）。如果企业只是根据效率原则来管理，忽视了人们心理和社会方面的需求，就会导致效率原则和心理及社会原则发生冲突，从而影响生产效率的提高和企业目标的实现。科学管理理论提倡精密严格的劳动分工，把工作设计得单调而简单，有利于管理，并要求工人适应机器以及标准化的作业方法，这是符合效率原则的。然而，过分精密严格的劳动分工使工人失去了交流的机会；过分单调而简单的工作内容使工人丧失了创造性和技能；一味要求工人适应机器及作业方法，使工作变成了没有意义而痛苦的事情，这就不符合心理及社会原则。

---

　　① 泰勒：《科学管理理论》，载于《西方管理学名著提要》，第 61~71 页，孙耀君主编，江西人民出版社，1995。
　　② 斯蒂芬·P.罗宾斯：《管理学》，第 27~28 页，中国人民大学出版社，1997。

其结果只能引起工人对科学管理理论的不满，而导致离职、缺勤、偷懒以及罢工的发生。

二、人际关系论与工作丰富化

到了 20 世纪 20 年代，规模生产在美国企业中已很普及。由于看到了规模经济的巨大效益，企业都希望生产效率能有进一步的提高。而这时泰勒科学管理理论的某些缺陷已经变得很明显，从而需要有新的管理理论来指导生产。在这种背景下，人际关系学说的诞生引起了人们的广泛注意。

人际关系学说的基本观点是这样的。人是"社会人"，不单纯追求金钱收入，还有社会、心理方面的需求。由于人是"社会人"，在企业内共同工作的过程中，人们必然发生相互之间的关系并产生共同感情，形成"非正式组织"。非正式组织与正式组织相互依存，对生产率的提高有很大的影响。因此，激励员工的重点一方面应该放在改善人际关系上，另一方面应该放在协调非正式组织与正式组织的关系上。

人际关系学说提出了一些建议，如培养员工的健全态度、促进人际沟通以及形成民主领导方式。但这些措施都以不改变技术系统以及工作内容为前提。当然，这些措施作为科学管理理论的修正和补充，是有价值的，因而很快在一些国家的企业得到了应用。但是，经过一段时间后，人们发现社会关系固然重要，但社会关系的满足不一定能够直接导致生产率的提高。相反，非正式组织的某些规范还可能起阻止生产率提高的作用。另外，员工的不满情绪有很多是针对技术系统以及工作内容的，对此，社会关系的满足所能起到的作用微不足道。因此，要从根本上减少员工的不满情绪，还必须改变工作本身以及工作内容。

赫茨伯格虽然属于行为学派，但他已经意识到改变工作本身对于提高生产率的重要性。他在他的"激励—保健理论"的基础上进一步提出了工作丰富化 (Job enrichment) 理论。[①] 工作丰富化指通过增加工作深度 (Job depth) 来使员工对工作拥有更多的自主权、独立性和责任感。比如让员工做一些通常由管理人员完成的计划、考核任务。工作丰富化是一个与工作扩大化 (Job enlargement) 不同的概念。工作扩大化指通过扩大工作范围 (Job scope) 来增加工作任务的横向多样性。工作扩大化意味着工作项目的增加，能够减少工作任务单调循环的频率，但不一定能起到激励员工工作的作用。工作丰富化则可以让员工感到

---

① 赫茨伯格：《再论如何激励职工》，载于《西方管理学名著提要》，第 146~157 页，孙耀君主编，江西人民出版社，1995。

成就、赞赏、责任以及进步，从而起到激励作用。

工作丰富化理论虽然从改善社会系统出发，但它强调改革工作设计，让员工参与管理并获得心理成长，从这个意义上讲，它有着不同于并超越人际关系学说的一面。但是，工作丰富化理论所要改变的是单个工作，而非企业的整体工作系统。而且，它视技术系统与环境为不变因素，把员工和工会排除在工作设计之外，从这个意义上讲，它又是不完整而有局限性的。

三、社会—技术系统理论与自律性工作小组

针对工作丰富化理论的缺陷，特里斯特（E. L. Trist）、埃默里（F. E. Emery）等人提出不能将技术系统排除在研究之外，从事工作内容以及工作组织的设计，必须考虑技术系统与社会系统之间的相互作用。这个思想其后进一步发展成了社会—技术系统理论。

正如人际关系学说是建立在霍桑试验的基础之上，社会—技术系统理论是建立在塔维斯托克人际关系研究所（Tavistock Institute of Human Relations）的一系列研究的基础之上的。塔维斯托克人际关系研究所于 1945 年在伦敦设立，特里斯特、埃默里等管理学家先后在这里研究工作。1951 年，特里斯特等人对英国采煤作业组织以及工人的社会、心理状态受采煤技术的影响进行了调查。

在第二次世界大战以前，英国的煤矿实行短壁采煤法，其作业组织是以成对工人为基础的作业小组。这种作业组织有三个特点：①工作任务的整体性。这种小组人数很少，一般为两名采煤工和 1~2 名辅助工。他们整天在一起工作，共同完成整个采煤过程的作业。小组以某个采煤工的名义与煤矿签订合同，但实行集体负责制。②个人技术的全面性。采煤工拥有在矿下独立采煤所需的全套技术，能应付矿下可能出现的各种情况。③小组成员选择上的自主性。小组成员大多由采煤工自己选择。这样的小组较为团结，而且有感情基础，在矿下的复杂情况下能够互相帮助。当其中有一个人发生工伤或死亡时，另一个人往往会照顾其家属。

第二次世界大战后，由于采煤机和传送带的出现，英国煤矿实行了采煤机械化，并改短壁采煤法为长壁采煤法，于是作业组织变为由 40~50 人组成的轮班作业的组织。在这种作业组织中，作业不再是由一两个技术全面的工人来承担，而是实行劳动分工和专业化，出现了挖掘、采煤、清扫、传送设备维护和组装、切块以及搬运七种工种，每人只承担其中的一个工种，而且分为几个班组，轮替作业。各个班组之间的衔接和依赖性很强。由于作业组织扩大了，而且还分成了各种工种和各个班组，必须有人专门从事协调和管理工作，因此

有了现场监督这样的中间管理层次。现场监督对整个作业组织的产量负责，有权决定作业班组的人员、内部分工以及轮替时间。这样，短壁采煤法下的独立自主性的作业组织就解体了。

长壁采煤法给工人的社会、心理状态造成了一系列问题。由于对工人进行了精密严格的劳动分工，并实行了轮替作业，使工人虽属同一作业组织，却因作业地区和时间的不同而不能经常见面，所以工人之间很难建立起深厚的感情，这就必然影响到技术上的配合和作业的进度；由于缺乏沟通，当某个班组和工种的故障对其他班组和工种的生产进度造成影响时，工人之间相互埋怨和猜疑，破坏了整个组织的士气；由于实行专业化分工，工人的技能变得狭窄而不全面，难以应付各种可能情况；由于将作业中的管理职能分离给现场监督，造成了管理人员与工人之间的矛盾。

为了解决由于技术系统的变化而带来的问题，英国煤矿对作业方式进行了改革，采取了混成长壁采煤法。这种采煤法一方面保留了长壁采煤法的机器设备和生产技术，另一方面又在作业组织中融进了许多短壁采煤法的作业组织特征。比如，让一个作业小组承担整个采煤过程的工作，以提高工作任务的整体性；增加工人的工作项目，以提高工人技能的全面性；让作业小组自己决定小组成员、工作分工以及轮替时间，以提高作业小组的自主性和独立性；实行以集体为单位的报酬制度，以提高作业小组的责任感，等等。通过以上改革，轮替小组之间以及作业小组内部的关系得到了明显的改善，劳动生产率也随之提高了许多。这样，混成长壁采煤法不仅享受了由机械化所带来的规模生产效应，而且还享受了长壁采煤法下所无法享受到的、由于相互协作的社会关系而带来的生产效率的提高。[①]

基于这个调查，特里斯特等人进一步提出了社会—技术系统理论。他们认为，企业组织既是一个社会组织，又是一个技术组织。这两个系统按照不同原则运作，但密切联系且相互影响。一个有效的企业应该做到既满足社会系统的需求，又满足技术系统的需求。"在对一个企业进行研究和考察时，必须详细考察其社会系统方面，又要详细考察其技术系统方面，不能只是主观地选择其中某些孤立的技术特点进行考察，而要把技术系统作为一个完整的系统进行考察，并且要把企业的技术系统和社会系统结合起来进行考察"。[②] 而且，企业组织还是一个开放式组织，它受环境的影响，随环境变化而变化。因此，管理既

---

① E. F. Emery & E. L. Trist. "Socio–Technical Systems," in C. W. Churchman & M. Verhulst (eds.), *Management Sciences: Models and Techniques*, Vol. Ⅱ, 1960.

② 孟守毅：《社会—技术系统理论》，载于《经济社会管理知识全书》，第 859 页，马洪、孙尚清主编，经济管理出版社，1988。

要重视满足内部系统的需求，又要注重外部环境的调节。第二次世界大战以后，企业所处的环境在科学技术、劳动意识以及劳务构成等方面发生了很大变化。企业的生产技术较以往更加机械化、自动化，劳动者的文化技术水平和对生活质量的要求较以往有所提高。所以，不论是企业的社会系统还是技术系统，都应该作出相应的调整，以适应环境的变化。企业不应该再如以前那样单纯从人性、心理的角度去考虑工作的人道化，而应该从工作和经济需求出发，同时考虑到人性和心理方面的需求，把企业的技术系统和社会系统有机地结合起来去考虑工作的人道化。

作为将上述思想付诸实施的措施，特里斯特等人提出：①将工作设计成具有主动性的工作。所谓主动性，是指工作任务的完整性、复杂性、变化和反馈性。由于工作需要，员工必须发挥主动性，并努力拓宽技能领域。这样，工作的需要和员工追求成长的心理需求就能得到有机的结合。②将工作组织设计成自律性工作小组（Autonomous work group）。[1] 自律工作小组具有这样几个特点：承担相互关联的一组工作任务；对整个工作小组的产量、质量实行集体负责制；有权自主决定工作分派、工间休息、工作计划、质量检验方法、人员增减、预算、采购等。[2] 虽然出于工作的需要，员工必须在一定的组织内工作，但由于员工被赋予了较大的自主权，可以根据具体情况进行调整和改组，以组成各种非正式的组织，因此，员工在人际交流方面的需求就不会被遏制而能得到满足，正式组织的效率逻辑与非正式组织的感情逻辑也能得到有机的结合。③将工作环境设计得更加有利于人的身心健康。比如，在设计厂房和安装设备时，既要考虑省力省时，又要考虑消除工人的乏味感和孤独感。

科学管理理论之后，人们一直都在寻找和研究，什么形式的工作设计和工作组织既能提高生产效率又能满足人的各种需求，对此，社会—技术系统理论提出了它们的答案：主动性的工作设计和自律性工作小组。与工作丰富化理论相比，这一答案除了具有理论上的完整性和先进性以外，还具有以下三个重要意义。第一，能够全面提高员工的技能水平。第二，能够促进企业组织的产业民主化。使用自律性工作小组，能够较好地改变长期以来在泰勒科学管理理论的指导下所形成的计划职能与执行职能相分离的现状。第三，能够促进劳资关系的改善。

---

① 自律工作小组也被称做自我管理工作小组（Self-managed work teams）。

② Cole, R. E., "Diffusion of Participatory Work Structure in Japan, Sweden and the United States," in Paul S. Goodman et al. *Change in Organizations*, pp.167-225. Jossey-Bass Publisher, 1982. 以及 E. F. Emery & E. L. Trist. "Socio-Technical Systems," in C. W. Churchman & M. Verhulst（eds.）, *Management Sciences: Models and Techniques*, Vol. Ⅱ, 1960.

20 世纪 60 年代后期至 70 年代初期，出于对泰勒科学管理理论的反思，在欧美各国尤其是瑞典、丹麦等北欧国家掀起了一场要求工作人道化、改善工作生活质量的运动。在这场运动中，社会—技术系统理论被介绍到挪威，并在工厂中得到了试验，从而引起了人们的广泛注意。后来，一些企业结合自己的具体情况，对社会—技术系统理论进行了修改，并在实践中进行了运用。比如，瑞典最大的汽车企业沃尔沃公司、美国通用汽车公司以及日本丰田汽车公司都在不同时期运用社会—技术系统理论对工厂的技术系统、工作设计以及工作组织进行了改革（见案例 12-1）。虽然每个公司在具体措施上有所不同，但在生产技术、工作设计以及工作组织的人道化这一点上都是相同的。改革结果表明，劳动生产率虽然没有明显的提高，但工人的劳动积极性提高了。然而，近年来，社会—技术系统理论在实践中也遇到了一些困难，主要是：①由于社会—技术系统理论要求把技术系统设计得符合社会系统的需求，因此，重新设计机械设备、生产工程以及作业方式就成为必不可少的任务。然而，技术系统的重新设计是一项十分艰巨的工作，所需成本之大，非一般企业所能承担。②由于自律性工作小组的引进必然导致中间管理层次的解体，因此，受到了来自现有中层管理层次的反对。[①] ③生产效率没有明显的提高。这恐怕是最主要的困难。

第三节　员工参与

员工参与（Employee involvement）在当今企业已成为非常普遍的现象。企业鼓励员工参与主要基于三方面的原因：第一，员工参与有利于作出更有效的决策。社会—技术系统理论以及权变理论（Contingency theory）指出，决策形式及其效率受环境的影响。当环境比较单纯、缺少变化以及容易预测时，管理者能够作出有效的决策，这时决策不一定要由离现场最近的人来作出。但当环境变得复杂、变化频繁且难以预测时，管理者已无法了解现场的一切，这时如果不让离现场最近的人参与决策，就无法作出有效的决策。因此，必须让离现场最近的人参与决策。第二，员工参与有助于满足员工责任、承认、成就、成长以及自尊的需求。有关这方面的研究很多，如激励理论、社会—技术系统理论等。第三，从满足社会需求的角度看，鼓励员工参与具有增进员工之间的了解，提高员工的工作满意度的作用。

---

① 岛田晴雄：《人本主义经济学》，岩波书店，1989。

我们可以根据参与层次和途径，将目前常见的员工参与归纳为以下四种（见表 16-1）。

表 16-1　员工参与的主要形式

参与形式	参与层次	参与途径
员工持股制、员工投资基金制度	所有	
员工董事制	战略决策	代表参与
劳资协商委员会、工作委员会	管理和工作决策	代表参与
自律性工作小组、工作丰富化制度、质量圈等	工作决策	直接参与

员工持股制是员工通过持有公司股份而影响公司决策的一种形式。员工持股制在美国、日本等国家使用得较多。据调查，90 年代中期，使用员工持股的美国企业已达到约 1 万个，覆盖超过 1000 万名员工。[①] 在日本，员工持股会进入 10 大股东行列的企业不计其数。我国近年使用员工持股制的企业也开始增加。投资基金制度是在丹麦、德国以及瑞典等国发展起来的一种制度。它的做法是，将一定比例的企业利润作为员工基金进行滚动积累，然后用于购买企业股份。一般认为，这两种形式的员工参与都在收入分配上加强了员工的作用，使员工在一定程度上体验到了做主人翁的感觉，因此，对提高员工对企业的忠诚度和满意度是有积极作用的。但也有人认为，由于员工对公司的经营状况不是很了解，以及员工缺乏对公司经营施加影响的机会等原因，所以还不能肯定这些制度是否真正实现了员工参与的目的。

员工董事制指让员工进入公司董事会，担任董事或者监事，以达到参与经营决策的目的的制度。在员工董事制下，员工并不直接参与决策，而是员工代表参与决策。员工董事制在欧洲各国使用得较多。如德国法律规定，董事会的一半成员由工会选出。员工董事制的目的在于通过重新分配权力，使员工拥有与资方、股东更为平等的地位。但从员工董事制的实施现状看，它并未真正达到上述目的。其原因在于：①员工董事对企业的经营状况缺乏足够的信息。他们对经营状况的判断通常是建立在资方准备的信息之上，因此，很难对决策作出与资方有所区别的建议。②调查显示，随着任期的推移，员工董事的立场会有所改变，他们会从更接近资方的立场考虑问题，因而会与一般员工产生越来越大的隔阂。总的来讲，员工董事制对员工态度和绩效的影响不是很大，它的最大价值不是实质性的，而是象征性的。

---

① 斯蒂芬·P.罗宾斯：《组织行为学》，第 203 页，中国人民大学出版社，1997。

工作委员会也是一种常见的员工参与形式，如劳资协调委员会、安全委员会等。在很多企业，一些具体问题是由管理者和员工代表共同组成的工作委员会来解决的。作为个人，员工并不直接参与工作委员会的决策，而是由员工代表参与工作委员会的决策。因此，工作委员会也如员工董事制一样是间接参与形式的制度。员工董事制所面临的问题也就是它所面临的问题。

自律性工作小组、工作丰富化制度以及质量圈（Quality circle）是员工直接参与工作决策的主要形式。自律性工作小组由社会—技术系统理论所提倡，在以北欧国家为代表的一些国家得到了运用。自律性工作小组是由 8~25 人的员工组成的、共同承担一组完整任务的工作组织。他们有权决定小组负责人、工作分派、工作方法以及工作进度。他们的工作范围比较广，涉及操作、质量检验、设备维护和零件配送等方面。工作丰富化最早由赫茨伯格提出，与社会—技术系统理论所提倡的工作设计主动化有相似之处。工作丰富化制度在一些企业得到运用，但它的效果却因企业不同而不同。质量圈是由美国人开发的、在日本得到发展的员工参与制度。质量圈通常由 8~10 名员工组成。他们经常利用业余时间聚集在一起讨论有关改善质量与工作方法的问题。质量圈的负责人由小组成员决定，主要成果是改善方案。一般认为，质量圈能够激发员工的积极性和创造性，提高产品质量和生产效率，并且能够促进员工与技术人员以及管理者之间的交流，培养员工解决问题的能力。

第四节　员工教育与培训

员工的教育与培训是人本管理的一个重要方面。员工教育与培训的目的在于，通过各种学习开发员工的潜能，提高员工的积极性，以增进劳动生产率的提高。企业对员工实施教育与培训，至少有以下几个原因：①马斯洛的需求层次理论指出，人有生理、安全、社会、受人尊重以及自我实现五大基本需求。各个需求的重要性依次递增。当低层次的需求得到满足后，另一个更高层次的需求就被激活，开始主导人的行动。由于学习可以帮助人们发现和实现自我，所以当人们不再为生理、安全以及社会需求所困扰时，就会自然而然地选择学习。因此，从满足人的需求出发，很有必要实施教育与培训。②现代组织理论指出，企业是一个有机体。作为有机体，企业必须不断更新自己的知识与技术，以适应外部环境的变化，这就需要学习。而企业又是由人组成的社会系统，其行为具体是由人的行为来体现的。因此，从组织学习的角度看，也有必要对员工实施教育与培训。③人是经营生产中的重要资源。人力资源的有效利用直接关系到经营生产的效率。然而，与物质资源、技术资源可以较容易地通过市场交易而获得不同，人力资源通过市场交易而获得的成本较大。因此，为了降低人力资源的交易成本，就有必要在企业内实施教育与培训。

企业的员工教育与培训通常由半脱产教育培训、在岗培训、脱产教育培训以及自我启发型教育组成（见表 16-2）。

表 16-2　员工教育培训的主要形式

半脱产教育培训			在岗教育培训（OJT）	脱产学习	自我启发型教育
按阶层划分	按职能划分	按目的划分			
新员工培训 骨干员工培训 中层干部培训 高层管理人员培训	营销培训 生产培训 事务培训 技术培训 专业培训	外语培训 计算机培训 国际化培训 中老年培训	自我管理制度 个人指导 ZD、TQC、QC 等 小集团活动 工作轮换	国内外留学 MBA 教育 专业培训机构的学习	函授教育 资格教育 图书推荐

半脱产教育培训主要以学习理论性知识为主。它的长处是教育培训比较系统、理论水平比较高、培训效果比较平均。它的短处是教育培训难免脱离实际、教育培训成本高。在岗教育培训，也叫 OJT，以学习实际经营生产所需要的知识与技能为主。与半脱产教育培训是由企业推行的正式教育培训不同，在岗教育培训不一定都是正式的教育培训，一些在岗教育培训是由非正式组织来具体实施的非正式的教育培训，如在日本企业很普及的 ZD（无缺陷）活动、TQC（全面质量管理）活动、质量圈等。在岗教育培训的长处是教育培训与实际联系密切、学习的实用效果好、学习效率高、教育培训成本低。但它的短处是计划、体系性较差。不论是半脱产教育培训还是在岗教育培训，其目的都是为了满足企业的需要，而不是为了开发员工潜能，所以有必要建立以开发员工潜能为目的的教育培训制度，于是自我启发型教育和半脱产教育培训就应运而生。一般来讲，这两种教育培训形式都以员工为主导，企业只做一些诸如提供信息、资金援助、奖励等铺垫性的工作。由于每个教育培训形式都有其长处和短处，所以企业在开展教育培训时一般都采取取长补短的方法，对不同的教育培训形式进行有选择、有目的地组合，以便提高教育培训的效果。

本章案例

让工作更加人道化——沃尔沃公司的工厂改革

1974 年，瑞典最大的汽车企业沃尔沃（Volvo）公司对其卡尔玛（Kalmar）工厂的生产技术、作业方法以及作业组织进行了改革，改革内容包括五个方面。

（1）在生产技术方面，废除了传统的传送带（Chain conveyor），开发了工作平台（carrier）。工作平台可以自由升降和移动，工人把车体放在工作平台上进行装配。与传统装配线上工人固定不动而生产线移动不同，装配工人是围着工作平台工作的，他们既可以走动，也可以随着放在缓缓向前移动的平台上的车体一起前行。这样，装配工人就能够持续参与汽车装配的全过程。

（2）采取工作小组式的工作组织。工作小组由 8~25 人组成。小组自主选举负责人，并有权决定工作分派以及工作方法。

（3）实行工作轮换，扩大工作范围，丰富工作内容。比如，装配工人不仅要从事装配这样的体力工作，而且还要从事质量检验、设备维护、零件配送等脑力工作。

（4）改善工作环境。提高采光度，消除噪音，保证安全。为各工作小组配备储藏柜、淋浴间、桑拿室、厕所以及休息室。

（5）工作小组自主决定工作进度。工人在保证 25 分钟内组装 5 台汽车的前提下，可以自主决定工作进度。各工作小组可拥有 5 分钟的缓冲时间，因此，工人可灵活利用缓冲时间对工作进度进行调整。

改革表明，劳动生产率虽然没有明显的提高，但工人的缺勤率、离职率减少了，工人的劳动积极性提高了。

资料来源：赤冈功：《自律性工作小组与日本组织》，《组织科学》，Vol.18，No.1，1985。

本章要点

1. 人本管理是一个与"以物为中心"的管理相对应的概念。其核心是重视人在经营生产中的作用。近一个世纪以来，随着科学技术的发展和人类社会的进步，人本管理理论与实践无论在数量上还是在质量上都有了很大的发展。

人本管理思想所涉及的领域很广，其主要方面包括：工作激励、工作的人道化、员工参与和员工教育与培训。

2. 激励理论是专门研究人的需求、动机和激励的一门学问，主要有需求内容型研究和动机过程型研究。有关人性假设的研究就是需求内容型研究，在过去一个世纪中，人性假设经历了从"经济人"、"社会人"、"自我实现人"到"复杂人"的演进过程。各个人性假设之间是有联系的，每一种后出现的人性假设对前面的人性假设都不是简单的否定，而是修正和补充。有关动机过程，主要有需求理论和期望理论。它们告诉我们，人的行动既受直接经验（如对特定行为反复给以直接报酬）的影响，也受间接经验或认知（如推断、联想）的影响。

3. 实践中的激励措施基本上是以激励理论为依据的。常见的激励措施有浮动工资方案、技能工资方案、灵活福利计划、目标管理制度以及员工参与制度。

4. 在过去的一个世纪当中，人们对工作设计与组织的认识经历了一个较大的演进过程。在 20 世纪上半叶，工作设计与劳动分工或工作专业化具有同一意义，其理论根源来自泰勒的科学管理理论。科学管理理论从效率出发提倡精密严格的劳动分工，把工作设计得单调而简单，并要求工人适应机器以及标准化的作业方法。但是，这些做法使工人丧失了创造性、技能和人际交往的机会，并使工作变成了没有意义而痛苦的事情。人际关系学说指出了人在生产中的重要性，但不主张改变工作内容和组织。工作丰富化理论首次指出了改变工作内容对于激励员工的重要性，但不主张改变企业的整体工作系统，也不主张由员工自己来设计工作内容。社会—技术系统理论主张从工作和经济需求出发，同时考虑到人性和心理方面的需求，把企业的技术系统和社会系统有机地结合起来去考虑工作的人道化。其主要措施有：①将工作设计成具有主动性的工作。②将工作组织设计成自律性工作小组。③将工作环境设计得更加有利于人的身心健康。

5. 一些企业为了使工作更加人道化，对生产技术、工作内容以及工作组织进行了重新设计，改革取得了较满意的结果。

6. 员工参与在当今企业已成为非常普遍的现象。其主要形式有员工持股制、员工投资基金制度、员工董事制、劳资协商制度、工作委员会、自律性工作小组、质量圈等。

7. 员工的教育与培训是人本管理的一个重要方面。员工教育与培训的目的在于，通过各种学习开发员工的潜能，提高员工的积极性，以增进劳动生产率的提高。企业的员工教育与培训通常由半脱产教育培训、在岗培训、脱产教育培训以及自我启发型教育组成。

研究思考题目

运用激励理论与社会—技术系统理论说明工作内容与组织的设计需要满足什么条件。

推荐阅读材料

陈佳贵主编：《现代企业管理理论与实践的新发展》，经济管理出版社，1998。

迈克尔·T. 麦特森、约翰·M. 伊万舍维奇编：《管理与组织行为经典文选》，中译本，机械工业出版社，2000。

斯蒂芬·P.罗宾斯：《组织行为学》，中国人民大学出版社，1997。

斯蒂芬·P.罗宾斯：《管理学》，中国人民大学出版社，1997。

芮明杰、杜锦根：《人本管理》，浙江人民出版社，1997。

第十七章 股票期权制度与职工持股计划

股票期权制度与职工持股计划都是指企业内部人持有本企业的股权的情况，前者是指以股票期权为特征的企业内部人持有企业股权的运作办法，后者是指企业的多数员工以某种优惠方式持有企业股权的运作办法。股票期权原是针对企业的高级管理人员的激励措施，但目前有向一般员工扩大的趋势。职工持股主要是针对企业一般员工而言的，其形式多样，既包括自己出资购买企业股权，也包括企业赠与的股权或优惠购买的股权。

企业内部人持有本企业股权的情况具有很长的历史，例如，历史上山西的钱庄，就出现过所谓的"顶身股"，即钱庄的东家赠给店员的干股。而美国的一些企业在 20 世纪初就以股票作为劳动报酬支付给职工。特别是近 50 年来，企业内部人持有本企业股权逐步发展成为一种制度性安排。

第一节 股票期权制度概述

在发达国家，经理股票期权已经成为激励企业高级经理的重要手段。据统计，20 世纪 70 年代，大多数公司的股票期权计划一般只占公司总股本的 3%左右。到了 90 年代，这一比例达到 10%左右，有的公司高达 16%。1996 年在《财富》排名的前 500 家工业企业中，已有 89%的企业向其高级经理采取了 ESO 报酬制度。在《财富》排名的前 1000 家美国公司中，已有 90%的企业向其高级经理采取了 ESO 报酬制度。[①]

股票期权简称为 ESO，其基本内容是，允许被授予人按某一约定价格购买一定数量的本公司股票的权利。我国目前在实施股票期权方面尚没有细致的政策规定。本节主要介绍美国企业中股票期权计划的一些情况。

---

① 孙明泉：《建立经理股票期权机制的可行性研究》，转引自《薪酬设计指南与案例精选》，刘秉泉编著，中国人事出版社，2000。

一、期权操作的三种基本方式[①]

期权就是按约定价格在未来一定期限内购买一定数量股票的权力，期权的价值因此就体现在可购买股票的市值与约定行权价的差上。由于股票的市值是不断变化的，因而期权的价值也会随之而变，而期权的潜在价值则在于对期权价值的未来增长的评估上。

期权的获受人在获得期权时的期权价值，既可能是有价值的正价值，也可能是当时没有价值的零价值。例如在获得期权当日，如果约定行权价等于当时的股票市值，那么这一期权在获得时的价值为零。根据期权在获得时的价值，可以把期权操作分为三种基本方式：①赠与法定期权。②赠与非法定期权。③购买非法定期权。

在美国，期权激励有法定期权和非法定期权这两种。法定期权就字面含义而言，是指符合美国税法规定的期权。但从经济含义方面看，法定期权则是一种在赠与和获得时，其价值为零，行权价与当时的股票市值相同的期权。

法定期权的操作办法是赠与期权。由于是赠与，期权的获受人没有支出，如果股票在将来没有升值，则放弃期权没有给期权获受人带来实际损失。所以法定期权是一种期权获受人零风险的期权运作方式。

非法定期权就字面上的含义而言，是不必符合美国税法规定、可以由公司自行安排的期权。从经济意义上看，非法定期权的特点是，在赠与或购买时期权价值大于零，即约定行权价低于获得期权时的股票市值。

如果采取赠与非法定期权，则对期权的获受人来说往往是可以获利的，因为在一般情况下，股票的非法定期权的行权价可以是当时股价的50%左右或稍高一些。这样，除非股价下跌程度较大，员工行权并获利是肯定的，其结果实际上就是允许员工优惠购买本企业的股票。所以赠与非法定期权与优惠出售购买股份非常接近，是一种对期权获受人的福利。

采取购买非法定的股票期权办法进行运作，是把部分工资转换为有价值的股票期权。购买期权的实质是预付了一部分购买股票的资金，如果放弃行权，则这一部分预付的资金就损失了。所以，购买股票期权是一种有风险型的期权运作。这种运作方式的风险在于，只要股价下降，就会给期权购买人带来风险损失，唯有股价上升，才能给期权购买人带来风险收益。

由此可以看出，期权操作的三种基本方式分别与福利型、风险型和零风险型三种情况相对应。

---

① 张小宁：《两类不同经济性质的股票期权》，2000年中国海南职工持股国际研讨会会议论文。

二、股票期权的类型和操作程序

(一) 股票期权的类型

股票期权分为两种，一种是法定期权，又称激励型股票期权 (Incentive stock option)(ISO)，它必须符合《美国国内税务法》第 92 条的规定，个人收益中部分可作为资本利得纳税 (20%~28%)，同时可以从公司所得税税基中扣除；另一种是非法定股票期权 (Non-qualified stock option)(NQSO)，又称酬劳型股票期权，它不受美国国内税法的约束，公司可以自行制订方案，个人收益作为普通收入缴纳个人所得税，不可以从公司所得税税基中扣除。

两者的区别在于：第一，前者在各个方面必须符合有关税法的规定，后者可以由公司自行制定有关规定，不受有关税法的规定约束。第二，在税收上的优惠不同。前者在税收方面有较多优惠。第三，行权价格不同。后者的行权价格比前者要低一些。第四，在授予期权时，期权的价值不同。前者在授予期权时，期权的价值基本上是零价值，后者在得到期权时，期权是有价值的。第五，前者往往与工资无关，是独立于工资之外的报酬，后者往往是工资的转换，是根据本人的选择把工资的一部分转换为股票期权。也就是说，有价值的酬劳型股票期权其实是用部分工资"购买"的，而零价值的激励型股票期权往往是赠与或"白给"的。

(二) 确定股票期权计划

股票期权激励计划由董事会薪酬委员会制定。股票期权的赠与计划应该是一个成文的计划，应该得到股东大会的授权或批准。

股票期权赠与计划应该包括受益人、股票数量、行权价格、行权期等内容。

(1) 股票期权的受益人。股票期权发展初期，其受益人主要是公司的高级管理人员 (执行董事和经理)。外部董事一般不参加股票期权计划。近年来的发展趋势是，受益人的范围扩大到本公司、母公司或者子公司的所有全职雇员。但是，《美国税法》规定，如果某高级管理人员已经持有公司 10%以上的股权表决权，那么不经股东大会特别同意，不能参加股票期权计划。其目的是防止控股权的变化。

(2) 股票期权的赠与时机。高级管理人员一般在三种情况下得到股票期权：一是受聘时，二是升职时，三是在每年一次的业绩考评时。通常在受聘时和升职时获赠的股票期权数量较多，而在每年一次的业绩考评时获赠的股票期权数量较少。

(3) 行权价格的确定。对于激励型股票期权，其行权价格一般不低于赠与日的市场公平价格。具体来说，可以采取行权价等于股票期权授予日的市场公平价格或稍高于市场公平价格（溢价）两种办法。而对于酬劳型股票期权，其行权价格一般不低于赠与日的市场公平价格的 50%。

（4）行权期安排。一般在赠与或获得股票期权后，并不能马上行权。而是需要公司确定了行权期，并授予行权权以后，才能行权。一般行权权是分期授予的，这个时间安排称为授予时间表。行权权的时间授予表可以是匀速的，也可以是加速的。公司薪酬委员会可以根据需要安排行权权的授予时间，并且可以根据需要加以调整。在一个公司内，对不同的人可以确定不同的授予时间安排。

（5）股票期权具有不可转让性。一般来说，股票期权只能被授予人使用，不具有可转让性。配偶在特定情况下享有共同财产权。

（6）酬劳型股票期权的价值确定和价值分摊。确定酬劳型股票期权价值有"公允价值法"和"内在价值法"两种办法。前者在衡量期权价值时，采用了布莱克—斯科尔斯（Black-Scholes）的期权定价模型，并在授予日考虑几个因素：期权授予日的股票市场价格、股票价格的波动幅度、距期权行使日的时间、行使价格和期权有效期内无风险利率等因素。后者的基本原理是，期权价值等于股票的市场价格（或估计市场价格）减去约定的行权价格。期权价值可以在一段时期内分摊，逐月从工资中扣除。一般情况下，"公允价值法"考虑的因素较多，计算出的期权价值较低，从而受到美国中小企业的普遍欢迎。

（三）权利变更及结束条件

（1）美国有关税法规定，激励股票期权的有效期一般为 10 年。酬劳型非法定股票期权的有效期不受限制，一般为 5~20 年。而如果某一经理持有公司 10% 以上的股票，需经股东大会同意，才可以参加股票期权计划，而且其股票期权的有效期一般不超过 5 年。

（2）如果期权的被授予人自愿离职，或因为其他原因中止了与公司的雇佣关系，则一般情况是该雇员的最后一个工作日以后的一般时期，通常为三个月，可以继续对已经授予行权权的期权行权，但尚未授予行权权的期权，将不再继续拥有。如果其由于特殊原因，已经对尚未授予行权权的期权提前行权，则公司有权以行权价格回收这部分股票。

（3）如果经理被免职，其获得的股票期权一般不收回，但可能要求其加速行权时间，如在免职的半年或一年内所有期权必须行权，否则失效等。如果是因为退休而被免职，被授予的股票期权和行权时间一般不会改变，可以继续享有，但在税收上的优惠会被取消。

（4）期权的被授予人可以在遗嘱中注明某人的继承权。只有被授予人在死亡或完全丧失行为能力的情况下，才能由别人代为行使权力。在被授予人死亡或完全丧失行为能力时，公司的薪酬委员会可以作出是改变为加速行权的时间表或是维持原有的行权时间表的决定。

（5）当公司被兼并时，新的母公司有权对已经授予的股票期权作重新安排，可以是维持原有期权计划，也可以加速至立即行权，如在一个月后失效，或者是把期权计划转为现金激励，全部取消的情况比较少。当公司的控制权发生变化，如出现了新的大股东并改变了董事会的构成时，新的董事会也有权对已经授予的股票期权作出重新安排。

（6）当股票市场的价格波动较大，从而使经理在职期内出现了股票市场价值低于股票期权行权价格的情况时，这时经理人员就会由于期权丧失了意义，从而使工作积极性受到打击。董事会在这种情况下一般会作出对股票期权计划的调整和重新安排。重新安排受到经济学家的非议，认为是在游戏中间重新确定游戏规则，但这时不调整恐怕也不行。重新安排期权计划可以采取两种形式：一种是原有期权取消，重新确定更低行权价格的期权，但往往带有一定的惩罚性措施，例如同时减少授予期权的数量；另一种是原有期权不变，再授予一个新的更低价格的期权，但在执行期权时，必须先执行第一个期权，再执行第二个期权。

（四）行权与出售

（1）在通常情况下，股票期权不能在赠与后立即执行，公司在将股票期权赠与获受人时，并没有授予他们行权的权利。股票期权的行权权一般是按照一个授予时间表分批授予给获受人的。公司的董事会有权调整授予时间表。但有些公司规定，股票期权的获受人在规定的行权期以前也可以行权，但行权以后只能持有股票而不能出售股票，只有在规定的行权权授予以后才能出售。同时，在规定的行权权授予以前已行权购买的股票，公司有权按行权价回购。

（2）行权以后，购买的股票是否允许马上出售或必须持有一段时间，各公司可以有不同的规定。一般而言，激励型股票期权只能在税法规定的"窗口期"内出售，即上市公司公布年报或中报的三天后的一周之内出售。而酬劳型股票期权则不受此项限制。

（3）现金行权。股票期权获受人向公司指定的证券商支付行权的费用以及相应的税金和费用（现金或支票），证券商在收到付款以后，代理获受人并按获受人的意图向公司或公司指定的第三者，按行权价购买股票，并将股票存入获受人在证券商处开设的账户。现金行权可以使经理人员买卖股票的时间拉开，避免经理人员的投机性。

（4）以部分股票折算为行权资金的无现金行权。股票期权获受人无需支付任何费用，证券商可以先垫付资金并按获受人的意图向公司或公司指定的第三者，按行权价购买股票，然后将部分股票折成费用，证券商可以出售这部分股票以换取现金，并将剩余股票存入获受人在证券商处开设的账户中。无现金行权可以避免经理人员在支付购买股票时的费用不足，防止出现经理无能力行使期权的情况。

（5）无现金行权并立即出售股票。股票期权获受人除以部分股票折价支付购买股票的费用外，还可以决定其余部分是否马上出售并得到现金。无现金行权并立即出售股票充分考虑了行权人的短期性和规避风险的要求。

（6）股票期权获受人在行权以前应该以书面形式将行权计划通知公司。

（五）股票期权运作的股票来源

股票期权计划在行权时所需要的股票应该由公司事先准备好。共有三种方式准备期权计划所需要的股票：

（1）企业库存股票。库存股票的性质是已经发行但不流通在外的股票。通过留存股票账户回购股票是增加库存股票的基本渠道。我国目前不允许上市公司持有库存股票，回购股票只能用于注销股票。这样可能使中国企业在实行股票期权计划时遇到一些困难。

（2）定向增发是股票期权运作的另一方式。定向增发是已经过股东大会同意的股份增加，专用于期权计划的股票发行。在操作上是已准备发生但延期至行权时发行的股票。

（3）第三者库存股票。第三者库存股票是请第三者（可以是股东之一或券商之一）出面，在股票发行时购买股票存留起来以备股票期权计划所需，并以合同形式保证这些股票在需要时第三者必须出售。由于这种方式长期占用第三者的资金，势必要求企业给予补偿，如把所需资金长期借给第三者。这种方式与第一种方式并无本质不同，只是为了避免政策规制。第三者库存股票一般没有分红权和表决权。

应该指出的是，不论采取何种方式，都要事先报请股东大会同意并备案。

第二节　股票期权制度的激励作用

一、股票期权的激励作用与问题

以上介绍了期权激励计划在操作方面的一些做法。下面再分析一下股票期权激励中的其他问题。

（一）为什么股票期权能够成为一种制度安排

据对美国最大的前 10 名公司的 CEO 的报酬调查表明，其长期激励收入占其报酬结构的 96%。纽约薪酬顾问波尔对全美 200 家最大公司的调查表明，高级经理的报酬结构中，52% 来自于长期激励。而《福布斯》杂志 1990 年对 800 家大公司的高级经理的报酬结构的调查表明，其长期激励收入占其报酬结构的 43%。[①] 而全美国高级经理人员的报酬结构中，长期激励在全部报酬中的比重仅为 28%。期权激励属于长期激励的一部分，从以上数据中可以看出，期权激励并不能给所有的经理人员带来高额收益，只能为少数大企业或高增长型企业的经理人员带来高额收益。那么，股票期权为什么受到经理和企业员工以及企业资方的认可成为了一种制度安排呢？

首先，股票期权最大限度地降低了获受人的风险。股票期权是一种选择权，它允许持有人选择行权或不行权。如果企业业绩没有增长甚至下降，股票期权的获受人并不会因此而有损失或风险。

其次，股票期权通过稳定的利益格局增加了获受人对收益的预期。前面曾经指出，激励型股票期权的赠与日的价值为零或接近于零，但到了行权时，期权的价值有所增加，这种价值的增长来源于股票收益能力的增长。不论是大型公司或者是小型公司，企业的股票收益能力或股票价格与期权获受人的利益关系都是清晰的。

再次，股票期权能够减少资方的风险。从理论上分析，如果经理人员通过股票期权得到极大收益，那么股票的市场价格一定有大幅度增长，从而股东的利益也得到保证。不会出现资方给予了高额报酬，而企业业绩没有增长的情况。而且经理人员通过股票期权得到的收益是来自于市场，减少了企业的报酬成本。

最后，实行股票期权计划能够最大限度地挖掘一切可能的增长机会。如果没有股票期权，经理人员很可能是"按酬付劳"，并不会刻意追求高增长。而给予股票期权，既不会在高增长成为现实以前增加资方的报酬成本，又刻画出了高报酬的可能性。在高增长成为现实以后，期权就能给经理带来高报酬，从而可以充分挖掘经理人员和企业员工的潜力。

（二）股票期权计划的数量安排

在股票期权计划中，期权获受人得到的期权数量是影响其积极性的重要因素之一。一方面，每一个人得到期权数量太小则不足以激励其行为；另一方

---

① 计长鹏：《西方企业对高层管理人员的激励与约束》，转引自《薪酬设计指南与案例精选》，刘秉泉编著，中国人事出版社，2000。

面，企业内部人特别是经理人员持有的期权数量过多也可能影响企业股东的利益。可以从以下几个因素考虑期权数量的确定：

（1）从激励程度方面考虑。针对个人的期权计划数量，可以从对个人的激励程度上考虑。比如一位经理的年薪为 10 万元，10 年的工资总额为 100 万元，总报酬可以推算大致为 200 万元/10 年（包括福利、奖金、期权收入，假定其他报酬与工资大体相当），其中的股票期权收益大致为 20%~30%，则考虑10 年内的股票期权激励的收益总量为 40 万~60 万元。再考虑企业的股票价格的增长，假定目前每股价格为 30 元，估计 10 年后每股价格可以上升至 50 元，平均价格为每股 40 元，则每股的增长空间为 10 元。那么，考虑赠与该经理 4 万~6 万股股票、行权价为每股 30 元、无现金行权的股票期权。

（2）从支付能力方面考虑。如果股票期权设计的是现金行权，则以上的股票期权计划不能运作，因为工资总额为 100 万元，而行权资金需要 120 万~180 万元。这时可以考虑赠与该经理 2 万~3 万股股票期权，这样行权资金需要 60 万~90 万元，相当于工资的 60%~90%，但这样激励程度偏小，仅为工资总额的 20%~30%，是总报酬的 10%~15%。

（3）从持股总量方面的考虑。在经理层持股超过 20% 时，经理人员就可能对股东利益造成侵害。防御假说则是对此说明的一种理论。防御假说指出，当管理层股权超过 5% 时，其增长就会助长与防御因素以及相关联的条件；当该股权上升到 5%~25% 时，防御效应就会逐渐淹没或抵消刺激效应，造成公司资产市场价值的下降；而这一比例超过 25% 时，公司的管理层就可以得到充分保护，内部人控制问题突出，内部人共谋的可能性极大，对于公司的股东利益会形成损害。所以经理层的持股总量应该控制在 10%~15%。规模大的企业这一比例应该稍小，但每个人获得的期权绝对数量并不小；而规模小的企业这一比例稍大，但每个人的获得期权绝对数量相对于大型企业经理人员而言少一些。如果把股票期权计划向一般员工扩大，员工股票期权计划则不应该设有期权总量的限制，这是由于职工股票相对分散，职工共谋从而侵害股东利益可能性也极小。

（三）股票期权的问题

股票容易导致经营者片面追求股价上升而产生短期行为。股票期权只把经营者的利益同股价的上涨相联系，很可能刺激经营者不顾一切代价追求股价上涨，即使这样做不利于企业长期发展，经营者也会在所不惜。

经营者的期权收益只与企业的市场业绩相联系，只要股票的股价上涨，就将给经营者带来股票期权的获利机会，市场不会区分这种上涨是源于经营者的努力，还是源于市场或行业的整体发展。这种机制势必不利于企业的正常有序发展。

企业为期权计划准备股票，使原企业股东的风险增加。而企业回购股票，更是在实际上加大了企业的负担和风险。

股票期权在操作上具有一定的难度。例如，企业需要准备期权计划需要的股票，占用了企业的资金、个人需要准备购买股票的资金，加大了个人参与期权计划的难度。

股票期权使得经营者和普通员工收入越来越悬殊，从而加大了管理企业的难度。

二、股票期权的扩展

由于标准股票期权存在的问题，所以在西方的企业实践中，也已经出现了一些股票期权的扩展或变通办法。下面介绍三种扩展期权，其中办法一可以在非上市公司运作；办法二和办法三必须在上市公司，但办法二在运作上不用真实股票，是虚拟的；办法三在运作上还需要准备一些真实的股票。

（1）办法一，股利型虚拟股票期权。这种股票期权实际上只是一种分配权。可以根据目前企业的股利水平，评测出一个 5 年分配权的年价值，价值就是红利收益。例如，目前每股红利为 0.10 元，那么 5 年的总收益就是 0.50 元，即每股分配权近 5 年的价值为 0.50 元，而年价值为 0.10 元。于是可以授予某人一个 5 年期分配权的期权，行权价格为每年每股 0.10 元，数量为 10 万股的期权计划。企业每年按全部股权加上分配权进行红利分配，实际股利与行权价格的差额付给期权获受人。如果企业的红利率上升，则期权获受人得到实际收益；如果企业的红利率下降，则期权获受人没有实际收益。股利型虚拟股票可以有年初和年末两种操作方式，例如要求某人在分配权期权计划开始以后，在每年的年初就必须决定是否购买当年的分配权（可以分月支付），如果不买，则当年即使红利上升，该期权获受人也不能得到收益；如果是在每年的年末决定是否购买，则可以假定全部分配权期权都被购买，然后根据企业当年红利的实际水平计算出差额为正或负，差额为正则期权获受人有收益，差额为负则没有收益。这种虚拟股票期权或分配权期权的期限一般也是 3~5 年。

（2）办法二，溢价型虚拟股票期权。[①] 在股票期权方案下，期权获受人需要支付大额的现金或支票。如果一个受聘的经理并不富裕，就无法执行股票期权激励。尽管无现金行权是解决办法之一，但虚拟股票期权也是一个办法。虚拟股票期权在基本操作上完全模拟股票期权，也是要制定期权计划，例如在计

---

① 杨建勋：《美国公司 CEO 的激励体系（上）、（下）》，载《外国经济与管理》，1999（8）、1999（9）。

划开始时，授予经理 1000 个股票的虚拟单位，行权价为当日的股票市场价格，为期 5 年。那么，在 5 年以后，如果本公司股票的市场价格上涨，则公司付给经理价格差与 1000 的乘积的现金；如果本公司股票的市场价格没有增长或下降，则经理没有收益。这种虚拟股票期权实际上只能在期权的到期日执行，有些类似于欧式期权，期限一般是 3~5 年。

（3）办法三，股票增值期权。股票溢价权有些类似于无现金行权。但是在操作上没有股票的实际买入卖出，也不用证券商介入运作。直接由企业从库存股票中提出相当于期权获受人享有期权数量的增值部分的股票，记入个人名下。在这种方式中，期权获受人可以自己决定行权的时机，出售股票的办法与标准股票期权的相同。

第三节　职工持股的性质、分类和运作

职工持股是管理实践中的一种新潮流。从企业所有制方面看，上市公司可以实行职工持股，非上市的股份公司也可以实行职工持股，甚至不是股份制的一般企业或业主制的私有家族企业也可以实行职工持股。从企业业绩方面看，高增长型企业可以实行职工持股，衰落型企业可以实行职工持股，正常经营的一般企业也可以实行职工持股。

一、职工持股的性质

（一）职工持股是劳资间的特殊交易

现代企业理论认为，企业是要素契约替代了产品契约。劳动和资本是企业中的两种基本生产要素，而契约应该是交易的结果。劳资间的交易可以分为两个层次，一个层次是劳资间的一般交易，另一个层次是劳资间的特殊交易。

一般交易发生在劳动力市场中。当企业招聘员工时，一方面，企业可以在不同的应聘者中选择；另一方面，劳动者也可以在不同的企业间进行选择。从企业方面说，它对应聘者是否满足企业的需要、能够发挥什么样的作用并不完全清楚，这时它只能选择一般的劳动者。而劳动者对于自己在企业中能够作出哪些特殊贡献也不完全清楚，也是把自己作为一个一般劳动资源的提供者。这种一般交易都是面对一个可以选择的交易对象集。可选择性在一般交易中是非常重要的，没有选择就没有比较，没有比较就不能确定某种一般资源的价格。在这种劳资间的一般交易中，要素契约的价格是通过选择和比较确定的。

而特殊交易则不然。由于劳动者在企业生产活动中的实践，逐步增加对该企业的经验和知识，并了解自己对企业的特殊意义。这种特殊意义对于个体来说仍然是微小的，但是对于一个企业的劳动者群体来说，这种特殊意义则是重要的，它可能产生出极大的效率。这时资方希望充分挖掘出职工的这种生产潜力，而职工显然也希望在增长的效率中分得一份，而不是无私奉献的白干，因为与其如此还不如获得闲暇（偷懒）。这时的劳资交易就是特殊交易，之所以说是特殊交易，是因为交易对象没有可选择性，双方所面对的都是一个而不是多个交易对象，没有选择的余地。对于资方而言，唯有本企业的劳动群体才可能产生出这种特殊贡献；对于劳方而言，自己的这种场景内的经验和知识对于其他企业或者是不够的，或者是成本过高的，唯有对于本企业既是可能的，也是低成本的。

这种特殊交易由于缺乏比较和选择，交易的方式看来有两种：一是试探式的，二是分享式的。前者可能是劳方在努力工作之后，资方给予更高的报酬，如年终奖励；也可能是资方先提高报酬，然后劳方更加努力工作，如历史上福特汽车公司对工人的高报酬，极大地提高了劳动生产率。试探的结果是双方更加理性，在这种双方都有一定的预期情况下，职工持股就是一种方式。所以说，职工持股是劳资双方的特殊交易。

（二）职工持股是劳动资源的资本化

第一，职工持股的投资来源主要来源于职工本人的劳动收入，包括直接或间接地来源于职工本人的劳动收入。例如在美国的 ESOP 职工持股计划中，银行对职工持股的贷款额度一般与职工的工资额度有相关性，并不是可以任意加大的。从一种极端的情况假定，某一职工是用其所得遗产购买本企业的股份，那么他（她）就更接近于企业外部的一般投资人，而不是职工持股，或者说不属于职工持股这一概念或范畴下的内容。

第二，职工持股的投入是劳动资源收益的再投入，也是本企业过去或将来产出的再投入，而不是严格的外部投入，例如职工劳动收入的积蓄就总体而言，基本上是本企业过去的产出的一部分。职工用这部分积蓄实现职工持股，就是企业过去产出的再投入。企业对职工的赠与股份，当然更是企业过去产出的再投入。如果企业用职工减薪直接置换或贷款置换为股份，就是企业未来产出的再投入。

当企业职工用其劳动收入购买其他企业的股份时，他就是那个企业的外部投资人而不是那个企业的职工持股。当然，也有集团内企业间的职工相互持股的情况，这可以看做是职工熨平风险的一种办法。但这样做的结果是把职工持股在一定程度上异化为外部投资人，而不是严格意义上的企业内部职工持股了。

第三，职工持股是企业内部人（职工）在掌握了企业大量内部信息情况下的持股。也就是说，职工知道企业存在提高效率的余地，从而愿意持有企业股份，并可能通过某种方式参与企业的管理，真正提高企业的效率，以获得提高效率的收益。否则，如果职工知道企业没有提高效率的余地，就不会去持股。这一点与企业外部投资人不同，企业的外部投资人一般不可能掌握企业的大量内部信息。

第四，职工持股是指企业内部某一类型职工的一定比例的人持有本企业的股份。例如，管理层的大部分员工持有本企业的股份，可以认为是管理层的职工持股；全体职工的 30%~50% 的职工持有本企业的股份，可以认为是部分员工的职工持股；80%~90% 或更高比例的职工持有本企业的股份，那就是全体职工持股。

一般而言，企业需要两种最基本的资源，一种是物质资源，一种是劳动资源。① 之所以需要把这两种资源分开，是因为这两种资源的经济属性不同，如可抵押性、抗风险性、维持性、保存性完全不同。而货币资源基本上可以归为物质资源一类，因为它们的经济属性基本相同，并统称为物质资本。企业职工在没有持有企业股份的情况下当然是劳动资源的提供者；而在职工持有企业股份的情况下，只要其持股额度是以劳动收入或劳动收入积累为限，那么职工也同样是企业劳动资源的提供者，而不是物质资本的提供者。

可以做一个简单的假设比较，设两个企业需要同样多的资本和劳动，假定其中 A 企业的劳动资源来自于强制劳动，如第二次世界大战时的战俘或民工被强迫在德国和日本的一些企业中提供劳动，几乎没有任何报酬；而 B 企业的劳动资源来自于自由工人，工人们用在本企业的劳动报酬的部分积累实现了职工持股。因为假定两个企业需要的资本投入和劳动投入是一样的，如果说 B 企业的劳动者为企业除了提供劳动以外还提供了物质资本，从而成为资本工人，那么 A 企业的劳动者是不是也提供了物质资本呢？如果说 A 企业的劳动者提供了物质资本，那么提供了什么物质资本呢？显然 A 企业的劳动者提供的只是劳动，所以 B 企业的劳动提供的也仅仅是劳动。在两个企业中，劳动者向企业提供的资源都只是劳动资源，区别是对劳动的补偿不同，A 企业对劳动毫无补偿，B 企业对劳动补偿了工资和股权。

所以，从根本上说，职工持股的经济性质是劳动资源的转化形态，即劳动资源的资本化。而企业一般投资人持股的经济性质则是物质资源的转化形态，

① 这里不用人力资源的概念，因为人力资源往往指劳动资源的培训、教育和素质提高，而劳动资源包括最简单的劳动。

即物质资源的资本化。既然职工持股是劳动资源的转化形态，那么，职工持股的实现形式必然是多样化的，既可以经由职工的货币资源投入来实现职工持股，也可以不经过职工货币投入而由劳动资源直接实现职工持股。

二、职工持股的分类

（一）福利型职工持股

这种职工持股一般是一种福利或奖励。如向优秀职工赠股、年终赠股代替年终奖金、利润分享用股票支付，企业贷款为职工购股、职工购买股票的期权或权力等。这类职工持股的特点是福利，是分配赠与，因此往往不需要太多的个人决策，尤其是不需要个人作出长期决策。福利性质的职工持股一般也没有集中运用职工的投票权。具体做法有：

（1）职工的年终分享利润以股票形式发放(分享比例一般是 5%~10%，分为全部利润或增长利润两种基数)。在英国，很多企业根据 1978 年的财政法，实行一种以分配股票为形式的利润分享计划。企业将所获利润的一部分作为红利分配给职工，但红利的形式不是现金而是股票。按规定，股票要由信托机构至少掌握两年才能分配到职工手中，如果这些股票享受了免税待遇，则要在信托机构中保管 7 年。分享的利润额一般与业绩相挂钩，由企业董事会作出决定。公营企业动用利润为职工购买股票，不得超过英国的投资保护委员会规定的企业税前营业利润的 5%，但私营企业可能用超出甚至大大高于这一比例的利润为职工购买股票。英国 1978 年财政法规定，企业用利润为职工购买股票可以享受减免税优惠，同时规定有权享受分配利润购买股票的职工一般应该是连续在一个企业工作 5 年以上的全日制职工（包括管理人员），其他职工是否可以参加分享利润购买股票，可由各公司自行确定。

（2）美国的员工持股计划（ESOP）。美国的职工持股有两类：一类是 ESOP 职工持股，又称为养老金计划员工持股；另一类是非 ESOP 形式的职工持股，即与养老金计划没有关系的职工持股。

20 世纪 50 年代，美国一家投资银行的律师路易斯·凯尔萨提出了 ESOP 的思想和操作方法。他认为，资本在运作中的特点是少量资本带动大量资本，即贷款帮助投资者成功，因而劳动者也可以通过贷款来实现其收入的增长。60 年代，美国参议员、参院财政委员会主席 R.朗对 ESOP 的支持，对 ESOP 的发展起到了重要的推动作用。

ESOP 的基本做法是，企业首先成立 ESOP 信托基金组织，企业可以从利润中提取一部分或向银行贷款（一般是两者结合，在美国贷款是不能购买股票的），为职工购买股票。股票购买后暂时不分配给职工（悬置），也暂不参加分红，但企业从今后的利润中提取一部分用于归还贷款，随着贷款的还清，股票也就解除悬置，分配到职工个人手中，这个过程一般是 5~7 年。美国的税法规定，企业在 ESOP 过程中为职工购买股票的资金数额（自筹资金或还贷资金），每年相当于职工年工资的 5%~25% 的部分，可以在税前列支，即 ESOP 企业能享有减免税的优惠。同时，银行为 ESOP 贷款，也可享受部分免税优惠。在 ESOP 中，职工持有的股份不一定有投票权，尽管大多数职工股份是有投票权的。

（3）按月或按季或年终时向员工赠送股票。赠送股票过去主要是针对经理和高层管理者，目前这一做法已经逐步扩大到普通职工。赠与股票期权实际上是允许职工在有利可图的情况出现后再决定是否购买股票。年终股票一般不固定，需要根据企业盈利情况确定，又称为盈利股票。

（4）向职工提供购买企业股票的权利。德国许多企业为职工提供购买企业的股票的权限和优惠。企业可能允许每一职工购买 10~30 股的企业内部职工股。德国企业内部职工股的形式有多种：一是职工沉默股份，这种股票只参加分红，不承担企业风险。盈利时参加分红与普通股同息，亏损清算时可以退还本金，但没有表决权。二是职工优先股，红利是固定的，亏损清算时不退还本金，也没有表决权。三是企业内部利润分配权。企业对一个 3~5 年的企业利润分配权规定一个价格，职工可以决定购买与否，分配权期内参加企业利润分配，期满后自行作废，没有对应的资本。

（5）储蓄换取购买股票的权利。英国 1980 年的财政法规定，凡工作 5 年以上的全日制职工者可以参加储蓄购买股票计划。参加的职工要同国家储蓄部门或住宅互助协会签约，同意在 5 年内每月发工资时储蓄 10~150 英镑，5 年期满后，就享用用储蓄积累以股票市价的 9 折购买本公司普通股票的权利，并得到一笔免税的红利。具体数额由公司的董事会决定。如果职工提前离开企业，就丧失了购买股票的权利，但不影响储蓄本身。

观察以上各种职工持股，不难看出它们都是福利性质的，或者是不需要职工出资，企业直接分配给职工，或者是职工出资购买企业股票的目的是为了短期获利（尽管企业可能是作为长期制度来执行）。福利性职工持股与企业其他福利没有太多的本质区别，而企业为职工提供这些福利的目的是为了吸引职工和调动职工的积极性。

（二）风险型职工持股

这种类型的职工持股一般需要职工个人有所付出，是劳资交易行为，需要职工个人作出长期性决策。这种职工持股具有明显的制度资源引入的意向性而缺少短期获利的意向性，职工股权具有投票权和参与管理的权力，如果企业效益下降，需要职工承担风险。风险交易型职工持股一般建立有职工持股会。因为风险型职工持股实际上是职工的一种个人投资行为的集合，需要职工持股会集中他们的意愿并行使权力。职工持股会是职工投资后的个人权力委托，不应是一个法人组织。

风险型职工持股又分为以下三种情况：

（1）日本模式的风险型职工持股。主要是在发展壮大中的企业和稳定经营的企业中实行职工持股。这类企业收益稳定，职工出资购买企业股票，或者可以得到稳定的红利，或者可以在股市上增值变现。因此，职工往往愿意出资，同时企业也往往给予优惠。

日本很多企业实行按月缴扣工资，年末从奖金中也拿出一部分的办法来为职工购买股票。企业首先成立职工持股会，入会者委托职工持股会购买股票有一定的优惠和方便。一般是以 1000 日元为一份，由员工自己申报每月的购买数量，同时职工持股会也代行职工的股东权力。多数企业对职工以这种形式购买本企业股票提供 5% 的补助金。如果是上市公司，职工可以在股市上出售个人的股票；如果不是上市公司，则职工可以在离开企业或退休后，由企业回购职工股票。在日本模式中，企业遇到经营风险，往往要从社长开始到普通员工都要降低工资，以应付企业的经营风险。

日本模式的长期决策特点表现为，职工如果参加持股会，就是作出了长期购买企业股票的决定。当然也可以再退出持股会，但如果职工退出持股会，就不能再参加持股会。职工如果确有个人或家庭困难，暂时无力购买企业股票，必须要详细说明理由，才能暂时中止购买企业股票。但这与改变决策不是同一意义。

（2）美国模式的风险型职工持股。主要是在危机期或有问题的企业中实行职工持股。在许多情况下，职工的信心和参与是拯救企业的重要因素。

危机企业如果破产，会影响企业某些相关利益主体的利益。首当其冲的是企业职工，企业破产以后，职工会失去工作。其次是企业的债权人，危机企业很可能资不抵债。最后，资方也会受到影响，资本投入往往不能得到保全。危机企业并不一定就是全面的危机，危机可能仅仅是财务上的或暂时的。僵局的突破是职工是否对企业具有信心，如果职工对企业具有信心，则以未来若干年减少一定比例工资的方式降低企业的未来运行成本，并以此为资源的投入向资方换取企业股份，或向金融机构或其他渠道取得贷款，以购买企业股票，并享有相应的权力。美国威尔顿钢铁公司、美国西北航空公司、美国联合航空公司等都是这种企业职工持股的典型案例。

（3）合作制企业的职工持股。合作制企业的特点是员工既是企业的劳动资源提供者，也是企业资本资源的提供者。职工拥有企业的剩余收入和控制权力，西班牙蒙德拉贡工人合作社是成功的典型。在西班牙蒙德拉贡工人合作社，凡要求成为合作制企业的职工，均要求支付大约相当于职工一年工资的资本金，资本金可以延期分期支付。

在西班牙蒙德拉贡工人合作社中，职工首先可以得到大致确定的工资，工资与劳动技能和贡献有关；企业剩余的分配也与劳动有关，大致是工资高的剩余分配也多，但企业剩余与企业经营状况密切相关。企业剩余进行分配后划入职工个人的内部账户，企业对个人内部账户资金实行有偿使用，即付给利息。在西班牙蒙德拉贡工人合作社中，如果企业经营面临困难，首先要下调职工的工资，以降低企业运行成本。一般情况下不解雇职工，但企业整体也可能倒闭从而失业。西班牙蒙德拉贡工人合作社的成功经验在美国和英国也得到了应用。

从以上三种风险交易型职工持股的情况可以看出，这种职工持股运作中的职工出资购买企业股份，对于企业物质资源的提供只具有次要意义或象征性意义。重要的是职工可以在一定期限内或遇到经营风险时，不仅要以所持股份承担风险，而且要降低工资。这一点在美国模式的风险交易型职工持股中表现得最为突出。

风险交易型职工持股具有比较明显的制度资源引入的意向性。这种职工持股往往需要职工进行长期性决策并承担股份和工资的双重风险。

（三）集资型职工持股

职工持股一方面可以分为福利型和风险型两种类型，从另一个方面又可以分为过去劳动报酬的资本化与预期劳动报酬的资本化两种极端的类型，在这两

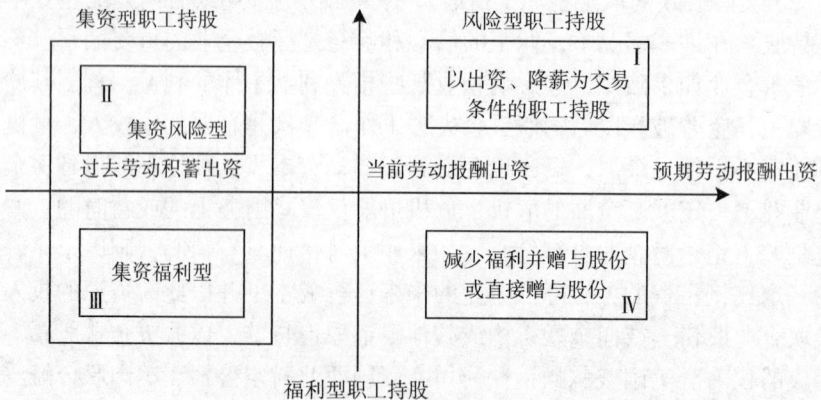

图 17-1　职工持股的各种类型的示意图

个极端中，是当前劳动报酬的资本化。而过去劳动报酬的资本化所形成的职工持股，就是集资型职工持股。集资型职工持股的主要目的或主要目的之一是筹集资金，在这一点上，集资型职工持股与福利型和风险型职工持股形成本质区别。

如图17-1所示，左下角第Ⅲ象限的集资福利型职工持股的典型事例是我国一些公司在上市前发行的内部职工股。这种内部职工股几乎没有风险，在职工股上市流通以后，能够得到一项一次性的稳定预期收益。由于这种职工持股往往只能给职工带来一次性福利收益，不能长期反复运作，缺少制度创新因素；与职工的努力程度关系不密切，也缺乏激励性；操作不公开透明，投机性强，容易引发腐败。

图中左上角第Ⅱ象限的集资风险型职工持股，需要职工一次性出资，但有一定的风险性，这种职工持股与外部人投资的区别不大。例如，浙江某镇为修建一段公路，采取了一个巧妙的办法，先设立一个企业，企业的业务就是修筑与管理公路。修路资金是面向镇里居民募集的，企业的性质是股份合作制，出资人同时是企业职工。这样就避开了非法集资之嫌，又不必政府承担责任。但这种职工持股其实与外部投资人没有本质区别。另外，据调查，在许多企业实行职工持股募集资金时，职工采取了把企业股份变相为亲戚朋友所属的集资办法。

在中国国内，有的企业借职工持股集资之名，行捞钱之实。职工集资以后，没有后续的规范的职工持股运作，当然就是乱集资，是另外一回事。这种扭曲的职工持股受到了广大职工的反对。

（四）职工持股的复合形态

以上把职工持股分为了三种基本类型，并利用一个两维的图形勾画出这种分类。在图中，横轴是出资的状态，左端是过去的劳动出资，右端是预期的劳动出资，中间则是现在的劳动出资；纵轴是风险状态，上端是风险型，下端是福利型，而中间则是零风险零福利的情况。在图中，左半部分是集资型，上半部分是风险型，下半部分是福利型。

职工持股并不是局限于这样的典型形态，各种复合型的职工持股在实践中层出不穷。例如在集资福利型与集资风险型的两种极端情况中，可能出现福利和风险复合或叠加的集资型职工持股。企业在集资时就承诺职工持股的收益不低于银行利率，如果实际运作不能实现效益，则从企业利润中弥补，甚至有这样的情况，企业保证先按银行利率付息，另外再参加利润分红，一份投资，两份收益。这些职工持股就是既有福利性因素，也有风险性因素的集资型职工持股。这种福利、风险混合型职工持股，似乎是在一定程度上侵害了资方利益，但只要是资方同意也并无不妥。问题是在国有企业中，资本所有者缺位，如果采取这种福利色彩浓重的职工持股，应该经过国有资产的产权单位或管理部门同意。职工持股是劳资之间的一个特殊交易。

期权可以在职工持股的操作中运用。前面已经分析了期权操作的三种基本方式，即零风险、风险型和福利型。期权操作的出资既可以是以前劳动积累出资，也可以是当前劳动报酬出资，即按月分期出资。

三、职工持股的运作

(一) 职工持股目的选择与基本类型选择

职工持股的目的究竟是什么，企业可以根据自己的需要进行选择，这在很大程度上是企业行为。

高增长、高效益的企业可能更注重留住企业员工，以吸引人才为重心，这类企业可以选择福利型职工持股，这是因为单纯的高工资政策可能成为企业的负担，而高增长高效益中也包含有风险，实行福利型职工持股既可以提高职工的劳动报酬，又没有增加企业负担，甚至可以转移一些企业风险。

对于多数企业而言，增加企业的效率最为重要，这样以制度创新作为职工持股的目的是恰当的。这样的企业可以选择风险型职工持股。

而对于缺乏资金的企业，可以通过集资型职工持股得到一定的资金积累。如果企业并不缺乏资金，在职工持股运作中完全没必要非要职工现金出资。

(二) 整合劳资关系

无论企业怎样选择，在职工持股的运作中注意整合劳资关系和劳资利益都是非常必要的。整合劳资利益既不能侵害资本利益，也不能侵害劳动者利益。而保护既有的利益格局不受侵害，在利益增长中实现劳资分享是一个重要的原则。也就是说，职工持股应该是帕累托利益改善。

应该注意到的是，职工持股以后员工得到的剩余收入只能是利益增长部分中的一块。因为如果职工持股侵占了资本所有者的原有利益，资本所有者就可能退回到原来的企业状态，不实行职工持股。之所以资本所有者愿意把企业改造为职工持股，就是因为比过去有更多的利益可图。职工持股仅在物质资本所有者的既有利益不受侵害并有新的利益产生时才能存在。

但是，这并不意味着职工持股只有在企业的投资收益必须能够长期稳定在高于社会平均水平的企业中才有意义。例如，职工持股可以作为一种接管机制在企业危机时产生；职工持股也可以作为一种福利待遇在企业兴盛时产生；职工持股也可以作为一种稳定机制在一般企业中产生。总之，只要企业尚有效率空间而没有达到极致，职工持股就可能出现，从而创造出新的利益增长。并且职工持股可以在其中分得一份应该得到的利益。

(三) 职工持股的实现与运作

职工持股的实现是指职工是怎样得到股份的，如投资、赠与、交易、贷款、减薪。职工持股的运作是指职工股份的具体形式，如实股权、虚股权、分配权、分享利润等。下面在论述中用符号"—"把实现和运作分开。

投资—实股方式。职工持股的最基本运作模式是采取接近于外部人投资的办法进行运作。一般可能给予职工 5%~10% 的优惠，优惠缺口可以通过企业利润弥补，相当于现有股东的利益出让。在这种职工持股中，职工持股的数量受职工支付能力的限制，一般每个人的持股量不多，激励程度也因此不够。

赠与—实股方式。赠与职工一定的股份，实际上是一种福利，也即福利型职工持股。这种职工持股往往与企业的福利计划或增加工资计划相联系，是福利计划或工资计划的替代方案。当员工要求增加工资，而资方认为增加工资的负担太大时，赠与股份就是一种折中的方案。这种职工持股是投资—实股方式的变形。

交易—实股方式。交易实股可以有个体和整体的交易。个体交易是职工个人可以选择用一部分工资替换为企业股份或股份期权；整体交易是全体职工或大部分职工选择用一部分工资替换为企业股份。这种交易一般要给予职工一些优惠。与投资—实股方式的区别是，这种交易往往是职工用以后扣减一定比例工资的承诺换取企业股份，而不是现金购买企业的股份。

贷款—实股方式。当企业确实需要一定资金用于生产时，可以采用贷款—实股方式实现职工持股。这种方式不用职工直接出资，而是用贷款实现职工持股。贷款的保证人是企业，贷款的付息还贷先由企业负责。职工可以制定一个用股份的分红和未来的劳动报酬归还贷款的计划，对银行的还贷计划可以与职工的还贷计划两者间可以有一定的差距。职工的还贷计划可以根据本人的能力量力而行，不必在退休前全部还清。当职工退休或调出企业时，股份可以变现，变现收益首先用于归还贷款，其余部分属于职工个人。在这种职工持股中，职工持股的数量不受职工支付能力的制约，可以根据激励程度或承担风险的程度确定持股数量。

贷款方式实现职工持股是美国员工持股计划实践的贡献。有人认为，贷款用于投资是不恰当的。但是，企业贷款用于本企业投资实际上是一个内部循环。这就是贷款实现职工持股的贷款人只能是企业，而不能是职工的原因。职工出面贷款用于投资，实际上是对银行构成了风险。而企业贷款用于本企业内的投资，不会对银行构成风险。

虚拟贷款—虚/实股方式。虚拟贷款的构想是，在上面的贷款—实股运作方式中，如果企业实际并不需要一笔贷款，那么在职工持股实现以后，企业贷款就又沉淀在企业中，企业完全可以马上归还贷款。这样就可以采取虚拟贷款的方式运作，并且在财务账面上是平衡的，但企业的资本金并没有得到实际增加，也就是说这样的职工持股是一种稀释股权或虚拟股。随着员工还贷的增加，企业的资本金得到实际增加，虚拟股份就变成了真实的股份。

购买/赠与—虚拟股份方式。虚股、干股、分配权都是没有股本，却可以参与红利分配的虚拟股份形式。但干股的分配期限较长，往往是员工的在职期间。例如顶身股就是一种干股；而虚股和分配权一般有一定的期限，如 3~5 年期限的分配权或虚股。赠与经理或员工实股的办法刚性过大，虚拟股份则有一定的弹性。例如赠与经理人员的干股，在经理人员离开企业（退休或调出）以后，自然就丢失了，没有变现或转让、继承等问题。如果赠与实股，就存在变现或转让、继承等问题。而虚股和分配权既可以赠与，也可以卖给职工。由于有一定的期限（3~5 年），灵活性就更大一些。

分享利润。分享利润是更为灵活的方式，被认为是职工持股的广义形式。在分享利润的运作中，可以设定不同的利润档，规定不同的分享比例。例如，利润在 1000 万元以下的部分中，职工分享 0%~5%；在 1000 万~1500 万元的部分职工分享 5%~10%；在 1500 万元以上的部分，职工分享 10%~20%。

上市企业职工持股既可以与普通股一致或并轨的办法运作，也可以采取虚拟股份、优先股份的方式运作。

（四）实现价格与持股数量

职工持股是劳资间的特殊交易，资方出让部分剩余收益权，劳方则付出更多劳动。如何对收益权和劳动资源作出评价，职工以什么样的价格购买企业股份，职工持股的数量是多少，这些就是职工持股的价格和数量问题。

对于真实股权可以用投资法或收益折算两种办法进行估价，即原值法和市值法。如果企业的效益较好，则资产的市值可能高于原值，采用资产原值，即投资方式实现职工持股，是对职工的优惠，可以为职工接受。如果企业效益不好，例如没有盈利或微利，则资产的原值可能低于其市值，这时可以采取市值法评估资产。一般来说，在职工持股运作中，对资本的估价应该是原值或低于原值。

对于虚拟股权和股票期权，都是用其当前收益来评价其价格。例如，企业的利润率为 10%，则每 100 元股本的分配权的当前价值是 10 元。期权行权价为 6 元，股票当前价格为 10 元，则每股期权的当前价值为 4 元。

关于职工持股的数量问题，可以从支付能力、激励程度等方面综合考虑。对于集资型职工持股，如果从集资的效果出发，则没有职工持股数量的上限，或确定一个较大的上限；如果是福利型职工持股，一般是赠与或优惠，就不用考虑职工的支付能力，则可以从激励程度方面考虑，例如从职工持股的股权收益与工资的比例关系上考虑；如果是风险型职工持股，可以先从激励方面考虑一个允许持股的上限，然后个人可以根据支付能力确定个人的选择。

（五）职工权利的委托与持股会的性质

职工持股会的主要作用是管理职工持股的有关事宜。其中一个重要方面是投票权的代理行使，在实践中有一致投票和非一致投票的两种投票权代理方式。在职工股占股本比例不大的情况下，可以采取一致投票以增加职工股份的总和力量；在职工股占股本比例较大的情况下，可以采取非一致投票以增加职工持股的内部民主性和企业治理结构的相互制约。

在有限责任公司的设立规定中，股东数量限制在50人以下。这样，如果职工人数大于50人，就与有限责任公司的设立规定相冲突。为了规避问题，可以用职工持股会代行个人权利。

职工持股的主体可以是职工个人，也可以是职工群体。职工持股会应该是个人权利或集体权利的代理机构，而不应该是有独立利益的法人机构。

在实践中，也有职工持股把相关权利集中委托给某个人代理而不是委托给职工持股会代理的情况。但不论把职工持股权利委托给谁，都是一种民事权利的委托代理，只要委托关系清楚都是可以的。

（六）结束与变现、退出

上市企业的职工持股如果采取与普通股一致的办法运作，其结束与变现、退出也与普通股一样。如果可以采取虚拟股份、优先股份或其他的方式运作，则与非上市企业的职工持股基本相同。

在非上市企业的职工持股的实践中，一般规定职工持股不能转让、继承，离开企业要退回股份。这与劳动资源的资本化是一致的。

非上市企业的职工持股的变现可以按每股净资产或原值两种方式进行。

但也有一些非上市企业的企业实行职工股可以内部转让或继承，这种情况一般发生在非常接近于外部投资人的集资型职工持股中。

本章案例

美国威尔顿钢铁公司职工持股

位于美国宾夕法尼亚州边界和俄亥俄河之间的威尔顿钢铁公司（Weirton Steel Co.）建于1909年，后来被并入全国钢铁公司，其主要产品为优质马口铁薄板。自20世纪70年代开始，马口铁市场出现萧条，进入80年代后钢铁工业的生产能力出现过剩。全国钢铁公司为了降低成本和关闭部分设施，在1982年作出不再向威尔顿钢铁公司投入资金、让其自行倒闭的决定，导致威尔顿钢铁公司陷入绝境，近万名工人面临失业的危险。正是在这一背景下，威尔顿公司的雇员在华尔街一家投资金融公司的帮助下制定了雇员持股计划。1983年9月，威尔顿公司的普通职工以压倒性投票批准了这一计划。

威尔顿公司的雇员在一家投资金融公司的帮助下，于1984年以大约7500万美元的贷款向全国钢铁公司买下了这家企业，并承诺在15年期限内偿清公司的1.18亿美元的现有债务。银行贷款的全部本息要求在10年内偿清，每年偿还1/10的债务本息，雇员用贷款购买的公司资产作为贷款担保，贷款还清后，分配到每个雇员头上体现增值资产的股票就会越来越多。雇员拥有公司的股份，但并不直接行使股票权，而是由"职工股份所有权托管会"信托管理机构行使股票权。

为了避免公司破产，增强企业的偿债能力，雇员以自愿降低工资的方式获得股权。经过厂方与雇员的协商，雇员同意其工资和附加收入自愿削减20%，公司同意承担8500万美元的老职工的医疗费和退休金。公司股份由本公司雇员单一地拥有，即雇员持股计划的参加者是在自愿基础上的公司全体员工。

从后来威尔顿钢铁公司股票出售的情况来看，公司约有1/4的股票卖给了公司以外的投资者，这是因为公司同意离开公司人员的股票在股市上出售，从而使公司本来保留下来准备买回这些股票的数亿美元用到更重要的现代化工程的投资中去。为了筹集资金，威尔顿公司的职工同意实行一项新的雇员持股计划，这项计划将他们在公司纯收入中的分配比率从50%降到35%，设立180万份10美元1份的股票，向参与雇员持股计划的公司职工优惠出售，以此确保雇员连续控制公司。出售的股票将承包一个耗资为6.5亿美元的新投资项目，以便通过提高生产率和产品质量来保持公司在价格方面的竞争力。

资料来源：尹智雄：《企业制度创新论》，经济科学出版社，1997。

本章要点

1. 股票期权制度与职工持股计划都是指企业内部人持有本企业股权的情况，前者是指以股票期权为特征的企业内部人持有企业股权的运作办法，后者是指企业的多数员工以某种优惠方式持有企业股权的运作办法。股票期权原是针对企业的高级管理人员的激励措施，但目前有向一般员工扩大的趋势。职工持股主要是针对企业一般员工而言的，其形式多样，既包括自己出资购买企业股权，也包括企业赠与的股权或优惠购买的股权。

2. 对人力资源实行股权激励，将是企业制度演化的重要方向之一。股权激励是传统的物质资本所有者与人力资本所有者的一种特殊的非货币交易，因此形式多样。

3. 期权激励既是一种成功的激励办法，也存在一定的问题。职工持股是劳资间的特殊交易，既可以送股，也可以买股，结果应该是双方利益的改善。

研究思考题目

在中国实施期权激励需要解决哪些问题？职工持股的发展趋势是什么？

推荐阅读材料

黄群慧：《企业家的激励约束与国有企业改革》，中国人民大学出版社，2000。

迟福林主编：《中国收入分配制度改革与职工持股》，中国经济出版社，2000。

刘秉泉：《薪酬设计指南与案例精选》，中国人事出版社，2000。

第十八章 心 理 契 约

在复杂多变的竞争环境下，人力资源作为一种集中体现企业核心能力的稀缺资源，为企业获得和保持持续的竞争优势起到了决定性的作用。一方面，企业可以从外部市场获得所需的人力资源；另一方面，可以巩固和培育现有的人力资源，从而获得并保持竞争优势。但是，在人力资源高速流动、人力资源专有资本特征更加显著的条件下，单纯依靠市场交易手段已很难承担起这项使命。因此，对从心理、情感、关系层面切入，发展组织和员工承诺，培育组织和员工忠诚就有着特殊的理论和现实意义，心理契约概念的引入恰恰为此提供了一个全新的视角。

第一节 心理契约理论的研究进程

一般认为，"心理契约"的概念最早是由阿吉里斯（Argyris）在 1960 年所著的《理解组织行为》一书中提出的，该书探讨了工人与雇用者之间一种隐性及非正式的理解与默契关系，并将之命名为"心理工作契约"。纵观心理契约理论的研究历程，又可以划分为三个阶段：第一阶段（20 世纪六七十年代），雇员个体和组织的双层面理解；第二阶段（20 世纪 80 年代），以雇员个体为中心的阶段；第三阶段（20 世纪 90 年代以来），"卢梭学派"和"古典学派"的争鸣阶段。具体内容见表 18-1。

表 18-1 心理契约理论的研究进程

时间	视角模式	人物	心理契约含义
1960	缓和劳资矛盾	Argyris	提出"心理的工作契约",但无确切定义
1962	协调组织关系	Levinson	"未书面化的契约",产生于组织和雇员关系之前的一种内在的、未曾表述的期望
1965, 1978	个体和组织的相互关系	Schein	时刻存在于组织成员之间的一系列未书面化的期望,是组织行为的重要决定因素
1973	提高公司绩效	Kotter	存在于个体与组织之间的一种内隐契约,将双方关系中一方希望付出的代价以及从另一方得到的回报具体化
1989	以雇员为本	Rousseau	个体雇佣关系背景下对雇佣双方相互义务的一种理解和有关信念
1993	个体主观理解	Robinson & Kraatz	雇员对外显和内在的雇员贡献(努力、能力和忠诚等)与组织诱因(报酬、晋升和工作保障等)之间的交换关系的承诺、理解和感知
1995	双方价值提升	Tsui & Herriot	雇佣双方对他们之间的关系以及向对方提供价值的主观理解
1997	雇员主观信念	Morrison & Robinson	一个雇员对其与组织之间的相互义务的一系列主观信念,但并不一定被组织或者其代理人所意识到
1997	雇佣双方理解	Herriot & Pemberton	雇佣关系双方对关系中所包含的义务和责任的理解和感知

资料来源:聂清凯:《基于心理契约视角的网络组织文化重构研究》,载《管理评论》,2005 (7)。

一、雇员个体和组织的双层面理解

在 20 世纪六七十年代,列文森(Levinson)、施恩(Schein)和科特(Kotter)等学者从组织层面对心理契约问题进行了深入讨论,他们在肯定阿吉里斯发现的同时,认为"心理契约"是雇佣双方对雇佣关系中彼此对对方应付出什么同时又应得到什么的一种主观心理约定,约定的核心成分是雇佣双方内隐的不成文的相互责任,它不仅是无形的,而且还是动态的,处于不断变化的过程中。这一时期的研究表明,"心理契约"在组织中具有十分重要的作用,它直接决定着雇员的工作态度和动机,一旦双方的心理契约破裂,将促使雇员不再信任组织并与之合作,从而最终危及组织的正常运转。

二、以雇员个体为中心的阶段

进入 20 世纪 80 年代后,美国著名组织行为学家,卡内基—梅隆大学商学院教授卢梭(Rousseau)从以雇员为中心的视角提出,心理契约实质上是当事人(主要是雇员)的主观信念,是一个在交往实践中逐步构建的心理过程。至此,对心理契约的认识又前进了一步,即心理契约不仅仅是双方同意或默认的结果,而且还是雇员个体的、单向的期望与认知的结果。同时,卢梭还强调,雇员的期望包括加薪、升职、长期雇用等，其中有些可以被看做是具有契约性质的，而有些则不是，更为重要的是承诺。实际上，这一阶段研究的主要贡献体现在将心理契约的研究从同时关注个体和组织层面进一步限定在了个体层面，也就是说，卢梭在雇佣关系的分析框架下，导入了一个狭义的关于心理契约的定义，为心理契约的实证研究拓展了广阔的空间。

三、"卢梭学派"和"古典学派"的争鸣阶段

自 20 世纪 90 年代以来，对于心理契约的研究主要体现在两大学派之间的争论上。① 一派是卢梭学派，主要以美国学者卢梭和罗宾森（Robinson）等人为代表，他们强调心理契约是雇员个体对双方交换关系中彼此义务的主观理解；另一派是"古典学派"，以英国学者盖斯特（Guest）、康维（Conway）和赫瑞特（Herriot）等人为代表，他们强调遵循心理契约提出时的原意，即原创的"阿吉里斯内涵"，并认为这是雇佣双方对交换关系中彼此义务的主观理解，可以称之为"古典学派"。

卢梭学派的观点主要体现在以下三个方面：第一，基于雇员感知层面的认识，即组织是抽象的，它作为契约关系的一方只是提供了创造心理契约的环境，并不能反过来与其成员形成心理契约。虽然它的代理人有可能感知到一个存在于雇员之间的心理契约并作出相应的反应，但是组织不可能"感知"。第二，基于雇佣关系背景下的信念，即心理契约是个体雇佣关系背景下对雇佣双方相互义务的一种理解或有关信念。第三，心理契约的关键是承诺、理解和感知，即基于雇佣关系背景下所建立的信念是雇员对外显和内在的雇员贡献（努力、能力和忠诚等）与组织诱因（报酬、晋升和工作保障等）之间的交换关系的承诺、理解和感知。另外，值得注意的是，这些信念建立在对承诺的主观理解的基础上，但并不一定被组织或者其代理人所意识到。实际上，上述观点就是对狭义心理契约概念的解释，卢梭学派研究的视角从雇佣双方——个体和组织两个层次的"双维度、四方格"研究转移到雇员个体单一层次的"单维度、两方格"研究，即由"组织理解的雇员责任、组织理解的组织责任、雇员理解的雇员责任、雇员理解的组织责任"四个维度转化为"雇员理解的雇员责任和雇员理解的组织责任"两个维度。

古典学派的观点主要体现在以下几个方面：第一，基于个体和组织层面的理解和感知，即心理契约是组织和个体对关系中所包含的义务和责任的理解和

———————————————————

① 魏峰、张文贤：《国外心理契约理论研究的新进展》，载《外国经济与管理》，2004（2）。

感知。第二，基于组织和个体"协商"的原则，该学派认为卢梭学派的心理契约概念的结构效度存在问题，不仅存在"组织"的缺失，而且还不具备"协商"的原则，有悖于"契约"的特定含义。第三，基于对价值的主观理解，该学派还认为心理契约是雇佣双方对他们之间的关系以及向对方提供价值的主观理解。

综合心理契约的研究进程来看，对于心理契约的理解存在广义和狭义两个层面。广义的心理契约是雇佣双方基于各种形式的（书面的、口头的、组织制度和组织惯例约定的）承诺对交换关系中彼此义务的主观理解；狭义的心理契约是雇员出于对组织环境和文化的理解，以及在对各级组织代理人作出的各种承诺感知的基础上而产生的。另外，值得强调的是，心理契约作为维系组织和成员关系的心理纽带，是维持和发展成员和组织间关系的内在力量。培育员工忠诚是企业人力资源管理所追求的一个重要目标，心理契约本身贯穿于人力资源管理全过程（招聘、培训、考评、激励等），是人力资源管理与员工忠诚之间的连接。因此，具体的人力资源管理活动、高组织支持的提供以及员工对于组织（而非组织中的某些个体）的忠诚，都应从心理契约的建立、履行、更新的角度加以思考，培育出高组织忠诚度的员工。[①]

第二节　心理契约的特征

心理契约与组织中常见的商业契约相比，具有以下四点特征：[②]

（一）主观独立性

心理契约没有形成正式的文字记录，而是以心理期望的方式埋藏在契约双方的内心深处，期待着对方去理解。由于这种心理期望是一种主观感觉，个体对于他与组织之间的相互关系有自己的体验与见解，往往会造成自己的期望与组织的解释不一致。

（二）内容不确定性

正式的雇佣契约的内容、职责、权利都是明确稳定的，不能随契约一方的主观意愿改变而改变。而心理契约的本质是一种心理期望，它会随着工作的社会环境以及个体心态的变化而发生改变。波林—马金研究发现，人们在一个组织中工作的时间越长，心理契约所涵盖的范围就越广，同时在员工与组织之间

---

① 许小东、孟晓斌：《基于心理契约的组织成员忠诚度培育》，载《经济管理》，2003（14）。
② 张春瀛：《心理契约及其效能提升》，载《企业改革与管理》，2004 年（11）。

的关系中，相互期望和责任的隐含内容也就越多。这也使心理契约的内容具有更大的不稳定性与不确定性。

（三）双向互动性

心理契约是组织与员工之间建立的一种双向互动性的联系。它不同于组织承诺，组织承诺是指员工随着对组织单方面的投入增加，而产生的一种心甘情愿地参与组织各种活动的感情。而心理契约是组织与成员的双向关系，一方面是指员工对自己在组织中的权利、发展等方面的期望；另一方面是指组织对于员工的忠诚、责任等方面的期望。可以说，组织与员工双方在心理契约中都处于主体地位，是完全平等的。因此，组织与员工在向对方提出期望与要求的同时，应多注意双向沟通，尽量去领会并满足对方对自己的期望。只有通过契约双方的相互交流、相互沟通，对组织与个人的发展达成一致的共识，营造良好的工作环境才能发挥心理契约的激励作用。

（四）动态发展性

由于心理契约的主观性与不确定性，决定了心理契约具有动态发展的要求，这就要求心理契约双方根据环境变化和企业发展来确定心理契约的内涵。心理契约没有固定的模式与统一的标准，在一个组织适用的心理契约不一定在另一个组织适用，心理契约的内容是随着组织的不同发展时期与员工不同的需求而不断变化发展的。因此，应根据组织内外环境的变化而作出相应的调整和完善。

第三节 心理契约的类型

20世纪80年代，组织行为学家麦柯涅尔（Macneil）提出劳资双方的雇佣关系存在着关系型与交易型两种。其中，关系型是指时间长任务不明确的雇佣关系，其特征为雇佣双方相互支持，员工信赖感与忠诚度高；而交易型则恰恰与之相反，任务明确，雇佣时间短，员工对组织投入度不高，例如一些流动性较大的工作。实际上，从构成上看，心理契约本身是一个综合体，包括交易型和关系型两个维度，不同的组合就形成了不同的心理契约。交易型维度关注经济的、货币化的关系，个人投入水平有限、契约内容明确、责任公开、可观察，交易的经济条件（已有的技能、竞争性的工资率和绩效导向的报酬）是主要诱因。相比而言，关系型维度关注情感化、非货币化的关系，个人投入水平深入，契约内容隐含、主观性强，并具有动态灵活性，长期性的、情感化的因素（培训和发展机会、长期职业生涯、长期承诺）是主要诱因。关于关系型心理契约和交易型心理契约的比较，参见表 18-2。另外，迈尔斯（Miles）和斯诺（Snow）在讨论企业的雇佣关系时也提及了这样的观点，认为交易型契约主要存在于"购买人力资源"（Buying）的企业中。也就是说，企业主要通过竞争性的薪酬和短期合同在人才市场上挑选自己需要的人力资源；而关系型契约主要存在于"培养人力资源"（Making）的企业中。也就是说，企业在吸收一些新人之后，需要通过长期性的合同和发展性的职业培养来获得未来所需的人力资源。[①]

表 18-2　交易型和关系型心理契约比较

	交易型	关系型
焦点	经济的和非社会感情化的	经济的和社会感情的
特征	货币化的	货币化的和非货币化的
个人投入水平	部分、有限的	完整的、普遍深入的
正规化程度	用文字写明的	写明的和未写明的
期限	较短	较长
范围	较窄	较宽
责任的有形性	公开的、可观察的	隐含的主观上的理解
稳定性	静态	动态
资源	一般资源	特殊资源
诱因	使用已有技能	培训和发展机会
	高组织流动性	企业内的长期职业生涯
	缺乏长期承诺	长期的承诺
	竞争性的工资率	
	绩效导向的报酬	

资料来源：秦仪、刘新华：《心理契约与日本企业人力资源管理的变革》，载《经济管理》，2003（4）。

卢梭对心理契约的类型进行了更细致的分类，从雇员与雇主契约期限是"长期的"还是"短期的"，以及绩效要求是"明确界定的"还是"没明确界定的"两个角度进行组合，发展形成了所谓的 2×2 模型，把心理契约划分为交易型（transactional）、关系型（relational）、平衡型（balanced）和过渡型（transitional）四种类型。其中，过渡型心理契约经常出现在组织发生重大变化时，例如兼并重组，此时员工信任度低、不确定性高、忠诚度差、流动率高；而平衡型则介于传统的交易型和关系型之间。参见图 18-1。

---

① Miles, R. E. & Snow, C.C., Designing Strategic Human Resources System Organizational Dynamics, 1984, 13（1）: 36-52.

绩效要求

明确界定　　　　　　　　　没有明确界定

<table>
<tr><td rowspan="2">契约期限</td><td>短期</td><td></td><td>过渡型
特征：1. 模糊的和不确定的
契约条款
2. 高离职或易终止
3. 不稳定</td></tr>
<tr><td>长期</td><td>平衡型
特征：1. 高团队承诺
2. 高的整合或认同
3. 相互支持
4. 有动力</td><td>关系型
特征：1. 高团队承诺
2. 高情感承诺
3. 高的整合或认同
4. 稳定</td></tr>
</table>

图 18—1

资料来源：转引自牛建波：《CEO 报酬：来自心理契约的解释》，《当代财经》，2004（9）。

第四节　心理契约在人力资源管理中的应用

心理契约作为维系组织和成员关系的心理纽带，是维持和发展成员和组织间关系的内在力量。培育员工忠诚企业人力资源管理所追求的一个重要目标，心理契约本身贯穿于人力资源管理的全过程（招聘、培训、激励、职业发展规划等），是人力资源管理与员工忠诚之间的连接。因此，在具体的人力资源管理活动中，都应从心理契约的建立、履行、更新的角度加以思考，培育出高组织忠诚度的员工。

一、招聘工作与心理契约

招聘工作作为人力资源管理的一项基础性工作，一方面，通过招聘可以获得企业发展所需要的人力资源；另一方面，招聘工作本身也是企业向外界传递信息的重要渠道。在招聘过程中企业向外界传递的信息实际上就是创建和信守心理契约的重要基础，而这一基础不仅决定了应聘员工对企业的感知，而且还决定了他们在成为企业员工后对企业组织承诺的程度。因此，在招聘工作过程中，除了要向应聘员工清晰地传递企业组织的结构、工作资格、工作条件、工作的具体要求、工资待遇、未来发展机会等方面的信息外，还要向应聘员工传递企业组织期望、企业文化等方面的信息，为构建心理契约打下良好的基础。基于对企业组织信息有效传递的基础，企业就可以根据组织的期望或目标，选择应聘员工个人条件、兴趣、态度与工作岗位要求、企业文化相吻合的候选人，这样有利于企业组织目标与个人目标达成一致，使员工建立较为切合实际的心理契约。

二、培训工作与心理契约

培训工作在企业人力资源管理工作中，不应该仅仅理解为信息的单向传递或者仅仅是理解为"授课"或建立"培训中心"，而应从战略的高度将其视为企业组织与员工信息互动的平台，视为企业组织与员工互动达成共识的平台，视为企业组织与员工共同创造知识的平台，视为心理契约构建、修正和维持的平台。心理契约的构建、修正和维持实际上不仅是企业组织因素和员工个人因素沟通、互动的产物，还是企业组织和员工共同适应外部复杂环境变化的心理纽带。

通过对员工的培训，不仅有利于他们迅速熟悉企业状况，进入工作角色，而且还有利于了解员工进入企业组织后的心理轨迹，对员工进行心理辅导。尤其是在企业组织与员工心理契约矛盾的情况下，通过培训过程中的互动，企业组织首先能够了解到心理契约产生矛盾的原因。其次，可以通过培训这一互动和沟通平台，让员工传递心中的不满，表达他们的真实想法，积极进行心理契约的修复，从而消除矛盾和误解，达成企业组织目标和员工目标的一致。最后，基于对产生矛盾因素的分析，对于需要修正组织行为的方面，企业组织可以即时通过完善组织制度，进行组织行为的修正，从而巩固心理契约的基础。例如，通用电气、宝洁等，在新员工进入公司后，都会有很长的时间接受公司的培训，并且在一段时间后还会不断地强化公司的理念。这样的培训就是让员工随时清楚地知道自己目前所处的位置，并且随时检查自己的工作是否与组织的目标一致。另外，符合员工成长，有利于员工技能提高的培训项目，也是巩固心理契约基础、培育员工忠诚度的重要手段。

三、薪酬管理与心理契约

薪酬是激励员工积极努力工作的重要方式之一，根据美国心理学家弗罗姆的期望理论，激励水平的高低取决于期望值和效价的乘积。在不考虑期望值时，效价越高，对员工的激励水平也就越高，那么薪酬作为员工效价的一种重要体现方式，合理、有效、公平和具有竞争力的薪酬不仅是提高员工激励水平的一条重要途径，同时还是维持和巩固心理契约的重要手段。企业员工能否积极努力的工作，是否会对组织及其目标萌生出责任感和忠诚心，以及他们是否对自己的工作感到满意，在很大程度上取决于企业组织薪酬管理水平。基于提高激励水平和巩固心理契约的考虑，企业组织在薪酬管理设计时，既要考虑薪酬的外部竞争力和内部公平性，同时还需要考虑福利的保障性因素。换言之，薪酬管理本身除了体现出物质激励的特点之外，还可以体现出以人为本和心理关怀的特色。

四、职业生涯规划与心理契约

良好的职业发展前景是企业员工所追求的目标之一，共建企业组织与员工心理契约必须要以科学的职业生涯规划管理为前提。如果一个优秀的员工在企业组织中得不到更好的发展，感到对未来发展方向的迷失，出现这样的状况，就会产生企业组织与员工之间在心理契约上的矛盾，并最终导致企业组织与员工之间心理契约的违背。因此，良好心理契约的构建和维持必须要考虑员工未来良好的职业发展，通过对员工科学的职业发展规划，使员工明确自身未来的发展方向，并使自身的发展同企业组织的发展相融合。管理者通过与员工有效的沟通，发现员工的志趣，然后针对员工深层志趣为其定制下一阶段的工作安排，逐步形成制度化的长期的职业生涯规划实施机制。例如，企业可根据每年的岗位调整、轮岗、员工招聘及人员调动，结合企业业务变动、职位变动，将符合员工深层志趣的工作任务安排给合适的人员。当员工找到适合自己的职业时，工作本身就为企业组织与员工之间的心理契约奠定了坚实的基础。也就是说，通过对工作职位的塑造，能够确保工作与员工生命中最本质的兴趣一致，而这种最本质的兴趣就构成了心理契约坚实的基础。[1]

可以说，为员工设计一条有所依循的"可感知的"、"有成就感的"、"有吸引力"的职业生涯发展道路，对调动员工的积极性与创造性，增加对企业的忠诚感，形成双向的心理契约具有重要意义。例如，一些企业采用双阶梯模式：一为管理生涯阶梯，沿着这条道路可通达高级管理职位；二为专业技术人员生涯阶梯，沿着这条道路可通达高级技术职位。也有的企业采取多阶梯模式，设置专业技术人员阶梯、经理阶梯和行政管理阶梯等。[2]

第五节 企业成长与心理契约重构

在企业成长过程中，不可避免地要面临裁员、重组、兼并等活动，这都将

---

[1] 邵爱华：《基于心理契约的员工离职分析及管理策略》，载《山东工商学院学报》，2005（3）。
[2] 宋新谱：《缔结心理契约的人力资源策略》，载《人力资源开发》，2004（9）。

对企业组织与个人之间心理契约产生一定的冲击，通常会体现在工资、晋升、工作技能变化、忠诚关系变化、企业文化认同等方面。因此，如何应对这些成长中的变化，重构心理契约就显得尤为重要。

一、企业裁员与心理契约重构

企业裁员必然引起心理契约上的冲突，同时对心理契约造成影响又具有多重性的特点，一些看似不公平的契约冲突事件并不一定就会挑起不利的反应，相反，其他一些似乎是无关大局的小事件倒可能滋生事端。对心理契约冲突的反应是一个关于冲突者动机、行为以及造成损害的范围的函数，任何试图通过裁员来促进企业成长的行为，必须从员工需求、动机、行为、行为目的、行为结果等多个角度设计裁员方案，而不是简单地通过"一刀切"的年龄杠杆、工作岗位甚至性别杠杆的方式。

企业成长必然是在一种动态复杂的环境下进行的，员工与企业组织间建立心理契约的基础也是多元的。虽然国内企业在裁员问题上表现得较为谨慎，但包括提前退休、减少工作时间等制度安排同样也会或多或少地影响雇员的就业安全感和对组织的忠诚程度，所以，我们既要及时地了解心理契约基础的变化趋势，又要合理地开发新型的心理契约关系，从而来促进国内企业的健康成长。[①]

二、企业并购与心理契约重构

企业并购不可避免地会给员工特别是被并购企业的员工带来巨大的心理冲击和压力，导致其工作积极性受挫，甚至关键人员"退出"。这种现象冲击了原有心理契约的稳定结构，造成大量"人力资本"的浪费。从契约理论来理解，企业是"一系列契约的联结"，企业并购可以看成"两组市场契约的对接和叠加"过程，这个过程必然导致一定的契约破坏、修改或新契约关系的建立。具体而言，企业并购对心理契约的影响主要表现为：员工与企业间信息不对称，角色模糊感增加；员工对未来预期不确定，工作稳定感消失；领导承诺变化，员工信任水平普遍下降；并购企业间文化冲突，原有心理契约失衡。所以，企业并购是否真正成功在很大程度上取决于能否快速、有效地整合双方企业的人力资源，而其中不可忽视的关键就是如何根据具体情况重建员工与企业之间的心理契约。

---

① 陈忠卫：《企业成长中心理契约的重构》，载《工业企业管理》，2003（8）。

心理契约的破坏是一个主观性的体验，通常是指一方认为另一方没有充分实现心理契约，而不管实际上心理契约的违反是否真的发生。心理契约一旦被破坏，大量不利于并购整合和企业正常经营的员工行为就会在组织中出现，例如，努力水平下降、消极怠工、敷衍了事、跨职能的主动协作消失、沟通不畅甚至愤然辞职，给企业造成巨大的经营损失和整体资源成本的增加。鉴于心理契约的破坏将导致企业经营和整体资源成本的增加，企业必须迅速采取相应的办法和措施，缓解企业并购对员工造成的心理紧张和压力，消除员工的不信任感，将员工的精力、时间和才能引导到并购的战略目标上来，重建心理契约，充分激发他们的工作热情，调动他们的工作积极性、主动性和创造性。

从时间上讲，企业经营者应该在并购初期就开展"员工期望与情绪"调查，主动积极地研究应对方案，最大程度地降低"心理契约"变化对员工的心理冲击。从操作层面上讲，应该采取相应措施，缓解员工心理压力；确立组织目标，尽快使员工角色定位，为各位员工提供一个为之努力的方向，避免由于目标的不明确、不一致而导致人力资源使用的低效率或因权限不明、责任不清而在部门、员工之间造成摩擦和冲突而引起的人际内耗；增加员工在并购过程中的参与行为，通过加强沟通建立信任；关注并购企业间文化差异，选择最优的企业文化适应模式。①

总体而言，目前国内对于心理契约在人力资源管理中的应用研究是初步的，可以说基本上还是处于概念的发展阶段。因此，下一步的研究重点将是概念的实证研究，以及相关具体方法的发展。例如，承诺的影响因素、测量方法研究，员工承诺与行为的关联研究，员工忠诚度的决定因素、测量方法研究，不同行业的心理契约管理研究，网络组织的心理契约问题研究等。同时，值得强调的是，心理契约概念具有良好的兼容性，营销领域已经出现相关的探索性研究。

本章案例

爱立信的心理契约应用

变革的主旋律

变革是爱立信永恒的主题，可以说，在爱立信，变革无时无刻不在。这些

---

① 朱静、王鲁捷和张伟：《重视企业并购中的心理契约重建》，载《经济管理》，2003（7）。

变革不仅发生在战略层面，更发生在公司组织内部。事实上，对于爱立信这家已经航行百年的通信巨轮来说，从 2002 年开始将营业额超过 320 亿美元的手机业务分拆，由网络设备制造商向端到端电信解决方案和专业服务提供商转型，爱立信的变革始终没有停止。2006 年 9 月 15 日，爱立信以加强客户导向为目标，将整体业务重整为三大业务部门：网络部、全球电信专业服务部和多媒体部。爱立信正是在变革和探索中形成了员工与公司之间相互信赖的长期共赢关系，也形成了与爱立信发展战略相适应的浓烈积极色彩的价值氛围。

岗位轮换中的心理契约

通常而言，在爱立信，员工都会在 15 个月左右调换一次岗位，也就是说，爱立信员工的素质提升是在职位变动中实现的。爱立信公司员工的内部变动是员工和公司之间相互选择的过程。在选择中，员工获得了从事不同职务的机会，他们可以在专业化背景的基础上，增加多样化的技能，员工自身的就业安全感和对业务的参与程度也自然相应提高。

在爱立信内部岗位轮换已经成为一种传统。这种传统更深层次体现的是，爱立信与员工之间在变化中形成一种长期合作的"心理契约"关系。哈佛大学心理学教授施恩指出，虽然并没有写明，心理契约确实是组织行为强有力的决定因素。尽管"心理契约"是学术性的专用名词，但实践表明，不管是个人职位变动、爱立信内部的组织变动，还是爱立信的方向在顺境和逆境发生转变时，"心理契约"始终是为公司整体组织团队带来积极动力的核心。

实际上，当更多的中层管理者从爱立信的业务实践中获得职业和能力提升，并且与爱立信的"心理契约"得到高度认可时，他们以各种积极的方式为自己的下属提供可能性的发展空间。

公司剧烈变革中的信任

实际上，由于这种心理因素的契约关系包含各种不定量，也往往会导致整体组织与员工心理之间的和谐关系会在公司变动期变得相当脆弱。心理学家施恩形容心理因素的变动是一湖不经风浪的水，而一旦公司处于剧烈变动阶段，就如同往平静的湖面投入一块石头，湖面中的水纹波动可能就会是员工负面或者逃避的情绪变化。

事实上，爱立信公司与员工之间的"心理契约"就曾因手机业务转移到爱立信与索尼的合资公司索尼爱立信而产生过变动。但是，为了应对这一变化，适应公司的新业务变革，爱立信公司开展了广泛沟通，让员工充分信任公司的最新决定。例如，在全球手机业务转移前 6 个月，爱立信总部就由专门的人力资源高层协同不同区域市场的职能机构组成工作组，与手机业务部门的员工充分沟通，强调业务变化是现实性选择，并对该部门离职的员工给予非常优厚的补偿。

与此同时，为使其他部门的运营状况受到的影响降至最低，公司向全体员工声明，这是以退为进的策略，爱立信手机业务转移后，可以在新技术研究、开发和创新上做更大的投入，以保持在技术和服务方面的领先优势，争取在未来的竞争中抢占有利地位。

2003年第3季度，爱立信获得赢利。经过2004年向全球市场推进的由设备生产公司向端到端解决方案和服务提供商转型的步伐。2005年，爱立信获得了历史上最佳的经营业绩，并与沃达丰、英国电信等运营商建立服务合同。此时，有相当一部分在手机业务分拆时离职的员工又重新加入爱立信。

爱立信与员工的契约关系在于公司与员工之间平等的相互信任。这种信任最终使公司在遇到阻力时提高了整体组织的抗风险能力。值得注意的是，在爱立信公司对职员各种激励的最新策略中，都强调平等和变化，这已经成为该公司人力资源管理的主体，而那些带着几分刚性并可能对组织产生负面影响的措施则正在淡化。例如，爱立信内部过去为保障公司整体人力资源的高效工作动力而施行的"末位淘汰制"，正在考虑转化成更多积极的激励因素。这也就使得爱立信人力资源管理体系在变动中更加考虑对人的承诺。

培训和提炼"积极因子"

爱立信人力资源管理工作的一个重要理念是，人的职业终点往往不取决于起点，在工作和培训中提升职业能力，并不断获得发挥空间，工作的积极性就是这样实现的。例如，当爱立信对员工通过设置情景进行未来接班人的领导力测试时，通常会有人力资源部门的"观察员"对参与情景活动者的各项能力进行测评，包括沟通能力、组织能力、情商等因素，而那些被测评的人也往往是爱立信内部的精英。通过测评不仅使被测评人对文化意识能力、开放度、市场认知等问题有了更深入的认识，而且更重要的是，这是一次涉及多项技能的培训。事实上，未来领导人测评和领导力培训，是爱立信公司在组织管理中每年都会进行的内容，现在，这种培训已经超越了选拔领导者的纯粹意义。不同和不断的培训与测评，已经使爱立信的经理人在跨文化的沟通中，学会如何以一种积极的心态进行责任释放。

在爱立信中国学院的所有课程中，领导力培训也是核心部分。培训的每次课程都会被精心设置，培训者通常在年龄、管理层次、部门职能等几个维度都是高度"匹配"的。心理学家弗雷德里克森指出，积极心理是由体验、扩展即时的思想行为、构建个人发展资源、改善原有被动式思想和行为四个环节组成的螺旋式上升的过程。而爱立信的培训也正是在互动式的培训体验中，将积极思维方式在整体团队中扩展和渗透。

更重要的是，爱立信正通过培训将"积极因子"从组织内部扩展到外部。1997 年以来，爱立信中国学院成为爱立信为合作伙伴和客户进行管理培训和技术培训的基地，许多爱立信客户和合作伙伴的管理层都接受过爱立信的培训。

资料来源：根据刘丽娟：《爱立信的心理契约》，载《商务周刊》，2006（19）改写整理。

本章要点

1. 一般认为，"心理契约"的概念最早由阿吉里斯（Argyris）在 1960 年所著的《理解组织行为》一书中提出的，该书中探讨了工人与雇佣者之间一种隐性及非正式的理解与默契关系，并将之命名为"心理工作契约"。纵观心理契约理论的研究历程，又可以划分为三个阶段：第一阶段（20 世纪六七十年代），雇员个体和组织的双层面理解；第二阶段（20 世纪 80 年代），以雇员个体为中心的阶段；第三阶段（20 世纪 90 年代以来），"卢梭学派"和"古典学派"的争鸣阶段。

2. 从综合心理契约的研究进程来看，对于心理契约的理解存在广义和狭义两个层面。广义的心理契约是雇佣双方基于各种形式的（书面的、口头的、组织制度和组织惯例约定的）承诺对交换关系中彼此义务的主观理解；狭义的心理契约是雇员出于对组织环境和文化的理解，以及在对各级组织代理人作出的各种承诺感知的基础上而产生的。另外，值得强调的是，心理契约作为维系组织和成员关系的心理纽带，是维持和发展成员与组织间关系的内在力量。培育员工忠诚是企业人力资源管理所追求的一个重要目标，心理契约本身贯穿于人力资源管理全过程（招聘、培训、考评、激励等），是人力资源管理与员工忠诚之间的连接。

3. 心理契约与组织中常见的商业契约相比，具有主观独立性、内容不确定性、双向互动性和动态发展性四个特征。

4. 从构成上看，心理契约本身是一个综合体，包括交易型和关系型两个维度，不同的组合就形成了不同的心理契约。交易型维度关注经济的、货币化的关系，个人投入水平有限，契约内容明确、责任公开、可观察，交易的经济条件（已有的技能、竞争性的工资率和绩效导向的报酬）是主要诱因。相比而言，关系型维度关注情感化、非货币化的关系，个人投入水平深入，契约内容隐含、主观性强，并具有动态灵活性，长期性的、情感化的因素（培训和发展机会、长期职业生涯、长期承诺）是主要诱因。卢梭对心理契约的类型进行了更细致的分类，从雇员与雇主契约期限是"长期的"还是"短期的"，以及绩效要求是"明确界定的"还是"没明确界定的"两角度进行组合，发展形成了所谓的 2 × 2 模型，把心理契约划分为交易型（transactional）、关系型（relational）、平衡型（balanced）和过渡型（transitional）四种类型。其中，过渡型心理契约经常出现在组织发生重大变化时，例如兼并重组，此时员工信任度低、不确定性高、忠诚度差、流动率高；而平衡型则介于传统的交易型和关系型之间。

5. 心理契约作为维系组织和成员关系的心理纽带，是维持和发展成员和组织间关系的内在力量。因此，在具体人力资源管理活动中，都应从心理契约的建立、履行、更新的角度加以思考，培育出高组织忠诚度的员工。

6. 在企业成长过程中，不可避免地要面临裁员、重组、兼并等活动，这都将对企业组织与个人之间心理契约产生一定的冲击。这通常会体现在工资、晋升、工作技能变化、忠诚关系变化、企业文化认同等方面。

研究思考题目

结合中国企业实际，简要分析心理契约在人力资源管理中的应用。
简要分析中国企业成长与心理契约重构问题。

推荐阅读材料

[英] 马金、库帕和考克斯：《组织和心理契约》，北京大学出版社，2000。
[英] 弗雷德·鲁森斯：《组织行为学》，人民邮电出版社，2003。
凌文辁、方俐洛：《心理与行为测量》，机械工业出版社，2004。

第十九章 研究与开发管理

当今世界经济的发展证明，科学技术与生产力的联系较以往更加紧密，企业的生存和发展对技术创新的依赖程度越来越大。研究与开发（Research and Development，简称 R&D）作为技术创新的源泉和基础，在企业生存和发展中发挥着日益重要的作用。

第一节 研究与开发管理的内涵

一、研究与开发的基本概念

研究与开发是指为丰富理论、发展技术和开发新材料、新产品、新工艺以及新系统而有计划、有组织地进行的科学技术工作。研究与开发按其研究的目的可以分为：基础研究、应用研究和开发研究（或叫实验发展）。基础研究的主要内容是探索新的科学原理和规律，为发展技术和开发新材料、新产品、新工艺以及新系统提供理论基础。丰富理论是基础研究的直接目的，而理论的实用化则是基础研究的间接目的。应用研究是基础研究的继续，其目的在于开辟新的技术途径，解决发展新技术、新材料、新产品、新工艺以及新系统的技术基础。而开发研究是以基础研究和应用研究为基础，直接开发新技术、新材料、新产品、新工艺以及新系统的科学研究，其目的在于解决实现新理论的技术使用方法，将研究成果应用于现实社会中，使新材料、新产品、新工艺以及新系统能够进入实用阶段。研究与开发按其研究的主体可以分为科研、教育部门的研究与开发和企业的研究与开发。科研、教育部门的研究与开发大多为基础研究和应用研究，开发研究很少。企业的研究与开发则以开发研究为主，以应用研究和基础研究为辅。

由于市场需求日益复杂、市场竞争日益激烈，企业为了提高市场竞争力，越来越重视对产品、尤其是新产品的研究与开发。作为新产品研究与开发的后续形式，新工艺的研究与开发也日益受到重视。另外，由于市场环境的快速变化，企业研究与开发的重心也在逐渐扩大。过去，企业的研究与开发主要集中在新产品、新工艺等技术性领域，现在，企业研究与开发的对象开始逐渐向新组织结构、新组织行为、新工作方式等非技术性领域扩展。比如，施乐公司认为，要使公司与日新月异的技术进步保持同步发展，并使公司对市场环境的变化应付自如，就必须不断地对公司本身进行创新。这既包括对"技术结构"的创新，也包括对"组织结构"的创新。因此，公司研究部门的工作必须超越新产品的创新，它不仅需要不断地设计出新的"技术结构"，还需要不断地设计出新的"组织结构"，以便支持公司不断地进行自我创新。为此，施乐公司在20世纪90年代后招聘了一批人类学家、社会学家、心理学家和语言学家，以充实由自然科学家、工程师组成的传统的研究队伍。人类学家的研究发现了一线员工的实际工作方式以及局部性创新过程，并据此开发了相应的技术，把学习经验推向了整个公司，使施乐公司的创新能力得到了前所未有的提高。[①]

二、研究与开发的形式

常见的研究与开发形式可以概括为以下五种：

（1）独立研究开发。即在基础研究和应用研究的基础上，自行开发具有特色和创新性的新技术、新产品、新工艺以及新系统。采用这种研究开发形式，一般能够最有效地培养企业的科研技术人员，提高企业的科研技术研究能力。如果研究开发方向和研究开发时机的选择比较恰当，一旦开发成功，往往会给企业带来较大的经济效益和知名度。但独立研究开发一般难度大、投资多、周期长、风险也较大，比较适用于那些具有较强开发力量和雄厚资金的企业。

（2）引进技术。即利用国内外其他企业已有的比较成熟的技术进行研究开发。采用这种研究开发形式，不仅可以缩短研究与开发的时间，还可以节省人力、物力和财力，比较适用于那些研究开发力量较弱而制造能力较强的企业。但引进的技术属于别人已经采用的技术，别人的产品已经占领了一定的市场，加上引进技术需要支付一大笔资金，这给技术引进企业在发展技术和拓展市场上造成一定的困难。

（3）引进技术与创新相结合。即在引进国内外企业已有的成熟技术的基础上，加以吸收、消化和改进，研制出新技术、新产品、新工艺以及新系统。采用这种研究开发形式，不仅能够节省人力、物力、财力和时间，而且又能够充分提高企业的技术水平。因此，它是目前最常用的研究开发形式。

（4）联合开发。即与其他企业结成技术战略联盟，共同从事研究与开发。

---

① 约翰·西利·布朗：《再造公司的研究活动》，载于《知识管理》，第141~169页，彼得·F.德鲁克等著，中译本，中国人民大学出版社，1999。

建立技术战略联盟，一方面可以解决开发资金不足、开发经验少的问题；另一方面还可以分散开发风险，提高成功的可能性，尤其适用于那些研究开发的规模、难度及风险都比较大的高新技术企业。20 世纪 90 年代以来，建立技术战略联盟已成为企业开发高新技术产品的一种重要形式。比如，美国高级微型仪表公司同日本索尼公司共同研究开发存储器芯片；荷兰飞利浦公司与德国西门子公司建立了 5 年研究开发联盟。[①] 尽管技术战略联盟具有诸多优点，但它同时具有交易费用高、不确定性大、道德风险大等方面的弊端。

（5）委托研究开发。即将研究与开发工作委托给企业外部的研究机构或大学。这种形式有助于弥补企业研究开发能力不足和缩短研究开发周期，但开发过程和结果不易控制，保密也较困难。

三、研究与开发的意义

研究与开发对于提高企业的技术水平、使企业的产品更加适应社会需要、增强企业的竞争能力具有重要意义。

第一，研究与开发能够使企业不断创造出适应市场需求的新产品和新服务。在市场经济环境下，企业的生产和服务必须以市场需求为导向。当今的市场需求正在朝着细分化和个性化的方向快速发展。为了满足不断细分化和个性化的市场需求，企业必须经常研究开发，不断创造出多样化的产品和服务。只有不断开发新产品和新服务，企业才能够满足生产发展的客观需求，顺应社会经济的发展趋势。

第二，研究与开发能够使企业赶上科学技术日新月异的发展步伐。随着科学技术日新月异的快速发展，以及消费水平的迅速提高，工业产品的更新换代比以往任何一个时期都快。新产品从出现、成熟到消失的周期越来越短。在一些工业发达国家，现有产品的产量中，采用新技术的新产品占 20%~30%，在现有产品基础上改进性能和降低成本的新产品占 30%~40%，保持原状的新产品只占 30%左右。[②] 如果跟不上这种发展趋势，企业就会始终处于落后的状态，最终很可能会被竞争所淘汰。因此，为了在市场中生存和发展下去，企业就必须经常进行研究与开发，与科学技术保持同步发展。

第三，研究与开发能够提高企业的创新能力，增强企业的市场竞争力。当今，市场环境正在发生深刻的变化。总的来说，市场环境正在从一个大量市场产品和服务标准化、寿命期长、信息含量少、在一次性交易中进行交换的竞争

---

① 施礼明、汪星明：《现代生产管理》，第 206~207 页，企业管理出版社，1997。
② 马洪、孙尚清主编：《经济社会管理知识全书》，第 229 页，经济管理出版社，1988。

环境，向产品和服务个性化、寿命期短、信息含量大并与顾客保持沟通关系的全球竞争的环境转变。[1] 为了适应市场环境的这种变化，企业必须拓宽产品范围，缩短产品的生产周期，提高处理任意批量订单的生产能力。这就需要企业对已有的产品、组织、战略、管理诸方面进行改革，使之变得更加灵捷，因此，创新能力就成为企业竞争力的核心部分。国内外的实践证明，创新离不开研究与开发，研究与开发往往是创新的起点和源泉。研究与开发能力强的企业，往往创新能力也强，而创新能力强的企业，往往发展就快。比如，微软公司的迅速发展得益于产品创新，而产品创新又得益于强大的研究开发力量。微软公司在 1975 年创始之初只有一种产品，但在后来的 20 年里，产品增加到了200 多种以上。这与它每年投入 25 亿美元的研究开发资金显然有着密切关系。[2]我国许继集团有限公司 15 年来先后研制了 200 多种高新技术产品，使其主要经济指标实现了年均 35% 的高速递增。而重金投入高科技开发（每年研究开发经费占当年销售收入的 6.5%）是许继集团技术创新的首要原因。[3] 总之，在激烈竞争的市场环境下，谁在研究与开发上投资越多，谁就越有可能成为创新能力的强者，也就越有可能掌握市场竞争的主动权。

四、研究与开发管理的基本职能

不断开发新技术、新产品、新工艺以及新系统，以满足市场需要，增强企业的竞争力，是企业一项极为重要、复杂的任务。为了提高研究与开发的效率，保证研究与开发的各项工作顺利进行，必须对研究与开发进行全面、全过程的管理。

研究与开发管理有三个基本职能：战略职能、组织职能、控制职能。

（1）战略职能。研究与开发需要在明确的战略指导下进行。企业要根据自身的目标市场和产品特点，明确制定研究与开发的方向、范围、目标以及实现目标的方法和措施。研究与开发战略是企业从事研究与开发所必须遵循的指导思想和行动指南，它有助于企业管理部门和研究与开发人员开拓思路、明确方向和规范行为。研究与开发战略主要解决以下问题：在什么领域进行研究与开发？研究与开发的目标是提高销售额和利润率，还是扩大市场占有率，或是提高质量、降低风险等其他因素？为了实现目标，如何发掘创意？采取怎样的开

---

① 孙选中、宋照霞、冯树爱：《角逐"灵捷"：企业竞争的大变革》，载《经济日报》，2000 年 7 月12 日。

② 孙平、王谊：《产品创新》，第 15~17 页，西南财经大学出版社，1998。

③《许继集团踏上高速发展快车》，载《经济日报》，2000 年 5 月 28 日。

发时机？选择怎样的研究开发形式？如何配备研究与开发资源？等等。

（2）组织职能。企业的研究与开发活动是一项群体的创新活动。为了提高它的效率，有必要对研究与开发活动的参与者进行合理的专业化分工，使之形成相互协作的关系。同时，为了使专业化分工不妨碍企业创新能力的发挥，又有必要对研究与开发的组织结构进行特殊设计，使之具有充分的自主权和灵活性。研究与开发的组织管理主要包括以下几个方面：研究与开发由哪一个层级负责管理？具体由谁来负责管理？采取什么结构的研究与开发组织？为研究与开发组织配备什么样的人才？

（3）控制职能。研究与开发过程是一个有组织、有目标、需要充分发挥组织成员的综合创造力的过程，它应该是一个富有团队精神的创造性过程。为了形成卓有成效的团队精神，建立有利于创造性人才的生产性环境，促使他们充分发挥个人的创造力，尽可能地实现资源共享就显得极为重要。人才管理涉及创造性人才的识别、培养、激励、配置和协调等问题。日程管理也是一项必要的工作，它主要解决以下问题：监控研究与开发的进度，以确保研究与开发项目按计划完成。当需要缩短研究与开发周期时，合理作出如何缩短研究与开发周期、具体缩短哪个部分的研究与开发工作等问题的决策。

第二节　研究与开发战略

研究与开发是一项有助于提高企业技术水平和市场竞争力的活动。它不仅需要投入大量的资金和技术力量，而且还要花费较长的时间，并可能孕育着较大的风险。如果研究与开发失败，将给企业造成较大的损失。因此，研究与开发必须在明确而正确的指导方针下进行，制定研究与开发战略是关系到研究与开发成败的首要因素。本节拟就研究与开发战略的作用、基本内容、基本类型以及选择机制进行概述。

一、研究与开发战略的作用

研究与开发战略是指配合企业的总战略，根据企业的经营环境与研究开发力量制定的总体的、长期的研究开发方向，以及相应的资源配置计划。研究与开发战略是企业从事研究与开发活动所必须遵循的指导思想，也是研究与开发部门和研究与开发人员的行动指南。研究与开发战略包括研究与开发的领域、目标、实施步骤和实施措施。研究与开发战略的作用可以概括为以下三点：

第一，研究与开发战略是企业总战略的重要组成部分。在多数情况下，它属于职能级战略，处在企业总战略和部门（或产品）战略之下。在垂直方向上，企业总战略与部门（或产品）战略之间是决策与执行的关系，部门（或产品）战略以及研究与开发战略之间是决策与执行的关系，因此，研究与开发战略直接担负着支持部门（或产品）战略的义务，它为部门（或产品）战略的实现提供坚实的技术基础和后援保证。在水平方向上，研究与开发战略与生产战略、市场营销战略、人力资源开发战略、财务战略等职能级战略形成协同和协调关系。一方面，它为实现生产战略、市场营销战略等战略提供技术基础和后援保证，是实施生产战略、市场营销战略等战略的前提条件。生产战略、市场营销战略只有与研究与开发战略相互结合和协同作战，才可能真正具有竞争力和创新性。另一方面，研究与开发战略作为企业总战略的分战略，还必须与其他职能级战略的运行保持和谐一致的关系。

第二，研究与开发战略保证资源配置获得最大经济效益。在现实中，企业很容易陷入盲目和随意研究开发的陷阱。这是因为企业为了生存和竞争，需要不断地进行创新，不失时机地抓住每一个创新的机会。而对于企业来讲，可能导致创新的研究开发领域又很多，其中一些研究开发如果成功，会给企业带来巨大的经济效益。因此，在内在驱动和外部诱惑的引导下，一些企业就会头脑发热，不对自己的技术力量进行客观分析，见到什么开发什么，研究与开发完全被市场机会牵着鼻子走。其结果造成研究与开发带有盲目性和随意性，浪费了大量的资源，而没有提高成功的概率和获得相应的经济效益。因此，企业必须有目的地进行研究与开发。而研究与开发战略可以使研究与开发活动摆脱盲目性和随意性，提高研究与开发的成功率和经济效益。研究与开发战略的首要任务是为企业的研究与开发活动划定边界、限定方向。这包含两个层次的意义：一是限制企业把资源投向不适合本企业参与的研究开发领域和发展潜力小的研究开发机会。二是鼓励企业开拓特别适合本企业参与的、具有良好发展潜力的研究开发机会。这样就可以使用于研究与开发的资源获得最大经济效益。

第三，研究与开发战略指导企业研究与开发的全过程。企业的研究与开发活动是由一系列相互关联的步骤构成的有机体。进行研究与开发，首先需要构思，即收集创意。创意是研究与开发的起点。其次需要对创意进行评价和筛选，确定具体的研究与开发项目。再次还需要设计具体的研究开发计划，建立有效的研究开发组织，配备相应的人力、物力和资金。进入实际研究开发的过程后，需要对研究开发的进程、阶段性成果等方面进行管理。最后还需要对研究开发的成果进行评价。由此可见，研究与开发活动包含着诸多复杂的子活动，它们相互关联、相互影响、相互衔接，一环扣一环，共同构成研究与开发活动。这些子活动之间的有机联系是关系到研究与开发活动成败的关键。因此，为了确保研究与开发活动的内部有机性，就必须建立一个明确的研究与开发战略，并据此对研究与开发活动的全过程进行统一指导和管理。只有在研究与开发战略的统一指导下，研究与开发活动内部的各个组成部分才可能形成协同作战、协调一致的关系，研究与开发活动因而才可能具有效率。

二、研究与开发战略的基本内容

研究与开发战略包括四个部分：战略领域、战略目标、战略步骤和战略措施。

研究与开发的战略领域是指企业从事研究与开发的基本方向和范围。明确竞争战略领域的目的在于发挥研究与开发战略的限制转向作用，使研究与开发避免盲目性和随意性。界定研究与开发的战略领域，一般需要考虑产品、用途、市场和技术四个因素。考虑产品，就是要明确以哪种产品作为研究与开发的对象。比如，是消费品还是工业品，是高新技术产品还是普通技术产品，是家电产品还是办公设备，等等。研究与开发的战略领域可以是单一的，也可以是多样的，还可以有一个主攻领域和若干个副攻领域。企业需要根据自身的总战略和技术力量来界定研究与开发的战略领域。考虑用途，就是要明确以什么用途的产品作为研究与开发的对象。比如，是个人用还是办公用。由于产品用途不同导致产品性能与结构不同，因此，明确产品用途可以使研究与开发目的更加明确。考虑市场，就是要分析研究与开发的产品的市场状况。具体来说，新产品是针对原有的市场还是针对新市场，新产品市场是以什么特征的消费群体为对象，等等。企业可以通过人口特征状况、顾客状况、心理特征分析等方法来分析市场特点。考虑技术，就是要考虑可以利用的所有技术，包括企业原有的技术以及其他企业所拥有的相关技术。企业可以独立研究，自行开发新技术，也可以引进技术，加以改进，还可以与其他企业联合开发。

研究与开发的战略目标是指研究与开发要达到的目标，是企业研究与开发方向的具体化。研究与开发的战略目标主要有三种：发展目标、市场目标和特殊目标。发展目标是指在一个较长时间内研究与开发的产品的发展规模和速度要达到的目标，一般用产量、产值、销售额、利润额等指标表示。企业可根据自身的实际情况，选择不同发展规模和速度的目标。市场目标是指在一个较长时间内研究与开发的产品的市场规模要达到的目标，一般用市场占有率表示。企业可根据研究与开发的产品的潜在竞争力决定其市场目标是保持市场占有率，还是提高市场占有率，或是开拓新市场。特殊目标是指企业根据自身的实际情况，为研究与开发的产品制定的一些特殊目标。比如，产品多样化目标就是企业为降低经营风险和增强市场适应力而制定的特殊目标。

研究与开发的战略步骤包括收集创意、评价和筛选项目以及实施研究与开发。收集创意是研究与开发的第一步，它为制定研究与开发的基本方向提供依据。创意产生的范围很广，研究与开发部门、制造部门、市场营销部门、高层管理人员、一线工人、顾客、销售商、供应商、外部专家等都可能提供有价值的创意，需要企业专门进行收集。评价和筛选项目是研究与开发成败的第一关。研究与开发项目是否对路，直接关系到新技术、新产品、新工艺的成败和企业获得经济效益的多少。因此，需要组织专人进行评价和筛选。当确定了研究与开发项目后，研究与开发就进入了实施阶段。

研究与开发的战略措施是指企业实施研究与开发所采取的具体方法和手段。比如，通过什么渠道收集创意，采取什么方式筛选研究项目，采取何种研究开发方式，建立什么结构的研究开发组织，配备多少研究开发人员，如何招聘、培养和激励创造性人才，如何控制研究项目的进度，等等。

三、研究与开发战略的基本类型

研究与开发战略由于其组成要素不同，可以有无数种组合。企业可根据自身的经营环境和技术力量，选择不同的研究与开发战略。以下列举几种常见的研究与开发战略。

（1）攻势战略。其特点是企业在经营领域处于稳定地位并获得一定优势的前提下，通过研究开发，进一步积极地扩大企业规模，增强企业的竞争能力和发展潜力。攻势战略的领域一般限定在产品技术和用途上，即以研究开发新技术和新用途为对象。其战略目标往往是快速发展和提高市场占有率。研究与开发的创意一般来自研究开发部门和市场营销。研究开发多采用独立研究开发和技术引进与创新相结合。攻势战略的研究与开发有一定的难度和风险，要求企业具有较强的技术力量，但其投入的资源有一定的限度，因此，不会对企业造成全面的风险，比较适用于有较大规模和较强技术力量的企业。

（2）冒险战略。其特点是企业在原有的市场地位受到威胁的情况下，将大量资源投入到某种全新技术和产品上，以开辟新市场，大幅度地提高企业竞争能力和发展潜力。冒险战略下，研究与开发的领域往往是某种全新技术和某种产品的全新用途，创新程度很高。冒险战略的目标一般是快速发展、大幅度地提高市场占有率和开辟新市场。研究与开发的创意来源多是研究与开发部门。研究与开发多采用独立研究开发、联合研究开发和技术引进。冒险战略需要企业在技术、资金、市场营销等方面具有较强的实力。如果成功，将给企业带来巨大的收益，但如果失败，将给企业造成巨大的损失。因此，冒险战略具有很大的风险，只适用于实力雄厚的大企业。

（3）守势战略。其特点是企业在内部经营状况和外部环境没有发生重大变化的情况下，为继续保持现有的市场地位和竞争能力，有选择地研究与开发一些风险较小的新产品。守势战略下，研究与开发的领域一般为某种特定市场的产品，与原有产品具有密切联系。攻势战略的目标往往是保持适当的发展规模和发展速度，或者适当地提高市场占有率。攻势战略所研究开发的产品创新程度不是很高，多为对原有产品的改进。研究与开发的创意主要来自市场营销。研究与开发多采用独立研究开发和引进技术。这种战略具有投资少、风险小、周期短等优点，适用于实力一般且资源较少的企业。

（4）紧随战略。其特点是企业为了保持和发展市场地位，紧跟实力雄厚的同行竞争者的研究开发动向，研究与开发与竞争者的技术与产品类似的技术和产品。紧随战略下，研究与开发的领域多为产品和产品用途。紧随战略的目标一般是保持适当的发展规模和发展速度，或者维持和提高市场占有率。研究与开发的创意主要来自市场营销，其创新程度多为对竞争者产品的模仿或者改进。这种战略具有投资少、风险小、见效快的优点，但要求企业能迅速掌握竞争对手的研究开发动向和信息，还需要企业具有较高的营销水平，因此，适用于规模不大、技术力量不强的企业。

第三节　研究与开发组织

研究与开发活动是一项由很多人参与的创新活动。它不仅需要有计划、有目的地进行，而且还需要有组织地进行。研究与开发的组织管理是指根据研究与开发战略，规定研究与开发组织各成员的职责及其相互关系，并选择与之相适应的控制方式即组织结构。本节拟就研究与开发的组织特征、组织决策以及组织形式进行概述。

一、研究与开发的组织特征

研究与开发活动是一项创新活动，与企业的其他经营活动不同的是，它特别需要发挥组织成员的创造力。组织成员的创造力是决定研究与开发活动存在与否和质量的关键因素。组织成员是否不断创新、不断开拓新事业，与组织环境有着密切关系。

第一，创造力的发挥需要知识的重组和综合，要求组织成员在拥有专长的同时，还具有宽广的知识面和多样化的技能。因此，在组织内部就不能进行过度的分工和专业化。过度的分工和专业化会造成组织成员知识面窄，综合能力差，创新效率低。研究与开发组织必须摆脱高度分工和专业化的组织结构。

第二，创造力的发挥需要组织内部信息畅通，因此，要求组织结构不能过多的层级化和复杂化。因为组织结构过度的层级化和复杂化会使过多的层级之间相互隔绝、沟通困难，对组织成员进行知识交流造成障碍，影响团队创造力的形成。因此，研究与开发组织必须具有层级简单的特点。

第三，创造力的发挥需要有充分的自主决策权，因此，要求组织结构不能过多的层级化和复杂化。因为过多的层级化和复杂化必然导致高度规范化，而高度规范化必然要求组织成员服从命令，听从指挥，按章行事，形成协调一致的关系。因此，组织成员不可能拥有较多的自主决策权。这样的组织结构适用于那些常规化、程序化程度较高的工作，但不适用于常规化、程序化程度较低的工作。而研究与开发和常规化、程序化程度较高的工作不同，是一个非常规化、非程序化程度较高的工作。在研究与开发过程中，每时每刻都可能发生意想不到的变化，出现这样那样的问题，需要及时加以解决。如果研究与开发组织没有自主决策权，凡事都要经过上级管理层次的决定，那么，就是拥有再好的解决思路和方案，也可能失去用武之地。因此，要使研究与开发组织发挥创造力，就必须让其拥有充分的自主决策权。

第四，创造力的发挥需要灵活性，因此，要求研究与开发组织不能过度程序化和规范化。因为当今的创新是高速度的创新，企业必须比竞争对手更快地开发出新技术、新产品和新工艺，而过度的程序化和规范化要求组织成员一切按照程序和规章制度行事，这就必然延缓创新的速度，延误创新的机会。因此，对于研究与开发工作，不一定设置严格、周密的程序或规章制度，而应该设置具有较大灵活性的程序或规章制度。

第五，创造力的发挥需要敢于打破常规，因此，要求研究与开发组织不能过度规范化。因为研究与开发工作一旦过度规范化，组织成员就容易形成循规蹈矩，唯唯诺诺，不敢越雷池半步的习惯，这显然与发挥创造力背道而驰。因此，研究与开发工作不应该以规范化为唯一准则。

二、研究与开发的组织职能

为了合理有效地组织研究与开发，企业必须对研究开发活动的管理层次、管理职能、组织结构形式和人才构成等问题作出决策。

管理层次决策是指对研究与开发计划的负责人和组织者作出界定，即对研究与开发的管理体制作出决定。具体要界定的问题有，由哪一个层次负责制定和管理研究与开发的总体计划，由哪一个层次来组织研究与开发工作。一般来讲，有两种研究开发管理体制：一级管理体制和多级管理体制。所谓一级管理体制，是指研究与开发工作由公司统一管理的体制。公司负责制定和管理研究开发的总体计划，并负责组织研究开发工作。比如，设置研究所专门从事研究开发。所谓多级管理体制，是指研究开发工作由多个层级负责管理的体制。比如，研究开发的总体计划由事业部制定和管理，研究开发工作由专门设置的研究开发部门组织。多级管理体制还可以采取研究开发总体计划由公司和事业部共同制定和管理，研究工作由公司承担，开发工作由事业部承担。选择什么形式的研究开发管理体制，需要考虑研究开发战略、各管理层级的技术力量、实力大小等因素。

管理职能决策是指对研究开发计划的执行者作出界定。具体要界定的问题有两个：第一，由最高管理人员负责还是由职能部门负责。这需要根据研究开发的风险程度、紧迫性、复杂性等因素来决定。一般来讲，如果企业采取冒险战略或紧随战略，研究开发需要冒较大的风险，研究与开发工作就需要由最高管理人员负责。如果企业采取守势战略或攻势战略，研究开发多为对原有技术、产品的改进，所冒风险不大，研究与开发工作就可以由职能部门来负责。另外，如果研究开发的时限很短，又涉及多个部门的合作，研究开发就需要由最高管理人员来进行协调管理，而不能交由职能部门负责。第二，由哪个职能部门负责。一般可以选择研究开发部门或者市场营销部门。至于具体选择哪个部门，需要考虑研究开发创意的来源渠道。如果创意多来自市场营销，就可以由市场营销部门负责研究开发工作。如果创意多来自实验室，就应该把研究开发工作交给研究开发部门负责。除此之外，还应该充分考虑研究开发部门对市场需求和消费者行为的了解程度。如果研究开发部门对市场需求和消费者行为缺乏了解，就应该让市场营销部门也承担部分责任。

结构形式决策是指对研究开发的组织形式进行界定。由于传统的层级制组织权力集中，高度专业化和规范化，不利于发挥研究开发组织的创造力，因此，需要选择有别于传统层级制组织的组织形式。常见的组织形式有委员会、项目小组、产品线组织、矩阵小组和风险组织。每个组织形式都各有利弊，需要企业根据自身的实际情况来选择。这些研究开发组织的具体内容将在下一小节中介绍。

人才构成决策是指对参与研究开发的人员进行界定。一般来讲，研究开发需要以下几种人员：①战略制定者。他们主要从事研究开发的总体计划的制订，而不负责单个项目的研究开发。②创意创造者。他们提供研究开发的创意。创意创造者的范围非常广泛。他们可以是研究开发部门的研究人员，也可以是销售人员、一线工人；他们可以是企业内部人员，还可以是企业外部人员，比如外部专家、顾客。③评判员。他们主要从理性的角度出发，从各方面推敲研究项目的合理性，以避免出现因某一方面考虑不周而使项目陷入泥潭的状况。④项目经理。他们是将筛选出来的研究项目变为新产品的负责人。⑤宣传者。他们主要负责宣传正在或者即将研究开发的项目的潜在价值，以得到各方面的认同和支持。⑥主办者。他们是研究开发活动的领导者，往往是企业的最高领导人。

三、研究与开发组织的基本形式

常见的研究与开发组织可以概括为以下六种：

（1）独立组织。这是一种将研究开发专家集中起来进行研究开发的组织形式，比如研究开发部、研究所等。独立的研究开发部门拥有充分的自主决策权，能够独立制定研究开发总体计划，并按需要调配资源，组织力量研究开发。独立的研究开发部门多从事长期（如3~10年）研究开发，开发对象一般是新技术和新产品。独立的研究开发部门的优点是，将研究开发专家集中起来，可以最大限度地发挥专业化的优势，并促进专业化资源在每个研究开发项目间的共同分享。但独立的研究开发部门对其研究开发项目能否快速实现产品化，以及是否满足市场需求和市场趋势并不一定认识得很透彻。因此，采取这种组织形式需要加强研究开发部门与生产、市场营销等部门之间的联系，并做好它们之间的协调工作。独立的研究开发组织适用于规模大、资源丰富、研究开发需求高的企业。

（2）产品线组织。这是一种按照产品从事研究开发的组织形式。比如，一些大企业按照产品设置事业部，在每个产品事业部里又设置研究开发部，这个研究开发部就是产品线组织。产品线组织专门从事某个产品的改进以及相关产品的开发等工作，研究开发项目多为1年半以下的短期项目。产品线组织都有一个产品经理，他负责产品的改进与开发工作，包括制定产品改进与开发的计划，促进研究开发部与生产、市场营销部门之间的信息沟通，以确保最快、最有效地完成产品开发任务。产品线组织的优点是，责任明确，易于协调，开发与市场紧密结合。但采取产品线组织，可能导致企业重复配置资源。产品线组织适用于规模大、研究开发任务多的企业。

（3）矩阵组织。这是一种按照项目或任务组合研究开发人员的组织形式。比如，企业要开发某种产品，就可以从研究开发、设计、生产、市场营销等相关部门抽调具有专业知识的人员，组成项目或任务小组，进行研究开发。由于研究开发项目的性质不同，矩阵组织可以是临时性的，也可以是永久性的。临时性矩阵组织可能只存在几年甚至几个月，而长期性矩阵组织则需要存在几年以上。矩阵组织由项目经理和职能部门经理共同管理。具体分工是：项目经理负责与项目目标达成有关的工作，职能部门经理负责考核、晋升、薪酬等工作。矩阵组织是独立组织和产品线组织的一种结合，它兼收了这两种组织的优点，而避免了它们各自的缺点。它的优点在于，既能发挥独立组织的职能专业化优势，又能像产品线组织那样做到责任明确、协调一致以及开发和市场紧密结合。但矩阵组织存在管理混乱、权力斗争等问题。为了避免这些问题，要求项目经理与职能经理经常保持沟通，建立良好的人际关系。矩阵组织适用于任何企业。

（4）委员会组织。这是一种跨越职能界限，专门指导和协调研究开发工作的组织形式，比如新产品委员会。委员会可以是永久性的，也可以是临时性的。委员会的主要任务是，制定研究开发战略和总体计划，评价和筛选开发项目，决定资源配置方案，进行日常协调等。委员会的成员来自不同的职能部门，但他们长期地属于某个职能部门，只是定期或不定期地集合在一起，进行工作。因此，委员会组织不是常设组织，而是会议体组织，是附加在企业原有组织上的组织。委员会组织的优点是灵活、易于协调、便于重组和综合知识，是一种使用广泛的组织形式。

（5）项目组织。这是矩阵组织的一种简单形式。它的特点是临时性。当企业急需在很短的时间内开发出复杂且需要多个职能部门参与的项目的时候，项目组织就会成为首选的组织形式。项目组织是一种为项目而存在的松散组织。项目组织只在项目存在期间存在，项目完成后，项目组织就解散了，其成员又回到原有的组织里。项目经理的人际关系是项目成功的关键因素。

（6）风险组织。这是一种企业形态的组织，其成员来自企业各个职能部门，但他们完全脱离了原有部门，专门从事研究开发工作。风险组织主要有两种类型：企业内风险组织和企业外风险组织。前者有风险小组，他们从不同企业或事业部调配资源，对研究开发承担全部责任。后者有风险企业，如母公司出资建立的风险企业。风险企业自主经营，自负盈亏。风险组织具有很大的自主决策权，一般从事开发难度大、风险大的项目。

第四节　研究与开发控制

当制定了研究开发战略，选择了研究开发组织后，企业就可以进入研究开发的实施阶段。为了保证研究开发按照计划顺利进行，企业还需要对研究开发过程进行全面控制，控制涉及人员、时间、成本、技术等方面。本节拟就其中的人员、时间以及成本的控制进行概述。

一、研究开发人员的管理

研究与开发需要投入大量的人力。研究开发人员对于实现研究开发目标具有十分重要的作用。企业为了使研究开发人员按照所期望的工作方式进行工作，必须做好研究开发人员的甄选、配置、培养、激励、考核各方面的工作。

企业首先需要甄选一批价值观、态度、个性和知识结构都符合研究开发要求的人员。由于研究开发活动是一项团队创新活动，需要综合运用不同特点、不同专业人才的创新能力，因此，企业在甄选人员时，特别需要注意不同类型人员的搭配。比如，现实中，人各有不同的特点，有的人善于出创意，有的人善于组合创意，而有的人则善于开发创意的实用价值。如果企业能够有意识地将这些不同特点的人组合起来，加强他们之间的沟通，就可能形成一种超越个人创新能力的团队创新能力。

研究开发人员的创新能力需要企业采取多种方法来培养。比如，让研究人员与客户以及市场营销人员保持定期交流，可以帮助他们了解市场需求，拓宽创新领域；让研究人员到生产制造部门短期工作，可以增加他们的生产知识，使研究开发更适用于生产；组成职能交叉的研究开发小组，让产品设计、生产制造、市场营销等部门的人员参与研究开发，可以使研究开发人员了解产品创新的全过程和相关知识；定期地组织研究开发人员培训，可以提高他们的理论水平。为研究开发人员设计工作路径，可以迅速、有效地提高他们的创新能力，等等。

对研究开发人员的工作要进行考核。考核不仅可以使研究开发人员朝着公司所期望的方向工作，而且还可以成为评价和奖励研究开发人员的基础材料。由于研究开发工作的结果一般需要在很长时间后才能够得到确定，因此，很难在短期内全面衡量研究开发人员的工作绩效。企业可采取阶段性考核的方法，对于不同阶段要实行不同的考核方法。

激励研究开发人员必须注意以下几个方面：第一，充分尊重研究开发人员的个性，容忍他们的某些超常行为，允许他们的某些失败。第二，充分赋予研究开发人员自主决策权，鼓励他们自由提出研究项目，参与开发项目的选择，并自由组合研究小组。第三，让研究开发人员持续地参与具有挑战性的研究项目。这是鼓励和保持研究开发人员创新斗志的最好方法。第四，承认研究开发人员的个人成就，并对此进行物质与精神两方面的奖励，如给予成果奖励金、工资提级、晋升、股票分红、股票期权、口头表彰、旅游奖励等。

二、研究与开发项目的日程管理

研究与开发项目的日程管理是一项很必要的工作。第一，在竞争激烈的市场环境下，企业需要以比竞争对手更快的速度开发出新技术、新产品和新工艺，因此，需要对研究与开发项目进行严格的日程管理。第二，研究与开发存在不确定性。人们无法事先预测到研究与开发过程中所要发生的变化，因此，需要对研究与开发的进度进行频繁的监控。但是，研究与开发项目的日程管理又是一项很困难的工作。这是因为时间往往牵涉到人力投入量和成本。比如，提高研究与开发的进度，会造成人力投入量的增加和成本上升。而推迟研究与开发的进度，也会造成人力投入量的增加和成本上升。这就需要企业平衡好时间、人力投入量和成本之间的关系。

研究与开发项目的日程管理主要解决以下问题：监控研究与开发的进度，以确保研究与开发项目按计划完成。当需要缩短研究与开发周期时，合理作出如何缩短研究与开发周期、具体缩短研究与开发工作的哪个部分等问题的决策。研究与开发项目的日程管理方法主要有甘特图（Gantt chart）、计划评审技术（PERT）和临界路径法（CPM）。

甘特图是美国工程师亨利·甘特开发的日程管理表。它用横轴表示时间，用纵轴表示项目的各组成部分，用线条表示项目各组成部分的所需时间。细线条表示项目各组成部分的计划所需时间，粗线条表示项目各组成部分的实际所需时间。甘特图的优点是简单明了，容易掌握项目各组成部分的进度，但使用甘特图不容易把握各组成部分之间的关系，很难对缩短项目周期所需要缩短的具体部分作出决策。

计划评审技术是美国海军与咨询公司共同开发的、用于监控大规模项目进度的日程管理方法。计划评审技术包括四个步骤：①明确项目各组成作业及其所需时间。②作出网络图。③计算临界路径。④在项目实施途中重新计算临界路径，并对计划作出必要的调整。具体来讲，首先列出项目各组成作业及其先行作业和所需时间，并据此画出网络图。网络图由目标线（表示作业）和圆圈（表示结合点）构成。网络图显示各作业的前后作业是什么，以及整个项目是按照什么顺序进行的。然后，需要计算出各作业的最早开始时间（完成时间）、最迟开始时间（完成时间）以及各种作业富余时间，最后把那些总富余时间为零的作业连接起来，当做临界路径。临界路径是网络图上完成项目所需要的最长线路。如果需要缩短项目周期，那么，就只能缩短临界路径上的作业的时间。这样，通过计算临界路径，就可以知道项目进度管理的重点所在，以及如何缩短项目周期。

临界路径法（CPM）是美国杜邦公司开发的项目日程管理方法。计划评审技术当初是为管理时间而开发出来的方法，后来美国海军又开发了用于管理成本的计划评审技术，被称做 PERT/COST。而临界路径法一开始就是为管理时间和成本而开发的，有四个步骤：①计算项目各作业的成本增加率。②计算临界路径。③找出临界路径上成本增加率最小的作业。如果需要缩短项目周期，那么，缩短这个作业的时间。④重新计算完成项目所需时间以及所需成本。为了计算项目各作业的成本增加率，首先，必须列出在正常情况或特急情况下完成各作业的所需时间和成本。然后，根据以下公式计算各作业的成本增加率。

$$成本增加率 = \frac{特急成本 - 正常成本}{正常时间 - 特急时间}$$

临界路径的计算方法与计划评审技术的计算方法基本相同，需要根据各作业的所需时间并先行作业画出网络图，计算各作业的最早开始时间（完成时间）、最迟开始时间（完成时间）以及各种作业富余时间，最后把那些总富余时间为零的作业连接起来，作为临界路径。然后，根据成本增加率求出临界路径上成本增加率最小的作业。如果需要缩短项目时间，那么就缩短这个作业的时间。最后，重新计算项目所需时间和所需成本。这样，通过临界路径法，就可以制定出一个既满足计划又使开发成本最小的日程计划。

本章案例

国际哈维斯特公司的研究开发奖励制度

美国国际哈维斯特公司对研究开发人员实行了以下奖励制度：①根据个人技术业绩决定工资提级。②根据被邀请参加权威性学会的次数、是否成为权威性学会的负责人、在权威性杂志上发表论文次数以及取得新学位等情况分别给予 100、200、300、500 美元四个档次的奖励。③对于研究开发人员的特殊贡献，给予不超过年薪 25% 的奖金。④对于取得专利的研究开发人员，根据专利的复杂性以及对企业的贡献，给予不同程度的奖金。⑤根据企业利润、集团利润以及个人业绩决定研究开发人员的奖金。⑥对有贡献的研究开发人员进行表彰。⑦公司最高领导人设宴招待有贡献的研究开发人员。

资料来源：小川英次、岩田宪明：《生产管理入门》，第45~46页，同文馆出版，1994。

本章要点

1. 随着科学技术与生产力的联系日益紧密，研究与开发在企业生存和发展中发挥着越来越重要的作用。研究与开发的意义在于，提高技术水平，使产品更加适应社会需要，以增强竞争能力。研究与开发按其研究的目的可以分为：基础研究、应用研究和开发研究。常见的研究与开发形式有：独立研究开发、引进技术、引进技术与创新相结合、联合开发、委托研究与开发。研究与开发管理的三个基本职能是战略职能、组织职能和控制职能。

2. 研究与开发必须在明确而正确的指导方针下进行，制定研究与开发战略是关系到研究与开发成败的首要因素。研究与开发战略的四大组成部分是：研究与开发的领域、目标、步骤和措施。研究与开发战略由于其组成要素不同，可以有无数种组合。企业可根据自身的经营环境和技术力量，选择不同的研究与开发战略。常见的研究与开发战略有：攻势战略、冒险战略、守势战略和紧随战略。

3. 研究与开发的组织特征是：①不实施精细严格的专业分工。②组织结构扁平化。③组织成员有充分的自主决策权。④工作程序和规章制度具有灵活性。常见的研究与开发组织有：独立组织、产品线组织、产品委员会、矩阵组织、项目小组和风险组织。每个组织都有其长处和短处。企业应根据自身的实际情况选择研究开发组织。

4. 为了使研究开发人员按照所期望的工作方式进行工作，需要甄选一批价值观、态度、个性和知识结构都符合研究开发要求的人员，需要采取多种方法来培养研究开发人员的创新能力，要对研究开发人员进行工作考核并实施激励。

5. 研究与开发项目的主要日程管理方法有甘特图、计划评审技术和临界路径法。

研究思考题目

运用本章知识分析企业研究与开发组织的结构特征。

推荐阅读材料

孙平、王谊：《产品创新》，西南财经大学出版社，1998。

施礼明、汪星明：《现代生产管理》，企业管理出版社，1997。

诸鸿：《新产品开发及其商品化》，中国人民大学出版社，1997。

梅尔·克罗福特：《新产品管理学》，孙平等译，四川人民出版社，1988。

第二十章　负债经营、股票溢价与证券化融资

本章试图分析有关企业筹资方式的决策问题。由于现代企业的资金来源被分为资本与负债两大部分，因此，企业的融资活动也围绕着负债经营与资本扩张而展开。有关企业筹资方式需要分析的问题很多，但这里主要分析三个问题，即为什么要负债经营、股票溢价的原理和证券化融资。

第一节　为什么要负债经营

众所周知，现代企业的负债主要包括金融性负债和经营性负债两大部分。前者是企业对银行等金融机构的负债，后者是企业在经营过程中对其他有关经济主体的负债。

一般来说，企业负债经营是完全正常的，有的国家如美国的企业的负债比率（负债占资金来源的比例）比较低，达40%~50%，有的国家如日本的企业的负债比率比较高，达70%~80%。不同行业的企业的负债比率也有很大的区别。现在我们有的人以为负债超过资本就是"资不抵债"了。其实，这里的"资"不是资本的"资"，而是资产的"资"。换句话说，负债超过资本也是完全正常的。在国外大多数股份公司中，资本或股东权益常常是资本金的若干倍，总资本是自有资本的若干倍，这也就是为什么把股份公司称为"资本放大器"的道理。由于在传统国营企业的资金来源中没有负债的概念，人们对负债的认识存在一定的误区，所以我们有必要对负债的内涵进行具体的分析。

一、定性的分析

可以认为，与增资（或扩大股本）相比，负债具有这样一些特点：

（1）负债不涉及企业所有权——如果企业通过向社会招股来扩大资本，那就会改变持股构成，就会改变企业的出资结构即所有权结构。而如果采取负债的办法，不管是从哪里借的债，都不会影响权力结构，即使是从外国借的钱，

也不会影响所有性质。

（2）负债是一种合理避税的手段——假设某个企业没有负债，营业收入减去成本就等于利润，也就等于税前利润，这样必须缴纳的所得税就比较高。根据会计法律规定，利息是可以打入成本的，所以，企业通过负债的调节，就能够调节税前利润的多少，从而达到少交或不交所得税的目的。

（3）本金可以还也可以长期不还——有的人以为偿还本金对企业来说是一个很重的负担，其实企业可以"以新还旧"，即借新债还旧债，就好像国债一样。因此，在企业看来，只不过是每年交利息而已。

（4）企业实际负担可能小于股票——一般来说，自有资本为长期资金来源，他人资本为短期资金来源，当然这个界限并不是非常严格的。比如说一个企业发行股票，股息率为每年30%，这个比率可能高于银行利息率。从银行借款到三五年要还本，这对企业是一个负担，但是，假定银行利息率是每年10%，企业能够负担。另外，股息支付在税后，利息支付在税前，两者对企业的压力显然是不同的。对于本金，可以到期还，也可以借新的还旧的，就和国库券一样，实际上变成了长期资金来源，这时对企业的压力比资本可能更小一些。

（5）某些债务对企业来说是没有危险的——例如，目前某些企业对用户实行提前半年预付款的制度，这种用户交来的预付款虽然也算公司负债的一部分，但并没有什么不安全的地方，反而增加了企业的周转资金。同样，企业提取的一些准备金、职工福利基金等也都算在负债之中，而这些负债对企业来说没有任何的实际压力，反而是廉价的资金来源。

（6）提高企业的知名度——发行企业债券与发行股票效果相近，通过发行企业债券过程中的一系列宣传，社会公众会加深对企业的了解，同时也促进了销售，有利于巩固和扩大企业的市场占有率。

如前所述，企业的资金来源分成资本与负债两大部分，那么，究竟每个部分应该占多大的比例呢？确定资本结构时要看企业的行业性质，要看企业资产的性质。比如说资产流动性强，变成现金容易，那么，负债水平就可以高一些。换句话说，资产经营循环快，负债比率就可以高，比如，卖服装的一买一卖周期很短，那就可以负债高一些。

从经营策略上看，企业负债经营还有一个积极的意义，那就是当总资产利润率高于一般银行利息率时，可以收到"借鸡生蛋"的效果。也就是说，企业可以借别人的钱为自己获得利润，这也就是所谓的"杠杆原理"。一般来说，企业全部拿自有资本从事经营是不合适的，自有资本总要调动一些他人资本，比如说一块钱的自有资本调动了三块钱的他人资本，这样就比较经济合算。总之，企业借债是完全正常的。

二、定量的分析

举一个例子来说明。[①]假设有甲、乙、丙三个企业，总资本都是 100 万元，负债中只有金融负债而没有经营负债，负债比率即负债除以总资本分别为 0%、50% 和 90%，银行一般利率水平为 10%（参见表 20-1）。

表 20-1　甲、乙、丙三企业基本情况

企业	总资本	自有资本	负债	负债比率	利息率 R	支付利息
甲	100 万	100 万	0 万	0%	10%	$0 \times 10\% = 0$ 万
乙	100 万	50 万	50 万	50%	10%	$50 \times 10\% = 5$ 万
丙	100 万	10 万	90 万	90%	10%	$90 \times 10\% = 9$ 万

表 20-1 说明甲企业没有负债，支付利息为零，这种情况又可以被称为"无负债经营"；丙企业负债最多，必须支付的利息最高（9 万元），这种情况又可以被称为"高负债经营"；乙企业负债比例居中，需支付利息 5 万元。

下边分三种情况加以分析：第一种情况是，假定总资本毛利率 r=5%，小于银行利息率 10%。这时的情况参见表 20-2。

表 20-2　总资本毛利率小于银行利息率的情况

企业	自有资本	毛利	支付利息	纯利	自有资本利润率
甲	100 万	$100 \times 5\% = 5$ 万	0 万	$5 - 0 = 5$ 万	5/100 = 5%
乙	50 万	$100 \times 5\% = 5$ 万	5 万	$5 - 5 = 0$ 万	0/50 = 0%
丙	10 万	$100 \times 5\% = 5$ 万	9 万	$5 - 9 = -4$ 万	-4/10 = -40%

三个企业的毛利都是 5 万元，由于必须支付的利息分别为 0 万元、5 万元和 9 万元，所以纯利就分别为 5 万元、0 万元和-4 万元，自有资本利润率则分别为 5%、0% 和-40%。这时甲企业的情况还可以，丙企业最不好。

第二种情况是总资本毛利率 r=10%，正好等于银行利息率 10%。这时的情况参见表 20-3。

三个企业的毛利都是 10 万元，由于必须支付的利息分别为 0 万元、5 万元和 9 万元，所以纯利就分别为 10 万元、5 万元和 1 万元，自有资本利润率则都等于 10%，与银行的利息率正好相等。

---

① 这个例子的原始材料取自小松章：《股份公司金融的理论》，第 135 页，同文馆，1980。

表 20-3 总资本毛利率等于银行利息率的情况

企业	自有资本	毛利	支付利息	纯利	自有资本利润率
甲	100 万	100 × 10% = 10 万	0 万	10 − 0 = 10 万	10/100 = 10%
乙	50 万	100 × 10% = 10 万	5 万	10 − 5 = 5 万	5/50 = 10%
丙	10 万	100 × 10% = 10 万	9 万	10 − 9 = 1 万	1/10 = 10%

第三种情况是总资本毛利率 r = 20%，大于银行利息率 10%。这时三家的情况参见表 20-4。

表 20-4 总资本毛利率大于银行利息率的情况

企业	自有资本	毛利	支付利息	纯利	自有资本利润率
甲	100 万	100 × 20% = 20 万	0 万	20 − 0 = 20 万	20/100 = 20%
乙	50 万	100 × 20% = 20 万	5 万	20 − 5 = 15 万	15/50 = 30%
丙	10 万	100 × 20% = 20 万	9 万	20 − 9 = 11 万	11/10 = 110%

三个企业的毛利都是 20 万元，由于必须支付的利息分别为 0 万元、5 万元和 9 万元，所以纯利就分别为 20 万元、15 万元和 11 万元，自有资本利润率则分别为 20%、30% 和 110%。这时三个企业的情况都可以，而以丙企业的情况最好。

以上例子说明，当总资本利润率高于一般银行利率时可以高负债经营，当总资本利润率低于一般银行利率时则要低负债经营。当然，这只是一个理论模型，不同行业与企业实际负债比率以多少为合适，可以将不同国家、不同行业的平均（标准）负债比率公布于众，以作为参考。

必须指出的是，许多企业所谓的"三角债"中相当一部分是经营债权债务，所以不能简单套用。另外，自有资本利润率中的利润也是指所得税前的利润，因此，在实际应用时还必须考虑许多具体的情况。在这里要说明的是企业负债经营是完全正常的，反过来一点不负债可能是不正常的。而且一般来说，总资产毛利率比较高时，可以高负债经营。

第二节 股票溢价发行的基本原理

股份公司的原理是将资本进行细小均一的单位分割，以实现从社会上迅速且大量地筹集资本。因此，股票是出资单位的证明，其额面价格就应该是与单位资本相联系的。可是，一旦股票离开发行市场进入流通市场，它就可能获得一个与额面价格完全独立的市场价格。当市场价格高于额面价格时，就是所谓的"溢价发行"，从而筹集到比额面价格所计算的资本多得多的资本。我们将溢价发行价格高出额面价格的部分称为"溢价附加值"。其实，这种筹集资本的方式正是股份公司所特有的、区别于其他任何类型企业的筹集资本的方式。由于溢价发行价格是参考市场价格制定的，因此，要想研究溢价附加值的产生和大小，有必要弄清楚市场价格是怎样形成的。而作为分析问题的基础，首先必须分析一下封闭的股份公司中股票投资收益的构成。

一、封闭股份公司的情况

众所周知，在一般金融市场中，任何货币都有获得让渡收入和不断增值的可能，这是一种共性。同时，不同的投资方式又有不同的收入特性，即还存在着个性。例如，银行存款可以获得固定的利息收入，并且可以收回本金。股票投资却与之相反，不但不能从该公司收回本金，而且还不能获得固定的利息收入。对于一个封闭的股份公司来说，股票仅仅是在一个限定的范围内发行，不存在着流通市场。那么，股票投资的收益主要包括哪些方面呢？我们可以从分红收益以及利润收益两个层次来进行分析。

首先，如果全部利润都用来分掉的话，那么，分红收益就是股票投资最主要的收益了。这时，额面价格报酬率即分红与股票额面价格的比成为了收益率的主要指标。就是公开发行的股票，也要求它必须达到某个规定的水准。例如，某种股票额面价格为 100 元，其分红水平为每股 10 元，这种股票的额面价格报酬率即为 10%。它往往高于银行存款利率，而且也应该高于银行存款的利率。这是因为一方面股票不能从该公司收回本金，另一方面如果公司没有利润就无法分红。所以，股票投资是存在着风险的，单纯地把额面价格报酬率与银行存款利率相比是不合适的。假如是在存在着流通市场的情况下，假定市场价格为 2000 元，这时的市场价格报酬率为 10/2000= 0.5%，它要比银行存款利率低得多，所以，以市场价格报酬率为获利尺度更是不正确的。

其次，在一般的情况下，股份公司并不是把利润全部分掉，而是要把其中的一部分留在公司内部继续投资以便用于扩大再生产。因此，股东从该企业直接获得的收益包括分红与利润留成两大部分（这是对单纯股东即与企业没有其他经营关系的股东而言的，另外，分红是针对普通股东的，在此暂不考虑优先股的股息）。前者为当期收益，后者为远期收益，只不过由于任何人都不能保证经营能够顺利地进行，所以，所谓的远期收益仍然包含着很大的风险。至于在全部利润中有多少用于分红、有多少用于留成则因企业而异了。换句话说，利润水平与分红水平可能是一致的，也可能是相背离的。许多股份公司为了保证分红的均等化，就是某个时期利润高一些，分红率也不一定高；某个时期利润低一些，分红率也不一定低，总之是要做到分红水平保持不变。这时，额面价格报酬率几乎成了一个固定的数字，如果存在着流通市场的话，那么，市场价格报酬率则更加失去了实际的意义。

取而代之的是价格与盈利水平的比即价格盈利率。这个指标就是在公开的股份公司中也是十分重要的。假定某股票的市盈率（市场价格与每股盈利的比值）为20倍的话，那么，价格盈利率则为5%，如果不存在其他收入的话，那么，它看上去就是一个可以与银行存款利率相比较的参数。在一般的情况下，如果价格盈利率过低或市盈率过高的话，那么，投资于这种股票就是比较有风险的了。

二、原始股出售

如上所述，假定不存在着股票流通市场，只是在发行市场中按照额面发行的话，那么，投资者只是获得了相应的出资证明。作为本来意义上的出资者，他将每年领取分红，同时享有对全部利润的占有权。由于他并不知道该公司今后的盈利情况和分红水平、不能到流通市场上去出售，因此，他连能否收回本金都不清楚。也就是说，他要承担足够的出资风险，每年的收益就可以被看做是对这种风险投资的报酬。

如果存在着流通市场的话，那么，一个普遍的现象就是股票的市场价格往往高于其额面价格，这是什么原因呢？我们先来看一下出售原始股的情况。原始股的所有者一旦将股票出售，他就失去了今后获得风险投资的收益，而由原始股的购买者取而代之。与原始股所有者的情况不同，对于流通市场的参加者来说，由于他已经能够得到更多的关于盈利与分红的信息，对于是否能够在市场上交换即从其他投资者手中在某种程度上收回本金有了一定的把握（更何况正如下边所分析的那样，股价升值往往成为了收益的主要方面），因此，他就有必要向原始股的转让者支付全部的风险性负担。这个问题从转让者的角度来看就是他通过到流通市场上去出售股票，将原来年年可能得到的风险性收益一次性地从接受者手中得到了。

总之，股票市场价格高于额面价格是完全正常的现象。但是，问题并不仅仅这么简单。

前边提到过的分红与利润都不过是从该股份公司得到的收益，如果存在着股票流通市场的话，那么，不仅原始股持有者能够以比额面价格高得多的价格出售，而且二手股的持有者也可以到市场去脱手，在某种程度上收回本金。从更积极的意义上讲，在股价升高的情况下，股票持有人可以获得相当可观的买卖价差收入。当然，这样做的结果是放弃今后从该公司获得分红和占有利润的收益。

由于利润留成是将来的事情，可能与这个时期的实际收入无关，所以，可以认为，股票持有人在某个期间内的收益主要包括分红和价差收益这样两个方面。前边提到过，在股票市场价格超出额面价格许多的条件下，分红收益有时是可以忽略不计的，所以，对于短期投资者来说，价差收益率成了最重要的指标。在价差收益率＝（卖出价格−买入价格）/买入价格的计算公式中，不管买入价格多高，只要卖出价格足够高的话，那么，价差收益率也可能很高。在这里，与企业经营实际没有关系了，利润与分配不见了，股票价格忽而上升忽而下降，甚至有时成了断了线的风筝。

实际上，在流通市场上，股票价格更主要地受到其他两种因素的影响。一个因素是银行存款利率的高低，如果利率升高，那么，不仅企业成本增加、利润减少，结果导致股票价格降低，而且人们也会把一部分资金从股票转向银行，所以，也将会导致股票价格降低。另一个因素是供求关系，如果供不应求的话，则股票价格将会呈上升的趋势。显然，第二个因素中包括了第一个因素。总之，股票投资收益不仅仅与分红和利润有关，在存在着流通市场的条件下，股票价格可以暂时地与分红或盈利情况相脱节，这时利率高低以及供求关系可能成为了主要的影响因素。

三、大股东的对策

在流通市场上，尽管二手股还可以在不同的投资者手中转来转去，但不管是在谁的手中，他们与原始股转让者的基本关系并没有改变，因此，市场价格与额面价格的差异仅仅是原始股的所有者与市场接受者的关系。令人感兴趣的问题是，大股东不能看见股价高了就抛出去，那么，它是否也会在某种程度上参加到这个交换行列之中？实际上，它通过溢价发行将会得到溢价附加收益。这个过程可以被分解成两个过程的组合：一个是企业通过某种信用将自己的股票买下，另一个是再将这部分股票拿到市场上去出售，这样企业自己就能享受溢价发行收益了。

例如，假定某个股份公司需要通过发行新股筹集 1000 万元的资金，且按额面价格每股 100 元发行的话，那么，需要发行 10 万股，这 1000 万元都成为了新增的资本金。假定这时的市场价格为每股 200 元的话，而且它就是按照市场价格即每股 200 元溢价发行 10 万股的话，那么，它一共可以得到 2000 万元的货币收入，其中的 1000 万元为新增资本金，而另外的 1000 万元为溢价收益。这样就比预计的收入多了 1000 万元。实际上，它只需要发行 5 万股就行了。这时，新增的资本金只有 500 万元，另加上溢价收益 500 万元一共正好是 1000 万元。由于新增资本金只是 10 万股的一半，所以对于企业来说，今后分红的负担就减轻了。十分明显，溢价发行对于企业来说，是一个费用低廉的筹资渠道。

四、溢价发行带来的问题

这种溢价发行带来了新的矛盾：从它是由出资者直接支出的这一点来看，它应该属于出资资本；但是从股份的定义来看，它并不符合资本的细小均一分割的基本性质，如上所述，它是市场交换的结果，因此，它又不能够属于出资资本。换句话说，尽管它是由出资者直接支付的，但与资本金不同，并不承担着支付红利的义务。因此，从本质上来说，它只是一种转让原始股的收益。

此外，溢价收益与利润留成又有所不同，因为它不是企业通过经营积累的收益，不是营业利润的积累，而是从出资者手中直接获得的收益。因此，溢价收益虽然不是资本金，但却具有资本的本质特征，应该属于资本准备金或资本公积金之类的项目。正是由于这些原因，在会计核算中，股东权益被分成资本金、资本公积金、公益金、未分配收益和盈余公积金等许多科目，而溢价收益则被列在资本公积金之中。当然，除了溢价收益之外，资本公积金还包括接受馈赠等其他一些内容，但溢价收益通常都是资本公积金最重要的组成部分。

如上所述，溢价收益的获得者是发行市场的参加者。这些发行市场的参加者对于未来的出资者来说就是一种"创业者"。这样，溢价附加值可以被理解成创业者当初货币投入的正当收益。

显然，这种收益的实现是针对短期投资者或投机者而言的，对于长期投资者或支配投资者来说，他明明知道市场价格比额面价格高得多，但也不能去市场上交换，不可能获得市场附加值收益。所以，对于他们来说，这种收益只是一种潜在的收益。不可否认，许多长期投资者或支配投资者并不是单纯的投资者，他们与企业有着除了股东之外的其他业务关系，例如，他们还是企业的原材料提供者、零部件加工者、用户等，也可能是企业的债权人。实际上，经营者或一般职工持股也属于这种情况。这些投资者从企业得到的经济利益不仅仅是出资收益，还有经营关系收益；出资收益不仅仅有分红，还有未分配利润。只不过短期投资者所享受的溢价收益，长期投资者也应该享受到。

前边提到过，企业在溢价发行时，是先通过某种信用购入股票，然后再去流通市场将这些股票转让出去。众所周知，企业法人是不能自己持有自己的股份的，那么，究竟是谁获得了溢价发行收益呢？前边提到过，长期投资者或支配投资者也有获得溢价收益的权利，因此，企业溢价发行的过程可以被理解为是由企业代替这些长期投资者获得了溢价收益。

作为反面的问题，如果大出资者没有这个手段，就可能丧失机遇。比如独资的公司、有限公司或者封闭的股份公司的大股东就没有这种办法。明显的损失是一种损失，而失去机遇的损失可能是更大的一种损失。国有资产保值只是一种消极的态度，实际情况不是增值就是流失，增值的一个重要方面就在于利用资本市场溢价发行股票，这样做了，就可能迅速地增值，不这样做可能就是实际上的大量流失。

第三节　证券化筹资方式

一、证券化筹资方式的特点

企业可以有许多种非证券化的筹资方式，例如封闭股份公司的增资扩股、通过向银行借款而负债经营、融资租赁等。此外，加大资产折旧以及 BOT 等方式也可以有效地筹集资金。所谓的证券化筹资方式主要有以下一些类型：企业债券——企业债权的证券化；企业股票——企业股权的证券化；可转换债券——介于债券与股票之间的方式；ADR 与 GDR——在美国或全球发行的存股证；ABS 方式——资产（收入）证券化方式，等等。

其中，企业债券、企业股票与可转换债券为直接证券，而 ADR（或者GDR）与 ABS 方式则为间接证券。

与非证券化筹资方式相比，证券化筹资方式有着一些特点，例如：

（1）流动性。由于证券是细小单位的股权或债权的凭证，因此，可灵活地交易，也就是说，证券具有良好的变现性。

（2）广泛性。由于单位证券规模小，社会公众可能负担得起，再加上流动性好，因此，可以广泛地将社会资金筹集起来，集腋成裘、化零为整。

（3）公开性。企业不可以自己随意发行股票或债券，而必须经由第三方的客观审查才行，因此，通过发行证券，企业不仅可以从市场上筹集到所希望的资金，更重要的是可以提高企业的知名度。

总之，企业证券化筹资是企业拓宽融资渠道和提高企业知名度的重要途径之一。

二、企业债券

许多发达国家的企业都将发行债券作为筹资的重要手段。首先，从世界主要的证券交易所上市的证券品种来看，债券的数量都多于股票（参见表20-5）。

表 20-5 世界主要的证券交易所上市的股票与债券的数量对比

交易所	国 别	股票种类	债券种类	时 间	备 注
纽约	美国	2480	4000 多	1991 年	包括政府、金融机构债券
伦敦	英国	3000 多	7000 多	1995 年	包括政府、金融机构债券
阿姆斯特丹	荷兰	700	1350	1984 年	包括欧洲、荷兰盾债券
卢森堡	卢森堡	173	2390	1984 年	包括欧洲债券
法兰克福	德国	730	4670	1982 年	包括马克外国债券
巴黎	法国	1200	不详	1993 年	1984 年债券交易额 75%
东京	日本	1570	1330	1988 年	一般债券由证券公司负责

资料来源：孙树义等编：《企业股份制操作全书》，中国计划出版社，1994。

虽然在东京证券交易所上市的债券品种没有股票的品种多，但都是面值在100 万~1000 万日元的国债以及大面值的可转换公司债券等，一般债券在证券公司交易（柜台交易）。据统计，1982 年公司债券总成交额中，通过证券交易所交易的仅占 1.56%。[①] 因此，公司债券的品种也远远多于股票的品种。

其次，从发行总额看，一些国家的企业通过债券融资也超过了股票。例如，美国公司在 1991~1996 年通过发行债券筹集资金的数量都达到了筹资总数的 80% 以上（参见表 20-6）。

表 20-6 美国公司资本市场融资构成（亿美元）

年 份	1991	1992	1993	1994	1995	1996
发行证券总额	7058.1	9807.6	12469.9	8464.3	8460.3	9199.2
普通股	640.8	811.1	1121.1	798.6	985.7	1098.1
可转换债券	319.1	438.8	500.2	288.8	299.4	454.8
公司债券	6098.2	8557.7	10845.9	7370.0	7175.2	7646.3
债券所占比重（%）	86.4	87.3	87.0	87.1	84.8	83.1

资料来源：Securities Data Company，转引自摩根斯坦利内部资料，《企业集团融资战略与手段》，1997。

这些债券一般都比同期银行存款利率高，其中有相当一部分属于中长期债券，偿还期达十几年、几十年，甚至还有上百年的债券。与之相对应，在发展中国家和地区，特别是亚洲的发展中国家与地区，债券市场则不如股票市场发达。中国目前的情况就更具有特殊性，在证券交易所上市的企业债券寥寥无几。其中一个重要原因是，企业形态正处于变革之中，出资者与经营者没有长

———————————

① 孙树义等编：《企业股份制操作全书》，第 148 页，中国计划出版社，1994。

期行为，社会公众也不敢贸然投资到一般企业里，国家为了保证偿还性，基本上采取了担保而非信用评级的办法，这样做反过来又增加了发行的难度。

可以认为，企业通过发行债券融资是现代企业的主要筹资手段，发行中长期企业债券是市场经济与企业体制成熟的重要标志。

三、可转换债券

所谓可转换债券是一种介于债券与股票之间的投资证券，它可根据投资者的意愿，将所持债券以规定的价格转化为发行公司的股票。一般来说，能够发行可转换债券的，大都是股票已经公开上市了的公司。进入 20 世纪 90 年代以来，中国的上市公司陆续发行了可转换债券，例如：

● 1992 年 11 月，深圳宝安公司发行 5 亿元 A 股可转换债券，面值 1 元，年息 3%，转换期限 3 年，转换价格每股 25 元，后调整为每股 19.392 元，到 1995 年年底，有 1350.75 万转换成了股票，占总额的 2.7%。[1]

● 1993 年年底，中纺机在瑞士发行了 3500 瑞士法郎（约合 2333 万美元）的 B 股可转换债券，年息 4%，转换价格为每股 0.43 美元，期限 5 年，即从 1994 年 1 月 1 日起到 1998 年 12 月 31 日之间，只要 B 股价格超过转换价格的 10%，转换债券持有者便可要求转股，但是到 1996 年 8 月时，还没有实际转换者。[2]

● 1995 年 6 月，中国南玻集团股份公司在瑞士资本市场上发行了 4500 万美元的 B 股可转换债券，债券持有人可于 1995 年 8 月起开始转换为南玻 B 股，溢价率为 5.1%。[3]

● 1996 年 11 月，镇海炼化股份公司在欧洲债券市场发行了 2 亿美元的 H 股可转换债券，息票率 3%，期限 7 年，转换价格为每股 2.8 港币，即发行前 5 天平均收市价的 112%。后来，庆铃汽车发行了 H 股可转换债券、华能国际电力发行了 2 亿美元的可转换债券并在纽约证券交易所上市。[4]

● 1997 年 2 月，香港红筹股上海实业的大股东上实集团发行 1.5 亿美元上海实业股票可转换债券，期限 5 年，年息率 1%，转换价格 32.34 元，溢价率 20%，如到期未达到转换价格，赎回回报率为美国 5 年期美国国债利息率

① 侯慧萍：《宝安转券试点的回首与思考》，载《上海证券报》，1997 年 6 月 19 日。
② 徐韶峰：《转券不好玩》，载《金融时报》，1996 年 7 月 27 日。
③ 邹志新：《Apline 与南玻 B 股转券》，载《上海证券报》，1997 年 6 月 19 日。
④ 邹志新：《镇海炼化 H 股转券——美元欧洲债券》，1997 年 6 月 19 日。

再加上 3.25%，此券在伦敦挂牌交易；同年 3 月，中远太平洋股份公司的母公司中远（香港）集团也发行了 1.5 亿美元的中远太平洋股股票可转换债券，期限 5 年，年息率 1%，转换价格 8.82 元，溢价率 18%~25%，如到期未达到转换价格，赎回回报率为本金的 146.7%，此券在卢森堡挂牌。同样，京泰集团、中国石油等也准备采取类似的办法筹集资金。[①]

上述情况表明，如果以股份公司本身为可转换债券的发行人，那么，到期的结果要么是偿还债券，要么就是增加股本；而以股份公司的控股股东为可转换债券的发行人，那么，到期的结果要么是偿还债券，要么就是转让出所持的股份，这时并没有增加股份公司的总股本。

可以认为，发行可转换债券可能有预收货款、高价出售股票的效果。

四、ADR 与 GDR

与债券、股票以及可转换债券等"直接证券"不同，美国存股证（ADR）以及全球存托凭证（GDR）属于"间接证券"。所谓美国存股证（American Depositary Receipt）是一种非美国公司将本国市场发行的股票拿到美国股票市场二级上市的变通形式，由发行公司委托美国某银行为存券银行，负责 ADR 在美国发行、注册、支付股息及信息咨询等相关事项。ADR 以美元定价、报价与清算交割，可以和美国股票一样在美国方便地进行交易。[②]

1961 年在美国刚开始建立 ADR 的时候只有 150 种，1978 年为 400 种，1985 年为 683 种，1992 年为 928 种。其中，有一部分还可以在纽约证交所、美国证交所以及纳斯达克证交所上市交易（见表 20-7）。该表说明，大多数的 ADR 不能达到在三大交易系统交易的水平，但是由于柜台交易手续简单，所以得到了广泛的应用。

表 20-7　美国存股证 ADR 的挂牌情况

年份	挂牌总数	柜台交易数	挂牌 ADR 数	ADR 占总数的比重
1989	804	155	649	19.27%
1990	836	176	660	21.05%
1991	886	186	700	20.99%
1992	928	215	713	23.17%

资料来源：宋国良：《美国存股证（ADR）的现状与发展》，载《经济导刊》，1994 年 1 月。

[①] 冯韬：《红筹母公司集资靠债券》，载《中国企业报》，1998 年 3 月 25 日。
[②] 宋国良：《美国存股证（ADR）的现状与发展》，载《经济导刊》，1994（1）。

高涨的美国股市与大量资金涌入美国共同基金为非美国公司以美元为中心的投资者中寻求股本提供了理想的环境。1994 年，非美国公司在新的美国存股证发售中筹集了 200 亿美元的资金，1995 年为 114 亿美元，1996 年为 195 亿美元，成交量达 3450 亿美元。其中有不少是为各国国有企业改革服务的，例如：[1]

● 1996 年共发行了 57 亿美元的政府筹资 ADR，其中，德国通信公司在纽约证交所发行了 11 亿美元的 ADR；

● 1997 年 3 月，印度通信公司 VSNL 通过发行 ADR 筹集了 4.47 亿美元；

● 宝通银行估计 1997~1998 年 5 家大型通信公司（法国通信、意大利的 Stet、澳大利亚的 Telestra、日本的 NTT 以及荷兰的 KPN）分别可以筹集到 60 亿美元以上的资金。

中国的一些企业也开始探索这一途径，例如，马鞍山钢铁公司将 25%的 H 股转化为 ADR 配售给美国的投资者、上海石化将 50%的 H 股转化为 ADR 并到纽约证交所去上市，受到美国投资者的欢迎，等等。[2]

除了美国的 ADR 外，全球存托凭证（GDR）也得到了广泛的应用。所谓全球存托凭证，是指上市公司根据存托协议将公司股份寄存在国外的银行，由后者发出单据作为寄存证明，这些单据即为全球存托凭证。通过买卖这些凭证，国际投资者可以间接持有该公司的股票。[3] 例如，1997 年中国浙江东南电力公司将所发行的近 3 亿股 B 股以每 50 股折成 1 份 GDR 在伦敦证交所上市了。

总之，发行 ADR 或 GDR 是企业走向国际资本市场的有效融资形式。

五、ABS 方式

上述 ADR 与 GDR 的情况向我们表明，中国的公司可以保持在本国上市，而将股票拿到外国去销售。这样不仅避开了在国外上市的许多麻烦，而且可以降低费用。可以看出，这种筹资方式的实质是企业将某种将来的收益（在 ADR 或 GDR 就是将未来的红利）拿出去进行交易。那么，是否存在着一条低成本吸引外资的办法呢？答案是肯定的。这就是资产证券化融资（Asset

① 陈优：《美国资本市场追踪》，载《证券市场导报》，1997 年 5 月 2 日。

② 宋国良：《美国存股证（ADR）的现状与发展》，载《经济导刊》，1994（1）。

③ 舒生：《全球存托凭证》，载《中国消费者报》，1997 年 10 月 21 日。

Backed Securitization，简称为 ABS）的方式。

所谓的资产证券化融资方式是一种原始权益人将其特定资产产生的、未来一段时期内稳定的可预期收入转让给专业公司，由专业公司将这部分可预期收入证券化后，在国际或国内资本市场上进行融资的筹资方式。[①] 这种方式的特点是不改变资产负债表的构成，也就是说，尽管企业必须支付未来收益，在性质上属于对其他主体的某种负债，但是在资产负债表上既没有增加资本，也没有增加金融负债。换句话说，企业仅仅是增加了应付款等项目，因而是一种经营性负债。它与 BOT 融资方式不同的是，不用等待漫长的项目移交运作期，是通过发行使资产收益商品化的投资产品筹资，是企业以较低成本进入资本市场的融资方式。资产证券化融资方式的实质是企业拿出固定的年度收益换取长期资金的投入，因此，这是一种"收益证券化"的融资方式。

本章案例

债权转股权的功能

北京水泥厂为国有大型骨干企业，曾连续三年通过国际质量体系、计量体系的认证，该厂工艺设备、技术水平国内领先，产品销售情况良好，债权债务清楚。由于自有资金比例偏低，前几年建材行业不景气，原材料成本加大，致使竞争力下降，负债率偏高。到 1999 年 6 月时，该厂欠建设银行长期贷款本息 9.7 亿元，短期贷款本息 3435 万元，欠其他金融机构本息 5140 万元，累计亏损 5.41 亿元。经评估，该厂资产总额 9.67 亿元，负债总额 11.35 亿元，资产负债率 117.4%，已资不抵债。

实施债转股之后，资产负债率从 117.4% 下降到 32.8%；信达资产管理公司将持有北京水泥厂 70% 的股份；北京水泥厂的母公司北京建材集团将分期分批予以回购；预计自 2000 年起可扭亏为盈，每年可盈利 2000 万元以上。转股方案还规定，北京水泥厂对其综合服务公司、医务室、培训中心等非主营业务资产进行剥离，将现有 800 余名职工精简分流一半。改革后的主营业务职工为国内同类型企业人数最少。为此，北京市政府还特意关闭了 20 多家小水泥厂。

资料来源：张承耀：《资本市场》，1999（12）。

---

① 韩文：《ABS 融资：轻叩中国大门》，载《中国企业报》，1997 年 10 月 20 日。

本章要点

1. 与增资（或扩大股本）相比，负债具有这样一些特点：负债不涉及企业所有权；负债是一种合理避税的手段；本金也可以长期不还，即借新债还旧债；企业实际负担可能小于股票；某些债务对企业来说是没有危险的；提高企业的知名度等。从经营策略上看，企业负债经营还有一个积极的意义，那就是当总资产利润率高于一般银行利息率时，可以收到"借鸡生蛋"的效果。也就是说，企业可以借别人的钱为自己获得利润，这也就是所谓的"杠杆原理"。

2. "溢价发行"可以筹集到比额面价格所计算的资本多得多的资本。这种筹集资本的方式正是股份公司所特有的、区别于其他任何类型企业的筹集资本的方式。它从本质上来说，只是一种转让原始股的收益。溢价收益与利润留成又有所不同，因为它不是企业通过经营积累的收益，不是营业利润的积累，而是从出资者手中直接获得的收益。因此，溢价收益虽然不是资本金，但却具有资本的本质特征，应该属于资本准备金或资本公积金之类的项目。

3. 所谓的证券化筹资方式主要有以下一些类型：企业债券——企业债权的证券化；企业股票——企业股权的证券化；可转换债券——介于债券与股票之间的方式；ADR 与 GDR——在美国或全球发行的存股证；ABS 方式——资产（收入）证券化方式，等等。其中，企业债券、企业股票与可转换债券为直接证券，而 ADR（或者 GDR）与 ABS 方式则为间接证券方式。与非证券化筹资方式相比，证券化筹资方式具有流动性、广泛性、公开性的特点。

研究思考题目

试分析债转股政策对中国国有企业摆脱困境的效果。

推荐阅读材料

张昌彩：《中国融资方式研究》，中国财政经济出版社，1999。

汤谷良、王化成：《企业财务管理学》，经济科学出版社，2000。

张志天等：《财务决策模型》，中国物件出版社，1996。

第二十一章　实物期权理论

期权定价理论是现代金融理论最重要的成果之一，实物期权理论则是其在实物或者非金融投资方面甚至非经济领域一个最有意义的推广。一方面，把实物期权理论作为一种估价技术，引入到企业价值评估中可以有效克服传统的现金流折现法的局限性，这已成为当前金融研究和实践的一个重要的努力方向；另一方面，实物期权理论还是一种思维方式，引入实物期权思想，对企业价值管理模式是一种创新，因为从企业价值管理的角度看，实物期权定价不仅同可交易的基础资产的价格相关，同时还融入了规则性和客观性。使企业的内部定价结果和金融市场的外部定价结果具有一致性，并使得所有的战略机会，包括利用金融市场交易以更好地管理投资和风险的机会，具有等值基础上的可比性。也就是说，实物期权方法给管理者提供了一个价值评估和决策制定的工具，这个工具反映出良好的项目管理能力，同时确保这些决策能实现企业战略的最大市场价值。

第一节　期权定价模型与其他常用企业估价模型的比较

总体上说，期权定价模型与其他常用企业估价模型的比较可以从五个方面进行：简化的基本模型及价值的影响因素、有效性的前提条件、对不确定性影响的处理方式、局限性、适用范围等。下面从这五个方面对各类估价模型进行比较。

一、资产负债表方法

（一）简化的基本模型及价值的影响因素

资产负债表方法的模型可以简化为：

$$V = P + \Delta$$

式中：V = 企业价值

P = 账面价值

Δ = 评估过程中根据有关规定或评估人员的主观判断作出的调整

（二）有效性的前提条件

（1）除特殊情况（如破产清算）外，被评估资产应处于持续使用状态或被假定处于持续使用状态；

（2）有完整的历史资料可用；

（3）无明显的通货膨胀和技术进步影响。

（三）对不确定性影响的处理方式

认为公司的价值基本存在于资产负债表上，对不确定性不加考虑。

（四）局限性

（1）该方法从静态的角度确定公司价值，未考虑公司可能的未来发展和现金的时间价值；

（2）如果存在通货膨胀，那么一项资产的当前价值与历史成本减折旧的值关系不大，估价结果不准确；

（3）未考虑技术进步导致的资产贬值；

（4）当使用单项资产评估加总法计算企业价值时，未考虑其他可能影响公司价值而没有在会计报表上体现的因素，比如企业的组织资本、行业特点、人力资源价值、合约价值等。

（五）适用范围

资产负债表方法提供了企业估价的下限（清算价值）和上限（重置价值），其有效性取决于公司资产的获利能力与评估结果是否有非常紧密的联系。从这个角度看，该方法可用于新建企业的价值评估，对于企业资产主要是实物资产且折旧率较低的企业，尤其是收益取决于政府定价的公用事业企业，该方法的评估结果也具有较高的参考价值。但总的来说，账面价值与市场价值相关性不高。

二、损益表估价方法

（一）简化的基本模型及价值的影响因素

损益表估价方法的模型可以简化为：

$V = R \times \lambda$

式中：V = 企业价值

R = 某个与损益表有关的比率

λ = 按照一定规则（主要与市场状况相关）计算出的乘数

（二）有效性的前提条件

（1）要有一个活跃的公开市场；

（2）公开市场上要有与被评估对象可比的资产或企业及其交易活动。

（三）对不确定性影响的处理方式

根据经济学中的一价定律，类似资产应该有类似的价值。如果存在有效市场，而且找到了与被估企业相同的（理论上）的企业，那么不确定性的影响已经体现在可比企业的市场价格中。

（四）局限性

（1）实际上不存在在风险、成长性等方面完全相同的"可比"公司，因此，评估人员的主观意见（有意或无意）会对评估结果的可靠性有很大影响。

（2）在各种因素的作用下，市场对企业或资产的评估也会发生错误，采用损益表估价方法会将市场对"可比"企业的估价错误地带入被估企业估价结果中。

（3）由于会计准则的不同，损益表估价方法所采用的比率（通常是财务比率）的经济含义可能不同。

（4）从技术上讲，在实际操作中使用广泛的市盈率不适用于亏损企业，企业市场价值/账面价值比率适用于生产型企业，不适用于服务型企业，后者更适合价格销售比率。[①]

（五）适用范围

该方法适用于市场上有大量可比企业交易且定价比较合理的情形，可以迅速地给出类似企业的价值区间，在企业估价实务中应用非常广泛。

三、混合法（基于商誉的估价法）

（一）简化的基本模型及价值的影响因素

前面已提及，该方法的思路是：先评估公司资产的价值，然后加上与未来收益相关的一个数字。因此，其模型可以简化为：

$$V = A + V^*$$

式中：V = 企业价值

A = 净资产价值

V^* = 与未来收益相关的一个估计数值

（二）有效性的前提条件

该方法的计算结果在很大程度上取决于 V^* 的大小，而 V^* 的数值又主要来

---

① 关于这一点，可以参阅［美］Aswath Danodaran：《投资估价》（Investment Valuation），中译本，第411~413页，清华大学出版社，1999。

自评估人员的经验判断,因此,如果评估人员对被估企业及其行业特点等有非常深刻的理解,该方法的结果的可靠性就高一些。

(三) 对不确定性影响的处理方式

考虑了不确定性的影响,但是体现在评估人员的主观判断中。

(四) 局限性

评估人员的个人因素影响过大,造成评估结果非常任意。

(五) 适用范围

在很多情况下,商誉的价值是企业并购中价值评估的结果,而非相反。但是,该方法给出的结果可以给其他评估结果提供一定的参考作用。

四、现金流量折现法

(一) 简化的基本模型及价值的影响因素

现金流量折现法的模型可以简化为:

$$V = \sum_{i=1}^{n} \frac{CF_i}{(1+k)^i}$$

式中:CF_i = 公司在 i 年(期间)产生的现金流量

　　　　k = 与该现金流量风险相适应的折现率

(二) 有效性的前提条件

(1) 可以明确给出现金流的来源及所有权;

(2) 无通货膨胀;

(3) 被评估企业或资产的未来预期收益可以预测并可以用货币衡量;

(4) 企业或资产拥有者获得预期收益所承担的风险也可以预测并可以用货币衡量;

(5) 被评估企业资产预期获利年限及发生时间可以预测。

(三) 对不确定性影响的处理方式

根据现金流量折现法的简化模型,不确定性的影响体现在分子与分母的不同计算方法中,大体上分为三种方式:

(1) 在折现率确定已知的情况下,体现在现金流的预测中,如确定性均值模型 (Certainty-Equivalent Approach):

$$PV_t = \frac{e_t}{\prod_{i=1}^{t}(1+r_i)} = \frac{E(c_t)}{\prod_{i=1}^{t}(1+k_i)}$$

(2) 在现金流确定已知的情况下,体现在折现率的预测中。

(3) 同时体现在折现率和现金流的预测中。

（四）局限性

与对不确定性影响的处理方式有关，现金流量折现法的局限性体现在两个方面：一方面，对现金流的预测往往依赖历史数据，而实际上未来的现金流可能与历史数据的相关程度非常低。另一方面是折现率使用中的困难，r 有三个组成部分（货币的纯时间价值、通货膨胀率和风险补偿）：[①] 首先，用同一个折现率 r 来折现不同时间段发生的现金流是不对的，应当采用不同的 r_i 来折现相应不同时间段的现金流（这涉及利率的期限结构问题）；其次，货币的纯时间价值与市场的利率预期有关；再次，通货膨胀率随时间而变化；最后，风险补偿的问题则更为复杂，不但与经济基本面的变化及其他因素有关的市场预期相联系，而且因人而异，虽然理性的投资者被认为是风险规避即风险厌恶的，但各人厌恶风险的程度是不一样的。所以准确使用折现率是非常困难的。

Aswath Danodaran 指出，在下列情形中，现金流量折现法需要进行调整：[②]

（1）陷入财务拮据状态的公司；

（2）收益呈周期性的公司；

（3）拥有未被利用资产的公司；

（4）有专利或产品选择权的公司；

（5）正在进行重组的公司；

（6）涉及购并事项的公司；

（7）非上市公司。

（五）适用范围

尽管现金流量折现法存在一定的局限性，但是由于其概念与逻辑上的科学性而成为企业估价的主流方法，适用于各种实际情况。如果被估企业或资产当前的现金流为正，并且可以比较可靠地估计未来现金流的发生时间，同时根据现金流的风险分布又能够确定出恰当的贴现率，那么估价结果将非常可靠并具有很强的解释力。

五、期权定价法

（一）简化的基本模型及价值的影响因素

一般认为，在各种期权定价模型中，Black-Scholes 期权定价模型最具代表性，这里依然使用前文所述的表达式：

---

① 参阅宋逢明：《金融经济学评述》，载《经济学动态》，2002（11）。

② ［美］Aswath Danodaran：《投资估价》（Investment Valuation），第 10~12 页，清华大学出版社，1999。

$$C = SN(d_1) - Xe^{-rt}N(d_2)$$

$$d_1 = \frac{\ln(S/X) + (r + \frac{1}{2}\sigma^2)t}{\sigma\sqrt{t}}$$

$$d_2 = d_1 - \sigma\sqrt{t}$$

式中：

S = 股票价格

X = 执行价格

t = 距到期时间（以年为单位）

r = 无风险利率（以年为单位）

σ = 股票价格对数变化的标准差

C = 看涨（买方）期权的价格

$N(d_i)$ 为累计正态分布

上式中影响期权价值的因素可以分为三类：一是与基础资产相关的因素，包括基础资产的价格、价值变化的波动程度（用方差表示）以及红利的支付情况；二是与期权合约有关的因素，包括期权的执行价格、距离期权到期日的时间；三是与金融市场相关的因素，主要是期权有效期内的无风险利率。具体的影响效果如表 21-1 所示：

表 21-1　期权价值影响因素及效果

影响因素	对看涨期权价格的影响	对看跌期权价格的影响
基础资产价格上升	上升	下跌
执行价格上升	下跌	上升
基础资产价格波动性增加	上升	上升
距期权到期日时间延长	上升	上升
利率上升	上升	下跌
红利支付额提高	下跌	上升

（二）有效性的前提条件

Black-Scholes 模型及其他期权定价模型都是根据期权定价的基本逻辑，在一定前提条件下通过严密的数学方法推导出的，因此，其有效性对前提条件的要求比较严格。如果放松假定条件，则需要对模型进行进一步的修正或扩展。

（三）对不确定性影响的处理方式

与其他估价模型相比，对不确定性影响的处理方式不同是期权定价模型的核心价值所在。对于不确定性的影响，传统的企业估价模型采取了或不予考虑（资产负债表法）或视为内含价格中（损益表法）或主观预测（混合法、现金流量折现法）的态度，即使在这些模型基础上的进一步修正也未改变事情的本质。比如，运用企业情境预测分析（scenario analysis）的 DCF 法虽然引入了不确定性，但在各情境预测之间进行协调、合并或选择时并没有明确的方法；决策树分析用一种简单易懂的方式列出了未来可能发生的决策和不确定性来源，但是决策分析依然依赖于主观估计出的概率、主观折现率和主体的偏好；模拟分析为不确定性变量列出了成千上万种可能的路径，但是模型依然采用主观折现率而没有融入市场信息，因此对模拟分析的结果作出解释总是很难。

而在 Black-Scholes 期权定价模型中，基础资产的价格、期权有效期内的无风险利率以及红利的支付情况可以从金融市场观测到，期权的执行价格、距离期权到期日的时间已经在期权合约中说明，唯一需要估计的输入量是价值变化的波动程度（用方差表示），它也可以用比较成熟可靠的数学工具计算得到，而且同任何一个预测型变量相比，波动性随时间的变化更具稳定性。更具体地讲，与现金流量折现模型的计算过程比较，期权定价模型还有以下特点：无须知道未来可能的股票价格及出现的概率，因为这些信息已包含在基础资产价格的波动率中；无须知道基础资产的期望收益率，因为基础资产的价值和复制组合的形成已保证了风险与收益之间的权衡；无须知道期权的期望收益率，因为期权的价值直接由动态复制得出；无须对折现率进行风险校正，因为期权的风险中性定价过程独立于个人的风险偏好。

换句话说，期权定价模型没有消除不确定性，而是通过概率密度函数和孪生资产反映了不确定性并给出其价值，通过运用无风险利率和风险中性概率来避免风险偏好和风险折现率的问题，这种方法融入了市场规则，在理论上是非常严谨的。此外，如果把企业看做一个整体，则期权定价模型反映了总风险（以标的企业或资产价格的波动率表示）对企业价值的重要影响，这一点与管理者的直觉非常一致，比其他方法更符合企业管理的实际。

（四）局限性

期权定价模型的局限性主要表现在两个方面：一是所使用的数学方法的局限性，对于期限较长或以流通性较差为基础资产的期权的估价非常困难；二是被估对象的局限性，至少到目前为止，期权定价模型的应用对象还只限于期权及某些具有期权特征的资产，对于公司整体价值的评估就无能为力了。

（五）适用范围

一般来说，期权定价法适用于存在或有要求（收益）权的资产估价。[①] 比如，当资产价值体现在未来增长的可能性而不是当前的现金流时；当资产价值不确定性足够大，必须考虑管理层等待以获取更多信息或调整决策的价值时；当存在或有收益而没有其他方法可以正确估价这种类型的机会时。

不确定性（获得新信息的可能性）

管理者灵活性的空间（作出反应的能力）		小	大
	大	灵活性价值一般	灵活性价值大
	小	灵活性价值小	灵活性价值一般

图 21-1 管理灵活性何时有价值

资料来源：［美］汤姆·科普兰（Tom Copeland）等：《价值评估》（Measuring and Managing the Value of Companies），中译本，第 316~317 页，电子工业出版社，2002。

如图 21-1 所示，Tom Copeland 等比较了用期权定价法得出的灵活性的价值与其他估价方法的结果之间的区别，指出：如果无灵活性的净现值接近零时，项目的好坏并不显著，很有可能灵活地改变行动，因而有更大的价值，即"任何情况下，当无灵活性价值接近损益平衡点时，灵活性价值最大"。[②]

第二节 实物期权理论对期权定价模型的继承与调整

一、实物期权的复杂性

相对于金融期权，实物期权具有以下三种复杂性：[③]

---

① 但是并不包括要么具有令人难以置信的价值，要么全部损失的"赌博式决策"的估价，金融经济学把赌博行为归为消费行为。

② ［美］汤姆·科普兰（Tom Copeland）等：《价值评估》（Measuring and Managing the Value of Companies），中译本，第 316~317 页，电子工业出版社，2002。

③ George E. Pinches, "Introduction to Real Options: Developments and Applications", *The Quarterly Review Of Economics and Finance*, V.38, 1998, Special Issue 533-534. 转引自陈龙：《项目投资价值分析创新方法研究》，第 28~30 页，厦门大学 2002 年博士学位论文。

（一）基础资产

金融期权的基础资产多为公开交易、流动性很好的金融资产。如股票期权的基础资产为股票，定价者可以很方便地从市场中获取有关基础资产价格及其波动性的信息，并在需要的时候变现。而实物期权所涉及的基础资产是实物资产。它们可能是公开交易的可流动的资产，如钢铁、石油、电力、黄铜、钢铁等资源资产；也可能是些没有公开交易、无法观测的资产，由于缺乏交易机制，因而预期的现金流量难以预测，其价值难以确定，如那些具有专用性的资产。

（二）所有权

一般来说，金融期权的所有权通过签署合约，可以得到明确的确认，即期权的所有者必须是持有合约的主体。而实物期权的所有权没有合约签署的保证，从理论上说，只要是可能进行该项目投资的主体都拥有相应的实物期权。换句话说，多数实物期权的所有权不具有排他性，不止一家企业持有或可行使某项实物期权，而项目价值会因该因素而发生变化。特别是当竞争对手也可行使某项实物期权或是被其抢先行使时，该项目对企业的价值就会因此而大打折扣。总的来看，期权的排他性与企业动作的快慢和/或竞争对手的动作快慢，都会影响到实物期权的价值和项目对企业的价值。

（三）复杂程度

实物期权往往比金融期权更复杂。特别是对那些行使某项期权之后会带来后续一串期权，且期权和期权之间又存在相互依赖性的项目而言，许多适用于金融期权的思想、方法难以直接适用。更复杂的情况是，战略投资通常是一系列期权的集合体，一项期权的行使可能带来更多的期权。

二、期权定价原理用于实物资产定价的合理性

可以从基本原理和实际应用两个角度讨论这个问题。

（一）基本原理的合理性

当期权定价原理用于实物资产定价时，显然存在这样一个问题：根据标准期权定价模型的无套利均衡原理和复制技术，使用可交易证券来复制非交易性资产或项目的收益状态是否合理？对于这一问题，Mason 和 Merton 指出，[1] 如果我们采用与标准 DCF（或 NPV）分析法同样的假设——判断一项资产或项

---

① Mason，S. P.，and R. C. Merton，"The Role of Contingent Claims Analysis in Corporate Finance"，in E. Altman and M. Subrahmanyam（eds.），*Recent Advances in Corporate Finance*（Homewood，IL：Richard D. Irwin），pp. 7-54. 1985.

目是否有价值时假设它是可交易的——那么答案就是肯定的。

在 DCF（或 NPV）分析中，我们实际上给每一个项目或资产都确定了一项有同样风险特征、可在金融市场上交易的孪生证券，并且把孪生证券的均衡期望收益率作为适宜的折现率 [通常使用孪生证券价格估计项目与市场的方差（即 β 系数）然后借助 CAPM 模型得出]。因此，在经济学意义上，DCF（或 NPV）理论的"正确性"取决于市场完全性假设，即期权定价模型合理性的前提条件存在足够多的替代物（孪生证券），企业决策不能扩展投资者机会集。如果这种替代物不存在，项目的独特性将扩展投资者机会集，无论期权定价模型还是 DCF 法都不会给出适当的结果。

根据同样的前提，如果给定项目的孪生证券的价格，管理层原则上就可以通过以无风险利率借入资金购买一定份额的孪生证券来复制一个实物期权的收益状态。因为无套利机会和一价定律是均衡分析的前提条件，所以基于非交易性资产的期权的均衡价格必然是基于它的孪生证券的期权的无套利价格。当然，非交易性资产的收益可能低于等风险可比金融证券在金融市场上的期望均衡收益率，在实物期权定价时，应该对这个收益差作出类似红利的调整。

（二）实际应用的合理性

关于实际应用的合理性，Martha Amram 和 Nalin Kulatilaka 认为，[1] 期权方法的基本思想之所以能很好地应用于实物资产，包括具有特殊特征的实物资产，原因之一是：实际上，任何经营决策都可以通过或有决策的构造模块（Building Block）调整为或有决策（损益）组合（即期权组合）的形式。原因之二是：期权方法揭示了实物资产中所蕴涵的风险的本质——管理者们很清楚，虽然他们面临的风险有些来自市场因素，但有些风险却来自于与外界无关的非市场风险，而随着现代金融理论与实践的不断创新，金融市场可以将很多以前靠主观判断定价的非市场风险和基差风险转化为市场风险，因此，把金融期权定价模型推广应用于实物资产和企业价值的评估，可以在估价中综合市场风险和非市场风险的双重影响，将更接近实物资产和企业的公允市场价值。

Martha Amram 和 Nalin Kulatilaka 总结了四种基本的期权构造模块（如图 21-2 所示）和两种非或有决策的构造模块（如图 21-3 所示）。[2]

---

① [美] 马莎·阿姆拉姆（Martha Amram）、纳林·库拉蒂拉卡（Nalin Kulatilaka）：《实物期权：不确定性环境下的战略投资管理》（Real Options: Managing Strategic Investment in an Uncertain World），第 68、88 页，机械工业出版社，2001。

② 同①，第 69~70 页。

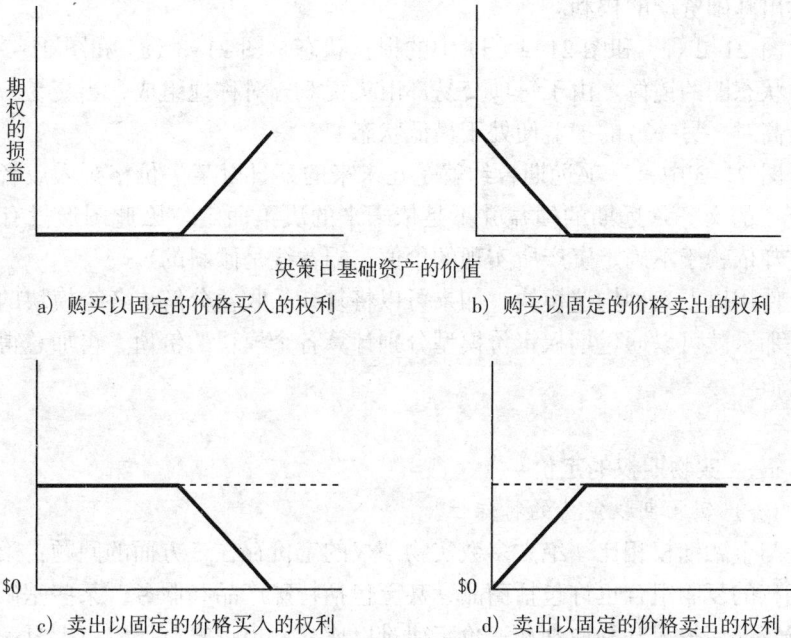

a）购买以固定的价格买入的权利　　　b）购买以固定的价格卖出的权利

c）卖出以固定的价格买入的权利　　　d）卖出以固定的价格卖出的权利

图 21-2　Amram 等提出的期权构造模块的四种基本形状

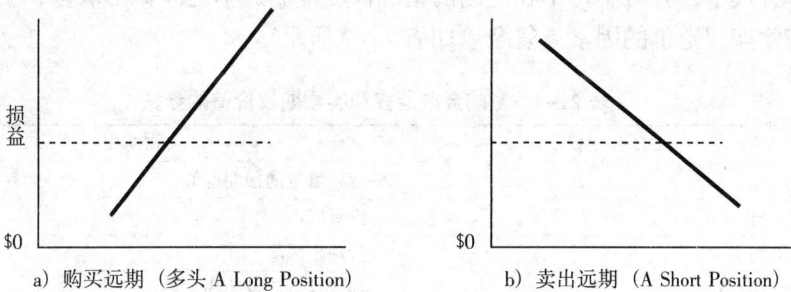

a）购买远期（多头 A Long Position）　　　b）卖出远期（A Short Position）

图 21-3　非或有决策的构造模块

图 21-2 以"期权的损益"为纵轴，"决策日基础资产的价值"为横轴，则：

图 21-2（a）给出的是能够从潜在的有利信息或者基础资产的价值增值中获利的投资决策的损益状态，即金融市场上的看涨期权。看涨期权的损益来自于以固定的价格购买基础资产的权利。

图 21-2（b）所示的损益状态来自得益于不利信息的投资策略。在基础资产价值最低时，这种损益的价值最大，即看跌期权，其损益来自于以一定的价

格卖出基础资产的权利。

图 21-2（c）和图 21-2（d）中的损益状态是图 21-3（a）和图 21-3（b）中损益状态图的镜像。由于每项交易都由买卖双方对称地组成，当交易一方的损益最高时，另一方的损益便处于最低状态。

图 21-3 中，一项远期合约就是在未来的某日以某一价格买入或者卖出一项资产的义务，远期的损益并不是依未来的决策而定（因此图形没有折线），但它却依赖于不确定资产所实现的价值（损益线是倾斜的）。

使用以上六种构造模块，如果可以将复杂的收益分解成各个模块的某种组合，那么就可以通过期权定价模型分别计算各个模块的价值，再加总得到总收益价值。

三、 实物期权的定价

（一） 实物期权定价的特殊性[①]

与金融期权相比，绝大多数实物期权的定价存在三方面的问题：第一，实物期权的复制组合也许包括商品，甚至包括特殊产品和服务，某些基础资产和市场特征使得无套利原理和一价定律难以成立，出现复制误差（即复制组合与期权在较短时间段内的价值变化不相同）；第二，实施实物期权的动态复制需要各种成本，有时不得不在复制的精确性和复制成本之间作出取舍；第三，影响实物期权定价的因素更复杂（如表 21-2 所示）。

表 21-2 影响金融期权和实物期权价值的参数

金融期权	实物期权
股价	现金流量的预期价值
行权价格	投资成本
无风险利率	折现率风险
股票的均方差	预计现金流量的均方差
行权时间	执行成本
红利	持有期权的成本
其价值不依靠基础资产的预期增值	其价值有赖于基础资产的预期增值

资料来源：Pablo Fernandez, "Valuing real options: frequently made errors", IESE *Business School working papers*, January, 2002.

————————————————

[①] 部分内容参阅 ［美］马莎·阿姆拉姆（Martha Amram）、纳林·库拉蒂拉卡（Nalin Kulatilaka）：《实物期权：不确定性环境下的战略投资管理》（Real Options: Managing Strategic Investment in an Uncertain World），第 74~88 页，第 180~185 页，机械工业出版社，2001；郁洪良：《金融期权与实物期权——比较和应用》，第 160~186，上海财经大学出版社，2003。

　　具体来讲，引起复制误差的实物期权特征主要有价值漏损（Leakages in Value）、基差风险（Basis Risk）、非市场风险（Private Risk）；引起复制误差的复制成本主要包括：断续性交易（Infrequent Trading），流动性（Liquidity）低，不断增加的监控、协调和文件费用，非经常性披露（Infrequent Operability）等。

　　影响实物期权定价的其他因素包括实物期权所有权的非独占性/竞争性相互影响、实物期权的非交易性和先占性、实物期权的（战略性的）顺序依赖性/复合性、模型风险（Model Risk）等。

　　（二）实物期权定价过程中对实物期权特殊性的处理方法

　　实物期权定价过程中对实物期权特殊性的处理方法有两种：一是调整定价模型，如可以把价值漏损视为"红利"进行处理（详见后文"考虑价值漏损的实物期权定价"）；二是根据经验总结或其他变通方法进行近似处理。

　　（三）考虑价值漏损的实物期权定价

　　假设不考虑债权人和股东之间的代理问题的影响，研究对象为"与自然博弈"的单一实物期权，同时不严格区分资产价值与项目价值，则可以通过调整基本期权定价模型为考虑价值漏损的实物期权定价。[①]

　　可以分为几种情形考虑：

　　1. 一次性现金支付。

　　当实物资产有一次性现金支付（类似于一次红利支付）发生时，实物资产的价值会下降，其减少值等于现金支付的数量。实物资产价值的降低又会导致期权价值的下降。因此，只要在实物资产的价值中减去在期权有效期内预期支付的现金流的现值（类似股票期权定价时，股票价格减去在期权有效期内预期支付红利的现值），相应地调整复制组合的价值，确保与基于基础资产价值变化的期权一致，从而得到实物期权的定价。

　　具体方法是：

　　（1）对于欧式期权，一是可以从基础资产的当前价值中减去支付的现值来完成对期权定价模型的调整；二是可以从期末资产价值的分布中减去支付值在期末时的价值，然后用期权定价模型定价。如图 21-4 所示。

　　① ［美］马莎·阿姆拉姆（Martha Amram）、纳林·库拉蒂拉卡（Nalin Kulatilaka）：《实物期权：不确定性环境下的战略投资管理》（Real Options：Managing Strategic Investment in an Uncertain World），第186~194 页，机械工业出版社，2001；郁洪良：《金融期权与实物期权——比较和应用》，第 160~186 页，上海财经大学出版社，2003。

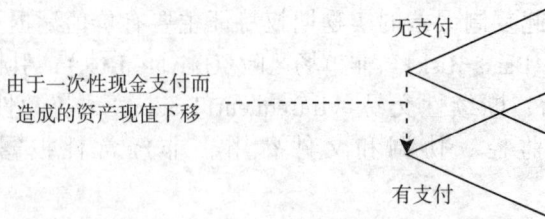

图 21-4　有一次性现金支付的欧式期权

（2）当实物期权是美式期权时，由于这种美式期权无法用 Black-Scholes 公式定价，因此可以采用二项式定价模型，结合上述的"扣减方法"，就可以解决对美式期权定价的问题。计算过程是，首先必须确定现金支付的时间，则在该时间后，每一个路径上的收益率将不同于该时间间前，因此，二项式网格不再是紧密衔接的，而是存在间隙，如图 21-5 所示。当然，经过校正后，在该时间后和期权有效期结束前将会出现更多需要进行计算的决策节点，计算期权价值时所需的计算次数也相应地增加。

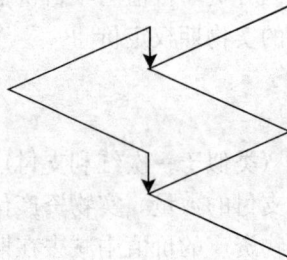

图 21-5　有一次性现金支付的美式期权

2. 系列现金流支付。

在期权定价模型中，可以用相似的方法把对一次性现金支付的期权定价模型调整结果，拓展到存在一系列现金流支付的情况中。一系列现金流支付的情况如工厂空闲时期每月支付给工人的工资。对于欧式期权，基础资产的现值要减去系列现金流支付的现值，然后用 Black-Scholes 模型对期权定价。对于美式期权，可以采用二项式期权定价模型和其他数值技术。与存在一次性现金支付的期权定价模型调整有区别的是，处理存在系列现金支付的期权的计算复杂性将大大增加，因为每次现金支付都使后序网格发生错位，但随着步数的增加，节点的数量变得非常庞大。

3. 漏损的固定比例。

如果能将现金流或持有收益看成基础资产价值的固定百分比，将简化期权定价过程。例如，某实物资产具有 4% 的年资本回报率和 2% 的年持有收益率。一些实物资产的系列支出极近似于固定比率。而且如果对于商品，利用期货资料可以很容易估计出它们的平均固定持有收益率，那么计算工作量将大大降低。给定一个持有收益与基础资产价值的固定百分比，风险中性方程须做相应的调整。

用 δ 代表支付的固定比率。在风险中性条件下的期权定价中，若基础资产的总回报率为 r，则资本回报率为（r − δ）。二项式期权定价模型必须时刻满足下列等式：

$$Se^{(r-\delta)} = pSu + (1-p)Sd$$

由于基础资产的价值存在向上和向下两个方向的变化，其平均值总是趋近用连续计息的资本回报率计算得到的基础资产的价值。因此，上述等式可以改写为：

$$p = e^{(r-\delta)} - d / u - d$$

不难得出，由于减去价值漏损，因此资本回报率变小，从而风险中性概率 p 也将变小。

Black−Scholes 定价公式也可以改为：

$$C = Se^{-\delta t} N(d_1) - Xe^{-rt} N(d_2)$$

而且，在计算 d_1 和 d_2 时，要用 r−δ 代替 r。投资的未来价值仍用无风险利率折现，而基础资产的价值下调以对应因支付而引起的价值漏损，同时在计算 d_1 和 d_2 时，将基础资产的期望资本回报率由 r 调整为 r−δ。

4. 随时间和基础资产的价值变化的漏损。

当商品持有收益率随季节或时间变化时（即时变性，a time−varying pattern），如多数农产品的季节性变化，Black−Scholes 模型不能用来给该期权定价，但可以用二项式模型处理：可以根据变化的 δ 值，计算出每个节点的 p 值，进而求出期权的价值。由于基础资产的收益率不依赖于其价值，所以二项式的网格结构依然完整。

第三节　一个基于实物期权法的企业估价框架

综合现有的研究成果，可以提出一个基于实物期权的企业估价框架，如图 21-6 所示。

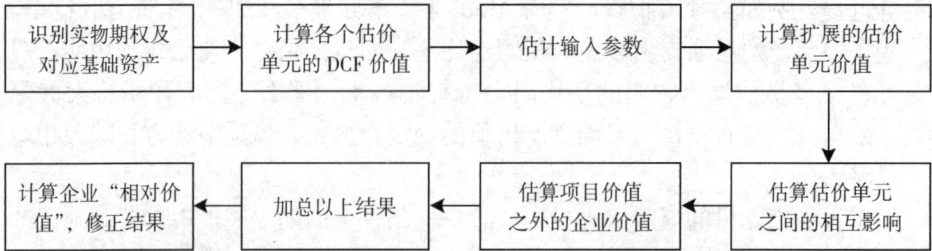

图 21-6　一个基于实物期权法的企业估价框架

（1）根据企业的业务特点、发展战略、不确定性来源等因素把企业的资产和项目划分为相对独立的估价单元。Martha Amram 和 Nalin Kulatilaka 指出，[①]在许多实物期权应用的事例中，如果输入量和应用框架构造合理，那么在允许的计算精度范围内所有的方法都会给出相同的结果。对基于实物期权法的企业估价来说，准确识别实物期权及对应基础资产/项目是得出正确结果的基础。

（2）计算各个估价单元（资产/项目）的折现现金流（DCF）价值，加总得到企业基本价值。同 S-ROV™ 法。

（3）估计输入参数。同 S-ROV™ 法。

（4）计算包含期权价值的各个估价单元的价值（也可称为"扩展的价值"）。

（5）分析、估算各个估价单元之间的相互影响，对第（4）步结果进行修正。

（6）根据 Aswath Danodaran 所称的相对估价法估算不能或不能完全体现在资产/项目价值中的企业价值（如商誉、企业拥有的非经营性资产等）。

（7）加总以上各个估价结果。

（8）计算基于收益的企业估价法得出的企业价值，与第（7）步的结果进行对比分析，再次进行修正，得到最后结果。

第四节　实物期权法在企业项目投资管理中的扩展应用

一、实物期权法与项目投资管理

实物期权方法在战略投资的项目分析和企业战略愿景之间产生了两个连

---

① ［美］马莎·阿姆拉姆（Martha Amram）、纳林·库拉蒂拉卡（Nalin Kulatilaka）：《实物期权：不确定性环境下的战略投资管理》（Real Options: Managing Strategic Investment in an Uncertain World），第154 页，机械工业出版社，2001。

接：从自上而下的观点来看，实物期权方法解决了以下问题：什么样的创造价值的机会对该公司来说是独有的？要实现这些价值，必须在何种程度上承担何种类型的风险？什么样的风险是能够规避的？从自下而上的观点来看，实物期权方法提供了一个框架，这个框架将项目价值、风险和结构综合起来考虑，以管理公司的净风险暴露。自下而上的整体作用也提高了不确定性在项目层次上如何影响价值这一问题的清晰度。

具体地说，可以提出如下的基于实物期权的项目投资管理四阶段循环模型：

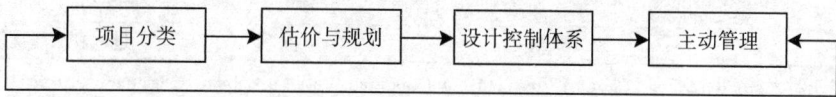

项目分类 → 估价与规划 → 设计控制体系 → 主动管理

图 21-7　基于实物期权的项目投资管理四阶段模型

即：进行投资项目管理时，企业应当按照项目所包含的期权将项目分类。因为此时传统的分类方法——将项目分为替换项目、成本削减项目、能力提升项目和新产品引进项目不是很有用。更合适的分类是将那些未来收益主要来自现金流量（简单期权）的项目和那些未来收益包括随后的投资期权（复合期权）的项目区别开来。并且企业管理者需要对复合期权的复杂性、其在执行公司战略中的作用，甚至它们对组织存亡的影响进行深入的分析。也就是说，公司必须将这些项目视做更大的一组项目的一部分，或者作为序列投资项目进行决策。当然，也要考虑项目利益的共享性。

二、Trigeorgis 的基于实物期权法的项目分类①

在把实物期权分为"与自然的博弈"及"与竞争（对手）的战略博弈"两种基本类别的基础上，Trigeorgis 通过对估价过程中的期权所有权的排他性/竞争性相互作用、阶段性/复合性和时效性/可延迟性等三个层次的影响因素进行分析，得出了一个可供选择的、以期权为标准的项目分类方案，并指出它将有助于揭示出管理者可以选择的策略空间和期权价值的组成要素。②

按照上述观点，可以得到基于实物期权的项目分类表（见表 21-3）：

---

① Trigeorgis, L., "A Conceptual Options Framework for Capital Budgeting", *Advances in Futures and Options Research 3*, pp.145–167, 1988. 这里参阅了陈龙：《项目投资价值分析创新方法研究》，厦门大学 2002 年博士学位论文；茅宁：《项目评价的实物期权分析方法研究》，载《南京化工大学学报（哲社版）》2000 年第 2 期。

② 按照 Trigeorgis 的观点，构造这个概念框架，可以帮助人们识别和理解在估价时经常遇到的难点——由实物期权和竞争/战略影响组成的混合体。

表 21-3　Trigeorgis 的基于实物期权的项目分类框架

竞争性	阶段性	紧迫性	例　子
独享	简单	到期	日常维护
独享	简单	可推迟	设备更新
独享	复合	到期	提供短期特许权
独享	复合	可推迟	独特产品的开发
共享	简单	到期	投标购买企业资产
共享	简单	可推迟	引入新替代产品
共享	复合	到期	竞价收购无关联企业
共享	复合	可推迟	进入新市场区域

资料来源: Trigeorgis, L., 'A Conceptual Options Framework for Capital Budgeting', *Advances in Futures and Options Research 3*, pp.145-167, 1988.

Trigeorgis 提出，这个分类表可以让管理者关注投资机会的重要特征，即如上所述的实物期权。尽管不同类别之间的区别常常是相对的而非绝对的，但是绝大多数实物投资机会，包括战略投资，都可以在上述基于期权的分类表中找到对应的类别。

三、设计价值最大化的控制目标体系

尽管基于实物期权法的项目价值分析有其先进性，但是在整个组织中应用分析结果却并不容易，原因在于：与传统项目决策方法相比，该方法太复杂、太耗费时间、成本太高，以至于管理者在面临有明显期权特征的项目投资决策时，往往倾向于依靠自己的直觉。因此，如果把企业价值影响因素从直接现金流量扩展为包括管理灵活性、协同效应和成长期权在内，那么相应地，企业应该设计一个有助于实施价值最大化战略的控制目标体系，使企业资本预算体系、激励体系和控制机制形成一个完整的体系，与选定的价值最大化战略相符并引导管理层实现该战略。

科普兰等人指出，[①] 公司战略可以用企业内在价值（折现现金流量或期权价值）评估，而企业内在价值又可以转换成中期和短期财务目标以及经营和战略价值驱动因素目标。其中，中期和短期财务目标包括投入资本收益率、经济利润、收入增长率等；价值驱动因素包括市场份额、单位成本、研发项目的价值等。相应地，企业绩效评估和控制目标体系应该从财务指标和主要价值驱动

————————————————————

① [美] 根据汤姆·科普兰（Tom Copeland）等著：《价值评估》（Measuring and Managing the Value of Companies），第 44~57 页，第 70~86 页，中译本，电子工业出版社，2002。

因素两方面把结果和目标进行比较，并且管理者的报酬应该与其在这两方面取得的成就挂钩，原因在于：作为"滞后指标"的财务指标容易被人操纵，需要使用作为"先行指标"的价值驱动因素来反映公司未来的发展潜力，使管理者不但要关注业务部门是否实现了财务目标，同时要关注实现财务目标的途径。

具体到控制目标的设计，首先需要指出的是，应当以价值最大化战略为基础，而不是以某个指标可达到的最高水平为标准。比如，通过削减投资以增加资产回报率或者减少边际利润以增加市场份额是可能的，但是这些活动未必能提升企业最大价值。与此相联系，因为最佳目标点一般低于它们可以达到的最高水平，两者之间的距离就构成了管理空间（managerial slack）概念的含义，即一个控制目标的管理空间是指一揽子可以达到或超过这个目标的决策。

更进一步地，由于按照价值最大化战略确定的每一个控制目标的管理空间中都应该包括价值最大化投资组合，那么这些管理空间的交集就代表了理想投资战略的范围。换句话说，为了实施企业战略、达到控制目的，最初的价值最大化问题可以转化为一个等价的约束条件（控制目标）体系，这些约束条件的交集就包括了最优战略在内。

当然，一套典型的控制目标体系，包括资产回报率、增长率，甚至资本预算限制，也可能会引致相反或相互矛盾的管理空间。但是，假如管理者能够合理选定控制体系的临界点，则企业价值最大化战略与从一组控制条件中得出的结果在经济意义上是等价的。

最后，控制目标的选择还应当考虑外部不确定性的大小和企业管理水平。一方面，在高度不确定性的环境下，如果行使一项战略期权对企业价值有重大影响，那么控制目标体系应当反映这种特征，比如，实施一项重大的扩张项目或成长期权后，企业增长目标应该提高而资产回报率目标的临界点会相应下降；另一方面，对于忠诚敬业的、富有创造力的管理者应该制定相对宽松的控制目标体系以充分发挥他们的主动性。

四、基于实物期权法的项目投资主动管理

对于管理者来说，在项目投资管理层面上，实物期权思维方式包括了三个组成部分：[①] ①期权是或有决策（contingent decision）。②期权估价与金融市场估价是一致的。③期权思维方式能够用来设计和管理战略投资。非线性损益也

[①]　［美］马莎·阿姆拉姆（Martha Amram）、纳林·库拉蒂拉卡（Nalin Kulatilaka）：《实物期权：不确定性环境下的战略投资管理》（Real Options：Managing Strategic Investment in an Uncertain World），第 8 页，机械工业出版社，2001。

可以作为一种设计工具。如何降低不确定性暴露？如何能够在出现有利结果的情况下增加收益？第一步是要辨别和估价战略投资中的期权；第二步是为了更好地使用期权而重新设计投资；第三步则是运用产生的期权来管理投资。

按照上述逻辑，基于实物期权法的项目投资主动管理可以分为两个层次：第一，对既定战略下企业所拥有的期权进行辨别与估价、重新设计投资、管理投资；第二，根据对市场环境的理解，企业主动组合所能拥有的期权（创造新的成长期权）、修正既定战略，在新战略下再次辨别与估价期权、重新设计投资、管理投资。

（一）战略性期权的识别

根据 Slater 等人的研究，常见的影响期权价值的因素如表 21-4 所示：

表 21-4 期权价值影响因素

期权机会	期权价值	
	正面影响	负面影响
某种产品/技术的未来成长潜力	好	差
项目发展费用是否在早期支付	否	是
项目能划分为明确的阶段，继续/放弃的节点明确	是	否
生产和营销投资集中发生在项目后期	是	否
能找到有利于项目成功的合作伙伴	是	否
可以以较低成本改变经营规模	是	否
项目期权的总体潜力	高 中	低

资料来源：Stanley F. Slater and Venkateshwar K. Reddy and Thomas J. Zwirlcin: 'Evaluating Strategic Investments Complementing discounted Cash Flow Analysis with Options Analysis', pp.447-458, Industrial Marketing Management 27, 1998.

（二）期权行使时间选择

Kester 指出，通过把当前的资本预算决策与战略机会清楚地结合起来，企业可以减少投资分析的猜测成分。[1] 在识别企业所能拥有的战略性期权之后，管理者接下来的任务就是确定期权行使（实施项目投资）时间。在竞争激烈的环境中，企业倾向于提早行权；在竞争微弱的环境中，企业不倾向于提早行权，而是倾向于充分利用期权的可延迟性以减少不利的不确定性的影响。如果从期权所有权的排他性来看，确定行权时间的过程则较为复杂。

总之，借助于上述过程，可以把实物期权思维、资本预算与长期战略规划

---

[1] Kester: Today's options for tomorrow's growth', pp.153-160, *Harvard Business Review*, March-April, 1984.

整合在一起。在这个框架内，资本预算只是对企业长期战略规划的执行。因为今天的投资决策可以产生明天投资决策的基础，每年的资本分配就成为取得最终战略价值的关键步骤。基于同样的理由，虽然资本预算和战略规划内容不同，但是它们的目的却完全一致：使企业（股东）价值最大化。

本章案例

用实物期权法估价一家生物技术公司①

开发一种新药是一件有风险的事。因为对于某种疾病来说，可能有疗效的化合物实际上是无限的，制药公司必须从中仔细地选出合适的化合物，在将其投放市场之前还需要投资成百上千万美元。开发过程包括几个阶段，在这个过程中，制药公司收集各种证据，使政府相信它会始终如一地生产一种安全有效的化合物治疗某种疾病。每个阶段结束后，公司利用目前得到的技术和市场信息，决定是放弃还是继续该化合物的开发。

Agrouon 制药公司创建于 1984 年，1987 年成为上市公司。直到 1997 年，公司没有产品销售收入，大部分精力集中在发现新化合物和对它们进行临床实验上。Agrouon 制药公司也和其他大的制药公司合作开发以生物技术为基础的药物并将之商业化。

这种合作在制药行业是非常普遍的。对于生物技术公司来说，合作可以提供可信度、资本、附加的专门技术和在大公司已经建立经营网络的许多地区营销产品的途径。对于大的制药公司来说，生物制药公司可以提供额外的新点子，成为它们现有的研发部门的延伸。在典型的合作关系中，大公司从药品研发或政府批准过程中的某个特定阶段开始提供资金，并获得生物技术公司的权益，分享药品通过审批后带来的现金流量。

1994 年 7 月，Agrouron 公司正在进行抗癌和抗艾滋病毒化合物的研究。它有两种抗癌的新化合物处于临床试验的第一阶段，一种抗艾滋病毒的新化合物处于临床前阶段。在接下来的四年半中，Agrouron 发布了几个关于它的研发项目的重大声明。1999 年 1 月 26 日，该公司宣布它被 Warner Lambert 公司以 21 亿美元的股票价格收购。

① 本案例资料来自：David Kellogg and John M. Chames：'Real-Options Valuation for a Biotechnology Company'，*Financial Analysis Journal*，May/June，2000. 这里根据本章提出的估价框架进行了表述，而且省去了大部分计算过程和背景资料。读者如果要了解详细内容可以参考原文。

根据 Myer 和 Howe (1997) 的研究成果、美国国会技术评估办公室 1991 年的文件和 DiMasi, Hansen, Grabowski 和 Lasagna (1991) 的研究成果，可以对新药品的研发成本、成功概率和获利能力做一个假设（所有成本和收入数字都用 1994 年当期美元单位表示）。

按照 Myer 和 Howe 的观点，假设进入市场的一种药物会属于下面五种质量类别之一：①极差。②平均以下。③平均。④平均以上。⑤突破。进入市场的药品质量为平均水平的占 60%，其他四种质量水平的各占 10%。不同质量类别之间的收入差别很大，极差和平均以下的药品每年的最高收入不超过 740 万美元，而突破性药品每年的最高收入超过 13 亿美元。投放市场之后的每类药品的假设收入用图 21-8 表示。每种药品的最高年收入如下（百万美元）：

突破型：   1323.920

平均以上：   661.960

平均：   66.200

平均以下：   7.440

很差：   6.620

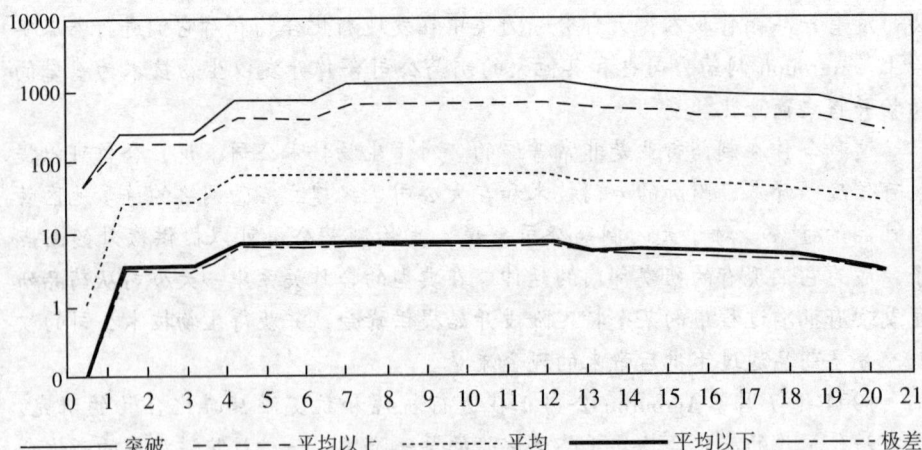

图 21-8　各种质量类别的新药品的收入流量（横轴为年，纵轴为收入）

资料来源：前 13 年的数据来自 Myer 和 Howe 的研究成果，其余的数据来自美国国会技术评估办公室。

表 21-5 研发项目的税前成本、持续期和每个阶段的成功概率

研发阶段	总成本（千美元）	每个阶段的年数	成功概率
发现	2200	1	0.60
临床前期	13800	3	0.90
临床期			
第一阶段	2800	1	0.75
第二阶段	6400	2	0.50
第三阶段	18100	3	0.85
FDA 审查	3300	3	0.75
批准后	31200	9	1.00

资料来源：David Kellogg and John M. Chames：'Real-Options Valuation for a Biotechnology Company'，*Financial Analysis Journal*，May/June. 2000.

表 21-5 的内容是，假设开发的前一阶段成功完成、每个阶段的假设税前成本、持续的年限和成功完成本阶段的概率。对于研发时间超过一年的，我们假设总成本平均地分配到每年。对某些已批准的药品，我们假设公司会做批准后的临床试验。这些试验的目的是支持这些药品的营销工作。对于销量低的药品（质量很差或低于平均水平的药品），我们假设这些收入不足以保证批准后的临床试验。

像大多数产品一样，药品也有一个产品生命周期。一种药品生命周期的高峰期在专利到期之前。在专利到期后，竞争者可以销售同类的化合物，竞争将导致收入的下降。Myers 和 Howe 认为收入不包括高峰年以外的收入，因为专利到期后的收入与他们的分析不相关。我们关于专利到期后的假设以技术评估办公室（美国国会）的报告为基础。表 21-6 提供了其他现金流量假设的详细

表 21-6 其他现金流量假设

项　目	假　设	来　源
收入成本	收入的 25.5%	美国国会
营销费用		Myer-Howe
投放市场后第 1 年	收入的 100%	
投放市场后第 2 年	收入的 50%	
投放市场后第 3~4 年	收入的 25%	
投放市场后第 5~13 年	收入的 20%	
一般和行政费用	收入的 11.1%	美国国会
税率	利润的 35%	Myer-Howe
营运资本	收入的 17%	美国国会

资料来源：David Kellogg and John M. Chames：'Real-Options Valuation for a Biotechnology Company'，*Financial Analysis Journal*，May/June. 2000.

资料。

根据上述内容，可以用决策树法和二项式法估价 Agrouron 公司。我们可以使用决策树法和二项式法计算 Agrouron 公司在某些特定日期的价值。表 21-7 给出了这些价值和作为比较的股票价格。

表 21-7　在选定日期，Agrouron 制药公司的实际股票价格与按决策树法和二项式法计算的价值对比（括号里的数字表示二者的差）

日期 ＼ 方法	实际股票价	决策树法	二项式法
6/30/94	$5.63	$4.31（−23.4%）	$4.51（−19.8%）
10/20/94	5.63	5.70（+1.3）	5.87（+4.3）
6/30/95	11.81	7.17（−39.3）	8.51（−27.9）
6/30/96	19.50	10.26（−47.4）	10.44（−46.5）
12/23/96	33.88	15.05（−55.6）	15.45（−54.4）

资料来源：David Kellogg and John M. Chames：'Real-Options Valuation for a Biotechnology Company'，*Financial Analysis Journal*，May/June. 2000.

所选择的日期按重要性排列如下：

● 1994 年 6 月，财政年末。Viracept 正处于临床前期开发阶段。
● 1994 年 10 月 20 日，公司发表声明：Viracept 即将进入试验的第一阶段。
● 1995 年 6 月，财政年末。
● 1996 年 6 月，财政年末。
● 1996 年 12 月 23 日，公司发表声明：公司已递交 Viracept 的新药品申请。

在 1994 年 6 月 30 日到 1996 年 12 月 23 日这个期间，公司有其他项目处于发现、临床前期或试验的第一阶段，但是 Viracept 是该期间唯一一个开发到第二、三阶段并提交审查的新型化合物。财政年度的日期是有用的，因为向美国证监会提交的长篇报告可以表明公司有哪些项目以及在财政年末分别处于哪个阶段。事实表明，即使那些项目不是应在非财政年末的日期进行评估的产品线的一部分，项目的潜力也体现在估价结果中。

表 21-7 表明，当这些项目处于试验的第一阶段或更早时，用这些方法评估 Agrouron 公司相对较好，但是在 Viracept 按部就班地进行研发各步骤时，计算的结果与股票的真实市场价格偏差较大。很明显，投资者对这种新型化合物

的后续研发阶段的假设，与他们关于模型中特定的典型新型化合物所做的假设不同。如果我们的模型按这种情况进行调整，那么可以预期模型所给出的估价结果会更接近于真实的股票价格。

可以认为，投资者由于下列原因会作出不同的假设。第一，FDA 有（一直存在）巨大的政治压力迫使其批准抗艾滋病的药品。因此，投资者认为药品从第二阶段开始到投放市场的时间会少于 8 年。事实上，这个过程只花了不到两年。第二，关于这个模型，一个很重要的假设是收入流的概率分布。这个模型假设高峰期年收入低于 1 亿美元的概率为 80%。事实上，Viracept 在 1998财政年度（第一个完整的销售年）的销售收入超过 400 百万美元，预计 1999年在 430 百万~440 百万美元。另外，很可能市场关于概率分布的假设与模型不同。第三，市场倾向于假设 Viracept 获得批准的概率高于一个典型的新型化合物。

通过分别调整 1996 年 6 月 30 日与 1996 年 12 月 23 日的决策树模型中的假设，我们可以得到比这些日期的股票价格高 19.1%而低 15.9%范围内的估价结果：

● 假设第三阶段持续一年时间，新药申请的审查时间是一年而不是三年。
● 假设极差产品的收入分布为 10%，平均以下的是 10%，平均的是30%，平均以上的是 35%，突出的是 15%，而不是 10%、10%、60%、10%和10%。
● 假设第三阶段成功的概率为 90%而不是 85%，新药申请被批准的概率是 90%而不是 75%。

这些调整代表一个证券分析人员根据当时的目标疾病、政治压力和竞争环境可能作出的判断。对二项式模型做同样的调整会得到相似的结果。

从上表还可以观察到另外一个结果，将增长期权加进初始期权中并没有明显增加初始期权的价值。原因在于，与初始新型化合物的价值相比，研发项目的价值（假设的增长期权）比较低。更多的时候，我们对这个较低的价值乘以初始期权的成功概率的结果进行折现。

从以上比较可以看出，实物期权方法可以用来估价一家生物技术公司。当项目进程处于试验的第一阶段或更早阶段、关于药品人们所知甚少时，使用平均假设进行估价效果较好。当项目进入试验的第二阶段和/或以后时，使用更明确的关于投放市场的时间、市场规模和成功概率的假设将会更准确地反映公司的价值。

对于投资者来说，使用实物期权法有助于评估生物技术公司的价值，尤其是评估没有当前收入的生物技术公司的价值。这类公司的价值源于公司产品的预期利润和公司成为一家拥有许多盈利药品的公司的增长潜力。同时，实物期权估价方法既可以用于评估单个项目的价值，也可以把公司看做项目组合，使用实物期权估价模型评估公司的价值。

资料来源：David Kellogg and John M. Chames: 'Real-Options Valuation for a Biotechnology Company', *Financial Analysis Journal*, May/June, 2000.

本章要点

1. 一般来说，期权定价法适用于存在或有要求（收益）权的资产估价。比如，当资产价值体现在未来增长的可能性而不是当前的现金流时；当资产价值不确定性足够大，必须考虑管理层等待以获取更多信息或调整决策的价值时；当存在或有收益而没有其他方法可以正确估价这种类型的机会时。

2. 相对金融期权，实物期权具有三种复杂性：① 基础资产。②所有权。③复杂程度。

3. 当期权定价原理用于实物资产定价时，显然存在这样一个问题：根据标准期权定价模型的无套利均衡原理和复制技术，使用可交易证券来复制非交易性资产或项目的收益状态是否合理？对于这一问题，Mason 和 Merton 指出，如果我们采用与标准 DCF（或 NPV）分析法同样的假设——判断一项资产或项目是否有价值时假设它是可交易的——那么答案就是肯定的。

4. 与金融期权相比，绝大多数实物期权的定价存在三方面的问题：第一，实物期权的复制组合也许包括商品，甚至包括特殊产品和服务，某些基础资产和市场特征使得无套利原理和一价定律难以成立，出现复制误差（即复制组合与期权在较短时间段内的价值变化不相同）；第二，实施实物期权的动态复制需要各种成本，有时不得不在复制的精确性和复制成本之间做出取舍；第三，影响实物期权定价的因素更复杂。

5. 实物期权方法在战略投资的项目分析和企业战略愿景之间产生了两个连接：从自上而下的观点来看，实物期权方法解决了以下问题：什么样的创造价值的机会对该公司来说是独有的？要实现这些价值，必须在何种程度上承担何种类型的风险？什么样的风险是能够规避的？从自下而上的观点来看，实物期权方法提供了一个框架，这个框架将项目价值、风险和结构综合起来考虑，以管理公司的净风险暴露。

研究思考题目

用本章介绍的方法重新思考项目净现值的计算方法。

推荐阅读材料

［美］阿维纳什·迪克西特（Avinash K. Dixit）、罗伯特·平迪克（Robert S. Pindyck）：《不确定条件下的投资》（Investment Under Uncertainty），朱勇等译，中国人民大学出版社，2002。

［美］马莎·阿姆拉姆（Martha Amram）、纳林·库拉蒂拉卡（Nalin Kulati-laka）：《实物期权：不确定性环境下的战略投资管理》（Real Options：Managing Strategic Investment in an Uncertain World），张维等译，机械工业出版社，2001。

第二十二章　适应性企业

时代总是在发生着变化。不同的时代，企业在不同的环境与条件下运行，因此，需要建立截然不同的经营战略，需要解决截然不同的经营管理问题。正是在这个意义上，我们说，企业经营实践总是不断地在给企业管理学制造着难题。反映时代要求的企业管理学也正因如此而充满了生命力。新的时代已经到来，这自然意味着新的企业战略思想和管理模式的孕育、创新。

第一节　问题：急剧变动时代的企业战略

中国的改革开放历程恰逢人类历史上一次新的推动全球经济变革的产业革命，这就是继农业、工业、服务业之后的由信息业驱动的第四次产业浪潮。人们普遍认为，当前由通信和计算机技术构成的、以互联网广泛运用为基本特征的信息时代刚刚进入高峰时期，信息业对经济的主导作用还会持续一段时间，这期间它将提供最大规模的就业市场，然后迅速占据国内生产总值的最大份额，并促进国民经济的持续增长。这一趋势在全球已初现端倪，而在美国正在成为现实。在 1999 年美国 8.86 万亿美元的 GDP 中，第二次世界大战后三大工业支柱产业只剩汽车业"一枝独秀"，而信息业的总收入已超过汽车及零部件业，直逼以金融保险业和商业为代表的服务业。这一产业革命将触及全球的每一个角落和每一个过程，以致有人把当今时代称为信息时代，以便与似乎已经变成传统的工业时代相区别。

一、不可预测性——企业运行的时代特征

众所周知，20 世纪 80 年代末期和 90 年代初期，包括王安公司、数字设备公司和 IBM 公司等在内的领先计算机企业都经历了猛烈的、不可预见的变化，这些变化不仅威胁到它们在产业中的领先地位，而且威胁到它们的生存。事实上，这三个企业中，目前只有 IBM 公司仍然保持着一个主要的独立经营者地位。"辉煌一时"的王安公司业已破产，"老资格"的数字设备公司已被康

柏公司兼并。

当前，网络经济成为经济增长的强大推进器，但独领风骚已经有一段时间的计算机软、硬件制造商却已经明显地感受到来自移动通讯设备和其他网端设备制造商带来的巨大竞争压力。微软公司在应付来自司法部门的反托拉斯诉讼时，恐怕还不得不耗费巨大的精力重新考虑公司的战略问题。

就移动通讯而言，3G（支持移动通讯接入声音、数据、图像和互联网的技术）网络已经推出，在此之前现有的蜂窝网络加快了发展步伐，以满足渴望信息的人口的需求，蜂窝市场的高速增长使 3G 系统存在极大的风险，即在其顺利投入市场之前就已经过时了。技术上至今仍然处于领先的铱星公司瞬间就关门大吉，让人在摸不着头脑之际倍感发展速度之快。

类似地，全球金融机构也面对着放松管制和电子商务带来的挑战。早在1985 年，澳大利亚最大的银行 Westpac 的领导在与几家全球性银行的高级管理人员访谈后，发现没有任何人能够可靠地预测甚至未来的一年中，什么样的新产品和服务会受到客户欢迎。

人们已经明显地感受到，信息时代的一大特征就是不可预测的、迅速的变化日益增长，并不可避免地伴随着一切商业运行。管理大师彼得·德鲁克（Peter Drucker）深刻地揭示："这是知识的本性：变化快，今天的必然变成明天的荒谬。"[①] 因而，21 世纪的任何企业都遭遇到决策和管理的复杂性急剧增大的激烈动荡局面，都会不同程度地陷入前景不明、无所适从的困境。商业机会何在？投资风险何在？正是针对这样的企业运行环境，我们说信息时代对企业而言，意味着进入的是一个前所未有的急剧变动时代。

这些不可预测性事例并非偶然的或无联系的，而是植根于影响越来越多的商务活动的基本和持续的经济变化。哈佛大学未来学家丹尼·贝尔（Daniel Bell）把这种变化刻画为一种福利创造基础的转移。一度以有形的和稀有的资源，例如土地、劳动力、能源和资本等为基础的福利今天日益以不会穷尽、不会贬值的无形资源——信息和知识为基础。[②] 只有 30 年历史的软件产业说明了新经济中无形资源的重要性：软件的价值归属于计算机代码中作为符号获得的智力内容，而不是记录这些符号的软盘。

今天，全球福利日益源自编为数字化法典的知识和以电子速度控制知识的能力。因为这些无形资源可以如此快速地转变和传送，迅速的、非线性的、不连续的变化已经成为信息密集产业的特征。广泛的中断变化造成了不可预测

---

① 彼得·德鲁克：《后资本主义社会》，第 60 页，上海译文出版社，1998。
② 参见丹尼·贝尔：《后工业社会的来临》，商务印书馆，1984。

性。不确定性不是一种匆匆而过的临时症状，而是信息时代经济生活的长期现实。

彼得·德鲁克是呼吁注意日益增长的不确定性的领先商业思想者之一。他非常清楚不确定性对计划和战略的挑战。他认为，在一个动荡的时代里，最可能出现的事件是那些不断改变结构的独特事件，而独特事件肯定是无法计划的。由此带来的挑战正在冲击着各种组织和机构，尤其是企业。经济、社会、政治中的不确定性已经如此巨大，导致大多数公司仍在实践的这种传统计划，即根据可能性预测完全失效（如果不是适得其反）。[①]

为了生存，组织必须准备自身处理这样一种变化的未来。正如德鲁克所言，在巨大的不确定性面前，传统的计划毫无用处。

或许是面临生存危机使然，在考虑对付不连续的变化应该采取什么战略方面，企业管理理论与实践已经表现出前所未有的极大热情。查阅近年来的管理学文献，就会发现早已充满了应运而生的众多新药方：企业再造、团队结构、辨识核心能力、超来源、精益生产、柔性制造、灵捷制造和客户关系管理，等等。这些方法的讨论和提供的对策都是从企业运行的不同侧面关注并力图解决企业在新时代面临的问题，实际上可以集中为三个基本主题：企业运行的焦点必须从产品向过程和能力转移；必须向最接近企业前沿的个人授权；顾客的需求必须加倍关注。

理解这些企业管理新药方的诉求并不困难。事实上，由企业再造、精益制造等方法所展示的效率增进是显著的，因而这些方法本身基本上是成功的。[②]但是，以略显夸张的判断分析，即使把所有这些方法予以集中，它们也是不充分的，因为这些方法或者说战略思想几乎都是从某个侧面零敲碎打地试图解决上述企业问题，而信息时代出现的这些问题，恰恰需要系统性、变革性的方法或思想才能解决。因此，既然信息经济时代与工业经济时代的基本差别已经一目了然，那么恐怕只有完全不同的企业组织才是充分的。这就是说，连续变化的中断需要一种全新的企业模式。事实表明，21世纪在全球市场上占统治地位的大公司只有通过接受新概念、发展新工具和培育新的领导能力才能成功，而不是更好地运用老概念、改良老工具和完善老的领导能力。

---

① 参见彼得·德鲁克：《动荡年代的管理》，工人出版社，1989。

② 从后面的分析可以看到，以顾客为出发点和归宿点，以及向企业前沿授权等同样都是适应性企业思想的主要对象成分。

二、 企业战略——一种复杂的适应性系统

那么，怎样才能理解和应对这样一种环境态势呢？在这样的环境态势下，更具有战略重要性的东西是什么呢？什么是系统性、变革性的战略思想和管理方式呢？显而易见，应对这种激烈动荡的局面，企业的唯一策略只能是迅速反应，甚至是即刻反应。那么，怎样才能作出迅速的反应呢？

进入 20 世纪 90 年代后，许多美国、欧洲大公司据此采取的策略是缩小规模，把自己分离成能快速反应的较小的运行单位，或者更多地利用国际分工，实行大量外包，以提高反应能力、降低营运成本和减少组织复杂性，正对应了中国的一句老话，"船小好掉头"。但是这样一来，却往往意味着这些公司放弃了规模经济和范围经济优势。工业经济中行之有效的高效率市场力量作为大公司的主导素质，为什么要轻易放弃呢？提高公司的反应能力的途径不在于规模大小，而是要在大公司里具有小公司的灵魂和速度。这样，进一步提出的问题是，快速反应和规模优势两者能够兼得吗？大型复杂企业可以成功地、系统地适应不可预测的变化吗？

思考上述问题通常有两种途径：其一是演绎方式，即从信息经济的逻辑，以及这一逻辑对企业经营战略、组织结构与内部治理的意义出发，推导出企业的战略选择；其二是归纳方式，即总结可供选择的经营战略设计，以解释为什么那些成功的企业可以把其成功保持几十年。有趣的是，人们发现，两种途径所导致的是一个共同的战略需要：深刻理解顾客的需求变动是企业运行的基本前提。这样，以"意识—反应"（sense-and-respond）企业设计模式构造的"适应性企业"（adaptive enterprise）战略应运而生。

适应性企业提供的思路是，大型的、复杂的组织必须并能够系统地、成功地适应这种变化。系统是适应性企业理论中所描述的"意识—反应"模式的一个性质，成功则将由在此模式框架内作出特定选择的领导能力所决定。

面对不可预测的变化进行意识的唯一战略就是使自己变得具有适应性。在当今"战略竞争"时代的企业运行中，快速进入市场、与顾客建立亲密关系、重视研究与开发、再造生产作业流程、突出核心能力、运行出类拔萃，以及组织灵捷，等等，无疑都是非常重要的，但是它们自身毕竟并不是合适的企业层次战略目标。它们应该归属于、服从于真正的战略目标：成功的和系统的适应性。毫无疑问，适应性意味着比再造、灵捷和柔性等更多的、更为深刻的东西，它需要针对变化作出合适的组织反应。当变化不可预测时，适应性能够使企业随着变化的进程作出合适的反应。正是从这个意义上讲，适应性战略是最根本的企业战略。

事实上，在上述急剧变动的企业环境态势中，有计划的反应实际上根本无法运行。如果基本的现实是顾客实际需要的东西寓于其中的一种天生的不可预测性，那么，根据顾客将需要什么的预测以优质供给首先进入市场的、充分的组织灵捷性，就只会是一种看似高明的错误。

为什么复杂性理论作为一种战略思考的新方法 20 世纪 90 年代中期以来吸引了人们的注意力，这就是重要的原因。某些（并非一切）系统的运行远离均衡，一致证明了自身组织的能力，展示了使这些系统能够适应于不可预测的环境的随机性质。为什么不能把从事商业运行的企业重新概括为复杂的适应性系统呢？在适应性系统中，公司将不再被迫发展合适的战略，因为战略将简单地随机显现。是否可以这样理解，此时，战略已经退化成一种万能的当务之急：变成一种复杂的适应性系统。

第二节　回应：培育、锤炼企业适应能力

由此可见，以"意识—反应"企业设计模式构造的"适应性企业"战略，是针对信息时代企业运行的一种全新的管理思想方法，是企业管理学的又一重大创新。这里，就这一管理思想的主要内容做一概略阐述。

一、"意识—反应"——作为系统来管理组织的能力

"意识—反应"模式为企业提供了一种应对不连续变化挑战的方法。"意识—反应"型企业并不力图预测对应其供给能力的未来需求，相反，它辨识变化中的顾客需求和新的商业挑战，随着这些需求和挑战的出现，在这些新机会消失或变质成其他别的东西之前，迅速地、恰当地作出反应。近年来，适应性的价值日益增长，**柔性、灵捷和反应**等术语出人意料地频繁出现在今天的企业讨论和管理文献中。然而，大多数人并没有真正掌握适应性的深刻含义：要真正适应，一个企业组织就必须有一个全新结构；它必须以特殊的方法管理信息；它必须作为一个系统进行管理；它的领导和雇员都必须承诺相当不同的行为和责任。工业时代的传统企业不能够把适应性容纳到其现有的组织素质和能力中，而进入信息时代，它们必须成为适应性组织，否则就只有死亡。

换言之，把一个传统企业组织转变成一个适应性组织，并不是依靠任何可轻易获得的小窍门、习惯或技能就可以实现的。反之，大型企业组织必须挑战长期建立起来的领导、战略和责任等概念。为此，需要给予关注的是下面这样一些基本问题：

● 对大型企业组织的结构和行为而言，"新"经济现实意味着什么？

● 如果大型复杂企业迅速地、系统地适应不连续的变化是可能的，那么它们应该怎样做呢？

● 在不连续的和不可预测的变化环境中，产品和服务的未来需求本身是不可知的，那么战略意味着什么？

● 在授权的、分散的企业组织中，如果要在企业层次上取得前后一致的行为，领导者必须发挥什么作用？

复杂性理论的一些原理构成了"意识—反应"模式的重要基础。但是，只有这些原理肯定是不充分的，因为没有强调只适合于社会系统（精密的人类组织）的那些性质。在这个系统内部以及在这个系统周围，个人可以作出决策。这些决策包括是否改变和怎样改变他们自己在系统内部的行为、系统的结构和规则，甚至系统的目的等。因此，"意识—反应"模式把针对主观维度的蓄意性和目的性加入反映客观维度的复杂性、适应性和系统性，一起作为基本的组织性质。

在信息时代，一个企业的适应能力取决于它如何处理信息。从复杂性理论的基本原理我们得知，一切成功的适应系统都具有某些共同的东西：它们把表面的"噪声"理解成现时意义的速度，要比表面"噪声"到达它们的速度更快。"意识—反应"组织把这种洞察力放大成一种培育、锤炼适应性意识和行动的一般方法。其中，意识什么以及如何解析的特定性是由关键的组织角色所规定的，并且取决于所需要的适应性的程度。组织中的这一角色要负责在表面噪声中发现意义，而这些意义是关于何时和怎样适应组织的方法。更为重要的是，需要组织角色更为仔细地设计组织适应环（adaptive loop）。这个关键角色就是领导。

不可预测性意味着企业的组织行为必须由现时顾客隐含的和明确的需求活动所驱动，而不是由企业正在进行的制造和销售等供给活动所驱动。回归顾客的组织行为适应性意味着按照需求配置供给能力，这正好与事先充分安排供给能力相反。这意味着一种模块化的组织结构，这样的组织结构不可能采用在工业时代行之有效的某种指挥与控制治理系统进行有效的管理。

总而言之，"意识—反应"模式强调这样一些基本问题：首先，通过企业中关键角色以一种特定方法表达和支持系统适应性来组织信息（适应环）；其次，把资产和能力组织成能够被动态配置为一次性价值链的一种模块系统（模块组织）；再次，遍及整个组织，以一个传播经营目的、边界和基本结构的以承诺为中心的治理系统代替指挥与控制。"意识—反应"模式通过一个综合的和一般的承诺约定管理条款（一个技术支持的承诺管理系统）管理模块能力的相互作用，而不是作用。

这样一来，一个"意识—反应"组织是能力和资产的一种集合，而这些能力和资产是作为一种有目的的适应系统进行管理的。这就假设了作为系统来管理组织的一种能力，这正是在今天的大型企业中没有予以重视，几乎没有付诸实践的一种战略性构想和管理思维。对"意识—反应"组织的领导层而言，对这一概念的深入领会和正确评价将是至关重要的。

适应性战略中使用的"意识—反应"术语，既关系到一种企业组织行为类型，又是系统地取得这种类型的一种特定方法。"意识—反应"行为，也就是由个别顾客的需求引发和决定企业的运行，已经刻画了许多小型企业组织和某些中等规模企业的特征。"意识—反应"模式是经济地和大规模地产生这种行为的一种新概念企业设计，其成功的实施将需要采纳一些新的观念、新的工具和新的领导能力。同时要强调的是，没有完全可照抄照搬的"意识—反应"模式存在。虽然"意识—反应"组织原型的实施者已经把其各个部分付诸实践，但是企业的情况千差万别，明智的做法是根据自己的内部条件和外部环境进行具有自身特色的针对性设计。

因此，适应性企业理论提供的模式是基本的、方法性的，其重要性在于阐述和理解信息时代企业运行的一种崭新的战略思想和管理方法。无可否认，建立和遵循"意识—反应"这样一种战略模式谈何容易，然而，至今为止，世界上恐怕没有任何一个创造价值的企业运行模式是易于实现的，关键是要具备创新的思维和积极的进取精神。就这里讨论的主题而言，就是必须把已经深深印在我们头脑中，主宰着我们思维的工业时代的"制造—销售"（make-and-sell）理念，转变为完全不同的信息时代的"意识—反应"理念。实现这种转变会遇到来自操作层面的巨大挑战，但是最大的挑战存在于观念之中。总而言之，观察和分析问题的切入点和归宿点都必须从以产品为中心转向以顾客为中心。

二、模式比较——从"制造—销售"到"意识—反应"

为了理解新的战略思想和组织概念，认识其基本特征，就需要把"意识—反应"模式与工业时代的"制造—销售"模式加以对照，后者正是工业经济背景下企业运行中目前得到广泛实践的、人们更为熟悉的企业理念。

抽象地描述，一个企业只会有两种选择：对客户出价或者响应客户的需求。这是区分"制造—销售"组织和"意识—反应"组织的本质差别。当然，所有的企业都在某种程度上同时涉及两者，许多企业已经确立了某种混合形式的制度或者打算建立某种混合形式。不过，在企业层次上，这两种选择要求根本不同的组织原理。

毫无疑问，20世纪工业时代中成功的大型公司都是"制造—销售"组织。汽车制造商、设备制造商，甚至过去10年中的计算机制造商都被极其杰出地加以组织，高效率地大批量生产产品，然后销售给需要的客户，它们能够假设、预测甚至在某种程度上控制客户的需求。亨利·福特（Henry Ford）创造了"制造—销售"公司的原型：装配线制造商以机器般的效能生产出大量一模一样的商品。在福特的世界里，生产工人的功能就像机器上的零件，每个人执行一种规定的、顺序不变的任务。这样，充分体现了工业经济"技术/经济范式"的"制造—销售"企业理所当然地被贴上了福特主义的标签。①

事实上，有效率的、提供产出的机器，正是对"制造—销售"公司恰到好处的比喻。与大多数机器一样，这样的企业被设计出来，以预先确定的方法统一实现特殊的目的。可相互替代的标准零件、规模经济和根据规定的企业计划执行可重复程序的可替代的人，刻画出了这些企业的特征。包括美国通用汽车、通用电气、强生兄弟和IBM等在内的许多大型工业公司变得越来越大，因为它们可以预测需求，根据预测到的顾客需求变化的节奏有效地制造和销售产品，并且通过市场营销足以形成这些需求本身。

然而，当顾客需求发生迅速的和不可预测的变化时，这种"制造—销售"模式就不可避免地开始崩溃了，正如进入20世纪90年代以来许多大企业已经出现的情况那样。如果自行车的市场消失了，或者你的竞争者以比你更快的速度向市场提供新的或改进的自行车，那么你生产的自行车无论怎样好都没有用。即使"制造—销售"型企业能够找到办法，更好地追踪其顾客迅速转移的偏好，它们也不可能足以迅速地或有效地持续不断重建其复杂的生产机器和生产线。提供产出的机器可能是有效率的，但是它们往往非常缺乏柔性。

无论是企业理论家、思想家，还是产业精英、企业管理者，越来越多的人认识到使"制造—销售"组织能够持续繁荣的静态世界正在消失。

有趣的是，在工业时代，大型"制造—销售"企业的利润证实了这种企业模式的有效性，同时，"意识—反应"模式在专业服务行业的企业中也得到了发展。例如，Bechtel、Fluor、EDS和IBM的联邦系统分部等系统一体化公司早在50年代就证明，柔性地响应无法预测的个别客户的需求，能够加速利润的增长。这些企业不是通过计划活动来生产永久性的供给品，而是只响应客户

———————————

①通常认为，福特主义工业经济体系有四大特征：生产机械化或自动化，以充分发挥生产的规模经济效益；通过产品标准化来刺激大规模消费；按照纵向排列程序组织生产；努力实施稳定的生产和消费方式。

所提出的一次性需求，迅速配置能力进行生产。也就是说，并不是一种永久性企业计划的客户需求决定了企业做什么，以及怎样配置企业的资源。

"制造—销售"型公司被认为是一种制造和销售供给品和服务的有效机器；而"意识—反应"型企业则被看成是对不可预期的需求作出响应的一种适应性系统。"制造—销售"型公司集中于大批量生产，尽可能多地制造和销售相同的东西以获取规模经济；"意识—反应"型公司则致力于模块定制替代，使公司能够经济地生产客户所需要的特殊产品，这样的公司通过重复使用模块资产减少定制化成本而实现范围经济；"制造—销售"型公司擅长计划与控制，命令沿着那些"下级"贯彻的指挥链从上向下流；"意识—反应"型公司则依据组织目标的共同理解构成分散化决策的动态团队。"制造—销售"型公司作出行动计划；"意识—反应"型公司配置能力素质。"制造—销售"强调效率和预测性；"意识—反应"优先考虑柔性和反应性。表 22-1 对这些差别进行了清晰的总结。

表 22-1　"制造—销售"模式与"意识—反应"模式比较

"制造—销售"模式	连续统一体	"意识—反应"模式
企业作为一种制造与销售的有效机制，向具有可预测需求的、明确定义的市场细分提供产品和服务	战略意图的基本思想	企业作为一种适应性系统，对不可预测环境下无法预期的需求作出反应
体现在产品中。作为包括在供给物中的一种新制动系统、式样革新、保险政策或……取得设计师、工程师或精算师的专门知识和技能	专门技能	体现在人和过程中。专门知识和技能被编制在过程中，或者由个人所识别。被应用于对客户要求作出反应的需求
大批量生产。强调可重复的程序、可替代的零件和标准的工作定位，以便有效地制造公司确定的大批量供给物	过程	模块定制。由模块能力产生的模块产品和服务，而模块能力与创造对客户确定的需求作出定制反应相联系
效率和可预测性。通过准确地预测市场需求变化，以及计划低成本的供给物生产控制公司的命运	组织重点	投资于素质和系统，这个系统迅速地、动态地把素质配置到对个别客户需求作出反应所需要的过程之中
产品边际利润和规模经济利润。尽可能多地制造和销售同样的东西，以降低单位生产成本	利润焦点	投资和范围经济回报。通过在宽广的产品成分和客户范围反复使用模块资产，降低定制反应的成本
功能与顺序行动。由特定的计划人员集中计划和后续工作。按照预先确定的价值链沿指挥链条从上到下发布命令	运行概念与治理机制	网络与平行行动。在共同的企业背景内动态地形成团队分散决策。按照企业设计采用共同承诺管理条款协调定制价值链的生产
功能管理和最优化。每个功能创造其自己"什么正在出轨"的看法，并且由它自己"我们怎样应对"的过程。重点放在提供实施企业计划所需要的信息上	信息建构	基本信息管理，以造成环境与关键过程的统一看法。支持分散化决策。重点放在提供决定对特定需求企业的反应应该是什么所需要的信息上

"制造—销售"模式	连续统一体	"意识—反应"模式
主干中心。反映层级的、从上而下的指挥和控制管理系统	信息技术建构	网络中心。反映人和团队的动态网络
供给市场的份额。如中型车辆销售份额、个人计算机销售份额，人寿保险的份额，等等	市场领导者标准	某类需求中客户开支的份额。如，个人交通开支份额、信息与知识管理开支份额、金融证券开支份额，等等
战略作为计划，在确定的市场上瞄准确定的产品和服务	战略关节	战略作为适应性企业设计，对不可预测的变化更早地意识、更快地反应

资料来源：Haeckel：*Adaptive Enterprise：Creating and Leading Sense-and-Respond Organizations.*

三、适应环——"意识—反应"组织的关键行为

一个四阶段适应环定义了"意识—反应"组织的关键行为。适应性个体和适应性组织首先都意识到其环境和内部状况的变化。随后，他们以自己的经验、意图和能力等背景解析这些变化，分离威胁与机会，剔除无关的信息。接着，他们就作出怎样的反应进行决策。最后，实施所作出的决策。随着适应性系统监测其前面实施的结果，一系列意识、解析、决策和实施构成一个反复出现的循环，并且继续适应自前面循环以来发生的环境变化。

包括"制造—销售"型企业在内的各种组织都遵循这些基本步骤调整它们的行为。随着时间的推移，即使"制造—销售"型企业也在开始变化。但是，它们力图尽可能长时间地留在实施阶段，通过在一遍一遍地重复做同样的事情而不断改善效率，从而依靠学习曲线效应来增加其利润。这就推动着"制造—销售"型企业反对变化。它们像封闭系统那样运行，只有当环境变化大得不容忽视时才会作出反应。另外，"意识—反应"组织毫无疑问是一种开放系统，它们探索新的信号，尽可能迅速地循环适应环，以便把新的、获利的反应纳入它们意识到的变化之中，而不是忽视环境的变化。

当然，没有任何企业组织能够独自对哪怕是来自环境的信息洪流中的一部分作出解析和反应。组织选择什么地方进行它们有意识的探索，以及它们怎样从随机"噪声"中辨别有意义的信号，决定了组织是否会充分地感知正在发生的事情。一旦有了感知，企业组织就必须有针对性地从它们的全部资源中配置素质能力。虽然信息技术在这一过程中发挥着重要作用，但是在认识形势和创造性地思考无法预期的挑战方面，人类的技能将继续在成功的企业与不成功的企业之间表现出差别。

四、寻求一致——组织工作的核心

指挥与控制的治理方式是"古典""制造—销售"型企业的一个典型特征。在这种企业中，运用大型中央计划行政人力资源，高级管理层决定了雇员应该做什么，并且告诉他们什么时候做以及怎样做。行政人员精心安排决策过程并监督执行。在管理卓越的公司，指挥与控制系统通过沿组织层级从上而下下达指令来保证组织行为的一致。计划决定了企业组织中各个单位的作用及相互作用。这样一来，纵向的线性顺序创造了企业各功能中的最小通信需要，合适地称之为价值链。各单位之间、各功能之间的关系是预先决定了的。系统的固有刚性保证了组织行为一致，俨然是军事机器的工业对应物。

在急剧变动的时代，这样的系统已经不可能继续运行。在一个日益非静态的环境中面临迅速变化的情况下，在一个静态环境中可能构造和贯彻计划的企业中央计划部门已经不能履行这样的职能，或者说这样的职能已经失去了存在的意义。当计划部门紧跟不可预见变化的努力造成效率损失和官僚主义负担，而不是提供有意义的指导时，大多数大企业就只能把这些部门予以解散。此外，企业领导者不再能够清楚地知道雇员应该采取什么行动。为此，他们开始把决策权分配给更多地接触"什么正在发生差错"的基层单位和小组。某些领导者把政策决策权下放到中级经理层，让他们自行采取合适的行动。某些领导者只传达公司的战略远见和基本价值，而相信被授权的基层运行小组知道如何把这些远见和价值转变成现实。

但是，即使由某种个人收入激励模式加以补充时，传达与希望也并不能构成真实的企业治理。领导者们作出的董事会指导性意见没有中央行政人员加以解释并监督组织行为，就不可能得到贯彻，因此不能够产生大型复杂企业所需要的一致。当遍及大型复杂的全球性企业组织中的上百个甚至上千个经理被授权由他们自己作出决策，并且以他们自己的方式解释其领导的意图时，这些组织在取得一致方面遭受失败应该不会令人惊奇。许多企业组织在努力使自己变得更具柔性时，反而已经变得更加混乱不堪。

"意识—反应"型企业的领导者要获得成功，就必须处理这些意想不到的困难。他们应该怎样治理他们的组织，以便同时保证一致的组织行为和适应性呢？认为复杂性理论提供了答案的一些企业思想家争辩道，领导者根本没有任何实际作用。这些理论家指出了许多通过自组织而取得重要结果的自然系统。他们注意到，大型鸟群以一种战略性的一致方法行动，迁徙几千公里而并没有受益于某个领航首席执行官发展的某种战略和发出的指示。

然而，作为人类组织的社会系统与复杂性科学家研究的自然系统之间存在着某些重要差别，这些差别削弱了上述结论的说服力。现在，注意到的确存在大型自组织企业没有几个展示一种基本的简单性就足够了，而正是这种基本简单性把它们与大多数大型公司区别开来。这些例子虽然有趣，但却趋向于证明这样的想法是错误的，即大型复杂企业可以自组织以实现某个特定的目标。

"意识—反应"型企业的领导者通过一种治理新方法可以确保柔性和一致性，亨克尔称之为"背景与协调"。首先，"意识—反应"组织的领导者必须创造、传播和强化一种明晰的组织背景。其次，他们必须发展一种协调体系以治理（但不是指令）个体的行为，保证这些行为与组织的背景相一致。

五、领导的角色——提供背景与协调

在不可预测的市场上，客户自身成为未来需求的不可靠预测者，适应性必须优先于效率。利润流向那些更早、更精确地意识到其客户现在需要什么的人，以及"适时"响应这些（一个一个具体客户）需求的人。为了使这种行为成为可能，"意识—反应"组织中的领导层就必须创造一种明晰地建立企业做什么的背景，以及企业要怎样做的约束。领导者也必须规定雇员怎样相互联系以实现企业的组织目标。

这样建立的背景，其要素表面上可以看做类似于使命、政策和组织等传统概念，但是实际上有着重要的区别。雇员不再留在由这个背景所定义的参数内，企业向他们授权，由他们自己决定如何最好地取得与他们所承担的责任相称的结果。这样一来，组织就成为一种模块素质（能力）的组合，响应个别客户的现实需求可以动态地组合和再组合。因为拥有关于个别客户的较多信息，这种企业完全可以使不同客户的价值命题差别化。其战略以一种适应性组织设计的形式表达，响应现实顾客需求而配置模块素质（能力），"重新组织"是连续的。整个过程使用承诺管理治理系统予以跟踪，而承诺定义了素质之间的动态相互合作。因此，背景与协调代替了指挥与控制。随着组织中的个人一直留在现实组织背景里，适应不同的顾客需求，领导层积极寻求将有助于改善组织背景本身的环境信号和内部信号。

人们普遍认为"背景"这个词意味着提供某种说明环境的信息，背景在"意识—反应"模式中有许多特殊意义。组织背景包括三个部分：组织存在的理由、组织的治理原则和组织的高层企业设计。

这三个背景成分一起告诉组织中有责任的、被授权的人，组织被带向何方，他们行动的边界，以及他们的行动怎样与其他人的行动有关、怎样与组织目的有关的图景。一个非常清晰的背景为个体行动、灵捷的和有边界的组织行动提供了一个明晰的框架，而不是指令这些行动应该是什么。它让被授权的个

体在一个目的、原则和结构都非常明晰的统一框架内，针对无法预期的需求自由地选择最佳的反应。

发展和适应组织背景是企业领导者的基本责任。这种创造性过程完全不同于传统的解决问题的活动，而许多企业高级管理人员至今还认为后者是他们最重要的工作。发展和适应背景需要完全不同的技能。建立充满活力的背景智力训练取决于领导层开发可实施的企业模式的能力。

创造一种有效的背景也需要建立某种程度的澄清，而这正是某些高级管理人员宁可避免的东西。模棱两可阻挠了有目的的和前后一致的组织行为。没有目的、边界、关系和度量等的清晰界定，遍及企业组织必须做出初步取舍决策的人将不得不做出自己的解释，因而增加了这些选择相互不一致，以及与组织目的前后不一致的机会。无论模棱两可是根植于领导者自己对目的的不确定，还是来自他们害怕冒犯组织对象，组织目的、边界和基本结构的模糊不清都必定导致前后不一致。尽管取得组织背景的创造性可能非常困难，但它对前后一致的、柔性的和可实施的表现或行为是一种绝对的要求。

企业领导者的责任并不因为创造了背景而结束，他们还必须继续确保与背景一致的组织行为。这需要跟踪在与有责任的、被授权的人进行谈判后所得到的重要承诺。从把特殊的结果交付给特殊的内部或外部客户所作的承诺的角度确定组织的角色，合适地强调了系统要素的相互作用，而不是它们自身的作用。这样做也强调了这些角色所需要的、确定的系统结果，也就是这些角色对组织目的的贡献，与产生那种贡献所需要的程序正好相反。明确了这种方法，角色中的人们就可以逐步理解他们并不是对他们的行动负责，而是对他们行动的后果负责。

协调承诺，而不是监督行动，是"意识—反应"型企业领导层正确关注的事情，这是一个重要的区别。行动是"制造—销售"型企业管理层的焦点，其功能是通过在规定的生产力和质量水平上确保人们履行规定的任务，来保持组织机器的平稳运转。而在一个"意识—反应"组织里，并不从行动的角度确定角色，因为对无法预期的客户需求作出有效反应，需要不断发明做事情的新方法，而不可能预先规定所要采取的行动。"意识—反应"领导者必须管理相互锁定的承诺集，需要安排与企业背景前后一致的反应。在由治理原则所建立的限制内（使用产生这种结果的过程），决定怎样满足这些承诺，实现这些承诺的责任。

随着"意识—反应"组织适应于变化的环境，并且重新配置组织的素质（能力）以满足新的客户需求，将会为新的承诺而进行谈判，某些老承诺则会重新谈判。适应性企业理论阐述了一种承诺管理条款，即谁对谁尽责，以跟踪这种复杂的相互依赖的承诺转移形式。这种活跃的和全面的条款规定了人们相互确定、谈判和实施承诺的特殊方法。对于模块组织这尤其可用，因为它给予任何两个组织角色一个相互面对的方法，即使角色们以前没有在一起合作过。使用这种条款，可以用相应的计算机软件跟踪承诺，这是在大型或复杂组织中管理动态承诺的唯一可行方法。

六、线上管理——利用信息技术进行管理

在信息时代，越来越多的知识和越来越多的方法在创造经济价值，它们正在被虚拟成可以以电子速度结合、转换和发送到地球任何地方的符号。人们控制这种非物质化现实的能力推动着财富的创造和不连续的变化，这一切都使"意识—反应"组织成为必需。无论如何，为了能够适应变化，组织必须满足从环境中得到和处理信息的基本标准，必须比表面噪声的显现更快地把其转换成意义。随着噪声和具有潜在意义的数据越来越快地显现，复杂环境中的复杂组织需要努力迅速地意识和解析事件。

管理使用信息技术的结果需要更多的信息技术。已经增加了变化速度的虚拟和电子控制可以用于管理这样的结果。20世纪80年代中期，Westpac银行有远见的经理们就开始了这样的尝试。他们首先在一个电子系统中实行模块化，然后将核心功能、政策和知识进行数字编码，这就决定了他们能够改进该银行适应变化的速度。把这个系统与关于其环境的当前信息联系起来，他们能够减少新产品进入市场的时间，在数周或数月内就满足变化了的市场条件，而在过去则需要花费数月或数年时间。在Westpac银行，尽管继任的管理者团队没有使用技术行动支持完整的"意识—反应"转换，但是这种努力毕竟建立了通过管理组织的电子反映来运行一个组织的可行性和利益。

借助于现代航空领域的线上飞行系统的表达方式，亨克尔与理查德·诺兰（Richard L.Nolan）使用"线上管理"（managing by wire）这一术语表示通过管理组织的信息反映来管理一个企业。[①] 在喷气式发动机技术出现之后，飞机可以飞行得如此之快，以致没有技术的帮助，飞行员就不再可能意识、解析快得足以飞越他们的信息，并采取相应的行动。因此，人们开发出计算机系统，为飞行员精确地展示重要的信息，然后把飞行员作出的反应转换成实施飞行员决

---

① 参见亨克尔与诺兰："Managing by Wire"，*Harvard Business Review* 71, No. 5（September–October 1993）。有些国内文献把"Managing by Wire"译为"网络管理"，笔者以为欠妥。"Managing by Wire"通常是指利用信息技术管理组织信息，与目前管理学界普遍认可的"网络管理"在含义、功能、范围、方式等各方面都存在一定差别。因此，直译为"线上管理"，以免引起误解、混淆。

策所需要的无数行动。这种技术促成和加速了飞行员的适应环，使飞行员驾驶超过音速几倍的飞机飞行成为可能。管理者们需要"驾驶"现代的、快速运动的企业"飞行"，他们将越来越多地发现技术上可行和技术上必需的类似系统。

第三节　发展：充满生命力的战略思想和管理模式

可以断言，"适应性企业"是针对信息时代企业运行的最新战略思想和管理模式。毫无疑问，作为西方企业管理学者对世界企业管理学宝库的最新贡献之一，这一理论是对新时代企业运行规律的重要探索与总结，它与企业再造、学习型组织等管理新时尚一道，从企业整体的层面提出了应对环境变化的战略性对策，为企业尤其是大公司超越"动荡年代"造成的管理困境带来了希望。

在西方管理学文献中，最早出现"意识和反应"这一术语是在 20 世纪 90 年代初。1995 年，美国 IBM 公司高级企业研究所战略研究主任斯蒂芬·亨克尔（Stephan H. Haeckel）在美国《计划评论》杂志 5~6 月号发表文章："适应性企业设计：'意识—反应'模式"首次把"适应性企业"作为一种管理概念提出，并用"'意识—反应'模式"予以具体刻画与构造。此后，这一概念和模式受到管理专家和企业界的注意，主要是美国的一些管理学者和企业咨询专家从不同角度对其进行了深入研究。例如，迈克尔·尚克（Micheal Shank）通过模块组织设计，迈克尔·库斯尼克（Micheal Kusnic）与丹尼尔·欧文（Daniel Owen）通过合作决策分析，都分别拓展了适应性企业战略的核心思想。小阿德里安·斯莱沃斯基（Adrian J. Slywotzky）也对推进适应性战略的研究作出了贡献。

1998 年，布拉德利·斯蒂芬与理查德·诺兰等人（Bradley, Stephen P., and Richard L. Nolan, eds.）出版的《"意识—反应"：在网络时代获取价值》，帕尔·加布里埃尔（Pall, Gabril A.）1999 年出版的《为反应而设计：以过程为中心的企业》等著作都力图从整体上阐述"意识—反应"的思想。但最终集大成者应该是亨克尔 1999 年由哈佛商学院出版社出版的重要著作，《适应性企业：创造和领导"意识—反应"组织》（Adaptive Enterprise: *Creating and Leading Sense-and-Respond Organizations*）。

在这部著作中，亨克尔对企业组织的战略、结构和领导进行了基本的、全面的重新思考，更新了信息时代公司的概念，概述了帮助公司系统地应对不可预测的"意识—反应"崭新企业模式。他认为，当不可预测性不可避免时，企业合乎情理的唯一战略就是变得具有适应性，对个别顾客需求的突然变化更早地意识、更快地作出反应。结果，企业的运行只能由现实顾客（隐含的和明确的）需求所驱动，而不是由计划制造与销售已经预测到的未来的顾客需求所驱动。把企业转变成适应性系统的一种清晰的、全面的企业战略，第一次在这部著作中得到系统的阐述。

虽然《适应性企业：创造和领导"意识—反应"组织》一书问世时间不长，但已经引起强烈的反响，无论在理论界还是在实业界，人们都给予了积极的评价和高度的关注。全球商业网总裁彼得·施瓦茨（Peter Schwartz）的兴奋心情溢于言表："《适应性企业》提供了为延长公司的寿命所必需的最清晰、最简便的工具。"宾夕法尼亚大学沃顿学院教授乔治·戴（George S. Day）这样评论："未来属于那些可以与顾客亲密对话，并对顾客不可预测的需求提供个人化反应的企业。怎样设计和引导组织奔向这个目标，亨克尔的著作是一个权威的指南。"DSC后勤公司的首席执行官安·德雷克（Ann M. Drake）更是赞誉有加："亨克尔关于信息时代的'意识—反应'模式是革命性的。《适应性企业》为以新方法从事企业活动提供了一个绝对令人信服的实例。"

毋庸讳言，作为世纪之交出现的一种崭新的企业战略思想和管理模式，"适应性企业"还非常年轻，在相当的程度上并不成熟，还存在着众多需要解决的问题及需要弥补的缺陷，尤其是缺乏完整的实践验证，[①] 仍然需要继续从理论和实践两方面进行深入的探索。遗憾的是，正因为这样，不仅反映相关理论成果的文献、书籍不多，探索和反应形成和管理成功的"意识—反应"组织的资料也非常稀少。这就使人们难以对那些置自身于从供给到反应的转变所出现的优秀实践加以总结，同时也妨碍了将这些实践以基本的理论基础归纳到一个模式之中。

总之，适应性企业理论与实践的发展还有大量工作要做，这也是这一模式吸引人和具有生命力的地方。关键在于，它的出现顺应了信息时代对企业运行的要求，时代的变革需要这样的战略思想创新和管理模式创新。融入时代潮流的中国企业家和管理学者，必须迅速跟上世界管理实践与理论的步伐，完全有必要学习和掌握这一理论，大胆结合自身情况进行操作实践和理论探讨，为适应性企业理论的成熟和完善作出贡献，并且在借鉴的基础上进一步创新。我们热切地期待着这一方面的成果。

"意识—反应"模式涉及的理论范畴十分广泛，复杂性理论、系统理论、信息理论、决策理论、计算机科学甚至语言学等都对形成和解释这一模式产生

---

①虽然美国通用汽车、IBM等一些大公司的若干独立经营部门，都不同程度地进行了"适应性企业"的实践，也已取得了显著的成效，但仍需要经受时间的考验，并且整个企业全面实施这种转变的例子并不多。

着重大影响，这些理论自身的进展和边缘性融合无疑都将极大地促进适应性企业理论的成熟与完善。另外，适应性企业的理论发展同样受到这些理论的影响和牵制，理论的"复杂性"和"复杂性"的理论会使任何人望而生畏、浅尝辄止，这或许是这一理论或模式在得到深入发展和广泛应用时所面对的最致命的弱点。

本章案例

想客户所想，而非急企业所急

"意识—反应"企业运行在想客户所想而非急企业所急的状态之中。个别客户的要求或需求构成了驱动公司运行的发动机，只有它们才能使企业处于运动之中。

例如，美国 Custom Foot 公司使用分别针对每个顾客左脚和右脚的 13 种精确的、个人化的测量标准定制鞋子。在某个顾客向 Custom Foot 公司提供所需鞋子的信息之前，公司哪怕一只鞋也不能生产。与其相对照，Florsheim 公司并不需要针对具体某个顾客生产鞋子，它只需要对细分的市场作出预测和计划。两种公司围绕运行的中心截然不同。显然，顾客占据了"意识—反应"世界的中心地位。而在"制造—销售"公司中，首先出现的是计划，以企业的导向驱动运行。大多数"制造—销售"公司的确也向市场研究投资，致力于微调其产品，以及集中对新供给的需求，但是这样的市场研究严重地依赖预测，注意力集中于众多顾客中的共同性而不是个别顾客的差异性。个人化的需求被分析成为均匀的市场细分，企业适时地瞄准最具吸引力的细分研究与开发新产品。企业、企业计划和企业生产过程的效率处于"制造—销售"世界的中心地位。

当然，最终所有的公司都是顾客导向的。如果潜在的顾客选择不购买某个企业销售的产品，那么这个企业最终将破产。但是当顾客需求是稳定的、可预测的或者可控制的时候，企业的运行就能够看成是企业内部的事，聚焦于企业做些什么来满足这些需求，以及怎样有效率地去做。只要需求目标移动得足够慢，这些公司就总是可以通过改进，获得某种精确的机制，反复地击中需求的靶心。

但是，当客户的需求变得不可预测的时候，企业为了生存就必须把它们的注意力移向理解这些变化的需求。总之，适应性企业需要一种系统能力，找出、抓住和解析刚刚浮现的或者还不清晰的客户偏好的线索。在意识可能产生新素质的发展态势和预期环境变化（例如，管制或政治变动）两方面，适应性企业都必须具备足够的敏锐和警觉。正像处于预备状态的赛跑运动员，"意识—反应"型企业必须擅长更早地意识到微妙的变化，以及比它们的竞争者更快地作出反应。这样的企业可以建立起成功的强化循环，总是领先其竞争者一步获得利润和驾驭变化。

"意识—反应"型企业并不总是意味着被动地倾听与依从。如果在企业获利的前提下，企业响应客户需求的能力不能很好地与客户需求相配合，那么，即使在谈判之后，也不应该对这样的客户需求作出反应。"意识—反应"也可以意味着预期与抢先。在这种情况下，企业投资于关于客户偏好变化的背景数据，对这些数据予以集中和解析。非常善于这样做的企业，如美国的在线杂货公司 Peapod 或者亚马逊网上书店所寻求的那样，可能比其顾客自身知道更多的顾客偏好。

资料来源：罗仲伟：《适应性企业：急剧变动时代的战略思维》，广东经济出版社，2001。

本章要点

1. 以"意识—反应"企业设计模式构造的"适应性企业"战略，是针对信息时代企业运行的一种全新的管理思想方法。"意识—反应"型企业并不力图预测对应其供给能力的未来需求，相反，它辨识变化中的顾客需求和新的商业挑战，随着这些需求和挑战的出现，在这些新机会消失或变质成其他别的东西之前，迅速地、恰当地作出反应。

2. "意识—反应"模式强调这样一些基本问题：首先，通过企业中关键角色以一种特定方法表达和支持系统适应性来组织信息（适应环）；其次，把资产和能力组织成能够被动态配置为一次性价值链的一种模块系统（模块组织）；最后，遍及整个组织，以一个传播经营目的、边界和基本结构的以承诺为中心的治理系统代替指挥与控制。"意识—反应"模式通过一个综合的和一般的承诺约定管理条款（一个技术支持的承诺管理系统）管理模块能力的相互作用，而不是作用。

3. "制造—销售"型公司被认为是一种制造和销售供给品和服务的有效机器，而"意识—反应"型企业则被看成是对不可预期的需求作出响应的一种适应性系统。"制造—销售"型公司集中于大批量生产，尽可能多地制造和销售相同的东西以获取规模经济；"意识—反应"型公司则致力于模块定制替代，使公司能够经济地生产客户所需要的特殊产品，这样的公司通过重复使用模块资产减少定制化成本而实现范围经济。"制造—销售"型公司擅长计划与控制，命令沿着那些"下级"贯彻的指挥链从上向下流；"意识—反应"型公司则依据组织目标的共同理解构成分散化决策的动态团队。"制造—销售"型公司作出行动计划；"意识—反应"型公司配置能力素质。"制造—销售"强调效率和预测性；"意识—反应"优先考虑柔性和反应性。

4. 一个四阶段适应环定义了"意识—反应"组织的关键行为。适应性个体和适应性组织首先都意识到其环境和内部状况的变化。随后，他们以自己的经验、意图和能力等背景解析这些变化，分离威胁与机会，剔除无关的信息。接着，他们就作出怎样的反应进行决策。最后，实施所作出的决策。随着适应性系统监测其前面实施的结果，一系列意识、解析、决策和实施构成一个反复出现的循环，并且继续适应自前面循环以来发生的环境变化。

5. "意识—反应"型企业的领导者通过一种治理新方法可以确保柔性和一致性。"意识—反应"组织的领导者首先必须创造、传播和强化一种明晰的组织背景。其次，他们必须发展一种协调体系以治理（但不是指令）个体的行为，保证这些行为与组织的背景相一致。

研究思考题目

如何理解"意识—反应"型企业的精髓所在。

推荐阅读材料

〔美〕托马斯·达文波特等：《信息技术的商业价值》，中国人民大学出版社，2000。

〔美〕彼得·德鲁克：《动荡年代的管理》，工人出版社，1989。

〔美〕彼得·德鲁克：《后资本主义社会》，上海译文出版社，1998。

〔美〕卡尔·夏皮罗、哈尔·瓦里安：《信息规则：网络经济的策略指导》，中国人民大学出版社，2000。

〔美〕丹尼·贝尔：《后工业社会的来临》，商务印书馆，1984。

罗仲伟：《适应性企业：急剧变动时代的战略思维》，广东经济出版社，2001。

第二十三章 无形资产管理与品牌价值

在现代经济和未来经济竞争中，企业不仅要扩大有形资产的规模，更要注意积累和运用无形资产，特别是创造和拥有知名的品牌，这对于每个企业或企业集团来说，将发挥越来越重要的作用。无形资产管理和经营已经成为企业管理的重要内容，而且随着社会向信息化发展，无形资产管理会成为企业经营管理最重要的内容。企业管理思想由有形资产管理向无形资产管理的转移是必然的。

第一节 无形资产分类与无形资产管理

一、无形资产的概念与类型

现在，人们一提起资产，总是想到那些实实在在的有形资产，比如厂房、机器设备、原材料、工具等。同时，在目前企业的会计报表上，所谓资产基本上也都是有形资产。在固定资产中包括对外投资即股权、债权等，应该说，这些属于广义的无形资产。但是，人们常说到的无形资产并不包括股权、债权等，而是指那些狭义的无形资产。

一般来说，狭义的无形资产包括著作权、专利权、服务标记、商标权、计算机软件、企业管理系统、专有技术、专营权、生产许可证、进出口许可证、长期购销合同、土地使用权、矿业权、租赁权、优惠的融资条件、商誉等不具备物质实体的资产。这些资产如果不是通过货币购买而得到的，便往往在资产负债表上得不到反映。

企业资产整体上可分为有形资产和无形资产两大类，一般来说，有形资产的价值容易确定，而无形资产的价格则难以估量。在这里，首先需要讨论的问题是，什么是无形资产？其次，品牌是无形资产的重要组成部分，那么，品牌价值如何确定？又如何运用？此外，从资金来源即资本的角度来评价一个企业的时候，又有一个"市场价值"的概念，那么这些概念之间有什么联系？

如果仅从字面理解，无形资产（intangible asset）是一种没有物理意义的、非实体的资产，那么，企业对外投资（包括股权与债权等）以及应收账款等经营债权也没有什么物理概念，因而也就应该算做无形资产了吗？显然，问题没有这么简单。根据美国专家的统计，无形资产的种类达 29 项之多。[①] 因此，无形资产是一个内涵与外延非常模糊的概念。

可以认为，无形资产可能被应用在狭义、中义与广义等三个不同的范畴之中。所谓狭义的无形资产是指那些"账内有价"的资产，即企业依照签订的合同从另一企业购入的商号商标使用权、版权、著作权、专利权、特许经营权、制造方法、技术诀窍以及企业通过自行开发所得到的专利权。其特点是在账内有反映，它们是由会计科目的货币直接转化而来的，因而可以直接来偿债。

我国《企业会计准则》第 31 条对无形资产的记账有着明确的规定："购入的无形资产，应当按实际成本记账，接受投资取得的无形资产，应当按照评估确认或合同约定的价格记账；自行开发的无形资产按开发过程中实际发生数记账。"同样的道理，《企业财务通则》第 20 条对无形资产的摊销也作出了相应的规定。

所谓"中义"的无形资产是一种"账外有价"的无形资产，其典型代表是品牌（商标）价值。目前，中国服装出口量居世界第一位，年均创汇 200 多亿美元，但平均每件售价仅为 3.2 美元，同样的服装换上名牌在意大利、法国、以色列等国则可卖到几十美元。[②] 一些国际著名品牌企业到上海针织集团下订单生产，挂上洋文商标就可以国产价格数倍甚至数十倍的价格上市。[③] 可以认为，品牌价值是费用的转化形式，有人曾经计算过，创造一个新牌子，一年需要至少 2 亿美元的广告投入，而且成功率还不到 10%。[④]

所谓"广义"的无形资产则是一切"账外无价"的、可能给企业带来经济利益的资源。例如，客户名单与地址、垄断加盟与供货合同、企业秘密、购销网络与渠道、地理位置、企业档案、管理制度、生产工艺配方、技术诀窍、土地使用权、矿业权、特殊政策享有权、企业文化、企业形象等。[⑤]

总之，狭义的无形资产表现在账内，广义的无形资产为那些账外各式各样

————————————

① 许家林、孟凡利：《全国首届无形资产理论与实践研讨会综述》，载《经济学动态》，1997（4）。

② 冯是虎：《名牌价值几何？》载《经济日报》，1996 年 5 月 7 日。

③《中外名品难分伯仲的秘密》，载《经济参考报》，1997 年 2 月 14 日。

④ 陈颐：《品牌联想与国家形象》，载《名牌时报》，1998 年 4 月 3 日。

⑤ 李必宰：《企业应提高对无形资产的认识》，原载韩国《经济人》周刊，《参考消息》转载，1997 年 1 月 4 日；施本植：《无形资产：不能等闲视之》，载《上海经济研究》，1996（7）；许家林、孟凡利：《全国首届无形资产理论与实践研讨会综述》，载《经济学动态》。

的、没有价格的获利资源，品牌价值则是中义无形资产的代表。

二、无形资产管理的内容

所谓无形资产管理，是指为达到企业目标而对企业无形资产所进行的计划、组织、协调和控制活动，包括对专利、商标、专有技术、软件、著作权、合同及各类契约、商誉、公共关系、人力资本、企业形象等各类知识、智力、权利和信息的管理。无形资产构成的多元性决定了无形资产管理为综合性管理，它涉及企业技术管理、知识产权法律保护、人力资源管理、营销管理、公共关系、信息管理等诸多专业管理领域，并以这些专业管理及企业整体管理为基础形成了无形资产的综合性管理能力。虽然无形资产与上述专业管理密不可分，而且综合类无形资产还不能脱离企业整体而存在，但无形资产管理仍有独立性，这一方面表现在专利、商标等知识产权类无形资产和若干契约类资产可以单独进行转让或出售，需要进行专门管理，以获取较高收益、谋求资源最佳配置和资产最大增值，从而达到企业生存和发展的目的；另一方面，在激烈竞争的环境下，企业必须以其无形资产整体为运筹、谋划和控制对象，对其进行经营管理，增加企业整体竞争力，谋求企业的最大发展。概括地说，企业无形资产管理至少应包括以下内容：

（1）无形资产管理的基础工作，如对无形资产进行成本核算、无形资产信息收集和相应管理制度的制定和执行等日常管理工作。

（2）无形资产中的知识产权保护工作，如及时申请法律保护权、追究侵权者的法律责任等。

（3）定期或不定期对无形资产进行确认、评估，包括制定评估原则、方法、程序，选择评估机构等工作。

（4）无形资产的投资、获取与发展，这是无形资产经营的核心工作，属于企业发展战略的重要内容，企业应尤其注意对人力资本、企业形象、品牌等无形资产的投资，制定正确的人力资源的管理与开发战略、品牌战略、形象战略。

（5）无形资产的使用和转让，这是利用无形资产获取收益的工作过程，也是无形资产管理的核心内容。

（6）无形资产的收益分配、考核评比等。

应该说明的是，这里所归纳的无形资产管理的内容包括了无形资产或无形资产经营的内容，与管理概念相比，一般理解经营更具有企业适应外部环境制定战略、寻求发展的含义，但这里通称为无形资产管理。

第二节　无形资产管理的重要性

在泰罗（F.Taylor）的科学管理时代，甚至到 20 世纪 70 年代管理理论"丛林"时期，无形资产管理并没有引起管理学的重视。在西方主流经济学中，无形资产也只是在 20 世纪 80 年代罗默（P.Romer）、卢卡斯（R.Lucas）等人开创了新增长理论之后，才确立了相应的位置。然而，随着科学技术和经济的发展，企业规模的增长和企业制度的演变，企业间竞争的日益激烈，人们对无形资产及其管理认识的深入，重视无形资产管理必然成为现代企业管理的发展趋势，无形资产管理也就必然成为现代企业管理的重要内容。

（1）随着人类社会的进步与科学技术的不断发展，尤其是现代信息技术的日新月异，使得世界各国的经济增长越来越依靠知识、技能、人力资本和信息等无形资产的产生和应用，这使得每个国家都把加快科技进步、发展教育、保护知识产权、加强无形资产管理放在国民经济发展的重要位置。

据统计，在过去的 10 年中，经济合作与发展组织（OECD）成员国国家投入的研究与发展（R&D）费用已占 GDP 的 2.3%，教育经费平均占政府支出的 12%，用于职业培训方面的投入估计占 GDP 的 2.5%。相应地，OECD 成员国的 GDP 的 50%以上是以知识为基础的。[1] 这些实际数据的背后，是经济理论的发展、解释和指导。第二次世界大战以后，面对西方经济的迅速增长，传统经济理论无法解释许多现象。美国经济学家舒尔茨（T. W. Schuitz）提出了人力资本的理论体系，他认为，研究经济增长问题，不仅仅要考虑有形的物质资本，更有必要考虑人力资本，而且，人力资本的投资收益率要高于物质资本的投资收益率。他进而指出，人们会对投资收益率的差异作出合理的反应，正确选择自己的经济行为，结果就会使社会经济迅速增长，提高国民收入。[2] 20 世纪 80 年代中期以后，以罗默为代表的新增长理论突破了传统的新古典增长理论的分析框架，在技术内生和收益递增的假定下研究了经济增长的原因以及增长率的国际差异等问题。他们强调生产的规模收益递增和知识的外部性对经济增长的影响，着重分析了技术创新引起的产品多样化对经济的推动作用，认为各国人力资本水平的差异是导致经济增长率的国际差异的主要原因。他们的贡献确立了知识、人力资本等无形资产在主流经济学中的地位。

---

① 刘东：《知识经济与新增长理论》，《经济学消息报》，1997 年 9 月 26 日。
② 参阅 ［美］西奥多·W.舒尔茨著：《论人力资本投资》，吴珠华等译，北京经济学院出版社，1990。

（2）随着经济的发展与企业间的竞争日趋激烈，竞争制胜的关键已不再仅取决于先进的设备、厂房等有形资产，更多的是依靠知识产权、商誉等无形资产，现代企业重视无形资产管理、无形资产管理成为现代企业管理的重要内容也就理所当然。

加拿大帝国商业银行是北美第七大银行，拥有 1070 亿美元的资产，在经历了 20 世纪 80 年代末的存贷危机和不动产价格崩溃双重灾难后，认识到在新兴的注重知识的经济中，"软"资产（如微软公司的编程技术诀窍）的信贷风险比"硬"资产（如一个大型购物中心的各种建筑物）的风险要小得多，更令人放心。其原因在于，如其高级副总经理所指出的，"有形资产的价值是可以一夜之间消失的"。[①] 这也从侧面道出了无形资产是现代企业真正竞争优势所在的原因。在现代经济中，正如有形资产可以一夜消失一样，企业有形资产也可以在短时间内获得，这样基于有形资产建立的竞争优势是不能长时间保持的，其他企业一般可以很快地获得，因而企业有形资产方面的优势一般是暂时的，是不可以长期保有的，也就不能成为构成企业长期竞争战略基础的竞争优势。而诸如品牌、商誉、专有技术、企业形象、营销网络等无形资产则是企业长期努力形成并可以长期保有和专有的，是企业真正的竞争优势所在。

如果我们基于波特（M.E.Porter）开创的竞争优势和竞争战略理论，可以进一步说明企业无形资产是如何构成企业竞争优势或成为企业重要战略环节的。每个企业的生产经营活动过程都可以分为一系列互不相同但又相互关联的价值增值的经济活动环节，一个企业的这些活动可以涉及从原材料开采与供应、产品开发、生产制造、产品运输到市场营销和售后服务的行业价值增值的全过程等，也可以只从事某些环节活动。但是，对于一个企业来说，并不是它所从事的每个环节都创造价值，企业所创造的价值实际上来自于某个或某些特定的价值环节。这些真正创造价值的生产经营环节，就是企业的战略环节。企业在竞争中的优势，尤其是能长期保持的优势，实质上是企业某些特定战略环节上的优势。而现代企业能否具有这些特定战略环节上的长期优势，则取决于企业在相应的环节上是否占有独特的无形资产。例如，在产品开发、生产制造环节上是否具有专利、专有技术，决定了企业是否在开发制造环节上长期保持竞争优势，并使之成为企业战略环节；在营销环节上是否形成了自己的强大的网络、著名的品牌、良好的公共关系等，决定了企业能否确定营销为自己的战略环节、在该环节上保持竞争优势。在国际分工高度发达的今天，企业既不可

---

① 转引自托马斯·A. 斯图尔特：《公司中最有价值的资产：智力资本》，吴建康译，《经济资料译丛》，1997（2）。

能也不必要一定把行业价值环节的所有活动都纳入到企业内部来，关键是抓住战略环节。如美国最著名的运动鞋公司——耐克公司，基于长期培养的世界著名品牌"耐克"和优秀设计人员的才能这两项无形资产，控制住产品设计和广告营销两个战略环节，而把生产制造环节委托给其他公司。[1] 应该说，1964 年成立的耐克公司能迅速发展为世界著名的跨国公司，无疑得益于其长期投资于无形资产、培养竞争优势和制定科学的发展战略。

现代企业理论的最新发展——企业知识理论，则在知识特性的基础上，从企业的性质、企业的结构和行为角度，以经济理论的形式说明了是企业无形（知识）资产而非有形资产构成了企业的长期竞争优势基础。[2] 什么是企业？企业为什么存在？企业的边界如何？这些都是企业理论试图回答的问题。企业理论是概念化和模型化的解释企业的性质、结构、行为的理论，由于研究角度和内容不同，存在着企业理论"丛林"。主流的企业理论主要有交易成本理论、契约理论、委托代理理论、不完全契约理论等，主要强调产权、信息不对称等因素，较好地解释了企业存在的内在合理性。但是这些理论不能很好地解释为什么企业之间各不相同，为什么在相似的激励安排下，有的企业在竞争中成功而有的企业则失败等问题。而 20 世纪 90 年代中期方成雏形的企业知识理论则从知识的特性出发对上述问题进行了分析。企业知识理论认为，企业最关键的投入和最有价值的因素是知识，所有的人类生产都是知识依存的，而机器仅是知识的载体。知识按其跨时空在个人之间的可转移程度分为隐含的知识和外显的知识两类，外显的知识只需沟通即可转移，而隐含的知识则难以通过语言进行表达、沟通和转移，它只能通过应用和实践才可外显并获得。因而，隐含的知识的转移是缓慢的、成本昂贵的、不确定的。而企业所拥有的许多知识恰恰是隐含的。企业在长期的生产经营过程中形成和积累了各自的知识，每个企业之间的知识具有差异性。而这种差异性决定了企业的异质性，进而决定了企业的竞争优势所在。由于企业的差异性的知识大多是隐含的，使企业间模仿隐含知识的成本非常高。这种高模仿成本构成了其他企业的进入壁垒，使企业一旦形成竞争优势就可以保持相当长的时间。企业知识理论表明，尽管有形资产也许是最初竞争优势的来源，但不能长期维系，因为大多有形资产可以进入要素市场，并通过交易而得以扩散。而由企业的无形（知识）资产所形成的企业竞争优势，却因为知识资产的隐含性或高的模仿成本，成为企业长期的根本的优势。因此，企业在竞争中制胜的根本途径是对无形（知识）资产的积累。加强

---

① 梁能：《跨国经营概论》，第 58 页，上海人民出版社，1995。
② 顾乃康：《现代企业理论的新发展：企业知识理论》，载《经济学动态》，1997（11）。

无形资产管理也就成为现代企业发展的必然要求。

（3）现代企业制度的建立、所有权和经营管理权的进一步分离，使得企业开始注重资本经营，而资本经营必然要求更加重视无形资产的管理。

在以有限责任公司和股份有限公司为主要表现形式的现代企业制度成为企业制度的主流之前，企业主要从事生产经营活动。随着现代企业制度的建立，所有权和经营管理权的分离，资本市场和产权市场的发展和完善，资本经营日益重要，成为重组市场要素的基本手段。所谓生产经营一般是指以物化资本为基础，以生产和经营商品为手段，通过产品市场和服务市场获取最大利润的商品生产经营活动；而资本经营则是以追求资本的最大限度增值为目标，以价值形态为特征，利用各种形式对企业可支配的资源和生产要素进行运筹、谋划和优化配置的活动。一般地说，对于生产经营而言，机器设备、工艺装备具有重要意义。而对于资本经营而言，更为关注资本的收益和企业整体资产的市场价值，强调企业资产转让权、收益权、控制权的运作。而在无形资产价值日益升高、一个著名品牌价值高达上百亿美元的今天，进行资本经营必须重视无形资产，只有加强无形资产的管理，才能最大限度地保证企业整体资产价值的保值增值。本章开始提到，凡勃伦认为企业家是通过保有无形资产来控制企业的，就是以所有权与经营管理权分离、企业家只从事资本经营为前提的。

（4）随着世界经济的发展，国际贸易愈加发达，而其中有关专利、技术服务方面的贸易所占比重日益增加，国际技术收支情况显示，1985~1993年专利和技术服务的贸易增加了20%。[①]这使得企业更加重视知识产权类无形资产的管理。各国也加强了对知识产权的贸易立法保护。重视无形资产管理、加强对知识产权的保护，已成为世界各国从企业到政府的共识。

第三节　品牌价值管理

一、品牌价值评估

品牌价值是由市场占有率、品牌的超值创利能力、品牌的发展潜力等因素决定的。在国外，品牌价值并不直接进入资产负债表，而且要比有形资产或营业收入高得多。例如，1991年"万宝路"品牌价值310亿美元，相当于年营业额的2倍；"可口可乐"品牌价值244亿美元，而该公司年营业额仅为84亿美元，品牌价值接近于年营业额的3倍。国外有许多种品牌价值的评估体

①刘东：《知识经济与新经济增长理论》，载《经济学消息报》，1997年9月26日。

系，其中以美国《金融世界》杂志所采用的"世界最有价值品牌排序"方法最为权威。这种方法是由英国国际品牌集团（Interbrand's Group）所属的英国国际品牌公司创立的。从1992年开始，他们试图对世界最有影响的品牌进行评估，到现在已经从最初几十个品牌扩展到300多个品牌了。我国正在探索这种品牌评估的指标和方法。例如，北京嘉诚资产评估有限公司1994年对若干企业商誉评估的结果如下：[①]长城饭店为2.6427亿元；香港一洲公司大陆部分为2.1331亿元；海南航空公司为2.0294亿元；北京夜光杯葡萄酒厂为0.5399亿元；海南匹斯克国际航空旅游俱乐部为1.0736亿元。特别是北京名牌资产评估事务所从1995年开始提供的《中国品牌价值研究报告》就是模拟这种方法并结合中国情况而做出的。

这种方法的主要过程是以当年销售额为基准，核算出其理论营业利润，再核算出理论资本与无品牌利润，最后用品牌利润减去理论税收的结果乘以一个强度系数。这个强度系数包括市场领导能力、稳定性、市场倾向、国际化能力、发展趋势、所获支持、法律保障等七项，其范围在6~20。[②]具体的过程与示例参见表23-1。

表 23-1 "世界最有价值品牌排序"方法与实例

步骤	项目	公式	万宝路1992	可口可乐1993	凯洛格1994	吉列1995
①	销售额		154	90	55	26
②	利润率	（行业）	22%	30%	18%	37%
③	利润额	①×②	34	27	10	9.61
④	资本比率	（行业）	60%	60%	32%	38%
⑤	理论资本	①×④	92	55	17.6	9.88
⑥	一般利润	⑤×5%	4.6	2.7	0.88	0.49
⑦	品牌利润	③－⑥	29	24	9.12	9.12
⑧	修正利润	两年加权	—	—	8.89	8.71
⑨	税率	（行业）	43%	30%	34%	34%
⑩	理论纳税	⑧×⑨	12	7.3	3.02	2.96
⑪	纯利润	⑧－⑩	27	16.7	5.87	5.75
⑫	强度系数	6~20	19	20	18.76	17.9
⑬	品牌价值	⑪×⑫	310	334	110	103

资料来源：艾丰：《中国品牌价值报告》，经济科学出版社，1997。

---

① 孙勇：《北京首次评估企业无形资产》，载《经济日报》，1994年1月9日。
② 仁平：《宁信哪个5%？》，载《名牌报》，1997年4月8日。

可以看出，品牌价值计算所依靠的基础是计算出来的纯利润与综合市场实力的乘积。按照这个原则，盈利水平越高的品牌就可以获得越高的价值。因此，品牌价值是超额利润的数量化表现形式，其主要影响因素是企业的盈利水平和综合市场实力。

除了企业品牌价值评估外，还有企业价值评估。除了美国《财富》杂志以销售额为序的排名外，还有美国《商业周刊》以股票市场价值为序的 1000 家大公司的排名。这项活动从 1988 年开始，由总部设在日内瓦的摩根·斯坦利国际投资公司根据每年 5 月底世界主要证券交易所的资料汇编而成。[①]

那么，品牌价值与企业价值有什么区别和联系呢？第一，品牌价值主要涉及工业品，企业价值评估范围广，涉及各行各业；第二，品牌价值只针对某一产品，一个企业可能有多个产品，企业价值针对整个企业；第三，在数额上公司价值大于品牌价值（表 23-2 为 1995 年的数据）；第四，品牌只涉及无形资产，企业价值涉及无形资本，是资产与资本的综合。因此，股票市值是企业实力特别是人力资本的数量反映，有人将股票市值超过实际资产部分称为"智慧资本"，[②] 即技术、营销、知识信息、管理等资本的超常创利能力所创造的价值。当然，参与这种评价的前提是企业必须为股票上市的股份公司。

表 23-2　品牌价值与该企业股票市值的对比（1995 年，亿美元）

公司名称	最大品牌与价值	参评品牌	品牌价值总和	公司股票市值
1. 通用电气	通用电气 74.2	1	74.2	982.4
2. 可口可乐	可口可乐 390.5	4	448.5	786.3
3. F.莫里斯	万宝路 387.1	10	549.0	615.7
4. IBM	IBM 171.5	2	172.8	540.0
5. 微软公司	微软 117.4	1	117.4	491.5
6. 强生公司	泰勒内尔 18.0	6	38.0	424.1
7. 雀巢公司	雀巢咖啡 103.4	2	136.2	394.7
8. 百事可乐	百事可乐 78.1	2	147.3	387.1
9. 摩托罗拉	摩托罗拉 152.8	1	152.8	352.1
10. 惠普公司	惠普 131.7	1	131.7	336.4

资料来源：根据美国《商业周刊》与《金融世界》数据整理而成。

总之，公司股票市值可对各种行业企业的全部资产与资本特别是人力资产与资本作出综合评价，因而是企业无形资产最重要的度量指标。

[①] 朱国才：《全球千家大企业重新排座次》，载《经济日报》，1996 年 5 月 5 日。
[②] 孙涤·《度量智慧资本》，载《上海证券报》，1998 年 4 月 8 日。

二、品牌价值的创造与运用

品牌价值的创造从名字开始，产品本身的质量是基础，还要靠各种宣传活动，其中关键的一环是广告。具体来说包括以下一些方面：

● 名称选定——企业和品牌的命名本身就是一笔巨大的资产，美国美孚石油公司耗资 140 万美元、历经 6 年、对 55 个国家进行调查，才在 1 万件草案中选定"埃克森"这一誉满全球的商标。[①]

● 形象设计——万宝路香烟最初以妇女为主要对象时效果较差，著名广告人李奥·贝纳选定用牛仔充当广告的主角后，迅速成为世界名牌。[②]

● 产品集中——广西柳州市牙膏厂"两面针"牙膏曾大量积压，经营者决定把与牙膏无关的产品全部砍掉，用这些钱做广告，获得了极大的成功。[③]

● 质量保证——东风汽车公司积极消化吸收国外先进技术，坚持质量一票否决制度，4 万服务大军 24 小时待命，使东风汽车市场占有率不断提高。[④]

● 广告形式——恒源祥不仅在电视广告上大胆创新，还通过创建少儿文艺团体、举办电视大奖赛、召开企业形象推介会等方式提高企业知名度。[⑤]

● 广告费用——中央电视台黄金段位 1995 年标王山东"孔府宴"当年的效益增长了 6 倍，1996 年标王"秦池"的效益也增长了 6 倍。[⑥]

● 广告策略——创名牌不能毕其功于一役，还要依靠时间的积累与延续、企业内外不同资源的组合及系列化、多元化、地域化等途径来扩展。[⑦]

● 寻求保护——成为国家认定的驰名商标后可以得到一定的法律保护。

从以上情况可以看出，创造名牌沿着质量与宣传这样虚实两条战线展开，广告是联结产品的客观实在与消费者主观世界的重要桥梁。

创造品牌价值的目的是运用，即获得经济利益。在实践中，可以看到有如下一些方式：

● 获取附加价值——绍兴有 200 多家黄酒厂，半数以上没有自己的品牌，

---

① 郝诚之：《名牌的一半是文化》，载《经济日报》1995 年 8 月 28 日。
② 易之：《万宝路颠倒乾坤创名牌》，载《经济日报》，1996 年 10 月 25 日。
③ 周彤、周晓骏、郑波：《先把牌子做大》，载《经济日报》，1997 年 6 月 13 日。
④ 《东风被评为全国驰名商标》，载《经济参考报》，1997 年 5 月 23 日。
⑤ 丁一：《无形资产需要再投入》，载《经济参考报》，1996 年 8 月 8 日。
⑥ 谢易：《爱多能续写标王神话吗》，载《中国经济时报》，1997 年 12 月 3 日。
⑦ 苏勇：《名牌的扩展与延伸策略》，载《市场营销导刊》，1998（6）。

一个个体企业虽自己不生产黄酒，却以每 500 克不到 2 元的价格购进黄酒，在每批都送到技术监督局抽检后，贴上自己注册的"乌篷船"商标，便以 4 元左右的价格批发出去，而且销路大畅。[①]

● 无形带动有形——恒源祥原是上海南京路仅有 180 平方米的小商店，从 1989 年起，企业通过报纸、刊物、电视屏幕使其品牌走遍大江南北、走进千家万户，知名度迅速提高。产量从 1991 年的 75 吨上升到 1996 年的 1 万多吨，5 年间增加了 130 倍。其"秘密武器"就是定牌生产和遍布全国的销售网络。[②]

● 特许经营销售——美国麦当劳公司在签订特许经营合同时，要求特许经营者先支付一笔总额为 2.25 万美元的特许使用费，以后每年再上缴特许使用费和房产租金（分别为销售额的 3% 和 8.5%）。[③]

● 转让商标收益——"法拉利"本是一高档汽车的品牌，1992~1995 年这家公司都是亏损，1996 年虽有销售额 5 亿元，利润也仅为 200 万美元。后来这家意大利汽车制造商开始大力推销"法拉利"的商标使用权，允许他人销售"法拉利"牌奢侈品、运动衣甚至于玩具，1997 年便获利 1000 万美元。[④]

● 质押盘活资产——1997 年 6 月，江苏南通樱华化妆品有限公司以自己的商标为质押，从银行获得了 600 万元的贷款。当时其产品"东洋之花"的品牌价值为 1200 万元。[⑤]

● 投资入股分红——这是国内许多企业喜欢采取的方式。实际情况往往是品牌与技术、销售网络、文化与管理等多种无形资产的投入。例如，春兰与三家企业合资时就以品牌、市场、管理经验以及企业文化等无形资产作价 2.4 亿元投资占有 75% 的股份，其他三家企业共同出资 8000 万元占 25% 的股份。[⑥]山东菱花集团以商标、技术、市场、信誉、管理等作为资本投入，先后控股兼并了天津、长春、呼和浩特、镇江等味精厂。

三、中国企业品牌价值管理存在的问题

中国目前正处于从计划经济转向市场经济的过程之中，对于品牌价值的认识可以说是非常肤浅。在这方面存在着许多问题，例如：

---

① 赵为民：《争夺下金蛋的鸡》，载《名牌时报》，1998 年 6 月 5 日。
② 上海恒源祥绒线公司：《以品牌为龙头工商联手开拓市场》，载《中国企业报》，1998 年 5 月 28 日。
③ 王绪君：《强化企业对无形资产的管理》，载《中国工业经济》，1997（1）。
④ 于锦萍：《转让商标赚大钱》，载《中国企业报》，1998 年 3 月 20 日。
⑤ 谢光飞：《商标如何变现》，载《名牌时报》，1997 年 8 月 12 日。
⑥ 杨林林：《春兰奇迹与资本扩张》，载《经济日报》，1998 年 1 月 19 日。

● 规模差异——1996 年世界 364 个名牌平均销售规模为 23.59 亿美元，约合 196 亿元人民币，中国 1996 年最大的 60 个品牌平均销售规模为 25.58 亿元，为世界名牌规模的 1/8。其中的重要原因是这些外国企业多为跨国公司，如日本本田汽车 42% 的收入来自美国，美国可口可乐 70% 的收入来自海外。[①]

● 广告投入——创造名牌不可缺少广告的投入，在这方面，中外企业的差异也十分明显。例如，据一次不完全统计，长安街上有各类广告 314 个，其中外国 220 个，占 70%，国内 94 个，占 30%；国外广告中，品牌广告 184 个，占其总数的 83.6%，而国内广告有一半则与品牌毫无关联。[②]

● 境外抢注——我国许多知名商标在境外被人恶意抢注，例如，日本企业抢注了"同仁堂"、"狗不理"、"杜康"、"女儿红"等，韩国企业抢注了"全聚德"、"孔府宴"、"健力宝"等，美国企业抢注了"青岛啤酒"，印度尼西亚抢注了"凤凰"、"蝴蝶"等，给我国企业造成巨大损失。[③]

● 境内吞并——外国品牌彩电在北京、上海、广州的市场占有率达 50%~96%；汽车几乎是外国品牌的一统天下；饮料行业国产品牌剩下不多；在洗衣粉、照相机、移动电话、传呼机、摄像机、化妆品、快餐等领域也是长驱直入。[④]尤其严重的是，一些外商买下中国名牌打入冷宫，置之于死地。

● 意识落后——到 1996 年 6 月 1 日时，沈阳市有 400 件商标到了续展期，实际续展的只有 70 件。[⑤]"贵州"是地名，"醇"是酒型，以"贵州醇"为商标则引起了一场纷争。[⑥]一些企业没有关于一个产品从决策、试验、申请专利、注册商标等原始凭证档案，以至于无法对簿公堂。

● 体制根源——柯达、富士等国际胶卷名牌企业可以自己办牧场养牛，以保证明胶质量，而乐凯的原材料质量无法保证；"裁员风波"几乎动摇了军心；奖励科技人员工人有意见；立项要跑好几年；办专卖店资金不足。[⑦]

● 宏观条件——由于法律规定的原因，一些品牌或商号不能享受专有权，例如无锡有 5 家号称"华联"的商店，北京有 3 家"红都"服装厂，"四通搬家公司"让人以为是高科技企业办三产等，造成了极大的混乱。[⑧]

① 北京名牌资产评估事务所：《'96 中国最有价值品牌研究报告》，载《经济日报》，1997 年 4 月 7 日。

② 《长安街上的找寻》，载《经济日报》，1996 年 7 月 22 日。

③ 杨光曦：《给商品起一个合法的名字》，载《经济日报》，1997 年 5 月 10 日。

④ 姜波：《我国名牌面临严峻挑战》，载《经济日报》，1996 年 7 月 10 日。

⑤ 董践真、李斌：《国企应重视脸面》，载《经济参考报》，1997 年 12 月 18 日。

⑥ 张剑鸣、陶国峰：《贵州醇究竟属于谁》，载《经济日报》，1993 年 5 月 10 日。

⑦ 肖京华、黄真、王玲：《乐凯为什么乐不起来》，载《中国信息报》，1996 年 7 月 4 日。

⑧ 王月心：《四通成了搬家公司》，载《名牌时报》，1998 年 4 月 8 日。

可以认为，品牌之争归根到底是企业体制之争，创造名牌不仅要靠企业自身的奋斗，还要靠企业外部组织结构的改善和全社会的努力。

本章案例

美国麦当劳快餐公司品牌经营案例

从泰勒时代的大规模生产管理转向产品全面质量管理（TQC）是企业管理的重要转折。毫无疑问，现在质量也仍然是产品核心的属性，质量管理是企业管理非常关键的内容。因此，只要企业参与市场竞争，就必须充分重视产品质量，说"质量是企业的生命"也绝不过分。

随着市场经济的发展，"品牌"成为了企业拓展营销的制胜法宝，成为了企业无形资产的神秘伴侣。那么，质量与品牌之间有什么区别？质量管理与品牌管理之间又有什么联系？笔者以为，没有质量就没有品牌，但仅有质量并不一定形成品牌；品牌源于质量，但又高于质量；质量是品牌的基础，而品牌则是质量的升华。

可以认为，企业从产品质量优势转换成品牌优势至少需要通过以下一些台阶或过程，下面以一个传统企业——美国麦当劳快餐公司为例来说明。

1. 整齐划一

这是指同一种产品之间横向的对比，即要求同一种产品之间品质完全一样，几乎没有什么差异，而不可以千奇百怪、参差不齐。麦当劳快餐店在世界各地建立了上万个连锁店，不管消费者到了哪里，不管进了哪一家麦当劳快餐店，其产品质量都是基本一致的。例如，热炸食品或冷饮品必须保证一定的温度、食用冰块必须用净水器过滤后的水制作等。产品的无差别性或均一性是对产品质量最基础的要求。

2. 时间承诺

这是一种纵向的比较，即要求产品的性能随着时间的流逝而保持不变。对于某个产品来说，性能表现与时间因素有关，通常是时间越长，性能的下降就会越明显。麦当劳快餐店规定：生菜从冷藏库拿到配料台上只有 2 小时保鲜期，过时就扔掉；所有的原材料都按生产日期先后顺序码放；制作好的成品与时间牌一起放到成品保温槽中；炸薯条超过 7 分钟、汉堡包超过 10 分钟必须扔掉，并不是由于这些食品不能食用，而是不够新鲜和纯正。

对于快餐业等服务业来说，顾客等待时间是非常重要的指标，麦当劳快餐店规定：客人排队等待时间不超过 2 分钟、点过之后等待付货时间不超过 1 分钟。这是充分尊重顾客价值的表现。

3. 服务质量

这里的服务贯穿在售前、售中与售后的全部过程之中。例如，产品广告不仅涉及唤起购买需求，也影响到购买后的心理；许多耐用消费品需要有整个使用期间工作的完好保证；某些新产品或高科技产品需要对用户加以培训和教育；同一企业而言，产品之间的差异不很大，而地区之间比如大城市与小城市或城市与郊区则很不同；对于不同企业来说，彼此之间产品质量上的差异不是很大，但服务质量上可能差别很大。因此，应该认识到，"没有'没有服务'的产品"，服务可能是企业竞争最激烈的战场。

对于快餐业等服务行业来说，服务又包括直接服务与间接服务两个方面。所谓直接服务是指服务人员与顾客面对面的服务，所谓间接服务则是指环境、气氛等条件因素。麦当劳快餐店采取自助"一站式"的方式——顾客只要排一次队就可买到全部食品。快餐店规定：服务人员上岗前必须严格洗手消毒；手在接触头发、制服等东西后必须重新洗手消毒；各个岗位的员工都要不停地擦抹清洁；所有的餐具、设备都要在打烊后彻底清洁消毒。快餐店布置优雅、色彩协调、光亮明快、通风自然、桌椅干净、音乐伴奏，甚至于有的客人对其卫生间情有独钟。

4. 工作质量

如果说产品的质量与服务质量都属于"外在"的质量的话，那么，企业内部的一整套操作标准、规章制度、企业文化、新产品开发等则构成了"内在"的、基础性保证体系。麦当劳耗资 200 万美元制定的《管理手册》，说明了政策、各项工作程序、步骤和方法等各个方面，仅目录就有 600 页之多。这样就能保证所有环节都采用统一的标准，使科学管理渗透到每个操作环节，真正实现了标准化、机械化、现代化和科学化。

在传统的企业中，往往会形成各个部门"画地为牢"的或组织僵化的倾向。麦当劳快餐店的用工制度高度灵活多样，既有每天 8 小时的全日制工，又有按小时计酬的兼职小时工，而且上班时间可自行选择。整个付货台看上去犹如一个战场：客人多了就增加柜台，"增援部队"从后厅冲将出来，这样就保证了有条不紊、忙而不乱，真正做到了"忙时没等客，空时无闲工"。同时，在企业财务方面则是降低了人工成本。

5. 功能定位

如果说产品质量、服务质量等项目都是表示产品性能围绕着某个"中位线"没有太大的波动的话，那么，功能本身的正确定位就是要求产品功能有一个合适的"中位线"。这个"中位线"决定了功能总体水平的高低。

麦当劳快餐店的定位是"美式快餐＋儿童心理"。在世界各地的麦当劳快餐店，其门店装修都具有浓厚的美国地域特色和历史文化特色，再配以原汁原味的美式汉堡包，使得一些人把去麦当劳快餐店说成是"去美国小游一圈"。麦当劳快餐店特别把目光瞄准了孩子们，如开辟活动空间、提供生日餐场地、教做游戏或唱歌、准备小礼物或小玩意、安排内部参观等。有的店还在圣诞节推出"小客人签名"活动，吸引孩子们驻足前往，害得那些自认为没有长着"洋胃"的家长们也不得不跟着进去看个究竟。

6. 客户价值

消费者或用户购买产品及服务需要付出代价。可以认为，在产品或服务基本性能所差无几的情况下，价格是市场竞争最明显的也是最为敏感的指标。麦当劳的食品不仅质量高，而且营养也是经过科学计算的。再加上优质服务和环境，就使得顾客感到非常值得。所以，麦当劳的经营哲学概括起来就是"Q、S、C、V"四个字，即"质量高、服务好、整齐清洁、物有所值"。

当然，价格仅仅是一次性交易费用，对于某些耐用消费品来说，用户在使用期间还会消耗一定的能源或材料，因此，用户需要考虑整个期间的费用，也就是总的成本的大小。这是投入方面的情况。在产出方面，不同用户使用目的不同，所以，企业还应针对不同用户提供更深层次的服务。

7. 品牌商号

企业产品光是质量高、服务好还不够，要有一定的知名度，还必须有足够的市场占有率。为此，企业就要采取种种开拓市场的手法，特别是通过广告唤起人们购买的欲望。麦当劳在1990~1999年已在中国28个城市开设了连锁店。据对31个省市的调查表明，麦当劳在中国人心目中的知名度1994年为14%，1997年上升到了31%。麦当劳注意自己的形象标志，红底黄色的"M"形招牌十分醒目，色彩艳丽的麦克唐纳小丑形象更是让人过目难忘。全球统一的识别标志让人无论在世界任何地方都能够一眼看出。麦当劳还注意通过开展社会公益事业提高企业知名度和美誉度，例如向希望工程捐款、设立教育奖学金、热心资助社区环境建设等。新千年到来之时，麦当劳还在北京的几十个分店同时推出代售公交月票的业务，确实是一次企业理念与本土人情相结合的成功运作。

8. 策略联盟

企业的经营不能仅仅靠内部的管理，还需要超越单个企业的界限而与外部相联系。麦当劳的策略联盟一方面表现为对上游企业产品质量的控制，另一方面表现为与横向加盟企业的关系。为了保证最终产品的质量，就需要对原材料的质量加以控制，1984年，麦当劳的马铃薯供应商派专家来到中国，考察了黑龙江、内蒙古、河北、山西、甘肃等地的上百种马铃薯，最后在承德培育出了符合麦当劳标准的马铃薯；对一片小小的牛肉饼需要经过 40 多项质量检查控制；面包切口不圆的不用；奶浆接货温度必须在 4℃以下，高 1℃也要退货。

麦当劳更是一家连锁经营的高手。麦当劳有一家专门从事房地产经营的公司，它专门寻找适合的开业地点，向地主租来土地与房屋，再把店面租给加盟者。加盟者不仅要先付价格不菲的加盟费，而且每年的租金率还要随着营业额的增加而提高。现在，在麦当劳的总收入中，只有 1/4 来自自己的直营店，3/4 来自加盟店，而其中的 90%是来自房租。如前所述，麦当劳实际上是一手从加盟者手中拿来钱，向地主租来一块地，再把这块地转租给同一个加盟者，看上去这好像是一出"空手套白狼"的好戏。在这里，"四两拨千斤"的支点就是品牌。

资料来源：本案例根据以下文献编写：兰研、刘凯：《麦当劳的成功之道》，《企业活力》，1999（7）；陈颐：《麦当劳卖什么?》，《经济日报》，1992 年 4 月 29 日；潘潘：《公交月票与麦当劳》，《经济日报》，2000 年 2 月 5 日；丁晶晶：《麦当劳神话》，《名牌时报》，1999 年 9 月 16 日。

本章要点

1. 一般来说，狭义的无形资产包括著作权、专利权、服务标记、商标权、计算机软件、企业管理系统、专有技术、专营权、生产许可证、进出口许可证、长期购销合同、土地使用权、矿业权、租赁权、优惠的融资条件、商誉等不具备物质实体的资产。所谓"中义"的无形资产是一种"账外有价"的无形资产，其典型代表是品牌（商标）价值。所谓"广义"的无形资产则是一切"账外无价"的、可能给企业带来经济利益的资源。

2. 所谓无形资产管理是指为达到企业目标而对企业无形资产所进行的计划、组织、协调和控制活动，它涉及企业技术管理、知识产权法律保护、人力资源管理、营销管理、公共关系、信息管理等诸多专业管理领域，并以这些专业管理及企业整体管理为基础形成了无形资产的综合性管理能力。企业无形资产管理至少应包括以下内容：无形资产管理的基础工作，无形资产中的知识产权保护工作，定期或不定期对无形资产进行确认，无形资产的投资、获取与发展，无形资产的使用和转让，无形资产的收益分配、考核评比等。

3. 随着科学技术和经济的发展，企业规模的增长和企业制度的演变，企业间竞争的日益激烈，人们对无形资产及其管理认识的深入，重视无形资产管理必然成为现代企业管理的发展趋势，无形资产管理也就必然成为现代企业管理的重要内容。

4. 品牌价值是由市场占有率、品牌的超值创利能力、品牌的发展潜力等因素决定的。具体评估是以当年的销售额为基准，核算出其理论营业利润，再核算出理论资本与无品牌利润，最后用品牌利润减去理论税收的结果乘以一个强度系数。

推荐阅读材料

艾丰：《中国品牌价值报告》，经济科学出版社，1998。

陈佳贵：《现代企业管理理论与实践的新发展》，经济管理出版社，1997。

第二十四章　冲突、危机与管理

俗话说，"天有不测风云，人有旦夕祸福"，企业经营也一样。在竞争日趋激烈、企业面临的外部环境瞬息万变的今天，危机和冲突问题就显得尤为突出了。而且，随着公众意识的觉醒，企业的社会责任越来越重要了。可以说，过去企业只需要对股东或者员工负责，而现在，企业面对的则包括股东之外的一系列利益相关者，如供应商、顾客、债权人、社会公众以及其他的相关利益团体。所以，企业的危机和冲突问题，其影响将比以往任何时候都要深远。

第一节　冲突与危机——企业中的"不和谐的音符"

随着组织所面临的外部环境越来越复杂，以及组织内部劳动分工越来越具体，导致不同个体之间的冲突现象越来越突出，可以说，无论是对管理者还是有兴趣研究组织行为和组织过程的学者来说，组织冲突都是一个重要的课题。

托马斯（Thomas K. W.）等人进行的一项调查表明，[1] 企业中的管理人员处理冲突问题的时间大约占他们工作时间的 20%；他们认为冲突管理与计划、沟通、激励和决策同样重要，甚至比后者更为重要。在我国的企业里，63.7% 的人认为企业冲突不可避免，68.1%的人认为冲突的作用有利有弊。[2]

一、认识冲突

（一）冲突的定义

要给冲突下一个准确的定义是十分困难的事，曾经有不少的学者给冲突下过定义，如勒温（Lewin）、布朗（Brown）、刘易斯·科塞（Lewis A. Coser）等都从不同的侧面解释过冲突。一般认为，冲突是相互作用的主体之间存在的不

---

[1] Thomas, K. W. & Schmidt, W. H. A Survey of Managerial Interests With Respect to Conflict. *Academy of Management Journal*, 1976. 转引自 Developing Managerial Skills in Organizational Behavior.
[2] 佘廉、张倩著：《企业管理滑坡探源》，第 125 页，人民交通出版社，1996。

相容的行为或目标。要准确地把握冲突内涵，必须把冲突看成是一种相互作用的关系特征。实际上，冲突是从相互依赖中产生的，两个毫不相干的人是不会发生冲突的。

从相互依赖的角度出发，我们会发现，人们并不只是因为彼此之间存在不同的利益或不同目标才会发生冲突。两个具有完全相同的利益或目标的人之间也可能发生冲突，组织中以及组织间的很多冲突就与不同的利益和目标无关，这一点在实践中已经得到证实。

由此可见，冲突并不是都源于不同的利益；许多冲突与不同的观点、信念和判断或行为有关。也就是说，并不是只有竞争才会引起冲突，无论是合作还是竞争都可能发生冲突。组织内的冲突，也许绝大多数是发生在合作过程中。如项目的成员，彼此都对团体的目标有着高度的责任，但是可能因为完成工作的最好方法，分配利润的公平、有效方案，以及每个人努力程度的大小等而发生冲突。所以，从某种意义上来说，合作中的冲突是由于实现目标的手段不同而引起的；而竞争中的冲突是因为要实现的目标不同而引起的。

（二）冲突的性质

在早期的组织理论中，人们普遍认为冲突是有害的，会妨碍组织目标的实现，甚至认为冲突的出现是管理失败、组织崩溃的前兆。因此，早期的研究和实践是建立在反冲突的基础之上的，都是致力于消除组织中的冲突现象。特别是在"非人格化"的传统组织中，人被认为是完全理性的，他们很清楚地知道组织的目标所在，而且也理性地知道合作的重要性，所以冲突是应该要绝对避免的。

现代组织理论中对组织冲突的看法有了根本的改变。如 Louis R.Pondy 曾说过：就如身体上的病痛一样，它是组织有了麻烦的症状。一个压制冲突的组织，是剥夺了自我调节和稳定成长的组织。[1] Olson 认为，在组织中出现冲突是平常的事，因为"在一个大型的组织中，要所有的人都为其个人的利益而采取合作的方式工作是不大可能的"。[2]

事实上，冲突只是企业组织中的成员在相互交往、相互作用的过程中发生的一种关系而已，它本身具有两面性——建设性功能和破坏性功能。也就是说，组织存续过程中出现的冲突虽然是不可避免的，但并不一定会给组织带来破坏性的后果，有些冲突对组织目标的实现还是有益的。关键在于如何对冲突进行管理，使其消极作用最小，积极作用最大。

---

①② 韦伯著：《组织理论与管理》，罗理平等译，第 613 页、第 592 页，桂冠图书出版社，1985。

（三）冲突的水平

按照冲突发生的层次来划分，冲突可以分为以下四个层次：个人内心的冲突、人际关系冲突、团体间的冲突和组织层次的冲突，这四个层次的冲突相互联系、相互作用。

1. 个人内心的冲突。

当一个人面临多种选择而难以决策时，他就处于个人内心冲突状态。此时个人会表现得犹豫不决，茫然不知所措。勒温（Lewin）根据冲突对个人的影响是肯定的还是否定的，把个人内心冲突分为三种类型：

（1）双趋（approach-approach）冲突。它要求个人在两个或两个以上的方案中作出选择，每个方案的结果都是肯定的。比如，个人在面临着两个条件都很优越的工作时的选择问题就是如此，但"鱼和熊掌不可兼得"，必然是"舍鱼而取熊掌也"。

（2）趋避（approach-avoidance）冲突。在选择方案既具有肯定特征又具有否定特征时就会发生趋避冲突，其肯定特征吸引了个人，而其否定特征又排斥个人，使其内心发生冲突。例如，企业的投资项目要求有高的收益，则必然会带来高的风险，就是趋避冲突的例子，此时的决策主要取决于个人对风险的态度。当决策对个人非常重要，而且选择方案的肯定几率同否定几率相等时，冲突就会得到加强。

（3）双避（avoidance-avoidance）冲突。与双趋冲突类似，这种冲突通常影响作用较小，也容易解决。当个人面临两个或两个以上的具有否定特性的方案需要进行选择时，双避冲突就出现了。通常个人会比较两者的细微差别，按一定的标准作出选择，即所谓"两害相权取其轻"。

2. 人际关系冲突。

人际关系冲突是指两个或两个以上的个人在实现各自目标的过程中发生的对抗。它可能发生在团体内部成员间，也可能发生在两个不同团体成员间（此时极易导致团体间的冲突）。

著名的"囚徒困境"问题描述的就是一种典型的人际关系冲突情形，它反映出了人际关系冲突的多项特征：

（1）一方的结果依赖于另一方怎么做，即双方之间具有相互依赖关系。在"囚徒困境"中，任何一方所做选择的结果，完全取决于对方是如何选择的。

（2）强调个人行动结果和合作行动结果的差别。在"囚徒困境"中，个人最佳选择是承认，但合作行动的最佳选择却是都保持沉默。

（3）冲突的解决需要双方相互信任，但往往事与愿违。实验表明，"囚徒困境"中的双方即使在此之前已经知道两种不同情况的结果，并且见过面，但以后双方仍然会选择对自己最有利的做法而不敢相信对方。

3. 团体间的冲突。

团体间的冲突是组织内团体之间由于各种原因而发生的对立情形。它可能是同一团体内部成员间的冲突，导致成员分化成两个或更多个小团体，从而把团体内的冲突转化为团体间的冲突，也可能是分别处于两个团体内的成员间的个人冲突逐渐升级而成。团体间的冲突通常有以下几种形式：

（1）垂直冲突（vertical conflict）。垂直冲突是指组织中通过纵向分工形成的不同层次间的冲突，也就是上级部门与下级部门间的冲突。这些冲突可能是由于上级部门对下级部门监督过于严格，或下级部门的"次级目标内化"造成的；也可能是由于双方缺乏交流，或掌握的信息（事实）不同导致认识上的差异而造成的。

（2）水平冲突（horizontal conflict）。水平冲突是指组织中通过横向分工形成的不同职能部门间的冲突，也称为功能冲突。组织中的工作人员往往因为各自所执行的职能不同而表现出一定的差异，如不同部门的人员对时间的看法就不一样，不同部门中的人际关系情况也不同，所以极容易导致功能冲突。在企业中，生产部门同销售部门的冲突就是最典型的水平冲突。其产生原因关键在于，各职能部门片面强调自己目标的实现，忽略了对其他部门及组织整体的影响。

（3）指挥系统与参谋系统的冲突。研究人员指出，在直线—职能制结构的组织中，直线人员与参谋人员的冲突是一直存在的。二者之间的冲突有多种原因，参谋人员经常抱怨，自己被要求理解直线人员的需要，给他们建议，他们却忽略了自己的存在。换言之，参谋人员的成功必然依赖于直线人员接受自己的建议；但是，直线人员并不一定需要参谋人员的建议。这种不对称的相互依赖关系是二者冲突的主要原因。

（4）正式系统与非正式系统间的冲突。在组织存续的过程中，人们之间会自发地形成一些非正式的联合体——非正式组织（系统）。这些非正式组织的成员可能会跨越不同的部门，也可能来自组织中不同的层次，他们形成的基础也不尽相同，有的是一种地域关系，有的是有着共同的兴趣爱好等。这些非正式组织对组织中的各种活动起着潜移默化的作用，有时甚至还妨碍着正式组织目标的实现。但是，过去的很多管理者忽略了非正式组织（系统）的存在，或者对非正式组织采取压制的态度，这样极容易导致非正式组织与正式组织之间的冲突。

4. 组织层次的冲突。

组织层次的冲突不仅包括由上述三个层次的冲突组成的组织内的冲突，而且还包括组织间的冲突。

从系统的观点出发，任何组织都属于一个更广泛的环境系统的子系统，为了生存和发展，组织必须与外界环境之间进行各种要素的交换，并在交换过程中求得一种动态平衡。于是，组织在与其生存环境中的其他一些组织发生关系时，经常会由于目标、利益的不一致而发生各种各样的冲突。如企业与它的竞争对手之间会发生冲突，各个政党与其对手之间的竞争也是不可避免的。甚至可以说，组织内部的冲突是在其外部冲突的影响下造成的。

二、了解危机

(一) 什么是危机

在企业经营中，经常会遇到一些不稳定状态，如大量货款不能收回导致资金周转不灵而引起财务危机、产品受到抵制、法庭起诉、信用下降等，此时企业急需改变这种状态，我们称之为企业面临危机。一般认为，当出现以下一系列情况时，就意味着企业中出现了一定的危机：工业事故；环境公害；团结问题；召回产品；与投资者关系不融洽；代理权之争；行政管理问题；恐怖事件；贪污行为；恶意颠覆行为、敲诈式危机等。

(二) 危机的基本特征

(1) 危机的突发性。危机事件常常会在人们不注意的时候，更是在不愿意看到的时候突然发生。这种突发性可能是因为，危机发生之前，人们对它是一无所知，或者是人们长期以来一直关注着事件的发展，一时疏忽大意造成的。正是这种突发性导致了危机的不可预见性，于是有的管理者认为面对危机时人们无可奈何，更不愿意对危机发生的可能性进行预测，贻误了许多妥善处理危机的机会。

(2) 严重危害性。尽管危机事件持续的时间往往不会太长，但是如果处理不当，危机可能给当事人或组织带来严重的危害。它不仅会影响企业具体目标的实现，甚至还威胁到企业的生存。国外不乏深受危机之害的知名企业，如1989 年 3 月埃克森石油公司"瓦尔代兹号"原油泄漏，导致了一场"反埃克森运动"。

(3) 舆论关注性。无论什么性质的危机事件，在其爆发时，会立即引起媒介、公众和相关组织及个人的关注，有关危机的信息的传播速度甚至比危机事件本身的发展还要快。只是不同的个体对危机关注的程度不同，其中最有影响的要数新闻媒介了，因为社会公众所接受的信息主要来自新闻媒介，而这些信息则深深地影响着公众对企业以及企业产品的看法。

(4) 作用的二重性。从危机的定义可以看出，危机是危险与机遇并存，其关键取决于自己的判断和选择。所以，不能只是看到危机给人们带来的危害，更应该看到它有利的一面。要相信，只要处理得当，一定可以化险为夷、转危为安。

（三）危机发展的四个阶段

危机的发展通常要经历四个阶段：前兆阶段、激烈阶段、持续阶段和解决阶段。

（1）危机的前兆阶段。前兆是危机向人们发出的警告，这时危机并没有真正发生，它只是预示着危机即将来临。但大量事实证明，它是危机事件的真正转折点，所以，也可以称之为"前危机"阶段。有时候，危机的前兆非常明显。但有的时候，前兆却不十分明显，让人难以作出判断。作为管理者，应重视观察并认识到危机的前兆阶段，如果人们对这一阶段的到来熟视无睹，那么，危机的来势会更加凶猛，企业将为此付出更大的代价。如果危机能够被扼杀在"襁褓"之中，则其危害性最小。

（2）危机的激烈阶段。进入危机的激烈阶段后，危机就已经实际发生了。这一阶段不会自行消失，也不可逆转，只有管理人员通过努力使其得到妥善处理，才能消除危机。

（3）危机的持续阶段。危机的持续阶段发生在危机激烈化之后，它通常是指企业进行危机处理，即危机调查、自我分析以及进行各种恢复工作的时期。这一阶段对企业的影响最大，也是企业产生强大震荡的时期，如财务危机、人员调整、经营方向的改变等，当然，企业也有可能会破产或被竞争对手接管。如果措施不力或处理不当，危机会在企业中无限期地持续下去。

（4）危机的解决阶段。危机的解决是危机管理的最终目标，它是危机的前三个阶段的发展方向，但并不是所有的危机都能够得到妥善解决。如果危机能解决，企业就能够恢复到正常状态。

第二节　冲突管理——寻找矛盾的正面效应

一、正确理解冲突管理

有效的冲突管理是一项十分艰巨的任务，它要求管理者对冲突管理有正确的理解并能熟练地运用各种技巧。

面对冲突问题，只能进行管理，而不是控制或解决冲突问题。冲突管理与冲突解决二者之间不仅仅是存在着语义上的差异，还有着实质性的区别。布尔丁（Boulding）在《冲突解决杂志（Journal of Conflict Resolution）》上的一篇文章中是这样论述"冲突解决"的：

"我现在还不敢确定：……'解决（Resolution）'是这本杂志的恰当的名字。也许，'管理（Management）'会显得更为合适。因为建设性冲突与破坏性冲突之间的区别并不是必然与冲突是否得到解决有关。冲突的解决即使不能说是使冲突双方都不满意的方式进行，至少有时是以一方不愿意接受的方式得到解决的。有时，拖延冲突问题使它无法得到解决，但降低冲突的程度以及增加其持续的时间也是有必要的。于是，一个更为中性的词汇'管理'可能会更好地表达我们企业的目的，因为我们对从冲突双方的角度来看待冲突问题更有兴趣。"[1]

过去的文献中过分强调如何解决冲突问题，其基本假设就是冲突是破坏性的，所以必须采取一定的方法来减少组织中的冲突，以降低组织中冲突的破坏性。他们忽略了冲突具有正面影响，事实上，对组织中的冲突只有进行管理，而不可能消除。

二、冲突管理策略

为了有效地解决组织中的人际关系冲突，美国的行为科学家托马斯提出了一种两维模式，如图 24-1 所示：

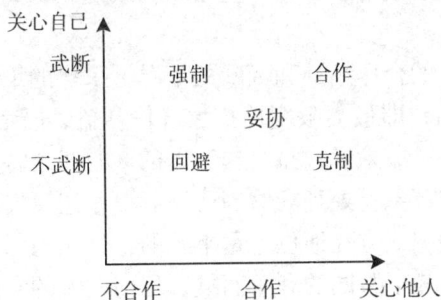

图 24-1 托马斯的人际冲突处理模式[2]

托马斯认为发生冲突以后，参与者有两种可能的策略可供选择：关心自己和关心他人。其中，"关心自己"表示在追求个人利益过程中的武断程度；"关心他人"表示在追求个人利益过程中与他人合作的程度。于是，就出现了

---

① M. Afzalur Rahim, "Managing Conflict in Organization" (2ⁿᵈ ed.) 1992. Praeger Publisher., p.38.

②Lisa A. Mainiero & Cheryl L. Tromley: "Developing Managerial Skills in Organizational Behavior". 2ⁿᵈ ed. Prentice Hall, 1994, p.44.

五种不同的冲突处理的基本策略。

(一) 回避策略

回避策略是指既不合作又不武断的策略。这时，人们将自己置身于冲突之外，忽视了双方之间的差异或保持中立态度。这种方法反映出当事人的态度是任冲突自然发展，对自己的利益和他人的利益均无兴趣。

回避方法可以避免问题扩大化，但常常会因为忽略了某种重要的意见、看法，使对方受挫，易遭对手的非议，故长期使用效果不佳。

(二) 强制策略

强制策略是指高度武断且不合作的策略。它代表了一种"赢—输"的结果，即为了自己的利益牺牲他人的利益。一般来说，此时一方在冲突中具有占绝对优势的权力和地位，于是一方会认为自己的胜利是必然的。相应地，另一方必然会以失败而告终。强制策略通常是使人们只考虑自己的目的，所以同样地不受对手的欢迎。

(三) 克制策略

克制策略代表着一种高度合作而武断程度较低的策略。可以说这是无私的策略，因为当事人牺牲自己的利益而满足他人的要求。通常克制策略是为了从长远角度出发换取对方的合作，或者是屈服于对手的意愿。因此，克制策略是最受对手欢迎的，但容易被对手认为是过于软弱或是屈服的表示。

(四) 合作策略

合作策略是在高度的合作精神和武断的情况下采取的策略。它代表了冲突解决中的"双赢"局面，即最大限度地扩大合作利益，既考虑了自己的利益，又考虑了他人的利益。一般来说，持合作态度的人有几个特点：一是认为冲突是一种客观的、有益的现象，处理的恰当会引起一些建设性问题的解决；二是相信对手；三是相信冲突双方在地位上是平等的，并认为每个人的观点都有其合理性；四是他们不会为了共同的利益而牺牲任何一方的利益。

(五) 妥协策略

在妥协策略下，合作性和武断程度均处于中间状态，它建立在"有予必有取"的基础之上，这种策略通常需要一系列的谈判和让步才能形成。与合作方式相比，妥协策略只求部分地满足双方的要求，但妥协策略却是最常用的也是被人们广泛接受的一种处理冲突的策略。因为妥协策略至少有以下优点：一是尽管它部分地阻碍了对手的行为，但仍然表示出合作的姿势；二是它反映了处理冲突问题的实利主义态度；三是它有助于保持双方之间的良好关系。一项研究表明，人们之所以欢迎妥协策略，是因为妥协策略的确提供了一个解决办法，而不能解决问题是软弱的表现，而且完全接受对方提出的意见需要很大的勇气。

三、冲突管理的过程设计

通常情况下，冲突管理的整个过程包括诊断、干涉、效果评价和结果反馈几个阶段，以下分别介绍。

（一）诊断

在冲突管理的过程中，很多对冲突的干涉都因缺乏对冲突问题性质的充分理解而惨遭失败。作为经理人员，通过诊断对冲突问题至少要认识到以下几个方面的问题：

（1）冲突发生在哪个层面上（个人层面、团体层面还是组织层面）？

（2）在冲突双方的关系中，自己充当的是什么角色？

（3）冲突双方的理想局面（关系状况）是什么？

（二）处理（干涉）

经过诊断可以知道对冲突进行处理是否有必要以及需要哪种类型的处理方式。当组织中的冲突水平过低或过高，或者是组织成员无法有效地处理冲突问题时，对冲突进行干涉（处理）是有必要的。

一般说来，有两种常用于处理冲突的方法：过程法和结构法。过程法是指为了达到期望的结果而采取的一系列行动或事件，它们对于维持系统的正常运行是十分必要的。结构法是指对任务、技术和其他因素的稳定安排，以保证组织成员能有效地共同工作。为了实现组织目标，过程法和结构法必须结合起来运用。

（1）过程法。过程法试图通过改变组织成员处理冲突的不同风格来提高组织的有效性。其核心是通过帮助组织成员学会把不同风格的处理冲突的方式与不同的冲突情形结合起来来管理冲突。换言之，这一方法主要是强调组织成员必须采取有效地处理组织冲突的风格。它有时需要组织成员改变其他组织过程，如信息沟通、领导体制等，以帮助组织成员获得处理冲突问题的新技巧。

（2）结构法。这一方法是通过改变组织结构设计来改善组织效率，如差异性和整合机制、等级序列、操作程序、奖励制度等。其核心是改变组织成员对不同层次的冲突数量的认识来达到管理冲突的目的。

因组织结构而引起的冲突，可以通过适当地改变组织设计来实现有效管理。有证据表明，没有适合于所有组织的最好的设计。一种机制（如等级结构）或系统（有机体）是否适合于一个组织或一个或几个系统取决于多种要素。越来越多的证据显示出，组织结构设计必须与任务属性、技术和环境保持一致。这些要素之间一致的程度越高，冲突管理的效率就越高，组织绩效就越好。其他的结构要素，如奖励制度、规则和程序，任务的属性，对资源的控制等，也可以选择来减少或增加冲突。

（三）结果（效果）评价

对冲突的处理必然会影响到组织的效力。过去的组织行为学的文献中都明确或隐晦地指出，组织过程或条件，如领导、冲突、信息沟通、组织结构等，都会影响组织效果。从这种意义上来说，组织的效果必须是可以概念化和进行度量的。那么，组织的效果又该如何来衡量呢？

目标实现法和系统资源法是两种基本的评价组织效果的模型。目标实现法是通过最终结果来评价组织效果，而系统资源法则注重的是实现目标的投入要素（手段）。此外，内部过程法也可以用来评价组织的效果，它是侧重于改善组织的过程，如信息沟通、激励等。

四、冲突管理的具体方式

（一）冲突双方自己处理冲突问题

冲突双方可以自己独立地解决冲突问题。冲突双方可以通过回避冲突问题，任其自由发展；采取非正式磋商的方式，进行相互沟通，消除彼此之间的误会来处理冲突；也可以进行正式的谈判，经过一番讨价还价使冲突问题得到解决。当然，也不排除冲突双方通过武装器械等超越规则或法律范围的方式解决冲突的可能性。但其中运用最多也是研究得最多的方法就是谈判。

谈判是两个或更多个以上的、既有冲突又有一致利益的个体，相互公开意见，就某些重大问题进行磋商以求达到可能的协议的行为。谈判的结果有不同情况：胜—胜，胜—负或胜负均衡，其关键在于谈判双方的力量和态度。谈判有两种不同形式：

（1）分配性谈判。这是一种典型的"分配馅饼"的"胜—负"情境，即一方所得的增加即为另一方所得的减少。通常情况下，分配性谈判是因为经济问题（如奖金等）而发生的。谈判双方只进行谨慎的交流，不完全信任对方，甚至欺骗、威胁对方。总之，双方进行的是一场紧张的冲突。

（2）整合性谈判。整合性谈判注重共同问题的解决，即共同"做大馅饼"，使双方利益都能得到满足。于是双方表现出足够的信任，公开讨论彼此的问题、要求，评价各种选择，共同寻求新的解决办法，以求对双方都有利。

（二）第三方来管理

当冲突双方自己处理冲突的努力以失败而告终，或者外部的其他方（特别是作为冲突双方共同的上司）认为有必要时，就可以由第三方来管理冲突。由第三方进行的冲突管理通常有两类具体方法：

（1）以个人身份介入的第三方。当冲突双方谈判失败或谈判中遇到困难时，中立的第三方的介入是有必要的。第三方并不是要判断双方的是非曲直，而是要让双方了解其相互依赖的关系，由敌对态度转化为合作，即进行真诚的谈判。通常组织中冲突调解的第三方由双方共同的上级充当。充当调解的第三方说起来容易做起来却难，因为有效的调解需要足够的经验和技巧。为了使双方进行合作，第三方需要做好以下工作：保证双方有良好的动机，使双方把注意力转移到问题的解决上来；使双方在冲突中保持权力的平衡。如果双方地位不平等，那么公开的交流、信任和合作是不可能的；使双方共同对冲突而努力；增加双方之间的透明度，并使双方在高透明度下不会受到对方的伤害。

（2）冲突管理系统。除了个人可以作为第三方外，组织也可以作为第三方来管理组织中的冲突问题——冲突管理系统。如很多企业为劳资冲突问题设置了专门的申诉制度等。组织内的冲突管理系统中，常用的管理方法有：

①改变奖励制度。改变奖励机制可以把必须由相互依赖的双方共同努力实现的目标作为奖励的标的，即奖励针对更多的成员，而不是只给予其中某一部门或某个人。但是奖励范围的扩大有一定的限度，如果过大，大家会认为自己的力量过于渺小，在有组织目标的实现中是微乎其微的，进取心、责任感就会降低。

②设置一定的缓冲物。在容易发生冲突又不得不相互依赖的双方之间设置一定的缓冲物，例如，用增加流动资金、让每个部门自己控制一定的资源的方式减少双方对资源的争夺；用引进一定量缓冲存货的方式，减少有业务顺序依赖关系的双方在操作时间上发生的冲突等，降低相互间依赖程度，可以减少发生冲突的可能性。

③重新设计组织结构。重新设计组织结构是为了彻底消除产生冲突的根源，最有利于解决团体之间的冲突。如常见的矩阵组织结构就是一个很好的例子，它很好地协调了各职能部门间的关系，因为其成员不但有能力而且有动力搞好彼此间的协调，不会存在狭隘的局部利益观点。但是重新设计组织结构是不可轻易使用的，因为其涉及面广、影响大，风险也大。万一处理不当，将给组织带来灭顶之灾，所以没有充分的准备是不可轻易提出重新设计组织机构的。

第三节　危机管理——对突发事件的回应

危机管理在 20 世纪 80 年代得以迅速发展，因为许多企业认识到，面对不确定的和急剧变化的商务环境，自己太脆弱了，而危机管理可以用于对付混乱的态势。但是，据芬克对《财富》杂志 500 强企业的调查发现，有一半的调查对象承认并没有危机应对计划，甚至近一半有过危机经历的公司仍然没有危机应对计划。[①] 那么，在面对企业经常出现的危机时，应该如何进行回应呢？

一、危机管理的过程

第一步，确认关键的问题。一旦危机发生了，将会有许多相关问题随之发生，因此，管理人员必须分清存在问题的性质，采取不同的办法加以处理。所以，危机管理的首要步骤就是，对危机中出现的问题进行分类，将重要的问题和不重要的问题、应该由企业处理的问题和由其他方面处理的问题区分开来，并采取不同的处理态度。

美国强生公司（Johnson & Johnson）曾发生过这样一起危机事件：该公司发现了一包被氰化物污染的扑热息痛，事故中有七人死亡，继而又出现了类似的犯罪行为。企业马上意识到，对自己而言，最重要的问题（危机）在于今后商品的声誉，至于追查凶手则是警方的事情。于是，公司把注意力集中于立即追回货物方面，并展开了一场有效的广告运动，维护了自己产品的形象。

第二步，制定危机管理计划方案。危机管理计划方案应该事先拟订，其内容通常包括：成立危机处理小组并确定具体的领导人员；了解危机事件可能影响的范围；为最大限度减少危机对企业声誉的破坏，建立有效的传播渠道；培训专门的危机处理群体。

第三步，成立危机处理小组。危机发生后应迅速成立处理小组，调配训练有素的各类人员，以实施控制和执行管理危机的计划。危机处理小组在危机管理中的主要作用表现在：全面、清晰地对各种危机情况进行预测；为处理危机制定有关的策略和步骤；监督有关方针和步骤的正确实施；在危机实际发生时，对全面工作做指导和咨询。

在挑选危机处理小组成员时，要充分考虑到成员个人的素质和才能，把这些不同风格和价值的人才有机地组合起来，在危机处理中发挥最大效用。一般说来，危机处理小组应该包括以下几种类型的人员："点子"型，即不断地提出新建议、新点子的，颇具创造性的人员；沟通型，即协助小组进行内外的信息沟通与传播；"厄运经销商"型，也有人称之为"魔鬼辩护人"，他们往往对每一个意见、每一种方案都会提出一定的异议；记录型，主要负责对危机过程以及进行危机处理的方案及具体实施等做详细记录；人道主义型，他们是以人

---

① 万建华、戴志望、陈建编著：《利益相关者管理》，第 279 页，海天出版社，1998。

为导向的工作者，他们解决问题的方法总是倾向于人性的一面。

第四步，处理危机。对危机事件的处理可以分为应急处理和恒久处理两种情形。应急处理可以认为是一种救火式的行为，即采取一切措施尽快消除表面危机。而恒久处理则需要追根溯源，斩草除根，消除产生同样问题的隐患，这一工作往往会留待危机事件处理完毕以后才考虑。

作为救火行动的应急处理应该把握两个基本原则：公众利益至上和掌握主动。在普遍强调企业社会责任的环境下，仅仅作出一些承诺而没有实际的行动，是不可能赢取公众的信任的。在危机处理中，企业应努力使自己的行动与公众的期望保持一致，通过自己对社会负责任的行动来建立企业的信誉。也就是说，在事件处理的过程中，企业所采取的行动必须以不进一步损害公众利益为基础，并且保证使公众利益受损程度最小化。

为了保障公众的利益，面对危机时，企业应该考虑到最坏的可能性，并立即采取相应的行动。即使事后证明危机并没有想象的那么严重，你的过于谨慎也不至于遭到批评；相反，如果措施不力导致危机难以应付，你将受到广大公众的指责。因为企业的一点小小的失误都可能使自己成为社会攻击的目标。

此外，企业应该掌握对危机事件处理的主动权，特别是在对外的信息传递方面，不能处处被动，以至于使问题越闹越大。当然，这并不是说企业应该控制媒介的信息传播，而是强调企业应主动配合，积极提供事件的相关信息，以防止媒介作出不实的报道，有损企业形象。这就要求企业随时准备好企业的背景材料，并不断根据事件的进展加以补充。同时，指定专门的有经验的人员来应付媒介和其他公众的问题，保证企业只以一个声音对外。

第五步，总结经验，吸取教训。对危机事件的事后总结有很多的好处，一方面，从危机事件处理中获得的经验有助于企业有效地管理未来可能发生的各种危机；另一方面，危机事件的发生可以强化企业的危机意识，加强防范。不少企业正是在发生过一次危机之后，自觉地完善了自身的危机管理体系，这样，其危机管理行为就具有一定的前瞻性。

而且，经验表明，尽管不少危机是由于外部偶发因素引起的，但其根本动因则在企业内部。危机的产生和危机的根本解决需要从企业内部寻找根源。所以，危机带给我们的最大教训就是，要强化内部管理，杜绝类似事件的再发生。

二、如何预见危机

同样是面对危机，我们会发现，有的企业沉着冷静，并转危为安；而有的企业则慌不择路，越陷越深，最终导致不可收拾。为什么会出现这样不同的结局呢？原因在于不同的企业对危机的态度不同，态度积极的企业往往早有准备，更容易寻找到危机中的机会，轻松化解各种潜在危机。可以说，危机管理的最好办法就是准确预见危机。

（一）危机的预测

危机的预测从某种意义上来说，是由企业管理人员对危机发生的可能性及其影响进行的一种主观判断，它要求管理人员具有较强的管理技能。进行危机预测时常用到一种叫"危机晴雨表（Crisis Barometer Grid）"的工具，利用晴雨表进行预测时要求管理人员测定"危机影响值（Crisis Impact Value，CIV）"和"危机发生概率"两个因素，所以，预测的过程包括以下两个步骤：

第一步，测定危机影响值（CIV），尽可能将危机的影响具体化。

对危机影响的分析主要包括以下五大问题：[①]

（1）假如危机升级，危机会加剧到何种程度？

（2）新闻媒介或政府部门对公司的审查会达到何种程度？

（3）危机会在多大程度上影响正常业务的进行？

（4）企业在公众中的形象会受到多大程度的损害？

（5）企业的净利会受到多大程度的影响？

对企业出现的危机可以从以上五个方面进行评价，并对每个问题的答案给定一个分值（0~10），然后把五个问题的分值进行平均，就可以得到所预测的危机事件的影响值。

第二步，预测危机发生的概率。对于危机发生的概率不要用"可能发生"、"一定会发生"等语言来描述，而应该将其量化，采用具体的数字来表示。很显然，在危机影响值相同的情况下，发生概率大于50%的危机与发生概率小于50%的危机所引起的重视程度就不相同。

把危机影响值和发生概率作为两个坐标就形成了预测潜在危机的模型——危机晴雨表，见图24-2。

从图中可以看出，如果危机影响值大于5，而发生的概率又大于50%，那么，危机就处于红色区域（Red Zone），需要引起人们的高度重视。如果危机影响值大于5，但发生概率小于50%，那么危机就处于琥珀色区域（Amber Zone）。如果危机影响值小于5，而发生的概率大于50%，那么，危机就处于灰色区域（Gray Zone）。如果危机影响值小于5，且发生的概率又小于50%，

---

①乔·L.皮尔斯、约翰·W.纽斯特朗编：《管理宝典：开创管理新纪元的36部经典著作集萃》，东方慧译，第172页，东北财经大学出版社，1998。

危机影响值（CIV）

10

琥珀色区域　　　　　　　红色区域

5

0　　　　　　50%　　　　100%　　发生概率

绿色区域　　　　　　　灰色区域

0

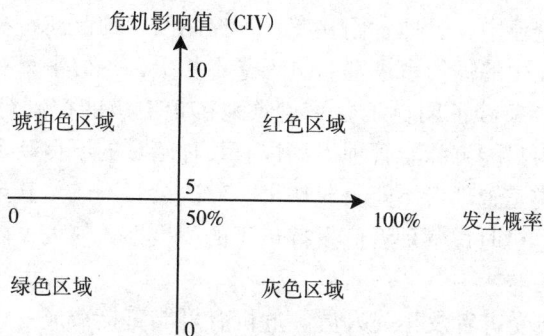

图 24-2　危机晴雨表

那么，危机就处于理想的绿色区域（Green Zone）。

通过预测，可以对潜在危机的处理进行一定的排序，一般说来，处于红色区域的危机相当危险，必须立即采取措施来解决，否则后果不堪设想。

并不是所有的危机都能够预测到，但是对危机的预测还是有一定的规律可循，企业中潜在的危机通常包括：可能导致危机的现实环境（如政治法律环境、经济技术环境、社会文化环境等的变化）、过去曾困扰企业，而有可能再度发生的危机（如企业存在的长期污染问题或产品质量问题）；其他相关企业已经发生过的危机。

（二）危机发生前的准备工作

仅仅预见到危机的发生是远远不够的，还必须在危机真正发生之前做好充分的准备。如果没有任何准备，危机来临时，企业只能仓促上阵，消极应战，这种防御的姿态会使人们失去许多利用危机中的机会的可能性。在有了充分准备的情况下，企业处理危机的态度则十分积极，有利于利用其中潜在的机遇。越来越多的组织和管理人员不再认为危机是不可控制的，但芬克的调查显示，大部分企业对危机的应变准备仍相当不足。

三、做好危机传播计划

（一）危机传播的主要对象

危机事件一旦发生后，企业需要将相关信息向多方面进行传播，其中影响较大的对象主要有以下几个方面：

（1）内部员工。作为企业的员工，对企业发生的事情有知情权，特别是发生的事情与自己切身利益相关时，更是急于了解事情的真相。当危机发生后，管理当局应及时将真实情况通知内部员工，以防止员工受到外部各种谣言等的歪曲信息的影响，导致士气低落、自乱阵脚，使企业无法正常运行。

在不少企业中，管理者们存在一种控制问题的倾向（特别在出现危机时），好像企业里发生的任何事情都与员工毫不相干，也似乎只有自己才有能力解决问题。然而，实践证明员工会不自觉地抗拒上级的控制行为，因为在他们看来，控制行为只能意味着管理当局怀有某种暗藏的不良动机，企图欺骗或愚弄自己，或者说是管理者不能及时作出有效决策，不成熟甚至是无知的表现。所以，在发生危机时，管理者应发挥员工的积极性，使大家团结一致，共同解决问题。

（2）直接受害者及相关人员。危机有可能直接造成一定的人员伤亡或者其他方面的损害，企业应妥善处理，以防处理不当对自己造成破坏性的影响。因为这些受害者及其亲属是危机事件的核心，也是公众和媒介关注的对象，一旦对处理结果不满，很容易在激烈的情绪之下作出对企业不利的行为。

但是企业如果能使受害者及相关人员站到企业一边，帮助企业处理存在的问题（比如从自己的角度提出相应的意见等），那么，危机事件就会更快得到解决。所以，作为企业，一方面要及时与受害者及其亲属进行沟通，向他们赔礼道歉，在精神上给他们以安慰，并弥补给他们造成的经济损失；另一方面要认真地听取他们的意见，作出积极的反应。

（3）新闻媒介。新闻媒介是社会公众获取危机信息的主要渠道。一旦发生危机事件，新闻媒介往往急于对外做各种报道，如果企业无法向媒介提供事实的真相，媒介会采取各种可能的手段和措施来了解相关信息，甚至把一些捕风捉影的事情公之于众。这样，极容易影响公众对企业的看法。

（4）政府主管部门及相应组织。有时候，危机事件的处理需要某些政府主管部门及相应组织的协助，比如因食用某种食品而致死，公安部门可能会介入；而涉及环境污染的事件，则环保部门会主动干涉等。可能的话，企业还应该邀请一些公正的、权威性机构来帮助解决危机，以确保社会公众对企业的信任。当然，企业在积极配合他们的工作的同时，要注意的是，有些事情（如调查凶手等）并不是自己分外的事情。

（二）危机传播管理

在危机事件处理的过程中，危机传播是十分关键的一环。发生危机后，企业的一举一动都备受关注，管理人员不能因为关注自己企业的得失而逃避对内对外的传播义务。与外界加强交流，可以避免不少危险。大部分企业对危机的第一反应是保持沉默，而道化学公司的唐纳德·斯蒂芬认为："危机发生后的第一个 24 小时至关重要。如果你未能很快地行动起来并已准备好把事态告知公众，你就可能被认为有罪，直到你能证明自己是清白时为止。"①

（1）发挥新闻媒介的正面作用。广大的公众一般不愿将自己陷入到事故的细节中，更不愿真正去检验各种事实，他们往往听从新闻报道的结论。正如大卫·库赫勒教授在他的论文"危机管理：管理人员的困境"中指出的一样，公众注重形象胜于追究事实，欣赏简明胜于刨根问底，对于他们来说，感觉比现实更重要。

因此，要重视进行危机传播，危机发生后，要迅速成立危机新闻中心，利用媒介把危机的真相尽快公之于众，以控制危机，发挥媒介的正面作用。

（2）做好充分的准备工作。如果企业不能提供足够的信息资料，记者们会想方设法利用其他渠道的信息，这些信息可能不准确或者不可靠，一旦传播出去，对企业形象造成的不良影响将难以恢复。面对各种媒介，企业应该有充分的准备，至少备有以下材料：

①有关企业情况的材料。这是有关企业的基本的、公正的情况介绍，还可以包括过去的安全记录、对所获证书的记载以及各项检验报告等。

②危机事件及危机处理方案的情况。包括对危机事件的发生时间、地点、性质以及企业已经采取的处理危机事件的措施等的介绍，在介绍这些情况时最好避免使用行话，要显示出企业始终是将公众利益置于首位。道化学公司的唐纳德·斯蒂芬指出："堆积数据会令公众烦躁，唯有用带有感情色彩的语言，简洁明了地概述关键性的事实，才能使你的信息传播出去，并显示出组织对公众的关心。"②

（3）把握技巧。

①掌握时机：危机处理小组要清楚，什么时候该传递什么信息以及什么时候需要举行发布会等。一般说来，在危机发生之初，企业就应该向外发送一定的信息，以掌握主动权，但这些信息往往只包括危机事件及企业的基本情况。不过，有时候一份小小的声明或一个较好的说明就能满足媒介的需要了。待时机成熟时，应该主动召开新闻发布会，帮助企业直接控制有关危机的信息。必要的时候，应该一天开一次新闻发布会，甚至是一天两次，直至危机结束。新闻发布会的主要作用是准确解释发生的事故与企业所做的努力，表明企业对事件的态度，要强调"救人甚于救物"，解答记者们的一些疑难问题等。

②妥善应对。在进行危机信息的传播时，要注意妥善应付，利用这一机会重建企业信誉。当人们问及发生什么危机时，只有确切了解事故的真实原因后

①② 迈克尔·里杰斯特著：《危机公关（Crisis Management）》，陈向阳、陈宁译，第113页，复旦大学出版社，1995。

才能对外发布消息。在事故发生的最初几个小时和几天，由于确切信息较少，应尽可能以企业的背景材料及其设施情况来填补新闻稿的空白，以显示组织与外界进行合作的诚意；不要发布不准确的消息。绝不要用猜测或不真实的消息来填补消息的空白，这样不仅有损自己企业的形象，甚至可能导致自己被推上法庭；尽量使用正面的陈述，把问题引向有利于企业的事实。如果组织有不当的行为，经确认后应尽快将其公布并采取积极的纠正措施。

③保证同一声音对外说话。要保证只有危机新闻中心是唯一的权威的对外传播信息机构，防止媒介从其他渠道获取信息，保证信息的一致性。企业应事先确认可能与媒介发生沟通的团体，在将各种新闻稿送往新闻媒介之前，同时向这些团体传送这些信息。在企业内部，也应该给那些可能对外发表讲话以及与外界发生联系的人发送同样的信息，以保证企业成员了解企业的立场，一致对外。

④提防敌意媒介的中伤。对企业怀有偏见或不信任的媒介，往往会利用机会给企业制造事端。企业要学会保护自己，不给人以可乘之机。对于新闻媒介提出的每个问题都要作出反应，永远不要说"无可奉告"之类的话，这会引起人们的猜疑，导致不正确的报道，更为可怕的是，会落下一个企图掩盖事实真相的罪名。如果发现新闻报道与事实不符，应及时予以指出并要求更正。

本章案例

某酒厂两车间的冲突

某酒厂主要有两个生产部门：酿造车间和啤酒车间。酿造车间主要生产黄酒、白酒、配酒和醋。这些产品的特点是生产成本高、利润低。该车间职工每月工资在300元左右。而啤酒的特点是成本低、利润高，而且市场销路好，职工每月工资在800元左右。酿造车间采用原始的酿造方法，车间内又闷又热，劳动强度大。而啤酒车间采用流水线作业，自动化程度高，工作轻松。另外，由于生产过程中，如果蒸汽不够，大米、大麦、啤酒花等原材料发酵不好或是电力不足，啤酒在过滤时制冷不够，会出现啤酒沉淀或细菌繁殖，整个生产线上的啤酒都要报废。所以，一旦电力蒸气不够，一定要无条件先保证啤酒车间的电（制冷）和蒸汽（发酵）供应。

酿造车间的工人很不服气，觉得很不公平。同是一个企业的工人，他们工作得更努力、更辛苦，每月得到的报酬反而低。一旦电气不足又不保证他们的生产，从某个方面来说也是对他们工作的轻视。所以酿造车间工人抵触情绪很大，与啤酒车间工人争吵、打架的事情时有发生。

以上事例表明，两车间在激励问题上存在很大的差异，即利益分配和资源供应的不平衡，从而造成酿造车间职工心理的不平衡，工作不安心。两车间的这种冲突属于类型Ⅲ的冲突。针对这一问题，1993年厂部经研究决定将酿造车间承包出去的方案，并提供许多优惠条件。酿造车间在新车间主任的带动下，学习先进的酿造技术，降低成本，扩大销售，实行比例分酬，职工的劳动积极性迅速提高。到1995年7月，酿造车间人均收入达1000多元。现在不仅酿造车间的职工无怨言，而且啤酒车间的职工也羡慕起酿造车间的职工了。

资料来源：徐笑君、卢盛忠、郭斌：《国有企业部门冲突研究》，载《科学·经济·社会》，1997（3）。

本章要点

1. 冲突是相互作用的主体之间存在的不相容的行为或目标。冲突可以分为以下四个层次：个人内心的冲突、人际关系冲突、团体间的冲突和组织层次的冲突，这四个层次的冲突相互联系、相互作用。

2. 在企业经营中，经常会遇到一些不稳定状态，如大量货款不能回收导致资金周转不灵而引起财务危机、产品受到抵制、法庭起诉、信用下降等，此时企业急需改变这种状态，我们称之为企业面临危机。

3. 危机具有突发性、危害性、舆论关注性和二重性，危机的发展通常要经历四个阶段：前兆阶段、激烈阶段、持续阶段和解决阶段。

4. 解决冲突的策略包括合作策略、强制策略、妥协策略、回避策略和克制策略等，冲突管理的整个过程包括诊断、干涉、效果评价和结果反馈几个阶段。

5. 危机管理需要科学的程序，预见危机需要具体的方法。进行危机预测时常用到一种叫"危机晴雨表"的工具。危机管理尤其要重视对危机传播的计划与管理。

研究思考题目

收集有关中国企业的危机、冲突管理的案例，并用本章所介绍的知识进行分析。

推荐阅读材料

彼德·康戴夫著:《冲突事务管理——理论与实践》,何云峰等译,世界图书出版公司,1998。

理查德·E.沃尔顿著:《冲突管理》,李建国、陈忠华译,河北科技出版社,1992。

科塞著:《社会冲突的功能》,孙立平等译,华夏出版社,1989。

迈克尔·里杰斯特著:《危机公关(Crisis Management)》,陈向阳、陈宁译,复旦大学出版社,1995。

M. Afzalur Rahim, "*Managing Conflict in Organization*"(2nd ed.) 1992. Praeger Publisher.

第二十五章　关系管理：客户、供应商与利益相关者

在传统企业的大批量生产方式中，企业不必过多地考虑企业内外的各种利益关系。这是因为这时企业的利益源泉主要来自于企业内部的物质资本资源的高效率使用，而在当时决定企业内部物质资本资源有效利用的决定力量是资本的控制权力。所以，权威和命令是传统企业主要的管理方式。

传统企业往往采取粗暴的命令方式对待相关利益者。例如，福特汽车公司要求汽车销售商必须定期按一定批量购买企业的产品——汽车，而不管销售商是否能够销售出去，否则就取消销售商的销售代理权。而资方用粗暴的方式对待工人，引起工人罢工的事件就更屡见不鲜了。传统企业之所以能够采取粗暴的命令方式，是由当时供不应求的市场状况所决定的。

随着社会的发展，现代企业的生产方式也转化为多品种小批量的生产方式，同时，市场从卖方市场转向买方市场，企业竞争日益激烈。一方面是企业的生产能力和供给能力超过了对一般产品的需求，另一方面是更多的一般需求转化为对产品的特殊需求。所以，企业必须能够对顾客的特殊需求作出快速反应，才能得到市场和适应市场。在这种情况下，决定企业内部物质资本资源有效利用的决定力量就不仅是资本的控制权力，顾客的选择权力，员工对设备的创造性运用，上游、下游以及横向企业间的相互合作都对企业的效率和经济利益有重要的影响。

所谓关系管理，就是在生产格局变化的背景下，从过去以资本为中心对生产过程、销售商、相关企业的权威命令式组织关系，转变为以资本对员工、销售商、相关企业的非权威命令式的协作关系的管理。这里强调权威命令转化为非权威命令，并不是说现代企业已经没有权威命令，而是说在传统企业中，权威命令超过了适当的边界。在现代企业中，权威命令与非权威命令分别适用于和存在于一定的范围内，而关系管理是以非权威命令为特征的协作关系的管理。

关系管理包括以下七个方面的内容：①上游企业的关系管理（供应关系管理）。②横向企业的关系管理（横向联盟关系管理）。③下游企业和销售商的关系管理（客户关系管理）。④企业内部劳资关系管理（内部关系管理）。⑤顾客

关系管理（消费者关系管理）。⑥企业与社会和环境的关系管理（社会环境关系管理）。⑦企业与所有者利益关系管理（所有者利益关系管理）。其中部分内容可能在本书的其他章节中讨论，例如第十一章企业战略联盟就对企业的横向联盟关系做了详细分析，这样在本章中就不再对此展开分析。

关系管理各部分的相互联系，如果从逻辑上看，可以从上游企业、下游企业、内部关系、外部关系这样展开。但从历史上看，企业首先开始注意的是与下游企业和消费者的关系，即客户关系的管理；企业与上游企业的关系管理，即供应关系管理正是当前的新热点，是企业新的增长点和新的盈利来源；而企业与其他一些利益主体的关系管理，可能还没有引起大多数企业的足够重视。

第一节　供应关系管理[①]

传统的企业供给关系是基于市场分工基础之上的，而新型的企业供给关系则是基于企业间合作基础之上的。新型的供应关系是基于知识、信息、能力分布不均匀这样一个客观现实基础上的知识合作、信息合作以及优势互补的能力合作，从而使原有的制造企业与供给企业间的分工合作有着根本不同的性质。发生这种变革的意义是为了产生更多的新创意，或者是更节约一般劳动，或者是在劳动中具有更多的创造性工作。

传统的企业供给关系更强调的是分工，资源、技术、劳动、信息基本上是相互隔离的，合作主要是产品的合作。因此，利益关系也往往是用产品来隔离，供给商的盈利只能在一定的产品的成本和交易价格中体现。而在新的企业网络型供给关系下，合作具有更为重要的地位，核心企业可以帮助供给商解决技术问题，节约的成本则双方共享；供给企业也可以修改核心企业的设计要求，减少的成本也可以双方共享。

这样的合作关系使得企业与企业之间的传统界限变得模糊，这些相互联系的上下游企业组成了一个更大的虚拟企业，也称之为虚拟一体化供给链。

一、供给合作伙伴的选择

在供应关系的管理中，供给企业应该相对稳定。为了形成稳定的合作关系，核心企业与外围企业要相对稳定，因此仔细选择供应商就是必要的。在选

---

① 主要参阅宋华等：《现代物流与供应链管理》，经济管理出版社，2000；马士华等：《供应链管理》，机械工业出版社，2000。

择供应商时，不能只考虑价格，需要从发展前景、技术潜力、信任程度诸方面考虑。

供应商要具备一定的创新能力、设计能力、生产能力和管理水平，以保证和满足交货的可靠性和时间的准确性。

企业与供应商建立稳固的合作关系要从相互理解开始。首先，要让供应商了解企业的生产程序和生产能力，使供应商清楚地知道企业需要产品或原材料的数量、质量和期限。其次，向供应商提供自己的经营计划、经营策略及措施，使供应商明白企业的发展方向。

企业与供应商相互理解以后，双方应该达成相互信任和共同认识。供应商向企业提出的保障供应的措施和困难，双方共同讨论可能性、问题和补救方案。企业与供应商首先应该达成低层共识，即以短期的合作关系为基础，以满足顾客目前要求为目标的共识。这一层次的合作是一般合作关系。

在低层共识得以顺利实施后，合作企业可以进一步达成高层的共识，即以长期的合作关系为基础，双方资源共享，共同开发相关配件或产品。这种合作就达到或接近于战略合作关系。

二、信息共享

信息共享是企业与供应企业合作关系的一个重要方面。供应关系的协调进行是建立在企业间高质量的信息传递与共享的基础之上的。如果过于注意企业商业秘密的保密性，就可能丧失合作带来的效益。企业必须在信息保密与信息共享两者间作出适度的平衡。

信息技术（IT）为企业间的信息共享提供了技术支持，它可以节省信息的传递时间，提高交换信息的准确性，减少信息处理工作的复杂性。

在企业之间传输数据主要有人工操作传输、计算机自动传输、网络技术传输三种方式。人工操作传输的效率比较低，但保密性好，适用于传输数据少的低级合作阶段。计算机自动传输的效率较高，特别是利用 EDI 技术，保密性也较好，适用于企业的高级合作阶段，但费用较高。在网络迅速发展的今天，利用网络特别是公用数据网络费用较低，灵活性大，可以适用于企业间信息合作的各个阶段，但缺点是保密性稍差。随着通信传输加密技术和措施的进一步完善，这一问题将会逐步得到解决。

三、共同实施物流战略

在信息共享的基础上，供给企业不仅可以得到核心企业（制造企业或需求企业）的订货数量，还可以进行需求预测，确定相应的库存量和库存策略。更进一步地，可以由核心企业为供给企业提供更多的信息、技术支持，甚至计划和组织。

供给企业与核心企业应相互支持，共同发展。核心企业在运行产品设计时允许供给企业派出工程师参与产品的整体设计及相应部件的设计和制造。这样，双方的联合设计使产品的配套关系更加合理。结果就不会像过去那样主要服从于核心企业，仅仅使核心企业的生产得到简化，而是根据在什么地方应该进行简化、更为合理地来进行整个系统的重新设计，供应企业和需求企业的生产服务过程被作为一个整体来考虑分析，节约的收益通过某种方式双方共享。核心企业甚至可以通过长期在供给企业派驻工程师以期帮助解决问题、优化工艺、监督质量。

四、横向联盟关系管理

产品类似的同业企业相互间既具有竞争的一面，也具有优势互补的一面。同业企业利用优势互补形成的横向联盟关系被称为战略联盟。这种联盟关系不同于上下游企业优势互补的联盟关系。上下游企业的互补性更多，形成联盟关系是很自然的。战略联盟是指某个企业为了实现自己的战略目标，而与其他竞争的同业企业结成联盟关系。详细内容可以参见企业战略联盟一章。

第二节　客户关系管理

企业与下游企业的关系主要是客户关系，这种客户关系与以前的销售体系有很大的不同。这种客户关系是网络型的关系，双方互动，消费者相互影响，而不仅仅是企业把产品销售给客户。在网络型的企业客户关系管理体系中体现着一种合作精神，不仅仅是你买我卖的合作，也包含有知识、信息以及利益的合作。

一、客户关系管理的基本要求和特征

首先，必须使客户感到满意，或者使客户感到供应商确实在努力满足其要求，这是客户关系的基本目标；其次，应该及时了解客户的需求，了解客户对产品和服务的要求，这是让客户满意的基础；最后，真正向客户提供了使之满意的产品或服务，这是客户关系管理的结果。

客户关系管理的基本特征是以客户为中心。一方面是充分尊重客户，了解客户的需求和要求，并尽力满足客户的要求；另一方面是发挥客户的作用，使

客户成为一种主动的、有创造性的影响因素。

二、把消费者纳入客户关系管理中

企业的客户关系管理应该使顾客与企业的关系形成一种网络关系。在一些大型企业，顾客可以通过互联网与企业联系，登记自己对产品的特殊要求，企业则采取个性化的生产方式以实现消费者的个性化要求，并准时提供产品或服务。而在一些大型商场实行的顾客会员制，也是顾客与企业的网络关系。商家根据顾客每年在商场中积累的分数或购买的商品数量，对会员顾客返还部分盈利。瑞典的 IKEA 公司则通过顾客自己搬运和组装家具，使产品的价格更加便宜，其意义不仅是降低成本，而是使顾客参加到生产过程中。例如对首次购买其产品的顾客，赠送一套安装工具；而顾客用自己的小型汽车搬运家具所需要的汽车顶架只收取成本。

企业的客户关系管理利用知识或文化把顾客形成相互联系和影响的网络群体。美国的微软公司利用信息技术使其产品成为一个系统，可以相互兼容，而对其系统之外的产品的兼容性差或不能兼容，使用其产品的顾客也就成为一个网络群体。而美国的一家摩托车厂则利用顾客对其品牌的爱好，每年组织一次顾客的联谊活动，使顾客群体成为有相互联系、互相影响的群体。

三、营销体系网络化

网络型的企业营销体系把产品的服务环节网络化。产品的服务在营销体系中占有重要地位，由于服务不能像有形产品那样一次支付，销售合同不能对服务有非常确定的约束，消费者在决定购买与服务有关的产品时，经常受到同事、亲戚、朋友、专家或媒体的影响，因而企业需要与社会各界的用户或间接用户或潜在用户保持一种良好的信任关系。这种关系就是一种网络关系。例如，企业会继续给老用户寄出新的相关产品的介绍。

网络型的企业营销体系使销售环节网络化。在市场经济中，销售环节既包括企业自己的销售机构，也包括外部的销售代理。这些销售环节一般都是以业绩评价，实行自我控制、自我管理。实际上就是网络型组织，即一般所说的销售网。

四、客户关系管理可以应用新的技术方法

网络型的企业营销体系广泛利用了各种电子化的技术手段。随着现代电子技术和信息技术的发展，互联网、电子数据交换（EDI）等已经在企业营销中日益发挥作用，并且将发挥更大的作用。

在客户关系管理中，可以应用各种自动化软件。如 SFA（Sale Force Automation）、销售队伍自动化软件、MA（Marketin Automation），市场营销管理软件；CSS（Customer Service & Support Applications），客户服务与支持功能软件等。

第三节　内部关系管理[①]

随着教育和富裕程度的提高，人们对于自己的权利和期望也相应提高。在发达国家的企业中，劳资间的矛盾已经从雇员关注其最基本的生存权利，如工作时间、工作强度、工作环境、安全保护，转向了关注更高层次的权利，如就业权利、事业权利、参与权利、分享收益的权利。从世界范围内观察，我们可以看到，在企业内部已经出现了一种趋势，一种从权威命令式管理转向民主式管理的趋势。

中国企业就总体而言，目前还没有出现这样的趋势，但其长期趋势也应该与发达国家企业内劳资关系发展趋势相一致。

一、自由雇佣原则的变化

自由雇佣是对劳资双方关系的一种假定。这种假定认为，雇主与雇员之间的关系是一种自愿的平等的契约关系，任何一方都可以在任何时候终止这种关系。一方面，雇员可以在任何时候自由地与公司终止劳动关系；另一方面，雇主们也可以在不违反合同和有关法律的情况下，可以以任何理由或没有任何理由就解雇工人。

从表面上看，这种自由雇佣关系对于双方是平等的。但实际上，由于双方的经济地位不同，自由雇佣关系对劳动者的伤害较大。劳动者由于必须得到经常性收入以期维持生活的吃穿用，即劳动者对短期收入的依赖性较大，因而限制了其在就业谈判中的时间拖延，而且个别劳动者对资本一方的收入几乎毫无影响，因而在劳资关系中资本一方往往具有更大的优势。

从公正角度看，社会已经认同雇主随意解雇工人的权利应该受到限制。特别是三种类型的问题已经构成了对自由雇佣原则的挑战。这就是公共利益例外、合同行为以及善意行事。

公共利益例外是指公司管理层不能解雇拒绝违法的雇员，雇员揭发内部的

---

① 参阅万建华等：《利益相关者管理》，第 211~231 页，海天出版社，1998。

腐败行为不能因此被解雇,雇员由于履行了公共义务而影响了工作也不能被解雇。

合同行为是指如果雇员与公司订有不随意解雇工人的合同,或在公司手册或口头上对工作的稳定性作出了承诺,那么公司不能违反这样的合同。

而善意行事是指雇主不利用解雇职工达到报复的目的;在某一员工的工作不能满足公司的要求时,事先给予提醒,并努力帮助其提高业绩;在确实需要解雇员工时,有公正和合理的理由。

从雇员方面说,雇员也应该遵守合同雇佣,但一般而言,高级雇员或专业雇员的流动性比较强。有人戏称"IBM"就是"我在流动(I've been moved),意指在像 IBM 这样的大型高科技公司中,高级管理人员和高级技术人员的流动性较大。

自由雇佣原则的变化主要是对雇主的故意恶意行为作出限制。这是因为雇主如果利用雇佣权力实施对雇员的伤害,并不能给企业带来利益改善;而雇员的流动却往往是由于个人或家庭的切实需要所致。

如果企业确实是由于减少生产或调整生产结构而不得不解雇员工的情况,则不属于故意伤害,是一种正常的企业行为。

二、尊重雇员权利

尽管美国人是享有自由民主权利最多的公民,但即使是在美国的公司中,雇员的权利也并不是充分的。一位叫戴维·爱温的美国教授指出:"一旦一个美国公民于早上 9 点踏进工厂或办公室的门,他或她在下午 5 点以前就毫无权利可言,从周一到周五,循环往复。雇员当然有政治自由,现在这些并不重要。在工作时,重要的是与老板、同事和下属的关系。雇员真正在意的是这些人之间的不平等。"

雇员的权利现在正逐步得到重视和尊重。雇员的权利包括工作权和不被无正常理由解雇的权利;公平对待的权利;雇员的言论自由权和个人隐私权。

下面介绍一些尊重雇员权利的常用方法。

(1)"开门政策"。这种方法的目的是由第三者而不是当事人来处理员工在工作中的矛盾,通常有一位经理来宣称他的办公室"永远为那些自认为没有得到公正对待的人敞开"。有些公司则运用劳资协调委员会来处理问题。

(2)意见调查员。在美国,公司内部的意见调查员于 1972 年首次实施,当时施乐公司为其最大的分部任命了一位意见调查员,通用电气和波音公司立即如法炮制。意见调查员以雇员关系经理的身份出现并有权处理各种纠纷,他可以直接向总裁报告,只对公司总裁负责而不对分部经理或其他经理负责。而公司总裁是唯一可以改变调查员意见的人。这样就在制度上保证了绝大多数的纠纷和雇员权利可以得到公正处理和对待。

（3）同事复审小组。同事小组是另一种具有创新性的尊重雇员权利的制度，目前在美国的许多大公司中推行。美国控制数据公司（CDC）是这一办法的开创者。以前，控制数据公司员工感觉受到不公正待遇，可以逐级向上申诉。但由于程序烦琐和官官相护（经理人员的同质性），使得裁决有利于底层员工的情况十分罕见。于是提出了同事复审程序这样一种办法。如果员工遇到自己认为不合理的问题，可以向上级申诉，但在仍不满意的情况下，他有权提出成立一个同事复审小组，小组由三名成员组成，两名是雇员的同级同事，随机选出，一名是来自另外一个不同部门的经理，这个同事复审小组有权提出处理意见。

无论采取什么办法，不仅是要尊重雇员权利，更核心的问题是协调雇员与公司的关系，使雇员与公司同心同德。

雇员的言论自由权是一个更为复杂的问题。如果员工认为企业的行为不符合社会利益，他有没有权利发表意见呢？公司的专业人士可能对公司行为提出更多意见，而不是沉默不语，一味地对雇主"忠诚"。受到过高等教育的员工，对社会的责任感往往要高于对公司的责任感。化学工程师可能会在报纸上披露公司造成的污染，从而对公司的经营产生不利的影响。管理特别是关系管理应该认真关注这一问题。

雇员的个人隐私是更深层的问题。企业收集职工个人信息是一个被关注的焦点，因为个人的隐私权包括个人信息的披露与否。雇员在企业中工作有无个人隐私权呢？企业有没有权利监督雇员的所有行为，如在墙壁上安装电子侦听、鱼眼镜头呢？在涉及职工个人隐私方面，企业应该注意与员工交流，征得雇员的同意或认知，不能单方面采取秘密行动。企业应该让员工了解企业收集了哪些个人信息，以及个人能够查看这些个人的信息并修改其中的错误。

三、工资、福利、安全、激励

企业员工的工资、福利、安全与员工激励也是内部关系管理的重要方面。安全与健康是企业必须关注的问题。关心员工的安全与健康不仅是为了员工利益，也是为了企业的利益。1984年，联合碳化物公司在印度的工厂发生泄漏，2000人死亡，上万人受到伤害。索赔金额超过了公司的资产净值，联合碳化物公司至今还由于大量的赔偿而不能摆脱灾难对企业的影响。这方面的内容可以参考人力资源管理的有关章节。

第四节　消费者关系管理①

　　企业的生产经营经过了四个阶段：第一个是制造阶段，特点是生产相对于需求滞后，市场为卖方市场，企业只要能生产出来，产品就能销售得出去，大量生产是企业的盈利来源；第二个是销售阶段，特点是企业拥有一个一流的销售公司来销售其产品，大量的推销员就是这个阶段的产物；第三个是营销导向阶段，特点是企业根据销售情况来确定生产计划；第四个阶段是消费者导向阶段，企业是研究消费者的需要，并根据消费者的需要来进行生产。

　　目前多数企业正处于第四个阶段，企业与消费者的关系非常重要，几乎所有的管理专家都在宣称目前是一个消费者导向的时代。然而，企业与消费者的关系却并不和谐，不时可以听到消费者对产品或生产企业的抱怨。在"保护消费者利益"的旗帜下，消费者的行动似乎是对企业营销的不满。那么，企业与消费者的关系应该怎样调整呢？

一、消费者运动

　　消费者运动起始于20世纪60年代。1965年，纳德出版了一部名为《在任何速度上都不安全》的书，揭示了汽车公司特别是通用汽车公司的汽车安全问题，他认为这些企业把利润置于首位，过于追求汽车的款式和新颖，而不是把顾客的安全和生命放在第一位，从而导致了一系列的安全问题。而通用汽车公司为了搞清楚纳德的目的，专门雇用了十几名侦探去跟踪他，企图使这位消费者利益的斗士名誉扫地，最后却因为侵犯了隐私权而向纳德赔偿了48万美元。由于纳德的公开批评，从而导致了汽车安全带、防碎钢化挡风玻璃、更牢固的车门等安全措施的出现。纳德的行动带动了一批人参与，他们的行动直接导致了一系列保护消费者利益法律的产生，如1967年美国的《卫生肉类法》、1968年美国的《促进健康和安全的辐射控制法》、1972年美国的《净水法》。

　　目前消费者关心的问题有：产品的安全性、产品的价格、产品的质量、产品的可靠性、产品没有兑现广告中的宣传承诺、产品的服务质量差等。

　　尽管企业已经创造并产生了许多产品，为消费者提供了大量的服务，但企业在生产和服务中存在的问题依然不少。企业与消费者之间是服务与问题并存，问题永远也不会完全消失。因而，消费者对企业的不满也不会消失，

---

　　① 参阅万建华等：《利益相关者管理》，第126~154页，海天出版社，1998。

消费者保护自身的运动将会永远存在。同时企业的竞争也正是使消费者满意的竞争。

二、产品信息问题

产品信息是企业传递给消费者的信息，包括广告、包装、有关产品使用的说明书等。企业有责任对其产品和服务提供公正和准确的信息。随着企业生产产品的种类、品种不断增加和日益复杂，消费者确实需要了解清晰、准确及充分的信息。但是，有些企业在提供产品信息时，违背了有关道德约束和诚信原则，例如夸大其词的广告甚至是虚假性的广告。

广告是企业向消费者提供信息的主要途径。广告有两个基本作用，一个是提供信息，另一个是规劝。广告的两个作用是相互关联的，当企业在规劝消费者时如果过于心切，则很可能故意向消费者提供虚假信息。下面介绍一下产品信息不真实的几种情况。

（1）模棱两可的信息。模棱两可的信息是指广告用语不准确，信息表述不清，可以有多种理解。在广告中使用含糊性词句，使观众或听众产生多种联想，是其中的一种形式。例如"有助于永葆健康"这样的用语。究竟产品效果怎样，没有准确的界定，主要利用了人们对永葆健康的向往。应该注意，模棱两可的广告与受版面限制不能传达大量信息是有区别的，后者往往加上一句"详情请查阅……"广告或信息搞得模棱两可，当然没有对消费者提供有用的信息，只会产生误导作用。

（2）隐瞒事实的信息。隐瞒事实的信息就是故意不把消费者应该知道的事实告诉消费者，从而误导消费者作出选择。例如一家保险公司在推销其险种时，主要介绍其收益条款，而对其无法实现的情况和限制性条款避而不谈。

（3）夸张性信息。夸大产品的功能，作出的承诺过于宽泛，就是向消费者提供了夸张性信息。夸张性信息虽然能够达到使消费者购买其产品的目的，但由于消费者最终能够识别出这种夸张性信息，势必在最后失去消费者的信任。

（4）诱导性信息。这种信息是在规劝消费者购买其产品时，不是依赖消费者的理性分析，而是感情的诱导，如在广告宣传中利用女性形象。1971年，美国全国航空公司在广告中用了这样的广告用语"我是雪丽尔，与我飞翔"和漂亮青年女性的形象，广告宣传后，乘客运量上升23%。目前，这类诱导性信息或广告愈来愈普遍了，但是诱导性信息或广告并没有为消费者提供真实的和有价值的信息。

三、产品问题

与消费者相关的产品问题主要有两个：一个是产品质量问题，一个是产品安全问题。如果说产品信息一直是企业与消费者关系的关键性问题，那么最近产品的质量和安全问题逐步开始变得更加重要了。

对于消费者而言，产品质量涉及多方面的内容，包括功能、特色、可靠性、规范性、耐用性、服务性、外观、感知等。功能是指产品的基本功能；特色是指与类似产品的不同之处，如方便；可靠性是指出现产品损坏的可能性；规范性是产品或服务达到的国家或行业标准的程度；耐用性是产品的寿命；服务性是产品得到维修的快捷和便利的程度；外观是指产品外形的美观程度；感知是消费者通过产品信息和产品有形、无形的特征对产品质量的主观推断。消费者在购买产品时，希望能够"物有所值"。企业不断提高产品质量，是对消费者负责的表现。

今天，公众对产品的安全性也同样十分关注。如食品中有没有残余农药、儿童玩具是否会造成伤害、家用电器有无漏电的可能性等。对于企业而言，产品的安全性是一项具有重大责任的事情。第一，产品在设计中应该考虑安全性问题，避免设计缺陷；第二，产品在生产过程中应该符合设计要求；第三，企业应该向消费者提供可以避免危险的说明书；第四，企业应该预见到可能出现的消费者对产品的不当使用或不当处置，并对不当使用和不当处置提出警告。例如电池上往往提示，如果放在火中可能引起爆炸。

企业应该设置专门的产品安全性办公室，专门负责产品安全的检查。

四、消费者意见的处理

企业对消费者的意见可以有许多方式来处理。例如任命消费者事务官，或者成立一个消费者事务特别工作小组，但更好的方式是设置消费者事务办公室或事务部。

消费者事务办公室的基本任务是加强企业管理机构对消费者要求的反应。其作用是，一方面代表消费者对企业提出意见，是消费者的代言人，例如北京开关厂在企业中设置了用户代表，实行用户代表一票否决制；另一方面，又能代表企业向消费者说明企业在生产产品过程中是怎样为消费者考虑的。这两种角色有一定的矛盾和潜在的冲突，但只要管理层能够相互理解支持工作，特别是企业最高领导支持消费者事务机构的工作，就完全可以做好两种角色的相互融合。

消费者事务办公室应该建立产品反馈意见档案或数据库，有计划地对所有产品定期审查，尽量把问题解决在消费者提出意见以前。

第五节　社会环境关系管理

企业是一个利润导向的营利性经济组织，企业在追求其利益时，可能会对社会和环境造成影响，这种影响既可能是正面的，也可能是负面的。随着社会的发展，人们对企业的外部影响给予了更多的关注。

一、商业批评

目前社会对企业的商业批评日益增加，例如，微软公司一直被政府和公众认为有垄断嫌疑；烟草公司被烟民起诉，等等。产生这种现象的原因是多方面的。第一，全民的教育程度提高，生活更加富裕，人们对企业的外部影响就更为关切；第二，电视作为公众媒介直接推动了商业批评，电视新闻经常对企业行为进行跟踪报道；第三，公众的权利意识加强，特殊利益团体形成了相应的权利组织，这些组织的行动或多或少与企业有关；第四，随着社会的发展，个人的权利意识与权利期望增加，个人期望没有满足时，就会对社会和企业提出批评。

社会对企业的商业批评往往集中在环境保护、商业道德、社会责任等方面。

二、企业的社会责任

古典经济学派认为，企业在达到自己盈利目的的同时，自然也就为社会作出了贡献。社会有一只无形的手，把企业自利性转化为社会利益，因此，企业没有也不必要承担其他社会责任。但由于企业并不能把所有成本内部化，企业的外部影响确实存在，企业社会责任问题逐步得到了社会包括企业界人士的认同。

企业的社会责任主要是指对社会一般成员的责任。这种责任不同于对所有者的责任，不同于对消费者的责任，不同于对相关企业的责任，也不同于对企业内部员工的责任。它是一种对非消费者的社会成员、对非相关企业的一般社会责任。例如，用可回收材料生产产品、不生产不利于社会的产品、增加劳动就业、支持西部开发、参加慈善救助，等等。

三、企业与政府的关系管理

第二次世界大战以后，凯恩斯主义占据主导地位，主张政府干预经济。由此，政府在社会经济生活方面的作用日益明显，干预程度越来越深。企业要生存和发展，应该和政府建立一种有效的工作关系。

建立一种有效的工作关系的关键在于正确处理两者的政策取向的冲突。一般来说，政府偏向于社会整体利益而企业偏向于个体利益。由于两者政策取向的差异，共同目标的确认是有相当难度的。

政府对企业影响可以分为规制性影响和非规制性影响。规制是指政府根据规则或法律法规对企业运行调控，而非规制的影响是指政府对企业的灵活调控措施，如产业政策、减免税收、政府贷款、政府担保、政策性补贴、政府采购，包括政府对企业的直接劝说和直接干预。对于不同企业，政府的影响是不同的，但从企业角度来看，非规制的影响要比规制的影响更大，因为规制影响具有一致性和硬性，而非规制政府影响则不同，由于其灵活性和弹性，是企业可能争取或回避的，从而对企业有较大影响。

一般来说，大型企业在争取和利用政府的非规制影响方面有更大的回旋余地，但小型企业在利用政府的产业政策方面也有潜力。有些企业专门设立政策利用部，专门研究怎样利用政府的非规制影响力。

四、企业与环境关系管理

目前社会各界人士对自然环境的现状和未来趋势十分关心，学校和教育部门也十分关心环境问题，培养学生的环保意识。一部分污染比较严重的企业在抱怨用于治理污染的成本太高，而一些善于抓住机会的企业则把这些当做新的商业机会，利用人们对环境的关心树立企业在公众中的良好形象。

从发展的眼光看，今后企业必须要注重环境保护问题。不注重环保的企业不可能得到公众的认可，政府也不会允许污染环境的企业长期存在。如果一个企业不是要一时盈利，而是要长期发展，就不能不注重环境保护问题。

在企业中建立战略性的环境管理，是正确处理企业与环境关系的一种方法。这种方法强调在企业中建立共同的环境价值观，通过经常的环境教育，达到全体员工一致的保护环境意识；在企业治理结构中考虑在董事会设立专职或兼职的环境董事、设立环境工作委员会；在日常管理中设置专职或兼职的环境总裁或环境经理。

五、企业的商业道德

在企业的商业道德研究中，有两个层次的道德规范，一个层次是描述性的商业道德规范，另一个层次是规范性的商业道德规范。前者是对现实商业道德的描述；后者是更高层次的商业道德规范。例如，大家都知道在经商中使用回扣、红包是一种不好的商业行为，但很多人都在这样做。从描述性的商业道德规范看，这是一种大家都接受的现实，因而是道德规范可以接受的行为。而从规范性的商业道德规范来看，则是一种不能接受的行为。

从道德角度看，有三种类型的管理：一种是遵循规范商业道德的管理；一种是遵循描述性商业道德的管理；一种是不遵循商业道德的管理。第一种是高级道德境界的管理；第二种是中等道德境界的管理；第三种是低级道德境界的管理。

企业管理的道德层次与企业经理的个人素质和企业的组织文化有关。在经理的日常工作中，几乎每天都会遇到道德的两难窘境，对经理个人进行道德教育是十分重要的。而企业组织的文化氛围会对个人的行为产生影响，所以加强对企业全体员工的商业文化道德的教育也是十分重要的。

第六节　所有者利益关系管理[①]

在企业公司化特别是股份化以后，股东权利高度分散化，以至于出现了企业忽视所有者利益的现象。股东们不断指责管理层和董事会，抱怨股东利益不能保证，股东的重要性得不到重视，经理不是按照股东利益作出决策，而是按照自己的利益作出决策。这里不讨论问题的实质，而是说企业与股东的关系已经成为了一种新的利益关系，而股东们具有的法定的、传统的、至高无上的权力被收缩为个别大股东的权力，甚至收缩为经理的权力。在这种情况下，企业与股东的关系，特别是与众多小股东的关系就成为了关系管理的内容。

一、企业的控制权问题

随着企业规模的扩大，管理者的作用日益突出，其影响力也是水涨船高。不论是中国或是西方，人们普遍认为经理权力过大，有滥用权力的嫌疑。这个问题的产生与公司的治理结构有密切关系，核心问题是董事会的作用过于弱化。在企业控制结构的设计中，董事会的作用是任命、监督经理。但在实践中，董事会不能发挥应有的作用。目前人们对董事会的批评意见有这样几个方面：一是董事会被企业最高经理控制；二是董事会为自身利益所制约；三是董事会不能代表全体股东的利益。

从表面上看，全体股东的利益应该是一致的，因为他们具有同质性。但在

———————————————————

① 参阅万建华等：《利益相关者管理》，第233~253页，海天出版社，1998。

实际上大股东可能利用各种办法侵害小股东的利益，例如通过关联交易把公司的收益转移出去。

在董事会弱化的情况下，就会出现所谓的内部人控制问题。内部人可能为了自身利益，而不惜牺牲股东的利益。

公司的董事会由董事组成，董事分为内部董事和外部董事。内部董事的优点是，熟悉企业内部事务，决策与运作合一，提高了执行效率，而缺点是可能形成内部人控制，不能独立地评价业绩，缺乏独立性。外部董事的优点是，可以沟通股东与经理的关系，具有一定的独立性，可以加强对公司重大决策的审查，而缺点是在董事会的工作时间少，对公司事务不熟悉，独立性可能并不真实。

二、利用专业委员会和外部咨询机构改善企业的治理结构

改善企业治理结构主要是改变董事会的组成与作用，确保董事会能够代表全体股东的利益。在董事会的组成方面，应该更多地利用外部董事，使内部董事和外部董事的优点相互组合，尽量避免董事长与总经理兼职。董事会设立专业委员会是董事会发挥更多积极作用的新办法，其中审计、提名、报酬等专业委员会的作用特别突出。

审计委员会负责评估内部管理机制的充分性和财务报表的完整合理性。其作用是，确认财务报表没有差错和误导；监督内部管理的完善性；及时对管理者的不当行为提出指控并采取行动；任命外部审计员。

提名委员会应当主要由外部董事组成，其责任首先是确保董事会成员的能力和道德，从而组成强有力的董事会，其次是提出高级经理人员的候选人名单。

报酬委员会也应当主要由外部董事组成。它负责对经营者的业绩进行评估，提出任期内的工作目标，确定高级经理人员的报酬。

利用外部咨询机构改善企业治理结构，应该特别注意由董事会出面联系，使之对董事会负责，而不是经理人员出面联系。

三、发挥股东作用

发挥股东作用需要从两个方面着手：一方面是股东要积极主动发挥作用，维护自身权利；另一方面是企业应该主动采取措施保障股东的权利。

股东的主动性表现为三个方面：一是股东团体的兴起；二是股东积极参加股东年会，积极提出意见和建议；三是股东提出诉讼。这三个方面是相互重合的。股东团体如基金会形式的机构投资者，集中了众多个人的资金，占有较大

的股份。在美国还成立了联合股东协会，是一个代表众多小股东利益的非营利性组织。这些股东团体积极参加股东大会，提出意见和建议，对管理层提出质询，直至提出诉讼。股东提出诉讼对管理者极有震撼力，因为公司不愿意在法庭上与自己的股东对峙，那样会造成极恶劣的影响，所以往往在走向法庭前作出让步。

企业应该认识到自己与股东的关系，采取更积极的态度。对股东的信息披露应该经常化和制度化，向股东们披露的信息应该包括企业的性质、政策、股权结构、财务状况、近期重大问题和发展机遇。

本章案例

企业与股东的关系管理——董事会贺卡

美国太阳公司视股东为伙伴，努力了解股东对公司的看法。该公司重视与股东的沟通，力求使最小的股东也能了解其意图。每个新股东都能收到一张来自公司董事会的贺卡，每份分红都附一个公司公共关系部的通信联系簿，每年公共关系部不分股东大小，随机挑选出 100 名左右的股东，分若干批邀请他们与公司高级主管共进晚餐。股东可以从免费热线电话上随时了解公司的情况。股东有什么疑问，可以随时与公共关系部联系。美国太阳公司以一种建设性的态度去主动加强与股东的联系，关心股东的利益。

资料来源：参阅万建华等：《利益相关者管理》，海天出版社，1998。

本章要点

1. 关系管理是协作关系的管理，包括协调处理企业与企业的关系、企业与人的关系、企业内部的关系、企业外部的关系、企业与社会的关系、企业与环境的关系。

2. 关系管理的产生是社会发展和企业竞争的结果。随着社会经济的发展，企业特别是生产制造业的企业不是仅仅进行生产就能够满足社会的要求，企业必须注重和协调与各个方面的关系才能生存和发展。

3. 关系管理的特征是非权威的管理。在传统的管理理论中，管理是看得见的手，是权威代替平等。而在关系管理中，却是平等而没有权威。

4. 关系管理的基础是真诚和信任。依靠各种"点子"只能一时得意，长期合作关系才能为企业带来稳定的收益。

5. 关系管理不同于营销管理、采购管理、物流管理、信息管理等专业技术管理,关系管理侧重于不同利益主体的关系协调和分工合作。

6. 在关系管理中可以利用现代技术方法,特别是利用网络技术、信息技术和计算机自动处理技术。

研究思考题目

中国企业目前对相关利益者管理的重视程度及其问题、原因、对策。

推荐阅读材料

万建华等:《利益相关者管理》,海天出版社,1998。
宋华等:《现代物流与供应链管理》,经济管理出版社,2000。
马士华等:《供应链管理》,机械工业出版社,2000。

第二十六章　电子商务

　　电子商务和计算机技术的飞速发展是密不可分的。它运用了现代信息技术和网络技术，依托开放式的互联网进行营销宣传、业务洽谈以及支付结算等商务活动，是一种新型的网上在线贸易方式。它是金融电子化、管理信息化、商贸信息网络化、办公无纸化的综合统一体。作为一项社会系统工程，它的发展涉及银行、保险、税务、法律、交通、海关等各部门及政府管理职能的方方面面。它将给传统的制造业、商业和金融业等领域带来一场革命。

第一节　电子商务概述

　　电子商务是电子技术与商务活动形成的组合。学者、商家从不同的角度出发，一般可以给出如下几种不同的称呼：E–Commerce，I–Commerce（Internet Commerce），E–Trade 或 I–Trade，E–Business 等。当然，目前叫得最多的是：EC 或 EB。

一、什么是电子商务

　　定义一：1997 年 11 月 6~7 日巴黎世界电子商务会议给出的颇具权威的定义：

　　（电子商务）指对整个贸易活动实现电子化。从外延方面：交易各方以电子方式进行商业交易；不是当面交换，也不是直接面谈。从技术方面：一种多技术的集合体，包括交换数据（EDI，E-mail）、获得数据（共享数据库，BBS）以及自动捕获数据（条形码）等。

　　其商务包括：信息交换；售前售后服务；销售；电子支付；运输、产品发送；组建虚拟企业；公司和贸易伙伴可以拥有和运营共享的商业方法。

　　定义二：美国政府在其"全球电子商务纲要"中给出的定义：

　　通过 Internet 进行的各项商务活动，包括广告、交易、支付、服务等活动。全球电子商务将涉及世界各国。

定义三：1999 年 12 月 14 日，世界上第一个 Internet 商务标准中首先定义了电子商务和 Internet 商务概念：

电子商务是指利用任何信息和通信技术进行任何形式的商务或管理运作或进行信息交换。Internet 商务是指利用 Internet，包括 WWW 万维网进行任何电子商务运作。

另外，欧洲议会在"电子商务欧洲会议"中，GIIC 全球信息基础设施委员会电子商务工作委员会报告草案中，以及联合国经济合作和发展组织在有关电子商务的报告中都分别给出了各自的定义。

定义四：IBM 公司也给出了如下的定义：E-business = IT + Web + Business，对该公式叙述如下：

（1）电子商务指采用数字化电子方式进行商务数据交换和开展商务业务的活动；

（2）它是 Internet 与传统信息技术相结合而产生的一种在 Internet 上开展的相互关联的商务活动；

（3）网络计算是电子商务的基础；

（4）Internet、Intranet 和 Extranet 是电子商务的三种基本模式。

HP 公司和 SUN 公司等也都给出了相应的定义。

综上所述，从宏观的角度看，电子商务是计算机网络的又一次革命，旨在通过电子手段建立一种新的经济秩序，它不仅涉及电子技术本身，而且涉及诸如金融、税务、教育等社会其他层面。从微观的角度看，电子商务是指各种具有商业活动能力的实体（生产企业、商贸企业、金融机构、政府机构、个人消费者等）利用网络和先进的数字化传媒技术进行的各项商业贸易活动。

从广义角度来看，电子商务是指以电子装置为媒介进行的各种商务活动，包括利用电脑、电话、传真等各种电子媒介所从事的商务活动。从狭义角度来看，电子商务是指以电脑网络为依托进行的各种商务活动。即指利用现有的计算机硬件设备、软件和网络基础设施，通过一定的协议连接起来的电子网络环境进行各种各样商务活动的方式。包括网上商品或服务的提供者、消费者、广告商、中间商等有关各方的行为总和。其基本特征是以电脑网络为商务媒介，发出或接受购货订单，以信用卡支付商品或服务的价款。或者说：电子商务是利用计算机硬件和软件，把买家、卖家和合作伙伴通过 Internet、Intranet 和 Extranet 连接在一起的商务应用。

二、电子商务的应用层次（3C）

（1）内容管理（Content management）。如何更好地利用信息来增加产品的品牌价值。

（2）协同及信息化（Collaboration and Messaging）。指自动处理商业流程，以减少成本和缩短开发周期，或者说如何使人们更加便捷、有效地在一起共事和合作。如：邮件与信息的写作、发布与共享，人事和内部工作管理以及销售自动化。

（3）商务交易（Commerce）。即从新的市场和电子销售渠道增加收入，获取利润，在网络领域求得生存。

三、实现电子商务的环境条件

电子商务活动的过程涉及信息流、物流和资金流三种交换活动。完成这三项活动的过程涉及三类基础设施：

（1）信息基础设施（Information Infrastructure）的建设，包括企业、社区的内部网和通信设施建设。

（2）货物送递基础设施（Distribution/Delivery Infrastructure）的建设，以保证企业的商品安全地递送到消费者手中。

（3）电子资金结算基础设施（Transaction Infrastructure）的建设，也就是电子支付系统的建设。

以上涉及的一个是信息技术，主要用来解决信息流和资金流问题；另一个是社会基础设施的建设，主要用来解决商品流和物资流问题。

四、网络经济下的商务活动与传统工业经济的比较

电子商务是对产业结构、企业经营与管理结构的变革。网络经济有着不同于传统工业经济的规律与模式，因而，电子商务也不可能是传统商务活动在网络上的翻版。

在思科公司 1999 年的美国销售年会上，其总裁钱伯斯在讲演中做了网络经济下的商务活动与传统工业经济的比较，如表 26-1 所示。

表 26-1　在传统经济和网络经济中的商务活动的比较

传 统 经 济	网 络 经 济
稳定而明确的经营权	完全自由
规模经济	一对一的关系
停滞；依赖于地域和资金	运动
市场定位	价值转移
长期规划	实时（灵活地）运行
保护产品、市场和渠道	组合产品、市场和渠道

传 统 经 济	网 络 经 济
预测未来	改变或适应未来
鼓励重复	鼓励试验
详尽的行动计划	选择性经营
结构化的正式联盟	网络化的非正式联盟
拒绝失败	允许失败
报酬和产出间联系弱	风险和报酬有直接的联系

资料来源：节选自思科公司 1999 年美国销售年会钱伯斯总裁的讲演。

网络经济的资源组合模式、市场运行模式及消费寻求模式与传统工业经济不同，从电子商务的应用看，如网上采购、网上销售，目的是实现购销活动的"零距离"、"零库存"，当时间、空间不再成为商务活动的障碍时，相应地要求建立新兴行业，同时基于企业传统的金字塔的组织机构和对应的业务流程，不能实现网络营销"更高、更快、更好"的标准，因此必须进行业务流程的重组。网络经济成功的现实完全不同于至今仍指导我们的理论假设。不管其外表如何，迎接网络时代的降临并不简单，商务活动的基本原则已经完全改变了（如上表），这一点已为人们所认识。根植于传统经济的公司都有难以转型到电子商务的经验。电子商务的前景常常使这些公司困惑，这些公司由于没有明确的价值表述而难以在网络经济中得到回报，根本原因在于这类表述在网络空间中并不存在。他们的规模经济偏重于注意大规模的市场，相反，网络经济则偏爱一对一的关系。企业的等级制度和内部激励机制也限制了人们追求新的、创造性方式的动力。

五、电子商务的发展现状

电子商务是一个充满机遇和挑战的新领域，电子商务是一个发展潜力巨大的市场，近几年来，互联网和电子商务的增长速度十分迅速：1996 年全球联入互联网的人数还不到 4000 万。到 1998 年，Internet 网共接入国家 175 个，接入网络 24 万个，接入计算机超过 1000 万台，网上用户超过 1 亿户，网上 Web 站点计有 20 万个，Internet 网上的联网大型图书馆有 600 个，联网的学术机构文献库计有 400 个以上，在美国经营 ISP 的企业约有 4000 家之多，网上的超级计算机中心有几十个，各种信息源超过 100 万个。1998 年，通过 Internet 实现的商业额达到 418 亿美元，比 1997 年的 26 亿美元增长了 16.08 倍。互联网上的交易量平均每 100 天翻一番。

1998 年 12 月 31 日，中国互联网信息中心（CNNIC）公布：中国的网民总数为 210 万。而 1999 年年底，这个数字变成了 690 万，到 2000 年上半年，数字又变成了 1600 多万，增长速度是惊人的。据 IDC 预测，2000 年中国大陆网上交易额将达 4000 万美元，到 2003 年将达 38 亿美元。

六、电子商务的发展是一项社会系统工程

电子商务的发展是一项社会系统工程。这项系统工程至少应该包括以下方面：

（1）信息高速公路的建设。网络是电子商务的传媒和载体，没有高速通信网络做支持，就很难搞网络营销。现代电子商务主要以三种网络为基础：①Internet，它为全球的企业和客户之间提供沟通的渠道，它不仅能让全球的消费者了解到企业的产品和服务，还可以促进发展企业和客户之间的关系。通过 Internet 可以实现网上查询、采购、广告、产品介绍、订购、电子支付等交易活动。②Intranet（企业内部网），它可以让企业内部各职能部门和员工共享重要的信息，增加其相互间的合作，提高企业内部的工作效率。③Extranet（企业外部网），它覆盖企业和其相关的协作厂商，可使协作厂商通过网络相互沟通，促进企业间的相互合作。

（2）金融支付手段的完善。电子商务的优势在于能够实现零距离收付、零距离购销。但如果没有安全有效的金融服务尤其是电子支付手段是做不到"零距离"的。

（3）标准和法律环境建设。电子商务进行的是无纸贸易，这涉及数字签名、电子发票、电子合同的法律地位和效力问题。此外，还关系到信息安全问题、隐私权保护问题、交易程式规范数据交换标准问题以及税收问题。缺乏标准的电子商务是不能产生的。

（4）企业内部管理信息系统的建设。企业要实现电子商务，就是要实现企业信息资源的统一管理和共享，将自己与有购销关系的贸易伙伴联系在一起，建立快速回应系统、"零库存"的供应链体系等是电子商务应用的基础。

（5）实物商品配送服务体系的建立。若没有专业化的、社会化的商品配送服务体系，电子商务特别是网上购物只能是一种网上购物目录服务。

中国发展电子商务应该推崇大电子商务观，即电子商务是一项社会化的系统工程，它涉及电子商务应用的外部环境和电子商务应用者的内部条件等多方面。

第二节 电子商务的交易模式、过程与战略

一、电子商务的交易模式

电子商务的交易模式可以归纳出七种：即 B2B、B2C、C2C、C2B、G2B、B2G 以及企业内部电子商务。

（1）B2B（Business to Business），主要指企业间电子商务。公司使用网络向供货商（另一企业，包括外国企业）订货、接受电子发票、进行电子转账付款。这些很早就已开始，且有一些成熟的经验特别是使用专用网或增值网运行的电子数据交换。

（2）B2C（Business to Consumer），基本应用是电子零售。随着万维网迅速发展，目前在 Internet 上有各种类型的商业中心，提供从鲜花、书籍到计算机、汽车等各种消费品的服务。

（3）C2C（Consumer to Consumer），实际应用是网上拍卖，就好像是将现实中的"跳蚤市场"搬到了网上，它建立了一个消费者之间交易的平台，让消费者就转让的商品进行一对一的砍价，买卖公平并建立在完全自愿的基础上。

（4）G2B（Government to Business），基本应用是政府税收的电子化。政府通过网络对企业核实营业额和利润，通知税额和纳税期限，用电子转账方式收缴税款。这样，纳税人申报将不必再受空间和时间的限制，税务人员也可以轻松地解决数据处理审核问题。既减轻了税务人员的工作量，又方便了纳税人，减少了税务人员与纳税人之间一些不必要的交涉。

（5）B2G（Business to Government），其应用是政府采购电子化。政府可以通过互联网发布采购清单，企业可以以电子化方式来投标报价。政府和企业站在完全平等的立场上，利用互联网来完成双方的交易。这种交易方式的好处是：一方面可以提高采购效率，降低政府采购成本；另一方面可以便于建立监督机制，尽量避免腐败行为的发生。

（6）还有一种称为 C2B（Consumer to Business）的模式，实质上是一种集体议价方式。这是一种由美国流行起来的正宗"舶来品"，就是将零散的消费者及其购买需求聚合起来，形成类似集团采购的庞大订单，从而争取最优惠的折扣。目前已有不少网站都开辟了这一新模式，雅宝（yabuy）、酷必得自不必多说，就连主要经营 B2C 模式的 8848 也开通了"集体议价"的交易平台。据称，雅宝正式开通 C2B 后，首期推出的热门商品包括 TCL 公司提供的 600 台 TCL 精彩 610A 电脑、联想科技提供的 500 部摩托罗拉宝典 800 及掌上电脑、

中国青年旅行社提供的千禧年黄金旅游路线名额、《没完没了》的电影票等，所有产品的最低议价与零售价格相比平均差价幅度达 30%，个别物品差价高达 50% 以上。

C2B 完全改变了传统商业中固定价格出售和一对一讨价还价的定价模式，使得买方定价成为现实，单个消费者通过聚合成为强大采购集团的一分子，充分享受到以大批发商的价格买单件商品的实际利益。

（7）企业内部电子商务：即企业内部交易方式。如：Cisco 公司尽可能地在网上做每一件事情。员工在网上作出所有出差安排，在网上提交开支报表，大大小小的采购和雇用决定也在网上进行，使得像思科公司的高级经理人员能对员工保持严密的控制，而又不压制员工的创业精神。在这一模式中，企业通过防火墙等安全措施将企业内联网与互联网隔离，从而将企业内联网作为一种安全、有效的商务工具，用来自动处理商务操作及工作流程，实现企业内部数据库信息的共享，并为企业内部通信和联系提供快捷的通道。企业内部电子商务解决了各部门之间各方面的事务交流。尤其是在全球化趋势日益明显的今天，建立企业自己的内部电子商务平台更有着重要的意义。

其实，还可以归纳出一种模式，即消费者—政府：简称 C2G，随着网络的普及和电脑社会化、家庭化，政府将会把电子商务应用扩展到失业救济、福利费发放和个人所得税征收方面。目前还没有真正实现这种模式。

以上七种电子商务模式中的 B2B 模式代表着电子商务的未来方向。首先，从实物经济的角度来看，单个消费者的购买力毕竟有限，企业与企业间的交易规模远大于企业与单个消费者之间的交易，两者相差一个数量级。其次，企业间开展网上销售、网上采购能节省大量的交易成本，能消除时空距离，是企业进行贸易活动的极佳方式，也是实现全球经济一体化的最好手段。随着 Internet 的进一步成熟，B2B 必将成为企业交易的主要方式。发达国家已实施 ERP 系统的企业盯着它的发展情况，国内还没有进行信息化建设的企业也必须盯着它。我们已在 ERP 上比别人慢了一步，在 B2B 战场上可不能有半点含糊。

B2B 在今天已不是可有可无的事，如果一个企业不能通过 Internet 来控制自己的供应商、管理自己的营销网、管理自己的客户关系，甚至在网上没有自己的声音，那么这个企业离破产就不远了。这不是能不能更好地生存的问题，而是能不能生存的问题。

B2B 来源于国外，但它并非无中生有，而是在国外企业现有的基础与需求上提出来的。因此，B2B 在他们看来，是 ERP 等企业管理信息系统充分运用之后水到渠成的事。也正因为如此，B2B 从一开始便与 ERP 息息相关：网上接到了一个订单，企业的生产系统如何作出反应？网上销售出去一件产品，企业的财务系统怎样记账？B2B 的每一个动作都会与 ERP 发生联系。因此，可以说，ERP 系统建设得如何，最终会影响到 B2B 的成功与否。

电子商务和 ERP 有如前端与后台的关系。一般说来，企业的信息化首先要解决的是企业范围内信息的沟通，建立联系各分公司、分厂、办事处、销售网点、地区仓库的企业内部网（Intranet）以及办公自动化系统（OA），建立企业的 Web 网页和电子邮件系统。同长期合作伙伴之间建立企业外联网（Extranet）或电子数据交换系统（EDI）。对有国际贸易往来（出口外销、境外采购）和银行或保险业务往来密切的企业，开展电子商务可能会更迫切些。企业如果急于进行网上销售，而后台的 ERP 系统不完善，往往会导致很多意想不到的情况发生，而这些事情往往会给企业的形象、信誉带来极大的损害。例如，现在国内很多的交易网站就常出现这种情况：他们在网上接到了大量的订单，却无法自动对订单进行处理，最后造成有的订单丢失，有的货物没给顾客送去，甚至是有的货物在网上显示还有几件，但到库房里去查却发现没有了。如果企业的前端 B2B 系统与后台 ERP 系统脱节，这些让消费者不高兴的事情便会经常发生。因此，企业要想真正在 B2B 上有所作为，其后台的 ERP 系统就必须建好。对那些还没有很好地进行信息化建设的国内企业，应该先建立起 B2B 系统，否则会坐失很多商机。实际上，世界上最大的网上书店——Amazon 在创建之初就是没有后台管理系统的。尽管它现在也得补上，但它赢得了先机。业界知名的咨询公司 AMR 曾对 600 家能进行网上交易的公司做过一个调查，发现只有 10 家与其 ERP 系统有联系。AMR 对此提出警告，希望人们要重视 B2B 与 ERP 的连接。

从现实状况来看，B2B 模式作为电子商务的主流模式将得到迅猛的发展。从美国电子商务发展的现状来看，B2B 年成交额要比 B2C 多一倍。据高盛证券的研究人员统计，到 2004 年，仅美国 B2B 的市场规模就达 1.5 万亿美元，而 1999 年仅为 1140 亿美元。美国市场研究公司 Gartner 集团则宣称，2004 年全球 B2B 市场已达 7.29 万亿美元，比 1999 年（约 1450 亿美元）增长 50 倍以上。

二、电子商务交易过程

任何一项商贸活动都可从时间上分为三个阶段：交易前、交易中、交易后。

（一）交易前

在交易合同签订前，对于卖方来说，就是要千方百计在尽可能大的范围内宣传自己的产品和服务，扩大知名度；对于买方则是为了寻找合适的购物对象，必须通过各种途径搜集商品信息，比较商品的性能、质量、价格和交易条件，比如，对国际间的贸易要了解对方国家的相应政策法规，以及交易对象的支付、运输、保险、校验等具体事项，根据以上综合信息选择合适的交易伙伴。

在传统的交易模式下，卖方所能做的通常是打广告，然后坐等用户上门，或派人到处推销，但是由于市场信息的不对称性，买卖双方往往会在互相寻找中失之交臂。在网络环境下，卖方可以积极地在网上创建主页，推出企业形象、企业文化、产品展示等信息；买方则可随时通过网址访问有关的主页，查询所需的商品信息，同时对卖方企业可以有比较全面的了解。

（二）交易中

在签订交易合同及签订后的交易过程中，会涉及运输、银行、税务、海关等方面的电子单证交换等业务手续。

买方在选定商品后，并得到认证中心对于卖方信用的确认，即向卖方发出求购信息。卖方在收到买方信息后，也要通过认证中心确认对方身份，然后双方就交易的具体细节进行磋商。

在传统交易模式下，这一过程从报价、磋商、下订单都是通过贸易单证的传递完成的。如邮递、传真等，其速度慢且保密性差。而在网络化环境下，这些单证是借助网络以标准的报文形式传递的，信息瞬息可达，且网上的专用数据交换协议自动保证了信息传递的准确性和安全可靠性。

（三）交易后

在此阶段，双方通过金融机构进行收付货款，同时完成商品交接。这一阶段是整个商贸交易过程中关键的一环，是双方实现商品及贸易交易活动的目的，同时也是金融业介入电子商务的重要切入点之一。在电子商务环境下，传统的现金和支票方式已不再适应网上交易的需要，而必须由电子货币、电子支付来代替，这一变化将对我国金融电子化提出更高的要求。

在这一过程中，确认交易之后，商品交付运输公司起运，可通过电子网络跟踪货物流程；同时银行按合同、依据所提供的有效电子单据支付资金或实现电子转账，出具相应的银行结算单证，对客户账户进行收付处理，最终实现钱、货对流的整个交易过程。

三、企业开展电子商务的战略选择

对于企业来讲，电子商务能给它们带来许多新的机遇和挑战，它能够解决企业面临的许多困难和问题。由于信息的竞争在企业的竞争优势中发挥着越来越重要的作用，有了电子商务，企业在信息方面的竞争力大大增强。所以，电子商务市场的战略选择就十分重要。企业电子商务的市场战略共有三种。

（一）卖方控制型市场战略

它是由单一卖方建立，以寻求众多的买者，其目的是建立或维持其在交易中的市场势力的市场战略。例如，由全球最大的网络路由器生产商思科（Cisco）系统公司建立的互联网站，使顾客能够了解它们订货的全过程，检查生产提前期、价格、订货和货物发运的状态，并在网上获得相关的技术咨询服务。目前，这个站点每年销售30亿美元的产品，约占思科公司总销售额的40%。此外，通过在网上发布技术文件，向顾客提供产品信息，思科公司每年节约了2.7亿美元的印刷费、订单及其处理错误损失和以电话为基础的技术支持费用。其网上营销也通过加速订单处理和订货状态实时跟踪而增加了顾客的品牌忠诚。

（二）买方控制型市场战略

它是由一个或多个购买者建立，旨在把市场势力和价值转移到买方的市场战略。虽然很多情况下涉及中间商，但有些特别大的购买者已经为自己建立了电子市场。例如，日本航空公司是一个机上消费品的大客户，它经常在网上发布诸如塑料垃圾袋、一次性杯子等产品的需求信息，以便发现最有吸引力的供应商。

买方控制型市场战略除了由一个购买者直接建立的电子市场之外，还包括买方代理型和买方合作型两种买方控制型市场战略。

（三）中介控制型市场战略

它是由买卖双方之外的第三者建立，以便匹配买卖双方的需求与价格的市场战略。"快速配对"（Fast Parts）公司是一个专门交易积压电子元件的电子市场。它拥有大量的供应商和购买者的信息。通常，该公司根据不愿对用户公开公司名称的企业的积压电子元件的产品信息，通过电子市场对商品进行拍卖。这使三方都受益：卖方获得了比传统经销商出价更高的销售价；买方则以市场价迅速获得了它需要的电子元件，更重要的是，"快速配对"公司检验了这些产品，并给予这些产品以完全的质量保证；"快速配对"公司则赚得8%的佣金。在这个市场中，三方都是赢家，输家可能只有传统的经销商。

但是，中介控制型电子市场的出现并不必然排斥传统中间商。例如，"数字市场"（Digital Markets）公司建立了一个以电子元件为交易对象的电子市场，其目的不是改变买卖双方的关系，而是要使交易更有效率。它通过电子市场把买方的订单提供给分销商，再把价格、送货等信息反馈给买方。"数字市场"公司还能使买方确认和跟踪它们的订单。为此，公司向卖方收取一定的交易费用，买方则不需为此付费。

第三节　我国电子商务发展的几个问题

一、电子支付

电子商务的核心技术是电子支付。传统货币和货物进行的是面对面交换，传统货币可当面查核真伪；而在电子商务的交易过程中则一定要通过银行才能支付。

如果没有安全的电子支付手段相配合，这样的电子商务只能是一种电子商情、电子合同或者初始意义上的电子商务。而离开电子交易的电子支付又会成为单纯的金融产品和金融支付手段。因此，适时电子交易和在线电子支付是电子商务的两个基本组成部分。

在电子商务环境下，人们使用货币的基本方式有：

（1）电子钱夹：是指网络上的软件系统（由认证中心发放），其中包含经过认证的信用卡、身份证等。客户利用电子钱夹，可使用其中的信用卡随时随地完成安全支付操作。有关个人、信用卡及密码信息经过加密后直接传送到银行进行支付处理。

（2）电子钱包（智能卡形式）：智能卡形式的电子现金钱包是一种多用途形式的电子现金，可以在网络上直接进行小额现金支付。它可以随时通过Internet从银行账号上下载现金，保证电子现金使用的便捷性。这种智能卡还可以带密码，保证使用安全。

（3）电子支票：企业用于转账支付。在企业内就可通过 Internet 按照特定形式的电子化支票进行转账支付。

二、电子支付中的信息安全技术

（一）电子信息的安全问题

信息安全包括传输保密和存储保密。在信息系统中，大多数信息存储在各种存储媒介中。特别是数据库和服务器系统的发展，大大推动了信息安全技术和信息安全基础理论的发展。

密码算法包括加密算法、密钥管理算法及验证算法。密钥管理理论研究已发展到新的高度，成为较为独立的边缘学科。验证算法和验证理论的研究以及安全性证明方法的研究，开辟了新的理论研究领域。

信息安全既要防范外部人员，也要防范内部人员。在一定意义上，对内部人员的防范技术难度更大。据统计，对信息系统的攻击主要来自内部，约占 85%。

最佳加密点是用户层。电子时代最重要的特征之一就是通信过程和加密过程结合起来完成。而到了计算机网络时代，加密过程和通信过程又分开，各自独立运行。即在应用层中将文件先加好密（脱机作业），再交下层协议处理，不受通信协议的制约。这样，可灵活地提供包括加密服务在内的其他多种服务。

保密系统开始用于商业、金融业。从全球角度来看，商业、金融应用的规模已远远超过了军事专网和政策专网。安全理论的研究和技术发展水平，官方已落后于民间。原因很简单，民间的研究是以开放方式进行的，而官方的研究是以封闭方式进行的。在商业化的市场经济条件下，"敌人"的概念也发生了变化。某种场合下的合作伙伴，在另一种场合下却可能变成竞争对手，变成防范的对象。内部人员也一样，在某件事情上是有关人员，而在其他事情上可能是无关人员，变成防范的对象。

（二）信息安全的技术措施

信息安全应当包括信息状态安全和信息状态转移安全。保证信息安全，需要以下技术措施：

（1）身份验证技术：身份验证是一致性验证的一种，验证是建立一致性（Identification）证明的一种手段。身份验证主要包括验证依据、验证系统和安全要求。

（2）存取控制技术：存取控制规定何种主体对何种客体具有何种操作权力。存取控制是内部网安全理论的重要方面，主要包括人员限制、数据标识、权限控制、控制类型和风险分析。

（3）数据完整性技术：保证数据完整性的技术是指在数据处理过程中，在原来数据和现行数据之间保持完全一致的证明手段。一般采用数字签名技术或数字谪压技术，其签名算法有 RSA、DSS。

（4）数据机密性技术：机密性由加密算法保证。现在金融系统和商界普遍使用的算法是美国数据加密标准 DES。Internet 免费提供 PGP 系统。

常用的加密方法有传统密钥密码方法和公开密钥密码方法两大类。前者以数据加密标准（DES）算法为典型代表，后者通常以 RSA 算法为代表。传统密钥密码具有对称性，即加密密钥和解密密钥相同或相近，知道其中的一种即可推导出另一种。而公开密钥密码方法的加密与解密密钥不同，加密密钥（又称公钥）可以公开而解密密钥（又称私钥）需要保密。

（5）防火墙技术：防火墙是在内部网与外部网之间实施安全防范的系统，可被认为是一种访问控制机制，用于确定哪些内部服务允许外部访问，以及允

许哪些外部服务访问内部服务。防火墙的基本类型有:

——包过滤型(PacketFilter):包过滤通常安装在路由器上,并且大多数商用路由器都提供了包过滤的功能。另外,PC机上同样也可以安装包过滤软件。包过滤规则以IP包信息为基础,对IP源地址、IP目标地址、封装协议(TCP/UDP/ICMP/IPTunnel)、端口号等进行筛选。

——代理服务型(ProxyService):代理服务型防火墙通常由两部分构成:服务器端程序和客户端程序。客户端程序与中间节点(Proxy Server)连接,中间节点再与要访问的外部服务器实际连接。与包过滤型防火墙不同的是,内部网与外部网之间不存在直接的连接,同时提供日志(Log)及审计(Audit)服务。

——复合型(Hybrid)防火墙:把包过滤和代理服务两种方法结合起来,可以形成新的防火墙,所用主机称为堡垒主机(BastionHost),负责提供代理服务。

——其他防火墙:路由器和各种主机按其配置和功能可组成各种类型的防火墙。

(6)安全协议:一个较为完善的内部网和安全保密系统,至少要实现加密机制、验证机制和保护机制。目前,已开发并应用的协议有:加密协议、身份验证协议、密钥管理协议、数据验证协议、安全审计协议、防护协议。而安全套接层(Secure Socket Layer, SSL)和安全电子交易(Secure Electronic Transfer Protocol, SET)是两种重要的通信协议,每一种都提供了通过Internet进行支付的手段。SET和SSL都采用RSA公钥算法,但二者在其他技术方面没有多少相似之处。

安全套接层方法(SSL)提供了两台机器之间的安全连接,是用加密的办法建立一个安全的通信通道以便将客户的信用卡号传送给商家。它等价于使用一个安全电话连接将用户的信用卡通过电话读给商家。在线银行和其他金融系统也常常构建在SSL之上。但是这一协议不能防止商家一方的欺诈,因为该商家掌握了客户的信用卡号,而商家欺诈是信用卡业所面临的最严重的问题之一。因而,如果想要电子商务得以成功地广泛开展的话,必须采用更先进的支付系统。当前阶段SSL被广泛应用的原因在于它被大部分Web浏览器和Web服务器所内置,比较容易被应用。

为了解决网上支付、清算的安全性问题,1997年由Visa和Master Card公司携手开发出了安全电子交易协议(SET),目前这一协议已作为电子商务中安全支付的国际标准。SET已经在国际上被大量实验性地使用并经受了考验。我国也在积极引进并推广这一标准。

SET 具有很强的安全性。按照 SET 协议，客户将采购请求和价格进行数字签名，然后用银行公共密钥将付款信息（例如信用卡号）加密。商家认可该采购，并将该请求传给银行。银行加工该请求，若价格匹配，则银行对客户的账号扣款并指令商家完成该笔买卖。

SET 是一个非常复杂的协议，它详细而准确地反映了卡交易各方之间存在的各种关系，还定义了加密信息的格式和完成一笔卡支付交易过程中各方传输信息的规则。SET 进一步说明了每一方所持有的数字证书的合法含义、希望得到数字证书以及响应信息的各方应有的动作以及与一笔交易紧密相关的责任分担。

比较 SSL 和 SET，我们可以看到：SET 是一个多方的报文协议，它定义了银行、商家、持卡人之间必需的报文规范，而 SSL 只是简单地在商家和消费者两方之间建立一条安全连接；SSL 是面向连接的，而 SET 允许各方之间的报文交换不是实时的；SET 报文能够在银行内部网或者其他网络上传输，而建立在 SSL 之上的卡支付系统只能与 Web 浏览器捆绑在一起。

但是，SET 要求在银行网络、商家服务器、顾客的 PC 上安装相应的软件。另外，SET 还要求必须向各方发放证书，使用 SET 要比使用 SSL 昂贵得多，这些形成了 SET 被广泛接受的障碍。

三、电子合同

合同是商业交往中具有法律约束力的协议文本，它规定了交易双方的责任和义务，是商业事务中的一个重要组成部分。经过九届人大二次会议审议，已于 1999 年 10 月 1 日起施行的《中华人民共和国合同法》根据现实生活中出现的新情况，增添了一部分新的内容，其中明确规定：电报、电传、传真、电子数据交换和电子邮件在内的数据电文都属于合同的书面形式。这从法律上认定了以电子媒体为载体的合同具有法律约束力，这对于使经济生活适应信息社会的特点和积极推广电子商务产生了很大的促进作用。

电子邮件作为一种通信工具，被广泛使用在商业通信中。但普通的电子邮件在信息传递的安全性、可靠性和保密性方面尚不尽如人意。在传递商业合同时，往往要用其他的通信手段加以确认，比如同时发送一个传真，以便对电子邮件发送的合同加以确认，这样做增加了商业成本和麻烦。如果一份由电子邮件为载体的合同在网络传送的过程中被人篡改，或者有不法之徒冒充他人发送一个合同，那么，其合同的有效性将受到质疑，并有可能引起法律纠纷。此外，重要的合同内容在网络上若被人窃取的话，就会造成泄露商业机密，可能引起严重后果。为了解决这个问题，一种以个人数字证书为基础，由权威机构加以认证的安全电子邮件已经应运而生。

数字证书是以电子手段来认证身份的工具，主要包括以下三种类型：

（1）个人数字证书，用于为一个用户提供证书。个人身份的数字证书一般安装在用户的浏览器中。

（2）企业 Web 服务器证书，用于为 Web 服务器提供证书。有证书的 Web 服务器能够自动将其与客户端的浏览器通信的信息加密，以确保电子商务的安全性。

（3）软件开发者证书。希望使用安全电子邮件的普通用户首先应该申请个人数字证书。

比如，VeriSign 就是 Internet 上权威的提供数字证书服务的公司，目前其服务范围遍及全世界。该公司于近日为 Web 服务器数字证书推出 128 位加密功能，其网址为 http://www.digitalid.verisign.com。该公司的个人数字证书分为两个级别，第一级证书仅仅提供对用户个人电子邮件地址的认证，其收费标准为每年 9.95 美元；第二级证书则是对用户个人姓名和身份等信息的认证（此项服务目前仅仅适用于美国和加拿大），其收费标准为每年 19.95 美元。用户也可以申请有效期为 60 天的免费试用证书服务，试用证书具备数字证书应用的功能，但是不具有合法的证书地位，不具有法律约束力，当然也不适合传递正式的合同文本。换句话说，试用证书只是供用户熟悉和试用这种服务的一种方式。在确认正式的商业合同时，首先应该核查对方安全电子邮件应用个人数字证书的方式及所使用的数字证书的有效期限，这些都是可以在自己的浏览器内进行核查并进行验证的。

用户在进入 VeriSign 公司的主页后，选择 Personal IDs（个人数字证书），然后依次输入用户的姓名和要求认证的电子邮件地址、国别、邮政编码、生日和口令等信息。在递交这些信息后，用户会收到一份包含用户个人身份号 PIN（Personal Identification Number）的电子邮件，用户把这个 PIN 号输入数字证书个人身份号一栏中递交后，就能获得个人数字证书。随后，有关个人数字证书的详细信息可以在用户浏览器页面上的 Communicator 栏目中按下列途径查看：security info—certificates—yours—view。用户获得个人数字证书后，就可以发送安全电子邮件。

四、认证机构

认证是电子商务中的一个核心问题，必须予以高度重视。认证机构的建立既要考虑权威性、安全性，又要考虑高效、快捷，尽量利用原有的资料和机构设施。

从理论上讲，认证机构应该由除了参加交易各方（如卖方、买方、参加结算的银行）之外的一个独立的组织来担任。承担认证机构权威角色的可以是政府部门，可以是行业主管部门，也可以是交易各方共同信任的其他组织机构。

电子商务交易所涉及的认证包括：

（1）身份认证。即辨别参与交易的这个企业、这个人是干什么的。从我国目前的情况看，面对成千上万的网络消费者，全面实施个人身份认证几乎是不可能的，必要性也不大。但对于企业与企业之间的交易，即 B2B 的交易，身份认证就非常必要。目前我国企业在国家工商部门都有登记，只要由认证机构将这些资料汇总，即可开展企业身份认证。所以，这项认证由国家工商部门来做比较恰当。

（2）资信认证。即查看企业资信情况如何。资信等级是 AAA 级还是 BBB 级，必须由银行提供证明。我国开展企业资信等级的评定已有多年的历史，将这一工作计算机化即可用于电子商务交易的认证。所以，这项认证应该由银行来做。

上述两方面实际上是两个分支认证系统，可以叫做"职能认证系统"。在职能认证系统上面，还需要有一个根认证系统。职能认证系统要为根认证系统发放认证证书提供依据。根认证系统应由国家来建立，并通过法律程序来确认认证系统的法律地位。

认证机构不能多头设立，如果多方并进，各建各的，以后会出现各机构之间的矛盾以及客户的多重认证等，将会给今后的认证管理带来很大的害处。比如，资信认证机构就应由中国人民银行来建立全国统一的金融类权威性认证机构。

我国已开始筹建金融权威认证中心（CA）。这项计划由银行卡信息交换总中心负责筹建，经金融信息化领导小组正式批准，1999 年 3 月已开始向国内外厂商发出招标通告。建立认证中心本质上仍然是为了解决网络安全问题。

五、税收问题

网上贸易对传统的税收稽查方法提出了挑战：

（1）从传输媒介上看，电子商务与传统商务不同。传统的商务活动靠口头和书面介质进行信息交换。传统的征税是以审查企业的账册凭证为基础，并以此作为课税的依据。而网上贸易的款项结算是通过电子收付系统进行的无纸贸易，作为企业课税依据的账册凭证不复存在。税务部门对企业的交易状况难以追查，从而使偷税、漏税变得更容易。特别是对于网上知识产权的销售活动难以稽核。如企业通过网络中的站点向用户出售专利或非专利技术，用户购买时，只要通过网络将其下载即可。这类交易既看不到交易的物质载体，又看不到交易的数量，税务机关难以稽查。另外，计算机加密技术的发展使得税务机关收集资料变得困难，税务审计工作也变得越来越复杂。

（2）电子货币的发行影响了传统的税收扣缴办法。信用卡、电子支票和数字化货币将是电子商务中常用的电子货币形式。随着信息技术的发展，将来电子货币可随时随地通过网络进行转账结算。这就意味着在未来的电子商务环境中，产销双方无需通过中介机构就可直接进行交易。而传统的税收征管很大一部分是通过代扣代缴来进行的。网上交易不需要中介机构，使扣缴税款无法实现。这将是对税务部门提出的需要尽快解决的问题。

（3）网上贸易使得确定纳税义务人变得困难。确定纳税义务人的两个要素：纳税人的住所和账册凭证，缺一不可。否则税务机关无法及时了解纳税义务人的情况，使其履行纳税义务。然而，电子商务的无纸化交易使得作为纳税审查基础的账册凭证不复存在。更重要的是，由于计算机网络没有国界，使得创造收入的活动无法同某一具体的地点相联系。网上交易发生在虚拟的、数字化的计算机空间而不是在某一具体地点，所以要把收入来源和具体地点相联系几乎是不可能的。税务部门要确定"纳税收入来源"变得相当困难。既然纳税义务人难以确定，税收也就无从征起。

（4）电子商务可能造成新的税务不平衡。从国际范围来看，各国对网上贸易的税收征管政策存在差异，并且由于发达国家上网成本低，凭借其技术优势，网上交易额要远远高于发展中国家，如果国际关税中采用零关税或低关税的政策，其结果必然明显有利于发达国家，造成国与国之间的税收不平衡。

从国内范围来看，各企业由于资金、技术等方面的差异，一些企业无法进行网上交易，只能从事有纸交易，有账可查；而另外一些企业从事网上交易，由于技术上的原因，税务部门无法对其交易进行跟踪稽查，这些企业较容易逃税、避税。这就有可能造成上网的企业与不上网的企业之间税负的不平衡。

（5）电子商务增加了避税的可能性。电子商务的最大特点是无国界限制，地域上的概念在电子商务中不再那么重要。跨国公司通过 Internet，只要按几下鼠标就可轻松地将其在高税收地区的利润转移到低税收地区或避税港，从而达到逃避税收的目的。另外，由于跨国公司通过网上进行内部交易，其转让价格是否合理，税务机关难以核定，从而使通过转让定价避税的可能性增大。

目前，我国电子商务尚处于起步阶段，主要表现在：提供网络服务的单位少，规模小；从事网上贸易的单位少，贸易份额小；贸易结算还没有通过电子收付系统进行。所以我们目前宜借鉴美国的做法，对网上贸易暂不开征新的税种，为电子商务的发展创造良好的环境，但应该进行电子商务税收问题的研究。待中国的电子商务发展成熟后，便可考虑采取措施，以增加税收，防止国有资产流失。

六、法律问题和知识产权问题

（一）电子商务法律的制定

做生意就避免不了发生纠纷，而网上纠纷又有其独特性，双方很可能存在地域的差别。纠纷发生之后，如果没有一个成熟的、统一的法律系统进行仲裁，纠纷就不可能解决。那么，这个法律系统究竟应该如何制定？由谁来制定？应遵循什么样的原则？其效力如何保证？这些都是在制定法律时该考虑的问题。法律制定的成功与否将直接关系到电子商务活动能否顺利开展。

（二）知识产权问题

知识产权问题在电子商务活动中也十分重要。如何保证授权商品交易的顺利进行，如何有效遏止侵权商品或仿冒商品的销售，如何有力打击侵权行为，诸如此类的问题都需要进行相应的研究和立法。

其他法律方面的问题还有很多，比如国界和管辖权问题、电子商务的合同和履行问题、隐私权问题以及商标侵权及商业欺诈问题等。

我国电子商务发展所要求的外部环境及其存在的各种问题都需要在发展过程中不断完善，不断解决。

本章案例

思科（Cisco）公司的电子商务

Cisco 公司从 1993 年开始，经过五年的努力，投入了数百万美元，进行了成百上千的项目实践，构建了将用户、潜在用户、商业伙伴、供应商及员工连接在同一价值链上的复杂网络——思科互联网管理系统。

思科公司网络管理系统分为三个部分，这三大战略性电子商业解决办法横跨了价值链的生产、市场、销售和售后服务各大环节（见图26-1）。首先，通过思科在线（CCO）解决直接面对客户的问题，包括运用网络合作平台更好地为世界各地的客户服务等。其次，通过思科生产在线（MCO），思科公司创造了外部应用网络，用以提高全球商业伙伴的产品总量和生产、供货、物流服务的效率。最后，通过思科员工在线（CEC）解决完善员工服务的问题并鼓舞了公司具有创新精神和责任感的员工。

思科价值链

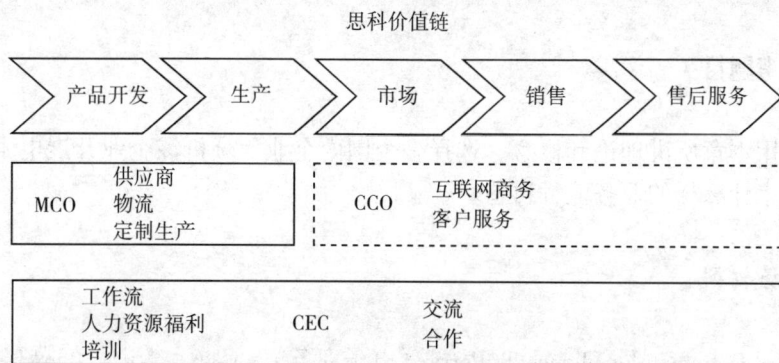

图 26-1　思科公司电子商务解决方案示意图

资料来源：http://www.cisco.com.cn。

本章要点

1. 从狭义的角度来看，电子商务是指以电脑网络为依托进行的各种商务活动。即指利用现有的计算机硬件设备、软件和网络基础设施，通过一定的协议连接起来的电子网络环境进行各种各样商务活动的方式。包括网上商品或服务的提供者、消费者、广告商、中间商等有关各方的行为总和。

2. 电子商务的应用层次包括内容管理、协同及信息化、商务交易。电子商务活动的过程涉及信息流、物流和资金流三种交换活动，完成这三项活动的过程涉及三类基础设施：信息基础设施、货物递送基础设施、电子资金结算基础设施。电子商务的交易模式可以归纳出七种：即 B2B、B2C、C2C、C2B、G2B、B2G 以及企业内部电子商务，其中 B2B 模式代表着电子商务的未来方向。

3. 企业电子商务的市场战略共有三种：卖方控制型市场战略、买方控制型市场战略、中介控制型市场战略。

4. 电子商务的发展是一项社会系统工程。这项系统工程至少应该包括以下方面：信息高速公路的建设、金融支付手段的完善、标准和法律环境建设、企业内部管理信息系统的建设和实物商品配送服务体系的建立。

5. 我国电子商务发展需要解决电子支付、电子支付中的信息安全技术、电子合同、身份和资信认证、税收问题、法律问题和知识产权问题。

研究思考题目

运用本章所讲理论和概念，选择一个国内企业，分析该企业开展电子商务将会带来什么样的业务流程再造。

推荐阅读材料

Gary P. Schneider James T. Perry：《电子商务》，成栋、李进、韩冀东等译，机械工业出版社出版，2000。

宋　玲：《电子商务——21 世纪的机遇与挑战》，电子工业出版社，1999(4)。

托马斯·H. 达文波特等著：《信息技术的商业价值》，中国人民大学出版社，2000。

郑英隆：《现代企业的信息经济性分析——正在兴起的管理革命》，广东人民出版社，2000。

第二十七章　企业跨国经营与竞争优势

一般来说，当企业把自己的产品开始出口到国外去，企业跨国经营就开始了。企业的跨国经营，从简单的商品输出到专利权、许可证交易，从在国外建立代销机构、建立维修中心到国外直接投资建厂或兼并，生产和销售自己的产品，包括组建生产、经营、服务和销售活动全球范围内相互协调的跨国公司，再发展到目前的全球竞争、全球创业，是一个历史过程。本章主要讨论企业跨国经营的发展过程、主要形式和主要战略等问题，并重点就中国企业的跨国经营问题进行讨论。

第一节　企业跨国经营的发展过程

一、从宏观角度看跨国经营的发展

在资本主义初期，为了进行资本的原始积累，西欧各国之间展开了争夺海上霸权和殖民地的斗争，建立国际贸易公司，进行殖民地贸易的垄断经营，是经营国际化的开始。如英国建立的东印度公司和皇家非洲公司，分别垄断当地的殖民贸易。荷兰也建立了荷属东印度公司。

在资本主义工业化初期，为了垄断生产技术或者为了保证市场的稳定和原料的供应，一些拥有先进生产技术或新产品生产技术的企业纷纷在国外设厂，生产和销售产品，开始了国与国之间的对外直接投资。如美国的胜家缝纫机公司、德国的化学染料公司、英国的皇家壳牌石油公司，它们都在其他国家建立起了自己的分公司。

随着铁路运输的发展和科学技术的进步，各国的经济发展和产业结构出现了明显的不同，形成了国际间的分工，促进了各国企业的跨国经营。如美国在石油开采、重型机械、汽车生产方面，德国在电气和化学工业方面，英国在纺织和机械制造方面都形成了明显的优势，并在各自的优势领域建立了从事跨国经营的跨国公司。

第二次世界大战以后，统一产品的差异化、零部件的专业化、工艺流程的专业化迅速发展，企业逐渐开始在国际范围内考虑和安排生产，生产要素在全球范围内配置和优化组合的步伐加快，一些跨国公司逐渐建立起了自己的国际化生产网络，并获得了空前的大发展。现在，从事跨国经营的不仅仅是大型集团，许多有条件的中小企业也加入了跨国经营的行列。

二、从企业角度看跨国经营的发展

企业进行跨国经营，发展阶段各不相同。有的企业一创立，便将自己的目标市场定位在国外，进行跨国经营。但大多数企业的跨国经营是一个不断发展、循序渐进的过程。

（一）国内发展阶段

在这一阶段，企业的主要目标是在国内市场发展，扩大市场份额，形成企业自己的竞争优势。企业的国际性业务主要以进口为主，以从国外引进技术和设备来武装自己、提高自己为主。出口只是企业换取外汇、寻求外汇平衡的手段，在企业处于从属地位。许多企业的进出口业务由进出口公司来承担。在这一阶段，企业要形成自己的品牌和管理模式，形成进入国际市场的竞争优势。

（二）出口阶段

当企业的经营业务在价格、质量、国内市场占用率或资金实力等方面形成优势之后，企业的出口业务便迅速增加。在企业内部，也设立了从事进出口业务的专职部门，随着国外市场份额占企业营业收入比例的不断增加，出口变成了企业经营发展过程中的重要组成部分，开拓国际市场逐渐成为企业的长期经营目标。在这一阶段，企业的跨国经营活动以熟悉国际市场、培养外向型人才、积累从事跨国经营活动业务的经验为重点。

（三）国外设厂或分部阶段

随着企业出口业务的发展和国际市场重要性的提高，企业出口部门的地位和作用也迅速提升，出于更好地服务于国外客户、较低成本或其他方面的考虑，企业开始在国外设立专门从事销售或生产活动的子公司，直接开展国际市场的经营活动。在这一阶段，可以说企业真正进入跨国经营阶段。在这个阶段，熟悉外国法律规定、外籍员工行为习惯和管理经验，积累在国外管理企业的经验，以及防止国内管理和国外管理的脱节非常重要。

（四）本地化阶段

国外子公司的数目逐渐增多，海外业务从一个国家发展到其他多个国家。由于各个国家的语言、法律规定、员工行为习惯、市场竞争、资源供应等方面的差异，实施同一或统一的国际化经营战略或管理模式往往脱离实际。为了开拓市场，有效管理，母公司在人事、市场开拓、原材料采购、员工报酬、财务管理等方面逐渐赋予国外子公司更大的权利，开始实施本地化战略，让国外子公司独立自主地开展经营业务，使其快速成长。

（五）跨国经营阶段

随着国外子公司、分部的发展，对企业资源在全球范围内配置的要求逐渐增加，母公司开始把各国的子公司作为总公司有机整体中的一部分来开始通盘考虑，进行新的分工。在这一阶段，通过建立全球性的结算中心、发展战略中心、市场营销中心，总公司在资金上、人力资源上和市场推广、发展战略上，有权利上收和整体优化的趋势，并逐渐开始进行全球范围内的业务管理和经营。

第二节　企业跨国经营的基本理论

企业从事跨国经营有多种目的，比如寻求廉价资源，寻求新的市场，转移有污染产品的生产，利用廉价或高知识劳动力，发挥自己的优势，学习先进管理经验和技术，等等。从理论上来讲，主要有以下几种解释：

一、资源禀赋理论

亚当·斯密认为，国与国之间的贸易基于绝对优势。由于自然条件、资源禀赋等方面的原因，一些国家在某些产品的生产方面存在绝对优势，而另外一些国家则在另外一些产品的生产方面存在绝对优势。如果一个国家能够生产自己最高效生产的产品，并且用这些产品去交换其他国家能够最高效生产的产品，则两个国家都会从贸易中获益。

大卫·李嘉图认为，即使一国在两种产品的生产上均处于劣势，仍然有可能通过相对优势（比较优势）互利。一国可以专门生产和出口它的绝对劣势相对小一点的产品，同时进口其绝对劣势相对大一点的产品。例如，美国布匹和小麦的生产与英国相比较均处于绝对优势，在美国 1 小时分别生产 4 匹布和 6 公斤小麦，在英国 1 小时生产 2 匹布和 1 公斤小麦，但美国在生产小麦上的绝对优势大于布匹，英国在生产布匹上的绝对劣势要小于小麦。在这种情况下，美国可以专门生产小麦并用一部分来换取英国生产的布匹，同时英国可以专门生产布匹并用一部分来换取小麦，这种贸易对双方都会带来好处。

瑞典经济学家赫克谢尔（E. F. Hecksher）和俄林（Beril Ohlin）认为：不同的产品需要不同的生产要素投入结构，各国生产要素富裕程度不同，由生产要素投入决定的产品的价格也自然不同，不同的价格决定了不同的贸易结构。

每一个国家或地区最适合于生产那些资源（生产要素）相对丰富的产品，而最不适合生产资源禀赋相对稀缺的产品。在生产要素不能自由流动的情况下，自由贸易可以代替要素间的流动，使商品的价格均等化。

二、梯度转移理论

日本经济学家小岛清（Kiyoshi Kojima）认为，一国应从已经或即将处于比较劣势的产业（边际产业）开始对外直接投资，并从与被投资国相比较技术差距最小的产业或产品开始，依次转移。这时投资和贸易是相互补充的而不是相互替代的。如果直接将自己拥有比较优势的产业或产品的生产通过对外投资移植出去，双方的比较优势反而会缩小，投资代替了贸易，不利于投资国利用国际分工和贸易的收益。在投资转移方面，中小企业应该走在前面。因为中小企业在自己国内没有比较优势，但在国外却有比较优势。总之，已经在国内丧失比较优势的产业或部门应该对外投资，寻求比较优势。

三、生命周期拓展理论

美国经济学家雷蒙德·佛农（Raymond Vernon）认为，一种产品一般经历初创阶段、成熟阶段和标准化阶段等不同阶段。产品生产和销售在一个国家从初创阶段过渡到成熟阶段之后，在比自己落后的国家则处于初创阶段。当在自己的国家已经进入成熟阶段，市场竞争趋于激烈，产品利润开始下降时，可以将这种产品的生产拓展到另一个国家，在这个国家该产品则正处于成长阶段，有较大的市场和较丰厚的利润。同样，当在被投资国已进入成熟阶段时，可以将这种产品的生产拓展到那些更不发达的国家去。在这些国家，这种产品可能还处于成长阶段或初创阶段，而在自己的国家则可以停止生产并依靠进口。

图 27-1 是产品生命周期拓展模型。该模型将产品的生命周期分为五个阶段。第一阶段为新产品阶段（即横轴上的 OA 段），这种产品在这一阶段还未完全定型，仅仅在初创国生产和消费。第二阶段为产品成长阶段（图中 AB 段），产品在初创国得到了改进，市场需求和产量均迅速增加。在这一阶段，国外还未有能力生产，初创国在国内和国际市场上均处于完全垄断地位。第三阶段为产品成熟期（BC 段），产品在初创国已标准化，生产商开始授权国内其他厂商和外国厂商生产这一产品，同时，国内外模仿者也开始生产这类产品。第四阶段（CD 段）为产品在初创国衰退、在模仿国成长的阶段。这一阶段产品已经标准化，模仿国的生产成本常常低于初创国，它们开始向其他国家出口。第五阶段（D 点以后）为模仿国低价向初创国销售阶段。在该阶段，国际市场竞争激烈，发明国的产量大幅度下降或完全停止。技术扩散、标准化以及

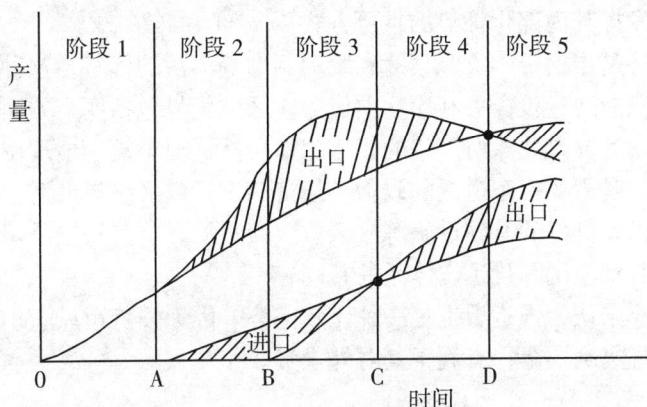

图 27-1　产品周期模型

国外较低的生产成本使这一产品的生产周期在初创国走向结束。同时，初创国又会致力于新的技术革新以引入新产品。

四、优势拓展（折中理论）

邓宁（John Harry Dunning）认为，[①] 企业优势包括所有权专门优势、内部化专门优势、特定区位优势。所有权优势又称为"垄断优势"或"竞争优势"，包括专利、商标、档次、牌子、产品差异、专有效率、特定的营销技术、管理经验、规模等，它们归企业所有，均是企业的竞争优势。这些优势如果由企业垄断，都可以向海外投资拓展。内部化优势是指企业在内部运用自己的所有权优势，节约或消除交易成本的能力，包括企业对技术等中间品的独占、克服市场机制失效（如通过投资绕过关税壁垒）等多方面的优势。

邓宁将市场失效分为两类：①结构性失效（Structural Market Failure）：首先是东道国政府的限制，如关税壁垒和非关税壁垒所引起的市场失效，这是促使跨国公司为了绕过壁垒而到东道国大量投资的主要因素；其次是无形资产的特性影响了外部市场的形成和发育，也造成市场失效。②交易性失效（Transactional Market Failure）：如交易渠道不畅，为疏通而必须付出高昂的费用；如交易方式僵化降低了成交的效率；如不存在期货市场，无从用来降低交易风险等。在分析内部化优势时，特别指出 20 世纪 80 年代后半期对外直接投资的迅速增长，与非股权安排方式的广泛采用有着密切关系。这就是说非股权安排成

[①] J.H. Dunning, A. Rugman. The Influence of Hytner's Dissertation on Theories of PDI, American Economic Review, May 1985, pp.228–232.

了跨国公司发挥其内部化优势的重要方式。

区位优势是指投资国资源禀赋和政治制度等方面的优势，这种不能由企业所拥有，而只能通过投资去利用这项优势。区位优势包括两个方面：一是指东道国不可移动的要素禀赋所产生的优势，如自然资源丰富、地理位置方便、人口众多等；二是主要指东道国的政治、经济制度，政策法规灵活、优惠而形成的有利条件以及良好的基础设施等。区位因素直接影响着跨国公司对外投资设厂的选址及其整个国际化生产体系的布局。

另外，邓宁认为强货币也是一种比较优势。因为强货币风险小，强货币国企业也容易筹集到资金，有利于其对外投资。

第三节　国家竞争优势理论

为什么在某个特定国家的某个特定公司能够在国际市场竞争中取得成功，美国战略学家波特（Michael E. Porter）在《国家竞争优势》一书中提出了自己独特的看法。他认为，亚当·斯密和大卫·李嘉图的比较优势理论说好一点是不完全的，说坏一点是错误的。他举了许多没有比较优势却取得了竞争优势的例子。如意大利北部的私人钢铁厂，在没有便利的原材料、高能源消耗成本和高资本成本的情况下，积极开发应用以废钢铁为原料的小型炼钢厂（Minimill）技术不但减少了投资，降低了能源消耗，而且变成了全世界最强大的废钢炼钢设备供应商。他认为，资源禀赋对一国竞争优势的形成发挥作用，但基于资源禀赋优势所获得的竞争优势常常是难以持久的。如日本 20 世纪 60 年代曾利用低成本优势形成消费电子产品的生产优势，后来被生产成本更低的台湾地区和香港地区所替代，现在又被马来西亚和泰国所替代。

同时，他认为，以规模优势、技术差距来解释一国企业的竞争优势也是不太完美的。意大利企业在厨房器具领域、德国企业在化工设备领域、瑞典企业在采矿设备领域、瑞士企业在纺织设备领域都取得了国际竞争优势，而这些国家的国内市场并不是最大的。在技术方面的优势随着技术的扩散和技术差距的缩小也自然会下降或消失。但为什么一些国家的企业（如意大利的制鞋业、瑞典的家具业）却能够将这种技术优势保持数十年？

波特对生命周期理论也提出了质疑，他问道：为什么一些发展较慢和产品市场较小的国家却成为国际市场的领导者？为什么技术创新过程不断发生而不是标准化？由此他得出结论，看来已有的理论均不能很好地解释一国产业或企业为什么能够在国际市场上取得成功，需要新的理论来解释。

于是，他提出了解释国家产业或企业在国家市场上取得竞争优势的菱形图理论。菱形图由四个基本决定因素和两个辅助因素组成，如图 27-2 所示。四个基本决定因素是：要素条件，需求条件，相关及支持性产业，以及企业的战略、结构和竞争。这些决定要素创造了企业竞争的一个基本环境。每一个决定因素都会影响企业的国际竞争优势的成功。两个辅助因素是机会和政府。波特菱形图理论包含着许多富有启发意义的见解，下面我们做一个详细介绍。

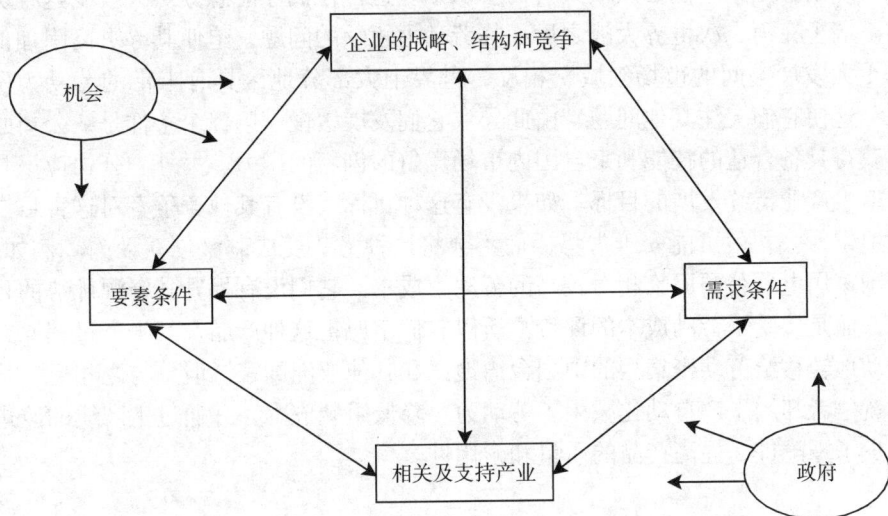

图 27-2　波特竞争优势决定因素菱形图

一、要素条件

要素可分为基本要素（如自然资源、地理位置、非技术劳动力、气候，其开发不需要投资或要求的投资少）和高级要素（如数字基础设施、工程师和科学家、高级学科的研究机构）。基本要素的重要性因对其需求的下降以及容易得到或者通过对外投资或国际市场取得等原因而逐渐受到破坏。这使基本要素无论使用在哪儿其回报均很低。基于基本要素所形成的竞争优势是易失的。高级要素经过不断的、大量的投资所形成，这些要素的重要性在不断提高。高级要素的建立常常需要一定数量和质量的基本要素为基础。要素也可分为通用要素（如高速公路、人才）和专用要素（如专业研究机构、工程师）。丹麦有两个专门研究和治疗糖尿病的医院，成为世界上最主要的胰岛素出口国。荷兰有在鲜花的培植、包装和运输方面的先进研究机构，荷兰也由此成为世界最大的鲜花出口国。

一国企业在要素方面的真正竞争优势不是天然取得的，而是经过努力、创新和不断提升取得的。实际上，丰富的要素禀赋只能使企业简单地去利用这种优势，而不去想办法提高这些要素的使用效率。相反，要素劣势却迫使企业想办法充分利用和提升自己要素的质量。而要素质量常常比要素数量更重要。例如，日本常常强调"自己是没有资源的岛国"，其创造的准时制生产技术却最有效地利用了昂贵的空间。当然将要素禀赋劣势转化为优势需要一定的条件。第一个条件是，它们必须被其公司所认知。这样他们才能想办法去改变这种劣势。瑞士在第二次世界大战之后面临劳动力短缺的问题，迫使其寻求高附加值及更大发展空间的市场领域。相反，世界上大部分地区具有丰富的劳动力资源，这使它们关注其他问题，由此导致它们发展缓慢。第二个条件是，公司必须获得具备合适的技能和来自国内市场竞争的创新的压力。另外，公司应该具有追求产业持续发展的目标。如果没有这种目标或没有其他竞争者对这种目标的追求，公司就可能安于劣势，而不会将这种劣势变成刺激创新动因。例如，美国家用电器公司面临相对较高的劳动力成本，它们没有提升其资源优势的目标，而是接受了劳动成本的评价。所以它们宁愿把这种产品及其生产过程原封不动地转移给劳动密集型的中国台湾地区和其他亚洲国家。但是与之相反，日本竞争者却用生产自动化减少了劳动力，降低组装成本，并通过生产线的改进减少了零配件，提高产品的质量和耐用性。

二、需求条件

需求条件主要是指公司国内市场的构成及性质。通常一国内某些产业的国内需求能给予企业一个清晰的购买者需求情况，并且这些苛刻需求能够迫使公司更快创新或获得比国外竞争对手更强的竞争优势的产业获得竞争优势。通常对于公司来说，国内需要大有利于公司建立国际竞争优势。但是，比需求规模更加重要的是国内购买者的需求质量，如果国内购买者是世界上最老练的和苛求的产品和服务的购买者，那么该国的公司就能获得竞争优势。因为老练、苛求的购买者提供了先进顾客需求的一扇窗户，他们迫使公司达到更高的标准，并刺激公司不断改进、创新并提升到更高市场。像要素环境一样，需求环境通过迫使公司不断迎接挑战而获得竞争优势。

当地的特殊环境能引发特别的需要。例如，居住在狭小并且拥挤房间的日本人面对湿热的夏天和较高的能源成本（一个令人沮丧的环境），日本公司对此特殊情况作出了反应，它们创造了由节能的旋转式压缩机发动的简洁、安静的空调。需要结构紧凑产品的日本市场迫使许多公司创新并生产轻、薄、短、小的产品，这些产品要求已被国际市场认可和接受。

有时一个国家的价值观能引发并预期在其他地区也能产生的需要。瑞典对残疾人的长期关注已经使其有关残疾人特种需要的产业获得了巨大的竞争优势，丹麦的环保主义使生产水污染控制器的公司和风车业获得了成功。一般说来，如果一个国家的价值观具有传播力，也就是说这个国家在出口产品的同时，也出口其价值观和偏好，那么这个国家的公司就能预料到全球的变动趋向。例如，美国公司在快餐和信用卡上的成功不仅反映了美国国内对便利的需要，而且也把这些偏好扩散到了世界其他地区，使美国企业在这些领域处于领先地位。一个国家可以通过媒体、培训外国人、政治影响、本国公民和公司在国外的活动等方式"出口"价值观和偏好。

三、相关性、支持性产业

相关性、支持性产业是指与企业产业相关的有纵向或横向一体化关系的国内产业。例如，以国内市场为基础的优势供给者可以通过多种途径为其下游产业创造竞争优势。它们可以用快捷、高效、优惠的方式提供大部分回收率高的投入。意大利的金银珠宝业在世界上是一流的，部分原因在于其他意大利公司提供了世界上大约 2/3 的珠宝制作和贵重金属再制造所需的机械。而且供给者和产品用户相互靠近，由此能提供较短的沟通渠道、快速和持续的信息流动。不断的思想和创新交流，使优势公司有机会影响其供给者的技术，并能作为其研发工作的试验基地，由此推进创新的步伐。

"意大利皮鞋产业群"现象形象地表明，一群互相靠近的、支持性的并具有国际竞争力的产业在相互间的作用中创造竞争优势。例如，皮鞋生产商在设计阶段就和皮革生产商在款式和生产工艺上进行交流，并且学习运用新的皮革颜色和质地。皮革生产商能较早地掌握流行趋向，由此帮助皮鞋生产厂设计新产品。这种相互作用是互利互惠和自我强化的，不过这种作用不能自动发生：虽然距离的接近是有利条件，但是关键在于公司和供给者能主动利用这些条件，并积极参与。

当供给者自身是全球竞争者时，那么该国的公司就能获得巨大好处；当一个公司或国家的供给者只是依靠国内产业而远离国外竞争时，那么它们最终肯定会被自己打败。而且，一个国家不必要求它的公司在所有供应产业都具有竞争力。公司可以轻易地从国外获得原材料、零部件或者技术，而不必依靠创新或工业产品效率的提高。对于其他一般技术来说也是这样。

以国内市场为基础的相关产业的竞争优势能提供类似的好处：信息流动和技术交流能加快创新与提升；以国内市场为基础的相关产业也会增加公司拥有新技术的可能性；也可能提供一些以某种新方式参与竞争的进入者。例如，瑞士在制药业上的成功要归功于它以前在染料上的成就；日本在电子乐器键盘上的成功，来自于它在声乐器和家用电器上的成就。

四、公司战略、结构和竞争

公司战略、结构是指任何创建、组织和管理公司。在意大利成功的国际竞争者经常是中小型规模的，它们一般是私人所有，并由家族经营管理；相反，在德国，企业倾向于组织和管理上的严格科层，而且高层管理人员通常具有技术背景。显然，没有一个管理模式是普遍适用的——尽管日本管理理论现在很流行。某一特定产业的竞争力来自于所在国企业将组织模式和管理实践与产业竞争优势的来源相结合。在意大利，成为世界领导者的产业，如照明设备、家具、鞋类产品、羊毛织物和包装机械，通常实行强调主业、定制产品、空隙营销、快速变化和惊人的弹性的公司战略，所有这些都能适应产业的动态发展和意大利人的管理系统。相反，德国的管理系统在技术或工程导向的产业运营得很好（如在光学、化工、精密机械领域），复杂的产品需要精密的产品制造系统，谨慎的发展过程和较高技术的售后服务，这些就需要高度严格的管理结构。而德国在消费品和服务领域，在快速变化很重要的领域很少成功。

各国公司和个人追求的目标也明显不同，公司反映该国资本市场的性质和管理者的报酬制度。例如，在德国和瑞士，银行成为国家资产的主要持有者，大部分资产持有者看重其长期增值而很少交易。在成熟产业经营成功的公司，在研究与开发和新设备方面不断投资很重要，但是其收益却是中等的。与此相比，美国处于另一个极端，它具有巨额的风险资本，但同时上市公司进行广泛的交易，投资者非常注重季度和年度股票升值。管理薪酬明显地以与个人绩效相关的年度红利为基础。美国在相对较新的产业上经营得很好，如软件和生物技术产业，或者新公司给有活力的、有竞争力的国内产业注入资金，如专业电子和服务。然而，投资不足的强大压力使过度成熟的产业步履维艰。

激励个人工作和提高技能对竞争优势也很重要。杰出的人才在任何一个国家都是稀缺的。一个国家的成功在很大程度上取决于有才能的人所选择的教育类型、他们选择什么地方工作以及他们的承诺和努力。一国的习俗和价值观为个人和公司设立的目标和与某一特定产业相关的声誉引导资本和人力资源流向，反过来间接影响某一特定产业的竞争绩效。国家民众倾向于赞赏或信赖的业务领域，也能产生民族英雄。例如，在瑞士最有吸引力的职业是银行和制药业领域，在以色列最有吸引力的职业曾经是农业和与国防有关的领域。有时很难区分原因和结果。国际竞争优势的获得能增加某一产业的声誉并强化其竞争优势。

强大的当地竞争的存在对竞争优势的创造和维持是一个重要的和强大的刺激，这对于促成小国家获得世界领先地位来说是如此，例如，瑞士国内制药公司之间的竞争很激烈，像霍夫曼那·罗氏（Hoffmannla Roche）、西巴·盖吉（Ciba-Geigy）和桑多（Sando）公司；对于美国的计算机和软件产业来说也是如此。国内竞争的作用在日本最为明显，在日本，机械工具产业有 112 家竞争性公司，半导体产业有 34 家竞争性公司，音响设备产业有 25 家竞争性公司，照相机产业有 15 家竞争性公司——事实上，日本自夸具备国际竞争优势的产业的数量是这些数量的 2 倍。在国家竞争优势菱形图上的各点中，对国内竞争是否具有最重要的影响仍有很大分歧，因为它的强大刺激功能影响着其他要素。

传统观念认为，国内竞争是一种浪费：它导致重复建设，并使之很难达到规模经济。"正确的解决办法"是抓住在规模和力量上能与国外竞争者抗衡的一两个国家明星企业，并且政府保证它们能获得生产经营所需的必要资源。然而，事实上，大多数国家明星企业虽然获得了政府的巨额补助和保护，但是并没有竞争力。在许多占优势的产业中，只有一个国家竞争的产业，如航空和通信，政府扮演了一个扭曲竞争的角色。

动态改进比静态效率更为重要，因为国内竞争是唯一的刺激动因。国内竞争像其他竞争一样，能创造迫使企业进行创新和改进的压力。当地竞争迫使企业相互降低成本，提高质量，改善服务，创新产品和生产过程。但是不像与国外的竞争那样倾向于分析性和远距离，当地竞争经常超越纯粹的经济或商业竞争，且颇具强烈的个人色彩。区域内竞争能导致个人的恩怨，它们不仅竞争市场份额，而且竞争人与技术，还有或许是最重要的，即"夸耀权"。

地理上的集中加大了国内竞争的力量。意大利的珠宝公司集中于阿雪佐（Aerzzo）和瓦伦扎·波（Valenza po）两个城镇，餐具公司集中于德国西部的索林根（Solingen）和日本的 Seki，制药公司集中于瑞士的巴塞尔（Basel），摩托车和乐器集中于日本的滨松（hamanastu）。竞争对手越趋于地方化，竞争也就越激烈；竞争越激烈，效果也就越好。

国内竞争的另一个好处就是迫使企业不断提升竞争优势。国内竞争者的存在能自动地消除简单来自于某一特定国家的优势，如要素成本、接近或偏好于国内市场、通过进口进入国内市场的国外竞争的成本。企业被迫超越这些束缚，以求更为持久的优势。而且，国内市场的竞争将会使企业在获得政府扶持时相互间保持诚实，企业不大可能迷上政府采购合同或不断上升的产业保护主义。相反，该产业将会寻求（而且从中得益）更多的建设性的政府扶持，如帮助开放国外市场，对一些集中的教育机构或其他特定要素进行投资。

具有讽刺意味的是，正是活跃的国内竞争最终迫使国内企业寻求全球市场并力求成功。尤其是当存在规模经济时，地方竞争者相互迫使对方开拓国外市场，以求更高的效率和更大的盈利。而且，经过国内激烈竞争的检验，企业能以更强的能力赢得国外市场的竞争优势。如果数据设备公司靠自己能打败国际商用机器公司、通用数据公司（Data General）、第一计算机公司和惠普公司的话，打败西门子公司或布尔公司并非是不可能的。

五、政府的作用

在政府的作用方面，波特认为那种认为政府通过实施一系列政策实现竞争性的战略绩效或产业目标或经济运行应当让位于看不见的手的观点均是不正确的。他认为，任何一个观点的逻辑结果都将对国家的竞争力产生永久性损害。一方面，政府实施产业补助政策，从长期来看实际上将损害公司并造成其对政府的更大依赖。另一方面，主张减少政府干预的人忽视了政府在形成公司周围的环境和结构，以及创造一个刺激公司获得竞争优势的过程中所起到的立法作用。

政府合适的作用是作为催化剂与挑战者，政府鼓励或者推动公司提高其目标，达到较高的竞争水平。政府不能创建竞争性产业，只有公司才能这样做。政府所起的作用是不完全的，只有当菱形图各决定因素共同发挥作用时，才能取得成功。但政府传递和扩大菱形图中因素的作用仍旧是有力的。成功的政府政策往往是创造一个公司能获取竞争优势的环境，而不是将自身直接卷入该过程，除非在公司的早期发展过程中。政府更适于发挥间接作用，而不是直接作用。政府通过其政策来促进竞争优势的形成或迫使竞争优势转移。例如，反垄断政策影响国内竞争，管制措施会改变国内需求条件，政府采购会刺激相关产业，政府的教育投资会改变要素条件。不考虑政策对各竞争优势决定因素的作用将有可能破坏（而并非加强）竞争优势。

日本政府比其他任何政府都能更好地理解这种作用——包括国家经历竞争发展的几个阶段和政府的适当作用随着经济的发展而变化。通过刺激对先进产品的早期需求，通过合作项目面对需要先进技术的前沿产业，建立提高质量的奖励机制，追求其他加强菱形图中作用力的政策，日本政府加速了创新的步伐。但像其他地方的政府官员一样，日本政府管理部门也会犯同样的错误：企图管理产业结构，保护市场时间过长，屈服于政治压力，保护效率低下的零售商、农民、分销商及工业企业不参与竞争。

不难理解为什么这么多的政府在追求国家竞争力的过程中会经常犯同样的

错误，因为对公司而言的竞争时机与对政府而言的政治时机基本上不一致。对一个产业来说，经常要花十年以上的时间来创造竞争优势；这个过程需要人们技能的长期提高，对产品和生产过程的投资，建立产业群及渗透进外国市场。以日本汽车产业为例，公司在 20 世纪 50 年代迈出了出口的艰难步伐，直到 70 年代才在国际上谋得一席之地。但是在政治上，十年是漫长的。结果，绝大多数政府喜欢采取容易取得短期利益的政策，如津贴、保护与安排合并，恰恰是这些政策延误了创新。能够带来真正不同变化的大多数政策的决策太慢，对政治家而言需要太多的耐心，甚至更坏的结果——给他们带来短期的剧痛。如果放松对产业的管制，将导致企业在未强大之前过早破产，有竞争性的产业将出现得更晚。

政府可以采取一些简单和基本的原则扶持本国的竞争优势：鼓励变革，促进国内竞争，激励创新。其中下述政策可以促使国家获得竞争优势：①集中精力于专业化要素的创新。政府对国家的发展基础负有不可推卸的责任，如中小学教育体系、全国基础设施、对国民广泛关心的领域的研究——如卫生保健。然而，这些一般性的要素创造并不能产生竞争优势。能转换成竞争优势的要素是先进的、专业的、与特殊的产业或产业群相关的，诸如专业化学徒制的机制，与某产业相关的大学科研、贸易联合会活动，还有最重要的，就是公司的私人投资等最终能创造出竞争优势的要素。②避免干预要素和货币市场。世界各地的证据表明，像里根政府美元贬值这样的政策经常是不利于生产效率的提高的，这些政策阻碍产业的提升和对持续竞争优势的研究。与此相反的例子是日本，虽然德国和瑞士也有同样经历。在过去的 20 多年里，日本遭受了尼克松政府货币突然贬值以及两次石油危机和最近的日元升值打击，所有这些都迫使日本公司创造和提升它们的竞争能力。当然这不是说政府应该追求迫使要素成本或汇率上升的政策，而是说，当市场力量使要素成本或汇率提高时，政府应该采取措施使其下降。③执行严格的产品、安全和环境标准。严格的政府规章制度可以通过刺激和提升国内市场需要、促进竞争优势的增强、对产品效能、产品安全和环境影响的严格标准，迫使公司提高质量、提升技术、满足顾客和社会的要求。宽松的标准只能阻碍生产力的提高。当预期严格的规章制度将被推广到国际市场上，那么它们可能会使公司生产和提供的产品和服务在世界各地都有价值。④严格限制产业竞争者之间的直接合作。在当今的竞争力领域最流行的政策就是要求更多的合作研究和产业联合。一般认为，由竞争对手单独进行的科研是一种浪费和重复，而合作科研则可以获得规模经济；而且，单个公司由于不能获取其科研带来的全部收益，所以就可能对研究与开发投入不足，政府认同更多的直接合作观念。在美国，反托拉斯法已经修改而允许更多的合作研究与开发；在欧洲，欧洲信息技术战略计划（ESPRIT）联合了许多国家的公司。隐藏在这些观念背后的是对西方国家政府的迷恋——日本通产省倡导了无数的合作科研项目，这些项目好像促进了日本竞争力的日益提高，这其实是一种误解。如果仔细地考察日本的合作项目就会发现并非如此。日本公司参与通产省的项目是为了与通产省保持良好的关系，保护公司的形象，防止竞争对手从该项目中获利——这很大程度上是防御性原因。公司很少让它们最好的科学家和工程师参与项目研究，它们通常在同一领域更多地花费在自己的研究上，最典型的表现就是政府对合作项目研究只提供一般性的财政资助。日本合作研究的真正价值在于指出新兴技术的重要性和刺激大公司进行科研。合作研究刺激公司探索新的领域和增加内部的研究与开发开支，因为公司知道它们的国内竞争者正在进行研究。在一定的限制条件下，合作研究是有益的。研究项目应该集中在基础产品和过程的研究，而不能是与公司竞争优势密切相关的领域。它们只能是公司给定领域的整个科研规划的一部分。合作研究只能是间接的，通过大多数产业都能参与的独立组织进行。像大学实验室和研究中心之类的组织结构就减少了管理问题，并使竞争对手的风险最小化。最后，最有用的合作研究项目经常包括涉及很多产业并需要大量的研究与开发投资的领域。⑤提倡持续投资。政府通过在诸多领域中的政策影响投资者、管理者和雇员的目标形成。这种方式在有规则的资本市场形成对投资者的激励和公司的行为。政府应该致力于鼓励在人的技能、创新和物质资产方面的持续投资。也许提高产业持续投资比率的最有用的工具，是对限定于公司股权新投资的长期（五年或更多）资本收益的税收激励。长期资本收益激励应该应用于养老基金和其他免税的投资者，它们现在正从事短期和快捷的贸易。⑥放松对竞争的管制。对竞争的管制通过下列政策进行：维护国家垄断，控制产业进入和限定价格。这些政策导致了两个严重的后果：由于公司集中精力与管制者进行谈判和交易以保护它们的所得，所以限制了竞争和创新；导致了某些产业缺乏动力和不满意的买主或供应商。如果没有活跃的国内竞争者和强有力的反垄断政策，那么放松管制和私有化也不可能成功。⑦推动强有力的国内反垄断政策。一个强有力的反垄断政策——尤其是对于横向兼并、联盟和共谋行为——是创新的基础。在今天，在全球化和创造国家冠军的名义下进行合并和联盟的做法很流行，但是它们经常破坏竞争优势的创造。真正的国家竞争力需要政府制止包括产业领导者在内的兼并、收购和联盟；而且，对购并和联盟的标准与政策应该对国内外公司一样有效。政府政策应该支持国内外公司内部进入。但是，当购并可以增进最终能创造竞争优势的技能时，就应该允许公司购并那些相关的小公司。⑧反对有管制的贸易。有管制的贸易代表一种处理国家竞争力不断增长和危险的趋势。有组织的市场协议、自愿限制协议或设置数量目标分割市场的其他方法都是危险的、低效的，而且对于消费者来说经常是昂贵的。有管制的贸易没有促进国家某产业的创新，反而是为低效率的公司保护了市场。政府贸易政策应该寻求进入其他国家开放市场的途径。为了提高效率，贸易政策不应该只是消极的工具，它不能仅仅反映抱怨者的要求或只为那些能掌握政治影响的产业服务。它不应该长期损害或服务于陷于困境的产业。贸易政策应该追求开放市场，无论这个国家有无竞争优势，而且它应该积极地反映新兴市场和初露端倪的问题。当政府发现其他一个国家设置贸易障碍时，那它应该采取消除这些障碍的措施，而不是管制其出口或进口。就拿日本来说，迫使其加快进口速度的方式就比有管制的贸易方式好。惩罚公司进行不公平贸易的补偿性关税要好于市场配额。其他为了打开市场而采取的日益重要的工具有其局限性：阻止来自于被冒犯国家的公司在东道国的收购或在生产设备上的投资，从而阻止不公平竞争国家的公司利用它们的优势建立免于制裁的新的"桥头堡"。但是，任何这些补救措施都有可能引起适得其反的结果。

六、机会

机会来自于企业外部，如发明、基础技术的突破、战争、外部政治变化、国外市场的转变。这些机会形成了产业发展的不连续性，能够解散或重塑产业结构，形成一国企业代替另一国企业的机会。在许多产业的国际竞争优势的形成过程中，机会因素发挥了重要作用。

当今的许多公司放弃了它们的国内竞争优势要素。可以肯定的是，采用一个全球性的前景对于竞争优势的创造来说是重要的。但是依靠能替代国内能力的国外活动是次优选择。抵消当地要素劣势的创新要好于从外部获取资源。发展国内供给者和买主要优于单纯依靠国外企业。除非支持竞争的关键存在于国内，那么公司在长期内将不能维持竞争优势。公司的目标应该在于提升以国内市场为基础的能力，这样国外的活动就是选择性的，而且仅仅是对总体竞争优势的补充。全球化的正确方法在于在其他国家选择性地开发有利的竞争资源。例如，对其他国家的成熟买主的识别能帮助公司理解不同的需求，并创造可能刺激更快创新的压力。

第四节　增强国际竞争优势，促进我国企业国际化

改革开放以来，我国立足客观的比较优势和基本要素禀赋条件，扬长避短，日益广泛地参与国际交换、国际合作和国际竞争，这一方面使我国的出口规模迅速增长，促进了我国经济的发展；另一方面，国外的产品和资本的大量涌入，以及我国一些企业尝试跨国经营的失败，也使我们认识到我国企业缺乏国际竞争优势。1996 年，我国钢产量已跃居世界首位，但产品竞争力低，达到国际标准的只占 10%。我国机械工业骨干企业的主导产品达到世界 20 世纪 90 年代水平的只占 17.5%。[①] 既然国际竞争优势是企业跨国经营的基础，面对缺乏竞争优势的我国企业，增强国际竞争优势就成为我国企业进行跨国经营的当务之急。而且，我国工业已经发展到由数量扩张向提高素质转变的关键时期，提高企业竞争力，增强企业竞争优势也是我国经济发展的必然要求。应指出的是，我国现在的比较优势地位不能成为放弃寻求企业国际竞争优势的原因。正如上分析，影响企业国际竞争优势的因素是多方面的，比较优势可以是竞争优势的来源，不具有要素禀赋条件的产业仍可以形成较强的国际竞争优势，许多国家的产业发展史也表明了这一点。针对我国现状，增强国际竞争优势、促进我国企业跨国经营、进一步实施全球战略应做到以下几点：

第一，要树立长期发展和竞争意识。国家要注重对知识资源、科学技术、教育和基础设施等后天创造的生产要素的投资，培养有效利用和配置生产要素的能力；企业要结合自己整个生产经营过程中的某些关键环节，要注重对诸如专有技术、专利、技术诀窍、品牌、人力资本、公共关系、营销网络等无形资产的投资。这既因为只有这些后天创造的生产要素以及企业无形资产因素才能构成企业长期竞争优势的基础，或者说只有这些因素才是真正的国际竞争优势来源，也因为人类社会正处于由工业化时代向知识经济时代过渡的时期，未来社会的国际竞争是知识、信息和人力资本的竞争。

第二，在创造公平竞争环境、鼓励竞争的前提下，制定科学的产业政策，培育本国的优势产业群，进而发展自己的跨国公司。激烈的国内竞争为企业获得较强的国际竞争优势奠定了基础，很难想象受补贴和保护的企业或缺乏国内竞争的企业会有较强的国际竞争优势。但现在的问题是随着我国国内市场的开放，外企大量涌入，国内市场竞争日趋激烈，而由于种种原因我国众多产业中

───────────────────

① 中国社会科学院工业经济研究所：《中国工业发展报告（1997）》，经济管理出版社，1997。

的企业与外企不处于同一"竞争等级",面临严峻考验。据《我国工业品国际竞争力比较研究》课题组分析,[①]从技术含量不高、比较优势因素不强的饮料业,到具有比较优势的传统产业纺织业;从技术成熟、已形成大规模市场能力的洗衣机、电冰箱、电风扇、空调器行业,到技术含量高、产品质量已接近世界先进水平的彩色电视机行业;从技术含量较高、有一定要素比较优势的造船业,到技术含量高、尚未形成国际竞争力的汽车工业、高新技术产业,都面临着不同程度的严峻挑战。当务之急是根据不同产业的具体情况制定科学的产业政策,既鼓励竞争,又在一定程度上保护民族工业,逐渐形成自己的优势产业群,促进我国企业的跨国经营。

第三,在产权明晰、政企分开的前提下,通过企业兼并、收购、联合等资本经营方式发展大型企业集团,迅速增强企业集团的诸如资金、规模经济等竞争优势,进一步发展为跨国公司。进行资本经营既是深化国有经济改革、对国有经济进行战略性重组的必然要求,又是现代企业超常发展的必经之路。纵观世界前 100 家大型跨国公司发展史,无一不是通过资本经营成长的。但应注意的是,无论是通过资本经营寻求竞争优势,还是利用竞争优势进行跨国经营以寻求更大发展,这都是企业根据自身发展需要而采取的自主行为,是符合企业发展规律的。政府不能越俎代庖,如有必要应通过政策约束和引导企业行为。

本章案例

海尔的跨国经营战略

海尔的跨国经营可以分为三个阶段:

一是进入 20 世纪 90 年代以来的出口战略。这一战略可以概括为"先难后易"、以创名牌为主。一般实施出口战略是先易后难,而海尔则认为,在发达国家市场能站住脚的品牌也就是世界名牌,有了世界名牌也就很容易进入发展中国家的市场。因此,他们把发达国家市场确定为目标市场,将产品出口到发达国家,并争取创出名牌,然后就可以以高屋建瓴之势打开发展中国家市场。

二是国外设厂阶段。1997 年 6 月和 8 月,海尔—LKG 电器有限公司和海尔工业(亚细安)有限公司分别在菲律宾和马来西亚成立,标志着海尔开始在国外抢滩设点,从国内生产出口逐步转向向外国直接投资,与外商合资在当地生产,占领国际市场。目前,它们已在世界上较有影响力的 10 个经济共同体

---

① 金碚:《中国工业国际竞争力——理论、方法与实证研究》,经济管理出版社,1997。

中使得每一个共同体选设了一个生产厂，并使当地国产化率达到 60%，以便将产品输送到共同体其他成员国，争取关税等方面的优惠，以获得更大的发展。

三是国际化经营阶段。主要表现在争创国际名牌、建立国际化营销网络、内部经营国际化和资源配置国际化等方面。为了创国际名牌，实现国际化经营的目标，海尔一直致力于生产具有国际品质的产品：①质量保证体系的国际化。②产品认证的国际化。③检测水平的国际认可。

为了在国际市场取得优势，海尔还建立了与本企业国际化战略相适应的国际营销网络，主要包括：①售前、售中、售后全方位的营销体系。②经销商的国际化、全球化。在建立海外营销体系时，海尔并没有大量派出人员设立海外销售机构，而主要依靠海外经销商和代理商。③网上销售。海尔将网上销售称为零距离销售，即公司的产品完全是根据客户的要求生产的，即公司与用户之间达到了零距离销售的效果，零距离的本质是心与心的零距离，有两方面的含义：一是企业同员工的零距离，二是员工同用户的零距离。

在企业内部经营国际化方面：①海尔在企业内部培养国际化经营人才，设立了培养国际化经营人才的"西点军校"，使海尔的"西点军校"培养出适应国际化经营的复合型人才，来保证海尔在国际化进程中持久的竞争力。②内部管理精细到每个人的国际化。海尔在"日事日毕，日清日高"的基础上，要求每一个人，包括内勤人员、生产工人、管理工人、营销人员等都要像工程师那样思维和行事，来保证向国际市场提供精细化、无缺陷的高质量产品和服务。③海外经营的本土化。目前，海尔在菲律宾、马来西亚、南斯拉夫等 5 个国家设立的工厂和在美国、法国、德国、日本等国设立的 10 个信息站、6 个设计本部，都能够根据当地的消费习惯和风格来设计和生产产品。

在资源配置方面：①利用国际化科技开发资源。近年来，海尔与德国的迈兹，荷兰飞利浦、美国 NETSCREEN 等公司分别在全媒体技术、数字化技术、变频技术、软件技术等方面建立了 15 个技术联盟，通过整合国际技术资源，使海尔在核心技术、关键技术领域同国际先进科技水平保持同步，同时大大提高了产品的技术竞争力。②进行国际融资，主要体现在海尔采用境外合资、上市等方式利用国外资金。

资料来源：http: // www.haier.com。

本章要点

1. 企业进行跨国经营，发展阶段各不相同。有的企业一创立，便将自己的目标市场定位在国外，进行跨国经营。但大多数企业的跨国经营是一个不断发展、循序渐进的过程：国内发展阶段、出口阶段、国外设厂或分部阶段、本地化阶段、跨国经营阶段。

2. 企业从事跨国经营有多种目的，比如寻求廉价资源，寻求新的市场，转移有污染产品的生产，利用廉价或高知识劳动力，发挥自己的优势，学习先进管理经验和技术，等等。从理论上来讲，主要有资源禀赋理论、梯度转移理论、生命周期拓展理论、优势拓展（折中理论）等。

3. 波特提出了解释国家产业或企业在国家市场上取得竞争优势的菱形图理论。菱形图由四个基本决定因素和两个辅助因素组成。四个基本决定因素是：要素条件、需求条件、相关及支持性产业，以及企业的战略、结构和竞争。这些决定要素创造了企业竞争的一个基本环境。每一个决定因素都会影响企业的国际竞争优势的成功。辅助因素包括政府的作用和机会。

4. 针对我国现状，增强国际竞争优势、促进我国企业跨国经营、进一步实施全球战略应做到：要树立长期发展和竞争意识；在创造公平竞争环境、鼓励竞争的前提下，制定科学的产业政策，培育本国的优势产业群，进而发展自己的跨国公司；在产权明晰、政企分开的前提下，通过企业兼并、收购、联合等资本经营方式发展大型企业集团，迅速增强企业集团的诸如资金、规模经济等竞争优势，进一步发展为跨国公司。

研究思考题目

如何培育中国企业的国际竞争优势？

推荐阅读材料

王林生：《跨国经营理论与实务》，对外贸易教育出版社，1994。

［美］Dominick salvatore：《国际经济学》（第五版），朱宝宪等译，清华大学出版社，1998。

梁能：《跨国经营概论》，上海人民出版社，1995。

毛蕴诗:《跨国公司战略投资竞争与国际直接投资》,中山大学出版社,1997。

史建三:《跨国并购论》,立信会计出版社,1999。

第二十八章 企业社会责任

企业社会责任本是一个西方的概念，随着经济社会的发展、公众价值观的变迁、市场竞争内容的多元化，企业社会责任从理论走向实践，而跨国公司对供应链企业的审查和认证又将企业社会责任实践从西方推向全球，成为全球企业管理研究和实践中不可回避的重要问题。本章首先介绍企业社会责任的概念演进过程，再对企业承担社会责任的动因予以阐析，最后分析社会责任规则体系的构成以及企业社会责任对中国企业的影响。

第一节 企业社会责任：演进的观点

企业社会责任是"一个兼容的领域，有着宽泛的边界、多元化的成员、不同的学术背景、大量非集中的文献、多学科交叉的观点。"① 半个多世纪以来，西方企业社会责任的概念不断演进，梳理其脉络对深入理解企业社会责任理论和实践裨益不浅。

一、企业社会责任的起源与含义

一般认为，企业社会责任（CSR，Corporate Social Responsibility）的概念始于英国学者 Oliver Sheldon，他在美国进行企业考察时，于 1923 年提出了企业社会责任的概念。Sheldon 把企业社会责任与公司经营者满足产业内外各种人类需要的责任联系起来，并认为企业社会责任有道德因素在内。到了 1953 年，Bowen 在其著作《商人的社会责任》中正式提出了企业及其经营者必须承担社会责任的观点，由此开拓了现代企业社会责任研究领域，被誉为"企业社会责任之父"。②

---

① Carroll, 1994, Social issues in management research: experts's views, analysis and commentary, in Business and Society, 33, pp.5-29.
② 郑若娟：《西方企业社会责任理论研究进展——基于概念演进的视角》，载《国外社会科学》，2006（2）。

Bowen 之后的 60 年代，更多学者参与了企业社会责任的研究，研究对象开始从关注商人个体转向关注企业作为经济组织的社会责任，譬如 Davis 提出了"责任铁律"，即"商人的社会责任必须与他们的社会权力相称"，企业"对社会责任的回避将导致社会所赋予权力的逐步丧失"；① Frederick 强调企业有责任为社会进步作出贡献；② McGuire 明确地将 CSR 概念延伸出经济和法律范围之外，企业应该承担除经济和法律之外的其他责任。③

但是，整个 60 年代，弗里德曼对企业社会责任的说法居于统治地位：企业的责任就是股东利润最大化。弗里德曼认为企业有且仅有一个社会责任——在法律和规章制度许可的范围之内，利用它的资源从事旨在增加其利润的活动。在弗里德曼理论的影响下，企业的社会责任在很长一段时间被当做所谓的利他行为而被处理为"外部性"问题。

自 70 年代开始，"企业的社会责任就是利润最大化"的观点失去了统治地位。企业应该保护社会大众的利益并在改善社会的活动中发挥积极作用成为一种伦理共识。企业社会责任的研究也开始走出是否应该承担社会责任的争论，将研究的重点放在企业应当承担什么样的社会责任以及如何承担社会责任上来，也就是研究企业社会责任的内涵和内容。④ 表 28-1 汇集了自 20 世纪 20年代以来涌现的一系列企业社会责任定义。

下述定义基本可分为两类：一类是狭义的企业社会责任，即将企业社会责任视为与经济责任相对立的概念，企业社会责任是专指经济责任以外的法律和道德责任。而另一类则是广义的企业社会责任，不再将社会责任与经济责任相对立，而经济责任也作为社会责任的一部分，包括在企业社会责任的范畴以内，可以称之为企业社会责任综合说。Archie Carroll 的企业社会责任概念——企业社会责任金字塔（pyramid of corporate social responsibility）在企业社会责任综合说中最具代表性，同时，这也是最为广泛接受和最常提及的企业社会责

① Davis, K., 1960, Can business afford to ignore social responsibilities? in California Management Review, (2:3), pp .70–76.

② Frederick, W.C., 1978, From CSRI to CSR2: the maturing of business and society thought, in Working Paper No. 279, Pittsburgh, PA: University of Pittsburgh, Graduate School of Business.

③ McGuire , J .W., 1963, Business and Society , New York , McGraw-Hill.

④ 西方理论界对企业是否应该承担社会责任（即企业社会责任的正当性）的争论持续不休，从 20 世纪 30 年代"贝利—多德"论战开始，到 50~70 年代的"贝利—曼恩"论战，再到弗里德曼的"企业的社会责任是增加其利润"，在此过程中企业社会责任的概念不断调整、丰富和发展。但是要说明的是，现在只有很少的企业家和学者在继续反对企业社会责任，争论的焦点已经不是"是否应该承担社会责任"，而是更多地集中在企业社会责任的类别及范畴上，有鉴于此，再加上篇幅的限制，本文不再重复这些历史争论，感兴趣的读者可参见卢代富的著作（2002，p.44–58）。

表 28-1　企业社会责任含义的演变

学者或机构	时间	社会责任的定义
Oliver Sheldon	1923	最早提出了企业社会责任的概念。把企业社会责任与公司经营者满足产业内各种人类需要的责任联系起来，并认为企业社会责任有道德因素在内
H. Bowen	1953	企业社会责任是企业具有的一种以有利于社会整体目标和价值观的原则来拟定政策目标、制定政策和采取行为的义务和职责
Milton Friedman	1962	企业的社会责任就是增加利润。强调企业是纯粹的经济组织
Joesph W. McGuire	1963	社会责任的思想主张公司不仅有着经济和法律方面的义务，在此义务之外，还承担有其他社会责任
Sethi	1975	社会责任是企业符合现代社会规范、价值和期望的行为
Keith Davis & Robert L. Blomstorm	1975	社会责任是决策者的义务，决策者在追求自我利益时必须采取行动以保护和增进社会公益。其中"保护"指企业应避免对社会造成负面影响，而"增进"则是指企业需创造对社会的正面影响
Raymond Bauer	1976	企业社会责任是认真思考公司行为对社会的影响
Archie Carroll	1979	企业社会责任指某一特定时期社会对企业所寄托的经济、法律、伦理和自行裁量（慈善）的期望。它包括经济责任、法律责任、伦理责任和慈善责任
Edwin M. Epstein	1987	企业社会责任主要与组织对特别问题的决策（有一定规范性的）结果有关，决策要达成的结果应对利益相关者是有益的而不是有害的。企业社会责任主要关注企业行为结果的规范性、正确性
Wood	1991	社会是企业和社会互动的基本理念。其三项原则为：制度层次的合法性、组织层次的公共责任与个人层次的管理自由等原则
BSR（企业责任商业联合会）	1992	企业的运营达到或超越社会对商业组织在道德、法律、商业和公众等方面的期望。其内容包括员工关系、创造及维持就业机会、投资于社区活动、环境管理及经营业绩等
欧洲委员会	2001	公司在自愿的基础上，把社会和环境密切整合到它们的经营运作以及与其利益相关者的互动中
世界银行	2003	企业与关键利益相关者的关系、价值观、遵纪守法以及尊重人、社区和环境有关的政策和实践的集合，是企业为改善利益相关者的生活质量而贡献于可持续发展的一种承诺

资料来源：根据相关文献整理。

任概念。

Archie Carroll 把企业社会责任看做是一个结构成分，关系到商业社会关系的四个不同层面。即"企业社会责任包含了在特定时期内，社会对经济组织经济上的、法律上的、伦理上的和自行裁量的期望。"[①]

---

① Carroll, A. B., 1979, A three-dimensional conceptual model of corporate social performance, in Academy of Management Review (4), pp .497-505.

（1）经济责任。卡罗尔认为，对于经济组织而言，经济责任是企业最基本也是最重要的社会责任，但并不是唯一责任。

（2）法律责任。作为社会的一个组成部分，社会赋予并支持企业承担生产性任务、为社会提供产品和服务的权力，同时也要求企业在法律框架内实现经济目标，因此，企业肩负着必要的法律责任。

（3）伦理责任。虽然企业的经济和法律责任中都隐含着一定的伦理规范，公众社会仍期望企业遵循那些尚未成为法律的社会公认的伦理规范。

（4）慈善责任。社会通常还对企业寄予了一些没有或无法明确表达的期望，是否承担或应该承担什么样的责任完全由个人或企业自行判断和选择，这是一类完全自愿的行为，例如慈善捐赠、为吸毒者提供住房或提供日托中心等，卡罗尔将此称为企业自行裁量责任。

从企业考虑的先后次序及重要性而言，卡罗尔认为这是金字塔形结构，经济责任是基础，也占最大比例，法律的、伦理的以及自行裁量的责任依次向上递减（具体参见图28-1）。[①]

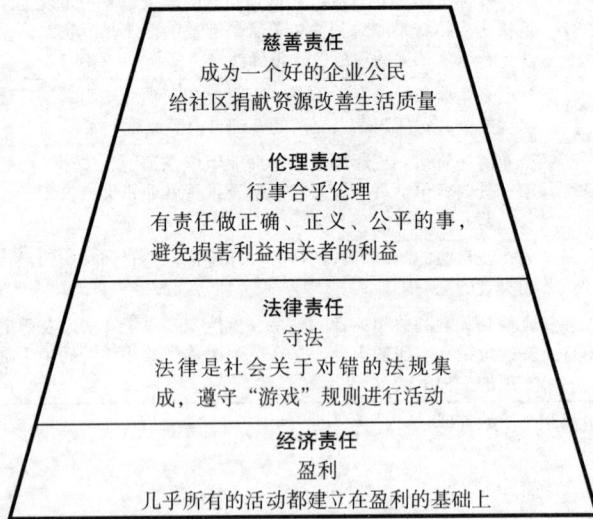

慈善责任
成为一个好的企业公民
给社区捐献资源改善生活质量

伦理责任
行事合乎伦理
有责任做正确、正义、公平的事，
避免损害利益相关者的利益

法律责任
守法
法律是社会关于对错的法规集
成，遵守"游戏"规则进行活动

经济责任
盈利
几乎所有的活动都建立在盈利的基础上

图 28-1 企业社会责任金字塔

资料来源：阿奇·B.卡罗尔、安·B.巴克霍尔茨：《企业与社会：伦理与利益相关者》，第26页，2004。

[①] 尽管卡罗尔所提出的包含经济、法律、伦理和慈善的四个层次定义能较为全面地概括企业所应承担的各类社会责任，但诸多学者认为卡罗尔的分类方法混淆了企业责任和企业社会责任的区别，企业经济责任是与社会责任相对应的概念，不应包含在企业社会责任的概念范围内。

需要特别指出的是，卡罗尔的企业社会责任定义相当于一个利益相关者模型。不同层次的社会责任对不同的社会责任对象（利益相关者）的影响力并不相同。经济责任对股东和雇员起的影响作用最大（这是因为如果企业收益不佳，股东和雇员的利益将直接受到影响）。在当今社会里，对企业构成诉讼威胁的主要来自雇员和消费者。而与雇员和消费者相关的伦理问题也是最多的。慈善责任对社区的影响最大，对消费者的影响则较弱，某些研究表明公司慈善行为对雇员的士气有着重要的影响。

表 28-2　企业社会责任的利益相关者观点

企业社会责任的构成	受企业社会责任影响的利益相关者群体				
	所有者	消费者	雇员	社区	其他利益相关者
经济责任	1	4	2	3	5
法律责任	3	2	1	4	5
伦理责任	4	1	2	3	5
慈善责任	3	4	2	1	5

注：表格里的数字表示每一社会责任行为影响的利益相关者的优先权。

资料来源：阿奇·B.卡罗尔、安·B.巴克霍尔茨：《企业与社会：伦理与利益相关者》（中译本），第27页，2004。

二、企业社会回应

由于大部分企业社会责任的定义过于模糊和抽象，并且缺乏内在的一致性，因此，研究者开始倾向于以 CSR 作为出发点，通过各种衍生概念、主题来丰富对 CSR 的研究。其中，企业社会回应（corporate social responsiveness）是一个非常重要的衍生概念，它主要针对早期企业社会责任的定义中过于强调企业承担社会责任的动机而忽视其实施的不足，从而提出"行动导向的企业社会责任"。[1]

20 世纪 70 年代中期以来，企业作为整个社会环境中的一个角色，不仅必须满足一定的社会期望，而且应该考虑如何对不断变化和提升的社会期望作出回应，一些研究者提出用"社会回应"来代替社会责任。Frederick 将社会回应定义为"企业回应社会压力的能力"，[2] 由于企业社会回应的缩写（Corporate Social Responsiveness，缩写为 CSR）与企业社会责任（Corporate Social Responsibility，CSR）一致，所以用 CSR_2 来代替企业社会回应以示区别。同样，

---

① 阿奇·B.卡罗尔、安·B.巴克霍尔茨：《企业与社会：伦理与利益相关者》，第30页，2004。

② Frederick, W.C., 1978, From CSR_1 to CSR_2: the maturing of business and society thought, in Working Paper No. 279, Pittsburgh, PA: University of Pittsburgh, Graduate School of Business.

Ackerman 和 Bauer 认为"回应社会需求远不只是决定做什么，当人们决定了做什么以后，还有怎么去做的问题，还有管理上的任务，而管理上的任务并不琐碎"，[①] 他们建议企业采取三方面的行动对社会进行回应，即监控和评价外部环境条件、关心利益相关者的要求、设计一些计划和政策以回应不断变化的环境及利益相关者的要求。[②] Ian Wilson 更进一步提出，企业可采取的社会回应战略有四种：反应、防御、适应和主动寻变。[③] 如表 28-3 所示，社会响应概念比传统的社会责任更明确、更具操作性，有助于企业社会责任的实施。[④] 所以，社会回应管理一直是 20 世纪八九十年代企业社会责任研究的主题，并成为企业社会责任管理实践的重要方法之一。

表 28-3 社会责任与社会回应的区别

	社会责任	社会回应
主要考虑	道德的	实际的
焦点	结果	手段
强调	义务	回应
决策框架	长期	中、短期

资料来源：斯蒂芬·P.罗宾斯：《管理学》，第 98 页，中国人民大学出版社，1997。

三、企业社会表现

在社会回应的基础上，一些学者提出了一个由 CSR 衍生出来的综合性概念——企业社会表现（Corporate Social Performance，CSP），试图给企业社会责任赋予一个更加广泛的内涵，其定义为"一个企业组织社会责任基本原则的综合反映，是企业承担社会责任的全过程，包括承担社会责任的意愿、相关的社会责任政策、实施的社会责任项目，以及这些项目可观察到的结果的综合反映。"[⑤] 企业社会表现概念是一个广义的观点，判断一个企业不仅要看它是否接受社会责任这一观念，而且要看它在寻求社会需要、实施项目以满足这些需求并评估这些项目的影响的整个过程中的表现。

---

① Robert Ackerman and Raymond Bauer, Corporate Social Responsiveness: The Modern Dilemma (Reston, VA: Reston Publishing Company, 1976), 6.

② Ackerman, R. W. & Bauer, R. A., 1976, Corporate Social responsiveness, Reston, Virginia: Reston Publishing.

③ Ian Wilson, "What One Company Is Doing About Today's Demands on Business", in G.A. Steiner (ed.) Changing Business-Society Interrelationships (UCLA, 1975).

④ 一个对社会敏感的企业管理者不会去评价从长期来看什么对社会有益，而更愿意认识到流行的社会准则，然后改变其社会参与方式，从而对变化的社会状况作出积极反应。

⑤ Donna J. Wood, "Corporate Social Performance Revisited," Academy of Management Review, October 1991, p. 693.

　　1979 年，卡罗尔综合相关研究成果提出了一个包含企业社会责任、利益相关者和社会回应三个维度的 CSP 模型（参见图 28-2），这个模型最大的贡献是将以往人们所争论的关于企业社会责任的观点系统化，定义了企业必须承担的经济、法律、伦理和自行裁量的四种不同责任，并且将企业在处理社会问题时所应考虑，但以前是相互独立的企业社会责任、社会有效回应和社会议题三个维度进行整合，为企业社会责任的议题研究开辟了新视野，构建了一个整体的理论框架。20 世纪八九十年代，沃提克和伍德等人进一步从社会表现动态管理和绩效管理评估的角度分别对卡罗尔的模型进行了修正。由于企业社会表现概念与模型所强调的是将企业社会责任概念放在管理背景中，考虑了动机、过程及结果的整体过程，因此，对企业社会责任的理论发展和管理实践都产生了重要影响，尤其是 20 世纪 90 年代，对企业社会表现与财务绩效之间关系更是实证研究的热点。

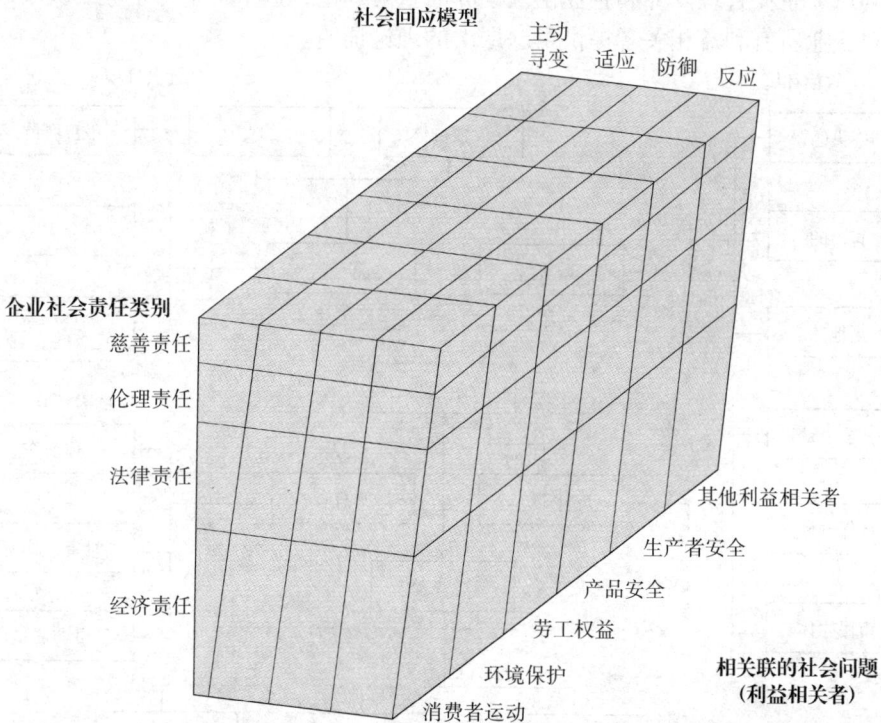

图 28-2　卡罗尔的企业社会表现模型

　　资料来源：阿奇·B.卡罗尔、安·B.巴克霍尔茨：《企业与社会：伦理与利益相关者》，第 32 页，2004。

四、企业社会责任的理论基础

（一）利益相关者理论

利益相关者理论（Stakeholder Corporate Governance Theory）是对传统的"股东至上主义"治理模式的挑战。其思想渊源来自 Dodd 在 1932 年的经典文献。他指出，公司董事必须成为真正的受托人，他们不仅要代表股东的利益，而且要代表其他利益主体，如员工、消费者，特别是社区的整体利益。而利益相关者（stakeholder）一词最早源于斯坦福研究所的一份备忘录，指"那些没有支持，组织便不复存在的集团"。Freeman（1984）加深了人们对这一概念的认识，他认为"利益相关者是任何影响企业目标实现或被实现企业目标所影响的集团或个人"。因此，除股东外，企业员工、债权人、顾客、供应商、社区、政府等都是企业的利益相关者。此后，经过诸多学者的完善，利益相关者理论成为风靡企业管理学界和企业伦理学界的重要理论，这个理论为企业及其管理者对企业所有利益相关者提供了深层次的理论证明。

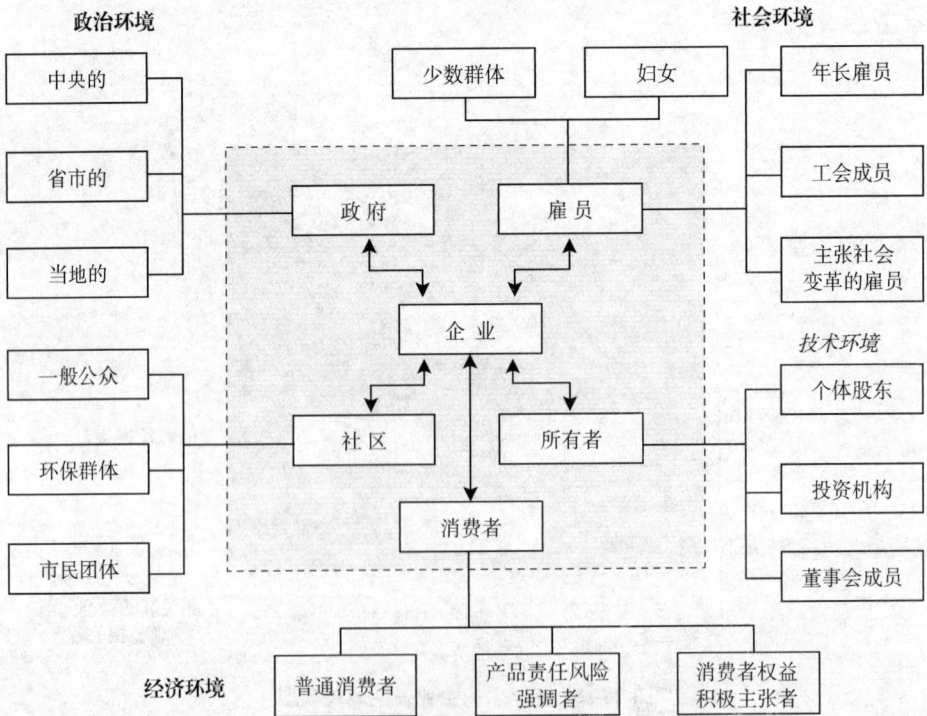

图 28-3　企业的利益相关者

资料来源：阿奇·B.卡罗尔、安·B.巴克霍尔茨：《企业与社会：伦理与利益相关者》，第 47 页，2004。

利益相关者理论认为，企业是一个由利益相关者构成的契约共同体，利益相关者既包括企业的股东、债权人、雇员、消费者、供应商等交易伙伴，也包括政府部门、本地居民、当地社区、媒体、环境保护主义者等压力集团（参见图 28-3），甚至还包括自然环境、人类后代、非人物种等受到企业经营活动直接或间接影响的客体。这些利益相关者都对企业的生存和发展注入了一定的专用性投资，[①] 他们或是分担了一定的企业经营风险，或是为企业的经营活动付出了代价，因此，企业管理者的任务在于使企业创造的总价值最大化，而不是最大化股东的投资回报；他们必须全面考虑企业的决策和行为对企业所有利益相关者的影响，在经营决策时必须要考虑他们的利益，并给予相应的报酬和补偿，[②] 企业对利益相关者必须承担包括经济责任、法律责任、道德责任、慈善责任在内的多项社会责任。

但是，需要指出的是，平衡所有利益相关者的利益是一个不切实际的目标。公司对所有利益相关者承担同等的责任，理论上看似合理，但由于其模糊了企业和市场的边界而在实际中根本不具备操作性。因为对所有参与者都负责，实际上造成的后果可能是对所有人都不负责或都负不了责。这也正是利益相关者理论广受批评的焦点所在。[③]

（二）契约主义

企业契约主义（Contractarianism）认为企业与社会各种利益集团之间有一系列自愿同意并相互受益的契约。履行与社会各种利益集团的合同义务就是企业的责任。企业应对为它的存在而提供条件的社会承担社会责任，社会应对企业的发展承担责任。企业无法超越社会存在，企业与企业和企业与社会之间始终存在着一种基本协定，即社会契约。企业是支撑人类社会生存的基本经济单位，企业行为的后果让社会来承接。而企业也是社会的产物，企业生存在社会环境之中，从某种程度上讲，它的经营业绩取决于社会环境的好坏。社会价值观往往决定着企业的价值观，从而决定企业的行为。[④]

社会契约理论是一种非常抽象的概念，但它暗含着企业必须符合公众的期望，契约主义是企业责任的一种扩展概念，因为它不加任何限制地增强了企业

---

① 譬如，长期雇员向企业投入专用技术（Specialized Skills），供应商、客户等当事人在企业中有专用投资（Specialized Investments）。

② Margaret M. Blair, Ownership and Control: Rethinking Corporate Governance for the Twenty-first Century, The Brooking Institution, Washington, D. C., 1995.

③ 与这种广泛的企业利益相关者观点相对应的，另一种观点认为企业主要服务于关键利益相关者，因为只有他们才投入了专用性投资而面临被"敲竹杠"和"套牢"的风险。

④ 林军：《企业社会责任的社会契约理论解析》，载《岭南学刊》，2004（4）。

对许多社会因素的义务。按照这种逻辑，企业可能要被赋予比今天它们乐意承担的种类更多的义务。

（三）责任铁律

管理学一般认为"权力"与"责任"是对等的，不需承担责任的特殊权力实际上是极少有的，这就是"责任铁律"（Iron law of Responsibility）。戴维斯（K. Davis）根据"责任铁律"强调，"商人的社会责任必须与他们的社会权力相称"。企业"对社会责任的回避将导致社会所赋予权力的逐步丧失"，因此，社会责任是指"企业考虑或回应超出狭窄的经济、技术和立法要求之外的议题，实现企业追求的传统经济目标和社会利益。"[1] 自从企业产生以来，其经济影响力、政治影响力、对个人的影响力、技术影响力、文化影响力和环境影响力都不断增强，尤其产生了一些规模巨大的企业，这些企业牢牢控制着整个社会运行的权力体系，牺牲劳动者、消费者和社区环境利益，影响着大多数人的生活方式和生活水平，影响政府公共政策的制定，侵占公民和政府的权利，轻而易举地摧毁一个国家的运行，对政治、经济和社会生活构成了严重的威胁，形成了庞大的雄踞社会之上的"公司帝国"。[2] 随着企业权力的不断扩张，按照"责任铁律"权责一致的要求，社会当然要求企业承担更多的社会责任，否则会引致强大的社会批评和社会压力，使企业丧失社会所赋予的权力。

就未来理论发展的趋势而言，CSR 的概念也许将不断得到修正，也许会产生更多新的概念和术语。但无论如何，未来的发展不可能与过去半个多世纪所积累的理论成果相分离，而是将基于不断发展变化的社会环境和期望不断构建一个更系统的、更具可操作性的 CSR 理论框架。这个框架将包含实施 CSR 的基本动机和原则、过程和战略、绩效评价工具和指标等。最重要的是，未来的研究要切实能够为促进全球 CSR 运动的开展提供有力的理论支持。

第二节　企业承担社会责任的动因分析

企业承担社会责任动因有四：①企业价值观的变化使企业更为积极主动地承担社会责任。②社会责任运动的压力使企业不得不承担更多的社会责任。③企业影响力的扩大，使企业有必要、也更可能承担社会责任。④出于战略

---

① Davis, K., 1960, Can business afford to ignore social responsibilities? in California Management Review, (2:3), pp.70–76.

② 查尔斯·德伯：《公司帝国》，中信出版社，2003。

的考虑，承担社会责任能改善形象，增加员工满意度，提升绩效和竞争力。上述动因使企业改变原来的行为表现，调整对企业社会责任的认识，制定企业行为规范，签署新的社会契约，承担企业社会责任。

一、企业价值观的变化

随着西方经济结构和社会结构的演变，在商业领域，传统的股东利润最大化的企业经营价值观也发生了变化，形成了企业不但负责创造财富，而且负责社会和谐和环境保护的共识，其中，最有代表性的是企业公民观。波士顿学院企业公民研究中心认为，企业公民是指一个公司将社会基本价值与日常商业实践、运作和政策相整合的行为方式。一个企业公民认为公司的成功与社会的健康和福利密切相关，因此，它会全面考虑公司对所有利益相关者的影响，包括雇员、客户、社区、供应商和自然环境。世界经济论坛认为，企业公民包括四个方面：①好的公司治理和道德价值。主要包括遵守法律、现存规则以及国际标准，防范腐败贿赂，包括道德行为准则问题以及商业原则问题。②对人的责任。主要包括员工安全计划，就业机会均等、反对歧视、薪酬公平等。③对环境的责任。主要包括维护环境质量，使用清洁能源，共同应对气候变化和保护生物多样性等等。④对社会发展的广义贡献。主要指广义的对社会和经济福利的贡献，比如传播国际标准、向贫困社区提供要素产品和服务，如水、能源、医药、教育和信息技术等，这些贡献在某些行业可能成为企业的核心战略的一部分，成为企业社会投资、慈善或者社区服务行动的一部分。

目前，发达国家一些公司开始公开声称要做企业公民，企业是国家的公民，要为社会发展作出贡献，从而带动一大批企业竞相开展企业公民竞赛。企业公民成为企业在市场和社会中树立形象和建立良好信誉的重要方式。企业公民运动从企业自律的层面推动企业承担社会责任，成为企业社会责任的内在动力。

二、社会责任运动的压力

企业承担社会责任的主要动因还是迫于各种社会责任运动所施加的压力：在消费者运动中，消费者"用脚投票"，以"拒绝购买"作为手段，迫使企业为了市场份额而不得不遵从消费者的价值取向；在社会责任投资方面，股东的"道德投资"和"环境投资"引导企业更加注重改善员工状况，增加环保投入。此外，环境保护运动和劳工保护运动等企业社会责任运动都给企业施加了更大的内外压力，履行社会责任成为企业生存发展的必选题。

（一）消费者运动

消费者对企业的压力在本质上就是退出权，特别是在买方市场结构下，消费者的联合退出对企业是致命的打击，这种消费者的联合维权被称为消费者运动。准确地说，消费者运动指的是在近现代商品经济条件下，消费者为争取社会公正、维护自身权益，而同损害消费者利益行为进行斗争的一种有组织的社会运动。消费者运动经历了一个从自发的群众性活动到有组织的群众性活动；从政府的行政干预到用法律保护消费者利益；从生产者、经营者对保护消费者的放任状态到积极参与的历史过程。

工业革命以后，世界从传统的农业经济迅速转向现代工业商品经济，生产高度发展，技术日益精进，产销过程复杂化，出现了如下新的格局：①商品生产的规模扩大了，商品的花色品种大幅度增加，商品的构造也日趋复杂，消费者难以从直观上了解商品的性能，因而在选购商品上处于不利地位。②少数资本家（或生产者）垄断了商品的生产和市场，加上销售组织的迅速发展和销售手段的现代化，迫使消费者接受其苛刻的交易条件，从而使消费者在交易过程中往往处于被动甚至是被愚弄和被损害的地位。③消费者在购买活动中受骗后，需要申诉并求得保护，这就导致了消费者保护思想的产生。④损害消费者活动的日益国际化，促使消费者保护的理论逐步发展为世界性的消费者保护运动。经过 100 多年的发展，到目前为止，全世界已有 90 多个国家共 300 多个消费者组织在开展活动（参见表 28-4）。

表 28-4　西方消费者运动的主要历程

时　间	关 键 事 件
1898 年	全世界第一个消费者组织在美国成立
1936 年	全美范围内建立消费者联盟
1960 年	国际消费者联盟组织宣告成立
1962 年 3 月 15 日	肯尼迪总统在国会上发表一篇特别咨文《保护消费者利益的特殊信息》，提出消费者具有四种权利：安全权、知情权、选择权和听证权，完整阐述了保护消费者的思想
1984 年 12 月 26 日	中国消费者协会成立
1985 年 4 月 9 日	联合国大会一致通过了《保护消费者准则》，宗旨主要是：①向消费者提供信息，对消费者进行教育，提高消费者维护自身权益的意识和能力。②处理消费者投诉，帮助消费者挽回损失。③搜集消费者的意见并向企业反馈。④大造舆论，宣传消费者的权利，形成舆论压力，以改善消费者的地位。⑤参与国家或政府有关消费者法律和政策的制定，并要求政府建立消费者行政体系，处理消费者问题。⑥成立消费者团体，确立消费者主权。⑦加强消费者国际团体及合作
1987 年 9 月	中国消费者协会加入国际消费者联盟组织

资料来源：根据相关材料整理。

　　在当前的西方社会，消费者运动对企业社会责任行为影响最大的是"货币选票"——消费者按照本人的意愿和偏好在市场上选购各种消费品，消费支出等于他们对各种商品生产者和销售者投"货币选票"。欧美国家的一些调查结果表明，绝大多数消费者认为，他们在购买产品或服务时，要考虑的一个重要因素是公司对社会责任的承诺，也就是说，消费者以货币选票向企业施加社会责任压力。欧盟委员会雇佣及社会事务所总部支持的"公司社会责任网（CSR Europe）"进行的消费者态度调查表明，在12162名接受访问的消费者中，44%的人回答他们愿意为社会责任和环保产品多付一些钱。消费者的行动带来了积极的结果，其中最重要的一个成果是，为了满足消费者的需要，一些组织推出了社会标志计划，即在产品上加贴标签，以此表明产品生产的工作条件是符合社会责任标准的。社会标志可以贴在产品或者产品包装上，或者在橱窗中展示。在消费者强大的压力下，跨国公司对社会责任的态度发生了较大的变化，由起初的拒绝承担责任、推卸责任，到现在的主动承担责任。

　　消费者运动不仅仅表现在拒绝消费某企业的产品上，还表现在通过媒体抨击该企业、向政府施加压力惩罚企业等。

　　（二）责任投资

　　责任投资（Socially Responsible Investment，简称 SRI）也称伦理投资或绿色投资，它关注的是企业社会责任的实现，其基本原则是通过资本引导，促进企业采取相应的社会责任行为，从利益相关者角度来看，社会责任投资运动也体现了强化股东对企业社会责任的要求。责任投资是指投资人从环保、劳工标准、人道以及是否违反自然规律等角度出发，通过投资者对财务、社会、环境的三重考虑，作出投资决策。SRI 理念综合考虑了经济、社会和环境等因素，使用多种策略滤除那些在履行社会责任方面表现不佳的公司股票，促进公司承担相应的社会责任，从而促进企业与社会可持续发展。表 28-5 详细列举了企业社会责任投资的评价项目。

表 28-5　责任投资（SRI）的主要评价项目

	环　境	社　会	伦　理
分析评价内容	资源的节约与利用；全球气候变化；水资源与水污染；空气、土壤污染；有毒废料；资源破坏及生态影响；生物多样性；产品与服务的生态效益；环保创意；推动职工参与	①利润分享：员工所能得到利润的百分比。②工作福利：员工流失率、健康及安全记录、员工家庭福利政策。③平等机会及包容性：妇女及少数代表与管理层及高级管理层的关系，包括他们的代表性。④员工参与权益：员工行动，员工进行抗争的次数、小组抗议次数。⑤推定供应商：建议供应商改善环境、服务社会。⑥社群及公众政策：参与社群活动、提供赞助。⑦企业监管：相关信息披露的透明度	军事；赌博；色情；烟草；酒精；基因工程；核能；动物实验

　　资料来源：温素彬：《社会责任性投资与企业绩效评价》，第九届财务学科建设研讨会，2004。

现代的 SRI 运动始于 1971 年的柏斯全球基金（Pax World Fund），该基金由抗议"越战"的牧师发起，他们创办了一个共同基金，把他们认为不合道德的公司剔除在他们拥有的所有股票组合之外。"任何真正关心伦理、道德、宗教或政治原则的个人或群体应该至少在理论上保持他们的投资与他们的原则相一致"。此后，各国 SRI 基金纷纷成立，SRI 资金急剧增长，并随之引起了一些重大变化。首先，原来的 SRI 是以零售基金为主体，现在则以养老基金和保险基金等机构投资者为主流。其次，实施的方式从原有主要依靠负面筛选股票的方法（即将其认为不符合伦理要求的公司从投资组合中排除出去）转向"三腿凳"结合的方法（即将股票筛选、股东行动主义和社区投资三种方法相结合），以一种更积极的方式来推动企业社会责任的实施。最后，一些国家如美国、英国、加拿大和澳大利亚等政府通过立法、政策等手段来推动 SRI 基金的发展。

此外，几大证券市场都推出相应的社会责任指数来支持 SRI 的实施，如美国的道琼斯可持续全球指数（Dow Jones Sustainability Global Index，DJSGI）和纳斯达克社会指数（Nasdaq Social Index）、英国的《金融时报》社会指数（FTSE4 Good World Social Index）和日本晨星社会责任投资指数（Morning Star Japan KK）。

（三）环境保护运动

随着工业化进程的加快，全球都面临臭氧减少、全球变暖、固体废物和危险废物剧增、淡水数量减少和淡水污染、海洋污染、森林退化、土地退化、生物多样性受到威胁、室内和室外空气污染、能源低效率利用等环境问题的威胁。因此，环保主义者就通过演示、抵制、公开教育、游说和研究使得政府、企业和公众承担环境责任，这就是所谓的环保运动。

表 28-6 西方环境保护运动的主要历程

年 份	关 键 事 件
1962	卡森（Rachel Carson）出版了《寂静的春天》，唤醒了公众的环保意识
1972	罗马俱乐部《增长的极限》报告
1972	联合国环境计划署（UNEP）成立
1987	《蒙特利尔公约》（Montreal Protocol）实施
1992	通过《里约热内卢宣言》（地球宪章）

资料来源：根据相关材料整理。

由于企业对自然资源的消耗和自然环境的污染起了主要作用，企业就成为环境保护运动所批评的主要对象。几乎在每个国家，企业运营的每个环节都要对消耗大量的原料和能量负责，也要对引起的废物堆积和资源耗竭负责。[①] 1999 年，企业把超过 500 种、重达 77 亿磅的化学品和化合物排放到空气、水和土地（包括地表和地下）中。[②] 政府也逐渐认识到了问题的严重性，开始通过立法约束企业对环境的污染。公众也开始抵制消费非环保产品。在这种压力下，企业开始重视环境保护，承担对环境的社会责任。

（四）工会组织和劳工运动

在企业的利益相关者契约模型中，员工往往是通过组建工会和集体谈判（Collective Bargaining）约束企业承担社会责任，保护员工利益。查尔斯·德伯非常重视劳工运动对企业承担社会责任作用，"……在美国作为发起资助以及广泛传播针对企业不良行为的批判的主力军，工会组织的角色都是不可替代的……作为唯一一支能够迫使企业承担起更多社会责任的力量，劳工运动已经发展成为推进社会民主化进程的一支生力军"。[③] 随着人力资本在企业中重要性的提高，工会组织和劳工运动对企业形成强大的压力，促使企业在福利待遇、工作安全、健康权以及参与企业治理等方面有了较大的进步。

三、企业影响力的扩大

企业影响力是企业通过行动改变社会的力量和强度。从社会契约的角度来看，企业影响力是以社会契约为合法性基础，是社会赋予的职权。企业与社会的契约规定了企业影响力的性质和局限。如果影响力超出企业社会契约的约定，必然遭到社会的批评和纠正。

斯蒂纳等人（2002）认为企业影响力主要体现在六个方面：①经济影响力是企业通过对资源特别是财产的控制，来影响事件、活动和人们的能力。它是一种获得资源并把它们转化成产品和服务的能力。从直接影响来说，企业的经营可能会直接影响利益相关者的利益。从深层次上来说，企业经济影响力将有不断积累的、广泛的影响。②政治影响力是影响政府决策的能力。从浅层次上来说，企业会向政府寻求更多的支持。而在深层次上，会从制度上改变政府对企业的约束，寻求有利于企业的制度变革。③对于个人的影响力是企业直接对

[①] 除了生产和运营过程对环境造成污染以外，企业的各个部门都可能在影响自然环境的过程中扮演某些不光彩的角色。譬如，研发部门可能设计出有毒的、非再生的产品，再交给生产部门批量生产，财会部门可能会提出一些短期决策目标，而这些目标忽视了项目对环境的破坏，人力资源部门可能在招聘、甄选、提拔那些没有环境价值观的人员，最后，营销部门可能积极促销那些带来环境问题的产品或服务。

[②] 阿奇·B·卡罗尔、安·B·巴克霍尔茨：《企业与社会：伦理与利益相关者》（中译本），第 38 页，2004。

[③] 查尔斯·德伯：《公司帝国》，第 314~315 页，中信出版社，2003。

于内部环境中的职员、经理以及股东的作用，也包括对消费者和居民的作用。从表面上看，公司可能决定有关的个人在什么地方工作以及影响人们的购买习惯。从深层次上看，工业化决定了人们的日常生活状况，人们被重新分布，按照群体生活在一起。④技术影响力是在技术的发展过程中，对技术的发展方向、发展速度、特征以及技术等的影响能力。⑤文化影响力是影响文化价值观、社会结构，比如家庭、风俗、生活方式以及个人习惯等的能力。⑥环境影响力是一个企业的行为对自然的影响能力。

自从企业产生以来，其经济影响力、文化影响力、对个人的影响力、技术影响力、环境影响力和政治影响力不断增强，尤其是产生了一些规模巨大的企业，这些企业牢牢控制整个社会运行的权力体系，牺牲劳动者、消费者和社区环境利益，影响着大多数人的生活方式和生活水平，影响政府公共政策的制定，侵占公民和政府的权利，轻而易举地摧毁一个国家的运行，对政治、经济和社会生活构成了严重的威胁，形成了庞大的雄踞社会之上的"公司帝国"。

企业影响力的扩大和增强给社会带来深深的不安，对企业的批评开始增多，例如行动主义改革者，包括消费主权运动者、劳工运动、环境主义者、人权主义者等对企业提出批评，他们采取向政府施压加强对企业的规制，出版或发表对企业的批评，组织各种反对企业运动等。此外是学者们的批评。这些学者没有参加各种抵抗企业霸权的社会活动，而是通过学术研究分析企业影响力的危害，指出企业逃避社会责任的具体机制，要求加大对企业的约束，限制企业霸权。在社会批评不断增加的同时，企业影响力的扩大也使企业履行社会责任的能力不断增强，在这些批评压力和履行能力的双重作用下，企业更有必要也更有可能履行社会责任。

四、战略动机：社会责任与财务绩效

一些学者和企业从战略动机角度来阐释企业承担社会责任的动因。他们认为企业社会责任的政策制定及实践有助于公司多方面的发展。对内它可以提高企业责任的认识，增强凝聚力，协助企业实施与控制价值观，提升企业运作效率，降低成本，提升生产力；对外则可提高企业的品牌形象，吸引资金和人才，长远地为企业带来竞争优势。

（一）企业履行社会责任的价值

殷格非等人（2006）将企业履行社会责任的价值和意义归纳如下：

1. 降低长期成本。

企业履行善待员工的企业社会责任，提高员工待遇，改善工作环境，其实可以为公司节省开支，降低长期成本。因为这些措施可以减少工人的病假时

间，使得工人的工作更具效率，继而提升生产力。而且公司员工的流失率会因而减少，从而减少招聘与培训支出。特别是还可以吸引更多的优秀人才。

2. 提高生产效率，提升产品质量。

企业改善员工的工作条件，提升员工在企业内的地位，给予其参加决策和管理的权利，可以使员工增强对企业的归属感，提高其工作的积极性，激发其工作潜力。有工作热情的员工会使产品的质量提高，次品数量减少，从而提高了生产效率，提升了产品质量。

3. 提高对企业责任的认识，增强企业凝聚力。

在一个公司内，明确的社会责任政策如行为守则可以提高对企业责任的认识，对于员工、投资者和消费者都有重要的指示作用。行为守则可引起组织的关注，引发组织的思考，许多企业利用他们的网站，交流他们的价值观、原则和守则。在全球化的世界中，原则和价值观有益于一个公司的品牌和公司文化。

4. 吸引责任消费，取得更好的财务绩效。

企业社会责任还能带来外部收益。随着经济的发展和社会的进步，消费者的素质也得到了很大的提升。因此，在其选购商品时，除了考虑产品质量和价格外，更加关注生产该商品的企业在运营过程中是否重视环保、善待员工等一系列企业社会责任情况。而 Environics 国际企业社会责任监察调查在 2001 年的调查结果是："五成的受访公众购买商品时会考虑企业社会责任履行情况，甚至高于产品质量（40%）及业务基础（32%）"，这说明消费者越来越留意具备良好社会责任企业的产品。履行企业社会责任的企业会在广大消费者中树立良好的品牌形象，从而获得较佳的财务绩效：更高的利润、更佳的股东回报率、更高的增长率。

5. 吸引责任投资，赢得更大的发展机遇。

最早的责任投资始于西欧，当时的教会规定，获得的善款不得用于投资或资助军火、烟酒等危害世界和平与人民健康的产业。现今，随着责任消费的兴起，投资者为了获得更高的资本回报，更加重视责任投资，那些履行企业社会责任的企业能够得到更多的资金注入，从而赢得更大的发展机遇，在竞争中领先。2001~2003 年，欧洲注重社会责任、环保、道德经营的基金的增幅高达12%，达到 313 个，占欧洲各类型基金总数的 63%。这类顾及道德及社会责任的公司之所以增长超速，原因就在于它们能够吸引更多的责任投资者。负责任的企业也因此获得了更多的发展机遇。

6. 增强供应链竞争力。

跨国公司由于长期和短期利益的要求，除了自身履行企业社会责任外，还会对其供应链上的供应商及制造商提出实践企业社会责任的要求，以增强整条供应链的竞争力。它们与这些愿意实践社会责任的中型或小型公司建立商业联系，为后者带来无限商机。以中国纺织行业为例，重视履行企业社会责任的企业能够在与同类别企业的竞争中占据优势，更容易进入跨国公司的供应链中。同时由于自身对于企业社会责任的重视，也将增强所在供应链相对于其他同领域供应链的竞争力，从而与所在供应链的其他企业一道取得更大的经济效益。

7. 协助企业实施与控制价值观，帮助企业避免风险。

守则只有在执行良好的情况下，才会降低公司卷入丑闻的风险。徒托空言的守则只会增加风险。曾就职于壳牌公司和国际特赦组织商业集团的 Geoffrey Chandler 说，真正的守则只有在真正地执行过后，才可以减少公司在当今严峻的世界中的风险。如果守则只是公关的幌子，它只会增加风险，因为它的欺诈行为随时都会暴露。只有它们的行为经得起审查，它们才会在信誉上大有收获。

(二) 社会责任与财务绩效

企业履行社会责任与企业财务绩效 (CSR-CFP) 之间是否确实存在着相关关系，这是学术研究研究得最多但结论却最模糊的问题。自 20 世纪 30 年代以来，对 CSR-CFP 关系的研究已做了 70 多年的深入讨论，近 30 年来，随着企业社会责任运动的兴起、实证研究方法的精进、研究数据的极大丰富，对这个问题的实证研究达到了历史顶峰。

在企业社会绩效与企业财务绩效之间关系的研究中，先后出现过三个不同的观点或假说 (参见图 28-4)。其中最为流行的是观点 1，对社会负责任的企业的盈利能力是最强的，或者说企业社会责任绩效能促进财务绩效、企业声誉的提高。假如能够证明这一点——对社会负责任的企业，其财务状况和声誉一般都较好，那么企业社会责任绩效能提升企业财务绩效的观点的正确性就能得到进一步的肯定。

观点 2 认为企业财务绩效驱动企业履行社会责任，只有在企业经济绩效比较良好时，企业社会责任的表现才会突出。普雷斯顿和奥班农的研究就发现企业经济绩效的表现优先于企业社会责任，或者是一同出现的。

观点 3 认为企业社会责任、经济绩效和企业声誉之间是相互影响的，由于它们之间密切相关，在它们相互影响的过程中就很难确定哪一个因素起的作用最大。

虽然社会责任表现与企业财务绩效之间存在上述的逻辑假设，但实证研究结果却很混乱。Margolis 与 Walsh (2002) 回顾了自 1970 年以来 90 个论证 CSR-CFP 关系的实证研究，结果非常混乱：48 个实证研究说明企业社会责任

观点 1：社会责任提升财务绩效

| 好的企业社会责任绩效 | → | 好的企业财务绩效 | → | 好的企业声誉 |

观点 2：财务绩效驱动社会责任

| 好的企业财务绩效 | → | 好的企业社会责任绩效 | → | 好的企业声誉 |

观点 3：社会责任、财务绩效和企业声誉三者之间的关系

| 好的企业社会责任绩效 | ← | 好的企业财务绩效 | → | 好的企业声誉 |

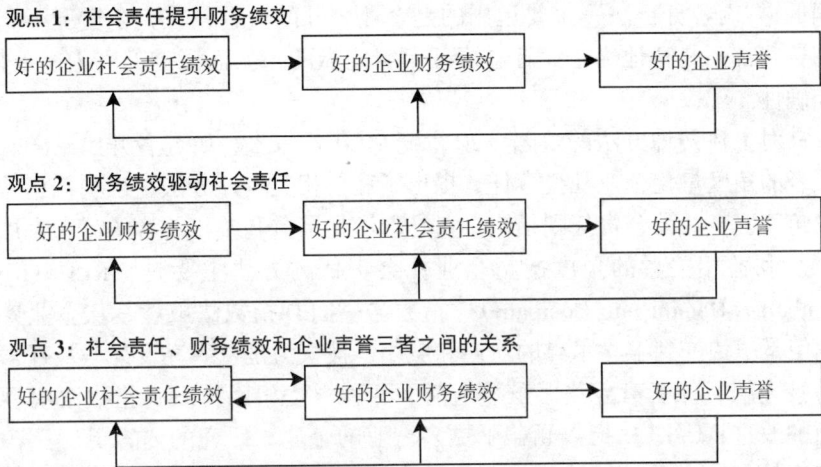

图 28-4　企业社会责任、企业财务绩效和企业声誉三者之间的关系

资料来源：阿奇·B.卡罗尔、安·B.巴克霍尔茨：《企业与社会：伦理与利益相关者》（中译本），第38 页，2004。

（CSR）—企业财务绩效（CFP）之间是正相关；而余下的 42 个则证明二者之间没有关系。其他文献计量学研究也证实了该领域实证研究的不确定性。Griffin 和 Mahon（1997）以及 Roman、Hayibor 和 Agle（1999）分析了同样的51 个实证研究，也发现 CSR 和 CFP 的关系是不确定的。

斯金纳等人认为之所以会产生分歧，原因主要有三个方面。首先是企业社会责任的量化评价本身就存在争议，由于企业社会责任基本概念的含混不清和企业社会责任标准的差异性，导致企业社会责任评价的基本方法存在较大的混乱，没有一种公认的行之有效的企业社会责任评价方法，按企业社会责任给企业排队时可能出现误差。早期主要有两种评价方法：一是"声誉指数法"（Reputation Index），另一个是"内容分析法"（ Content Analysis）。"声誉指数法"主要是由专家通过对企业的相关政策进行主观评价后得出的排序，从而得出企业声誉指数，以此度量企业社会责任的程度。在这方面的代表性声誉指数是美国经济优先权委员会编制的"CEP 指数"和"米尔顿·莫思科维茨社会责任评级标准"。"内容分析法"是根据企业公开的各类资料来确定每一个特定指标的分值。在"内容分析法"的早期阶段，运用的是欧内斯特和贝里斯福德制定的内容分析标准。虽然这两种方法对企业社会责任的量化研究起到了较大的推进作用，但是后来越来越招致学者的批评。很多学者认为两种方法都存在较为明显的缺陷，"声誉指数法"仅仅依靠专家的主观认定，主观性太强，比如人们不太喜欢从事香烟生产、矿产开发的企业，对这类企业的社会责任评价分值偏低;"内容分析法"主要运用的是企业公开的资料,在大多情况下企业公开的资料都不是特地为企业社会责任量身定做的,从而影响到"内容分析法"的准确性。

针对上述两种方法的缺陷,20世纪90年代以来,研究者开始试图从利益相关者的角度量化企业社会责任,提出了利益相关者评分法。从利益相关者理论的角度,企业社会责任则是用企业是否满足多重利益相关者的需求来加以衡量。从利益相关者的角度衡量企业社会责任的方法主要是"KLD(Kinder, Lydenberg, Domini and Company)"指数法。KLD指数法虽然是从企业界推出的,但是很快受到了学术界的欢迎和应用,被认为是"研究设计得最好,也最容易被理解"的衡量方法。虽然与前面两种方法相比,KLD指数法明显有两方面的改进:①KLD指数涵盖了更多行业的企业,研究的内容更广泛,且时间跨度较长,可以较好地评估企业社会业绩的变化。②更为重要的是,KLD指数主要是从与利益相关者之间的关系的角度来衡量企业的社会责任。但是,这种方法仍存在研究成本过高,跨制度、跨文化适用性差等问题,评价结果无法得到学术界、企业界的一致认同。

其次,不同企业的社会责任行为具有异质性,无法简单地进行横向比较。企业在规模、产品、战略、制造工艺流程、营销技术、地理位置、企业文化、外部压力以及管理价值观等方面都是不同的,再加上各国的社会问题不同、文化环境的巨大差异,各个企业的社会责任也会缺乏统一性。譬如,武器制造商的社会责任就很难与糖果商的企业社会责任相比较,而国有企业的社会责任也很难与民营企业的社会责任相比较。

最后,企业财务绩效的定量分析似乎是非常客观的,但在这些盈利指标中应该用哪个?比如布格顿和马尔林(1972)、鲍曼和海尼(1975)是使用股东权益回报率(ROE)来衡量企业经济绩效,均发现企业社会责任与股东权益回报率之间存在正相关关系。帕克和艾尔伯特(1975)、海因茨(1976)、斯图蒂温特和吉特(1977)等人在研究中使用了包括股东权益回报率、利润率、每股盈利和资产回报率等不同的企业绩效衡量指标,同样证明了企业社会责任与企业绩效之间存在一种正相关关系。万斯(1975)选用了不同的财务指标责任得出了相反的结论。

虽然存在以上的混乱结果,但罗宾斯仍认为,虽然没有足够的证据证明企业的社会责任行为会明显提升企业绩效,但是也没有足够的证据说明企业的社会责任行为会明显降低企业的长期经济绩效。

第三节　全球企业社会责任实践

由于文化、制度和经济水平不同，各国的企业社会实践差异很大。但是，随着全球企业社会责任规则体系的不断演化，一些为全球普遍认同的企业社会责任被吸收为一般社会责任标准，通过跨国公司的验厂和产业链认证活动在全球传播，并对发展中国家产生重大影响。本节首先介绍各国企业社会责任实践的差异，然后分析全球企业社会责任规则体系的演变，再讨论跨国公司的验厂和产业链认证活动，最后分析企业社会责任对中国企业的影响。

一、各国的企业社会责任

企业社会责任反映了文化价值观和传统，在不同的社会有不同的表现形式。

日本企业在社会责任的很多方面是现代公民。它们支持本地的社区活动，积极捐赠，实现了企业和社会的和谐发展。但是，与美国企业相比，公平雇佣、环境保护等社会问题在日本并未得到相应的重视。

（一）狭隘的责任对象

日本企业对其雇员的生活社区承担了全部的责任。但日本企业并没有一个广泛的社会责任观念，企业仅对与其有直接关系的人员承担相应的责任，而对社区以外的其他利益团体则不负什么责任。

（二）利益集团对企业社会责任压力较小

日本的文化环境支持企业把重点放在经济行为上，任何对经济责任的挑战都被视为是不爱国的表现。在这种氛围下，利益集团对企业社会责任的压力较小，工会力量较弱，消费者的利益低于产业的利益，[①] 环境保护缺乏广泛的公众支持，没有少数民族，也就没有强烈的民权运动，妇女是低一等的人。

企业社会责任在欧洲国家则呈现出不同的形式。由于政府积极推动企业承担社会责任，为企业的社会行为提供激励和报酬。因此，欧洲企业对社会责任的反应经常转化为是否遵守各种各样政府政策方针和计划的问题。

在欧洲国家，企业社会责任基本倾向于劳动问题，例如工资、工作条件、就业安全等，在这些国家中，工会与雇主之间的冲突由来已久，而且部分地反

---

① Richard E. Wokutch, Worker Proctection, Japanese Style, Ithaca, N. Y.: ILR Press, 1992, pp. 47-54. 转引自 Steiner, 2005, 中译本, p.146。

映了古老的社会传统：企业资本主义被看成是剥削工人的，因而工人需要政府的保护。

欧洲国家独特的行业法规反映了对工人责任的强调，例如，法国的企业必须按照工资总额的1%支付工人的教育费用，大型企业每年必须向政府提交一份年度社会报告，内容主要集中于劳资关系。

由于社会团体、政府已为减少社会问题承担了大量的责任，政府使用大量的税收去建立一个覆盖"出生"到"死亡"的全面社会福利保障体系，而某些国家会将产品国有化并试图通过国有企业来达到社会目标。结果，欧洲的私营企业就没有多大的压力去承担比劳工问题更宽泛的社会问题。

企业社会责任是西方社会发展到一定历史阶段的产物。企业社会责任运动在西方社会兴起，伴随着经济全球化，逐步扩展到发展中国家，并开始对发展中国家对外贸易产生较大影响。而跨国公司就成为西方"企业社会责任运动"向全球扩散和渗透的渠道和机制。

在发展中国家，通常没有什么企业社会责任的固有观念。在印度这个工业化程度较低的国家，受其历史、文化和发展阶段的支持，更多地强调企业的社会责任。印度的企业社会责任思想主要受"圣雄"甘地的受托管理理论的影响，甘地认为，所有的钱财都属于社会，它们只是委托给企业，企业应当把这些财产用于社会福利活动。从20世纪60年代中期开始，印度的企业发表一系列宣言，把甘地的理论与企业社会责任观念紧密联系在一起，在实践中，印度企业同其他发展中国家的企业一样，承担了广泛和重大的社会责任。而且各国的社会问题不同，社会责任也会不同。在许多贫困蔓延或冲突频繁的国家，虽然都存在很多社会问题，但由于经济落后，人民收入低下，企业的首要社会责任就是发展经济，企业承担社会责任的主动性仍然不足。"不发达国家普遍和极端的贫穷赋予了当地企业特殊的社会责任——推动经济发展、缓解贫穷。"[1]例如，如果污染炼铁厂可以创造就业岗位，环保问题可能被认为并不那么重要。由于这些国家民族工业基础薄弱，社会责任的重担常常落到在当地运营的跨国公司身上，有很多实例证明了外国公司会参与到满足穷国的社会需要中。

二、企业社会责任规则体系

虽然不能找到一个全球通行的企业社会责任范式，但企业社会责任中仍有一些被普遍接受的全球概念，这些概念被国际机构、政府、行业组织和非营利组织所归纳、总结、系统化，形成了一系列企业社会责任规则体系，企业社会

---

[1] James E. Austin, 1990, Managing in Developing Countries, New York: Free Press, p.47.

责任从影响人类的一些基本价值观、企业社会责任原则发展成为具体的企业社会责任行为守则及至责任标准（参见图 28-5）。

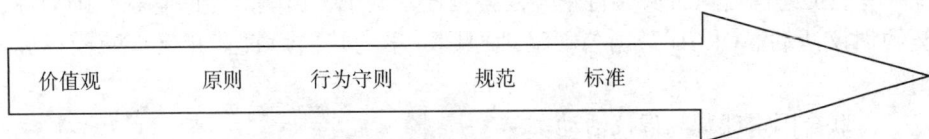

图 28-5　企业责任连续变化过程

根据 OECD（2000）的统计，全球与企业社会责任相关的公约、原则、守则和标准达到 246 个，其中绝大部分是在 20 世纪 90 年代制定的，初步形成了社会责任规则体系。根据 Leipziger（2003）提出的分类方法，可以将这些社会责任规则进行如下的分类：

● 根据规则的侧重点或目的（即规则是侧重于过程还是侧重于绩效）；
● 根据规则发展的方式（即是单边发展、双边发展还是多边发展）；
● 根据规则的范围（即关注重点是人权、劳动还是环境）；
● 根据规则涉及的关键利益相关者（即规则的中心是雇员、投资者、消费者、政府还是社区）。

殷格非等人（2006）综合了上述标准和佘云霞（2006）的标准，将现有的企业社会责任体系划分为原则、企业行为守则、行业社会责任标准、一般社会责任标准四类。

表 28-7　企业责任规则体系

社会责任规则	解　释
原则	国际机构或非营利组织制定的行动公约、原则和倡议
企业生产守则	企业自行制定、解释、实施并监督其效果
行业社会责任标准	行业协会、商贸协会制定的行业企业所共同遵守的守则和报告机制
一般社会责任标准	多利益相关者需要共同遵守的守则，由第二方和第三方监督执行

资料来源：作者整理。

（一）公约、原则与倡议

在西方，从 20 世纪 60 年代对企业社会责任的纷争到 90 年代众多企业对企业社会责任的认同和支持，其间经历了 30 多年的时间，到 20 世纪 90 年代末，"企业社会责任"才逐步走上制度化的发展轨道。这期间，伴随着保护劳工权利的劳工运动、维护消费者权利的消费者运动、保护生态环境的运动的环境保护运动及可持续发展运动，相关国际组织提出 CSR 倡议和活动，主要是呼吁和敦促跨国公司带头履行企业社会责任。其中，影响广泛的有联合国全球契约倡议活动、OECD 跨国公司治理原则、里约热内卢宣言和反行贿商业原则等。

1. 联合国全球契约倡议活动。

《全球契约》是联合国秘书长科菲·安南在 1999 年 1 月 31 日瑞士达沃斯的世界经济论坛年会上的讲话中率先提出的。《全球契约》是对全世界各个国家各种规模企业的号召，是为了帮助建立一个支持开放、自由市场可持续性的社会与环境体系，同时确保世界各地的人民都可以获得分享全球经济带来的利益的机会。它要求加入的企业自觉遵守涉及人权、劳工、环保、反腐败等领域的十项原则。《全球契约》行动计划已经有包括我国在内的 30 多个国家的代表共2500 多家著名大公司参与。

2. OECD 跨国公司治理原则。

1998 年 4 月 27~28 日，经济合作与发展组织（Organization for Economic Cooperation & Development，以下简称 OECD）召开部长级会议，呼吁 OECD 与各国政府、有关的国际组织及私人部门共同制定一套公司治理的标准和指导方针。为了实现这一目标，OECD 成立了公司治理专门筹划小组，于 1999 年出台了《OECD 公司治理原则》。全球公司治理运动最具有代表性的就是经济合作与发展组织（OECD）于 1999 年推出的 OECD 公司治理原则。该原则包括五个方面的内容，主要是针对上市公司。

3. 里约热内卢宣言。

《关于环境与发展的里约热内卢宣言》（以下简称《里约环境宣言》）是1992 年 6 月联合国环境与发展大会通过的一个有关环境与发展方面的国家和国际行动的指导性文件。《里约环境宣言》又被称为地球宪章，是一项全球性的政治宣言，就环境与发展领域的国际合作规定了一般性原则，确定了各个国家在寻求人类发展和繁荣时的权利和义务，制定了人和国家的行动规范。

4. 反行贿商业原则。

《反行贿商业原则》于 2002 年 12 月发布，通过多方利益相关者对话制定。这些利益相关者包括许多国家的工会、公司、非政府机构和学术界。对话的召集者是透明国际和社会责任国际（SAI）。目前，该原则仍处于初级阶段，但承诺将是一个长远的过程。该原则适用于大中小各种规模企业，要求企业遵守立法，建议"以信任为基础的、不容忍行贿的内部文化"。该原则为企业提供了一些参数、规定和制度，鼓励企业和高管人员一起为反行贿计划肩负最大的

表 28-8 影响企业社会责任的国际原则

国际原则	发起时间	发起主体	作用对象	关注重点
1. 全球契约	1999	安南	跨国企业、私营企业	全面关注企业社会责任
2. 跨国公司治理原则	1998	经济合作与发展组织（简称 OECD）	上市公司	公司治理原则
3. 国际劳动人权发展活动	1998	国际劳工组织、国际自由工联	所有公司	人权
4. 沙利文全球原则	1999	沙利文牧师	所有工人	人权和劳工权益
5. 里约热内卢宣言（地球宪章）	1992	联合国环境与发展大会	主要是国家	环保
6. 环境责任经济联盟原则	1989	环境责任经济联盟	总部设在美国的公司	环保
7. 反行贿商业原则	2002	透明国际和社会责任国际（SAI）	所有企业	商业行贿

资料来源：根据相关材料整理。

责任。

虽然上述原则大多是倡议，对企业社会责任均无强制执行力，但它们营造了一种企业社会责任的良好氛围，为企业提供了履行社会责任的基本方向和路线，为企业社会责任的行业标准、国际标准和企业行为守则的产生奠定了基础。

（二）企业生产行为守则

企业的生产行为守则（Code of Conduct）是指企业制订的具有自我约束性质的、针对生产经营过程的规范。跨国公司通常参考其国内法、行业规范和国际承认的核心劳动标准制订其生产行为守则。此类规范通常通过经济影响力向跨国公司自身、子公司和分公司以及关联公司推行一定的劳动标准和环境标准。而在大多数生产行为守则中，劳动标准通常都居于重要的地位。

20 世纪 90 年代初，美国服装制造商 Levi-Strauss 在类似于监狱一般的工作条件下使用年轻女工的事实被曝光。为了挽救其公众形象，该公司草拟了第一份公司社会责任守则（也称生产守则）。此后，形成了风靡一时的"生产守则运动"，为了维护品牌形象和市场竞争的需要，西方发达国家的品牌制造商与零售商如耐克、沃尔玛、迪斯尼等纷纷开始制定自己的"公司生产守则"。这些生产守则通常以联合国《世界人权宣言》和国际劳工组织的"基本劳工"为蓝本，承诺担负社会责任、遵守投资所在国的相关法律、维护劳工权益、改善劳动条件，并要求其承包商与转包商遵循同样的产品行为规范。

表 28-9 耐克公司的生产守则

耐克公司，孕育于相互信赖。

其深刻意义体现了我们愿意在彼此信任，团结合作，互相尊重的基础上和我们所有的合作伙伴开展业务。我们也希望我们所有的合作伙伴都能遵循这一原则。

耐克公司企业文化的核心基于一个信念：耐克公司由各种各样的人才组成，尊重他们与众不同的个性，并为每一位同事提供平等的机会。

耐克公司设计、生产并销售运动健身产品。在这个过程的每一步骤中，我们不仅要尽我所能，而且要尽力做到一个先锋应该做到的。我们期望我们的伙伴也能做到这一点。在寻求合作伙伴时，耐克公司还特别要求对方能和我们共同促进以下各个准则的充分执行和不断完善：

1. 雇员的职业安全卫生、工资福利和工作时间。

2. 尽量减少对环境的影响。

3. 尊重人权，尊重雇员参加各种社会团体的自由，雇员有权进行劳资协商，并有权要求一个没有性骚扰、辱骂或体罚的工作环境。

4. 雇员的雇用、工资、福利、升职、终止合约及退休完全以个人的工作能力作为评定依据。不得因种族、信仰、婚姻状况或怀孕与否、宗教信仰或政治观点、年龄、性别而对任何人加以歧视。无论何时何地，耐克公司都在这个行为准则的指导下运作。我们要求我们的合作制造厂商也遵循这个行为准则。我们的合作制造厂商必须在所有主要工作场所张贴行为准则，把它译成员工们能理解的语言，并尽力培训员工，使他们了解本行为准则以及有关劳工法中所规定的雇员权利和义务。

当我们在此准则基础上建立起我们的合作精神后，我们还要求我们的合作伙伴能遵守以下的特别的准则：

1. 非法劳工

制造厂方保证不雇佣任何形式的非法劳工——囚犯、有合约在身者或者其他。

2. 童工

制造厂方保证不雇佣年龄在 18 岁以下的工人从事制鞋业，或 16 岁以下的工人从事服装、配备或附件生产，如当地法定的工作年龄高于此规定，以当地法律为准。

3. 工资

制造厂方保证至少支付工人法定的最低工资，或超过同行业最低工资；必须为每个雇员立一个清楚的账目，明确记录每个雇员的工资发放金额；根据耐克公司制造业领导标准要求中有关经济处罚的规定，不得因违反纪律而扣减雇员的工资。

4. 福利

制造厂方应为所有的雇员提供全部法定福利。福利由于国家不同而不尽相同，但应包括：餐费或餐费补助；交通或交通补助；其他现金补贴；保健；照顾儿童；病假；事假；产假；带薪年休假、宗教假期、丧假、公休假；雇员的社会保险和其他保险，包括养老保险、人身保险、医疗保险、工伤保险。

5. 工作时间/加班

制造厂方保证遵守法定工作时间制度，加班的前提条件是雇员必须得到法定的补助；雇佣时指明雇员必要的加班所适用的条件；在正常的工作制度下，须每周休息一天，每周工作时间不得超过 60 小时，如此规定多于当地法定的最多工作时间，以当地法律为准。

6. 环保劳动安全卫生管理

制造厂方保证提供有关劳动安全卫生方面的书面指导材料，包括与官员的居住环境相配套的安全卫生设施；设立厂方安全委员会；遵守耐克公司对环保、劳动安全和卫生的标准要求；将有机容积挥发浓度限制在美国职业安全卫生局有关强制执行的标准或以下；免费提供个人保护用品并强制使用这些保护用品；并且遵守当地有关环保、安全与卫生的全部规定条例。

7. 文件的提供和监查

制造厂方将有关文件规定当做遵守这些准则的依据；统一在必要时提供有关文件，以便耐克公司指定的检察员监查；并同意在进行劳工核察或调查时提供有关文件，无论事先收到通知与否。

资料来源：www.nike.com.cn。

世界经合组织的统计数据显示，到2000年，全球共有246个以生产安全、职业健康、保护环境和员工权益保障等为主要内容的企业社会责任生产守则，其中118个由跨国公司制定，这些跨国公司不仅制定并推行公司社会责任守则，而且要求供应商和合约工厂遵守劳工标准，安排公司职员或委托独立审核机构对其合约工厂定期进行现场评估。

（三）行业社会责任标准

行为守则和标准在很多方面是不同的。行为守则可具体到一个公司或一个企业，而标准可跨越多个领域和多个地理区域应用。在遵守行为守则的公司里和执行标准的公司里，在监管、审查和报告上的要求程度差异是行为守则和标准的另一主要区别。行为守则仅局限于公司内部的监督审查，而执行标准的公司则要对更广泛的机构群体负责。

表28-10 行为守则和责任标准的比较

项目	行为守则	责任标准
应用对象	应用于内部或具体的公司	应用地更广泛，可跨区域，跨部门
责任范畴	承担有限的责任	就报告和审查而言，承担更大的责任
责任要求	要求内部的意见一致，有可能存在某种外部协商	要求利益相关者之间某种程度的意见一致，因此，更具有责任性

资料来源：殷格非等人（2006），第69页。

学术界和实践者一般根据规制范围的大小将社会责任标准分为行业标准和一般标准。前者的作用对象一般是特定的行业企业，而后者的作用对象是更一般的企业。行业标准一般由欧美国家的一批行业组织和CSR组织，譬如美国"公平劳工协会"（简称FLA）、荷兰的"洁净衣服运动"（简称CCC）、国际玩具商协会（简称ICTI）制定，要求行业内所有企业遵守共同的社会责任标准，有些行业生产守则并发展出一套监察认证机制，确保行业生产守则的落实。

1. 成衣业（包括运动服）生产守则文本。

成衣业（包括运动服）生产守则文本是由洁净成衣运动（CCC）制定的，洁净成衣运动（CCC）是欧洲的一个自愿网络组织，其目的是改善服装和运动服行业的工作条件。CCC建立了一个由非政府机构、工会和行业协会组成的三方结构小组来监督、认证和为成员企业制定标准。

2. 国际玩具商协会商业行为守则。

国际玩具商协会商业行为守则是国际玩具商协会（简称ICTI）制定的玩具行业商业行为规范。2002年该守则正式出台，并于2003年11月开始认证工作。按照ICTI的要求，从2006年1月1日起，国际玩具商协会商业行为守则将全面执行，凡采纳该守则的国际玩具大买家和供货商只对取得 ICTI 认证证书的生产厂家下订单。

表 28-11　影响企业社会责任的行业标准

行业标准	发起时间	发起主体	作用对象	目　　的
1. 成衣业生产行为守则	1999	洁净成衣运动（CCC）	服装业	改善服装和运动服行业的工作条件
2. 国际玩具商协会商业行为守则	2002	国际玩具商协会	玩具业	要求玩具生产商履行社会责任，尊重员工的合法劳动权益，创造安全、卫生、合法的工作场地等
3. 责任关怀原则	1988	美国化学品制造协会（CMA）	化工业和渔业	数量良好的行业公众形象，使化工行业实现可持续发展

资料来源：根据相关材料整理。

（四）一般社会责任标准

与行业标准相比，一般标准作用的企业更多，可覆盖更多行业和更多区域。但 Steiner 等学者认为，根本不可能存在一个统一的可实践的企业社会责任标准，原因在于企业责任因企业特点的不同而发生变化，企业在规模、产品、战略、制造工艺流程、营销技术、地理位置、企业文化、外部压力以及管理价值观等方面有所不同，再加上各国的社会问题不同以及文化环境的巨大差异，各个企业的社会责任也会缺乏统一性。因此，没有一个通用的公式适用于所有的企业或任何单独的企业。

但是，在实践中，一些国外机构仍提出了实践性的一般责任标准，其中，较为著名的有社会责任国际（SAI）制定的 SA 8000，国际标准化组织制定的 ISO 14000 系列标准，未来论坛、责任标准和英国标准协会共同制定的 SIGMA 指导方针，以及全球报告倡议组织（GRI）制定的全球报告倡议（参见表 28-12）。由于 SA 8000 在我国有很高的知名度，甚至带来了某些错误认识，本文对该标准进行较为详细的分析。[①]

社会责任国际（Social Accountability International，简称 SAI）设计了社会责任 8000（SA 8000）标准和认证体系，同时加进了一些国际人权专家认为对社会审核非常重要的因素。SAI 顾问委员会负责起草社会责任国际标准，它由来自 11 个国家的 20 个大型商业机构、非政府组织、工会、人权及儿童组织、

---

① 佘云霞：《谁需要 SA 8000》，载《工会理论与实践》2004 年 12 月。

表 28-12　一般性企业社会责任标准

一般标准	发起时间	发起主体	作用对象	具体内容
1.SA 8000	1997	社会责任国际（SAI）	所有企业	劳动标准认证，劳工管理体系
2.ISO 14000	2002	国际标准化组织（ISO）	所有企业	环境认证，环境管理体系工具
3.SIGMA 指导方针	2003	未来论坛、责任标准和英国标准协会	所有企业	可持续发展指导工具
4.全球报告倡议	2002	全球报告倡议组织（GRI）	所有企业	企业社会责任报告指南

资料来源：根据相关材料整理。

学术团体、会计师事务所及认证机构组成的。[①] SAI 在纽约召开的第一次会议上就提出了标准草案，最初名为 SA 2000，最终定名为 SA 8000 社会责任国际标准，并在 1997 年 10 月公开发布。2001 年 12 月 12 日，经过 18 个月的公开咨询和深入研究，SAI 发表了 SA 8000 标准第一个修订版，即 SA 8000：20010。当时的克林顿政府对 SAI 表示了极大的支持，并要求与美国签订合同的供应公司尽可能达到 SA 8000 的要求。

SA 8000 标准是全球第一个可用于第三方认证的社会责任国际标准，旨在通过有道德的采购活动改善全球工人的工作条件，最终达到公平而体面的工作条件。SA 8000 标准是根据国际劳工组织（ILO）公约、联合国儿童权利公约及世界人权宣言制定而成的，主要内容包括童工、强迫劳工、安全卫生、结社自由和集体谈判权、歧视、惩罚性措施、工作时间、工资报酬及管理体系九个要素。SA 8000 标准是一个通用的标准，不仅适用于各类工商企业，也适合于公共机构。另外，SA 8000 标准还可以代替公司或行业制定社会责任守则。SA 8000 以一致的标准制定了一系列领域内的最低要求（参见表 28-13）。

SA 8000 从 1997 年 8 月出台开始，发展极为迅速。虽然 1998 年年底仅有 8 家企业获得认证，但截至 2004 年 3 月 20 日，全世界已有 40 个国家或地区的 400 家企业获得了 SA 8000 的认证证书。其中前三名分别是意大利为 97 家，占 24.3%；中国为 53 家，占 13.3%；巴西为 51 家，占 12.8%。另外，印度为 47 家，占 11.8%；巴基斯坦和越南各是 26 家，各占 6.5%；泰国和土耳其各是 9 家，各占 2.3%。从行业分布来看，通过 SA 8000 的前 8 大行业依次是服装、纺织、化学、化妆品、交通、农业、咨询和日用品。

由于 SA 8000 在国内有很大的知名度，很多企业家甚至某些学者都将 SA

① 该委员会共有 28 个成员，14 个来自美国，其中一个是 SAI 的会长，来自亚太地区的成员只有 1 人。然而，28 人中只有 22 人有表决权（6 人只有在正常成员缺席时才有表决权），而美国的 14 人都有表决权，占近 2/3。

表 28-13　SA 8000 指定的最低要求

领域	最低要求
童工	企业不能雇佣和支持童工的行为。一旦发现有童工，企业应该建立、记录、保留拯救童工的政策和程序，并向企业内部及利益相关者通报
强制雇佣	企业不得进行或支持使用强制劳工或在雇佣中使用诱饵或要求抵押金，企业必须允许雇员轮班后离开并允许雇员辞职
健康安全	企业须提供安全健康的工作环境、对事故伤害的防护、健康安全教育、卫生清洁维持设备和常备饮用水
自由结社和集体谈判权	企业尊重全体人员组成和参加所选工会并集体谈判的权利
差别待遇	企业不得因种族、社会地位、国籍、伤残、性别、生育倾向、会员资格或政治派系等原因存在歧视
惩罚措施	不允许物质惩罚、精神和肉体上的压制和言辞辱骂
工作时间	企业必须遵守相应法规，雇员一周工作时间不得超过 48 小时，加班必须是自愿的，雇员一周至少有一天的假期
报酬	工资必须达到法定和行业规定的最低限额，并在满足基本要求外有满意收入。雇主须提供津贴、处理和扣除额，不得以虚假的培训计划规避劳工法
管理体系	企业须制定一个对外公开的政策，承诺遵守相关法律和其他规定；保证进行管理的总结回顾，选定企业代表监督实行计划和实施控制，选择同样满足 SA 8000 的供应商，确定表达意见的途径并采取纠正措施，公开与审查员的联系，提供应用的检验方法，并出示支持的证明文件和记录

资料来源：根据 SA 8000 文本整理。

8000 等同于国际性的社会责任标准，这样的理解是不够全面的。首先，企业社会责任标准是企业社会责任理念的具体化，它是企业的各种利益相关者对企业的社会责任要求的具体表现，因而不同的利益相关者有不同的要求，可能体现出不同的标准。而 SA 8000 只是其中的一种标准。其次，企业社会责任的认证有第一方认证，第二方认证和第三方认证，SA 8000 也只是第三方认证中的一种。第三，SA 8000 是由美国的一家民间组织牵头制定的自称为国际标准的一种企业社会责任认证体系，并非真正的国际机构制定的国际标准。从实践来看，全球通过 SA 8000 认证的企业不到 1000 家，绝大部分都是小型企业，发达国家如英国、美国、日本和加拿大等国家通过认证的企业寥寥无几，且大都是 SAI 或其认证公司的关联企业，这就足以说明 SA 8000 还没有取得世界大部分国家或地区甚至西方发达国家的认可，也没有取得国际型大企业的普遍认同，就连站在 SA 8000 认证最前台所谓严格要求其供货企业认证 SA 8000 的跨国公司，其本身也不参与 SA 8000 的认证。

出现上面这种情况的原因很多，包括认证体系的不健全、认证过程不严肃、认证费用高、长期维护体系难和企业担心社会对其进行社会责任监督而丧失生产经营上的独立性等方面，但从根本上讲，SA 8000 不是真正意义上的国际标准却是最主要的原因。目前，国际标准化组织已将社会责任的标准化问题纳入了其工作规划，并相对应于质量管理体系的 ISO 9000 和环境管理体系的 ISO 14000，将社会责任管理体系定名为 ISO 26000，计划于 2007 年推出。因而真正的企业社会责任的国际标准的形成尚需时日。

三、社会责任规则体系的应用：验厂和认证

跨国公司作为全球企业社会责任实践的主要载体，通过验厂和产业链认证活动将企业社会责任实践推向一个新的高潮。

所谓验厂就是"客户验厂"，是跨国公司根据其制定的生产守则的要求，每年到其供应商工厂进行劳工标准的检查。在经济全球化过程中，发达国家和跨国公司拥有资金和技术优势，它们将劳动密集型的制造业转移到劳动力成本较低的发展中国家。发展中国家为了尽快发展经济，争取订单，总是不断降低劳动成本，以致不同国家之间展开了"低工资标准"竞赛。劳动密集型产业大量外移，反过来也造成发达国家工厂关闭、工资下降和工人失业。一些海外工厂的劳工问题不断在新闻媒体曝光，欧美国家的消费者和公众开始抵制海外"血汗工厂"生产的产品。它们要求跨国公司监督海外工厂的劳工问题，指责发展中国家较低的劳工标准使发达国家的产品失去竞争力，要求发展中国家提高劳工标准。2000 年以后，几乎所有的欧美企业都对其全球供应商和承包商实施社会责任评估和审核，只有通过审核和评估，才能建立合作伙伴关系。据估计，从 1997 年以来，我国沿海地区至少已有 8000 多家工厂接受过跨国公司的社会责任审核，有的企业因表现良好获得更多的订单，部分工厂则因为没有改善诚意而被取消了供应商资格。

所谓"认证"就是跨国公司要求其供应商企业出具一定的社会责任认可的证明，才与供应商签订合同，执行采购。以 SA 8000 标准为例，通过认证的企业不但可以获得证书并可把证书的副本用于促销外，还可以在企业的宣传手册和信笺抬头处印上 SGS-ICS 认证标志和 CEPAA 标志。欧洲在推行 SA 8000 上走在前列，美国紧随其后。目前全球大的采购集团非常青睐有 SA 8000 认证企业的产品，这迫使很多企业投入巨大人力、物力和财力去申请与维护这一认证体系。

四、企业社会责任对中国企业的影响

西方企业社会责任运动已经在 20 世纪 90 年代中期开始影响到进入欧美公司供应链的中国企业。2000 年以后，几乎所有的欧美企业都对其全球供应商

表 28-14　验厂和认证

名称	跨国公司为主体的生产守则运动	跨国公司认可的非政府组织制定的企业社会责任标准及推广运动
主体	跨国公司	国际性的行业协会和多边机构以及非政府组织
对象	跨国公司供应链	跨国公司供应链
目的	维护品牌形象和市场竞争的需要	维护品牌形象和市场竞争的需要
形式	跨国公司的生产行为守则（Code of Conduct）是指跨国公司制定的具有自我约束性质的、针对生产经营过程的规范。通过制定和检验"公司生产守则"，安排公司职员或委托独立审核机构对其合约工厂定期进行现场评估。这也是我们许多出口企业所感受到的验厂活动	跨国公司的守则由于侧重点各不相同，很难通过各种守则为消费者提供一个选择劳工人权保护状况比较好的公司产品的机会。因此，又逐渐发展出某个国家或地区或者某个产业或针对不同利益相关者的生产行为守则，并由第三方机构审核。如国际玩具协会（ICTI）、世界体育用品行业协会（WFSGI）、服装厂行为标准组织（WRAPP）、由英国政府支持的道德贸易联盟（ETI）、公平（体面）劳动联盟（the FairLabor Association，FLA）等
主要活动方式	在供应链进行劳动检查	第三方机构检查或认证

　　资料来源：殷格非等人（2006），第 32 页。

　　和承包商实施社会责任评估和审核，只有通过审核与评估，才能建立合作伙伴关系。据估计，1995 年以来，我国沿海地区至少已有 30000 多家工厂接受过跨国公司的社会责任审计，有的企业因为表现良好获得了更多的订单，部分工厂则因为没有改善诚意而被取消了供应商资格。

　　总的看来，社会责任也是一把"双刃剑"，在推动企业和社会发展的同时，如果实施的策略和方式不当，同样会带来负面的影响。特别是企业社会责任标准的实施会带来许多负面影响，成为中国企业发展的"陷阱"。刘鹏（2005）指出，企业社会责任将可能形成七个方面的影响。[①]

　　（1）社会责任标准认证成为发达国家的市场准入条件。由于社会责任标准具有合理和不合理的双重性，比较隐蔽和复杂，又是覆盖道德、社会和环境等范围很广的标准，会对我们的企业造成相当程度的影响。国外一些跨国公司实施社会责任标准认证的目的之一是以加强社会责任管理为名，通过认证，把人权问题与贸易结合起来，最后达到贸易保护主义的目的。以劳工标准为本质的社会责任标准认证是技术性贸易壁垒的一个表现形态。其中，受影响最大的是我国的纺织业、服装业、玩具业、制鞋业、日用品等消费品行业。这些行业都

　　① 刘鹏：《"双刃剑"下的"七宗罪"——企业社会责任的实施对中国企业的负面影响》，载《WTO 经贸导刊》，2005 年第 3 期。

属于劳动密集型行业，与国外发达国家相比，我国的劳动力成本低，职业安全卫生条件差，我国多数企业，特别是一些个体、私营企业达不到社会责任标准的要求，产品出口受到限制。我国的企业在没有取得社会责任标准认证的情况下，要想成为跨国公司的供应商，跨国公司就要派人来按照社会责任标准考察企业的经营是否遵循相关的劳工标准、是否符合环境保护的要求、是否保护职工的安全和健康等。如果企业达不到所列标准的要求，就让企业整改，甚至取消贸易合作。

（2）社会责任标准认证提高企业运营成本，削弱中国企业产品在国际市场上的竞争力。由于我国的纺织、服装、日用品等行业产品的技术和工艺装备要求不高，主要依靠劳动力的比较优势。如果按照社会责任标准的要求，我国这些行业的企业就要加大劳动力成本，加大企业职工保护的投入、加大企业环境保护的投入，特别是一些劳动密集型加工企业，如果严格执行社会责任标准规定的工作时间和加班时间的限制，就会大大增加企业的生产成本，相当一批劳动密集型企业的优势将会丧失，使企业陷入困境，增加企业的经营风险，特别是利润已经非常低的玩具、纺织、服装和鞋类等行业，原有的价格优势可能会丧失甚至变成劣势，极大地影响出口的发展。

另外，高额的认证（验厂）费用也使企业难以承受。企业通过标准认证的具体收费标准因各认证机构而异，一般在接订单前，企业自行根据认证标准进行整改，迎接客户验厂。第一次验厂是不收费的，如果不合格，限期整改。第二次验厂收 500~1000 美金不等，如果第二次验厂又没有通过，再给一次机会，这次仍要收费。第三次通不过就取消订单。在调研的企业中，几乎没有能一次性通过的。各企业对验厂都十分重视，投入了大量的人力物力，许多企业成立了人权验厂部、验厂事务部，专门负责验厂的工作。调查中发现，一般认证费用与企业人数有关，1000 人左右的企业收费在 20 万元人民币上下，1500人企业的平均收费是 23 万元，每半年复审一次，每次复审都需另缴费用，认证有效期三年，三年后要重新申请。

（3）劳工标准与跨国公司的贸易需求矛盾。目前，跨国公司对中国企业产品的交货期限要求越来越短，价格越来越低。劳动密集型企业为了争取到订单，相互之间恶性竞争，竞相压价。浙江某服装股份有限公司有员工近万人，反映超时生产主要是外商要求交货期太紧，过去该企业发生过工人加班累昏过去的情况。浙江某进出口有限公司（主营针织品）反映，加班的主要原因是赶单，最急的时候从早上 8 点干到第二天凌晨 5 点，完成任务后工人可休息两天，但如果跟着又来新订单就只得继续干。东莞市某手套厂反映为赶货有时加班到凌晨 1~2 点钟，现在旺季也要加班到 11 点左右，而且没有休息日，交货时间晚了就要空运或者赔偿，企业承受不起。员工的工资低主要也是跨国公司订单价格太低，不拿订单企业无法生存，工人没活干，保住订单的压力大部分要转给工人，因为出口加工企业的总成本中，人工成本占80%，企业利润只占5%左右。

（4）国际采购商对中国劳动密集型出口企业实行歧视性待遇。为什么社会责任认证会在发展中国家产生强烈的反响？为什么大多数跨国公司只在发展中国家实行验厂？原因在于跨国公司首先认定很多发展中国家是不尊重人权的国家，企业劳工的权利得不到保障，因此要对这些企业实行标准认证。这实际上就是贸易中的不对等原则和歧视性原则的体现。有些国家的企业无论是工人的工作条件还是安全生产环境都不如我国的企业，但他们从来没有被验过厂，企业感觉受到了不平等待遇，这是对中国企业的歧视。

（5）各跨国公司和国际组织的标准数额不同，企业无所适从。各跨国公司和国际组织都有自己的验厂标准，总的要素基本一致，但数额又有所不同。如对加班工时的要求，有的允许加班时间综合计时，有的不允许综合计时。对消防安全的要求也不同，有的要求灭火器离地60公分，相隔400平方米必须有一个；有的要求离地50公分，相隔300平方米必须有一个。对卫生间的要求更是千差万别，有的要求至少15人一个蹲位，有的要求至少25人一个蹲位，标准共有7~8个之多。企业为了达到不同标准在资金和人力上产生了浪费。企业接到大单，就不得不根据采购商的要求改造一次。同时，有些验厂员提出的标准随意性很大，中国企业如提出异议，他们就在验厂报告上写上企业不配合，甚至建议取消订单。

（6）劳动标准过高，企业无法达到。我国企业在应对社会责任验厂时，不仅感到生产条件和生活环境的要求过高，而更重要的是工时和社会保险问题根本无法达到验厂标准，而社会责任标准又是根据我国劳动法律法规相关规定设置的。一是关于工时问题。所有的出口加工企业，包括国有企业、股份制、外资、合资和民营企业都一致表示，劳动法规定的每周40小时工作、休息两天和每月不超过36小时加班的工时制度，出口加工企业实际上执行不了。99%的企业基本每天工时达10~12小时，每周工作六天，这种现象形成的原因很大程度上是由外向型加工贸易的生产方式决定的。据厦门某精密仪器有限公司反映，电子行业加班是普遍现象，如严格按劳动法，必须增加30%的工人，这会导致工人平均收入降低到600~700元，这样的工资水平是不可能留住工人的。即使增加了工人数量，经过三个月的技术培训，工作一年左右使其成为熟练操作工，可是过了产品生产旺季，富余工人怎么安置？加工企业本来利润就低，企业在淡季养不起这么多人。厦门某罐头厂订单季节性非常明显，工人月收入旺季 2000 元、淡季 700 元，有些原料放一天就坏，如鲜荔枝、龙眼等，不收农民又不答应，旺季工时延长到 12 小时也不够，唯一能做到的是按国家标准规定发放加班费和节假日加班工资。

另外，几乎所有企业都反映，因出口加工企业基本实行计件工资，工人普遍有加班要求。劳动密集型企业外来工占企业人员总数的 50%~70%，如按正常工时上班，收入一般只有 500~700 元，工人不能接受。一些工时较正规企业往往遇到工人招不进、留不住的问题。

二是关于社会保险问题。国家政策规定，企业负责缴纳四项强制保险（养老、医疗、失业、工伤）的 32.85%，个人负责缴纳 11.5%，加起来是工资总额的 44.35%，企业在执行此项政策时困难较大。一般企业只给管理人员、技术骨干上保险。因为出口加工企业 50%~70% 是外来务工人员，他们大部分是年轻人，流动性较大，干几年赚了钱就要回家乡了，因此更看重目前的经济利益。加之由于政策原因，企业为工人缴纳的那部分钱并不能做到随工人的流动而转移，实际上用不到工人身上，所以企业缴纳的意愿也不强烈。

（7）对中介机构和跨国公司的验厂行为缺乏有效的监督和管理。中介认证机构是企业社会责任标准认证的受益者，因为社会责任标准认证为他们带来了新的商机，几十万的劳动密集型出口企业也就意味着是一个潜在的巨大市场。比如 SA 8000 审核费用主要是审核人员的服务费，约每人每天 500~700 美元，这样审核人员费用的多少就取决于工厂的大小和工人数的多少等因素。昂贵的审核价格为认证机构带来了巨大的利润。另外，验厂员的自由裁量权过大，在标准的细致性上随意性很大，企业深感压力太大不堪重负。如果对认证机构的审核活动缺乏有效制约，这种以商业动机为出发点的活动发展下去就有可能变质。

本章案例

国家电网公司的社会责任内涵

"与社会的和谐关系，是企业赖以生存发展的长久之道，要想成为'百年老店'，就要尽社会责任，社会责任是企业分内的事情。"

——国家电网公司总经理　刘振亚

国家电网公司作为关系国计民生、经营电网遍及全国大部分城乡、有着广泛客户的国有重点骨干企业，承担着实施国家能源发展战略、促进电力工业和经济社会可持续发展的责任；承担着管理好 150 万名员工、加强队伍建设、促进社会和谐稳定的责任。公司要自觉接受政府监管和社会监督，遵循高尚道德标准和优秀企业行为准则，努力做优秀企业公民，为社会做道德表率。

服务党和国家工作大局，提高经营效益和效率，自觉服务党和国家工作大局，是检验国有企业工作成效和业绩的根本标准。国家电网公司作为我国重要的工业企业，提升经营效率和效益，壮大国有经济，巩固党执政的经济基础是必须自觉履行的首要社会责任。自觉履行服务党和国家工作大局的责任，必须大力实施集团化运作、集约化发展和精细化管理，增强集团公司控制力；必须深入推进创一流企业目标，努力建设世界一流电网、国际一流企业。

服务电力客户，持续为客户创造价值。供电服务是国家电网公司的基本职责，优质服务是国家电网公司的生命线。强化服务意识，更新服务观念，提高服务素质，提升服务水平，持续为客户创造价值是国家电网公司的不懈追求。按照服务理念追求真诚、服务内容追求规范、服务形象追求品牌、服务品质追求一流的要求，坚持以客户满意为中心，全面提高服务标准和服务水平。

坚持以客户需求为目标，不断改进服务方式，创新服务手段，培育服务文化，打造服务品牌；坚持以社会监督为保证，强化服务质量控制，树立开放、进取、诚信、负责的新形象。

服务发电企业，促进电力工业可持续发展。电力系统具有统一性、系统性。按照市场定位，充分发挥电网发展对电源发展的促进作用，通过科学规划，促进电源发展和电力市场建设；建立网厂协调机制，严格执行"三公"调度，自觉接受市场监管。建立完善国家、区域、省三级电力市场体系，营造公平有序的市场环境，促进资源优化配置。

服务经济社会发展，促进资源节约型、环境友好型社会建设。电力作为优质高效的二次能源，可靠的供应和有效的使用关系国家经济发展和能源安全。强化安全供电工作，提供安全、可靠的电力供应是对电力企业的基本要求，也是电力企业自觉履行服务经济社会发展，促进资源节约型、环境友好型社会建设的重要责任。要加强需求侧管理，引导客户科学用电、节约用电、合理用电，提高电能利用效率。认真执行国家产业政策，配合政府做好淘汰落后生产能力的工作，为实现单位国内生产总值能耗降低 4% 左右，"十一五"期间降低 20% 的目标作出积极贡献。

服务社会主义新农村建设，统筹城乡电网发展。建设社会主义新农村是以胡锦涛同志为总书记的党中央着眼于党和国家发展全局确定的一项重大历史任务。国家电网公司将切实担负起服务社会主义新农村建设的历史重任，组织实施以"转变发展方式、建设新型农网、统一品牌服务、惠及家家户户"为核心的"新农村、新电力、新服务"农电发展战略，大力发展农电事业，提高农村电气化水平，促进农村生产力发展，改善农民生活条件。当前，要全面实施"户户通电"工程，到 2010 年，凡是通过国家电网最大限度延伸能够解决供电问题的地区基本实现户户通电。通过解决好群众最关心、最直接、最现实的通电问题，让农民群众得到更多实惠，共享电力这一现代文明发展的成果，进一步密切党和政府同广大人民群众的血肉联系。

履行优秀企业公民责任，做社会道德表率。履行优秀企业公民责任是国有企业承担社会责任的重要内容。国家电网公司坚持依法经营、诚信经营，主动接受政府和社会监管，做依法治企的表率；自觉加强节能降耗和环境保护，促进人与自然和谐发展，做建设资源节约型、环境友好型社会的表率；努力践行"八荣八耻"，加强廉政建设，参与各种社会救助和公益事业，做实践社会主义荣辱观的表率。

资料来源：刘振亚：《论国有企业自觉履行社会责任》，载《中国电力报》，2006 年 5 月 12 日。

本章要点

1. 最为广泛接受和最常提及的企业社会责任概念是卡罗尔的企业社会责任金字塔——企业社会责任包含了在特定时期内，社会对经济组织经济上的、法律上的、伦理上的和自行裁量的期望。随着社会的演进，企业社会责任概念衍生出行动导向的"企业社会回应"概念和同时强调动机、过程及结果的"企业社会表现"概念。

2. 企业社会责任的理论基础有利益相关者理论、契约主义和责任铁律等。

3. 企业承担社会责任动因有：①企业价值观的变化。②社会责任运动的压力。③企业影响力的扩大，使企业有必要、也更可能承担社会责任。④出于战略的考虑，承担社会责任能改善形象，增加员工满意度，提升绩效和竞争力。

4. 企业社会责任表现与企业财务绩效之间的相关性是不确定的，原因在于：没有一种公认行之有效的企业社会责任评价方法；不同企业的社会责任行为具有异质性，无法简单地横向比较；难以选取合适的企业财务绩效指标。

5. 企业社会责任规则体系由原则、企业生产守则、行业标准和一般标准构成，但企业社会责任目前仍没有一种真正意义上的国际标准。

6. 跨国公司的验厂和认证活动是企业社会责任由西方扩散到全球的主要载体，也对中国企业产生了"双刃剑"式的影响，在推动了国内企业和社会发展的同时，也带来许多负面影响，成为中国企业发展的"陷阱"。

研究思考题目

中国企业的企业社会责任的内涵是什么？跨国公司的企业社会责任活动对中国企业的影响有哪些？中国企业应如何绕过"责任壁垒"？

推荐阅读材料

［美］阿奇·B.卡罗尔、安·B.巴克霍尔茨：《企业与社会：伦理与利益相关者》，机械工业出版社，2004。

［美］乔治·斯蒂纳：《企业、政府与社会》，华夏出版社，2002。

殷格非、于志宏、崔生祥：《企业社会责任行动指南》，企业管理出版社，2006。

刘长喜：《利益相关者社会契约与企业社会责任》，博士论文，2005。

第二十九章 管理绩效评价

企业管理绩效评价的目的是为了形成有效的衡量与激励机制，改善经营管理，提高效率。传统的管理绩效评价手段是运用会计方法，通过分析财务报表、建立责任会计制度，来对企业整体业绩与分部业绩进行评价。当代管理方法的创新及信息技术的发展，使企业管理绩效评价手段有了进一步的提高与完善，其中最为著名是企业综合计分卡制度——The Balanced Scorecard，该系统引用了非财务指标进行评价的方法，为企业的综合业绩评价、战略计划、战略实施提供了一个相对完整的框架。本章主要从实际运用角度出发，学习财务报告指标分析法、责任会计绩效评价方法、综合计分卡制度。

第一节 企业整体管理绩效的评价
——财务报告指标分析法

一、各种主要的财务报告指标分类

对企业管理绩效进行整体的财务评价目的在于使用财务指标，分析评价企业的营运能力、基本管理水平，获利能力及偿债能力。其方法是利用企业对外公布的财务报告，通过各财务指标间的比例及差异来进行评价。其重点是评估企业本期及长期的财务风险及投资报酬，以便企业高层管理人员作出正确的决策，使企业资源配置优化。

企业财务分析理论及实务中较常使用的评价比率大致有四类：流动性比率（Liquidity Ratio）、经营效率比率（Operating Efficiency Ratio）、收益比率（Profitability Ratio）、资本结构比率（Capital Structure Ratio）。从评价企业管理绩效的角度出发，可将这些财务指标分为两类：衡量财务风险的指标及评价经营报酬的指标。风险类指标主要衡量企业的财务安全程度。财务安全程度是指资产的质量、资本的结构及充足程度、企业的短期偿债能力，即流动能力。报酬类指标主要衡量企业经营在财务上的成功率，它是指盈利能力、企业的成长性及市场评价。企业面临的财务风险与其所获经营报酬之间存在密切的关系。

例如：较高的财务风险会抵消财务报酬率的成功；盈利能力的持续下降可能会引发一定的财务风险；财务报酬的提高会使财务风险下降。

我国财政部按照建立现代企业制度的要求，提出了一套旨在综合、全面地评价和反映企业经济效益状况的评价指标体系。表 29-1 是财政部推荐的一个评价企业绩效的汇总表。

表 29-1 企业绩效评价得分总表

企业名称：_____　　标准值（行业、规模）：_____

评价内容	基本指标		基本分数	修正指标		修正后分数	评议指标（±）	评议分数	综合分数
	指　标	权数		指　标	修正系数(±)				
一、财务效益状况	净资产收益率 总资产报酬率			保值增值率 销售（营业）利润率 成本费用利润率			1. 领导班子基本素质		
小计									
二、资产营运状况	总资产周转率 流动资产周转率			存货周转率 应收账款周转率 不良资产比率 资产损失比率			2. 产品市场占有能力（服务满意度） 3. 基础管理比较水平 4. 在岗员工素质状况		
小计									
三、偿债能力状况	资产负债率 已获利息倍数			流动比率 速动比率 现金流动负债比率 长期资产适合率 经营亏损挂账率			5. 技术装备更新水平（服务环境） 6. 行业或区域影响力 7. 企业经营发展策略		
小计									
四、发展能力状况	销售（营业）增长率 资本积累率			总资产增长率 固定资产成新率 三年利润平均增长率 三年资本平均增长率			8. 长期发展能力预测		
小计								×	
合计	×				×				

※复核人员：　　　　　　　评价日期：

资料来源：财政部统计评价司：《企业效绩评价问答》，第 132 页，经济科学出版社，1999。

二、财务报告指标分析法的具体应用

由于财务报告指标分析法的应用较简单，其所需数据均可从公司对外财务报告中获得，故这里不再赘述。在此介绍净资产收益率的要素分析法：先把净资产收益率分解为多个不同财务比率的乘积，继而通过对财务比率跨年度变化的比较，对企业经营业绩的改进提出方向。在实务中，有三要素法和五要素法，公式如下：

三要素法：

$$投资报酬率 = \frac{净利润}{股东权益}$$

$$= \frac{销售总额}{总资产} \times \frac{净利润}{销售总额} \times \frac{总资产}{股东权益}$$

对应要素→　　　[资产周转率]　　[销售利润率]　　[财务杠杆倍数]

五要素法：

$$投资报酬率 = \frac{净利润}{股东权益}$$

$$= \frac{净利润}{销售额} \times \frac{销售额}{股东权益}$$

$$= \frac{净利润}{税前利润} \times \frac{税前利润}{营业利润} \times \frac{营业利润}{销售额} \times \frac{销售额}{总资产} \times \frac{总资产}{股东权益}$$

对应要素→　　[税务负担]　　[财务成本]　　[销售利润率]　　[资产周转率]
　　　　　　　[财务杠杆倍数]

上述两种方法是通过对各要素在每个会计期间的变化幅度来分析净资产收益率结构性变化。由于各要素之间存在着此消彼长、相互钩稽的关系，要素分析法能帮助管理者找出弱项，确定改进目标。这两种方法所包含的要素涉及资产管理、融资、财务成本控制等诸多方面，是对企业管理绩效进行的综合财务分析与评价。

三、财务报告指标分析法的评价

财务报告指标分析法是对企业管理绩效的整体水平进行评价最基本、最普遍的一种方法。它简单易行，可直接取数于企业对外财务报告。然而，财务报告指标分析法也存在一些局限性：

（1）会计政策具有可选择性。在不违反公认会计准则的前提下，每个企业在其会计方法的选择上均有一定的自由，因此，财务报告指标存在着被操纵的可能，从而造成可比性及可信度的降低。例如：采用历史成本计价法的情况下，由于旧资产的账面价值较低，拥有较多旧资产的企业的资产周转率会被高估。

（2）侧重对过去经营管理绩效的评价。财务报告是过去某一时点的财务状况及过去某一会计期间经营成果的反映，财务报告指标也只能是对过去的管理绩效的反映，是滞后的、被动的；它不能及时追踪企业管理过程，适时反馈管理信息，以协助调整管理方法。

（3）会计程序本身存在局限性，不可能做到真正的真实与公允，因此，依靠财务报告指标对管理绩效进行评价具有片面性。

例如：工业企业成本核算采用制造成本法，即产品销售成本计算到制造成本为止。这种核算方法会驱使急于改善短期财务业绩的经理采用扩大产量与放宽信用标准的措施；扩大产量会降低单位固定成本，从而降低单位产品销售成本；放宽信用标准能刺激当期销售量，增加销售收入。在权责发生制下，当期销售利润率会得到提高。但这种行为的不良后果是未来存货的积压与坏账的增加。

（4）单纯使用财务报告指标会诱发企业的短期行为。财务报告指标必须与其他非财务指标结合起来使用。企业经理往往为确保资产报酬率，不愿意增加可能会在短期内降低利润但对企业长期发展有益的支出，如员工培训支出。此外，财务会计对会计要素的确认和计量是建立在一系列的假设和标准之上的，许多重要的生产要素不能被财务报告所反映，如重要的人力资源、知识产权等。因此，必须结合一定的非财务指标对管理绩效进行综合评价。

第二节　企业分部管理绩效的评价方法
——责任会计考核法

一、企业分部管理绩效评价的目的、方法与重点

对企业分部管理绩效进行评价，目的是加强企业在分权管理体制下的内部控制，充分发挥分权管理的优点，抑制其弊端。其方法是建立责任会计制度，责任会计（Responsibility Accounting）是为适应企业内部经济责任制的要求，在企业内部建立起若干个责任中心，并对其分工负责的经济活动进行规划与控制，以实现业绩考核与评价的一种内部会计控制制度。它把会计数据同各责任中心紧密联系起来，利用会计信息对分权单位进行业绩的计量、考核与评价，以提高各分权单位的积极性，协调各分权单位之间的关系，防止各分权单位片面追求局部利益而使企业整体利益受损，使各分权单位之间以及企业与分权单

位之间在工作和经营目标上达成一致。

二、各责任中心的划分及绩效的评价和报告

责任中心（Responsibility Center）是指有专人承担一定的经济责任，并有相应管理权限的企业内部单位。它是企业内部的一个组织单位，负有特定的任务，拥有一定的资源，具有一定的组织结构，并受一名责任人领导。根据企业内部责任单位权责范围以及业务活动的特点不同，可将企业在生产经营上的责任中心划分为成本中心、利润中心和投资中心三类。

（一）成本中心的业绩评价和业绩报告

1. 成本中心的定义及特点。

成本中心（Cost Center）是指只对其成本或费用承担经济责任，负责控制和报告成本的责任中心。成本中心的工作成果一般不会形成可计量的收入，或其工作成果不便于或不必进行货币计量，因而仅计量和考核发生的成本。成本中心的应用范围最广泛，凡是企业内部有成本或费用的发生、需要对成本进行负责且能够控制的单位，均可作为成本中心加以考核。

成本中心所指"成本"与传统的财务会计中按完全成本计算法核算出来的产品成本（Product Cost）有所不同：

（1）成本中心所需计量与考核的成本，不是归属于各该中心的全部成本，而是其可控成本。所谓可控成本（Controllable Cost）是指该成本中心能预知其将要发生的耗费，并能对耗费进行计量、调节和控制。成本的可控与否并不是绝对的，这和责任中心所处管理层次的高低、权限的大小及控制范围有关。同时，成本的可控与否与成本形态亦有一定的联系。具体到某一成本中心而言，即变动成本多为可控成本，固定成本多为不可控成本。但这并不是绝对的，例如：某生产部门所需的外购的半成品，从成本形态上来看是变动成本，但对该生产部门来说是不可控成本。

（2）与传统财务会计的产品成本归集对象和目的不同，产品成本一般按产品归集，本着"谁受益，谁承担"的原则。而责任成本以责任中心为对象，按"谁负责，谁承担"的原则进行归集，其目的是对责任中心的业绩进行评价与考核。但两者的共同之处在于：在一定期间内，责任成本与产品成本的发生额是相同的。

2. 成本中心的业绩评价与考核。

从成本中心的业绩报告中，从全部成本中区分出可控的责任成本，将其实际发生额同预算额进行比较、分析，揭示出差异原因，据此对责任中心的工作成果进行评价。

需注意的是，如果实际产量与预算产量不一致，应按弹性预算方法首先调整预算指标。

3. 成本中心的业绩报告。

责任中心的业绩考核是通过编制"业绩报告"（Performance Report）或称"责任报告"来完成。成本中心的业绩报告的格式为：按该中心可控成本的各明细项目，列示其预算数、实际数和差异数三栏。在实际工作中，可添加差异分析栏。各成本中心的业绩报告和责任预算应自下而上由最基层的成本中心逐级向上汇编，除最基层的成本中心外，其他层次成本中心的责任成本应包括：该中心各项可控成本之和与下属成本中心转来的责任成本。

（二）利润中心的业绩评价和业绩报告

1. 利润中心的定义及分类。

利润中心（Profit Center）是指对利润负责的责任中心。它是一个既能控制成本，又能控制收入的责任单位，所以利润中心是对收入和成本都要承担责任的单位。利润中心在企业一般处于较高的责任层次，大多拥有对产品及劳务的生产经营决策权。如分公司、分厂、分事业部。利润中心有两种：

（1）自然的利润中心：是以对外销售产品而取得实际收入为特征的利润中心，如分公司、分厂等。

（2）人为的利润中心：是仅为企业内部各单位提供产品或劳务，不直接对外销售。这类责任中心按"内部转移价格"计量产品转让收入，实现内部利润。实际上制造业的大多数成本中心均可在制定出合适的内部转移价格的基础上转成人为的利润中心。

2. 利润中心的业绩评价及考核指标。

对利润中心进行业绩评价的指标是"贡献毛益"，计算公式为：

贡献毛益 = 销售收入总额 - 变动成本总额

在具体评价某一利润中心的业绩时，还需对其贡献毛益进行深入分析，以区分出部门经理业绩与部门业绩：

部门贡献毛益 = 部门销售收入 - 部门变动成本 　　　　　　　　　（1）

部门经理可控毛益 = 部门贡献毛益 - 部门经理可控固定成本 　　　（2）

部门毛益 = 部门经理可控毛益 - 部门经理不可控固定成本 　　　　（3）

部门税前利润 = 部门毛益 - 分配来的公司共同固定成本 　　　　　（4）

公式（2）部门经理可控毛益（Contribution Controllable by Segment Manager）主要是评价责任中心（部门）负责人的经营业绩，它就该部门经理的可控成本进行考核，反映部门经理对所控制资源的有效利用程度。

公式（3）反映的是对部门业绩的评价与考核，是把部门可控的固定成本从部门的贡献毛益中扣除，从而得到部门毛益（Contribution of Segment）。公式（4）反映的是部门税前利润，它是将公司总部所发生的一些共同性费用，如管理费用、销售费用和财务费用等按一定的标准分摊到各公司责任中心后，在部门毛益中予以扣除。有些时候，也可以不必对这些公司性费用进行分摊。因此，对各利润中心的业绩评价使用公式（1）、（2）、（3）即可。

3. 利润中心的业绩报告。

利润中心的业绩报告，也称"成果报告"，应逐层列出"部门贡献毛益"、"部门经理可控毛益"、"部门毛益"、"部门税前利润"等项目，同时列示出各自的预算数、实际数和差异数。与成本中心相反，若利润中心的销售收入、贡献毛益、税前利润的预算数小于实际数，则属于有利差异；反之则属于不利差异。

（三）投资中心的业绩评价报告

1. 投资中心的定义及分类。

投资中心（Investment Center）是指对投资负责的责任中心。其特点是既要对成本、收入和利润负责，又要对投资的效果负责。投资中心是最高层次的责任中心，它具有最大的决策权，同时也承担着最大的责任。从法律形式上看，成本中心基本上不是独立的法人；利润中心可以是也可以不是独立的法人，投资中心一般都是独立的法人组织。典型的投资中心有集团公司所属各子公司，子公司负责人直接向集团公司的总经理或董事会负责。

2. 投资中心的业绩评价及考核指标。

对于投资中心，不仅要考核其成本和利润，还必须对其资金使用效果进行重点考核及评价。常用的业绩评价及考核指标有投资报酬率（Return on Investment，ROI）及剩余收益（Residual Income，RI）。

（1）投资报酬率。

投资报酬率亦称投资利润率，是营业利润和经营资产的比值。经营资产（Operating Asset）是投资中心使用控制的全部资产，即固定资产和流动资产的总额，在计算时取期初和期末的平均余额作为分母。作为分子的营业利润（Operating Profit）指税前息前利润（EBIT）。这是因为：利息费用与企业融资及资产的取得有关，而与资产的使用无关。而资产的取得及融资决策权多集中于上级主管部门，投资中心一般只关心如何有效地利用资产，利息费用对利润中心而言是不可控因素，所以在考核业绩时，要使用息前利润。另外,企业的税负受许多因素的影响，如税率的高低、会计方法、税收优惠政策等，因此对投资中心而言，所得税费用亦属不可控因素。因此，在考核投资中心业绩时，应使用税前利润。

ROI 指标具有以下优点：

①ROI 是反映投资中心综合盈利能力的指标。销售量的增减、成本及费用的升降、资产数量的变化和资产质量的好坏均能在一定程度上被 ROI 的变动所反映。

②ROI 能引导经理人员正确地使用资产，调整资本的流量及存量，提高资产质量。如加强信用管理，避免资产闲置，保持适当的存货水平等。

但 ROI 也有其不足之处：

①ROI 会在一定程度上引发经理人员的短期行为，导致投资中心的职能失调。为确保当期的 ROI 水平，经理人员可能会削减一些投资计划，不愿投资于报酬率低于该投资中心实际 ROI 的项目，尽管这些项目可能对整个企业发展有利。此外，经理人员可能会不合理地缩减经营资产，这虽能提高近期资产周转率，但将影响整个企业长期稳定的发展。为了克服这一缺点，必须用剩余收益指标作为补充来评价投资中心的业绩。

②由于存在约束性固定成本这一不可控因素，使 ROI 难于为分部经理所控制，从而不易区分经理业绩与分部业绩。

③会计方法的可选择性，使用不同的会计方法会影响当期销售额与利润额，从而影响当期 ROI 的水平。如存货计价的方法、折旧的方法、销售收入确认的标准（是采用权责发生制还是现金收付制）均可影响当期经营利润。因此，ROI 在一定程度上易被经理人员所操纵。

④在一定程度上造成经理人员对固定资产不恰当的使用。在对固定资产进行计价时，是按原值还是按净值计算？是按原价还是按重置成本进行计算？不同的选择对 ROI 的水平有较大影响。在使用固定资产净值进行计价时，因为旧资产的账面净值比新资产低，经理人员往往会采用继续使用老龄固定资产而不加重置的方法来提高 ROI 水平。因此，在计算经营资产时，对于固定资产应尽量按原值（或重置成本）进行计价。对存货也应按统一计价方法进行计算，以避免人为造成经营资产的低值。

（2）剩余收益。

剩余收益 = 营业利润 -（经营资产 × 规定的最低报酬率）

剩余收益指标是一个绝对数的指标，和 ROI 结合使用能在一定程度上避免 ROI 产生误导，并能鼓励投资中心的经理接受较有利的投资，既增加投资中心的剩余收益，又使投资中心的行为和企业总体目标相一致，有效防止了各投资中心本位主义的产生。

（3）投资中心的业绩报告。

投资中心的业绩报告与利润中心的报告格式相似，其基本项目有销售收入、销售成本、营业利润、经营资产的平均占用额、投资报酬率、剩余收益、销售利润率、资产周转率，并需列出每一项目的预算数、实际数以及差异数。

三、责任会计考核方法的评价

（1）责任会计在一定程度上克服了传统财务报告指标评价方式的缺点，通过预算与实际的差异分析，将业绩评价与行为控制联系在一起，将预算与控制结合在一起。预算与控制是相辅相成的，没有预算事先确定目标，组织不可能作出有效的控制；经营过程如缺乏有效控制，预算也不能发挥有效作用。预算与控制的结合，有效地规范了成员在生产经营中的行为。责任会计制度实际上是一个信息系统，它自下而上地收集并传递有关经营绩效的信息，降低了组织内信息成本。

（2）责任会计制度的设计与组织结构模式密切联系。责任会计的诞生与层级制组织结构密切相关。一般而言，利润中心与投资中心更多地与分权组织相联系，而成本中心相对地则与集权组织密切相关。这是因为利润中心与投资中心的经理人员比成本中心的经理人员拥有更多的权利，承担更大的责任。现代信息技术的发展使企业组织结构由传统的金字塔形向柔性化、扁平化发展，组织内部门边界日趋模糊，企业经营决策和责任分散程度提高，这一切无疑大大激发了组织内中下层管理人员及员工的创造力。但现代公司结构的复杂及其动态性的变化，使责任与权利的划分与制度设计变得越来越困难。

（3）责任会计重在对分部业绩进行考核，它人为地划分责任中心，假定它们是独立的实体，产品在内部转移可能会使各责任中心之间产生矛盾，因此，相对准确公正的业绩评价与内部转移价格的制定存在着密切联系，转移价格与责任会计制度实施的成败有密切关系。

第三节　企业管理绩效的综合评价
——综合计分卡制度

一、企业综合管理绩效评价的目的与方法

对企业管理绩效进行综合评价是为了从多方面对企业管理水平、管理效率、企业战略目标的制定与实施进行考核。随着人类社会由工业经济时代向信息时代的转型，经营环境发生重大变化，管理方法在不断创新，依靠传统会计方法对管理绩效进行财务衡量已远不能满足企业管理当局的要求。传统的业绩评价制度虽然有助于我们分析及判断企业的控制能力、获利能力、偿债能力、

成长能力，但其局限性不可忽视：

第一，许多对企业管理产生重大影响的非财务因素，难以在财务报告中反映出来，因而未能得到正确评估，以致被企业管理当局所忽视。这是单纯的财务评价的重要缺陷。例如，市场经济的发展使企业内外经营环境中的不确定因素增多，因此，企业对冲突性事务管理日趋重要。而传统的财务报告对此根本无法反映，使企业管理当局不能通过报表洞察组织内冲突，以致忽略了冲突管理，当潜在冲突爆发或危机来临时，往往措手不及。

第二，传统的业绩评价制度基于历史的会计数据，是对过去经营业绩的总结与评价，虽对当前管理工作有些参考价值及指导作用，但却不能为日常工作及时提供行动指南，无法协调企业当前行为与长期战略目标，造成对企业战略目标实施过程控制不力。例如，传统的业绩评价制度无法为提高企业的核心能力制定具体的行动措施。

第三，传统的业绩评价制度，易使管理层急功近利，引发短期行为，过分注重短期内的财务成果，注重短期投资，而忽视了对企业未来成长有利的投资。

第四，传统的业绩评价制度是一种静态的、侧重财务业绩评价的制度。其实，无论在企业生命周期的哪个阶段，财务业绩均不能作为评价企业管理绩效的唯一标准。对管理绩效的评价应是动态的、全面的，要随企业成长与发展，不断变化评价标准和手段。例如：在企业成长初期，产品刚走向市场，此时企业目标应定位在市场占有率的扩大，并非追求高额投资报酬率；处于成熟期的企业，其目标是获取稳定的现金流入，保证现有的市场占有率，追求高额稳定的利润。这两个阶段的战略目标不同，单纯使用财务指标往往很难对企业管理绩效作出一个整体、公正的评价。

总之，对企业管理绩效的评价应突破单一的财务指标评价体系，采用财务指标与非财务指标相结合的综合指标评价体系。由此，综合计分卡制度（The Balanced Scorecard）应运而生，它是一种革命性的业绩评估和战略管理制度，主要是为企业经理们提供一个框架：从财务（Financial）、顾客（Customers）、企业内部经营过程（Internal Business Process）、企业学习与成长（Learning and Growth）四个方面全面评价企业的经营业绩。

综合计分卡制度起源于美国哈佛大学教授、著名管理会计学家卡普兰（Roberts Kaplan）及美国复兴全球公司（Renaissance Worldwide）总裁诺顿（David P.Norton）等人从 1990 年开始进行的一个实地研究项目，取得了实践经验，可视其为 20 世纪 90 年代以来管理会计理论与实践最主要的发展之一。

二、综合计分卡制度的框架及其各评价指标

综合计分卡制度的基本框架是由财务、顾客、企业内部经营过程、企业学习与成长紧密联系的四个方面组成，这四个方面以企业的目标与战略为导向，形成一个有机联系整体。综合计分卡制度的框架基本固定，具体制度的设计却根据企业所处行业的性质、生命周期的差异而各不相同。图 29-1 即是综合计分卡制度的基本框架。

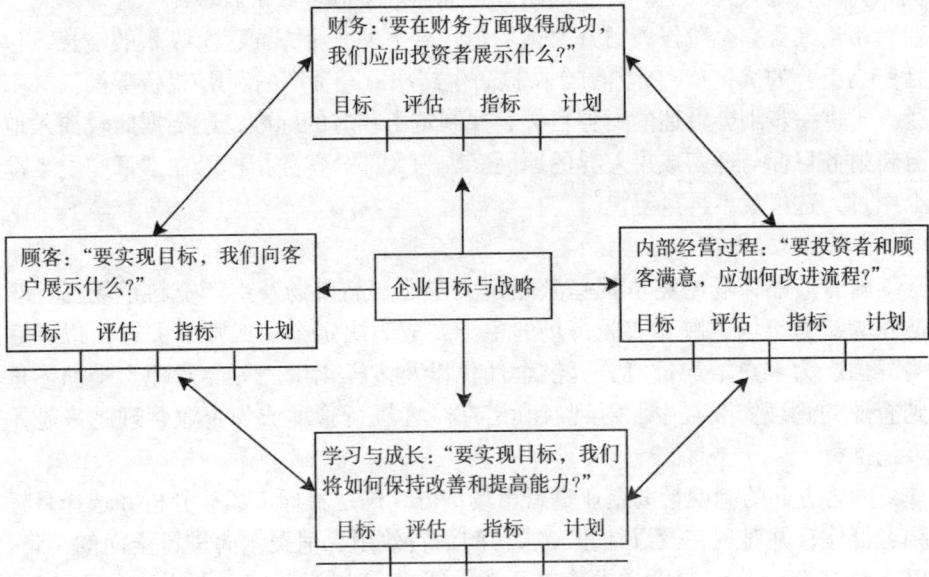

图 29-1　综合计分卡制度的基本框架

从图 29-1 中可以进一步看到，综合计分卡制度的四个方面又各自可进一步细分为：目标、评估、指标与计划这四个步骤。下面予以详细说明。

（一）财务方面

综合计分卡制度将财务目标定为组织的长期目标及其他三方面目标评价的焦点，也就是说，其他各方面努力的结果最终要体现为财务绩效的提高和丰厚的投资回报。财务目标与企业的战略目标紧密相关，因而当企业在生命周期的不同阶段，不同的战略目标将导致不同的财务目标。综合计分卡制度将企业的生命周期简化为三个阶段：成长阶段、维持阶段与收获阶段。它认为：

在成长阶段，企业处于初始投资阶段，投资回报率低，现金净流量甚至是负数，它的目标是提高生产能力、销售能力，与供应商、客户建立良好的关系

并进一步发展。与此相关的财务指标有：销售收入增长率，以及目标市场、顾客群体和地区销售增长额。

在维持阶段，企业仍继续增加投资，但投资主要是为了提高生产能力，改进设备性能，消除瓶颈，以期在这一阶段获取丰厚的利润，不断扩大市场份额。与此相关的财务指标是：营业收入、毛利投资报酬率、经济附加值。

在收获阶段，企业处于成熟期，企业不再大量投资，即使有投资行为，也是为了维持设备正常运转，企业要尽可能快地收回前期投资，获得稳定的现金流入并使其最大化。这时，它的财务目标与现金流量紧密联系在一起。

不论在哪一个阶段，财务目标均包含着下列三个方面：①收入的增长（包括产品组合的优化）。②降低成本/提高生产率。③资产的利用/投资导向。

可进一步细分上述的财务目标，并制定出相应的标准，还要据此较深入地分析财务目标与经营成果差异的原因。因为大部分财务指标已在本章中上半部介绍过，这里就不再重复。

（二）顾客方面

随着产品市场的竞争日趋激烈，大多数产品市场及生产资料市场已逐步演化为买方市场，顾客成为市场的主导，成为决定企业成败的关键。以顾客为导向、为客户增加价值、提供个性化以及多样化生产等经营理念全面渗透到企业的管理实践之中。对现有和潜在顾客进行管理成为企业管理越来越重要的部分。

顾客方面的制度帮助企业进行市场细分，确定目标市场，分析和选择目标顾客群体，并对现在及以往重要顾客的消费效用、消费倾向进行全面的衡量。以下是综合计分卡制度中顾客方面的主要评价指标及相互关系，如表 29-2 所示。

表 29-2 主要评价指标及其含义

指 标	含 义
市场份额	反映业务部门在销售市场上的业务比例
顾客留住率	从绝对或相对意义上，反映业务部门保留或维持同顾客维持当前关系的比例
顾客获得率	从绝对或相对意义上，评估业务部门吸引或赢得新顾客或业务的比例
顾客满意程度	根据具体业绩标准来评价顾客对产品或服务的满意程度
顾客给企业带来的利润率	在扣除支付某一顾客所需的特定支出后，评价一个顾客或部门的净利润

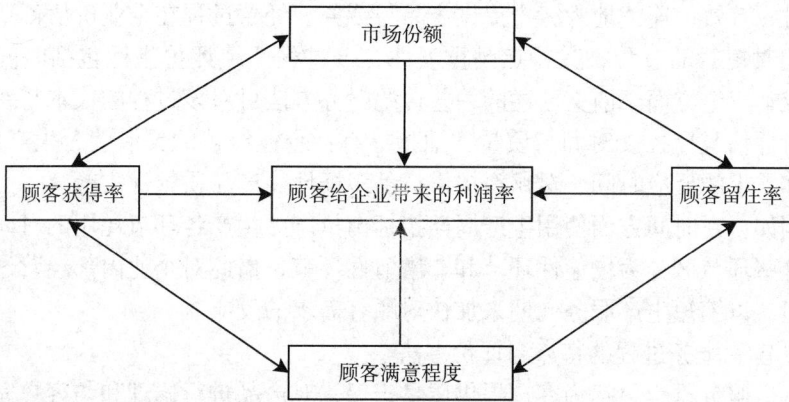

图 29-2　主要评价指标之间的相互关系

上述五个主要评价指标为企业的顾客管理提供了关键性的评价标准，它适用于所有企业。在管理实践中，还需针对每个企业的特点为每个主要评价指标制定更具体详细的评价手段及分项指标。

（三）企业内部经营过程

综合计分卡制度将企业内部经营过程划分成改良过程、经营过程和售后服务过程，各阶段的评价指标不一样。

图 29-3　企业内部经营过程

1. 改良过程的特点与评价方法。

改良过程是指：企业以顾客为导向，发现和培育新市场、新客户，同时兼顾现有顾客的当前需要及潜在需要。在此基础上研究开发新的产品和劳务，将新的产品及劳务推向目标市场。改良过程是企业进行研究开发、走向市场的过程。该阶段研究开发费用高，失败风险大。特别是对高科技企业、软件行业来说，它们的设计、研究开发周期长，甚至贯穿着产品生命周期的始终。因此，综合计分卡制度十分强调该过程的重要性，改良过程管理绩效评估十分必要。

2. 经营过程的特点与评价方法。

经营过程始于企业收到订单，到向客户提供产品与劳务为止。其管理目标是及时、有效、连续地为客户提供产品与劳务。经营过程在企业价值创造中是一个相对短暂的过程，其特点是重复性，该过程业绩评价指标包括时间、质量、成本三个方面。前文已述的一些传统财务方法可对该过程的成本与费用开支进行评估与监控。时间与质量方面指标有：企业经营的灵活性、生产周期、对顾客需求的反应时间、对顾客提供产品多样性、产品质量优劣等。

例如：在时间方面使用生产周期指标衡量产品生产各环节耗用的时间，进而把这些环节区分为增值性环节和非增值性环节，借此对企业内部经营过程进行重组，以缩短生产服务周期来加快对顾客需求的反应。

3. 售后服务过程的特点与评价方法。

售后服务过程包括为客户提供质量担保，对产品进行修理和与客户完成结算的过程。对售后服务过程的评估也是采用时间、质量、成本方面的指标：服务反应周期、人力成本、物质成本、售后服务的一次成功率等。反应周期是指从接到客户请求到最终解决问题的时间，可衡量出公司对产品故障作出反应的速度。人力成本与物质成本可反映出工作的效率。售后服务一次成功率是指客户的服务要求一经提出即可得到满足，而没必要多次提出售后服务要求的比率。

（四）企业的学习与成长

20 世纪 80 年代以来管理创新的一个重要方面就是强调人本管理，重视人力资源投资，员工素质的高低直接影响到企业创新能力和经营业绩。综合计分卡制度的第四个方面——企业的学习和成长，以提高员工能力、拓展企业信息系统功能、激发员工积极性为中心，通过衡量企业在基础设施方面的投资业绩，如人力资源系统及业务流程等方面来达到加强企业核心生产力的目的。如前文所述，片面使用财务评价指标常常会引发经理人员的短期行为，通过削减在人力资源方面的投资来提高企业短期绩效，但会损害企业长期发展创新能力。综合计分卡制度在一定程度上避免了这种短期行为的发生。它主要的评价指标有：员工满意程度、员工留住率、员工工作能力、员工劳动生产率、员工意见采纳百分比、员工的培训与提升以及企业内部信息沟通能力。其中"员工满意程度"十分重要，因为使员工感到满意是提高劳动生产率、反应速度和服务质量的必要前提。例如：第三产业员工的工作态度直接影响了企业的效益，在第三产业，往往是较低层次的员工直接和顾客打交道，因此，有必要对员工的满意程度进行定期调查。使员工感到满意的因素有：参与决策、认为本职工作不错、在做好工作时得到肯定、主观能动性得到肯定、后勤部门提供积极支持等。

三、综合计分卡制度的评价

综合计分卡制度将财务评价指标与非财务评价指标创造性地融合在同一个企业管理绩效评价框架中，它既超越了会计，又与会计紧密联系在一起。

（1）综合计分卡制度体现了过程与目标的结合。虽然企业管理目标的实现最终表现为财务绩效的提高，但财务指标大多是抽象的，不能完全表明领导的意图，因而员工不能充分了解企业的战略步骤，而员工的行为却又恰恰需要直观、具体、细化的指标来引导。综合计分卡制度通过四个方面，尤其是通过顾客、企业内部经营过程、企业学习与成长这三个方面，将战略目标与战略步骤之间建立起桥梁，将公司长远目标与日常计划、行为协调起来，避免了战略目标与其具体实施过程的脱节。

（2）综合计分卡制度提高了员工对管理的参与程度。它引入了非财务业绩评价方法，使员工能参与业绩评价制度的设计与完善，发挥他们的积极性与聪明才智。这也是管理上的一个创新，与当前理论界强调人本管理、重视团队学习是相一致的。综合计分卡制度能把组织内的工作经验积累起来并进行交流，从而提高生产效率。

（3）综合计分卡制度在衡量与实际运用方面尚未完善，实际调查研究也证明了这一点，尽管它堪称是在管理方面的重大突破。因为它没有系统的衡量标准，多数时候通过打分的方式进行业绩评估，这使得主观评价不一样，分数的高低也不一样，主观因素直接影响业绩评价的结果，导致可比性及可信程度的下降。

（4）综合计分卡制度可能会导致企业战略机密的外泄。从上述的介绍中可以看出，它是一个全员参与制度设计与修改的系统，这使得企业战略计划会轻易被竞争对手探知，行为也易被他人模仿，从而在竞争中反处于不利地位，直接导致战略目标实现的困难。

本章案例

EVA——透视企业创富之谜

"天下没有免费的午餐。"这句话几乎人人都会说，不过在使用股东的资本时，却又很少有人还记得这句话了。怎么？还要为股东所投入的资本付费？真是笑话！

不过在股东们看来，这可不是玩笑。如果他们所投资企业的税后净营运利润低于用同样的资本投资于其他风险相近的有价证券的最低回报的数值，那么这笔投资对他们说来不只是无利可图，甚至是很吃亏的事情了。只要公司的会计利润小于全部资本的机会成本，它们实际上就是在损坏着股东财富。尽管以传统的会计利润来衡量，这些公司都是盈利的。

对利润的这两种截然不同的理解，实际上只是广泛存在于企业所有者和经理人之间的利益拔河赛的直接反映。在这场旷日持久的比赛中，利益的天平必须更多地偏向股东这一边，这已经成为人们的共识。而要使企业的决策制定专注于股东财富的创造，经济增加值（EVA）是我们目前所能够想到的最佳途径。

什么是 EVA？

简单地说，EVA（Economic Value Added，经济增加值）就是税后净营运利润减去投入资本的机会成本后的所得。注重资本费用是 EVA 的明显特征，管理人员在运用资本时，必须为资本付费，就像付工资一样。由于考虑到了包括权益资本在内的所有资本的成本，EVA 体现了企业在某个时期创造或损坏了的财富价值量，真正成为股东所定义的利润。假如股东希望得到10%的投资回报率，那么只有当他们所分享的税后营运利润超出 10%的资本金的时候，他们才是在"赚钱"。而在此之前的任何事情，都只是为了达到企业投资可接受的最低回报而努力。

对于经理人来说，概念非常简单的 EVA 也是易于理解和掌握的财务衡量尺度。通过衡量投入资本的机会成本，EVA 使管理者不得不权衡所获取的利润与所投入的资本二者之间的关系，从而更全面地理解企业的经营。布里吉斯—斯特拉顿公司从 1991 年开始引入 EVA 体系后，发现从外部采购浇铸塑料部件和引擎要比自己制造划算得多。公司总裁约翰·雪利不无感慨地说："（引入 EVA 后）公司营运利润大大增长，所需资本量却大大降低。"

大多数公司在不同的业务流程中往往使用各种很不一致的衡量指标：在进行战略规划时，收入增长或市场份额增加是最重要的；在评估个别产品或生产线时，毛利率则是主要标准；在评价各部门的业绩时，可能会根据总资产回报率或预算规定的利润水平；财务部门通常根据净现值分析资本投资，在评估并购业务时则又常常把对收入增长的预期贡献作为衡量指标。另外，生产和管理人员的奖金每年都要基于利润的预算水平进行重新评估。EVA 结束了这种混乱状况，仅用一种财务衡量指标就联结了所有决策过程，并将公司各种经营活动归结为一个目的，即如何增加 EVA。而且，EVA 为各部门的员工提供了相互进行沟通的共通语言，使公司内部的信息交流更加有效。

EVA 的实质：4 个 M

到目前为止，EVA 无疑是衡量公司业绩最准确的尺度。为了更好地阐释 EVA 体系，我们常常用 4 个 M 来归纳它的实质内涵，它们分别是评价指标（Measurement）、管理体系（Management）、激励制度（Motivation）和理念体系（Mindset）。

无论处于何种时间段的公司业绩，EVA 都可以作出最准确、最恰当的评价。在计算 EVA 的过程中，首先要对传统的会计数字进行一系列调整，以便消除会计扭曲，使业绩评价结果尽量与经济现况相吻合。比如，公司的研发支出往往是对未来产品或业务的一种投资，而现有的会计准则却要求公司把它当年一次性计入费用。为了反映研发行为的经济意义，EVA 将研发支出进行了资本化处理，不再一次性计入费用，而是作为可摊销的无形资产，在适当的时间（比如说 5 年）内分期摊销。

EVA 的真正价值在于公司可以把它作为财务管理体系的基础。建立在 EVA 基础之上的管理体系密切关注股东财富的创造，并以此指导公司决策的制定和营运管理，使战略企划、资本分配、并购或出售等公司行为更加符合股东利益，并使年度计划甚至每天的运作计划更加有效。从 EVA 的角度看，提升公司价值有三条途径：一是更有效地经营现有的业务和资本，提高经营收入；二是投资预期回报率超出资本成本的项目；三是出售对别人更有价值的资产，或者通过提高资金使用效率，加快资金流转速度，把资金沉淀从现存营运中解放出来。

EVA 还是一种很好的激励制度，使管理者在为股东着想的同时也像股东一样得到报偿。这主要是通过 EVA 奖励计划和"内部 LBO（杠杆收购）"计划来实现的，EVA 奖励计划能够让员工像股东一样得到报酬，而"内部 LBO"计划则可以实现员工对企业的真正所有。在 EVA 奖励制度之下，管理人员为自身谋取更多利益的唯一途径就是为股东创造更大的财富，管理人员创造的 EVA 越多，就可以得到越多的奖励；同时，管理人员得到的奖励越多，股东就越高兴。因为 EVA 的奖金没有上限，并且脱离了年度预算，EVA 制度下的管理人员更有动力做长远打算，而不是只注意短期效果，在进行投资时也会重点考虑公司发展的长远利益。

EVA 的引入还会给企业带来一种清新的观念。在 EVA 制度下，所有营运功能都从同一基点出发，为公司各部门员工提供了一条有效沟通的渠道；由于公司经营的唯一目标是提升 EVA，各部门就会自动加强合作，决策部门和营运部门会自动建立联系，部门之间互不信任的状况会得以根除。因此，EVA 是一套有效的公司法人治理制度，这套制度自动引导和鼓励管理人员和普通员工为股东的利益思考和做事。

资料来源:《中国经营报》,2001 年 3 月 16 日,总第 1310 期。

本章要点

1. 对企业管理绩效进行整体财务评价的目的在于使用财务指标,分析评价企业的营运能力、基本管理水平、获利能力及偿债能力。其方法是利用企业对外公布的财务报告,通过各财务指标间的比例及差异来进行评价。其重点是评估企业本期及长期的财务风险及投资报酬,以便企业高层管理人员作出正确的决策,使企业资源配置优化。企业财务分析理论及实务中较常使用的评价比率大致有四类:流动性比率、经营效率比率、收益比率、资本结构比率。从评价企业管理绩效的角度出发,可将这些财务指标分为两类:衡量财务风险的指标及评价经营报酬的指标。

2. 财务报告指标分析法是对企业管理绩效的整体水平进行评价最基本、最普遍的一种方法。它简单易行,可直接取数于企业对外财务报告。然而,财务报告指标分析法也存在一些局限性:会计政策具有可选择性;侧重对过去经营管理绩效的评价;会计程序本身存在局限性,不可能做到真正的真实与公允;单纯使用财务报告指标会诱发企业的短期行为。

3. 对企业分部管理绩效进行评价,目的是加强企业在分权管理体制下的内部控制,充分发挥分权管理的优点,抑制其弊端。其方法是建立责任会计制度,根据企业内部责任单位权责范围以及业务活动的特点不同,可将企业在生产经营上的责任中心划分为成本中心、利润中心和投资中心三类。责任会计在一定程度上克服了传统财务报告指标评价方式的缺点,但也有其局限性。

4. 对企业管理绩效进行综合评价是为了从多方面对企业管理水平、管理效率、企业战略目标的制定与实施进行考核。综合计分卡制度的基本框架是由财务、顾客、企业内部经营过程、企业学习与成长紧密联系的四个方面组成,这四个方面以企业的目标与战略为导向,形成一个有机联系整体。综合计分卡制度的框架基本固定,具体制度的设计却根据企业所处行业性质、生命周期的差异而各不相同。综合计分卡制度体现了过程与目标的结合,提高了员工对管理的参与程度,但在衡量与实际运用方面尚未完善,可能会导致企业战略机密的外泄。

研究思考题目

如何评价综合计分卡制度？在实施该制度时应注意什么？你认为实际进行管理绩效考核时应注意什么？对经营者的业绩应该如何衡量？

推荐阅读材料

彼得·F.德鲁克等：《公司业绩测评》，中国人民大学出版社，1999。

杜胜利：《企业经营业绩评价》，经济科学出版社，1999。

［美］A.I.埃巴：《经济增加值——如何为股东创造价值》，中信出版社，2001。

本书主要参考文献

导论

陈佳贵：《现代企业管理理论与实践的新发展》，经济管理出版社，1998。

陈佳贵：《现代大中型企业改革与发展》，经济管理出版社，1996。

赖茂生：《企业信息化知识手册》，北京出版社，2000。

马士华等：《供应链管理》，机械工业出版社，2000。

长城企业战略研究所：《企业信息与管理变革》，《经济研究参考》，2000（1）。

考斯图尔特·克雷纳：《管理必读50种》，海南人民出版社，1999。

迈克尔·波特：《竞争优势》，华夏出版社，1997。

迈克尔·波特：《竞争战略》，华夏出版社，1997。

李建明：《企业核心能力分析》，载《中国工业经济》，1998（11）。

王科、姚志坚：《企业能力理论述评》，载《经济学动态》，1999（12）。

李东红：《企业核心能力理论述评》，载《经济学动态》，1999（1）。

翁君弈：《支薪制与分享制的比较》，载《经济社会体制比较》，1996（5）。

王志平：《美国经理人队伍的开发及其启示》，载《经济研究参考》，2000（76）。

彼得·圣吉：《第五项修炼》，上海三联书店，1996。

俞晓军：《信息革命与企业组织变革》，载《中国工业经济》，1996（6）。

谌述勇、陈荣秋：《论种类经济与柔性生产》，载《华中理工大学学报（社科版）》，1996（4）。

黄群慧：《现代市场营销方法的创新和发展趋势》，载《外国经济与管理》，1998（6）。

杨冰昕：《企业的客户关系管理》，载《电子与信息化》，1999（12）。

第一章

吴敬琏：《大中型企业改革：建立现代企业制度》，天津人民出版社，1993。

王洛林、陈佳贵：《现代企业制度的理论与实践》，经济管理出版社，1997。

陈佳贵、黄速建、高闯、冯奎：《管理变革：世纪之交的回顾与展望》，载《经济管理》，1990（10）。

陈佳贵：《现代企业管理理论与实践的新发展》，经济管理出版社，1998。

小艾尔弗雷德·D. 钱德勒：《看得见的手——美国企业的管理革命》，商务印书馆，1987。

杜莹芬编著：《知识经济与企业管理》，广东经济出版社，1999。

本刊评论员：《国企新世纪》，载《经济管理》，1999（10）。

第二章

钱颖一：《企业理论》，载汤敏、茅于轼主编：《现代经济学前沿专题（第一集）》，商务印书馆，1989。

吴敬琏：《大中型企业改革：建立现代企业制度》，天津人民出版社，1993。

张军：《现代产权经济学》，上海三联书店，1994。

张维迎：《企业的企业家——契约理论》，上海三联书店，1995。

周叔莲、陈佳贵：《市场经济与现代企业制度》，经济管理出版社，1994。

[美] 奥利弗·哈特：《企业、合同与财务结构》，上海人民出版社，1998。

[法] 泰勒尔：《产业组织理论》，中国人民大学出版社，1997。

[美] 阿尔特曼等：《管理科学与行为科学（上）》，北京航天航空大学出版社，1990。

[美] 伯利、米恩斯：《现代股份公司和私人财产》，中华书局，1981。

[美] 钱德勒：《看得见的手——美国企业的管理革命》，商务印书馆，1987。

[美] 雷恩：《管理思想史》，中国社会科学出版社，1986。

[苏] 梁波斯基：《外国经济史（资本主义时代)》，三联书店，1962。

[英] 亚当·斯密：《国民财富的性质和原因的研究》，商务印书馆，1992。

Fama, Eugene, and Michael Jensen, 1983, "Separation of Ownership and Control", *Journal of Law and Economics*, Vol. 26: 301-325.

Grossman, S. And O. Hart, 1986, "The Costs and Benefits of Ownership: A

Theory of Vertical and Lateral Integration", *Journal of Political Economy*, Vol.94.

Milgrom, P., and J. Roberts, 1992, "Economics, Organization & Management", Prentice Hall, 1992.

Moerland, P., W., 1995, "Alternative Disciplinary Mechanisms in Different Corporate Systems", *Journal of Economic Behavior and Organization*, 26, 17–34.

第三章

韩太祥：《企业成长理论综述》，载《经济学动态》，2002（5）。

李建明、缪荣：《中美企业 500 强比较及其启示》，《中国工业经济》，2005（11）。

钟宏武、徐全军：《现代企业成长的理论发展与研究现状》，《经济管理》，2006（4）。

毛蕴诗：《公司经济学》，东北财经大学出版社，2002。

詹姆斯·C.克林斯等：《基业长青》，中信出版社，2002。

陈佳贵：《关于企业生命周期的探讨》，《中国工业经济丛刊》，1988（2）。

弗朗西斯·福山：《信任：社会美德与创造经济繁荣》，海南出版社，2001。

约翰·科特：《企业文化与经营业绩》，华夏出版社，1997。

王国平：《论现代企业的文化行为》，《上海行政学院学报》，2002（2）。

第四章

大和证券株式会社：《企业重组导论》，中国经济出版社，1996。

刘伟、高明华：《转型期的国有企业重组》，上海远东出版社，1999。

王子林等：《企业并购重组与国有资产结构优化》，经济科学出版社，2000。

邵建云：《上市公司资产重组实务》，中国发展出版社，2000。

孙耀唯等：《企业重组理论与实务》，石油工业出版社，1998。

唐坚：《中国企业资产重组类型与案例》，四川大学出版社，1998。

朱志刚：《国有资本质量透视与战略重组》，经济科学出版社，1999。

梁新华、吴扬：《资产重组与企业扩张》，上海社会科学院出版社，1998。

刘世锦、杨建龙：《核心竞争力：企业重组中的一个新概念》，载《中国工业经济》，1999（2）。

王怀舟：《企业重组：系统的战略行为》，载《中外管理》，1999（2）。

阳晓明：《企业重组中的管理重组、人员重组与文化重组》，载《经济体制改革》，1999（2）。

弗雷德·威斯通：《兼并、重组与公司控制》，经济科学出版社，1998。

第五章

陈清泰：《中国大型企业和企业集团的改革与发展》，载《经济管理》，1999（4）。

张春霖：《企业组织与市场体制》，上海三联书店，1991。

中国社会科学院工业经济研究所：《中国工业发展报告（1996）》，第十五章"企业集团与企业组织结构调整"，经济管理出版社，1996。

中国社会科学院工业经济研究所：《中国工业发展报告（1997）》，第二十一章"民族工业的脊梁——国有大型企业"，经济管理出版社，1997。

张承耀：《中国企业经营与管理案例》，经济管理出版社，2000。

宋炳方：《驾驭集团——企业集团的形成、组织与战略》，经济管理出版社，1999。

张曙光：《集团化过程中的产权重组和企业并购》，载《经济改革与发展》，1998（3）。

国家经贸委企业研究中心课题组：《我国企业集团管理体制的探讨》，载《企业管理》，1999（6）。

张颖：《调整规模结构，发展大型企业集团》，载《黑龙江社会科学》，1998（1）。

课题组：《国有大型集团公司成为国家授权投资的机构实施研究》，载《中国工业经济》，1998（6）。

第六章

杨锡怀：《企业战略管理》，高等教育出版社，1999。

芮明杰、余光胜：《产业致胜——产业视角的企业战略》，浙江人民出版社，1999。

罗仲伟：《适应性企业：急剧变动时代的战略思维》，广东经济出版社，2001。

[美]迈克尔·波特：《竞争优势》，华夏出版社，1997。

[美]迈克尔·波特：《竞争战略》，华夏出版社，1997。

[英]加里·哈梅尔、[美]C.K.普拉哈拉德：《竞争大未来》，昆仑出版

社，1998。

[英] 加里·哈梅尔、[美] C.K. 普拉哈拉德等：《战略柔性——变革中的管理》，机械工业出版社，2000。

[美] 戴维·贝赞可等：《公司战略经济学》，北京大学出版社，1999。

Ansoff H. I. *Implanting Strategic Management*. Englewood Cliffs, N. J.: Prentice Hall, Inc. 1979.

Chandler, A. D., Jr. *Strategy and Structure*. Cambridge, MA. MIT Press.

Haeckel, Stephan H. *Adaptive Enterprise*: *Creating and Leading Sense-and-Respond Organizations*. Boston: Harvard Business School Press, 1999.

Hamel, Gary and Prahalad, C.K. Strategic Intent. *Harvard Business Review*, May/June, 1989, 63-76.

Mintzberg, Henry. *The Rise and Fall of Strategic Planning*. New York: The Free Press and Prentice Hall International, 1994.

C.K. Prahalad, and Gary Hamel, The Core Competence of the Corporation. *Harvard Business Review*, 68, 1990, 79-91.

Teece, D.J. Economic Analysis and Strategic Management. *California Management Review*, Spring, 1984, 87-110.

Teece, D.J. Pisano, G. And Shuen, A. Dynamics Capabilities and Strategic Management. *Strategic Managem ent Journal*, 18 (7), 1997, 509-533.

第七章

管益忻、韩继志：《论企业战略多元化与专业化之关系》，载《中国工业经济》，1999 (3)。

A.D.Chandler, Jr (钱德勒)：《看得见的手——美国企业的管理革命》，商务印书馆，1987。

康荣平、柯银斌著：《企业多元化经营》，经济科学出版社，1999。

陈佳贵：《企业经济学》，经济科学出版社，1998。

小野丰广：《日本企业战略和结构》，冶金工业出版社，1990。

井上隆一郎：《アゾアの财阀と企业》，日本经济新闻社，1994。

刘力：《多元化经营及其对企业价值的影响》，载《经济科学》，1997 (3)。

陈佳贵：《现代管理综合专题》，经济管理出版社，2000。

E.T.Penrose: The Theory of the Growth of the Firm, Oxford Univ. Press, 1959.

M.Gort: Diversification and Intergration in American Industry, Princeton University Press, 1962.

L.Wrigley: Diversional Autonomy and Diversification, DBA Thesis, Harvard University, 1970.

Myers, S.C.: "The determinants of corporate borrowing." Journal of Financial Economics, 1977 (5).

M.Gort: Diversification and Integration in American Industry, Princeton University Press, 1962.

Myers, S.C. and Majluf N.: "Corporate financing and investment decisions when firms have information that investors do not have." Journal of Financial Economics, 1984 (13).

Stulz R.M.: "Managerial discretion and optimal financing policies", Journal of Financial Economics, 1990 (26).

Lewellen, W.G.: "A pure financialn rationale for the conglmerate merger", Journal of Finance, 1971 (26).

第八章

[丹麦] 尼克莱·J. 福斯:《企业万能:面向企业能力理论》,东北财经大学出版社,1998。

[美] 哈梅尔、普拉哈拉德:《竞争大未来》,昆仑出版社,1998。

[美] 托马斯·彼德斯与罗伯特·沃特曼:《追求卓越》,中央编译出版社,2000。

[英] 安德鲁·坎贝尔等:《核心能力战略》,东北财经大学出版社,1999。

[英] 唐纳德·索尔等:《如何提升公司核心竞争力》,企业管理出版社,1999。

陈佳贵:《现代企业管理理论与实践的新发展》,经济管理出版社,1998。

陈佳贵:《培育和发展具有核心竞争力的大公司和大企业公司》,载《中国工业经济》,2002 (2)。

黄继刚:《核心竞争力的动态管理》,经济管理出版社,2004。

康荣平、柯银斌:《格兰仕集团的成长、战略和核心能力》,载《管理世界》,2002 (3)。

杨浩、戴月明:《企业核心专长论》,上海财经大学出版社,2000。

C. K. Prahalad & Gary Hamel, The Core Competence of the Corporation, *Harvard Business Review*, May–June, 1990.

Gary Hamel and Aime Heene, *Competence-Based Competition*, John Wiley & Sons Ltd., 1994.

Gary Hamel, The Concept of Core Competence, *The Strategic Management Society*, 1994.

第九章

张定杰:《跨国公司兴起战略联盟》,载《文汇报》,1996年1月19日。

秦斌:《企业战略联盟理论评述》,载《经济学动态》,1998 (9)。

孙晓芹:《策略联盟:换个方式竞争》,载《企业活力》,1998 (11)。

王志乐:《跨国公司的战略调整与企业改革》,载《中外管理导报》,1995 (5、6)。

何振红:《中国与世界巨擘握手》,载《经济日报》,1999年11月16日。

张怀礼:《打好特性经营这张牌》,载《企业活力》,1999 (8)。

靳菁、刘元煌:《软件鲨鱼在中国——访CA公司亚洲区资深副总裁段践冰》,载《中国经营报》,1999 (14)。

李国津:《战略联盟》,天津人民出版社,1997。

杨小川、禹乐:《跨国战略联盟及其理论解释》,载《南方经济》,1999 (7)。

鲁桐:《跨国公司竞争新战略》,载《北京经济日报》,1999 (26)。

韩秀景、曹孟勤:《日本企业的竞争与合作》,载《经济管理》,1999 (8)。

陈殿阁:《企业战略联盟——一种全新的企业发展模式》,载《经济与管理研究》,2000 (2)。

陈殿阁:《从竞争走向合作——战略联盟理论评析》,载《经济管理》,2000 (3)。

第十章

J. 佩帕德、P. 罗兰:《业务流程再造》,高俊山译,中信出版社,1999。

芮明杰、钱平凡:《再造流程》,浙江人民出版社,1997。

柴旭东:《蜕变中再生》,民主与建设出版社,1999。

熊能:《企业战略再造》,中国电力出版社,1999。

季建中、顾培亮:《企业过程再造——管理模式的变革》,参阅http://www.amteam.org。

裴金林:《浅谈BPR的实施》,参阅http://www.amteam.org/a_bpr/bpr_implementation.htm。

　　华萌：《企业流程重建成功的先决条件》，《科学学与科学技术管理》，1999
(7)。

　　庄玉良：《企业信息化建设新思路：基于 BPR 的 MIS 开发战略》，载《中国
软科学》，1999 (4)。

　　徐渊：《公司再造》，上海译文出版社，1997。

第十一章

　　陈佳贵：《现代企业管理理论和实践的新发展》，经济科学出版社，1999。
　　金碚：《产业组织经济学》，经济科学出版社，1999。
　　[美] 保罗·S. 麦耶斯主编：《知识管理与组织设计》，蒋惠工等译，珠海出
版社，1998。
　　[美] 克里斯托弗、萨曼特合著：《个性化的公司》，曾瑚等译，江苏人民出
版社，1999。
　　柳卸林：《知识经济的兴起及其对中国的意义》，http: //time.online.tj.cn/
main/zsjj/gnzl/02/x0001.htm。

　　Ghoshal Sumantra and Christopher A. Bartlett, "The individualized corpora-
tion", Harper Collins Publishers, 1997.

　　K.Lancaster, *Variety Equity and Efficiency*, Columbia University Press, New
York, 1979, pp.6–13.

　　John Hagel, Arthur G. Armstrong, 1997, *Net Gain: Expanding Markets
Through Virtual Communities*, Harvard Business School Press.

　　Frances Hesselbein, Marchall Goldmith, 1997, *The Organization of Future*,
Jossey–Bass Publishers.

第十二章

　　[美] 彼得·圣吉：《第五项修炼——学习型组织的艺术与实务》，郭进隆译，
上海三联书店，1994。
　　[美] 彼得·F.德鲁克等：《知识管理》，中国人民大学出版社，1999。
　　[日] 安达信咨询公司：《图解知识管理》，东洋经济新报社，1999。
　　[日] 绀野登：《知识资产的经营》，日本经济新闻社，1997。
　　[日] 野村综合研究所：《经营可视化的知识管理》，NRI 野村综合研究所，

1999。

[日] 野中郁次郎、竹内弘高：《知识创造企业》，东洋经济新闻社，1997。

[美] 罗布·戈菲等：《人员管理》，中国人民大学出版社、哈佛商学院出版社，2000。

陈京民：《国外知识型企业的管理模式》，《外国经济与管理》，1998 (11)。

柳卸林：《知识经济的兴起及其对中国的意义》，http://time.online.tj.cn/main/zsjj/gnzl/02/x0001.htm。

Ghoshal Sumantra and Christopher A. Bartlett，"The individualized corporation"，Harper Collins Publishers，1997.

第十三章

陈启申：《MRP Ⅱ：制造资源计划》，企业管理出版社，1997。

陈佳贵：《现代企业管理理论与实践的新发展》，经济管理出版社，1998。

陈荣秋：《生产、计划与控制——概念、方法与系统》，华中理工大学出版社，1995。

[美] 大卫·M. 安德森、B. 约瑟夫·派恩：《21 世纪企业竞争前沿——大规模定制模式下的敏捷产品开发》，机械工业出版社，1999。

黄群慧：《管理信息化：新世纪生产管理变革主线》，广东经济出版社，2001。

赖茂生：《企业信息化知识手册》，北京出版社，2000。

罗振壁、周兆英：《灵捷制造——21 世纪生产和管理战略》，山东教育出版社，1996。

第十四章

Baldwin, C. Y. and K.B. Clark, Managing in an Age of Modularity, Harvard Business Review, 75 (5), pp. 84–93, 1997.

Baldwin, C. Y. and K.B. Clark, Design Rules: The Power of Modularity, vol. 1, Cambridge, MA: MIT Press, 2000.

[日] 青木昌彦、安藤晴彦：《模块时代：新产业结构的本质》，上海远东出版社，2003。

曹江涛、苗建军：《模块化时代企业边界变动研究》，载《中国工业经济》，2006 (8)。

顾新建、郑国君、朱万贵、崔梁萍：《面向大批量定制生产的模块化制造系统》，载《组合机床与自动化加工技术》，2003（1）。

胡晓鹏：《从分工到模块化：经济系统演进的思考》，载《中国工业经济》，2004（9）。

胡晓鹏：《模块化整合标准化：产业模块化研究》，载《中国工业经济》，2005（9）。

黄卫平、朱文晖：《温特制：美国新经济与全球产业重组的微观基础》，载《美国研究》，2004（2）

雷如桥、陈继祥、刘芹：《基于模块化的组织模式及其效率比较研究》，载《中国工业经济》，2004（10）。

李海舰、聂辉华：《论企业与市场的相互融合》，载《中国工业经济》，2004（8）。

罗珉：《大型企业的模块化：内容、意义与方法》，载《中国工业经济》，2005（3）。

钱平凡、黄川川：《模块化：解决复杂系统问题的有效方法——以家庭装修项目为例》，载《中国工业经济》，2003（11）。

[日] 青木昌彦：《模块化：新产业结构的本质》，《比较》（第二辑），中信出版社，2002。

盛世豪、杨海军：《模块化：一种新的组织模式》，《科研管理》，2004（3）。

孙晓峰：《模块化技术与模块化生产方式：以计算机产业为例》，载《中国工业经济》，2005（6）。

徐宏玲、颜安、潘旭明、马胜：《模块化组织与大型企业基因重组》，载《中国工业经济》，2005（6）。

曾楚宏、吴能全：《论模块化思想在现代企业组织中的应用》，载《财经科学》，2005（4）。

张治栋、韩康：《模块化：系统结构与竞争优势》，载《中国工业经济》，2006（3）。

第十五章

陈国权：《供应链管理》，载《中国软科学》，1999（10）。

陈郁：《企业制度与市场组织：交易费用经济学文选》，上海三联书店、上海人民出版社，1996。

[美] 科斯、斯蒂格利茨等：《契约经济学》，经济科学出版社，1999。

刘刚著：《供应链管理：交易费用与决策优化研究》，经济管理出版社，2005。

刘晋：《供应链管理：企业提高竞争力的有效途径》，载《中国企业报》，1999年2月14日。

罗纳德·哈里·科斯：《企业、市场与法律》，上海三联书店，1990。

马士华、林勇、陈志祥：《供应链管理》，机械工业出版社，2000。

宋远方：《供应链管理与信息技术》，经济科学出版社，2000。

宋华、胡左浩：《现代物流与供应链管理》，经济管理出版社，2000。

Houlihan, J.B., International Supply Chain Management, International Journal of Physical Distribution & Materials Manangement 15, 1985.

Sunil Chopra and Peter Meindl, Supply Chain Management: Strategy, Planning and Operation, Prentice Hall, 2001.

Williamson, O., Markets and Hierarchies: Analysis and Antitrust Implication, Free Press, 1975.

Williamson, O. E., Organization of Work: A Comparative Institutional Assessment, Journal of Economic Behavior and Organization, 1980.1.

Williamson, O. E., The Economic Institutions of Capitalism, Free Press, 1985.

第十六章

陈佳贵：《现代企业管理理论与实践的新发展》，经济管理出版社，1998。

孙耀君：《西方管理学名著提要》，江西人民出版社，1995。

马洪、孙尚清：《经济社会管理知识全书》，经济管理出版社，1988。

王一江、孙繁敏：《现代企业中的人力资源管理》，上海人民出版社，1998。

[美] 迈克尔·T. 麦特森、约翰·M. 伊万舍维维奇：《管理与组织行为经典文选》，机械工业出版社，2000。

[美] 斯蒂芬·P. 罗宾斯：《组织行为学》，中国人民大学出版社，1997。

[美] 斯蒂芬·P. 罗宾斯：《管理学》，中国人民大学出版社，1997。

[日] 小池和男：《日本企业的人才形成》，中央公论社，1997。

[日] 赤岗功、岸田民树、中川多喜雄：《经营劳务》，有斐阁出版，1989。

[日] 岛田晴雄：《人本主义经济学》，岩波书店，1989。

Cole, R. E., "Diffusion of Participatory Work Structure in Japan, Sweden and the United States," in Paul S. Goodman et al. Change in Organizations, pp.

167-225. Jossey-Bass Publisher, 1982.

E. F. Emery & E. L. Trist. "Socio-Technical Systems," in C. W. Churchman & M. Verhulst (eds.), *Management Sciences*: *Models and Techniques*, Vol. Ⅱ, 1960.

第十七章

翁天真:《利润分享与劳动分红》,中国劳动出版社,1995。

迟福林:《中国收入分配制度改革与职工持股》,中国经济出版社,2000。

[美] 艾勒曼:《民主的公司制》,李大光译,新华出版社,1998。

刘秉泉:《薪酬设计指南与案例精选》,中国人事出版社,2000。

第十八章

魏峰、张文贤:《国外心理契约理论研究的新进展》,载《外国经济与管理》2004(2)。

许小东、孟晓斌:《基于心理契约的组织成员忠诚度培育》,载《经济管理》,2003(14)。

张春瀛:《心理契约及其效能提升》,载《企业改革与管理》,2004 年(11)。

Miles, R. E. & Snow, C.C., Designing Strategic Human Resources System Organizational Dynamics, 1984, 13(1): 36-52.

邵爱华:《基于心理契约的员工离职分析及管理策略》,载《山东工商学院学报》,2005(3)。

宋新谱:《缔结心理契约的人力资源策略》,载《人力资源开发》,2004(9)。

陈忠卫:《企业成长中心理契约的重构》,载《工业企业管理》,2003(8)。

朱静、王鲁捷和张伟:《重视企业并购中的心理契约重建》,载《经济管理》,2003(7)。

第十九章

孙平、王谊:《产品创新》,西南财经大学出版社,1998。

施礼明、汪星明:《现代生产管理》,企业管理出版社,1997。

诸鸿:《新产品开发及其商品化》,中国人民大学出版社,1997。

C.梅尔·克罗福特:《新产品管理学》,孙平等译,四川人民出版社,1988。

[美] 彼得·F.德鲁克等:《知识管理》,中国人民大学出版社,1999。

[日] 小川英次、岩田宪明:《生产管理入门》,同文馆出版,1994。

第二十章

孙树义等:《企业股份制操作全书》,中国计划出版社,1994。

[日] 小松章:《股份公司金融的理论》,同文馆,1980。

第二十一章

[美] Aswath Danodaran:《投资估价》,清华大学出版社,1999。

[美] 汤姆·科普兰等:《价值评估》,电子工业出版社,2002。

[美] 马莎·阿姆拉姆、纳林·库拉蒂拉卡:《实物期权:不确定性环境下的战略投资管理》,机械工业出版社,2001。

陈龙:《项目投资价值分析创新方法研究》,厦门大学 2002 年博士学位论文。

茅宁:《项目评价的实物期权分析方法研究》,载《南京化工大学学报(哲社版)》,2000 (2)。

宋逢明:《金融经济学评述》,载《经济学动态》,2002 (11)。

郁洪良:《金融期权与实物期权——比较和应用》,上海财经大学出版社,2003。

David Kellogg and John M. Chames: "Real–Options Valuation for a Biotechnology Company", *Financial Analysis Journal*, May/June, 2000.

George E. Pinches, "Introduction to Real Options: Developments and Applications", *The Quarterly Review Of Economics and Finance*, V.38, 1998, Special Issue 533–534.

Kester: "Today's options for tomorrow's growth", pp.153–160, *Harvard Business Review*, March–April, 1984.

Mason, S. P., and R. C. Merton, "The Role of Contingent Claims Analysis in Corporate Finance", in E. Altman and M. Subrahmanyam (eds.), *Recent Advances in Corporate Finance* (Homewood, IL: Richard D. Irwin), pp.7–54. 1985

Trigeorgis, L., "A Conceptual Options Framework for Capital Budgeting", *Advances in Futures and Options Research 3*, pp.145–167, 1988。

第二十二章

〔美〕大卫·安德森、约瑟夫·派恩二世:《21 世纪企业竞争前沿》,机械工业出版社,1999。

〔美〕威廉·哈拉尔:《新资本主义》,社会科学文献出版社,1999。

〔美〕托马斯·达文波特等:《信息技术的商业价值》,中国人民大学出版社,2000。

〔美〕彼得·德鲁克:《动荡年代的管理》,工人出版社,1989。

〔美〕彼得·德鲁克:《后资本主义社会》,上海译文出版社,1998。

〔美〕乔治·洛奇:《全球化的管理》,上海译文出版社,1998。

〔美〕卡尔·夏皮罗、哈尔·瓦里安:《信息规则:网络经济的策略指导》,中国人民大学出版社,2000。

〔美〕加里·哈梅尔、C.K.普拉哈拉德:《竞争大未来》,昆仑出版社,1998。

〔美〕阿德里安·斯莱沃斯基、戴维·莫里森等:《发现利润区——战略性企业设计为您带来明天的利润》,中信出版社,2000。

〔美〕丹尼·贝尔:《后工业社会的来临》,商务印书馆,1984。

罗仲伟:《适应性企业:急剧变动时代的战略思维》,广东经济出版社,2001。

Bradley, Stephen p., and Richard L. Nolan, eds. *Sense and Respond*: *Capturing Value in the Network Era*. Boston: Harvard Business School Press, 1998.

Chandler, Alfred D. *Scale and Scope*: *Dynamics of Industrial Capitalism*. Cambridge, MA: Belknap Press, Harvard University Press, 1990.

Haeckel, Stephan H. *Adaptive Enterprise*: *Creating and Leading Sense-and-Respond Organizations*. Boston: Harvard Business School Press, 1999.

Haeckel, Stephan H. "Adaptive Enterprise Design: The Sense-and-Respond Model." *Planning Review* (May-June 1995).

Haeckel, Stephan H., and Richard L. Nolan. "Managing by Wire", *Harvard Business Review* 71, No. 5 (September-October 1993).

Mintzberg, Henry. *The Rise and Fall of Strategic Planning*. New York: The Free Press and Prentice Hall International, 1994.

Pall, Gabril A. *Designed to Respond*: *The Process-centered Enterprise*. Atlanta, GA: St. Lucie's Press, 1999.

Paul O. Gaddis, "Strategy Under Attack," *Long-Range Planning* 30 (1997).

Porter, Michael E. *Competitive Strategy*, New York: Bantam Books, 1980.

Rashi Glazer: "Marketing in Information–Intensive Environment", *Journal of Marketing* 55 (October 1991).

Russell Ackoff, *The Democratic Corporation.* New York: Oxford University Press, 1994.

第二十三章

艾丰:《中国品牌价值报告》,经济科学出版社,1997。

陈佳贵:《现代企业管理理论与实践的新发展》,经济管理出版社,1997。

王绪君:《强化企业对无形资产的管理》,载《中国工业经济》,1997(1)。

第二十四章

[美] 迈克尔·里杰斯特著:《危机公关》,陈向阳、陈宁译,复旦大学出版社,1995。

万建华、戴志望、陈建:《利益相关者管理》,海天出版社,1998。

佘廉、张倩:《企业管理滑坡探源》,人民交通出版社,1996。

韦伯:《组织理论与管理》,罗理平等译,桂冠图书出版社,1985。

Lisa A. Mainiero & Cheryl L. Tromley: "Developing Managerial Skills in Organizational Behavior". 2nd ed. Prentice Hall, 1994, P44.

M. Afzalur Rahim, "*Managing Conflict in Organization*" (2nd ed.) 1992. Praeger Publisher.

第二十五章

万建华等:《利益相关者管理》,海天出版社,1998。

宋华等:《现代物流与供应链管理》,经济管理出版社,2000。

马士华等:《供应链管理》,机械工业出版社,2000。

张金昌:《营销组织新形式——客户关系管理》,课题研究报告,2000。

第二十六章

Gary P. Schneider James T.Perry :《电子商务》,成栋、李进、韩冀东等译,

机械工业出版社，2000。

宋玲：《电子商务——21世纪的机遇与挑战》，电子工业出版社，1999。

http: //www.juns.com.cn 北京君思电子商务研究发展中心网站

http: //www.marketingman.net

http: //www.cisco.com/cn

第二十七章

王林生：《跨国经营理论与实务》，对外贸易教育出版社，1994。

[美] Dominick salvatore：《国际经济学》（第五版），朱宝宪等译，清华大学出版社，1998。

R.Vernon, International Investment and International Trade in the Product Cycle, Quarterly Journal of Economics, May 1966, pp.190–207.

John Harry Dunning, International Production and the Multinational Enterprise, George Allen & Unwin, London, 1981.

J.H.Dunning, A.Rugman. The Influence of Hytner's Dissertation On Theories Of PDI, American Economic Review, May 1985, pp.228–232.

第二十八章

[美] 阿奇·B.卡罗尔、安·B.巴克霍尔茨：《企业与社会：伦理与利益相关者》，机械工业出版社，2004。

[美] 波斯特、劳伦斯、韦伯：《企业与社会：公司战略、公共政策与伦理》，中国人民大学出版社，2005。

[美] 菲利普·科特勒、南希·李：《企业的社会责任》，机械工业出版社，2006。

[美] 乔治·斯蒂纳：《企业、政府与社会》，华夏出版社，2002。

[美] 斯蒂芬·P.罗宾斯：《管理学》，中国人民大学出版社，1997。

李立清、李燕凌：《企业社会责任研究》，人民出版社，2005。

刘长喜：《利益相关者社会契约与企业社会责任》，博士论文，2005。

卢代富：《企业社会责任的经济学与法学分析》，法律出版社，2002。

殷格非、于志宏、崔生祥：《企业社会责任行动指南》，企业管理出版社，2006。

中国企业管理研究会、中国社会科学院管理科学研究中心：《中国企业社会责任报告》，中国财政经济出版社，2006。

第二十九章

余恕莲：《管理会计》，对外经济贸易大学出版社，2000（8）。

余绪缨：《管理会计学》，中国人民大学出版社，1999（8）。

财政部统计评价司：《企业效绩评价问答》，经济科学出版社，1999。

Robert S.Kaplan & AnthonyA. Atkinson：Advanced Management Accounting，1998，Third Edition.

后　记

　　现在关于企业管理的教科书可谓汗牛充栋，我们试图通过以下几方面的努力而使本书在众多教科书中能够具有一定的特色：

　　第一，本书内容虽然涉及战略管理、组织管理、人力资源管理、生产管理、财务管理、研究开发管理、国际企业管理等诸多传统管理学领域，但重点所论述的内容都是这些领域的最新发展，而较少论及这些领域的传统内容。

　　第二，本书是以管理学的最新变革和发展为论述主线的，而且本书作为企业管理专业研究生教材，假定学生和读者对象已经对企业管理学的学科体系有了较好的把握，因而在编写本书时较少顾及所谓教科书的体系问题。

　　第三，本书在写作方式上注重研究导向，我们不仅仅是介绍企业管理学各个领域的最新发展，而且侧重于反映作者自己对这些新发展的认识和观点，重视分析这些发展产生的背景，从而引导学生和读者独立分析、研究管理问题的能力。在编排体系上也注重了这一点，在每章后面都给出了研究思考题目和推荐阅读材料。

　　第四，本书还注重了管理知识的最新发展与我国企业实际的结合。不仅很多章节中都有结合我国企业实际情况的论述，而且在体系安排上还针对我国企业改革的需要分专章研究了现代企业制度、经营者的激励约束和企业集团等问题。

　　本书的作者以中国社会科学院工业经济研究所的研究人员为主。具体写作分工如下：导论，黄速建、黄群慧；第一章，黄速建；第二章，黄群慧；第三章，黄群慧；第四章，沈志渔；第五章，沈志渔；第六章，罗仲伟；第七章，杜莹芬；第八章，黄继刚；第九章，韩岫岚；第十章，余菁；第十一章，张金昌；第十二章，刘光明、刘湘丽；第十三章，黄群慧；第十四章，郭朝先；第十五章，刘刚；第十六章，刘湘丽；第十七章，张小宁；第十八章，王钦；第十九章，刘湘丽；第二十章，张承耀；第二十一章，孔杰；第二十二章，罗仲伟；第二十三章，张承耀；第二十四章，郭朝阳；第二十五章，张小宁；第二十六章，陈宝福；第二十七章，张金昌；第二十八章，钟宏武；第二十九章，余芸春。全书由黄速建、黄群慧提出写作提纲，并负责统稿、修改、增删和定稿。

　　本书在写作过程中参阅、引用了大量的中外文献,我们在当页脚注和书后的主要参考文献中都一一注明,在此特向这些文献的作者表示感谢。本书的写作得到了中国社会科学院工业经济研究所的领导和同志们的大力支持,这里深表谢意。尤其是中国社会科学院工业经济研究所科研处李维民、谷玉珍同志为编写本书做了大量的组织工作,没有他们的帮助,这本书也许无法顺利完成。由于本书内容庞杂,而且都是相关管理领域的最新知识,限于学识、时间和精力,书中(包括注释和参考文献)肯定有疏忽、遗漏和错误,我们诚恳希望读者给予批评和指正。

黄速建　黄群慧

2001 年 11 月 16 日

增补版后记

本书的出版距《现代企业管理——变革的观点》第一版已经有四年多的时间了，经济管理出版社总编沈志渔研究员告诉我们该书第一版的两次印刷都已经售罄，并期望借编辑出版《中国管理学发展丛书》的机会，将该书收录再版。虽然读者对《现代企业管理——变革的观点》第一版厚爱有加，但我们深知该书第一版还存在着许多缺点，加之新的企业管理学知识不断涌现，我们一直希望能够全面修订，一方面能够对原有书中的不足之处进行修改，另一方面增加新的企业管理学内容，使该书能够真正随着现代企业管理"变革"而"变革"。因此，我们也十分希望该书能够修订再版。

然而，限于手头工作压力太大，短时期内我们实在没有时间对第一版进行全面修订，但我们又不能容忍这本《现代企业管理——变革的观点》名不符实，不能反映出企业管理学的新变革。于是，我们采取了一个折中的办法，出版了这本《现代企业管理——变革的观点（增补版）》。这个增补版只新增加了7章，而没有对原有的内容进行修订。这7章的主题都是近几年企业管理学关注的热点，而第一版中又没有涉及的，包括企业成长管理、模块化、心理契约、核心竞争力、供应链管理、实物期权和企业社会责任，分别由中国社会科学院工业经济研究所黄群慧研究员、郭朝先博士、王钦副研究员、黄继刚博士，中国人民大学商学院副教授刘刚博士，中国社会科学院世界经济与政治研究所孔杰博士，中国社会科学院经济研究所钟宏武博士执笔。由于新增加了7章，我们根据各章之间的逻辑，全面调整了以前的章节顺序。另外，我们对导言的部分内容和个别章节的标题进行了修改。虽然本书只是增补版，但由于从原有的22章增加到29章，扩充了约1/4的内容，因此，与第一版相比，增补版总体上变化较大。

本书仍保持了第一版注重企业管理新发展与变革、注重研究导向、注重与我国企业实际结合等特色，虽然很遗憾的是没有能够进行全面修订，但这又给我们将来更加全面地修订该书、更加深刻全面地反映企业管理的变革和企业管理学的发展留下了机会。

感谢读者对我们的支持、理解和厚爱，感谢本书参考文献的作者，感谢本书的其他作者和经济管理出版社的同志！

黄速建　黄群慧

2006 年 11 月 30 日